U0782483

四川省社會科學院神話研究院·神話研究文庫之一

山海經集釋

周明　輯撰

巴蜀書社

四川省社會科學院神話研究院

《神話研究文庫》編輯委員會

主　任：向寶雲

編　委：向寶雲　周　明　敖依昌　苟世祥

賈雯鶴　蘇　寧　艾　蓮

主　編：向寶雲

副主編：蘇　寧　周　明

目次

附録

前言

世傳禹、益所作之奇書《山海經》，無疑是衆多先秦典籍中尤爲獨特和重要的著作之一。秦漢之前，《山海經》以《山經》、《海經》的形式獨立存在和分别流傳，篇目、卷次、流傳地域也各不相同。至西漢成、哀之世，劉向、劉歆（秀）父子出，始合二經爲一經，增入『本逸在外』的《大荒經》四篇及《海内經》一篇，并校訂爲十八篇，定名爲《山海經》。約至東晋元、康前後，山西河東郡術士郭璞依劉秀校訂體例，作《山海經傳》十八卷，系統梳理注釋，是爲現存各種《山海經》之藍本。

自劉秀整理《山海經》并作《上〈山海經〉表》迄至清末，其間近二千年，是書命運多舛。由於其内容龐雜，人神混雜，奇禽、奇獸、奇草、奇木、奇物、奇事叠現；加之歷時彌久，簡册錯亂，傳鈔刊刻間，訛誤繁多，導致是書晦澀難讀，故而讀者寥寥，治學者亦無如他書之衆。自《山海經》成書至東晋郭璞時，歷時約三百餘年，中間竟無他人涉足注釋。郭璞以後，情況有所改觀，然仍注家寥寥可數。誠如清郝懿行《〈山海經箋疏〉叙》所言：『郭作《傳》後，讀家稀絶，途徑榛蕪。迄於今日，脱亂淆訛，益復難讀。』古代學人間或論及《山海經》，多爲斷章摘句，一般針對某人、某事、某物而言，或獵奇、或引證、或考據、或校刊、或批判，系統梳理注釋者則甚少。

即便大勢如此，自郭璞初作《山海經傳》以後，至清末，仍有一些學者不畏艱深，嘗試對這部奇書進行較爲系統的整理校勘和注釋解説。其佼佼者，有宋末元初劉會孟作《評山海經》十八卷，明楊慎作《山海經補注》一卷，王崇慶作《山海經釋義》十八卷，清吴任臣作《山海經廣注》十八卷，汪紱作《山海經存》九卷，畢沅作《山海經新校正》十八卷，孫星衍作《山海經音義》二卷，郝懿行作《山海經箋疏》十八卷，陳逢衡作《山海經匯説》四卷，俞樾作《讀山海經》一卷，吴承志作《山海經地理今釋》六卷，等等。這些著作，不僅僅祇是代表作者個人的研究成果，其注釋中還大量引用了前人著述，涉及的人和學術觀點都十分廣泛，因此可以説代表了整個中國古代《山海經》研究的最高水平。遺憾的是，迄今爲止，這些研究成果，很少得到系統的整理。

上世紀六十年代，先師袁珂先生曾從神話研究的角度，以郝懿行《山海經箋疏》爲底本，對《山海經》的《海經》部分進行了初步的整理和研究，形成《海經新釋》；七十年代末，又對《山經》部分進行整理，完成《山經柬釋》部分。八十年代初，先生將這兩部分合二爲一，定名爲《山海經校注》，交由上海古籍出版社出版。九十年代初，先生又對《山海經校注》進行修訂，改由巴蜀書社出版。該書是二十世紀以來國内第一部比較完整的《山海經》整理本。但是，由於先生整理時的出發點不同，認爲『《山海經》匪特史地之權輿，乃亦神話之淵府』，故其整理注釋主要側重於與神話有關的内容，在選取前人成果時也有所取捨。先生自己也説：『（《山海經校注》）於舊注則郭氏全録，以其古而無多；郝氏則存其强半，以其近而精當。其餘諸家，間亦刺取一二，庶期毋流冗濫。』（《〈山海經校注〉序》）因此，從注釋整理角度看，先生之力作《山海經校注》并未對歷代注釋進行全面整理。

本次余所作《山海經集釋》，本傳統集注之意，將歷代主要學人對《山海經》經文的注釋集於一册，以利於讀者比對參考，本人盡量不對前人所述作是非優劣上的評説。本書所涉及的歷代《山海經》注釋者，主要有前述數位大家。他們的注釋各有其特點，兹簡述其大概及輯録情況於後，權作輯撰前言。

郭璞（二七六—三二四），字景純，河東郡聞喜（今山西聞喜）人，建平太守郭瑗之子，擅長訓詁，亦爲兩晋間著名方士。其著《山海經傳》十八卷，注釋一千九百六十餘條，首開《山海經》注釋之先河。由於郭氏去古未遠，其注釋更近古義，是解讀《山海經》之重要依據，故爲歷代學人所推崇。後世流傳之各種《山海經》版本，多附有郭注。但郭注文字簡略，經中多條正文甚至無注，爲後世注家留下了極大的發揮空間。本次輯撰，郭注全文予以收録。

郭璞以後至宋末，近千年間，幾無注家著作問世。宋末元初劉會孟出，無注情況始得改觀。

劉會孟（一二三二—一二九七），字辰翁，號須溪，吉州盧陵（今江西吉安）人。一説名辰翁，字會孟，號須溪。宋景定三年（一二六二）進士，以忤賈似道，出爲濂溪書院山長。入元後不仕，勤於著述，有《須溪集》一百卷等著作遺世。明楊慎《升庵集》有《劉辰翁傳》，蔣一葵《堯山堂外紀》卷六十三亦有其簡況記載。劉氏《評山海經》十八卷，清吴任臣《山海經雜述》有載，然此書今佚，僅存吴任臣《山海經廣注》所引數十條佚文可見。從書名、卷次及殘存佚文内容看，劉氏《評山海經》，既有評論的成分，亦有傳統的注釋部分。由於原書已佚，不能窺其全貌，但僅就其佚文内容和涉及範圍來看，劉會孟應是繼郭璞之後對《山海經》進行注釋的又一重要學人，其歷史地位應予肯定。本次輯撰，劉注佚文，從吴任臣《山海經廣注》全録。

入明以後，《山海經》研究漸有起色，大量出現的筆記、雜記、文集等多有涉及《山海經》解説者，如胡應麟《少室山房筆叢》、王世貞《宛委餘編》、徐應秋《玉芝堂談薈》、彭儼《五侯鯖》、黄正一《事物紺珠》、李時珍《本草綱目》、熊太古《冀越集記》、朱謀㙔《异林》等等，都涉及對《山海經》内容的考據、引證、評論或解釋。其中著名者如胡應麟，他在《少室山房筆叢》中就多次對《山海經》中的記載進行考説和評論，并提出《山海經》爲『古今語怪之祖』的論斷。不過，這些研究并不是以注釋方式進行的。明代以注釋方式進行《山海經》研究者，當數王崇慶與楊慎兩人。

王崇慶（一四八四—一五六五），字德徵，號端溪，大名府開州（今河南濮陽）人，官至南京吏、禮二部尚書，有《周易議卦》、《五經心義》、《海樵子》等著作遺世。其著《山海經釋義》十八卷，是明代唯一逐條對《山海經》經文進行注釋的學者。然而嚴格來説，王崇慶的著作名爲『山海經釋義』，但内容多爲批判性的評論，且以生活常理判定經文内容的真僞，因此不是傳統意義上的學術注釋，直可謂『山海經批判』。因此，以今日之標準看，其學術價值并不太大。不過在總體批判的同時，其注釋也偶有亮點可取。清代學者在注釋《山海經》時，間亦提及其文。本次輯撰，擇選其善釋部分，摒弃其評論批判部分。

楊慎（一四八八—一五五九），字用修，號月溪、升庵，四川新都（今成都新都）人，正德六年（一五一一）狀元及第，官至翰林院修撰，爲明代三才之首，著述宏富。除《山海經補注》一卷外，楊氏還有仿郭璞《山海經圖贊》的《异魚圖贊》四卷、《异魚圖贊補》三卷等相關著作。《山海經補注》名爲一卷，但内容涉及《山海經》十八篇，分篇分條注釋，衹不過總體篇幅不及郭璞十八卷内容完備。楊氏文字訓詁功力深厚，移於《山海經補注》，亮點頗多。由於其注釋文字總體不多，本次輯撰，基本全録。

有清一朝，是古代《山海經》研究碩果纍纍的全盛時期，大家叠出。吴任臣、汪紱、畢沅、孫星衍、王念孫、陳逢衡、郝懿行、俞樾、吴承志等人，對《山海經》進行了多方位的考察研究，提出了很多全新的見解。其成果，直接影響到民國至現代的《山海經》研究。就其注釋體例和研究深度而言，首推吴任臣、汪紱、畢沅、郝懿行、俞樾五人成果斐然。

吴任臣（一六二八—一六八九），字志伊，浙江仁和（今浙江杭州）人，精通天官、樂律之學。康熙十八年（一六七九），舉博學鴻詞科，授檢討，入翰林院，承修《明史歷志》，著有《周禮大義》、《禮通》、《春秋正朔考辨》、《託園詩文集》及《十國春秋》等著作。其《山海經廣注》十八卷、《山海經圖》五卷、《讀山海經語》一卷、《山海經雜説》一卷，是其《山海經》研究之代表作。《四庫全書》收録了《山海經廣注》，《四庫提要》曰：『是書因郭璞《山海經注》而補之，故曰《廣注》。於名物訓詁，山川道里，皆有所訂正。雖嗜奇愛博，引據稍繁，如堂庭山之黄金，青邱山之鴛鴦，雖販婦傭奴，皆識其物，而旁徵典籍，未免贅疣，卷首冠《雜述》一篇，亦涉冗蔓。然掎摭宏富，多足爲考證之資。』汪氏注釋的特點就是廣而泛，且大量引用詩詞歌賦爲證，文學色彩濃厚。另一方面，所引史籍，多爲唐宋以後著作，且明代著作佔據相當數量，故而權威性不足。不過其閲讀面甚廣，所引著作甚多，可爲後世研究者提供參考和查閲索引。吴氏考據式的注釋方式，對後世《山海經》研究有極大影響。本次輯撰，收録吴氏注釋約三分之二，取其解説引證部分，删去其繁複蔓衍部分。

汪紱（一六九二—一七五九），字燦人，號雙池，又號重生，徽州婺源（今江西婺源）人，乾隆初年諸生，未入仕途，博學通儒，一生著述頗豐，是清代著名的平民學者。其《山海經存》九卷，不完全依郭璞體例，亦不附郭璞舊注，而是保持《山經》五篇五卷與郭璞同；《海外經》四篇四卷合爲一卷，《海内經》四篇四卷合爲一卷，《大荒經》四篇四卷合爲一卷，與郭璞异；以逸在外的《海内經》一篇自成一卷與郭璞同。汪氏《山海經存》完稿後，由於種種原因竟未能刊行。原稿在流傳過程中遺失其六、七兩卷，二百年後至清末，纔由其家人整理，從畢沅《山海經新校正》補齊六、七兩卷後刊行於世。汪氏《山海經存》注釋的最大亮點，在於其地理山水考釋。以前注《山海經》者，并未將歷史和現實對應，汪氏則將他認爲能够明確的山水，與清代山水名稱或所在地域對應。其餘考釋，也不乏新意。本次輯撰，汪氏注釋收録過半。

畢沅（一七三〇—一七九七），字纕蘅，亦字秋颿，自號靈岩山人，江蘇鎮洋（今江蘇太倉）人。乾隆二十五年（一七六〇）進士，狀元及第，授翰林院編修，歷任陝甘總督、河南巡撫、山東巡撫及湖廣總督等，是乾嘉學派的代表人物之一。畢氏治學範圍甚廣，遍及經、史、小學、金石、地理等。其著《山海經新校正》十八卷，依郭璞舊例排列，用力在地理考釋，旁及其他。其學生、清代著名學者孫星衍評論云：『先生開府陝西，假節甘肅、粤，自崤、函以西，玉門以外，無不親歷。又嘗勤民，灑通水利，是以《西山經》四篇、《中次五經》諸篇，疏證水道爲獨詳焉。』以至於孫星衍在讀到《山海經新校正》以後，生出『及見先生，又焚筆硯』（均見《〈山海經新校正〉後序》）之慨嘆。後世從地理角度研究《山海經》者，莫不受益於畢氏。本次輯撰，畢氏注釋收録十之八九。

郝懿行（一七五七—一八二五），字恂九，號蘭皋，山東栖霞（今山東栖霞）人，嘉慶間進士，曾任户部主事，爲清代著名經學家、訓詁學家。郝氏長於名物訓詁及考據之學，著有《爾雅義疏》、《易説》、《書説》、《春秋説略》、《竹書紀年校正》等書。《山海經箋疏》十八卷，是郝氏重要著作之一。該書在吴任臣、畢沅兩家的研究基礎上，將考據之學發揮到極致。他在《〈山海經箋疏〉叙》中直言：『今世名家則有吴氏、畢氏。吴徵引極博，泛濫於群書；畢山水方滋，取證於耳目。二書於此經，厥功偉矣！至於辨析异同，栞正訛謬，蓋猶未暇以詳。今之所述，并採二家所長，作爲《箋疏》。箋以補注，疏以證經。』尤爲難得之處，是郝氏在箋疏過程中，詳標所引史籍之書名、篇目、卷次，一反前輩引文之粗疏，更接近於現代治學要求，是歷代《山海經》注釋版本中的最佳之作。美中不足之處，是《箋疏》多處直接引用吴氏、畢氏原注，且未標明出處，有失大家風範。本次輯撰，郝氏《箋疏》中凡與前人注釋重復之處，則删除未取，剩餘部分基本全録。

俞樾（一八二一—一九〇七），字蔭甫，自號曲園居士，浙江德清（今浙江湖州）人，道光三十年（一八五〇）進士，曾任翰林院編修，爲清末著名學者、文學家，有《春在堂全書》、《群經平議》、《諸子平議》、《茶香室經説》、《古書疑義舉例》、《第一樓叢書》、《俞樓雜纂》等著作遺世。其《讀山海經》一卷，體例與楊慎《山海經補注》相同，收入其《俞樓雜纂》中。遺憾的是，迄今爲止，俞氏的注釋文字，很少爲人提及。本次輯撰，一并收録。

除傳統注釋之外，古代的《山海經》研究還體現爲另外三種形式。一種是整理校勘，如漢劉向父子，宋尤袤，清王念孫、孫星衍、費念慈、王謇等對《山海經》的整理校勘；一種是雜説，如漢王充，宋朱熹，明胡應麟、王世貞，清陳逢衡等在其著作中以雜説、隨筆、札記等形式體現其《山海經》研究成果；一種是專説，如北魏酈道元《水經注》以《山海經》説地理，清吴承志《山海經地理今釋》以釋帶考，着力《山海經·五臧山經》的《西山經》、《北山經》和《東山經》（含部分《中山經》）山水考證等等。這些成果，都是中國古代《山海經》研究的重要成果。然而，本次輯撰，以歷代傳統注釋爲限，其他形式的成果限於體例，未予收録。遺憾之餘，期待另有機會予以彌補。

需要特别説明的是，歷代《山海經》注釋涉及面非常之廣，所引經、史、子、集及其他文獻典籍數量衆多。余也不敏，加之學識有限，在輯撰過程中，理解或句讀之誤在所難免，敬希讀者方家不吝指正，是爲謝。

周　明

二〇一七年八月二十八日

輯撰説明

一、版本

本次輯撰，《山海經》十八卷正文及晋郭璞注釋部分，以影印宋淳熙七年池陽郡齋尤袤刻本《山海經傳》爲底本。其他注釋，明楊慎《山海經補注》一卷，采用清光緒元年湖北崇文書局刻本；明王崇慶《山海經釋義》十八卷，采用明萬曆二十五年大業堂刻本；清吴任臣《山海經廣注》十八卷，采用清乾隆五十一年金閶書業堂刻本；清汪紱《山海經存》九卷，采用光緒二十一年立雪齋石印本；清畢沅《山海經新校正》十八卷，采用清光緒三年浙江書局據畢氏靈巖山館本校刻本；清郝懿行《山海經箋疏》十八卷，采用清同治四年郝聯薇《郝氏遺書》刊本；清俞樾《讀山海經》一卷，采用《春在堂全書》清光緒九年重訂本。

二、段落

本次輯撰，依宋本《山海經傳》原書校訂段落爲準，不另據内容再行分段。因此單條文字，與宋以後版本分段有所不同。其注釋部分，亦與現行諸本行文及注釋順序有所差异。

三、標識

本次輯撰所輯各家注釋，采用縮語加魚尾符標識。郭璞《山海經傳》標識爲【郭注】，楊慎《山海經補注》標識爲【補注】，王崇慶《山海經釋義》標識爲【釋義】，吴任臣《山海經廣注》標識爲【廣注】，汪紱《山海經存》標識爲【汪存】，畢沅《山海經新校正》標識爲【新校正】，郝懿行《山海經箋疏》標識爲【箋疏】，俞樾《讀山海經》標識爲【俞讀】。另有少量輯撰者本人的案語，標識爲【明案】。

四、集釋順序

本次輯撰，同一條正文之下有多條注釋時，以作者所處時代先後爲序；同一朝代的作者注釋，以作者出生年份先後爲序。輯撰者本人案語，列於最後。

五、异體字

由於作者所處時代不同，各家釋文中存在大量异體字。本次輯撰，將能够基本統一的通行异體字進行統一，如皷、鼔統一改爲鼓，崑崙統一爲昆侖，栢改爲柏，毘改爲毗，並改爲并，鴈改爲雁，羣改爲群，畧改爲略，遊改爲游，等等。

六、避諱字

漢以後學者行文，有避本朝皇帝名諱而改字的傳統，典型者如劉向父子整理《山海經》時，避漢景帝劉啓名諱，改經文夏后啓爲夏后開。清代學者在作《山海經》注釋時，亦沿襲這種傳統，如吴任臣作《山海經廣注》，避康熙帝玄燁名諱，改玄字爲元字，將書名《玄中記》改爲《元中記》，神名玄冥改爲元冥等；郝懿行作《山海經箋疏》，避乾隆帝弘歷名諱，改地名弘農爲宏農，等等。本次輯撰，將吴氏、郝氏注釋部分涉及的避諱元、宏二字，統一改回本字，并未一一註明。

七、同文异字

不同注釋者在引用同一史料時，或因所見版本不同，時常出現同文异字現象，如吴任臣注引《楚辭》『十日代出，流金爍石』句，畢沅注引同書作『十日并出，流金鑠石』。這種情況，在各條注釋中多處出現。爲保持各注釋者原書原貌，本次輯撰，不作校勘訂正。

八、同書异名

與前條類似，同爲一書，但不同作者在引用時標注的書名并不一致，如《楚辭》，另作《楚詞》；《周書·王會》，另作《逸周書·王會解》或《周書·王會篇》等等。本次輯撰，亦不作書名統一。

九、隨文夾注

本次輯撰所輯注釋，常有需要輯撰者予以説明之處。這些説明，按理應入輯撰案語，但本次輯撰，以前人注釋爲要，故弱化案語，作了一些隨文夾注。這些隨文夾注，加括號予以標識，如《國名記》作《（路史·）國名記》、《談薈》作《（玉芝堂）談薈》、《地理志》作《（漢書·）地理志》等等，以方便讀者閲讀，并不另在案語中説明。

十、删節

古人注釋引用前人著述，常常僅取其大意，故釋文與所引原文常有出入。加之某些注釋條目，同類資料堆砌，如吴任臣《山海經廣注》中廣受批評的泛濫之失即是如此。本次輯撰，也曾對某些注釋作了部分删節，但爲了使閲讀流暢且節省篇幅，未使用删節號加以標識。因此，如讀者需引用本書所輯注釋，敬希核對原文。

十一、插图

明清學者注釋《山海經》，偶有附圖，如明王崇慶《山海經釋義》、清吴任臣《山海經廣注》、汪紱《山海經存》均有數十幅插圖隨文刊行。然這些插圖多爲民間畫坊畫工所爲，想當然成分居多，且畫功笨拙簡陋，距史傳《山海圖》形意甚遠。本次輯撰，弃之不用。

十二、**附録**

爲便於讀者瞭解古代各注家的學術觀點及著作背景，特選取歷代《山海經》注釋者或校訂整理者之前言後序共十篇作爲附録列於書後。這些附録多數係首次整理出版，僅作直録句讀，不作注釋。

周　明

二〇一七年八月二十八日

南山經[一] 第一

[一]【汪存】所載大概皆南海以北、大江以南之山川。【新校正】此（劉）秀所題也，後同。

《南山經》之首，曰[一]䧿山[二]。其首曰招摇之山[三]，臨于西海之上，多桂[四]，多金玉。有草焉[五]，其狀如韭[六]而青花，其名曰祝餘[七]，食之不飢。有木焉，其狀如穀而黑理[八]，其華四照[九]，其名曰迷穀[十]，佩之不迷[十一]。有獸焉，其狀如禺而白耳[十二]，伏行人走，其名曰狌狌，食之善走[十三]。麗𪊨之水出焉[十四]，而西流注于海，其中多育沛[十五]，佩之無瘕疾[十六]。

[一]【汪存】此六字疑後人所加。後仿此。【新校正】此《南山經》及下《南次二經》之類，是古本篇名，禹所題也。又曰《山海經》之名，未知所始。今案《五臧山經》，是名《山經》，漢人往往稱之；《海外經》已下，當爲《海經》。合名《山海經》，或是向、秀所題。然《史記·大宛傳》司馬遷已稱之，則其名久也。

[二]【補注】舊本作䧿，近刻本改作鵲，此等古字宜存之。【廣注】今本作鵲，《三才圖會》有鵲山之神，即此山也。【汪存】言䧿山之首，别名招摇之山也。【新校正】任昉《述异記》作雀山。【箋疏】《文選》注王巾《頭陁寺碑》引此經作鵲山。

[三]【郭注】在蜀伏山山南之西頭，濱西海也。【釋義】既曰鵲山，又曰其首曰招摇之山，是一山而二名，或兩山相并也。【廣注】任昉《述异記》曰：『招摇山，一名鵲山。』【汪存】蜀之西南，未及濱海。【新校正】《大荒西（東）經》曰：『有招摇山，融水出焉。』即此。又：蜀伏山未詳，或當爲蜀汶山。又高誘注《吕氏春秋》招摇曰：『山名，在桂陽。』【箋疏】《大荒東經》有招摇山，融水出焉，非此。又：伏，疑汶字之訛。《史記·封禪書》云：『瀆山，蜀之汶山也。』《（三國志·）

蜀志·秦宓傳》云：『蜀有汶阜之山，江出其腹。』皆是山也。

［四］【郭注】桂葉似枇杷，長二尺餘，廣數寸，味辛，白花，叢生山峰，冬夏常青，間無雜木。《呂氏春秋》曰：『招摇之桂。』【廣注】《(周書·)王會解》『自深桂』注：『自深，南蠻也。』《楚辭》：『嘉南州之炎德兮，麗桂樹之冬榮。』《山海經圖贊》曰：『桂生南裔，拔萃岑嶺。廣莫熙葩，凌霜津穎。氣王百藥，森然雲挺。』【汪存】桂有數種。有葉似枇杷、長尺餘、廣數寸者，有葉似柿葉者。其皮甘辛而香，皆入藥用，所謂肉桂、菌桂也。今出廣西桂林以西，南及雲南蒙自及交趾國，甚珍貴。又有葉似凍青者，曰巖桂，即木犀也，中國皆有之。【箋疏】《爾雅》云：『梫，木桂。』郭注與此同。

［五］【新校正】草，本字本作艸，經典多借草字爲之，假音也。

［六］【郭注】璨曰：『韭，音九。』《爾雅》云：『藿山亦多之。』【新校正】《爾雅》：『藿，山韭。』字作藿。

［七］【郭注】或作桂茶。【廣注】《駢雅》曰：『祝餘，療飢草也。』徐氏《蹇修賦》云：『采石蕈以夕春兮，羞祝餘以鼂餔。』《(山海經)圖贊》云：『祝茶嘉草，食之不飢。』即此。【汪存】祝餘，一作桂茶。此未詳何物。【箋疏】桂，疑當爲柱字之訛。柱茶、祝餘，聲相近。【俞讀】桂字當爲柱字之誤，祝與柱一聲之轉。《周禮·(天官·)瘍醫》注曰：『祝，當爲注，讀如注病之注。』柱與注並從主聲，祝得讀如注，故亦通作柱。祝餘或作柱茶，乃古文聲近假借之恒例。俗人不察，以其言草輒改柱爲桂，失之矣。

［八］【郭注】榖，楮也，皮作紙。璨曰：『榖，亦名構。』名榖者，以其實如榖也。【汪存】榖，構也，皮可作紙。【箋疏】陶宏景注《(神農)本草經》云：『榖，即今構樹是也。』榖、構古同聲，故榖亦名構。

［九］【郭注】言有光焰也。若木華赤，其光照地，亦此類也，見《離騷經》。【廣注】《韵府群玉》云：『即若草木，其光四照。』本此。【汪存】若木亦桑類。榖亦似桑，不花而實。實似椹而大，色赤如花也。此蓋亦榖類，但黑理爲异耳。【箋疏】若木，見《離騷經》；若木華赤，見《大荒北經》；其華照地，見《淮南子》。

［十］【廣注】吴淑《木賦》：『迷榖四照之异，文玉五色之奇。』《駢雅》曰：『迷榖四照，楊榣七脊。』

［十一］【汪存】言服其花能明目也。

［十二］【郭注】禺，似獼猴而大，赤目長尾，今江南山中多有。説者不了此物，名禺，作牛字，圖亦作牛形；或作猴，皆失之也。禺字音遇。【新校正】《説文》云：『禺，母猴屬，頭似鬼。』【箋疏】《説文》云：『蝯，善援，禺屬。』又云：『禺，

猴屬，獸之愚者也。」郭注幾言圖者，皆謂此經圖象然也。

［十三］【郭注】生生，禺獸，狀如猿，伏行交足，亦此類也。見《京房易》。【汪存】《（禮記・）曲禮》：『猩猩能言，不離禽獸。』猩猩即狌狌也。【廣注】《淮南萬畢術》曰：『婦終知來，狌狌知往。』《（周書・）王會解》：『州靡費費、都郭、生生。』即狌狌也。《太微經》曰：『狌染鹵於酒，忘其努取。』《（山海經）圖贊》曰：『狌狌似猴，走立行伏。櫰木挺力，少辛明目。蜚廉迅足，豈食斯肉。』【新校正】狌，省文，當爲猩。《爾雅》作猩猩，云：『小而好啼。』《玉篇》云：『狌，同猩。』

［十四］【郭注】麂音几。【汪存】麗麂之水，疑雲南麗川江。然其水東南流，至交趾入海，非西流也。

［十五］【郭注】未詳。【汪存】育沛，未詳何物。

［十六］【郭注】瘕，蟲病也。【廣注】《（黃帝）内經》：『癥瘕之疾。』【汪存】瘕，腹中病塊也。【新校正】《説文》云：『瘕，久病也。』《玉篇》云：『腹中病也。』【箋疏】郭云蟲病者，《列仙傳》云：『河間王病瘕，下蛇十餘頭。』《史記・倉公傳》云：『蟯瘕。』正義引《龍魚河圖》云：『犬狗魚鳥不孰食之，成瘕痛。』皆與郭義近。

又東三百里［一］，曰堂庭［二］之山［三］。多棪木［四］，多白猿［五］，多水玉［六］，多黃金［七］。

［一］【新校正】《大戴禮》云：『三百步而里。』是古里短於今。《淮南子》云：『堯爲天子，于是天下廣陜、險易、遠近始有道里。』《水經注》云：『廬山有大禹刻石，志其丈尺里數也。』【箋疏】《（尚書・）禹貢》五服皆言里數。里，地之數，蓋始於禹。

［二］【郭注】（堂）一作常。【新校正】李善注《文選》引作重。【箋疏】《文選》注《上林賦》引此經正作常。

［三］【汪存】此古人所圖，謂在誰山之東約三百里也。凡此道里及山名，今皆難以悉案。

［四］【郭注】棪，别名連，其子似奈而赤，可食，音剡。【廣注】《爾雅》：『棪，槤其。』【汪存】奈，今林禽、蘋果之類。或以爲桃類，誤也。【箋疏】（郭注）連，當爲速字之訛。《爾雅》云：『棪，槤其。』郭注同。

［五］【郭注】今猿似獼猴而大臂，脚長便捷，色有黑有黄，鳴其聲哀。【廣注】《（山海經）圖贊》曰：『白猿肆巧，由基撫弓。應眄而號，神有先中。數如循環，其妙無窮。』【汪存】猿似猴而長臂長脚，便捷善援木，常木栖。有黄、黑二色，其聲哀嘯。今閩、廣、交、雲深山皆有之，而鮮白者。【新校正】猿當爲蝯，見《説文》。《玉篇》云：『猿，俗字。』

［六］【郭注】水玉，今水精也。（司馬）相如《上林賦》曰：『水玉、磊砢，赤松子所服。』見《列仙傳》。【廣注】玻璃，亦名水玉。《（山海經）圖贊》曰：『水玉沐浴，潛映洞淵。赤松是服，靈蜕乘煙。吐納六氣，升降九天。』【汪存】今水晶也。【箋疏】《廣雅》云：『水精，謂之石英。』張揖注《上林賦》云：『水玉，水精也。』《列仙傳》云：『赤松子服水玉以教神農。』并郭所本。

［七］【廣注】《説文》：『五金，黄爲之長。』《地鏡圖》云：『黄金之氣，赤夜有光。』

又東三百八十里，曰猨翼之山［一］。其中多怪獸，水多怪魚［二］，多白玉［三］，多蝮虫［四］，多怪蛇，多怪木，不可以上［五］。

［一］【補注】言此山險而難登，猨亦須翼，諺所謂胡孫愁也。【新校正】猨亦當爲蝯。《玉篇》云：『蝯亦作猨。』【箋疏】《初學記》二十七卷引此經作稷翼之山。

［二］【郭注】凡言怪者，皆謂見狀倔奇不常也。《尸子》曰：『徐偃王好怪，没深水而得怪魚，入深山而得怪獸者，多列於庭。』

［三］【箋疏】《（禮記·）玉藻》云：『天子佩白玉。』《藝文類聚》八十三卷引《廣志》曰：『白玉美者，可以照面，出交州。』

［四］【郭注】蝮虫，色如綬文，鼻上有針，大者百餘斤，一名反鼻。虫，古虺字。【廣注】《楚辭》『蝮蛇蓁蓁』是也。蝮大而虺小。【汪存】其喉能大能小，善吞。鼓其氣則頸大於首而匾，俗謂之老鴉薄，最毒。【新校正】《説文》云：『虫，一名蝮。』虺以注鳴，二字不同，郭失之。【箋疏】蝮、虺，見《爾雅》及注。色如綬文，見《北山經》大咸之山注。【俞讀】《説文》：『虫，一名蝮。蝮，虫也。』是蝮與虫同物，不必言虫也。疑古本止作多蝮，或作多虫，而寫者誤合之耳。下文言蝮虫者同此。郭注以虫爲古虺字，非是。

[五]【汪存】言險峻不可登也。

又東三百七十里，曰杻陽[一]之山。其陽多赤金[二]，其陰多白金[三]。有獸焉，其狀如馬而白首，其文如虎而赤尾，其音如謠[四]，其名曰鹿蜀[五]，佩之宜子孫[六]。怪水出焉[七]，而東流注于憲翼之水。其中多玄龜，其狀如龜而鳥首虺尾[八]，其名曰旋龜[九]，其音如判木[十]，佩之不聾，可以爲底[十一]。

[一]【郭注】（杻）音紐。【箋疏】《玉篇》有㭨陽山。㭨，思計切，疑杻、㭨字形相近。註音紐，亦當爲音細，并字形之訛也。

[二]【郭注】銅也。【廣注】經中銅，自名赤銅。赤金者，紫磨金類，《爾雅》謂之鏐也。【新校正】郭義出《説文》。

[三]【郭注】銀也，見《爾雅》。山南爲陽，山北爲陰。【廣注】《説文》：『鋈，白金也。』【箋疏】《説文》云：『銅，赤金也；銀，白金也。』《爾雅》云：『白金謂之銀。』是皆郭注所本。然案之此經，理有未通。《西山經》云：『羭次之山，其陰多赤銅。』《中次九經》云：『玉山，其陽多銅，其陰多赤金。』明赤金與銅非一物矣。又經内銀與白金叠出分見，綜諸經之文，白金與銀爲二物審矣。《説文》云：『鋈，白金也。』《爾雅》云：『金美者謂之鏐。』郭注云：『鏐，即紫磨金。』寇宗奭《本草衍義》云：『顆塊金，其色深赤。』然則此經赤金即紫磨金，白金即鋈矣，郭氏并誤注。

[四]【郭注】如人歌聲。【新校正】謠，當爲䍃，見《説文》。【明案】《説文》卷三上曰：『䍃，徒歌，從言、肉，余招切。』段玉裁注引《釋樂》曰：『徒歌曰謠。』

[五]【廣注】《駢雅》曰：『鹿蜀，虎文馬也。』又《五侯鯖》云：『鹿蜀，祖陽山獸。』（祖爲）杻字之訛也。

[六]【郭注】佩，謂帶其皮尾。【廣注】『《（山海經）圖贊》曰：『鹿蜀之獸，馬質虎文。攘首吟鳴，矯足騰群。佩其皮尾，子孫如雲。』

[七]【汪存】今貴州有啞泉、毒泉，蓋怪水之類。其憲翼稷翼，殆盤江歟？

[八]【郭注】虺尾銳。

[九]【廣注】《本草拾遺》曰：『鶚龜生南海，狀如龜，二三尺，兩目在側如鶚。』李時珍釋云：『《山海經》旋龜，鳥首虺尾，乃此類也。』又《嶺南异聞》言：『海龜，鷹首鷹吻，大者方徑丈。』其形狀亦與此類。《駢雅》曰：『旋龜鳥首，奄龜鵝首。』皆水族也。《（山海經）圖贊》云：『聲如破木，號曰旋龜。修辟似黽，厥鳴如鴟。人魚類鯑，出於洛伊。』

[十]【郭注】如破木聲。

[十一]【郭注】底，躪也；爲，猶治也。《（春秋）外傳》曰：『疾不可爲。』一作疷，猶病愈也。【汪存】玳瑁亦龜類，其甲可飾器物，或此所謂可以爲底也。【新校正】《説文》云：『疷，病也。』爲疷，則治使愈也。【箋疏】底同胝，音竹施切。《文選·難蜀父老》注引郭氏《三蒼解詁》云：『胝，躪也。』一作疷者，《爾雅·釋詁》云：『疷，病也。』爲疷，則治病使愈，故云猶病愈矣。【俞讀】（郭注）前一説是也。躪，當作蹢，乃傳寫之誤。《文選·難蜀父老》注引郭璞《三倉解詁》曰：『胝，蹢也。』此注正與彼同。郭意底即胝之假字也。蹢者，繭之後出字。《漢書·禹貢傳》（顔）師古注曰：『胝，繭也。』古字止作繭，後從足作蹢。因誤爲躪，非其義矣。至後一説，義所未詳。《説文》無疷字，但有疧。從氏、從氐，音不相同。疧字訓病，亦不得云病愈，又何治爲？是後一説非也。

東三百里，曰柢山[一]。多水，無草木。有魚焉，其狀如牛[二]，陵居，蛇尾有翼。其羽在魼下[三]，其音如留牛[四]，其名曰鯥[五]，冬死而夏生[六]，食之無腫疾[七]。

[一]【郭注】（柢）音蔕。【廣注】一作袛山。【汪存】柢音帝，又音帶。

[二]【新校正】《博物志》云：『牛魚，目似牛，形如犢子。剥皮縣之，潮水至則毛起去。』又楊孚《臨海水上記》云：『魚牛象獺，大如犢子，毛青黃色。其毛似氈，知潮水上下。』見《初學記》。【箋疏】郭氏《江賦》云：『潛鵠魚牛。』李善注引此經云：『魚牛，其狀如牛。』今本魚下無牛字。

[三]【郭注】（魼）亦作脅。【汪存】魼，音胠。羽，謂翼也。魼，脅也，言其翼在脅下也。【新校正】當爲胠。《説文》：『魼，

魚也。』此假音字。【箋疏】《説文》云：『胠，亦下也。』《廣雅》云：『胠，脅也。』經作鲑者，蓋同聲假借字。又：胠有脅音，本聲同之字，故胠亦作脅。【俞讀】鲑，當作胠。《説文》：『胠，亦下也。』即今腋字。腋下謂之胠，與脅相近。《廣雅·釋親》：『胠，脅也。』是胠之與脅古得通稱，故胠亦作脅也。後人以其言魚，變而從魚，失其義矣。

[四]【郭注】《莊子》曰：『執犂之狗』，謂此牛也。《穆天子傳》曰：『天子之狗執虎豹。』【汪存】留牛，犂牛也。留、犂音近而通用之。【箋疏】經作留牛，郭引《莊子》執犂之狗，謂此牛也，是留牛當爲犂牛。《東山經》首説鱅鱅之魚，其狀如犂牛。郭云：『牛似虎文者。』然則留牛當爲犂牛審矣。今本《莊子·天地篇》作執狸之狗。釋文云：『一云執留之狗。』郭又引作執犂之狗，是《莊子》本并無正文。犂、貍、留，俱聲有通轉。【俞讀】狗能執鼠，不能執牛，郭義難曉。不如竟以《東山經》之犂牛説之爲得也。（留）字亦作驑。《戰國（策·）魏策》曰：『驑牛之黄也，似虎。』

[五]【郭注】音六。【廣注】《（山海經）圖贊》云：『魚號曰鲑，處不在水。厥狀如牛，鳥翼蛇尾。隨時隱見，倚乎生死。』又《江賦》：『鯪鲑跂踞於垠隒。』又曰：『潛鵠魚牛』，亦鲑也。【新校正】此字《説文》所無。凡篆所不著者，非先秦書本字。疑古作陸，以陵居名之。

[六]【郭注】此亦蟄類也。謂之死者，言其蟄無所知，如死耳。【汪存】蓋冬蟄如死也。

[七]【廣注】《淮南子》云：『下氣多尰。』【汪存】腫，足病也。【箋疏】《説文》云：『腫，癰也。』

又東四百里，曰亶爰之山[一]。多水，無草木，不可以上[二]。有獸焉，其狀如狸而有髦，其名曰類[三]，自爲牝牡，食者不妬[四]。

[一]【郭注】亶，音蟬。【廣注】武林江暉著《亶爰集》，取此。

[二]【郭注】言崇峭也。

[三]【郭注】類或作沛；髦或作髮。【補注】今雲南蒙化府有此獸，土人謂之香髦，具兩體。【廣注】《列子》曰：『亶爰之獸，自孕而生曰類；河澤之鳥，視而生曰鶂。』【汪存】《莊子》云：『類自爲雌雄而化。』李時珍云：『見有作《二十八宿圖》

者，其心月狐具雌雄二器。』《離騷》有『乘赤豹、駿文貍』之句，或此類也。【新校正】陸德明《莊子音義》引作師類。

【箋疏】《莊子·天運篇》釋文引此經作：『其狀如狸而有髮，其名曰師類』，蓋即郭所見本也。師，疑沛字之訛。

〔四〕【郭注】《莊子》亦曰：『類，自爲雌雄而化。』今貆猪亦自爲準雄。【廣注】陳藏器曰：『靈猫生南海山谷，狀如貍，自爲牝牡。』《异物志》云：『靈貍一體，自爲陰陽。』劉鬱《西域記》云：『黑鬬丹出香狸，文似土豹。』段成式言：『香狸有四外腎，自能牝牡。』詳考諸説，則類爲靈貍無疑也。《（山海經）圖贊》云：『類之爲獸，一體兼二。近取諸身，用不假器。窈窕是佩，不知妒忌。』【新校正】《列子·天瑞》云：『亶爰之獸，自孕而生，曰類。』【箋疏】類爲靈貍無疑也。類、貍聲亦相轉。

又東三百里，曰基山[一]。其陽多玉，其陰多怪木。有獸焉，其狀如羊，九尾四耳，其目在背，其名曰猼訑[二]，佩之不畏[三]。有鳥焉，其狀如鷄而三首六目、六足三翼，其名曰鵸䳜[四]，食之無卧[五]。

〔一〕【新校正】《呂氏春秋·本味篇》：『伊尹曰：箕山之東，青島之所，有甘櫨焉。』基同箕。青島，即下青邱是也。

〔二〕【郭注】博、施二音。施，一作陁。【廣注】《玄覽》作䍸䍦，《字彙》作䍸䍫，《讀書考定》作縛訑，《駢雅》曰：『羊九尾而四耳，曰猼訑。』又《事物紺珠》云：『䍸䍫似羊，九尾四目。』《匯雅》曰：『䍸似羊，四耳無尾，目附於背。』《五侯鯖》云：『猼訑，墓山獸。』互有异同，皆誤也。《（山海經）圖贊》曰：『猼訑似羊，眼反在背。視之則奇，推之無怪。若欲不恐，厥皮可佩。』《篇海父》云：『狛似羊，四耳九尾，目附於背。』即此獸。【新校正】《説文》、《玉篇》無猼字。《玉篇》有䍸䍫，《廣韵》作䍸。

〔三〕【郭注】不知恐畏。【汪存】使人大膽也。【箋疏】此亦羊屬，唯目在背上爲异耳。《説文》祋字注云：『城郭市里，高縣羊皮以驚牛馬，曰祋。』《（神農）本草經》云：『羖羊角，主辟惡鬼虎狼，止驚悸。』并與此經合。

〔四〕【郭注】鵸䳜急性。敞、孚二音。【廣注】《駢雅》曰：『鵸䳜六足，鶺鵌三首。』《玄覽》云：『鵸䳜六足而三首，或作鷩䳜。』《廣雅》曰：『南方有鳥焉，三首六目，六足三翼，其名曰鷩䳜。』《（山海經）圖贊》云：『鳥首䏶尾，其名旋龜。䳜䳜六足，二翅并翬。』又《事物紺珠》載：『𪂹䳜，三首六目，六翼六足。』與此鳥差類。【新校正】明藏經本作尚付，敞、孚二音。【箋疏】䳜，蓋鵂字之訛。（郭）注敞，亦敝字之訛也。《玉篇》作鵂䳜，《廣雅·釋地》本此文作鷩䳜可證。然郭云鵂䳜急性，亦訛也。《方言》云：『憋，惡也。』郭注云：『憋怤，急性也。』憋怤、鵂䳜，字异音同。然則此注當云讀如憋怤急性，今本疑有脱誤。

[五]【郭注】使人少眠。

又東三里，曰青丘之山[一]。其陽多玉，其陰多青雘[二]。有獸焉，其狀如狐而九尾[三]，其音如嬰兒[四]，能食人，食者不蠱[五]。有鳥焉，其狀如鳩，其音若呵[六]，名曰灌灌[七]，佩之不惑[八]。英水出焉，南流注于即翼之澤[九]。其中多赤鱬[十]，其狀如魚而人面[十一]，其音如鴛鴦[十二]，食之不疥[十三]。

[一]【郭注】亦有青丘國，在海外。《水經》云：『即《上林賦》云：秋田於青丘。』【廣注】《淮南子》『堯繳大風於青丘之澤』，劉峻《辨命論》『大風立於青丘』，唐《昭仁寺碑》『大風之作梗青丘，有苗之稱亂丹浦』，王勃《九成宮頌》『命繳青丘桃野，見其亡之兆』，即斯地也。【新校正】青邱，即《吕氏春秋·本味篇》伊尹云青島。服虔注《子虛賦》曰：『青邱國，在海東一百里。』《（海内）十洲記》云：『長洲，一名青邱，在南海辰巳之地，地方各五千里。』去岸二千五百里者非。杜光庭《岳瀆名山記》云：『瀛洲在東海，一名青邱。』【箋疏】《史記·司馬相如傳》正義引郭注云：『青丘，山名，上有田，亦有國，出九尾狐，在海外。』又引服虔云：『青丘國在海東三百里。』并見《海外東經》，非此也。郭引《水經》，今無考。

[二]【郭注】雘，黝屬，音瓠。【廣注】《尚書大傳》：『青丘出青雘。』今石青、白青之屬。《六書索隱》云：『善丹曰雘，從丹；善青曰雘，從青。』【新校正】顔師古注《漢書》曰：『青雘，空青也。』【箋疏】雘，當爲臒。《説文》云：『臒，善

丹也。』《初學記》五卷引此經正作臒，《文選》注《赭白馬賦》引此注亦作臒。

[三]【郭注】即九尾狐。【廣注】《孝經援神契》：『德至鳥獸，則狐九尾。』《田俅子》曰：『殷湯爲天子，白狐九尾。』《孫氏瑞應圖》曰：『王者不傾於色，則九尾狐至。』又曰：『王法修，明三才，得所見九尾狐至。』《春秋運斗樞》云：『璣星得則狐九尾。』《呂氏春秋》：『禹行塗山，有白狐九尾造於禹。』【新校正】《竹書紀年》云：『帝少康八年征於東海及三壽，得一狐，九尾。』《周書·王會解》云：『青邱狐九尾。』【箋疏】郭注《大荒東經》青丘國九尾狐云：『太平則出而爲瑞。』此經云能食人，則非瑞應獸也。且此但言狀如狐，非即真狐，郭云即九尾狐，似誤。

[四]【新校正】《倉頡篇》云：『女曰嬰，男曰兒。』【明案】據郝氏《箋疏》，此《倉頡篇》文爲《玉篇》所引。

[五]【郭注】噉其肉，令人不逢妖邪之氣。或曰：蠱，蠱毒。【汪存】食其肉，能避邪媚之惑。【箋疏】《説文》云：『蠱，腹中蟲也。』引《春秋傳》曰：『皿蟲爲蠱，淫溺之所生也。梟桀死之鬼亦爲蠱。』郭引或曰蠱，蠱毒者，《秋官》庶氏掌除毒蠱。又南方造蠱毒，有蛇蠱、金蠶蠱也。經云食此獸者不蠱，蓋亦秦人以狗禦蠱之義，見《史記·秦本紀》。【俞讀】（郭注）二説皆非，是蠱乃病名。《（黄帝）内經·玉機真藏論》：『脾傳之腎，病名曰疝瘕，少腹寃熱而痛，出白，一名曰蠱。』

[六]【郭注】如人相呵呼聲。【廣注】班鳩，一名祝鳩，又名鶉鳩。其小者曰荆鳩，曰楚鳩。鳩之子曰鶉鳩，曰役鳩，曰糠鳩，名類不一。

[七]【郭注】或作濩濩。【廣注】《駢雅》曰：『灌灌，鳩屬也。』《（山海經）圖贊》曰：『厥聲如訶，厥形如鳩。佩之辨惑，出自青丘。』又陶潛詩：『青丘有奇鳥，自言獨見爾。本爲迷者生，不以喻君子。』【新校正】《呂氏春秋·本味篇》伊尹曰：『藿之炙。』高誘注曰：『藿藿，鳥名，其形未聞。』藿，一作獲，案經即此鳥也。【箋疏】藿與灌、獲與濩，俱字形相近，即此鳥明矣。

[八]【箋疏】陶潛《讀山海經》詩云：『青丘有奇鳥，自言獨見爾。本爲迷者生，不以喻君子。』

[九]【汪存】此蓋大庾嶺南流之水入牂牁者也。【箋疏】英，《玉篇》作渶，云：『水出青丘山。』

[十]【郭注】（鱬）音懦。【廣注】《（山海經）圖贊》云：『赤鱬之物，魚身人頭。』劉會孟曰：『磁州亦有孩兒魚，四足長尾，聲如嬰兒啼，其膏然之不滅。』據劉所説，乃鯑魚也。【汪存】蓋亦蟲虫之類。【新校正】鱬，當爲鰢。《呂氏春秋·本味篇》

伊尹曰：『魚之美者，洞庭之鮞。』高誘曰：『鮞，魚名，一云魚子。』《說文》云：『鮞，魚之美者。東海之鮞，讀若而。』

［十一］【新校正】凡云人面者，略似人形。

［十二］【廣注】鴛鴦，《古今注》謂之匹鳥，《涅槃經》謂之婆羅迦鄰提。或曰：雄鳴曰鴛，雌鳴曰鴦。又鸂鶒，一名紫鴛鴦。

［十三］【郭注】一作疾。【廣注】《說文》：『疥，搔也。』又疥與痎通，小瘧也。

又東三百五十里，曰箕尾之山［一］。其尾踆于東海［二］，多沙石。汸水出焉［三］，而南流注于淯［四］，其中多白玉。

［一］【箋疏】《玉篇》作箕山，無尾字。

［二］【郭注】踆，古蹲字，言臨海上，音存。【汪存】此南海濱極東之山也。踆于東海，臨海若蹲踞然也。東海，東南海，大約閩、廣之間。【新校正】古文無踆字。踆當爲夋，《說文》云：『倨也。』

［三］【郭注】（汸）音芳。【箋疏】《玉篇》作滂，音與郭同。

［四］【郭注】音育。【廣注】《水經》：『淯水出弘農盧氏縣攻離山。』《（元豐）九域志》：『金州洵陽縣有淯水。』【汪存】此蓋潮、惠間水也。淯未詳，或當作海。【新校正】此水未詳，非出盧氏之淯。

凡䧿山之首，自招摇之山，以至箕尾之山，凡十山，二千九百五十里［一］。其神狀，皆鳥身而龍首［二］。其祠之禮毛［三］。用一璋玉瘞［四］，糈用稌米［五］。一璧，稻米［六］，白菅爲席［七］。

［一］【汪存】此總上言之，曰䧿山之首。自招摇之山，以至箕尾者，是此十山皆䧿山脉也。其曰又東若干里云云者，道里皆未能悉考，蓋總可名䧿山。約自今川南、夜郎以東，凡五嶺，山脉東南行海上者，皆是。而山川古今异名，西南荒僻，

是以難合耳。【箋疏】今才九山，二千七百里。若連誰山計算，正得十山，但誰山雖標最目，其文俄空，當有闕脱。

[二]【汪存】其神之狀，蓋祭山之尸爲此狀。如《周禮》方相氏蒙熊皮，黄金四目，執戈揚盾。及蔡邕謂祭蜡迎猫者爲猫尸，迎虎者爲虎尸之類是也。【箋疏】《北堂書鈔》一百三十三卷引此經作人身。

[三]【郭注】言擇牲取其毛色也。《周官》曰：『陽祀用騂牲之毛。』【汪存】毛者，用牲擇選毛色也。《周禮》陽祀用騂，此蓋騂牲也。【箋疏】（郭注）之毛，當爲毛之，見《（周禮・）地官・牧人職》。

[四]【郭注】半圭爲璋。瘞，埋也。【汪存】《周禮》以赤璋禮南方。

[五]【郭注】糈，祀神之米名，先吕反。今江東音所，一音壻。稌，稌稻也，他覩反。糈或作疏，非也。【廣注】《詩》云：『豐年多黍多稌』，《（禮記・）内則》：『牛宜稌。』今之糯稻。【新校正】糈，當爲稰。《説文》云：『稰，祭具也。』【箋疏】《離騷》云：『巫咸將夕降兮，懷椒糈而要之。』故知糈，祀神之米名也，或音所、音壻，并方俗聲轉。其字或作疏，亦字隨音變也。稌、稻，見《爾雅》。疑此注衍一稌字。

[六]【汪存】『一璧稻米』四字疑衍。

[七]【郭注】菅，茅屬也，音間。【箋疏】《太平御覽》七百九卷引此文作白蒲。又：《爾雅》云：『白華野菅。』《廣雅》云：『菅，茅也。席者，藉以依神。』《淮南（子・）説山訓》云：『巫之用糈藉。』高誘注云：『糈米所以享神。藉，菅茅。』是享神之禮，用菅茅爲席也。

【新校正】右《南山經》，古本爲第一篇，（劉）秀所合也。

《南次二經》之首，曰柜山[一]。西臨流黄[二]，北望諸毗，東望長右[三]。英水出焉，西南流注于赤水[四]。其中多白玉[五]，多丹粟[六]。有獸焉，其狀如豚，有距[七]；其音如狗吠，其名曰狸力[八]，見則其縣多土功。有鳥焉，其狀如鴟而人手[九]，其音如痺[十]，其名曰鴸[十一]，其鳴自號也，見則其縣多放士[十二]。

［一］【郭注】（柜）音矩。

［二］【箋疏】即流黄辛氏國也，見《海内經》。

［三］【郭注】（流黄、諸毗、長右）皆山名。【汪存】諸毗有二，大約皆澤名。此惟長右爲山名耳。【新校正】《廣雅》：『諸毗，池。』曹憲：『毗，音符夷。』

［四］【汪存】此又一英水，與青邱之英水同名者也。今貴州有赤水北流入江，又雲南之外亦有赤水入河。又：柜山、英水，要當在（湖南）沅靖、貴（州）播思黎之間也。

［五］【郭注】《尸子》曰：『水方折者有玉，員折者有珠。』

［六］【郭注】細丹砂如粟也。【廣注】雷斆曰：『白庭砂，如帝珠。』于許《大蘇頌》曰：『辰砂，小者如石榴子，皆丹粟也。』張衡《南都賦》：『緑碧紫英，青雘丹粟。』【新校正】即丹沙。粟、沙同音，借爲沙。古無砂字。【箋疏】《周書・王會篇》云：『卜人以丹沙。』張衡《南都賦》云：『青雘丹粟。』

［七］【汪存】距，足爪也。【箋疏】《説文》云：『距，鷄距也。』

［八］【廣注】《駢雅》云：『狸力，距豚也。』【箋疏】郭注有『一作貍刀』四字，諸本俱無，吴氏本（《廣注》）有。

［九］【郭注】其脚如人手。鴟，音處脂反。【廣注】《篇海》云：『鴸鳥，鴟目人首。』《事物紺珠》亦云：『鴸身如鴟，人面人掌。』【箋疏】鴟，《玉篇》作鵄。又：鴟有三種，具見《爾雅》。手，《廣韵》作首，非。

［十］【郭注】未詳。【廣注】《字彙》：『痺，音脾，鳥名，鵪鶉之雌者。』【汪存】謂其音如有喉病也。或曰音如鵯鴉也。【新校正】疑爲鼙字之假音。【箋疏】《爾雅》云：『鶉之雌者名痺。』【俞讀】畢説非也。痺亦鳥名。《爾雅・釋鳥》：『鵪鶉，其雄鶛，牝痺。』是痺乃鵪鶉之牝者也，其字本當作庳。阮氏《爾雅校勘記》曰：『《釋文》、《唐石經》、單疏本、雪窗本皆作庳，注疏本誤。』今此經作痺，亦誤矣。

［十一］【郭注】音株。【新校正】鴸，見《玉篇》，云：『鳥，似鷄。』

［十二］【郭注】放，放逐，或作效也。【廣注】《（山海經）圖贊》曰：『彗星横天，鯨魚死浪。鴸鳴於邑，賢士見放。厥理至微，言之無况。』又陶潛《讀山海經》詩：『鵃鵝見城邑，其國有放士。念彼懷王世，當時數來止。』或云：鵃鵝當作鴸鵝。黄省曾詩云：『宛彼鴸鳥鳴，放士真堪哀。』即此。【汪存】放士，放棄之士也。

東南四百五十里，曰長右[一]之山[二]。無草木，多水。有獸焉，其狀如禺而四耳，其名長右[三]，其音如吟[四]，見則郡縣大水[五]。

[一]【新校正】《廣韻》引此作長舌。

[二]【汪存】此大約在長沙辰、常數郡之間也。

[三]【郭注】以山出此獸，因以名之。【廣注】《（山海經）圖贊》曰：『長右四耳，厥狀如猴。實爲水祥，見則橫流。彘虎其身，厥尾如牛。』《玄覽》云：『長右也，䍧羚也，四耳之獸也。』《駢雅》云：『狌狌、長右、舉父，皆禺屬也。』

[四]【郭注】如人呻吟聲。

[五]【廣注】郡縣之稱，非三代前語，此爲後人所增。【新校正】《淮南子》云：『夏桀殷紂之盛也，人迹所至，舟車所通，莫不爲郡縣。』則郡縣之名，夏殷有之，不獨周矣。世俗以此疑經，非也。【箋疏】郡縣之制起於周。《周書·作雒篇》及《（春秋·）左氏傳》具有其文。

又東三百四十里，曰堯光之山。其陽多玉，其陰多金[一]。有獸焉，其狀如人而彘鬣，穴居而冬蟄，其名曰猾褢[二]，其音如斲木[三]，見則縣有大繇[四]。

[一]【箋疏】《太平御覽》八百十三卷引此經作克光之山，其陰多鐵。

[二]【郭注】滑、懷兩音。【廣注】褢，古懷字。漢隸《苑鎮碑》『畏威褢德』是也。《駢雅》曰：『猾褢，如人而彘鬣；礜砎，獸身而羊首。』【箋疏】《（太平）御覽》九百十三卷引此經猾褢作猾褱。

[三]【郭注】如人斫木聲。

[四]【郭注】謂作役也。或曰其縣亂。【廣注】《（山海經）圖贊》曰：『猾褢之獸，見則興役。膺政而出，匪亂不適。天下有道，幽形匿迹。』黄省曾《讀山海經》詩：『國邑有大繇，康莊行猾褢。』【汪存】繇音姚。繇，役也。【新校正】高誘注《淮南子》云：『河東謂治道爲繇道。』【箋疏】藏經本作『其縣亂』，無是字。

又東三百五十里，曰羽山[一]。其下多水，其上多雨[二]，無草木，多蝮虫[三]。

[一]【郭注】今東海祝其縣西南有羽山，即鯀所殛處。計此道里不相應，似非也。【釋義】帝舜殛鯀於羽山，不知果此山否？【廣注】《（尚書·）禹貢》注：『羽山在郯城縣七十里。』《十道志》：『羽潭，一名羽池，東有羽山。』《（後漢書·）郡國志》云：『鐘離泳城有羽山。其水恒清，牛羊不飲。』劉會孟曰：『淮安贛榆縣有羽山。』經所紀，未詳是非。【汪存】此羽山非殛鯀之羽山。殛鯀之羽山在淮北、沂海二州之間，此羽山當在南安、贛州之間。

[二]【釋義】蓋山澤通氣，上之雨即下之水也。所謂雲騰而致雨者也。

[三]【郭注】蚖也。【廣注】蚖乃虮之誤，虮即虺字。謂虺名虮，非。【箋疏】《本草·別録》蝮蛇與蚖爲二物，郭以爲蚖即蝮虫，非也。吴氏以蚖爲虮字之誤，虮即虺字，亦非。【俞讀】上文猨翼之山多蝮虫注不云蚖也，何以於此經別釋爲蚖？疑郭氏所據本上文猨翼之山下止作多蝮，此文羽山下止作多虫。上注『虫，古虺字』四字本在此經。因後人傳寫於上經蝮下，誤增虫字。疑郭氏不應捨前而注後，故移此四字入上注耳。郭意上文多蝮，此文多虫。兩經不同，故不從《説文》之説，而以爲古虺字。《説文》：『虺以注鳴。蚖，榮蚖。蛇醫以注鳴者。』是虺、蚖同類之物，故曰蚖也。

又東三百七十里，曰瞿父之山[一]。無草木，多金玉。

[一]【郭注】（瞿）音劬。【汪存】父，音甫。據下句餘之山擬之，則此殆三衢之間也。【箋疏】《玉篇》云：『峧，音父，山名。』蓋父或爲蚥也。但經内諸山以父名者非一，既疑未敢定。又《玉篇》、《廣韵》偏旁之字多後人所加，不盡可從也，

餘多放此。

又東四百里，曰句餘之山[一]。無草木，多金玉。

[一]【郭注】今在會稽餘姚縣南、句章縣北，故此二縣因此爲名云，見張氏《地里志》。【廣注】《逸周書》有句餘，此山以地名也。亢倉言勾越之餘者，非。《（明）一統志》云：『在慈谿西南四十里。』【汪存】今無句章縣，蓋此在剡、嵊之間。【新校正】山在今浙江歸安縣東。【箋疏】劉昭注《（後漢書·）郡國志》會稽郡餘姚句章引此經及郭注與今本同。《晋書·地理志》亦云：『餘姚有句餘山在南。』張氏《地理志》者，此及《西山經》鳥鼠同穴之山注并引之。張氏，張晏也，見《水經注》。

又東五百里，曰浮玉之山[一]。北望具區[二]，東望諸毗[三]。有獸焉，其狀如虎而牛尾，其音如吠犬，其名曰彘，是食人[四]。苕水出于其陰[五]，北流注于具區[六]。其中多鮆魚[七]。

[一]【補注】浮玉山，即金山也。唐明皇改浮玉山爲金山，前人詩云：『天將白玉浮諸水，帝以黄金姓此山。』【廣注】劉會孟曰：『浮玉之山有二。在歸安者爲小浮玉，在孝豐者爲大浮玉，苕水出其陰。』然經云『北望具區』，則山在具區南，非金山明矣。《（明）一統志》：『浮玉山在湖州城南七里玉湖中，巨石如積波，不以水盈縮，故名。』《天目山志》曰：『天目，一名浮玉山，見《山海經》。』疑非是。【汪存】浮玉之山，今徽、嚴之南之山，近瞿父之間者耳。或曰浮梁、玉山二縣以此得名。【箋疏】《水經·沔水》注引此經云云。是酈氏以羅浮山爲此經浮玉山也。《藝文類聚》七卷引謝靈運《羅浮山賦》曰：『得洞經所載羅浮山事云：茅山是洞庭口，南通羅浮。』正與《水經注》合。茅山即會稽山也。《（藝文）類聚》又引《羅浮山記》曰：『羅浮者，蓋總稱焉。羅，羅山也；浮，浮山也。二山合體，謂之羅浮，在增城、博羅二縣之境。』

[二]【郭注】具區，今吴縣西南太湖也，《尚書》謂之震澤。【廣注】《周禮·職方氏》：『揚州，其澤曰具區。』《爾雅（·釋

地）》『十藪』云：『吴越之間有具區。』《吕覽》云：『菜之美者，具區之菁。』陸廣微《吴地記》云：『今吴縣西南太湖中有包山。』《越絶（書）》曰：『太湖周回三萬六千頃，亦曰五湖。』《揚州記》云：『太湖，一名震澤，一名洞庭。』【箋疏】具區，即震澤，揚州藪也。其太湖，乃五湖之總名，揚州浸也，載在《職方》甚明。郭氏此注及《爾雅》『十藪』注并以具區、太湖爲一，非也，説見《爾雅略》。

［三］【郭注】水名。【新校正】《太平寰宇記》云：『烏程縣毗山，在縣東北九里。』案：浮玉山在安吉，則霅水之發源也。【箋疏】諸毗，《廣雅·釋地》作渚𣶏，蓋古字通也。又：諸毗蓋非一山，其水即非一水。此經諸毗，蓋在江南，其西、北二經所説，皆與此异者也。《太平寰宇記》云：『烏程縣毗山，在縣東北九里。』蓋此經所謂諸毗矣。

［四］【廣注】《事物紺珠》曰：『長彘出湖州浮玉山，如猴四耳，虎身牛尾，聲如犬吠。』即斯獸也。《异物匯苑》引經亦作長彘。

［五］【廣注】苕水有兩源。一源出天目山，一源自獨松嶺，合浮玉山水。又：《山海經》所謂苕水也，北經羅浮山而下注於太湖，故言出其陰，入於具區。【汪存】苕水出臨安北，北流入太湖。【新校正】《水經注》云：『即山陰西四十里二谿。』《元和郡縣志》云：『烏程縣苕水，西南自長城、安吉兩縣，東北流至州南，與餘不谿水、苧谿水合，又流入太湖，在州北二十五里。』《太平寰宇記》云：『烏程縣苕谿，在縣南五十步。』又曰：『霅水亦苕水之异名也。』

［六］【廣注】《水經注》曰：『謝康樂云：《山海經》浮玉之山，在句餘東，便是句餘縣之東山，乃應入海。具區，今在餘姚鳥道山北，何由北望具區也？言洞庭南口有羅浮山，高三千六百丈。會稽山，宜直湖南。又有山陰，谿水入焉。山陰縣西四十里，有二谿。東谿廣一丈九尺，冬暖夏冷；西谿廣三丈五尺，冬冷夏暖。二谿北出，行三里，至徐村合成一谿，廣五丈餘而温凉又雜，蓋《山海經》所謂苕水也。北經羅浮山而下注於太湖，故言出其陰，入於具區。』謝言山水微，與今時不合，未足據也。

［七］【郭注】鮆魚，狹薄而長頭，大者尺餘，太湖中今饒之，一名刀魚。（鮆）音祚啓反。【廣注】《爾雅》：『鮤，鱴刀。』是也，即鱭魚。《异物志》云：『是鱭鳥所化，故腹中有鳥胷二枚。』魏武（帝）《食制》謂之望魚，《本草》謂之鱭魚。楊慎《异魚圖贊》：『浮玉之山，北望具區。苕水出焉，中多鮆魚。蝴蝶所化，列蕺長須。』【汪存】鮆魚，形狹長而薄，長頭小鱗，今太湖及浙江中皆有之。【箋疏】《爾雅》云：『鮤，鱴刀。』郭注云：『今之鮆魚也，亦呼爲魛魚。』今案：海中亦有刀

魚，登、萊間人呼林刀魚，蓋林即魛聲之轉矣。

又東五百里，曰成山[一]，四方而三壇[二]。其上多金玉，其下多青雘。閡水出焉[三]，而南流注于[四]虖勺[五]，其中多黄金[六]。

[一]【廣注】劉會孟曰：「成山，今在文登縣，古不夜城。計其道里，殊爲懸絶。」劉鳳《吴郡考》云：「慈谿縣西南十五里有城山渡。」或即此也。【新校正】《隋書·地理志》云：「會稽有重山。」成、重音相轉，疑即此。

[二]【郭注】形如人築壇相累也。成，亦重耳。【汪存】山形四方而三重，如人所築壇也。【箋疏】《爾雅》云：「丘一成，爲敦丘。」郭注云：「成，猶重也。」引《周禮》曰：「爲壇三成。」正與此義相證，故云成亦重耳，言此之成山亦因重累如壇而得名也。

[三]【郭注】（閡）音涿。【箋疏】《玉篇》云：「閡，式旨切。」從豕不從豖。藏經本亦作閡。

[四]【郭注】一作流注于西。

[五]【郭注】虖音呼，勺或作多。下同。【補注】虖勺，即滹沱也，古今字异耳。又：「滹沱有南有北，此南滹沱也。其字古書所載，例無定體。《山海經》作虖勺，又作虖多，此南也；作灌池，北滹沱也。【廣注】《水經》作滹池，秦《詛楚文》作亞駞，《字林》作滹沱，《周禮》作虖池，《史記》作嘑池，《九州記》作滹沲，《禮記》作惡池。據此，則會稽勺水宜從沱音無疑。【汪存】豫章有三清山，其水西流，入於鄱陽湖。又新安浙源，其水東南流爲錢塘。此節若據南流之文，則成山蓋三清山或林歷山皆是，而虖勺爲鄱陽也。又案：冀、幽有滹沱水，而《禮記》作惡池，《周禮》爲幽州之浸，蓋川之深者，猶言汗池也。此南方之汙池也。

[六]【郭注】今永昌縣水出金如糠，在沙中。《尸子》曰：「清水出黄金、玉英。」【廣注】《异物志》：「黔南遂府吉州水中并産麩金。」《華陽國志》曰：「蘭滄水有金沙，洗取融爲金。」《本草拾遺》曰：「麩金出水沙中，氈上淘取，或鵝鴨腹中得之。」《嶺表録（异）》云：「五嶺内，富州、賓州、澄州、涪縣江、谿、河皆産金。」【箋疏】劉昭注《（後漢書·）郡國志》永

昌郡引《華陽國志》云：『蘭滄水有金沙，洗取融爲金。』即郭所説也。《藝文類聚》八卷引《尸子》作清水有黃金，郭注《穆天子傳》引《尸子》作龍泉有玉英。此注『玉英』二字衍，或上有闕脱。

又東五百里，曰會稽之山[一]，四方。其上多金玉，其下多砆石[二]。勺水出焉，而南流注于湨[三]。

[一]【郭注】今在會稽郡山陰縣南，上有禹冢及井。【釋義】會稽，禹會諸侯之地，蓋浙之最佳勝者。【廣注】孔靈之《會稽記》：『會稽山在縣東南。其上石狀似覆釜。禹夢玄□（原闕，當爲夷字）會蒼水使者，却倚覆釜之山是也。』《周禮》：『揚州之鎮山曰會稽。』《爾雅》：『東南之美者，有會稽之竹箭焉。』《水經注》：『會稽之山，古防山也，亦謂之茅山。又曰棟山。』《越絶（書）》曰：『棟，猶鎮也，故又名鎮山』。劉會孟云：『古防山有陽明洞，道書第十一洞天，唐封爲南鎮。』《吴越春秋》云：『禹巡越大會，計治國之道，更名茅山爲會計，亦曰苗山也。』《（山海經）圖贊》曰：『禹徂會稽，爰朝群臣。不防是討，乃戮長人。玉匱表夏，玄石勒秦。』【汪存】會稽，南鎮也。今在紹興山陰縣南。【箋疏】《（漢書·）地理志》云：『會稽郡山陰會稽山在南，上有禹冢、禹井。』《越絶書》云：『禹到大越，上茅山大會計，更名茅山曰會稽。』《水經注》云：『會稽之山，古之爲茅山，又曰棟山。』《越絶（書）》云：『棟猶鎮也。』

[二]【郭注】砆，武夫石，似玉。今長沙臨湘出之，赤地白文，色蘢葱，不分明。【廣注】砆石，《水經注》作玞石。【新校正】《玉篇》引此作玞。【汪存】今處之青田、杭之昌化皆出美石，可鎸圖章。【箋疏】《子虛賦》云：『碝石碔砆。』張揖注云：『皆石之次玉者。』《戰國策》云：『碔砆類玉』，是也。劉昭注《（後漢書·）郡國志》引此經作玞石，《水經注》作玦石，并誤。《玉篇》引此經作砆石，又引郭注赤地作青地，分明作分了也。

[三]【郭注】音鶪。【廣注】勺水，《水經注》作夕水；注于湨，《水經注》作注于湖。【汪存】若以此勺水爲上文之虖勺，則是錢塘也。然紹郡之水多東北流，不南流注湨也。

又東五百里，曰夷山[一]。無草木，多沙石。湨水[二]出焉，而南流注于列塗[三]。

［一］【汪存】建寧郡武夷山，皆怪石成峰而寡草木，其水東流會閩江，東南流入海，此或是也。

［二］【郭注】（湨）一作湨。【汪存】湨，古闃反。湨，水之急而大者。或曰：湨，今臺、處之水。

［三］【新校正】《大荒南經》曰：『大荒之中有山，名死塗之山，青水窮焉。』疑死（爲）列字之誤，即此也。【箋疏】疑即塗山，《説文》作嵞，云：『嵞，會稽山，一曰九江當嵞也。』

又東五百里，曰僕勾［一］之山。其上多金玉，其下多草木。無鳥獸，無水。

［一］【郭注】（勾）一作夕。【箋疏】夕，疑多字之訛，且此經前有虖勺，後有虖勺之山，其字作勺，或作多可證。

又東五百里，曰咸陰之山。無草木，無水。

又東四百里，曰洵山［一］。其陽多金，其陰多玉。有獸焉，其狀如羊而無口，不可殺也［二］，然其名曰䍺［三］。洵水出焉［四］，而南流注于閼之澤［五］，其中多芘蠃［六］。

［一］【郭注】（洵）一作旬。【汪存】（洵）音詢。【新校正】《玉篇》引此作句山。

［二］【郭注】稟氣自然。【釋義】自人至物，未有無口。繼之曰不可殺，爲其不成物也。【箋疏】不可殺，言不能死也，無口不食而自生活。

［三］【郭注】音還，或音患。【廣注】《獸經》曰：『蹷則比肩，䍺則無口。』《事物紺珠》云：『䍺如羊，無口，黑色。』孫愐《唐韵》曰：『䍺，獸名。似羊，黑色無口，不可殺也。又作䍺。』【新校正】當爲患。䍺字《説文》無。《玉篇》云：『稟

氣自然也，不可殺之。』【箋疏】《廣韻》云：『䍺，獸名，似羊，黑色無口，不可殺也。䍺又作䴉。』

[四]【郭注】（洵）音詢。【箋疏】《（漢書・）地理志》云：『漢中郡旬陽北山，旬水所出，南入沔。』計其道里，似非此。

[五]【郭注】（閼）音遏。

[六]【郭注】紫色螺也。【補注】螺色白，磨之則紫文生。【汪存】茈，音紫。蠃，古螺字。茈螺，紫色之螺也，閩地山澗中多有之。【新校正】茈蠃，即《夏小正》云：『蜃者，蒲盧也。』茈蠃、蒲盧音相轉。然郭云紫色，似茈字本作芘。【箋疏】云紫色螺，即知經文芘當爲茈字之訛也，古字通以茈爲紫。《（太平）御覽》引此經芘作茈。

又東四百里，曰虖勺之山[一]。其上多梓、枏[二]，其下多荆、杞[三]。滂水出焉[四]，而東流注于海。

[一]【箋疏】《文選》注阮籍《詠懷詩》引此經作雩夕之山。

[二]【郭注】梓，山楸也。枏，大木，葉似桑，今作楠，音南，《爾雅》以爲柟。【廣注】梓有數種，木理白者爲梓，赤者爲楸。楸之小者爲榎，梓之美者爲椅。《尸子》曰：『荆有長松、文椅。』又有鼠梓，一名楰，亦楸屬。《詩》曰『北山有楰』，蓋指此也。柟木，其樹直上，若幢蓋之狀，生南方，黔蜀尤多。【汪存】梓，楸類，大葉而材美，中琴瑟。柟，葉似桑而木似杉，有文理，亦美材也。【箋疏】梓、枏并見《爾雅》。又梅，枏，郭注云：『似杏，實酢。』非也。此注得之，說見《爾雅略》。又《玉篇》説枏，亦本《爾雅》注而誤。王引之曰：『《爾雅》以爲枏。枏，疑當作梅。』

[三]【郭注】杞，枸杞也，子赤。【釋義】山上梓枏，山下荆杞，物生得序矣，此造化自然之妙也。【廣注】荆有紫荆、白荆、金荆、牡荆、蔓荆之名。蘇頌云：『有青白二種。青者爲荆，白者爲楛。』《春秋運斗樞》云：『玉衡星散而爲荆。』杞，一名苦杞，其根名地骨皮。《爾雅》云：『杞，枸檵。』《小雅》云：『集於苞杞』，即枸杞也。或曰：無刺者爲荆杞，有刺者爲枸杞。【汪存】杞，枸杞也，叢生，小葉，子赤色，可服食。【箋疏】《廣雅》云：『楚，荆也。牡荆，曼荆也。』又：『《爾雅》云：『杞枸檵。』郭注云：『今枸杞也。』《文選》注引此經郭注亦云：『杞，枸杞。』是苟、枸聲同也。其子赤，俗呼狗嬭子。《廣雅》云：『苟乳，苦杞也，根名地骨。』故《廣雅》云：『地筋，枸杞也。』

［四］【郭注】（滂）音滂沱之滂。

又東五百里，曰區吴之山。無草木，多砂石［一］。鹿水［二］出焉，而南流注于滂水。

［一］【釋義】區吴，殆山之惡與？曰無草木，其氣散矣；曰多砂石，其氣駁矣。

［二］【明案】汪紱本作麗水，且注曰：『處州有麗水，南流入永嘉江。永嘉江東流，經温州入海。』

又東五百里，曰鹿吴之山。上無草木，多金石。澤更之水出焉，而南流注于滂水。水有獸焉，名曰蠱雕［一］。其狀如雕而有角［二］，其音如嬰兒之音，是食人。

［一］【郭注】（蠱）音或作纂。【廣注】《（山海經）圖贊》曰：『纂雕有角，聲若兒號。』《駢雅》云：『蠱雕如雕而戴角。』《事物紺珠》云：『蠱雕如豹，鳥喙一角，音如嬰兒。』【汪存】雕，大鷹也。或曰當作貂，亦通。

［二］【廣注】禽之似獸者駝蹄鳥、飛生鳥；獸之似禽者鷹背犬、蠱雕獸，皆物類絶异也。

東五百里，曰漆吴之山。無草木，多博石［一］，無玉，處于海東［二］。望丘山，其光載出載入［三］，是惟日次［四］。

［一］【郭注】可以爲博棋石。【新校正】郭説非。古棋字從木，不以石爲之。博石，蓋言大石。【箋疏】《方言》云：『簙謂之蔽，或謂之棋。』古棋以木，故字從木。然《中次七經》云休與之山有石，名曰帝臺之棋，是知博棋古有用石者也。【俞讀】畢説近之而未盡也。博石，當爲薄石。薄石，即磐石也。《荀子·富國篇》：『國安於磐石。』楊注曰：『磐石，盤薄，

大石也。』盤薄本雙聲字，盤薄之石，可謂之磐石，亦可謂之薄石。重言之盤薄，單言之則或曰盤、或曰薄，其義一也。經字作博者，博、薄古音同耳。畢氏未達此旨，以爲是博大之石，殊非古義矣。

［二］【汪存】據江右兩浙之山，名吴山者不一。此曰處于海東，則或今浙東海外普陀也。普陀山在海中，望見之而難至。

［三］【郭注】神光之所潛耀。【汪存】以海水映日之光照之，若載此山而出没於波濤中也。

［四］【郭注】是日景之所次舍。【補注】《山海經》載日月所出入之山凡數十，蓋峰巒隱映，壑谷層疊，所見然矣，非必日月出没定在是也。【汪存】見日出時，似於此山舍止也。

凡《南次二經》之首，自柜山至于漆吴之山，凡十七山，七千二百里［一］。其神狀，皆龍身而鳥首。其祠毛，用一璧瘞，糈用稌［二］。

［一］【汪存】此經大約自湖南嶺北以及閩浙之山。凡所云又東者，鳥道盤錯，雜記之如是云爾。【箋疏】今七千二百一十里。

［二］【郭注】稻，穬也。【箋疏】穬字疑衍，或稉字之訛。

【新校正】右《南次二經》，古本爲第二篇。

《南次三經》之首，曰天虞之山［一］。其下多水，不可以上［二］。

［一］【箋疏】山當在交廣也。《藝文類聚》八卷引顧微《廣州記》云：『南海始昌縣西有夫盧山，高入雲霄。世傳云上有湖水，至甲戌日，輒聞山上有鼓角笳簫鳴響。』疑即斯山也。天虞、夫盧字形相近，或傳寫之訛。

［二］【釋義】山之峻峭壁立與？或水之湍急不可舟與？

東五百里，曰禱過之山。其狀多金玉，其下多犀、兕〔一〕，多象〔二〕。有鳥焉，其狀如䴔〔三〕而白首、三足〔四〕、人面，其名曰瞿如〔五〕，其鳴自號也〔六〕。泿水出焉〔七〕，而南流注于海〔八〕。其中有虎蛟〔九〕，其狀魚身而蛇尾，其音如鴛鴦，食者不腫，可以已痔〔十〕。

〔一〕【郭注】犀似水牛，猪頭痺脚。脚似象，有三蹄；大腹，黑色；三角，一在頂上，一在額上，一在鼻上。在鼻上者，小而不墮，食角也。好噉棘，口中常灑血沫。（兕）亦似水牛，青色，一角，重三千斤。【廣注】《（山海經）圖贊》云：『犀頭似猪，形兼牛質。角則并三，分身互出。鼓鼻生風，吐氣隘溢。』又云：『兕推壯獸，似牛青黑。力無不傾，自焚以革。皮充武備，角助文德。』【箋疏】犀見《爾雅》，郭注與此同，唯墮作橢，是。又：兕亦見《爾雅》，郭注與此同。此注『三』字衍。

〔二〕【郭注】象，獸之最大者，長鼻。大者牙長一丈，性妬，不畜淫子。【廣注】今荆蠻山中亦有野象，猶馬有野馬也。又：楚粤象皆青黑。惟拂林大食國乃多白象。《北户録》云：『象，一名伽耶。』《（山海經）圖贊》曰：『象實魁梧，體巨貌詭。肉兼十牛，目不逾豕。望頭如尾，動若丘徙。』【汪存】其膽不附肝。春在前左股，夏在前右股，秋在後右股，冬在後左股。今雲南、交趾皆畜之。【箋疏】《說文》云：『象，長鼻牙，南越大獸，三年一乳。』

〔三〕【郭注】䴔，似鳧而小，脚近尾，音骹箭之骹。【箋疏】《爾雅》云：『䴔，頭䴔。』郭注與此略同。

〔四〕【郭注】或作手。

〔五〕【郭注】（瞿）音劬。【釋義】瞿如，异鳥。【廣注】《玄覽》云：『三足之鳥，有瞿鴽焉。』【箋疏】瞿，《玉篇》、《廣韵》并作䳡。《玉篇》云：『䳡鳥似白䴔。』『白』字衍也。《廣韵》云：『䳡，三首三足鳥。』白首作三首，或字之訛，或所見本异也。

〔六〕【汪存】自號者，其鳴聲若曰瞿如，因以名之也。

〔七〕【郭注】（泿）音銀。【廣注】桑欽《水經》：『泿水出武陵鐔城縣北界沅水谷。』注云：『泿水東，别徑番禺。』即此水也。

〔八〕【新校正】《水經》云：『泿水又東，至南海番禺縣西分爲二。其一南入於海；其一東過縣，東南入於海。』注云：『東徑懷遠縣入於海也。』

[九]【郭注】蛟似蛇，四足，龍屬。【釋義】虎蛟，疑亦惡蛟。【廣注】（郭）景純《江賦》：『水物怪錯，則有虎蛟、鈎蛇。』謂此也。又《述异記》：『蛟，龍類，眉交生，故謂之蛟。』裴淵《廣州記》云：『蛟，長丈餘，似蛇，頸有白嬰，尾有肉環。』【汪存】虎蛟，蓋今虎頭魦之類，南海多有之。【箋疏】《博物志》云：『東海蛟鯌魚生子，子驚，還入母腸，尋復出。』與《水經注》合，疑蛟鯌即虎蛟矣。所以謂之虎者，《初學記》三十卷引沈瑩《臨海水土异物志》云：『虎鯌，長五尺，黄黑班，耳目齒牙有似虎形，唯無毛，或變化成虎。』然則虎蛟之名蓋以此。又任昉《述异記》云：『虎魚，老者爲蛟。』疑別是一物也。

[十]【廣注】《拾遺記》：『漢昭帝釣於渭水，得白蛟，命大官作鮓，甚美，骨青而肉紫。』則蛟可食也。《（山海經）圖贊》曰：『瞿如三手，厥狀似鵁。魚身蛇尾，是謂虎蛟。』【箋疏】《説文》云：『痔，後病也。』

又東五百里，曰丹穴之山[一]。其上多金玉。丹水出焉，而南流注于渤海[二]。有鳥焉，其狀如鷄[三]，五采而文，名曰鳳皇。首文曰德，翼文曰義，背文曰禮[四]，膺文曰仁，腹文曰信。是鳥也，飲食自然[五]，自歌自舞，見則天下安寧[六]。

[一]【廣注】《爾雅》：『岠齊州以南，戴日爲丹穴。』《淮南（子）》云：『丹穴太蒙，反踵空同。』《梁元帝集》：『度青丘而跨丹穴。』盧柟賦：『南麗丹穴，北駁空同。』皆謂此。王海云：『通鳳穴以文軌，襲龍庭以冠帶。』又云：『流沙蟠木，鳳穴龜林。』鳳穴即丹穴也。【汪存】廣西南丹州有丹穴之山，絶壁高峭不可上，謂之鳳臺。土人云於其下嘗得鳳毛及所墮鳳卵，即此山也。【新校正】《莊子》云：『越王子搜，逃乎丹穴。』

[二]【郭注】渤海，海岸曲崎頭也。【廣注】丹水金出冡嶺山。酈道元云：『名高猪山也』。《吕氏春秋》：『堯有丹水之戰，以服南蠻。』又：丹水南有丹崖山。【汪存】此渤海非山東渤海也。【箋疏】渤，俗字也。《説文》云：『郣，海地。一曰地之起者曰郣。』《史記·封禪書》作澥海，《漢書·武帝紀》作教海，《揚雄傳》作勃，解并通。【明案】畢沅本校渤作勃，且

以勃解。

[三]【箋疏】《史記·司馬相如傳》正義、《文選》注顏延之《贈王太常詩》、《藝文類聚》九十九卷及《初學記》五卷引此經，鶉并作鶴。薛綜注《東京賦》引作鵠。

[四]【箋疏】《海内經》作翼文曰順，背文曰義，《廣雅》與《海内經》同。

[五]【新校正】《尚書》：『鳥獸咸若。』然、若音同也。

[六]【郭注】漢時鳳鳥數出，高五六尺，五采。莊周説鳳文字與此有异，《廣雅》云：『鳳，鷄頭、燕頷、蛇頸、龜背、魚尾。雌曰凰，雄曰鳳。』【釋義】鳳凰之靈者，有道而出，無道而隱。【廣注】《樂叶圖徵》云：『五鳳皆五色，爲瑞者一，爲孽者四。其四皆似鳳并爲妖，一鷫鷞，二發明，三焦明，四幽昌。』《玄覽》云：『鳳，青曰鶡，赤曰鶉，黄曰焉，白曰鷫，紫曰鷟。』《（山海經）圖贊》云：『鳳皇靈鳥，實冠羽群。八象其體，五德其文。羽翼來儀，應我聖君。』【新校正】《周書·王會解》云：『戴仁、抱義、掖信、歸有德。』此所云者，言首有文，是歸有德；翼有文，是歸有義；背有文，是歸有禮，下悉同也，非云有文在身曰德曰義也。【箋疏】鶠鳳，其雌皇，見《爾雅》。郭引《廣雅》龜背，今本作鴻身。《爾雅》注與此注同，唯五六尺作六尺許也。《説文》云：『天老曰鳳之象也。鴻前麐後，蛇頸魚尾，鸛顙鴛思，龍文龜背，燕頷鷄喙，五色備舉，出於東方君子之國，翱翔四海之外，過昆侖，飲砥柱，濯羽弱水，莫宿風穴，見則天下大安寧。』

又東五百里，曰發爽[一]之山。無草木，多水，多白猿[二]。汎水出焉，而南流注于渤海[三]。

[一]【郭注】（爽）或作㚇。【箋疏】《藝文類聚》九十五卷引此經亦作發爽。

[二]【廣注】猿似猴而長臂。《列子》：『貐，變化爲猨。』《抱朴子》：『猴八百歲變爲猨。』。王濟《日詢記》云：『猿初生，毛黑而雄。老則變黄，轉雄爲雌。數百歲，黄又爲白也。』【新校正】猿字當爲猨。【箋疏】《（藝文）類聚》引猿作猨。

[三]【汪存】凡南海間，水多南流。

又東四百里，至于旄山之尾。其南有谷，曰育遺[一]，多怪鳥[二]，凱風自是出[三]。

[一]【郭注】（遺）或作隧。【廣注】盧柟《泰宇賦》：『訝育遺而洗幼海。』【箋疏】遺、隧古音相近。《（詩·）大雅·桑柔篇》云：『大風有隧。』此經之隧爲凱風所出，即風穴也。《説文》云：『鳳皇莫宿風穴。』蓋即此。

[二]【郭注】《廣雅》曰：『鵕離、鶡朋、爰居、鴟雀，皆怪鳥之屬也。』【新校正】《廣雅》云：『鶡朋，鳳皇屬也。鵕離、延居、鵄雀，怪鳥屬也。』以義定之，以鶡朋爲怪鳥，郭之誤。以鵕爲鵕，字之誤。以爰爲延、鵄爲鴟，字之通。【箋疏】今本《廣雅》作：『鵕離、延居、鵄雀，怪鳥屬也。』離、鸝古通用；延、爰聲相近；鵄與鴟、鵕與鵕，并字形之訛。又《廣雅》上文已云鶡明鳳皇屬，不應又爲怪鳥，疑郭氏誤記爾。

[三]【郭注】凱風，南風。【廣注】王叔齋《籟記》：『景風，一曰凱風，又曰薰風，亦曰巨風，起自赤天之暑門，從南方來。』《（山海經）圖贊》曰：『育隧之谷，爰含凱風。青陽既謝，氣應祝融。炎風是扇，以散鬱隆。』【汪存】蓋其谷北向，而風自谷出也。【新校正】凱，當只作豈。【箋疏】《爾雅》云：『南風曰凱風。』

又東四百里，至于非山之首[一]。其上多金、玉，無水；其下多蝮虫。

[一]【汪存】曰非山之首，則未竟非山。

又東五百里，曰陽夾之山。無草，多水。

又東五百里，曰灌湘之山[一]。上多木，無草；多怪鳥，無獸[二]。

［一］【郭注】一作灌湖射之山。【汪存】廣西全州之湘山，其水北流者曰湘水，北入洞庭；其南流者曰灌水，南流合牂牁。其源一而流分。有龍蟠三十六陡地名灌口，是即灌湘之山也。

［二］【釋義】獸依草，無草故無獸；鳥依木，多木故多鳥。堯夫謂鳥羽如木葉，獸毛如草。

又東五百里，曰鷄山［一］。其上多金，其下多丹雘［二］。黑水出焉，而南流注于海［三］。其中有鱄魚［四］，其狀如鮒［五］而彘毛［六］，其音如豚，見則天下大旱。

［一］【廣注】劉會孟云：『雲南鷄山，乃八寶所出，其瀾滄江即黑水。』張掖亦有鷄山，見下注。【箋疏】鷄山在今雲南。《（後漢書·）郡國志》云：『永昌郡博南南界出金。』劉昭注引《華陽國志》云：『西山高三十里。越得蘭滄水，有金沙，洗取融爲金。』今案博南西山，疑即鷄山，蘭滄水即黑水矣。又益州滇池有黑水祠，劉昭注引《華陽國志》云：『水是温泉也。』

［二］【郭注】雘，赤色者或曰雘，美丹也，見《尚書》，音尺蠖之蠖。【廣注】《（尚書）大傳》云：『丹丘出丹雘。』《周書》：『若作梓材，惟其塗丹。』雘，蓋赤石脂之類。【箋疏】《説文》云：『丹，巴越之赤石也。雘，善丹也。』引《周書》曰：『惟其斁丹。』雘，讀若隺。

［三］【廣注】《禹貢匯疏》：『雍州黑水有六。』入《（尚書·）禹貢》者，則寧夏之黑水。《地志》云：『出張掖鷄山，南流至炖煌。』蔡氏《書》傳云：『黑水出汾關山，在雍西北。』今計其道里，此似非張掖黑水也，劉説爲近之。

［四］【郭注】（鱄）音團扇之團。【廣注】《吕氏春秋》：『魚之美者，洞庭之鱄。』或作鱄。【箋疏】《説文》云：『鱄，魚名。』李善注《江賦》引此經作鱄魚，《廣韵》亦作鱄魚，非也。

［五］【箋疏】《廣雅》云：『鮒，鰿也。』即今鯽魚，鯽、鰿同字，見《玉篇》。

［六］【廣注】《集韵》：『鱄魚，似蛇而豕尾。』與此小异。鮒，鰿也。【新校正】易射鮒，陸德明《（莊子）音義》云：『《子夏傳》謂蝦蟇。』

又東四百里，曰令丘之山，無草木，多火[一]。其南有谷焉，曰中谷，條風自是出[二]。有鳥焉，其狀如梟，人面四目而有耳，其名曰顒[三]，其鳴自號也，見則天下大旱[四]。

[一]【釋義】山有火，今擊石火出可見。【廣注】即熒臺、火井之屬，又火山軍，其地鋤耘深入則有烈焰，不妨耕植，皆此類也。【汪存】山有出火者，如火井、硫磺山温泉之類皆是。或曰此燐光也。【箋疏】《初學記》二十五卷引《括地圖》曰：『神丘有火穴，光照千里。』神丘、令丘聲相近。《楚詞·大招篇》亦云：『魂虖無南，南有炎火千里。』《抱朴子》云：『南海蕭丘，有自生之火也。』

[二]【郭注】東北風爲條風。《記》曰：『條風至，出輕繫，督逋留。』【廣注】《淮南子》云：『諸稽、攝提，條風之所出也。』【汪存】蓋其谷向西南。【箋疏】條風，《吕氏春秋·有始覽》作滔風，《淮南（子·）墬形訓》云：『東方曰條風。』高誘注云：『震氣所生。』劉昭注《（後漢書·）郡國志》九真郡居風引《交州記》云：『山有風門，當有風。』郭引《記》曰者，《淮南（子·）天文訓》云：『條風至，則出輕繫，去稽留。』今郭注訛督捕留，藏經本捕作逋，是。

[三]【郭注】音娛。【廣注】《集韵》作鷍，《篇韵》作雝，或作鶶，又作顒顒，雙名。【箋疏】《玉篇》、《廣韵》并作鶶。

[四]【廣注】《（山海經）圖贊》曰：『顒鳥栖林，鱄魚處淵。俱爲旱徵，災延普天。測之無象，厥數惟玄。』

又東三百七十里，曰侖者之山[一]。其上多金、玉，其下多青雘。有木焉，其狀如穀而赤理。其汗如漆[二]，其味如飴[三]，食者不飢，可以釋勞[四]，其名曰白䓘[五]，可以血玉[六]。

[一]【郭注】（侖）音論説之論，一音倫。

[二]【新校正】漆木之字，當爲桼，從水者水名。【箋疏】漆當爲桼。《説文》云：『木汁可以髹物，桼如水滴而下。』故此言汁

矣。經文汗當爲汁字之訛，《東次四經》云『其汁如血』，可證。《太平御覽》五十卷引此經正作汁字。

［三］【箋疏】《説文》云：『飴，米蘖煎也。』《方言》云：『飴，謂之餧；餳，謂之餹。』郭注云：『江東皆言餹。』

［四］【箋疏】高誘注《淮南（子・）精神訓》云：『勞，憂也。』

［五］【郭注】䓘或作睾蘇。睾蘇，一名白䓘，見《廣雅》。（䓘）音羔。【補注】睾即皋字。董仲舒《春秋繁露》云：『皋蘇釋勞』，即此也。《荀子》亦有皋芷之文。睾，皋蘇也；芷，白芷也。【廣注】《事物紺珠》云：『白䓘如穀，赤理，汗如漆，味甘。』《駢雅》曰：『白䓘，睾蘇，飴木也。』《玄覽》云：『白䓘之汗如漆，芑木之汁如血。』《（山海經）圖贊》曰：『白䓘皋蘇，其汗如飴。食之辟穀，味有餘滋。逍遥忘勞，窮生盡期。』【新校正】《説文》：『⿰木咎，木也，讀若皓。』疑即此。䓘非古字。【箋疏】《廣雅》云：『𦾖蘇，白䓘也。』在《釋草篇》。此言木者，雖名爲木，其實草也。正如竹之爲屬，亦草、亦木矣。《藝文類聚》引張協《都蔗賦》云：『皋蘇妙而不逮，何况沙棠與椰實？』皋蘇味如飴，故以比甘蔗也。云可以釋勞者，《初學記》引王朗《與魏太子書》云：『奉讀歡笑，以藉飢渴。雖復萱草忘憂、皋蘇釋勞，無以加也。』

［六］【郭注】血，謂可用染玉作光彩。【釋義】草有白羔足以濟飢，足以染玉。近山者，凶年無恐矣。【廣注】《（玉芝堂）談薈》云：『海芋可變金，白䓘可血玉。』【汪存】可用以染玉，使如血色也。【新校正】郭説非也。血，釁也，猶言合玉。今白芨可以合玉，即白䓘也。【箋疏】染玉之説未聞。《大戴禮・少閒篇》云：『玉者猶玉，血者猶血。』盧辯注云：『血，憂色也。』與此義合。

又東五百八十里，曰禺稾之山。多怪獸，多大蛇。

東五百八十里，曰南禺之山［一］。其上多金、玉，其下多水。有穴焉，水春輒入、夏乃出、冬則閉。佐水出焉，而東南流注于海。有鳳皇、鵷鶵［二］。

［一］【廣注】郭子章曰：『今清海之屬，有禺山。』【汪存】此蓋廣東之番山、禺山也，今廣州番禺縣。

〔二〕【郭注】亦鳳屬。【廣注】《莊子》：「南方之鳥鵷鶵。」（司馬）相如《上林賦》云：「捷鵷鶵，揜焦朋。」張衡《南都賦》：「鸞鷟鵷鶵翔其上。」【箋疏】《莊子·秋水篇》云：「南方有鳥，其名鵷鶵。」本此。釋文引李頤云：「鵷鶵，鸞鳳之屬也。」李善注《南都賦》引此經與今本同。又引郭注云：「鳳皇也。」疑誤。

凡《南次三經》之首，自天虞之山以至南禺之山，凡一十四山，六千五百三十里〔一〕。其神，皆龍身而人面。其祠，皆一白狗祈〔二〕，糈用稌。

〔一〕【汪存】此又自雲、貴間行左右江，至廣州海上之山也。【箋疏】今才一十三山，五千七百三十里。

〔二〕【郭注】祈，請禱也。【汪存】以祈福也。【新校正】郭說非也。祈當爲𨐨，《說文》云：「以血有所刉涂，祭也。」《周禮》：「祈於社稷。」鄭注云：「祈，或爲刉。《春官·肆師職》曰：祈，或作𨐨。」又云：「《秋官·大師職》曰：凡刉珥，則奉大牲。」此刉、衈正字與？案刉與𨐨同義，皆本字。祈，假音字也。

右《南（山）經》之山志〔一〕，大小凡四十山，萬六千三百八十里〔二〕。

〔一〕【箋疏】篇末此語，蓋校書者所題，故舊本皆亞於經。

〔二〕【新校正】此條疑（劉）秀所說也。秀合此三篇以爲一篇，曰《南山經》。【箋疏】經當云凡四十一山，萬六千六百八十里，蓋傳寫之誤也。今檢才三十九山，萬五千六百四十里。

【新校正】右《南次三經》，古本爲第三篇。

西山經第二

《西山經》華山之首[一]，曰錢來之山[二]。其上多松，其下多洗石[三]。有獸焉，其狀如羊而馬尾，名曰羬羊[四]，其脂可以已腊[五]。

[一]【釋義】華山在西方，蓋五岳之一，經首及之宜。【汪存】華山東頭別名錢來山。凡此附近者，實皆華山也。

[二]【新校正】山去松果山四十五里，當在今河南閿鄉縣或秦嶺。是又古者錢、泉通字，錢來之山以泉來得名與？

[三]【郭注】澡洗，可以磢體去垢圿。磢，初兩反。【補注】磢，初兩切；圿，音甲，去垢之石，今南中有之。【汪存】其石可澡洗器物，去衣垢也。晉張華遺雷煥以華山下赤土，使用以拭龍淵太阿之劍，亦此類也。【箋疏】磢，當爲瓾。《說文》云：『磋垢瓦石。』

[四]【郭注】今大月氏國有大羊如驢而馬尾。《爾雅》云：『羊六尺爲羬。』謂此羊也。羬，音針。【廣注】《尸子》：『大羊爲羬，六尺。』李時珍注《本草》以羬羊爲羚羊，誤矣。《說文》：『麙，山羊也，大面細角。』麙、羬同。《（山海經）圖贊》云：『月氏之羊，其類在野。厥高六尺，尾赤如馬。何以審之？事見《爾雅》。』【新校正】羬非古字，當爲麙。《說文》云：『山羊而大者，細角。』《周書·王會》云：『高夷嗛羊。嗛羊者，羊而四角。』則（羬）亦或當爲嗛，聲相近。【箋疏】羬，當從《說文》作麙，羬蓋俗體。《玉篇》：『午咸、渠炎二切。』《廣韵》：『巨淹切。』與鍼同音。鍼，又之林切，俗字作針，是郭注之針，蓋因傳寫隨俗、失於校正也。《初學記》二十九卷引此注亦云：『羬，音針。』則自唐本已訛。《太平御覽》九百二卷引郭義恭《廣志》云：『大尾羊，細毛薄皮，尾上旁廣，重且十斤，出康居。』即與此注相合。

[五]【郭注】治體皴。腊，音昔。【汪存】腊，皮膚皴裂之病。【新校正】腊，籀文昔字。昔之訓乾肉，借爲皴腊之腊也。王逸

注《楚詞》：『皮乾腊。』字亦如此。《廣雅》云：『皵，皯也，俗字。』【箋疏】《説文》云：『戴角者脂。』又：『《説文》云：『昔，乾肉也。』籀文作腊，此借爲皵腊之字。今人以羊脂療皵有驗。

西四十五里，曰松果之山[一]。濩水[二]出焉，北流注于渭[三]。其中多銅[四]。有鳥焉，其名曰螐渠[五]。其狀如山鷄，黑身赤足，可以已曝[六]。

[一]【新校正】《初學記》及《文選》注引此作松梁山，在今陝西華陰縣東南二十七里。【箋疏】李善注《西都賦》引此經云：『華首之山，西六十里，曰太華之山。』又注《長楊賦》引此經作松梁之山，西六十里，曰太華山。

[二]【箋疏】《水經注》作灌水。

[三]【新校正】《水經注》云入河，今亦入河。經言入渭者，華陰、潼關之間，河、渭之會，互受通稱也。【箋疏】《水經》云：『河水又南，至華陰潼關。』注云：『灌水注之，水出松果之山，北流，徑通谷，世亦謂之通谷水，東北注於河。』案《水經注》言入河，此經云注渭者，華陰潼關之間，河渭所會，水蓋受其通稱矣。

[四]【汪存】此銅出水中者。

[五]【郭注】螐，音彤弓之彤。【補注】螐渠，即鷛渠，南中通海縣有之，名曰鶇鷄，舊註音彤，謬。【廣注】《古音略》云：『鶇，乃庸渠，水鳥也。』《廣韵》作鷛鷞，《直音》作鷱鷵。《韵府群玉》曰：『庸渠似凫，灰色，鷄脚，一名草渠。』即今水鷄。又：『《通志略》引經作蜼梁。蜼，徒冬切。【汪存】即黑雉也。【新校正】《爾雅》作雝渠，《漢書》司馬相如賦作庸渠，《説文》作雝渠，皆即此鳥。鷱非古字，當爲雝。【箋疏】《爾雅》云：『鵖鴔，雝渠。』《廣雅》云：『碣鳥，精列、鷛鷞、雃也。』《説文》云：『雃石鳥，一名雝渠。』郭注《爾雅》云：『雀屬也。』又注《上林賦》云：『庸渠似凫，灰色而鷄脚，一名章渠』。然則雝渠與螐渠形狀既异，名稱又殊，説者多誤引，今正之。

[六]【郭注】（曝）謂皮皵起也，音叵駮反。【新校正】曝，當爲暴，依義當爲皰。《説文》云：『皰，面生氣也。』《玉篇》又作皺、皯二形，皆俗字。【箋疏】曝，疑當爲皋，借爲皵剥之字。

又西六十里，曰太華之山[一]，削成而四方[二]。其高五千仞，其廣十里[三]，鳥獸莫居。有蛇焉，名曰肥𧔥[四]，六足四翼，見則天下大旱[五]。

[一]【郭注】即西岳華陰山也，今在弘農華陰縣西南。【廣注】《爾雅》：『華山爲西山岳。』《白虎通》：『華之爲言獲也，言萬物成熟，可得獲也。』應劭《風俗通》：『華，變也。萬物成變，由於西方也。』《河圖》云：『華山君姓浩，名鬱狩。』《雲笈七籤》云：『西岳姓浩，名元倉。』《五岳（真形）圖》云：『西岳姓姜，名壘。』【汪存】在今陝西華州華陰縣西南。【箋疏】《説文》云：『華山在弘農華陰。』《（漢書·）地理志》云：『京兆尹華陰。太華山在南。』《晉書·地理志》云：『弘農郡華陰。華山在縣南。』

[二]【郭注】今山形上大下小。隋，峻也。【廣注】李氏《華山記》：『削成，上四方，顧其中污也。』【新校正】郭義讀削爲隋也。俗亦讀爲肩，若削成之削。【箋疏】郭蓋讀削爲陗，今讀如字。《水經注》云：『遠而望之，又若華狀。』

[三]【郭注】仞，八尺也。上有明星玉女，持玉漿，得上服之，即成仙道，險僻不通。《詩含神霧》云。【廣注】達奚珣《華山賦序》：『太華之山前成四面方直者，五千餘仞，蓋岳之雄也。』又《辛氏三秦記》：『華山在長安東三百里，不知幾十里，如半天之雲。』《華山記》云：『山頂有池，生千葉蓮華，因名華山。』《（山海經）圖贊》曰：『華岳靈峻，削成四方。爰有神女，是挹玉漿。其誰游之，龍駕雲裳。』【箋疏】明星玉女，華山峰名也。

[四]【廣注】胡文焕圖作蜰遺，音廢。《駢雅》：『肥遺、肥𧔥，皆毒蟲也。』【新校正】劉昭注《（後漢書·）郡國志》引此衹作肥遺，《廣韵》又作蜰𧔥，俗字。【箋疏】𧔥，當爲遺。劉昭注《（後漢書·）郡國志》及《藝文類聚》九十六卷并引此經作肥遺，又此篇下文有鳥復名肥遺。郭云復有肥遺蛇者，見《北山經》渾夕之山、彭毗之山。

[五]【郭注】湯時此蛇見於陽山下。復有肥遺蛇，疑是同名。【廣注】成湯元祀，肥𧔥見於陽山，後有七年之旱。《述异記》曰：『肥遺，西華山中有之，見則大旱。』《（山海經）圖贊》云：『肥遺爲物，與災合契。鼓翼陽山，以表亢厲。乘林既禱，倏忽潛逝。』今華山有肥𧔥穴，土人謂之老君臍。

又西八十里，曰小華之山[一]。其木多荆、杞，其獸多㸲牛[二]。其陰多磬石[三]，其陽多㻬琈之玉[四]。鳥多赤鷩[五]，可以禦火。其草有萆荔[六]，狀如烏韭而生於石上，亦緣木而生[七]，食之已心痛[八]。

[一]【郭注】即少華山。【新校正】山在今陝西華州南十里。《元和郡縣志》云：『鄭縣少華山，在縣東南十里。』【箋疏】《水經注》云：『太華西南，有小華山也。』

[二]【郭注】今華陰山中多山牛、山羊，肉皆千斤。（㸲）牛即此牛也，音昨。【廣注】㸲牛即犛牛，見《中山經》注。【箋疏】《穆天子傳》云：『舂山，爰有野牛、山羊。』郭注云：『今華陰山有野牛、山羊，肉皆千斤。』與此注同，是此注山牛當爲野牛。

[三]【郭注】可以爲樂石。【新校正】郭説非也。秦刻石云：『刻此樂石。』凡石之有聲者，皆曰磬石，或曰鳴石。【箋疏】秦《嶧山刻石文》云：『刻玆樂石。』即磬石也。《説文》云：『磬，樂石。』《初學記》十六引此經。

[四]【郭注】㻬琈，玉名，所未詳也。【廣注】楊氏《玉名詁》曰：『琈，玉采也。』【汪存】㻬，音樞；琈，音孚。【新校正】《爾雅》云：『東南方之美者，有華山之玉石。』㻬琈非古字。㻬當爲瑜，琈當爲孚。《玉篇》云：『琈，琈筍，玉采色。』《禮記》云：『孚尹旁達。』琈、孚字同也。【箋疏】《説文》引孔子曰：『美哉璵璠！遠而望之，奐若也；近而視之，瑟若也。一則理勝，一則孚勝。』此經㻬琈，古字所無，或即與璠之字，當由聲轉；若係理孚之文，又爲形變也。古書多假借，疑此二義似爲近之。

[五]【郭注】赤鷩，山鷄之屬，胸腹洞赤，冠金，皆黄頭、緑尾，中有赤，毛彩鮮明。音作蔽，或作鼈。【廣注】《爾雅翼》云：『鷩，一謂之鷩蛦，又謂之鵔鸃。』《説文》：『鷩，赤雉也。』【汪存】雉屬也，畜之可禦火災。【箋疏】《爾雅》説雉十有四種，中有鷩雉。郭注與此同。此注皆黄，當爲背黄，字之訛。《説文》又云：『鵔，鸃鷩也。』

[六]【郭注】萆荔，香草也。蔽、戾兩音。【補注】即薜荔也，舊註音戾，非。【廣注】《事物紺珠》曰：『萆荔如韭而厚，三月

開紫碧花，五月結實，生木石上，一名荔挺，一名馬薤，可合香。』【汪存】一名石絡、烏韭，石上苔也。【新校正】荔，當爲蘼。《説文》曰：『蘼蘼，似烏韭。』《爾雅·釋草》：『帛似帛，布似布，華山有之。』疑此草也。【箋疏】蘼荔，《説文》作蘼蘼，《離騷》作薜荔，并古字通。

［七］【郭注】烏韭，在屋者曰昔邪，在墻者曰垣衣。【廣注】崔融《瓦松賦》：『昔邪，今之瓦松也。』《（神農）本草》云：『在石曰烏韭，在屋曰瓦松，在墻曰土馬騣，在山曰卷柏，在水曰藫。』【箋疏】《説文》云：『蘼蘼，似烏韭。』蘼，當爲歷。徐鍇《（説文解字）繫傳》正作歷。其以烏韭爲麥門冬，謬也。麥門冬葉雖如韭，不名烏韭。《廣雅》云：『昔邪，烏韭也。』《（神農）本草》云：『烏韭生山谷石上。』《唐本草》蘇恭注謂之石苔。然則此物蓋與今石華相類，蒼翠茸茸，如華附石，其味清香，故《離騷》云：『貫薜荔之落蕊。』王逸注云：『薜荔，香草也，緣木而生。』是薜荔即蘼荔，郭注本王逸爲説也。烏韭二語，本《廣雅》。

［八］【釋義】蘼荔食之已心痛，當與《（神農）本草》參考。【新校正】陶弘景《（神農本草·）别録》云：『垣衣，主治心煩欬逆。』

又西八十里，曰符禺之山［一］。其陽多銅［二］，其陰多鐵［三］。其上有木焉，名曰文莖，其實如棗，可以已聾［四］。其草多條，其狀如葵而赤華黄實，如嬰兒舌，食之使人不惑［五］。符禺之水［六］出焉，而北流注于渭。其獸多葱聾，其狀如羊而赤鬣［七］。其鳥多鴖［八］，其狀如翠而赤喙［九］，可以禦火［十］。

［一］【廣注】《水經注》作觀愚之山，《緯略》引此作將遇之山。【新校正】山在今陝西華州西南四十里。《水經》云：『渭水又東過鄭縣北。』注：『有符禺之山。』《太平寰宇記》云：『鄭縣符禺山，在縣西南一百里，高一百丈。』【箋疏】《太平御覽》八百七十卷引此經禺作愚，九百二十八卷又引作遇。

［二］【廣注】《鶴頂新書》云：『土得紫陽之氣而生緑，緑二百年而生石，銅始生於中。』

［三］【廣注】《土宿本草》云：『鐵受太陽之氣。始生之初，鹵石産焉。一百五十年而成慈石，二百年孕而成鐵。』

[四]【箋疏】《藝文類聚》引束皙《發蒙記》云：『甘棗，令人不惑。』疑因此經下文相涉而誤，當云甘棗令人不聾。孟詵《食療本草》云：『乾棗主耳聾。』是也。又《（神農）本草經》云：『山茱萸，一名蜀棗。』《（神農本草・）別録》云：『主耳聾。』

[五]【汪存】或云此即戎葵。【新校正】束皙《發蒙説》云：『甘棗，令人不惑。』見《藝文類聚》。

[六]【廣注】《水經注》作符愚之水。【新校正】《水經注》云：『渭水又東，合沙溝水。』水即符愚水也。南出符石，北徑符禺之山，北流入渭。《金史・地里志》云：『鄭有符愚水。』水今在同州府華州西，俗名遇仙橋河是也。

[七]【廣注】《駢雅》曰：『羊之异者，一角謂之羬羬，赤鬣謂之葱聾，一角而神，謂之觟觽。』《事物紺珠》曰：『葱聾如羊，黑首赤鬣。』【箋疏】此即野羊之一種，今夏羊亦有赤鬣者。

[八]【郭注】音旻。【新校正】《説文》有鴖鳥。【箋疏】䳟，當爲鴖。《（太平）御覽》引此經正作鴖。《説文》云：『鴖，鳥也。』《廣韵》云：『鴖鳥似翠而赤喙。』

[九]【郭注】翠，似燕而紺色也。【汪存】翠有兩種。山翠大如鳩，青紺色；水翠小如燕，赤喙丹腹，青羽鮮好，短尾。此䳟鳥似山翠而赤喙也。【箋疏】翠、鷸見《爾雅》，郭注與此同。

[十]【郭注】畜之辟火災也。【廣注】《（山海經）圖贊》曰：『防渠已殃，赤鷩辟火。文莖愈聾，是則嘉果。䳟亦衛災，厥形唯麽。』【箋疏】《（太平）御覽》引此經禦并作衛，疑誤。

又西六十里，曰石脆之山[一]。其木多椶[二]、枏，其草多條[三]，其狀如韭而白華黑實，食之已疥。其陽多㻬琈之玉，其陰多銅。灌水[四]出焉，而北流注于禺水。其中有流赭[五]，以塗牛馬，無病[六]。

[一]【新校正】《水經》云：『渭水又東過鄭縣北。』注：『有石脆之山。』今當在同州府華州西南。【箋疏】脆，當爲脃。《藝文類聚》八十九卷兩引此經，并作脆山，無石字。

［二］【郭注】棕樹，高三丈許，無枝條，葉大而員，岐生梢頭，實皮相裹上行，一皮者爲一節，可以爲繩，一名栟櫚。音馬騣之騣。【廣注】椶有兩種。一種有皮，絲可作繩；一種小而無絲，葉可作帚。《通志略》以爲王彗，非也。【汪存】椶，一名栟櫚，無枝，其葉如翣，葉聚於巔。其皮重重包裹，細如馬鬣。剥其皮，可爲簑衣。【箋疏】李善注《西京賦》引此注作并閭。《廣雅》云：『栟櫚，椶也。』《説文》云：『椶，栟櫚也，可作萆。』萆，雨衣也。《玉篇》云：『椶櫚，一名蒲葵。』《（藝文）類聚》引《廣志》曰：『椶，一名并閭，葉似車輪乃在巔，下有皮纏之，附地起，二旬一採，轉復上生。』是其形狀也。郭注枝生梢頭，枝，藏經本作岐，二字通。

［三］【釋義】條草，食之已疥，是可醫人也。【汪存】此草亦名條，异物而同名。【箋疏】條草與上文同名异狀。又韭亦白華黑實也。

［四］【廣注】《水經注》：『小赤水出石脆之山。』即灌水也。【新校正】水在今陝西華州赤水鎮東。【箋疏】《水經注》云：『小赤水，即《山海經》之灌水也。水出石脆之山，北徑簫加谷，於孤柏原西東北流，與禺水合。』

［五］【郭注】赭，赤土。【釋義】流赭，水中赤土之流者。【汪存】即今赭色。【箋疏】赭，見《北次二經》少陽之山注。

［六］【郭注】今人亦以朱塗牛角，云以辟惡。馬，或作角。【釋義】是可醫物也。【廣注】《（山海經）圖贊》曰：『沙則潛流，亦有運赭。於以求鐵，趨在其下。蠲牛之癘，作采於社。』【新校正】塗，當爲涂。【箋疏】《（神農）本草經》云：『代赭石，主鬼疰蠱毒，殺精物惡鬼邪氣。』然則赭闢邪惡，不獨施之牛馬矣。

又西七十里，曰英山［一］。其上多杻、橿［二］，其陰多鐵，其陽多赤金。禺水［三］出焉，北流注于招水［四］。其中多鮭魚［五］，其狀如鼈，其音如羊。其陽多箭、䉋［六］，其獸多㸲牛、羬羊。有鳥焉，其狀如鶉［七］，黄身而赤喙，其名曰肥遺［八］。食之已癘［九］，可以殺蟲［十］。

［一］【新校正】《水經》云：『渭水又東，過鄭縣北。』注：『有英山。』《太平寰宇記》：『鄭縣英山，在縣西南一百三十里。』今當在陝西華州及雒南縣界，俗失其名。

【二】【郭注】杻似棣而細葉，一名土橿，音紐。橿，木中車材，音薑。【廣注】《爾雅》：『杻，檍。』陸璣云：『杻葉似杏葉而尖，白色，皮正赤，爲木多曲少直。二月開花，似練而細，蕊正白。』嚴粲《詩緝》曰：『杻木，今官園種之，名曰萬歲，或謂之牛筋，或謂之檍，材可爲弓弩幹。』【箋疏】《説文》云：『橿，枋也。』枋木可作車。

【三】【廣注】《水經注》作愚水。

【四】【郭注】（招）音韶。【新校正】《華州志》云：『西南三十里有喬谷，招水所經也。』俗訛招爲喬。【箋疏】《水經注》云：『禺水出英山，北流，與招水相得亂流，西北注於灌。灌水又北，注於渭。』

【五】【郭注】音同蚌蛤之蚌。【廣注】《事物紺珠》曰：『蚌魚如龜，魚尾二足，音如羊。』又劉鳳《雜俎》作鮮魚。【新校正】鮮，當爲蚌。

【六】【郭注】今漢中郡出䉋竹，厚裏而長節根深，筍冬生地中，人掘取食之。䉋音媚。【廣注】《廣雅》：『箭䉋，䕸也。』【汪存】箭，小竹名也。【箋疏】《玉篇》云：『䉋竹，長節深根，筍冬生。』《廣雅》云：『箭䉋，䈽也。』䉋，《廣志》作篃，見《初學記》；《水經注》作媚，有媚加谷；又見《中山經》。

【七】【廣注】鶉，大如鷄雛，頭細而無尾，毛有斑點，性醇，無常居，有常匹，隨地而安。《莊子》所謂聖人鶉居也。其子曰鳼，初生謂之羅鶉，至秋初謂之早秋，中秋已後謂之白唐，一物四名。【箋疏】鶕、鶉見《爾雅》。

【八】【釋義】此所謂肥遺，蓋鳥也，似與華山之蛇同名。

【九】【郭注】癘，疫病也，或曰惡創。《韓子》曰：『癘人憐主。』【廣注】癘，一音賴。劉會孟曰：『太華山蛇明肥𧕅，見則大旱；英山鳥名肥遺，食之已厲。美惡不嫌，同名。』【汪存】（癘）或曰癩也，今麻瘋瘡也。【箋疏】《説文》云：『癘，惡疾也。』或曰惡創者，《韓詩外傳》引《戰國（策·）楚策》云：『癘雖癰腫痂疕。』又云：『癘憐王。』此注『人』字衍，『主』又王字之訛，所引《韓子》者，《姦劫弑臣篇》文也，與《（春秋）外傳》《（戰國策·）楚策》同。

【十】【箋疏】蟲，蓋蟯、蛕之屬。

又西五十二里，曰竹山[一]。其上多喬木[二]，其陰多鐵。有草焉，其名曰黄雚[三]，其狀如樗[四]，其葉如麻，白華而赤實，其狀如赭[五]，浴之已疥[六]，又可以已胕[七]。竹水出焉[八]，北流注于渭。其陽多竹箭[九]，多蒼玉[十]。丹水出焉[十一]，東南流注于洛水[十二]。其中多水玉[十三]，多人魚[十四]。有獸焉，其狀如豚而白毛，大如笄而黑端[十五]，名曰毫彘[十六]。

[一]【釋義】竹山連望華山，即其山水所注，皆入渭洛。【新校正】山在今陝西渭南縣東南四十里，俗名大秦嶺，亦曰箭谷嶺。又：《太平寰宇記》云：『鄭縣竹山，在縣西南一百四十里，高一千二百六十丈。』【箋疏】蓋因多竹箭得名。

[二]【郭注】枝上竦者，音橋。【箋疏】《爾雅》云：『木上句曰喬。』

[三]【汪存】藋，音權。

[四]【汪存】樗，音樞。樗，山椿也。

[五]【郭注】紫赤色。

[六]【箋疏】《説文》云：『疥，搔也。』此草浴疥，可以去風癢。《（神農）本草・別録》云：『對廬主疥，煮洗之似庵䕡。』即此也。

[七]【郭注】治胕腫也，音符。【新校正】胕，即腐字省文，《黄帝（内經・）素問》有胕腫。

[八]【新校正】《水經注》云：『竹水南出竹山，北徑媚加谷，歷廣鄉原東，俗謂之大赤水，北流注於渭。』案：水今在陝西渭南縣東二十里。廣鄉原，在縣東南十里。

[九]【郭注】箭，篠也。【廣注】《爾雅》：『會稽之竹箭。』《（尚書・）禹貢》：『篠簜既敷。』注云：『篠，竹箭也。』【箋疏】《説文》云：『筱，箭屬，小竹也。』

[十]【廣注】于闐采玉之地，有緑玉河、白玉河、烏玉河。《太平御覽》載交州出白玉，夫餘出赤玉，挹婁出青玉，大秦出菜玉，西蜀出黑玉，并不言蒼玉。然《周禮》有蒼璧禮天之文，意即青玉類也。【箋疏】《（禮記・）玉藻》云：『大夫佩水蒼玉。』

[十一]【郭注】今所在有丹水。【箋疏】丹水、洛水皆在今陝西界也。

［十二］【新校正】《水經注》云：『上洛縣洛水，東與丹水合。水出西北竹山，東南流注於洛。』今在陝西渭南、洛南二縣界。

［十三］【釋義】水玉，貴水晶也。

［十四］【郭注】如鯑魚，四脚。【釋義】人魚，其形似也。【廣注】《异物志》、《异魚圖（贊）》皆云：『人魚似人，長三尺，有髮，不可食。』是同名异類者也。

［十五］【郭注】豜，豬屬。【箋疏】李善注《長楊賦》引此經，下有『以毛射物』四字，疑今本脱去之，有郭注可證。

［十六］【郭注】狟，猪也，夾髀有麄豪，長數尺，能以脊上毫射物，亦自爲牝牡。狟或作猳，吴楚呼爲鸞猪，亦此類也。【釋義】毫彘，其鬣剛也。【廣注】揚雄《長楊賦》：『搤熊羆，拖毫猪』。注：『一名帚豲。』《通志略》謂之山猪，《唐本草》謂之嵩猪，亦謂之豲貐，或謂之狟猪。《星禽》云：『壁水貐，毫猪也。』《（山海經）圖贊》曰：『剛鬣之族，號曰豪狢。毛如攢錐，中有激矢。厥體兼資，自爲牝牡』。【箋疏】《初學記》引此經有云：猫猪大者，肉至千斤，疑本郭注，今脱去之。案豪彘，今謂之箭猪，其毛狀都如此經及注所説。

又西百二十里，曰浮山［一］，多盼木［二］。枳葉［三］而無傷［四］，木蟲居之［五］。有草焉，名曰薰草［六］，麻葉而方莖，赤華而黑實［七］，臭如蘼蕪［八］，佩之可以已癘［九］。

［一］【釋義】今晋之平陽屬邑亦有浮山。【新校正】《水經注》云：『有胇浮山，與麗山連麓而在南。』案其道里，當即此山，今在陝西臨潼縣南。【箋疏】《藝文類聚》七卷引《游名山志》云：『玉溜山，一名地胇山，一名浮山。』即此山。

［二］【郭注】音美目盼兮之盼。【箋疏】郭既音盼，知經文必不作盼，未審何字之訛。

［三］【郭注】枳，刺針也，能傷人，故名云。【汪存】枳似橘，其木多刺。【箋疏】《小爾雅》云：『枳，害也。』郭注《方言》云：『《山海經》謂刺爲傷也。』本此。《廣雅》云：『傷，箴也。』此注針當爲鍼。

［四］【汪存】傷，木束刺也。無傷，言盼木無刺也，其樹多生蟲。

［五］【郭注】在樹之中。【廣注】劉會孟云：『桂蠹在木之中，其味甚美，尉佗所貢。』

［六］【郭注】（薫）音訓。【廣注】《左傳》：『一薫一蕕。』《魏略》曰：『大秦山出熏草。』成公綏《宣清賦》：『哀熏草之見焚。』《南越志》云：『土人名燕草，即今零陵香也。』嵇含《（南方）草木狀》云：『薫草出南海，葉如麻，兩兩相對。其氣如蘼蕪，可以止厲。』【汪存】薫草，蕙也，今謂之零陵香，以今零陵多出此草也。蕙、蘭同類，蘭莖圓，蕙莖方，葉皆似麻。【新校正】王逸《楚辭章句》云：『菌，薫也。葉曰蕙，根曰薫。』

［七］【廣注】屈子《天問》：『靡蓱九衢，枲華安居？』柳子《天對》：『有蓱九岐，厥圖以詭。浮山孰産，赤華伊枲。』蓋指此。【箋疏】《史記·司馬相如傳》索隱引《本草》云：『薫草，一名蕙。』《廣志》云：『蕙草，緣葉紫莖，魏武帝以此燒香。』今東下田有草，莖葉似麻，其華正紫也。

［八］【郭注】蘼蕪，香草。《易》曰：『其臭如蘭。』眉、無兩音。【廣注】《爾雅》作蘼蕪，疏云：『芎藭苗也，一名蘄茝，一名薇蕪，一名江蘺。』《淮南子》曰：『似蛇牀。』古詩『上山採蘼蕪』，言拾香草也。【新校正】《史記》司馬相如賦作麋蕪。樊光云：『藁本，一名麋蕪，根名蘄芷』，見《史記》索隱。【箋疏】《爾雅》云：『蘄茝，麋蕪。』郭注云：『香草，葉小如萎狀。』引《淮南子》云：『似蛇牀。』又引此經云：『臭如蘼蕪。』又《文選·南都賦》注引《（神農）本草經》曰：『蘼蕪，一名薇蕪。』陶隱居注曰：『蕙葉，似蛇牀而香。』

［九］【汪存】今人以五月五日佩諸香草以闢邪穢，亦此可以已癘之意。【新校正】《爾雅疏》引作止癘。【箋疏】《（神農）本草·别録》云：『薫草，去臭惡氣。』

又西七十里，曰㺄次之山［一］。漆水出焉［二］，北流注于渭［三］。其上多棫、橿［四］，其下多竹、箭。其陰多赤銅，其陽多嬰垣［五］之玉。有獸焉，其狀如禺而長臂，善投，其名曰嚻［六］。有鳥焉，其狀如梟，人面而一足，曰橐𩇯［七］，冬見夏蟄［八］，服之不畏雷［九］。

［一］【郭注】（㺄）音臾。【廣注】即榆次山。【新校正】山當在今陝西咸寧縣南，俗失其名。

［二］【郭注】今漆水出岐山。【廣注】《水經注》：『漆水出扶風杜陽俞山，東北入於渭。』程大昌《雍録》曰：『雍境漆水，凡四

出而實三派。雍州富平縣石川河一也，邠州新平縣漆水二也，鳳翔府普洱縣漆水三也，鄭白渠亦名沮漆四也。』四水之中，唯石川河當爲《（尚書·）禹貢》漆沮。而《綿》詩之謂『自土漆沮』者，在岐不在邠也。【箋疏】《説文》云：『漆水出右扶風杜陵岐山。』案杜陵，《水經》注引作杜陽是也。《（漢書·）地理志》云：『右扶風，漆水在縣西。』《水經》云：『漆水出扶風杜陽縣俞山，東北入於渭。』注引此經與今本同。

[三]【箋疏】《説文》云東入渭，一曰入洛。據此經及《水經》，則入渭是也。

[四]【郭注】棫，白桵也，音域。【廣注】《詩·大雅》：『芃芃棫樸。』陸璣曰：『三蒼説棫即柞也。其材理全白，無赤心者謂之白桵，可爲車輻，今人謂之白梂，或曰柘。』《爾雅疏》：『桵，小木叢生，有刺，實如耳璫，紫赤可啖。』二説不同，未知孰是。【汪存】（棫）叢生細葉，子如櫻桃，可食。其核仁入藥。

[五]【郭注】埴，或作短，或作根，或作埋。傳寫謬錯，未得其詳。【廣注】《駢雅》曰：『嬰垣、瑊玏，美玉也。』【新校正】郭云或作根者，當爲琨。《説文》：『琨，石之似玉者。』又《説文》有堅字，云：『石之似玉者。』與埴聲相近，疑亦是。【箋疏】埴，下文幼山正作短。畢氏云：『郭云或作根者，當爲琨。』《説文》云：『琨，石之似玉者。』《玉篇》引張揖《埤蒼》云：『瓔琨，石似玉也。琨，居恨、魚巾二切。』是。

[六]【郭注】亦在畏獸畫中，似獼猴投擲也。【廣注】《（山海經）圖贊》曰：『浴疾之草，厥子赭赤。肥遺似鶉，其肉已疫。嚻獸長臂，爲物好擲。』【汪存】投，擲也。自攀援投擲也，或曰以石擲人。【新校正】嚻，當爲夒，形相近，字之誤也。《説文》：『夒，母猴，似人。』【箋疏】嚻、夒聲相近。

[七]【郭注】音肥。【廣注】《駢雅》曰：『橐𩇯、瞿如、鴛鶻、鵸䳜，人面鳥也。』《（山海經）圖贊》曰：『有鳥人面，一脚孤立。性與時反，冬出夏蟄。帶其羽毛，迅雷不入。』【箋疏】《廣韻》引此經橐作𧕥。《太平御覽》四百三十三卷引《河圖》曰：『鳥一足，名獨立，見則主勇强。』即斯類也。

[八]【釋義】純陽之氣，冬則出，夏則藏耳，若蟄而非蟄也。

[九]【郭注】著其毛羽，令人不畏天雷也，或作災。【汪存】凡蟄類皆夏見冬蟄，此鳥獨冬見夏蟄，故服其毛羽，能不畏雷也。

又西百五十里，曰時山[一]，無草木。逐水[二]出焉，北流注于渭。其中多水玉。

［一］【新校正】時，讀從秦畤之畤。黄帝立畤於雍，多有其名山，在終南山東，當是陝西長安縣正南秦嶺矣。【箋疏】下文大時之山，《廣韵》引作太時，則此時山疑亦當爲畤山。《（漢書·）地理志》云：『右扶風雍，有五畤。』《説文》云：『畤，天地五帝所基址，祭地也。』《史記》索隱云：『畤，止也。』言神靈之所依止也。

［二］【郭注】（逐）或作遂。

又西百七十里，曰南山[一]。上多丹粟。丹水[二]出焉，北流注于渭。獸多猛豹[三]，鳥多尸鳩[四]。

［一］【廣注】劉氏云：『南山，今按長安藍田鄠縣界。』【汪存】即終南山也。自隴左以東，訖武關聯華山，山脈皆聯絡，在關中之南，故曰終南。【新校正】在今陝西鄠、盩厔二縣南。《夏書》云終南山，《春秋傳》云中南山，《詩》亦云南山。山在渭水之南，益以名之。【箋疏】即終南山，《詩》謂之南山，在渭水之南。

［二］【新校正】疑即赤水也。今水出陝西盩厔縣東南五十里赤谷。【箋疏】丹水即赤水也。《水經注》云：『渭水又東，逕槐里縣故城南，有涌水出南山赤谷。』又云：『耿谷水北與赤水會，又北徑思鄉城東，又北注渭水。』

［三］【郭注】猛豹，似熊而小，毛淺有光澤，能食蛇，食銅鐵，出蜀中。豹或作虎。【汪存】又名白豹，能食銅鐵。又謂之白澤，又謂之貘貘，即猛豹二字合音也，蜀中有之。【箋疏】猛豹，即貘豹也。《爾雅》云：『貘，白豹。』郭注云：『似熊小，頭庳脚黑，白駁，能舐食銅鐵。』《説文》云：『貘似熊而黄黑色，出蜀中。』貘通作獏。《白（氏六）帖》引《廣志》云：『獏大如驢，色蒼白，舐鐵消千斤，其皮温煗。』又通作貊。郭注《中次九經》崍山云：『山出貊。貊似熊而黑白駁，亦食銅鐵。』是則貊即貘也。貘豹、猛豹聲近而轉。

［四］【郭注】尸鳩，布穀類也，或曰鶻鵰也。鳩，或作丘。【廣注】《爾雅》：『鳲鳩，鴶鵴。』陸璣云：『一名擊穀。』嚴粲云：『一名桑鳩。仲春，鷹所化爲鳩也。』山陰陸氏曰：『一名搏黍。江東呼爲郭公，又爲穫穀。』【箋疏】《爾雅》云：『鳲鳩，鴶鵴。』郭注云：『今之布穀也。』與此注同。又引或曰鶻鵰也者，《列子·天瑞篇》云：『鷂之爲鸇，鸇之爲布穀。布穀久

復爲鷂。』是郭所本也。又云鳩或作丘者，聲近假借字。

又西百八十里，曰大時之山[一]。上多穀、柞[二]，下多杻、橿。陰多銀，陽多白玉。涔水出焉，北流注于渭[三]。清水[四]出焉，南流注于漢水。

[一]【廣注】上有時山，此名大時山，猶《地志》中射的山有大射的山、勞山有大勞山。【新校正】疑即大白山也，在今陝西郿縣東南四十里。《廣韵》引此作秦畤，當爲泰畤。【箋疏】《廣韵》引此經作太畤。《水經注》云：『太一山亦曰太白山，在武功縣南，去長安二百里。』

[二]【郭注】柞，櫟。【廣注】又：蘩子木亦名柞。【箋疏】柞、櫟見《爾雅》。

[三]【郭注】（涔）音潛。【廣注】涔水今出旱山，酈道元云：『涔水，即黄水也。』【汪存】褒斜谷中，斜水北入渭，褒水南入漢。涔蓋斜，清蓋褒也。涔讀作潛，音與斜近。【新校正】水疑即斜水。涔，當爲涂，形相近，字之誤也。涂與斜同音。《（漢書·）地理志》：『武功，斜水出衙嶺山，北至郿入渭。』今水出陝西褒城縣北山，北至郿縣入渭。

[四]【郭注】今河内脩武縣縣北黑山亦出清水。【汪存】褒斜谷中，斜水北入渭，褒水南入漢。涔蓋斜，清蓋褒也。涔讀作潛，音與斜近。【新校正】水疑即褒水也。今水出陝西郿縣西南，又西南流，徑寶鷄縣，又徑鳳縣、褒城縣，至南鄭縣入漢水。【箋疏】《（漢書·）地理志》云：『右扶風武功，斜水出衙領山北，至郿入渭。褒水亦出衙領，至南鄭入沔。』案沔即漢也。東漢水受氏道水，一名沔，亦見《（漢書·）地理志》。是此經涔水疑即斜水，清水疑即褒水矣。劉昭注《（後漢書·）郡國志》修武引此郭注與今本同。其引此經作太行之山，蓋字之訛。

又西三百二十里，曰嶓冢之山[一]。漢水[二]出焉，而東南流注于沔[三]；囂水出焉，北流注于湯[四]水。其上多桃枝[五]、鈎端[六]，獸多犀、兕、熊、羆[七]，鳥多白翰[八]、赤鷩。有草焉，其葉如蕙[九]，其本[十]如桔梗[十一]，黑華而不實，名曰蓇蓉[十二]，食之使人無子。

[一]【郭注】今在武都氐道縣南。嶓，音波。【廣注】《（河圖）括地象》曰：『嶓冢上，爲狼星。』常璩《華陽國志》：『西岷嶓冢，地稱天府。』《漢中記》云：『嶓冢以東，水皆東流；嶓冢以西，水皆西流。』又嶓冢有二，一在天水，一在漢中寧羌，漢水所出。【汪存】嶓，音婆。嶓冢在今漢中寧羌州西南。【新校正】山在今甘肅秦州西南六十里。【箋疏】李善注《思玄賦》引《河圖》曰：『嶓冢，山名。此山之精，上爲星，名封狼。』

[二]【新校正】漢水上源爲漾水，亦曰西漢水，或曰即洋水也。今水出秦州，即漢西及氐道二縣地。【箋疏】《（漢書·）地理志》云：『隴西郡西，《（尚書·）禹貢》嶓冢山西，漢所出，南入廣漢白水，東南至江州入江。』又云：『氐道，《（尚書·）禹貢》養水所出，至武都爲漢。』養字本作漾，《説文》云：『漾，古字作瀁。』是《（漢書·）地理志》以出氐道者爲漢水，出嶓冢者爲西漢水也。《水經》則云：『漾水出隴西氐道縣嶓冢山，蓋合二水爲一也。』又高誘《淮南（子）》注及《水經注》引闞駰説，并以漢即昆侖之洋水，重源顯發而爲漾水。據此，又以洋即漾字省文矣。

[三]【郭注】至江夏安陸縣，江即沔水。【汪存】沔，音免。【箋疏】《（漢書·）地理志》云：『武都郡武都，東漢水受氐道水，一名沔。過江夏，謂之夏水，入江。』又云：『沮水出東狼谷南，至沙羨南入江。』《水經》則云：『沔水出武都沮縣東狼谷。』是沮水即沔水，沔水即東漢水也。《（漢書·）地理志》云東漢水受氐道水，即此經云東南流注於沔矣。又案：《（漢書·）地理志》及《水經》并言漢水入江，此注云江即沔水，是知郭本經文作注於江，今本訛爲沔也，《水經注》及《藝文類聚》引此經并作江字可證。又此注云江即沔水，江上脱入字，江下脱漢字，遂不復可讀。

[四]【郭注】或作陽。【汪存】漢有二源。東漢水出其北，西漢水出其南，至漢中沔縣而後合流。沔，漢上地也。囂水，蓋西漢也，始出東北流而東合漢。《（尚書·）禹貢》：『嶓冢道漾，流爲漢。』漾、陽音近而作陽，又誤作湯耳。【新校正】沔水，首受西漢水，北承沮水，亦曰東漢水。《水經》云：『沔水出武都沮縣東狼谷。』《（漢書·）地理志》云：『沔水出武都。』又云：『武都縣東漢水，受氐道水，一名沔。』《漢書》注：『如淳曰：北方人謂漢水曰沔水。』《水經注》云：『闞駰曰：以其初出沮洳然，故曰沮水。』是沔、沮、東漢一也。今水出漢中府略陽縣東。【箋疏】（囂水）《藝文類聚》八十九卷引此經作囂水。

[五]【補注】桃枝，今名桃竹，實心多節，可以爲杖，又可以爲簟。【廣注】裴氏《廣州記》有桃竹，《（三國志·）魏志》倭

國有桃枝竹。《（山海經）圖贊》曰：『嶓冢美竹，厥號桃枝。叢薄幽藹，從容鬱猗。簟以安寢，杖以扶危。』【新校正】《尚書》蔑席、《周禮》次席，孔、鄭皆云桃枝。《爾雅·釋草》曰：『桃枝，四寸有節。』戴凱之《竹譜》説桃枝：『長爽纖葉，清肌薄皮。』注云：『桃枝是其中最細者。』又曰：『桃枝皮赤，編之滑勁，可以爲席。』【箋疏】桃枝竹，見《爾雅》。

[六]【郭注】鉤端，桃枝屬。【補注】鉤端，藤也，其色紅，可以束物。【箋疏】鉤端，《廣雅》作⿱竹鉤⿱竹端，云：『桃支也。』⿱竹鉤⿱竹端聲近爲簩篍，《玉篇》云：『簩篍，桃枝竹。』

[七]【郭注】羆似熊而黄白色，猛憨能拔樹。【廣注】李時珍曰：『熊、羆、魋，三種一類也，如豕。色黑者熊也，大而色黄白者羆也，小而色黄赤者魋也。』羅良願云：『熊有猪熊，形如豕；而馬熊形如馬。』【汪存】羆，馬熊也。【箋疏】吴氏（《廣注》）本郭注能拔樹下有『一云長頭高脚』六字，與《爾雅》注合，諸本并脱去之。

[八]【郭注】白翰，白鵫也。亦名鵫雉，又曰白雉。【汪存】白翰，白鷳也，亦雉類。【箋疏】翰，見《爾雅》。其字作鶾。

[九]【郭注】蕙，香草，蘭屬也。或以蕙爲薰葉，失之。（蕙）音惠。【廣注】蕙草，即零陵香也，亦謂之薰草。《離騷》云：『余既滋蘭之九畹兮，又樹蕙之百畮。』又云：『既替余以蕙纕兮，又申之以攬茝。』蓋蘭爲蘭草，蕙爲薰葉也。張揖《廣雅》云：『鹵，薰也，其葉謂之蕙。』《廣志》云：『蕙草緑葉紫花，魏武以爲香燒之，葉可代香。』非今之蘭審矣。鄭樵曰：『蕙即零陵香，後人因不識蘭草、蘭花原爲二種，遂以一幹一花者爲蘭，一幹數花者爲蕙，號曰蕙蘭。』朱子《楚詞辨證》曰：『今蘭蕙但花香而葉乃無氣，質弱易萎之，可刈佩，必非古人所指。然則今似茅而花有兩種者，非古蘭蕙明甚。』郭謂蕙非薰葉，其亦誤以蕙蘭爲蕙草歟？【箋疏】《廣雅》云：『菌，薰也。其葉謂之蕙。』本《離騷》王逸注爲説也。《廣雅》又云：『薰草，蕙草也。』故《南方草木狀》云：『蕙草，一名薰草。』是蕙即薰也。《（南方）草木狀》又云：『葉如麻，兩兩相對，氣如蘼蕪，可以止癘，出南海。』與上文浮山薰草名義相合，是張揖、嵇含并以蕙薰即爲一草，但不以薰爲蕙葉耳。郭氏不從《離騷》注，故云失之。

[十]【郭注】本，根也。

[十一]【廣注】桔梗似薺苨，一名利如，一名符扈，一名房圖。《（戰）國策》云：『今求柴葫、桔梗於沮澤，則累世不得一焉。及之睾黍梁父之陰，則郄車而載耳。』【箋疏】《廣雅》云：『犁如，桔梗也。』《（神農）本草》作利如。《太平御覽》引《吴普本草》云：『一名盧如，葉如薺苨，莖如筆管，紫赤。』《莊子·徐無鬼篇》釋文引司馬彪云：『桔梗，治心腹血瘀

瘕痺。」

[十二]【郭注】《爾雅·釋草》曰：「榮而不實謂之蒈。」音骨。【補注】今名花骨空，凌霄花之類。【廣注】《河圖括地象》云：「嶓冢山上有异花艸，名骨容，食之無子。」【新校正】二字從草，非。劉昭注《（後漢書·）郡國志》引此作骨容。【箋疏】郭引《爾雅》脱英字，《玉篇》、《廣韵》并有。蒈，蒈蓉，從草，皆後人所加也。《管子·地員篇》説木屬有胥容，胥古字作冐，與骨形近易混，疑骨容即胥容也。但草木區别，疑未敢定焉。

又西三百五十里，曰天帝之山。上多椶、枏，下多菅[一]、蕙。有獸焉，其狀如狗，名曰谿邊[二]，席其皮者不蠱[三]。有鳥焉，其狀如鶉，黑文而赤翁[四]，名曰櫟[五]，食之已痔[六]。有草焉，其狀如葵[七]，其臭如蘼蕪，名曰杜衡[八]，可以走馬[九]，食之已癭[十]。

[一]【郭注】菅，茅類也。【汪存】菅，白芒也。【箋疏】《爾雅》云：「白華野菅。」郭注云：「菅，茅屬。」

[二]【郭注】（谿）或作谷，（邊）或作遺。【廣注】熊氏《冀越集（記）》：「木狗，形如黑狗，能登木。其皮可爲衣褥，能運動血氣。」李時珍《本草（綱目）》云：「川西有玄豹，大如狗，黑色，尾亦如狗。其皮作裘褥甚暖。疑即谿邊類也。《事物紺珠》云：『谿邊如狗，席其皮辟蠱。』蠱，腹病，或云蛇蠱、金蠶蠱之類。【新校正】草木鳥獸之名多雙聲，當爲谷遺。

[三]【箋疏】此即狗屬也。《史記·封禪書》云：「秦德公磔狗邑四門，以禦蠱菑。」義蓋本此。

[四]【郭注】翁，頭下毛，音汲甕之甕。【新校正】《説文》云：「翁，頸毛也。」《漢書》云：「赤雁集，殊翁雜。」孟康曰：「翁，雁頸。」【箋疏】《説文》云：「翁，頸毛也。」（郭）注頭字訛。

[五]【郭注】音沙礫之礫。【釋義】櫟，其狀如鶉固矣，然鶉補五臟，益中續氣，取效非一，但不知可和菌子食之，令人發痔。今云櫟食之已痔，是如鶉而實非也。

[六]【廣注】《讀書考定》曰：「肥遺已癘，雷櫟已痔。」《事物紺珠》亦曰：「雷櫟已痔，數斯已癭。」《（山海經）圖贊》曰：「有華無實，蒈容之樹。谿邊類狗，皮厭不蠱。黑文赤翁，鳥愈隱痔。」

[七]【箋疏】《史記・司馬相如傳》索隱引此經作葉如葵。

[八]【郭注】香草也。【釋義】杜衡，馬得之而健，人得之而止疾，備人物之用矣。【廣注】《爾雅》：『杜，土鹵。』《離騷》：『雜杜衡與芳芷。』《博物志》云：『杜衡亂細辛，故一名土細辛。』又其葉如馬蹄，俗名馬蹄香。經謂可以走馬，亦因其性以爲用也。杜若亦名杜衡，《（神農本草・）别録》所謂杜蓮，《廣雅》所謂楚衡者也。其類自别，後人多不辨。【箋疏】《爾雅》云：『杜，土鹵。』郭注云：『杜衡也，似葵而香。』《廣雅》云：『楚蘅，杜蘅也。』《文選》注引《范子計然》云：『秦蘅出於隴西天水。』《史記・司馬相如傳》索隱引張揖云：『衡，杜衡，生天帝之山。』

[九]【郭注】帶之令人便馬。或曰：馬得之而健走。【廣注】《（山海經）圖贊》曰：『狌狌犇人，杜衡走馬。理固須因，體亦有假。足駿在感，安事御者。』

[十]【汪存】（此草）又治癭瘤也。【新校正】《淮南子》云：『險阻氣多癭。』【箋疏】《説文》云：『癭，頸瘤也。』《淮南（子・）墬形訓》云：『險阻氣多癭。』《博物志》云：『山居之民多癭。』

西南三百八十里，曰皋塗[一]之山。薔水[二]出焉，西流注于諸資之水[三]。塗水出焉[四]，南流注于集獲之水。其陽多丹粟，其陰多銀黄[五]、金，其上多桂木[六]。有白石焉，其名曰礜，可以毒鼠[七]。有草焉，其狀如槀茇[八]，其葉如葵而赤背，名曰無條[九]，可以毒鼠[十]。有獸焉，其狀如鹿而白尾、馬足，人手[十一]而四角，名曰玃如[十二]。有鳥焉，其狀如鴟[十三]而人足，名曰數斯[十四]，食之已癭[十五]。

[一]【新校正】《史記》索隱引此作鼻塗。

[二]【郭注】音色。或作蕢，又作蓄。【汪存】訛誤難考。【箋疏】薔字形近蔷，蔷即菑字异文。郭注蕢、蓄，亦與蔷、菑形近，但别無依據，疑未敢定也。

[三]【新校正】《淮南子・地形訓》云：『西南方曰渚資，曰丹澤。』

［四］【廣注】今榆次縣有大塗水、小塗水。

［五］【補注】銀黄，漢代用以爲佩。唐太宗賜房玄齡銀黄帶，宋人《小説》云：『其物貴於黄金。』【廣注】銀黄，楊慎以爲即黄銀也。《春秋運斗樞》云：『人君秉金德而生，則黄銀見。』熊太古《冀越集（記）》云：『黄銀絶少，道家言鬼神畏之。』方勺《泊宅編》云：『黄銀出蜀中，與金無异，但上石則白色。』程氏《演繁露》云：『銀黄主闢邪。』一云銀與黄金二物。

【箋疏】銀與黄金，二物也。下文槐江之山多采黄金、銀，與此義同。

［六］【廣注】范成大《桂海（虞衡）志》云：『凡木葉，心皆一縱理。獨桂有兩道如圭形，故字從圭，《爾雅》謂之梫。』

［七］【郭注】今礜石殺鼠，音豫，蠶食之而肥。【廣注】《（神農）本草經》：『礜，一名青分石，一名立志石，一名固羊石，又名鼠鄉，以其能毒鼠也。』《（山海經）圖贊》曰：『稟氣方殊，舛錯理微。礜石殺鼠，蠶食而肥。物性雖反，齊之一歸。』

【汪存】礜，礬也。【新校正】『《説文》云：「礜，毒石也，出漢中。」』【箋疏】《（神農）本草・别録》同（《説文》）。又：《（神農）本草・别録》云：『礜石辛，大熱有毒，不鍊服，殺人及百獸。』然則不但可以毒鼠矣。《博物志》云：『鸛伏卵，取礜石入巢助煖。』陶注《（神農）本草》云：『取生礜石納水，令水不冰。』是其性大熱可知。《玉篇》云：『礜石出陰山，殺鼠，蠶食則肥。』本於郭注。其云出陰山，則非也。云蠶食之而肥者，《淮南（子・）説林訓》云：『人食礜石而死，蠶食之而不饑。』是郭注所本。

［八］【郭注】槀茇，香草。【廣注】茇，音沛；槀本也，一名鬼鄉，《（神農本草・）别録》謂之微莖。【汪存】槀茇，今藁本也，似川芎藭。【箋疏】槀茇，即槀本也。本、茇聲近義同，故此經言槀茇。《中山經》青要之山言槀本，郭氏注：『《上林賦》云槀本，槀茇也。』明爲一物。《廣雅》云：『山茝、蔚香，槀本也。』

［九］【汪存】無條，今紫背天葵。但天葵小草弱莖，不似槀本。【新校正】無，當讀如蕪。經云如槀茇，又曰其葉如葵，疑即蘼蕪矣。【箋疏】《（神農）本草・别録》云：『逐折殺鼠。』蓋即此。

［十］【廣注】《玄覽》云：『無蓨毒鼠，葶藶毒魚。』

［十一］【郭注】前兩脚似人手。【箋疏】《史記・司馬相如傳》索隱引此經作人首，蓋訛。

［十二］【郭注】音蝦玃之玃。【廣注】《駢雅》曰：『鹿四角爲玃如，或作玃如。』《廣雅》曰：『西方有獸焉，如鹿，白尾馬足，人手四角，其名曰玃如，亦作玃玃。』《事物紺珠》曰：『玃玃，狀如白鹿，前兩脚似人手，後兩脚似馬蹄。』《（山海經）

圖贊》曰：『玃如之獸，鹿狀四觡。馬足人手，其尾則白。貌兼三形，攀木緣石。』又司馬貞引經云：『鼻塗山有獸，似鹿馬足，人手四角，名爲玃。』是古文异同也。梅氏云：『玃，即玃猱。』【新校正】正字當爲玃如。【箋疏】經文玃，當爲玃。注文猳玃，當爲猳玃，并字形之訛也。郭注《爾雅》玃父云：『猳，玃也。』是此注所本。《廣雅·釋地》本此經正作玃如可證。《太平御覽》九百十三卷引作玃，無如字，疑脱。又《史記·司馬相如傳》有玃猱，索隱引此經作玃猱，云：『字或作玃。』然則玃猱即玃如之异文，猱、如聲之轉也。《説文》云：『玃，母屬。』《玉篇》云：『玃或玃字。』

[十三]【廣注】鴟似鷹而稍小，尾如舵，極善高翔，類有數種。《禽經》云：『善摶者曰鷂，竊玄者曰雕，骨曰鶻，瞭曰鷂，展曰鸇，奪曰鵽。』又云：『鶻生三子，一爲鴟。』《爾雅》謂之茅鴟，《詩疏》謂之雀鷹，或謂之隼。【箋疏】鴟有三種，具見《爾雅》。

[十四]【廣注】《駢雅》云：『周周、大首、鶖鶘、數斯，皆人足鳥。』《事物紺珠》曰：『數斯如雉，人足。』

[十五]【郭注】（瘻）或作癇。【箋疏】《説文》云：『癇，病也。』《玉篇》云：『小兒瘨癇。』《後漢書·王符傳》云：『哺乳多則生癇病。』

又西百八十里，曰黄山[一]。無草木，多竹、箭。盼[二]水出焉，西流注于赤水[三]，其中多玉。有獸焉，其狀如牛而蒼黑大目，其名曰犖[四]。有鳥焉，其狀如鴞[五]，青羽赤喙，人舌能言，名曰鸚䳇[六]。

[一]【郭注】今始平槐里縣有黄山，上故有宫，漢惠帝所起，疑非此。【廣注】潘之恒《黄海》引此與徽州黄山爲類，非是。又濟南府南六十里亦有黄山，與此同名。【新校正】山未詳也。或説即今陝西興平黄山，斯错簡耳。【箋疏】郭注本《（漢書·）地理志》，槐里在右扶風，有黄山宫。孝惠二年起。《晋書·地理志》云：『始平郡槐里，有黄山宫。』

[二]【郭注】音美目盼兮之盼。【箋疏】郭既音盼，知經文必不作盼，未審何字之訛。

[三]【新校正】或説盼水即耿谷水，形相近，字之訛耳。

[四]【郭注】音敏。【廣注】即牰、犚、牧、犈之屬。《事物紺珠》云：「⿱敏牛，蒼黑色，大目。」【新校正】《汲冢周書·王會》云：「數楚每牛。每牛者，牛之小者也。」⿱敏牛非古字，當爲每。《廣韻》⿱敏牛切同美，是也。

[五]【廣注】鴞大如鳩，緑色。張華云：「鴞、鵩、鵂、鶹，一物也。」【箋疏】《廣雅》云：「鵟鳥，鴞也。」形狀見陸璣《詩疏》。

[六]【郭注】鸚䳇，舌似小兒舌，脚指前後各兩。扶南徼外出五色者，亦有純赤白者，大如雁也。【釋義】鸚䳇，當作鸚鵡。夫鳥中能言，莫如鸚鵡。【廣注】《説文》：「鸚鵡，能言鳥也。」《爾雅翼》曰：「其足指前後各二，特爲羽族异，故字從武。又名鸚䳇。」《（山海經）圖贊》曰：「鸚䳇慧鳥，青羽赤喙。四指中分，行則以觜。自貽伊籠，見幽坐趾。」【汪存】䳇，音武。【箋疏】《初學記》三十卷引《廣州記》云：「根杜出五色鸚䳇，曾見其白者，大如母鷄。」又引《南方异物志》云：「鸚鵡有三種，交州巴南盡有之。」又《文選》注《鸚鵡賦》引此經郭注脚指作脚趾。

又西二百里，曰翠山。其上多椶、柟，其下多竹、箭。其陽多黄金、玉，其陰多旄牛、麢、麝[一]。其鳥多鸓[二]，其狀如鵲，赤黑而兩首、四足[三]，可以禦火[四]。

[一]【郭注】麢，似羊而大角細食，好在山崖間；麝，似麞而小，有香。【廣注】麢，大羊。陶注《（神農）本草》云：「今出建平宜都諸蠻中及西域。」王安石《字説》：「鹿則比類而環角，外向以自防；麢則獨栖，懸一角以遠害，可謂靈也，故字從鹿，從靈。後人作羚。」【汪存】牦牛，一名犛牛，長毛尺許，尾背項膝毛尤長，可爲旌纛之用，巴蜀之西南多有之。麢，羚羊也，似羊而大，其角細而尖鋭，好處巖石之山，夜宿則掛其角於木上以防患。麝，似獐而小，有懸牙，好食蛇，其臍有香，今漢中以西巴蜀山中皆有之。【箋疏】麢、麝并見《爾雅》，郭注與此同。

[二]【郭注】音壘。【廣注】《廣雅》云：「鸓、鵑，飛鸓也。」即此。又《字彙》：「鸓鳥如鵲，兩手四足，可禦火，音力追切。」【新校正】《玉篇》有鸓，大鴆切，説與此同。【箋疏】鸓當爲鸓。（郭）注壘當爲疊，并字形之訛也。

[三]【廣注】《博物志》：「翠山鳥，兩首四足，可以禦火。」又《五侯鯖》云：「鸓鳥生翠山，狀如鵲，四足。」不云兩首，疑

誤也。

〔四〕【廣注】劉會孟曰：『鳥可禦火者多，漢宮殿多以鳥名。』《事物紺珠》云：『鵸、鸓、䳜餘，俱辟火。』《（山海經）圖贊》曰：『數斯人脚，厥狀似鴟。鵸獸大眼，有鳥名鸓。兩頭四足，翔若合飛。』

又西二百五十里，曰䰠山〔一〕。是錞于西海〔二〕，無草木，多玉。淒水〔三〕出焉，西流注于海。其中多采石〔四〕、黄金，多丹粟。

〔一〕【郭注】（䰠）音巍。一音隗囂之隗。

〔二〕【郭注】錞，猶堤埻也，音章閏反。【汪存】錞，猶蹲也。西荒去海甚遠，而西北凡豬澤皆以海名。所謂西海者，殆如青海、蒲昌海、流沙之類。【新校正】錞，借字，自（堆）本字。西海者，《（漢書·）地理志》謂之僊海，或謂之青海。西、僊、青三聲相近，今在西寧府西北番中。【箋疏】《玉篇》引此經作埻于西海。又引郭注作埻猶隄也。今本『埻』字疑衍，隄蓋埤障之義。《海内東經》有埻端國，郭注：『埻，音敦。』西海謂之青海，或謂之僊海，見《（漢書·）地理志》金城郡臨羌。又《思玄賦》舊注云：『黄帝葬於西海橋山。』亦即此。

〔三〕【郭注】（淒）或作浽。【汪存】淒水，未詳。

〔四〕【郭注】采石，石有采色者，今雌黄、空青、緑碧之屬。【補注】《穆天子傳》：『天子至於重䍃氏之黑水，爰有采石之山。凡好石之器於是乎出。』又《水經注》：『若水傍有光珠之穴。』采石即彩石也。采石山光珠穴，疑即今寶山寶井。今其地産寶石。其品有紅刺、紫刺、軟紅、便紅、酒黄、祖母緑，其價有百倍黄金者。【廣注】（楊慎所説）是即經之采石也。【汪存】今葱嶺之西于闐國有水，中多玉及寶石。【箋疏】《穆天子傳》云：『有采石之山。』郭注云：『出文采之石也。』劉逵注《蜀都賦》云：『牂牁有白曹山，出丹青、曾青、空青也。』《藝文類聚》八十一卷引《范子計然》曰：『空青出巴郡，白青、曾青出弘農豫章，白青出新淦。青色者善。』《（神農）本草經》曰：『空青能化銅鐵鉛錫作金。』《（神農本草·）别録》云：『生益州山谷及越巂山有銅處，銅精熏則生空青。』又云：『雌黄生武都山谷，與雄黄同山，生其陰。山有金，金精熏則生雌黄。』又云：『緑青生山之陰穴中，色青白。』陶注云：『此即用畫緑色者，亦出空青中。』蘇頌《圖經》云：『緑青，今謂之石緑是也。』

凡《西經》之首，自錢來之山至于騩山，凡十九山，二千九百五十七里[一]。華山，冢也[二]，其祠之禮：太牢[三]。羭山，神也[四]，祠之用燭[五]，齋百日以百犧[六]，瘞用百瑜[七]、湯[八]其酒百樽[九]，嬰以百珪百璧[十]。其餘十七山之屬，皆毛牷[十一]，用一羊祠之。燭者，百草之未灰[十二]。白蓆、采等純之[十三]。

[一]【新校正】此經之山，自陝西潼關西至甘肅西寧也。【箋疏】今三千一百一十七里。

[二]【郭注】冢者，神鬼之所舍也。【廣注】《漢（書·郊祀）志》云：『東北神明之舍；西方神明之墓。』冢，猶墓意。【汪存】冢，猶冢宰冢子之冢，言以華山爲宗也。【新校正】郭説非也。《爾雅》曰：『山頂曰冢。』《釋詁》曰：『冢，大也。』【箋疏】此皆山也。言神與冢者，冢大於神。《爾雅·釋詁》云：『冢，大也。』《釋山》云：『山頂，冢。』是其義也。郭以冢爲墳墓，蓋失之。【俞讀】下文羭山神也，兩句爲對文。冢猶君也，神猶臣也。蓋言華山爲君，而羭山爲臣，此乃古語相傳如此。此經冢神對言，乃古語之僅存者。後人不通古語，宜不得其旨矣。

[三]【郭注】牛、羊、豕爲太牢。

[四]【汪存】言其山之神羭也。羭，羊屬。

[五]【郭注】或作煬。【汪存】如庭燎之屬。【箋疏】《説文》云：『燭，庭燎火燭也。煬，炙燥也。』

[六]【郭注】牲純色者爲犧。

[七]【郭注】瑜，亦美玉名，音臾。

[八]【郭注】或作温。【箋疏】湯讀去聲。今人呼温酒爲湯酒本此。

[九]【郭注】温酒令熱。

[十]【郭注】嬰，謂陳之以環祭也。或曰：嬰即古罌字，謂盂也。徐州云：『《穆天子傳》曰黄金之嬰之屬也。』【汪存】以上皆祠華岳之禮也。【箋疏】《穆天子傳》云：『賜之黄金之罌三六。』郭注云：『即盂也，徐州謂之罌。』《太平御覽》八百六卷引此經云：『羭山之神，祠以黄圭。』《藝文類聚》八十三卷引作羭山之神，祠之白珪。兩引皆异，疑《（藝文）類聚》近之。又疑今本百或白字之訛也。

[十一]【郭注】牷，謂牲體全具也。《左傳》曰：『牷，牲肥腯者也。』

[十二]【汪存】此更釋燭字，蓋以百草束爲炬。未灰者，未經火化也。【箋疏】此蓋古人用燭之始。經云百草未灰，是知上世爲燭，蓋亦用麻蒸葦苣爲之，詳見《詩疏》及《周禮疏》。

[十三]【郭注】純，緣也。五色純之等差，其文彩也。《周禮》：『莞席紛純。』【汪存】純，音準。此復言祠神之席，以白茅爲席，而以五采等而緣之也。等，如玄、蒼、赤、黄、白、黑之等。純，席緣也。【新校正】此亦周秦人釋語。【箋疏】采等者，《（儀禮·）聘禮》云：『繅三采六等。』等，訓就也。采一帀爲一就。席，藏經本作席。

【新校正】右《西山經》，古本爲第四篇。

《西次二經》之首曰鈐山[一]。其上多銅，其下多玉。其木多杻、橿。

[一]【郭注】（鈐）音髡鉗之鉗。或作冷，又作塗。【汪存】鈐山，蓋荆山，荆、鈐音近也。或作冷，或作塗，皆誤。

西二百里，曰泰冒之山[一]，其陽多金，其陰多鐵。浴水[二]出焉，東流注于河。其中多藻玉[三]，多白蛇[四]。

[一]【郭注】（泰）或作秦。【新校正】山在今陝西膚施縣。晋灼引《水經》：『上郡雕陰有泰冒山。』《太平寰宇記》云：『洛水原出白於山，經上郡雕陰泰望山。』案泰、秦字相近，望、冒聲相近。《膚施縣志》云：『縣南雕陰山，一名秦望山。』是也。

［二］【汪存】浴字當作洛，蓋延、鄜之間有洛水，東南流而入河也。洛亦作雒，今有雒川邑。【新校正】《初學記》引此經作洛，是。【箋疏】浴當爲洛字之訛。《初學記》六卷及《太平御覽》六十二卷俱引此經作洛水。又晉灼引《水經·洛水》云：『出上郡雕陰泰冒山，過華陰入渭。』即漆沮水。是此經浴水即洛水審矣。

［三］【郭注】藻玉，玉有符彩者。或作柬，音練。【汪存】藻玉，五彩之玉也。【箋疏】《初學記》引此經多作有。

［四］【郭注】水蛇。【汪存】白蛇，生水中者也。

又西一百七十里，曰數歷之山［一］。其上多黄金，其下多銀。其木多杻、橿，其鳥多鸚䳇。楚水出焉［二］，而南流注于渭。其中多白珠［三］。

［一］【新校正】《水經注》：『汧縣有數歷山。』《金史·地理志》云：『鳳翔路號有楚山。』數歷與楚聲相近，故水亦曰楚水也。山當在今陝西隴州，疑俗稱西秦山，在州東南百里者是也。

［二］【汪存】此楚水當即沮水，乃漆沮之水也。【新校正】今水出隴州西南，東流徑西秦山南，又東至寶鷄縣西入於渭，俗亦稱陸川。【箋疏】《水經注》云：『渭水徑南田縣南，東與楚水合，世所謂長虵水。水出汧縣之數歷山，又南流注於渭。闞駰以是水爲汧水焉。』

［三］【郭注】今蜀郡平澤出青珠。《尸子》曰：『水員折者有珠。』【釋義】珠，蚌之産也、類也。【補注】左思《蜀都賦》云『青珠黄環』是也。【箋疏】《穆天子傳》云：『北征，舍於珠澤。』郭注云：『今越巂平澤出青珠是。』《初學記》二十七卷引《華陽國志》云：『廣陽縣山出青珠。永昌郡博南縣有光珠穴，出光珠。珠有黄珠、白珠、青珠、碧珠。』

又西百五十里，曰高山［一］。其上多銀，其下多青碧［二］、雄黄［三］。其木多椶，其草多竹［四］。涇水［五］出焉，而東流注于渭［六］。其中多磐石［七］、青碧。

［一］【汪存】高山，即朝那笄頭山也，又名岍山。【新校正】《玉篇》引此作商山，非。案其道里，疑即橋山也。高、橋聲相近。《（漢書·）地理志》：『陽周橋山在南。』《元和郡縣志》云：『真寧縣橋山，在縣東八十里。』山在今甘肅真寧、陝西中部二縣界，涇水所經也。一云今甘肅隆德縣東南二十里有高山，俗名美高山，亦是也。【箋疏】《（三國志·）魏志·張郃傳》云：『劉備保高山不敢戰。』疑即此也。《淮南（子·）墬形訓》云：『涇出薄落之山。』是薄落山即高山之异名也。又《覽冥訓》云：『嶢山崩，而薄落之水涸。』高誘注云：『薄落，涇水。』是嶢山亦即高山矣。嶢、高聲相近。《初學記》六卷引（《淮南子》）嶢作碉，高注有『碉山在雍』四字，爲今本所無。

［二］【郭注】碧，亦玉類也。今越嶲會稽縣東山出碧。【廣注】《（明）一統志》云：『涇河自平凉府西南白岩發源，至涇州，又東南至邠州界，又東北至西安府高陵縣界，會於渭。』【新校正】：《詩》云：『充耳以青。』《（春秋）傳》曰：『青，青玉。』《説文》：『碧，石之青美者。』【箋疏】《竹書（紀年）》云：『周顯王五年，雨碧於郢。』《莊子》曰：『萇宏死於蜀，其血化爲碧。』李善注《南都賦》引《廣志》云：『碧有縹碧，有緑碧。』郭注會稽當爲會無，字之訛，《（漢書·）地理志》云：『越巂郡會無東山有碧。』

［三］【郭注】晋大興三年，高平郡界有山崩，其中出數千斤雄黄。【釋義】凡山氣粹而瑩者爲玉，其次爲雄黄，皆正陽健氣也，故玉屑、雄黄皆可療疾。【汪存】雄黄出山中，亦丹類，可避邪魅。又有雌黄。【箋疏】太興三年，晋元帝之四年也。高平郡，《晋書·地理志》作高平國，故屬梁國，晋初分山陽置也。《博物志》云：『雄黄似石流黄。』《（神農）本草經》云：『雄黄，一名黄金石。』《（神農本草·）别録》云：『生武都山谷、燉煌山之陽。』

［四］【箋疏】竹之爲物，亦草亦木，故此經或稱木，或稱草。

［五］【郭注】（涇）音經。

［六］【郭注】今涇水出安定朝那縣西笄頭山，至京兆高陵縣入渭也。【廣注】《（明）一統志》云：『涇河自平凉府西南白岩發源，至涇州又東南至邠州界，又東北至西安府高陵縣界會於渭。』【新校正】東流者，東南流。【箋疏】高誘注《淮南（子·）墬形訓》云：『薄落之山，一名笄頭山，安定臨涇縣西。』笄頭即開頭也。高誘及郭注俱本《（漢書·）地理志》。又下文云：『涇谷之山，涇水出焉。』復云：『東南流注於渭。』與此非一水也。涇水又見《海内東經》，郭注與此同。

［七］【郭注】《（尚）書》曰『泗濱浮磬』是也。【廣注】劉會孟云：『陝西耀州石可爲磬，故名磬玉山，非泗濱浮磬也。』【汪

存】磬，或作盤。【明案】郭引見《尚書·禹貢》，注文濆，原文爲濱，或爲宋本刊刻之誤。

西南三百里，曰女牀之山[一]。其陽多赤銅，其陰多石涅[二]。其獸多虎、豹、犀、兕。有鳥焉，其狀如翟[三]而五彩文，名曰鸞鳥[四]，見則天下安寧。

[一]【廣注】（薛綜）《東京賦》注：『女牀山，在華陰西六百里。』【新校正】考地理諸書，山亡所見。按其道里，或鳳翔府岐山縣岐山也。

[二]【郭注】即礬石也。楚人名爲涅石，秦名爲羽涅也。《（神農）本草經》亦名曰石涅也。【補注】石涅，可以染黑色。《論語》曰『涅而不緇』，即此物也。又可以書字，謂之石墨。上古用漆書，中古用石墨書，今代用煙墨，不知石墨爲何物也。【廣注】《（神農）本草》：『黑石脂，一名石墨，一名石涅，南人謂之畫眉石。』礬石，一名涅石，又名羽澤。」二名原自不同，且礬石并無石涅之名，以涅石爲石涅，是郭注之誤也。《（神農）本草》：『石涅，一名玄丹，又名黑丹。』《孝經援神契》曰：『王者德至山陵而黑丹出。』《文選·東京賦》：『黑丹流淄。』《魏都賦》『墨井鹽池』注云：『鄴西有墨井。』又宜陽縣有石墨山，汧陽縣有石墨洞，贛州興國縣上洛山皆產石墨，廣東始興縣小谿中亦產石黑。《水經注》：『商州黃水北有黑山，山石悉黑。』此皆石涅也。【新校正】《淮南子》云：『以涅染緇。』高誘曰：『涅，礬石也。』【箋疏】吴説是也。然據《（神農）本草經》，礬石一名羽涅，無石涅之名，而郭注引《（神農）本草經》礬石亦名石涅，蓋今《（神農）本草》有脱文也。涅石見《北山經》賁聞之山。

[三]【郭注】翟，似雉而大，長尾，或作鵗。鵗，雕屬也。【箋疏】鸐，山雉，見《爾雅》。郭注云長尾者，薛綜注《東京賦》引此經翟作鶴，五采作五色。郭云鵗雕屬者，見下文三危之山。

[四]【郭注】舊説鸞似鷄形，瑞鳥也。周成王時，西戎獻之。【釋義】鸞蓋鳳屬，靈禽也。【廣注】師曠《禽經》：『鸞，瑞鳥，一曰鷄趣。』顧野王《符瑞圖》曰：『鷄趣，王者有德則見。』《（山海經）圖贊》曰：『鸞翔女牀，鳳出丹穴。拊翼相和，以應聖哲。擊石靡咏，韶音其絶。』【新校正】《周書·王會》云：『氐羌鸞鳥。』《決疑注》：『漢大使令蔡衡曰：凡象鳳者有

五，多青色者鸞。』《抱朴子》曰：『似鳳而白纓。』【箋疏】《周書·王會篇》云：『氐羌鸞鳥。』孔晁注云：『鸞大於鳳，亦歸於仁義者也。』《說文》云：『鸞亦神靈之精也，赤色五采，鷄形，鳴中五音，頌聲作則至。周成王時，氐羌獻鸞鳥。』《廣雅》云：『鸞鳥，鳳皇屬也。』《藝文類聚》引《決疑注》云：『象鳳，多青色者鸞。』與《說文》異。今所見鸞鳥，羽赤色而有點文，《說文》蓋近之矣。

又西二百里，曰龍首之山[一]。其陽多黃金，其陰多鐵。苕水出焉[二]，而東南流注于涇水。其中多美玉。

[一]【廣注】《（明）一統志》：『山在應州北山之南，跨雲中。』《三秦記》曰：『長六十里，頭入於渭，尾達樊川。云昔有黑龍，從山南出，飲渭。其行道因成土山，故以名焉。』【新校正】山在今陝西隴州，西至甘肅清水縣。龍當讀如隴氏之隴。班固《西都賦》云：『右界褒斜，隴首之險。』《通典》云：『隴城大隴山，亦曰隴首山。』即此。【箋疏】《文選·西都賦》云：『據龍首。』李善注引此經云：『華山之西龍首之山。』疑引此經郭注文，今本脱去之也。云華山西者，上文女牀之山在華陰西六百里，又加二百里，則去華山八百里也。

[二]【新校正】苕當爲芮，形相近，字之誤也。《周書·職方解》云：『雍州，其川涇、納。』《周禮》作芮。今芮水出陝西隴州西北七十里龍門洞，俗稱黑水河，北流入甘肅華亭縣界。【箋疏】《初學記》及《太平御覽》引此經作若水。

又西二百里，曰鹿臺之山[一]。其上多白玉，其下多銀。其獸多㸲牛、羬羊、白豪[二]。有鳥焉，其狀如雄鷄而人面[三]，名曰鳧徯，其名自叫也，見則有兵[四]。

[一]【郭注】今在上郡。【廣注】今名麓臺山，在平遥縣南四十七里，一名蒙山。【新校正】未詳也。【箋疏】當爲上黨郡，

（郭）注脱黨字。《水經·沁水》注云：『陽泉水出鹿臺山，山上有水，淵而不流。』《太平寰宇記》云：『謁戾山，一名鹿臺山。山在今汾州府平遥縣西。』謁戾山見《北次三經》，然案其道里不相應，當在闕疑。

[二]【郭注】豪，貆猪也。【汪存】白毫，即豪彘也。【箋疏】貆猪即豪彘也，竹山之獸，已見上文，以其毛白，故稱白豪。

[三]【箋疏】《北堂書鈔》一百十三卷引此經面作首，蓋形之訛。

[四]【廣注】劉會孟曰：『鳥人面者，非大美則大惡。其美者頻伽，大惡者梟溪。』黄省曾詩：『海内揚戈兵，梟溪下鹿臺。』謂此也。

西南二百里，曰鳥危之山。其陽多磬石[一]，其陰多檀[二]、楮[三]，其中多女牀[四]。鳥危之水出焉，西流注于赤水。其中多丹粟。

[一]【廣注】陳暘《樂書》曰：『少華之山，其陰多磬；鳥危之山，其陽多磬。高山，涇水出焉，其中多磬。』則磬名所自，固雖不一。要之，一適陰陽之和者，泗濱所貢浮磬而已。蓋取其土少而水多，其聲和且潤也。【箋疏】經中説磬石者三，俱見《西山經》。

[二]【廣注】檀有黄白二種，葉皆如槐，與梓、榆、莢蒾相似。【箋疏】檀，見陸璣《詩疏》及《爾雅》魄、榽橀注。

[三]【郭注】楮即穀木。【廣注】日華子曰：『皮斑者爲楮，皮白者爲穀。』李時珍云：『楚人呼乳爲穀，其木白汁如乳，故以名之。』《埤雅》訓爲惡，誤矣。陶隱居云：『即今構樹也。』【箋疏】《廣雅》云：『穀，楮也。』詳陸璣《詩疏》。

[四]【郭注】未詳。【釋義】女牀，疑草石類。【汪存】未詳何物。【箋疏】《廣雅》云：『顛棘，女木也。』又云：『女腸，女菀也。』此經女牀，未審何物。若是草屬，或即女木、女腸之字因形聲而訛。又《太平御覽》九百九十一卷引《吴普本草》云：『女菀，一名織女菀。』今案織女星旁有四星名女牀，是女牀或即織女菀之别名矣。

又西四百里，曰小次之山。其上多白玉，其下多赤銅。有獸焉，其狀如猿而白首、赤足，名曰朱猒[一]，見則大兵[二]。

[一]【廣注】《駢雅》曰：『朱猒、雍和、騰猿、獑猢、風母、前兒，皆猿屬也。』【明案】《廣注》猢字原闕，今據《駢雅》卷七補。

[二]【郭注】一作見則有兵起焉，一作見則爲兵。【廣注】《（山海經）圖贊》曰：『梟谿朱猒，見則有兵。類异感同，理不虚行。推之自然，厥數難明。』【箋疏】《北堂書鈔》一百十三卷、《太平御覽》三百二十九卷引此經并作見則有兵。

又西三百里，曰大次之山。其陽多堊[一]，其陰多碧。其獸多㸲牛、麢羊。

[一]【郭注】堊似土，色甚白，音惡。【汪存】堊，白土也。【箋疏】《説文》云：『堊，白塗也。』《爾雅》云：『墻謂之堊，亦謂墻以白堊塗之也。』然據《北山經》，賁聞之山、孟門之山并多黄堊，《中山經》葱聾之山多白堊，黑、青、黄堊，明堊非一色，不獨白者名堊也。

又西四百里，曰薰吴之山。無草木，多金、玉。

又西四百里，曰㡳陽[一]之山。其木多櫻、柟、豫章[二]，其獸多犀、兕、虎、犳[三]、㸲牛。

[一]【郭注】（㡳）音旨。【箋疏】㡳當爲底字之訛，亦如互人國爲氐人，皆形近而訛也。㡳，藏經本正作底。

[二]【郭注】櫻似松，有刺，細理，音即。豫章，大木，似楸，葉冬夏青，生七年而後復可知也。《廣注》：『司馬相如賦云：「梗楠豫章。」顔注曰：「豫即沈木，章即樟木。二木生七年，乃可分别。」觀此，則豫即釣樟也。《通志略》曰：「釣樟亦樟

類。」又縣名豫章，亦因此木得名。【汪存】豫，烏樟也，似樟而葉及木本色皆青黑。章，赤樟、白樟也，木似楸、葉似樸，冬夏常青。【箋疏】《爾雅》云：『棆，無疵。』郭注云：『棆，梗屬，似豫章。』《子虛賦》云：『楩枏豫章。』顏師古注云：『豫即枕木，章即樟木。二木生至七年，乃可分別。』《後漢書·王符傳》注云：『豫章，即樟木也。』《淮南（子·）修務訓》云：『楩枏，豫章之生也，七年而後知。』是郭注所本，注『復』字衍。

[三]【郭注】犳，音之藥反。《廣注》：『《字海》云：「犳，皮有虎文。」《字彙》云：「獸，豹文，又音腰，狀如狗而文首也。」【汪存】一作豹。【新校正】即虎豹字。《玉篇》有犳，云：『獸，豹文。』音同郭。又《廣韵》作狗。

又西二百五十里，曰衆獸之山。其上多㻬琈之玉，其下多檀[一]、楮，多黄金。其獸多犀、兕。

[一]【汪存】檀似槐，材堅韌。

又西五百里，曰皇人之山。其上多金、玉，其下多青雄黄[一]。皇水出焉，西流注于赤水[二]。其中多丹粟。

[一]【郭注】即雌黄也。或曰空青、曾青之屬。《廣注》：『雄黄生山陽，故名雄黄；雌黄生山陰，故名雌黄。二義自別，若爲雌黄，不當復有青雄黄之名矣。蘇頌云：「階州山中，雄黄有青黑色而堅者，名曰重黄。」青雄黄意即此也。【箋疏】經中既有雄黄，又有青雄黄，或青與雄黄二物也。下文長沙山及《北山經》譙明山、《中山經》白邊山并多青雄黄。郭云即雌黄者，雌蓋雄字之訛。郭欲明青雄黄即雄黄，又引或說，以青與雄黄爲二物，不可的知，故兩存其說也。雌黄及空青、曾青皆見《（神農）本草經》。

[二]【汪存】此蓋逾河而西矣，今西寧占之湟中也，但其水東流入河。惟其南有朋摎之水西流，亦入於河。

又西三百里，曰中皇之山。其上多黄金，其下多蕙棠[一]。

[一]【郭注】彤棠之屬也。蕙或作羔。【廣注】或以爲薰葉、棠梨二種。【汪存】蓋沙棠之屬。【箋疏】蕙與棠二物。彤棠蓋赤棠也。棠有二種，具見《爾雅》。《中山經》云：『陰山，其中多彫棠。』彫疑彤字之訛。

又西三百五十里，曰西皇之山。其陽多金，其陰多鐵。其獸多麋[一]、鹿、㸲牛。

[一]【郭注】麋，大如小牛，鹿屬也。【廣注】麋，牡麔牝麎，其子䴢。鹿，牡麚牝麀，其子麛。熊氏《禮記》注曰：『鹿，山獸，屬陽，情淫而游山。夏至得陰氣而解角，從陽退之象。麋，澤獸，屬陰，情淫而游澤，冬至得陽氣而解角，從陰退之象。』【箋疏】《説文》云：『麋，鹿屬，冬至解其角。』詳見《爾雅》。

又西三百五十里，曰萊山。其木多檀、楮。其鳥多羅羅[一]，是食人。

[一]【郭注】羅羅之鳥，所未詳也。【廣注】《宛委餘編》曰：『鳥之雙名者，藥山羅羅。』萊山作藥山，誤。【箋疏】《海外北經》有青獸，狀如虎，名曰羅羅。此鳥，與之同名。

凡《西次二經》之首，自鈐山至于萊山，凡十七山，四千一百四十里[二]。其十神者，皆人面而馬身；其七神，皆人面牛身，四足而一臂，操杖以行，是爲飛獸之神[三]。其祠之：毛用少牢[三]，白菅爲席。其十輩[四]神者，其祠之：毛一雄鷄，鈐而不糈[五]，毛采[六]。

[一]【汪存】此自渭北以至湟中之西山也。【箋疏】今四千六百七十里。

[二]【汪存】飛獸之神，言行疾如飛也。

[三]【郭注】羊、猪爲少牢也。

[四]【郭注】音背。【箋疏】輩猶類也。軍發以車，百兩爲一輩，見《説文》。

[五]【郭注】鈐，所用祭器名，所未詳也，或作思。訓祈不糈，祠不以米。【箋疏】鈐，疑祈之聲轉耳。經文祈而不糈，即祠不以米之義，思訓未詳，證以《周書·大匡篇》，云：『祈而不賓。』《糴匡篇》作『勤而不賓』。勤、祈聲轉。鈐、勤聲又近。此經鈐而不糈，當即祈而不賓之義，郭疑爲祭器名，未必然也。

[六]【郭注】言用雄色鷄也。【汪存】毛采，采色鷄也。【箋疏】雄色，雄字訛，藏經本作雜。【新校正】右《西次二經》，古本爲第五篇。

《西次三經》之首，曰崇吾[一]之山，在河之南。北望冢遂，南望䍃[二]之澤，西望帝之搏[三]獸之丘，東望蠕[四]淵。有木焉，員葉而白柎[五]，赤華而黑理，其實如枳[六]，食之宜子孫[七]。有獸焉，其狀如禺而文臂豹虎[八]而善投[九]，名曰舉父[十]。有鳥焉，其狀如鳧[十一]而一翼一目，相得乃飛，名曰蠻蠻[十二]，見則天下大水。

[一]【郭注】山名。【汪存】崇吾，猶崇牙也，在河之南。蓋今金城、莊浪之間，東連河套也。【新校正】《博物志》、《史記》索隱引此作崇邱。【箋疏】《博物志》又作參隅。

[二]【郭注】音遥。【新校正】即鐘山瑶厓也。

[三]【郭注】搏或作薄。【汪存】或作多。

[四]【郭注】音於然反。

[五]【郭注】今江東人呼草木子房爲柎，音府。一曰柎，花下鄂，音丈夫（之夫）。字或作拊，音符。【箋疏】經文柎，當爲

柎，故郭音府。其音符者，乃從木旁，傳寫謬誤，遂不復可别，今正之。一曰柎華下鄂者，本《詩》鄭箋，云：『鄂不韡韡。』承華曰鄂，不讀爲柎。柎，鄂足也。不柎，同釋文。云柎亦作跗，是郭義所本也。

［六］【廣注】《周禮》：『橘逾淮而北爲枳。』又小者枳實，大者枳殼。【箋疏】《説文》云：『枳木似橘。』《考工記》云：『橘逾淮而北爲枳。』

［七］【箋疏】《周書·王會篇》云：『康民以桴苡。桴苡者，其實如李，食之宜子。』《説文》引《書》作芣苢，《（説文）繫傳》引《韓詩》亦云：『芣苢，木名，實如李。』陶注《（神農）本草》車前子亦引《韓詩》言：『芣苢，是木似李。食其實，宜子孫。』與《周書》合。是知芣苢有草有木，《周書》所説是木類，疑即此。

［八］【廣注】字有誤。【箋疏】吴氏云豹虎字有誤，愚謂或有脱誤。又虎豹，一獸名也。《太平御覽》九百十三卷載虎豹引《博物志》曰：『逢伯云：所説有獸，緑本緣文，似豹若虎，毛可爲筆。』然則兹獸兼有虎豹之體，故獨被斯名矣。緑本緣文四字，復有脱誤。

［九］【新校正】謂攫人也。投字以殳爲聲，攫字以矍爲聲，皆相似。

［十］【郭注】或作夸父。【廣注】《本草（綱目）》：『豦，音據，建平山有之。大如狗，狀如猴，黄黑色，多髯鬣，好奮頭舉石擲人。』即舉父也。又有玃父，亦豦類。【新校正】即《爾雅》玃父也，云：『玃父善顧。』《説文》云：『玃，母猴也，攫持人也。』【箋疏】惟能舉石擿人，故經曰善投，亦因名舉父。舉、豦聲同，故古字通用。舉、夸聲近，故或作夸父。

［十一］【廣注】鳧似鴨而小，長尾。《爾雅》：『鸍，沈鳧。』《詩》云：『鳧鷖在涇。』《尸子》曰：『野鴨爲鳧，家鴨爲鶩。』

［十二］【郭注】比翼鳥也，色青赤，不比不能飛。《爾雅》作鶼鶼，鳥也。【廣注】《逸（周）書》：『成王時，巴人獻比翼鳥。』《瑞應圖》曰：『王者德及高遠，則比翼鳥至。』管仲曰：『西海致比翼之鳥。』《拾遺記》：『成王時，然丘國獻鳥，狀如鵲而多力。』張華以爲一青一赤，在參嵎山。《焦氏易林》云：『比目附翼，歡樂相得。』《太微經》曰：『有羽鶼鶼，而或九騎與七驂。』《博物志》云：『崇丘山有鳥，一足一翼一目，相得而飛，名曰䖅，見則吉良，乘之壽千歲。』皆此鳥也。《（山海經）圖贊》曰：『比翼之鳥，似鳧青赤。雖云一形，氣同體隔。延頸離鳥，翻飛合翮。』【新校正】《爾雅》作鶼鶼，《玉篇》作鸏鸏，皆俗字。《博物志》作䖅，説與此同。蠻、䖅聲相近。【箋疏】䖅、蠻聲之轉，參隅、崇吾亦聲之轉。

西北三百里，曰長沙之山[一]。泚[二]水出焉，北流注于泑水[三]。無草木，多青雄黄。

[一]【汪存】此蓋逾河而西北矣。或以爲鳴沙之地，則鳴沙尚在河南。【箋疏】《穆天子傳》云：『送天子至於長沙之山。』即此。

[二]【郭注】音紫。【廣注】《水經》泚水有二，一出泚陽太湖山；一出霍山東北，非此。

[三]【郭注】（泑）烏交反。又音黝，水色黑也。【汪存】河西凉州張掖河流，入黑水。有黑水出汾關山而西流入流沙，未知即此水否？【新校正】《説文》云：『泑澤在昆侖下，讀與蚴同。』《史記》謂之鹽澤。《（漢書・）地理志》謂之蒲昌海，云：『敦煌郡有。』《括地志》云：『蒲昌海一名泑澤，一名鹽澤，一名輔日海，亦名牢蘭，亦名臨海，在沙州西南。』【箋疏】即下文云『東望泑澤』者也。

又西北三百七十里，曰不周之山[一]。北望諸毗之山，臨彼岳崇之山，東望泑澤[二]，河水所潛也[三]。其源渾渾泡泡[四]。爰有嘉果，其實如桃，其葉如棗，黄華而赤柎，食之不勞。

[一]【郭注】此山形有缺不周匝處，因名云。西北不周風自此山出。【廣注】《淮南子》：『昆侖虚旁有四百四十門。其西北隅北門，開以納不周風。』又曰：『禺强，不周風之所生也』。《拾遺記》：『員嶠多大鵲，高一丈，銜不周之粟，粟穗高三丈。』《吕氏春秋》：『粟之美者，有不周之粟。』即此山。【汪存】此即所謂共工氏頭觸不周山崩，舊説不周風自此山出。【新校正】王逸、高誘皆云不周山在昆侖西北，《漢書》注：『張揖曰：不周山在昆侖東南二千三百里。』二説不同。【箋疏】《大荒西經》云：『有山而不合，名曰不周負子。』《離騷》云：『路不周以左轉，指西海以爲期。』王逸注云：『不周，山名，在昆侖西北。』高誘注《吕氏春秋・本味篇》亦云：『不周山在昆侖西北。』并非也，此經乃在昆侖東南。《漢書・司馬相如傳》注張揖云：『不周山在昆侖東南二千三百里。』亦非也。不周去昆侖一千七百四十里。《水經注》引此經云：『不周之

山，不周之北門以納不周之風。』今經無此語，疑本郭注，今脱去之。

［二］【箋疏】泑澤，《漢書·西域傳》作鹽澤。泑、鹽聲之轉。《（漢書·）地理志》謂之蒲昌海，云：『敦煌郡有蒲昌海也。』

［三］【新校正】《史記》云：『張騫曰：鹽澤潛行地下，其南則河原出焉。』漢以昆侖爲在于闐，故言河原在南。《北山經》言河原則在西北，是敦薨之水西流注此者也。

［四］【郭注】河南出昆侖，潛行地下，至葱嶺出于闐國，復分流歧出，合而東流，注泑澤。已復潛行，南出於積石山，而爲中國河也。名泑澤，即蒲澤，一名蒲昌海，廣三四百里。其水停，冬夏不增減，去玉門關三百餘里，即河之重源，所謂潛行也。渾渾泡泡，水濆涌之聲也，衮、咆二音。【箋疏】此注本《水經》及《漢書·西域傳》爲説也。河水原委，詳見《北山經》敦薨之山。此注蒲澤，蒲字當爲鹽，《史記·大宛傳》索隱引此注云：『泑澤即鹽澤。』是也。郭又云去玉門關三百餘里，三上脱千字。《水經注》作東去玉門陽關千三百里，《漢書》脱千字，郭氏仍其失也。

又西北四百二十里，曰峚山[一]。其上多丹木，員葉而赤莖，黄華而赤實，其味如飴[二]，食之不飢[三]。丹水出焉，西流注于稷澤[四]。其中多白玉，是有玉膏，其源沸沸湯湯[五]，黄帝是食是饗[六]，是生玄玉[七]。玉膏所出，以灌丹木。丹木五歲，五色乃清[八]，五味乃馨[九]。黄帝乃取峚山之玉榮[十]，而投之鍾山之陽[十一]。瑾瑜之玉爲良[十二]，堅粟精密[十三]，濁澤而有光[十四]。五色發作[十五]，以和柔剛[十六]；天地鬼神，是食是饗[十七]；君子服之，以禦不祥[十八]。自峚山至于鍾山，四百六十里。其間盡澤也[十九]，是多奇鳥、怪獸[二十]、奇魚，皆异物焉。

［一］【郭注】（峚）音密。【補注】峚山，不知所在。觀其説，似《莊子》之説建德、華胥，《列子》之談壺領、圓嶠，後世之記天臺、桃洞也。【廣注】他書引此，多作密山。【新校正】《穆天子傳》注及李善注《文選》引此直作密山。峚即密字之壞。

［二］【廣注】劉熙《逸雅》：「餹之清者曰飴，稠者曰餳。」揚雄《方言》謂之餦餭。《楚詞》云：「粔籹蜜餌用餦餭。」

［三］【廣注】陶潛《讀山海經》詩：「丹木生何許，乃在峚山陽。黄華復朱實，食之奉命長。」

［四］【郭注】后稷神所馮，因名云。【汪存】此稷澤蓋《（尚書·）禹貢》雍州豬野也，《地志》名休屠澤，在今凉州鎮蕃，古之姑藏也。【箋疏】澤即后稷所葬都廣之野也。其地山水環之，故得言澤，見《海内經》。

［五］【郭注】玉膏涌出之貌也。《河圖玉版》曰：「少室山，其上有白玉膏，一服即仙矣。」亦此類也。沸，音拂。【廣注】玉膏即玉髓，或謂之玉液，又謂之玉脂。《（海内）十洲記》云：「瀛洲有玉膏，名曰玉醴，飲數升輒醉。」《抱朴子》云：「生玉之山，有玉膏流出，鮮明如水精，以無心草木和之，須臾成水，服之長生。」《（山海經）圖贊》曰：「丹木煒華，沸沸玉膏。黄軒是服，遂攀龍豪。渺然昇遐，群下烏號。」

［六］【郭注】所以得登龍於鼎湖而龍蜕也。【廣注】陶淵明詩：「白玉凝素液，瑾瑜發奇光。豈伊君子寶，見重我軒黄。」即此。【汪存】言黄帝食此玉膏也。【箋疏】（郭）注龍蜕二字疑訛。《太平御覽》五十卷引此注作靈化也。登龍鼎湖，見《史記·封禪書》。

［七］【郭注】言玉膏中又出黑玉也。【廣注】于闐國有烏玉河。《（太平）御覽》云：「西蜀出黑玉。」王逸《玉論》云：「黑如純漆。」又高昌人謂玄玉爲石墨，今謂之墨玉，皆此玉也。孫興公賦云：「挹以玄玉之膏。」【箋疏】《（禮記·）玉藻》云：「公侯佩山玄玉。」《淮南（子·）道應訓》云：「玄玉百工。」高誘注云：「二玉爲一工也。」

［八］【郭注】言光鮮也。【廣注】《事類賦》：「玉膏灌丹木之根，金刀剖如何之實。」

［九］【郭注】言滋香也。【廣注】《淑木賦》：「搴弱水之九蘅，玩密山之五色。」【汪存】言玉膏之用如此。

［十］【郭注】謂玉華也。《離騷》曰：「懷琬琰之華英。」又曰：「登昆侖兮食玉英。」《汲冢書》所謂苕華之玉。【廣注】《穆天子傳》：「天子於是得玉策、枝斯之英。」玉策即玉榮也，注引《山海經》亦作玉策。《尸子》曰：「龍泉有玉英。」梁任昉《咏雪》詩「山經陋密榮」，謂此也。【箋疏】《竹書（紀年）》云：「斲其名於苕華之玉。」《楚詞·哀時命篇》云：「採鐘山之玉英。」《穆天子傳》云：「得玉策枝斯之英。」郭氏注引《尸子》曰：「龍泉有玉英。」又引此經玉榮作玉策。李善注《思玄賦》及李賢注《後漢書·張衡傳》《蔡邕傳》引此經并作玉策，疑策俱榮字之訛。

［十一］【郭注】以爲玉種。【廣注】潘氏《黄海》云：「峚山玉榮，投之鐘山之陽，以爲種。」【新校正】《淮南子》云：「鐘山之

玉，炊以爐炭，三日三夜而色澤不變。』許君曰：『鐘山北陸，無日之地，出美玉。』【箋疏】《思玄賦》注及《張衡傳》注引此經并作鐘山之陰。《蔡邕傳》注引此復作鐘山之陽。

[十二]【郭注】言最善也，或作食，靚、臾兩音。【廣注】《（山海經）圖贊》曰：『鐘山之寶，爰有玉華。光彩流映，氣如紅霞。君子是佩，象德閑邪。』【汪存】瑾瑜，美玉名。【箋疏】《（禮記・）玉藻》云：『世子佩瑜玉。』上文云瘞用百瑜，下文云泑山其陽多瑾瑜之玉。或作食者，黄帝是食是饗，《楚詞》亦云：『食玉英。』

[十三]【郭注】説玉理也。《禮記》曰：『瑱密似粟。』粟或作栗。玉有粟文，所謂穀璧也。【廣注】陳氏《禮書》：『子不足於長人，故璧瑑以穀。』是穀璧非自然之文，以此相證，非是。【箋疏】王引之説經文粟當爲栗，注文栗當爲粟。郭引《禮記》似粟當爲以栗。又粟字重文亦然，俱傳寫之訛也。【明案】宋本郭注殼璧，明清諸本多作穀璧。

[十四]【郭注】濁謂潤厚。【汪存】濁澤，潤澤也。【箋疏】有而當爲而有。濁澤，《（藝文）類聚》引作潤濁。

[十五]【郭注】言符彩互映色。王子靈《符應》曰：『赤如鷄冠，黄如蒸栗，白如割肪，黑如醇漆，玉之符彩也。』【箋疏】王子靈《符應》，《（藝文）類聚》八十三卷引作王逸《正部論》，李善注魏文帝《與鍾大理書》引亦同，割肪并作猪肪。其正部蓋玉部，字之訛也。郭注色，藏經本作也。

[十六]【郭注】言玉協九德也。

[十七]【郭注】玉所以祈祭者，言能動天地，感鬼神。

[十八]【郭注】今徼外出金剛石，石屬而似金，有光彩，可以刻玉。外國人帶之，云辟惡氣，亦此類也。【汪存】古人以圭璧享鬼神，君子珮玉以比德。【箋疏】《太平御覽》八百十三卷引晋《起居注》云：『咸亨三年，燉煌上送金剛玉，金中不淘不消，可以切玉，出天竺。』又引《南州异物志》云：『金剛石也，其狀如珠，堅利無匹，外國人好以飾玦環，服之能辟惡毒。』李時珍《本草（綱目）》云：『金剛石即金剛鑽。』引《抱朴子》云：『扶南出金剛，生水底石上如鍾乳狀，體似紫石英，可以刻玉。人没水取之，雖鐵柱擊之，亦不能傷，惟羚羊角扣之，則漼然冰泮。』

[十九]【汪存】蓋即稷澤。【新校正】何休《公羊學》云：『漸洳曰澤。』【明案】此何休《公羊學》，即何休《春秋公羊解詁》。

[二十]【箋疏】《穆天子傳》云：『春山，百獸之所聚也，飛鳥之所棲也。爰有□（原闕）獸，食虎豹，如麋而載骨，盤□（原闕）始如麢，小頭大鼻。爰有白鳥、青雕，執犬羊、食豕鹿。』春山，即鐘山也。

又西北四百二十里，曰鍾山[一]。其子曰鼓[二]，其狀如人面而龍身[三]，是與欽䲹[四]殺葆[五]江於昆侖之陽，帝乃戮之鍾山之東曰䍃崖[六]。欽䲹化爲大鶚[七]，其狀如雕[八]而黑文白首，赤喙而虎爪，其音如晨鵠[九]，見則有大兵。鼓亦化爲鵕鳥[十]，其狀如鴟[十一]，赤足而直喙，黄文而白首，其音如鵠[十二]，見則其邑大旱[十三]。

[一]【廣注】《穆天子傳》：『自密山以至鍾山，四百六十里。』《論衡》曰：『鍾山之上，以玉抵鵲。』嚴忌《哀時命》云：『願至昆侖之玄圃也，采鍾山之玉英。』嵇康《琴賦》：『徽以鍾山之玉。』即此山也。【新校正】《漢書》云：『趙地鍾岱，迫近胡寇。』如淳曰：『鍾所在未聞。』案《北山經》云：『鍾山之神，名曰燭陰。』《淮南子》云：『燭龍在雁門北。』是知鍾山在雁門北。《水經注》：『芒干水出塞外，南徑鍾山，山即陰山。』徐廣《史記》注云：『陰山在五原北。』是知山即陰山，今山西朔平府北塞外，西至陝西榆林府北境陰山是也。

[二]【郭注】此亦神名，名之爲鍾山之子耳。其類皆見《歸藏·啓筮》。【廣注】《事物紺珠》作古。《續騷經》：『鍾䰠又附耳而舉佩。』注云：『謂鼓也。』【新校正】許君注《淮南子》云：『鼓造蓋謂皋。』疑鼓即皋也。

[三]【郭注】《（歸藏·）啓筮》曰：『麗山之子，青羽、人面、馬身。』亦似此狀也。【廣注】《三才圖會》曰：『鍾山之子有神，名曰鼓。其狀龍身而人面。』【汪存】蓋鍾氏之君之子也。曰如人面而龍身者，蓋其身體手足夭矯有似於龍耳。【箋疏】《海外北經》説鍾山之神人面蛇身，《淮南子》説人面龍身，是神與其子形狀同。

[四]【郭注】音邳。【廣注】王世貞《欽䲹行》云：『不知鳳凰是欽䲹。』盧柟《泰宇賦》云：『齒欽䲹而猳略玃。』顧起元《咏懷》詩：『瑶崕有大鳥，其名爲欽䲹。』本此。【新校正】章懷太子（李）賢注《後漢書》引此作欽駓，是也。欽亦作堪，音同。䲹當爲壞，或爲負，或借駓。䲹字，俗寫也。《莊子》云『堪壞襲昆侖』，《淮南子》作欽負，皆是。【箋疏】《後漢書·張衡傳》注引此經作欽駓，《莊子·大宗師篇》作堪壞，云：『堪壞得之，以襲昆侖。』《釋文》云：『崔作邳。司馬云：堪壞，神名，人面獸形。』《淮南子》作欽負，是欽、堪，壞、負并聲類之字。

[五]【郭注】葆或作祖。【廣注】張衡《思玄賦》：『瞰瑶谿之赤岸兮，吊祖江之見劉。』陶潛《讀山海經》詩：『巨猾肆威暴，欽鵶違帝旨。窫窳強能變，祖江遂獨死。』皆以葆爲祖也。【汪存】欽鵶、葆江，蓋皆當時諸侯，以争奪相殺，而帝戮之也。

[六]【郭注】（嶢）音遥。【新校正】據《吕氏春秋》當爲搖。張衡賦自注作瑶岸，云：『即赤岸。』《漢書》注引此亦作瑶岸，蓋在搖水之崖。《説文》云：『崖，高邊也。』

[七]【郭注】鶚，雕屬也，音鄂。【廣注】《禽經》云：『王雎，魚鷹也。』即此。《詩》謂之雎鳩。《淮南子》謂之沸波。【新校正】鶚當爲鳶，《説文》云：『鳶，鷙鳥，從鳥屰聲。』張有《復古編》云：『鳶，别作鶚。』

[八]【新校正】《史記》索隱云：『服虔曰：雕，大鷙鳥也，一名鷲。黑色多子，可以其毛作箭羽。』

[九]【郭注】晨鵠，鶚屬，猶云晨鳧耳。《説苑》曰：『鶽吠犬，比奉晨鳧也。』【汪存】晨鵠，亦鷹屬。晨，風也。

[十]【郭注】音俊。【廣注】劉會孟曰：『褒君化龍，牛哀化虎，黄母化黿，徐伯化魚，何但欽鵶與鼓。』又陶潛詩：『長枯固已劇，鵕鶚豈足恃。』謂此也。【汪存】（鵕）梟類也。凡梟類鈎喙，此直喙爲异也。【新校正】俊字假音，大鳥也。

[十一]【新校正】《説文》云：『鵶，鶚也。』【明案】鶚，音垂，《集韵》釋爲鴉烏，即今烏鴉。

[十二]【箋疏】《説文》云：『鵠，鴻鵠也。』

[十三]【郭注】《穆天子傳》云：『鐘山』作春字，音同耳。『穆王北升此山，以望四野，曰：鐘山是惟天下之高山也，百獸之所聚，飛鳥之所栖也。爰有赤豹、白虎、白鳥、青雕，執犬羊，食豕鹿。穆王五日觀於鐘山，乃爲銘迹於縣圃之上，以詔後世。』【廣注】《（山海經）圖贊》曰：『欽鵶及鼓，是殺祖江。帝乃戮之，昆侖之東。二子皆化，矯翼亦同。』【汪存】言黄帝殺此二人，而此二人各化爲鳥，如鯀化黄熊之説也。【箋疏】鐘山，《穆天子傳》并作春山，郭注云：『《山海經》春字作鐘，音同耳。』

又西百八十里，曰泰器之山。觀水出焉[一]，西流注于流沙[二]。是多文鰩魚[三]，狀如鯉魚，魚身而鳥翼，蒼文而白首、赤喙，常行[四]西海，游於東海[五]，以夜飛[六]。其音如鸞鷄[七]，其味酸甘，食之已狂[八]，見則天下大穰[九]。

［一］【新校正】《吕氏春秋》作䕨水，高誘曰：『䕨水在西極。』劉逵《吴都賦》注引此作濩水。【箋疏】李善注《吴都賦》引此經作『秦器之山，濩水出焉』。其注曹植《七啓》引此經仍作『泰器之山，濩水出焉』。

［二］【汪存】甘肅合黎河、黑水河皆入流沙。【新校正】王逸《楚詞》注云：『流沙，沙流如水也。』張揖《漢書》注云：『流沙，沙與水流行也。』《（漢書・）地理志》云：『張掖居延。』居延澤在北，古文以爲流沙。高誘注《吕氏春秋》曰：『流沙自流行。』【箋疏】《海内西經》云：『流沙出鐘山。』《楚詞・招魂》云：『西方之害，流沙千里。』王逸注云：『流沙，沙流而行也。』

［三］【郭注】（鰩）音遥。【廣注】《吕氏春秋》：『䕨水之魚，名曰鰩。其狀若鯉而有翼，常從西海飛游於東海。』左思賦云：『文鰩飛波而觸綸。』《庾信集》云：『文鰩夜觸，翼似青鸞。』郭璞《江賦》：『鮫鰩鯩鰱。』《酉陽雜俎》云：『洞庭之鮒，灌水之鰩。』《稽瑞録》云：『虬何以驂，鰩何以蜚』。曹植《七啓》：『膾西海之飛鱗。』李善注以爲文鰩也。《駢雅》云：『文鰩，長尺許，有翼。』《函史・物性志》：『文鰩出南海，名飛魚。群飛水上則大風。』又《神异經》言東南海中有温湖，其中有鰩魚，長八尺，不言能飛。似别爲一種。【箋疏】李善注《吴都賦》及曹植《七啓》引此經并止作鰩，無文字。陳藏器《本草拾遺》云：『此魚生海南，大者長尺許，有翅與尾齊，群飛海上。海人候之，當有大風。』

［四］【箋疏】《初學記》引此經作從，《吕氏春秋・本味篇》亦作從。【明案】行作從，於義似爲更妥。

［五］【箋疏】西海已見上文，東海即西海之支流，非東方大海也。《水經・河水》注引釋氏《西域記》曰：『恒水東流入東海。蓋二水所注，兩海所納，自爲東西。』即此是也。或説凡水之大者，皆名海。《史記》正義引《太康地記》曰：『河北得水爲河，塞外得水爲海也。』

［六］【廣注】薛道衡詩：『杉樹朝飛向洛陽，文魚夜過歷吴洲。』《白氏六帖》云：『獸爲毛群，天馬潛而在水；魚非羽族，文鰩飛以排空。』《事類賦》云：『夜飛常駭於文鰩。』

［七］【郭注】鸞鷄，鳥名，未詳也，或作欒。【廣注】鸞亦名鷄趣，疑即鸞也。【汪存】鸞鷄，即鸞也。【箋疏】鸞或作欒，古字假借。鸞鷄，疑即鸞也。《説文》云：『鸞，五采，鷄形。』又鸞一名鷄趣，顧野王《符瑞圖》云：『鷄趣，王者有德則見。』又鸞車一名鷄翘車，蔡邕《獨斷》云：『鸞旗，車編羽毛，列繫橦旁，俗人名之鷄翘車是也。』《初學記》三十卷引

此經無鷄字。

［八］【廣注】《淮南子》曰：『丘氣多狂。』

［九］【郭注】豐穰，收熟也。《韓子》曰：『穰歲之秋。』【廣注】《（山海經）圖贊》曰：『見則邑穰，厥名曰鰩。經營二海，矯翼閑霄。唯味之奇，寄厥伊庖。』又簡文（帝）詩：『鰩魚顯嘉瑞。』謂此也。【箋疏】《韓非（子·）五蠹篇》云：『飢歲之春，幼弟不饟。穰歲之秋，疏客必食。』是郭所引也。魚見則大穰者，《詩》言衆魚占爲豐年，今海人亦言歲豐則魚大上也。

又西三百二十里，曰槐江之山［一］。丘時之水出焉，而北流注于泑水。其中多嬴母［二］，其上多青雄黄，多藏琅玕［三］、黄金、玉。其陽多丹粟，其陰多采［四］、黄金、銀，實惟帝之平圃［五］。神英招司之［六］。其狀馬身而人面，虎文而鳥翼，徇于四海［七］，其音如榴［八］。南望昆侖，其光熊熊［九］，其氣魂魂［十］；西望大澤，后稷所潛也［十一］，其中多玉。其陰多榣［十二］，木之有若［十三］；北望諸毗［十四］，槐鬼離侖居之［十五］，鷹鸇［十六］之所宅也；東望恒山四成［十七］，有窮鬼居之，各在一搏［十八］。爰有淫水［十九］，其清洛洛［二十］。有天神焉，其狀如牛而八足、二首、馬尾，其音如勃皇［二十一］，見則其邑有兵［二十二］。

［一］【新校正】據《張掖記》説，即甘州張掖縣北鷄山也。【箋疏】《吕氏春秋·本味篇》云：『水之美者，沮江之丘，名曰摇水。』疑沮江即槐江，摇水説在下。

［二］【郭注】即蝶螺也。【廣注】螺之屬有珠螺、鸚鵡螺、梭子螺，皆蝶螺類。【汪存】嬴，即螺字。【新校正】疑亦蒲盧，即蜃也。【箋疏】蝶螺，即僕纍，字异音同，見《中次三經》青要之山。

［三］【郭注】琅玕，石似珠者。藏，猶隱也。郎、干二音。【廣注】《爾雅》：『西北之美者，有昆侖之璆琳、琅玕。』許氏《説

文》云：『琅玕石似玉。』《（尚書・）禹貢》：『雍州厥貢琅玕。』孔安國云：『石之似珠者。』《荀子》：『琅玕龍茲。』注亦云：『琅玕似珠。』又徐氏《總龜》曰：『琅玕生南海石崖間，狀如笋，質似玉。』《西域記》：『天竺國出琅玕、六㧝、珊瑚。』琅玕本是一類，生於海而赤者爲珊瑚，生於山而碧者爲琅玕。今回回出青珠，與碧龍相似，即琅玕所作。【新校正】藏，古字作臧。【箋疏】藏，古字作臧。臧，善也。此言琅玕黃金，玉之最善者。《爾雅》云：『西北之美者，有昆侖虛之璆琳琅玕。』謂是也。郭訓藏爲隱，失之。

[四]【汪存】采，亦丹青之屬。【箋疏】采，謂金銀之有符采者。《（漢書・）地理志》云：『豫章郡有黃金采』，即此是矣。説者謂采取黃金，誤也。

[五]【郭注】即玄圃也。《穆天子傳》曰：『乃爲銘迹於玄圃之上。』謂刊石紀功德，如秦皇、漢武之爲者也。【新校正】玄圃在今甘肅張掖縣北鷄山。是《太平御覽》云：『《張掖記》曰：黑水出縣界鷄山，亦名縣圃。昔有娀氏女簡狄浴於玄邱之水，即黑水也。』【箋疏】《穆天子傳》玄圃作縣圃，前鐘山注引文同，此引作玄圃，蓋玄、縣聲同，古通用。

[六]【郭注】司，主也。招，音韶。

[七]【郭注】徇，謂周行也。【廣注】《（山海經）圖贊》曰：『槐江之山，英招是主。巡遊四海，撫翼雲儛。實唯帝囿，有謂玄圃。』【箋疏】徇當爲侚，《説文》云：『侚，行示也，司馬法斬以侚。』今經典通作徇。

[八]【郭注】音留，或作籀。籀，所未詳也。【箋疏】《説文》云：『籀，讀書也，從竹擂聲。』疑此經榴當爲擂。《説文》云：『擂，引也。』《莊子》云：『挈水若抽。』抽即擂字。又榴榴，見下文陰山。

[九]【新校正】炎炎之假音也。【箋疏】熊熊，猶雄雄也。

[十]【郭注】皆光氣炎盛相焜燿之貌。【箋疏】魂魂，猶芸芸也，皆聲之同類。

[十一]【郭注】后稷生而靈知，及其終，化形遁此澤而爲之神，亦猶傳説騎箕尾也。【釋義】后稷，虞之賢臣。周之始祖。【廣注】后稷有二，一爲炎帝柱，一爲舜之臣棄。【汪存】此又一澤，亦名稷澤也。【新校正】即稷澤，稷所葬也。【箋疏】后稷所潛，即謂所葬也。葬之言藏也，已見峚山稷澤。傳説騎箕尾，見《莊子・大宗師篇》，釋文引崔譔云：『傳説死，其精神乘東維、托龍尾，乃列宿。今尾上有傳説星。』又云：『其生無父母，死登假三年而形遁。此言神之無能名者也。』

[十二]【新校正】《説文》云：『櫾，昆侖河隅之長木也。』即此。《國語》云：『榣木不生危。』韋昭曰：『榣木，大木。』《穆天子傳》云：『天子乃釣於河，以觀姑繇之木。』字凡三作：櫾，正字；榣，省文；繇，借字也。

[十三]【郭注】榣木，大木也，言其上復生。若木，大木之奇靈者爲若，見《尸子》。《國語》曰：『榣木不生花也。』【補注】《尸子》曰：『大木之有奇靈者，爲若木。』凡木大至百圍，年歷千載，皆有奇靈，不獨扶桑得稱若木耳。又曰：食若木者，多爲仁人。【廣注】《楚詞》：『擥榣木之橝枝兮，望閶風之板桐。』即榣木也。又：《列子》：『碧樹而冬生曰櫾。』蓋省作榣也，未審是非。【新校正】《詩》云：『桑（之未落），其葉沃若。』是其義。【箋疏】（郭注）花，當爲危，字形之訛也。郭引《國語》者，《晉語》文。榣，當爲櫾，《説文》云：『櫾，昆侖河隅之長木也。』即謂此。省作繇，《穆天子傳》云：『天子乃釣於河，以觀姑繇之木。』郭注云：『姑繇，大木也。』又省作榣，故韋昭《晉語》注云：『榣木，大木也。』《大荒西經》云：『有榣山。』郭注云：『此山多榣木，因名云。』《玉篇》亦云：『榣，木名。』又通作瑤。故《楚詞·哀時命》云：『擊瑤木之橝枝。』王逸注云：『言己既登昆侖，復欲引玉樹之枝。』知此經古本或作瑤木也。

[十四]【郭注】山名。

[十五]【郭注】離侖，其神名。【汪存】言此鬼居諸毗中也。【俞讀】槐鬼未詳。疑鬼爲衍字，槐當作䰟字之誤也。《説文》：『䰟，即鬼，古文。』此經本云䰟離侖居之，蓋用古字耳。習其讀者，恐人不識䰟字，旁記鬼字，後誤入正文，遂作䰟鬼，又誤作槐鬼，而其義益晦矣。郭但云離侖其神名，不釋槐字，或所見本與今异乎？

[十六]【郭注】鶉，亦鵰屬也。莊周曰：『鴟鴉甘鼠。』《穆天子傳》云『鐘山上有白鳥、青雕』，皆此族類也。【箋疏】鴟，見《爾雅》。郭引《莊子》者，《齊物論》文。

[十七]【郭注】成，亦重也。《爾雅》云：『再成曰英也。』【箋疏】恒山，非北岳。計其道里，非瞻望所及也。《淮南（子·）時則訓》云：『中央之極，自昆侖東絶兩極。』山是西極，別有恒山明矣。《文選》注《長笛賦》引此經作桓山四成。《藝文類聚》九十卷引《（孔子）家語》曰：『孔子在衛，聞哭聲甚哀。顔回曰：回聞桓山之鳥生四子焉，羽翼既成，將分四海，悲鳴而送之。哀聲似此』云云，即此桓山也。其云鳥，蓋亦鷹、鸇之屬與？

[十八]【郭注】摶，猶脅也。言群鬼各以類聚，處山四脅。有窮，其總號耳。摶，一作搏。【補注】韓退之《送窮文》實衍此一句。【汪存】有窮之鬼居此恒山也。《淮南子》云：『弱水出窮石。』《括地志》云：『蘭門山，一名合黎，一名窮石山。』

此恒山或指此也。【箋疏】《説文》云：『膀，脅也，或作髈。』又云：『肋，脅骨也；脅，兩膀也。』是此經之搏，依文當爲膀。膀、搏聲近而轉，故假借通用。

[十九]【郭注】滛，音遥也。【新校正】當爲瑶水，或爲瑶。《史記》云：『《禹本紀》言昆侖有醴泉瑶池。』《穆天子傳》云：『西王母觴天子於瑶池。』《吕氏春秋·本味篇》云：『伊尹曰：水之美者，昆侖之井、沮江之邱，名曰摇水。』皆此也。滛非古字。【箋疏】淫（滛）本作瑶，皆假借聲類之字。陳壽祺曰：『淫無遥音。經文淫字，必傳寫之訛。』當是也。瑶水即瑶池。《史記·大宛傳·贊》云：『《禹本紀》言昆侖上有醴泉、瑶池，《穆天子傳》云西王母觴天子於瑶池是也。』《吕氏春秋·本味篇》又作摇水，并古字通用。

[二十]【郭注】水留下之貌也。【廣注】陶潛《讀山海經》詩：『迢遞槐江嶺，是謂玄圃丘。西南望昆墟，光氣難與儔。亭亭明玕照，落落清瑶流。恨不及周穆，托乘一來游。』【箋疏】陶潛《讀山海經》詩云：『落落清瑶流。』是洛洛本作落落。郭注留，當爲溜或流字。

[二十一]【郭注】勃皇，未詳。【箋疏】勃皇，即發皇也。《考工記》梓人爲筍虡以翼鳴者，鄭注云：『翼鳴，發皇屬。』發皇，《爾雅》作蛂蟥，聲近字通。

[二十二]【汪存】此又槐江山滛水之神也。

西南四百里[一]，曰昆侖之丘[二]，是實惟帝之下都[三]，神陸吾司之[四]。其神狀，虎身而九尾，人面而虎爪。是神也，司天之九部及帝之囿時[五]。有獸焉，其狀如羊而四角，名曰土螻[六]，是食人。有鳥焉，其狀如蜂，大如鴛鴦，名曰欽原[七]，蠚鳥獸則死，蠚木則枯[八]。有鳥焉，其名曰鶉鳥[九]，是司帝之百服[十]。有木焉，其狀如棠[十一]，華黄赤實，其味如李而無核[十二]，名曰沙棠[十三]，可以禦水，食之使人不溺[十四]。有草焉，名曰蕡草[十五]。其狀如葵，其味如葱，食之已勞[十六]。河水出焉[十七]，而南流東注于無達[十八]。赤水出焉[十九]，而東南流注于氾天之水[二十]。洋水出焉[二十一]，而西南流注于醜塗之水[二十二]。黑水出焉[二十三]，而西流于大杅[二十四]，是多怪鳥獸[二十五]。

[一]【箋疏】自鐘山至此九百里。《水經注》引此經云：『鐘山西六百里，有昆侖山。』蓋誤。

[二]【新校正】山在今甘肅肅州南八十里。【箋疏】昆侖之丘，即《海内西經》云海内昆侖之虚，在西北，帝之下都者也。《爾雅》云：『三成爲昆侖丘。』《（漢書・）地理志》云：『金城郡臨羌西北至塞外，有西王母石室、弱水、昆侖山祠。』又云：『敦煌郡廣至有昆侖障。』《史記》正義引《括地志》云：『昆侖山在肅州酒泉縣南八十里。』《説文》云：『北，從北，從一。一，地也。中邦之居，在昆侖東南。』是則昆侖之丘去中邦蓋不甚遠矣。

[三]【郭注】天帝都邑之在下者也。《穆天子傳》曰：『吉日辛酉，天子昇於昆侖之丘，以觀黄帝之宫，而封豐隆之葬，以詔後世。』言增封於昆侖山之上。【廣注】《十六國春秋》：『馬岌言：酒泉南山即昆侖之體也。周穆王見西王母樂而忘歸，蓋謂此山。』《（尚書・）禹貢》：『昆侖在臨江之西。』即此明矣。《十三州記》云：『昆侖正在西海之戌地，北海之亥地，去岸十三萬里，有弱水周回繞匝。山南接積石圃，西北接北户之堂，東北臨大活之井，西南至承淵之谷。此四角大山，實昆侖之支輔也。』《河圖始開圖》云：『昆侖山北地，轉下三千六百里，有八玄幽都，方二十萬里。地下有四柱，廣十萬里。地有三千六百軸，犬牙相舉。』言誕而夸，未可據也。又《（河圖）括地象》曰：『昆侖之墟，下通含右；赤縣之州，是爲中則。』《赤霆經》曰：『昆侖柱天，萬脈由起，西北綿亘幽寒。』《搜神記》曰：『昆侖之山，是唯帝之下都。』《淮南子》云：『昆侖之丘，或上倍之，是謂凉風之山；或上倍之，是謂元圃；或倍上之，是謂太帝之居。』《西陽雜俎》云：『昆侖之墟，帝之下都，百神所在。』《（海内）十洲記》云：『上有金臺玉闕，天帝君之居治處也。』《葛仙公傳》：『昆侖，一曰玄圃，一曰積石。瑶房，一曰閬風臺，一曰華蓋，一曰天柱，仙人所居也。』《（山海經）圖贊》曰：『昆侖月精，水之靈府。唯帝下都，西邦之宇。礫然中峙，號曰天柱。』【新校正】郭云：帝，天帝，非也。帝者，黄帝。《竹書（紀年）》、《穆天子傳》云：『天子升於昆侖之邱，以觀黄帝之宫。』《莊子》云：『黄帝游於赤水之北，昆侖之邱。』是也。【箋疏】今本《穆天子傳》作而豐□（原闕）隆之葬，闕誤不復可讀。或據《穆天子傳》昆侖丘有黄帝之宫，以此經所説即黄帝之下都，非也。《五臧山經》五篇内，凡單言帝即皆天皇五帝之神，并無人帝之例。帝之平圃、帝之囿時，經皆不謂黄帝審矣。

[四]【郭注】即肩吾也。莊周曰『肩吾得之，以處大山』也。【廣注】《（山海經）圖贊》曰：『肩吾得一，以處昆侖。開明是對，司帝之門。吐納靈氣，熊熊魂魂。』王世貞騷云：『彼荃亦何爲兮，辱陸吾使不得主。』盧柟《泰宇賦》：『挫陸吾而陁驕蟲。』徐氏《謇修賦》：『令陸吾啓鑰而列圖。』謂此也。【箋疏】郭所説，見《莊子·大宗師篇》，釋文引司馬彪云：『山神不死，至孔子時。』

[五]【郭注】主九城之部界、天帝苑囿之時節也。【廣注】《事物紺珠》作堅吾虎身，人面九首，司九域事。【箋疏】《初學記》引《河圖》云：『天有九部。』部署之名本此。囿時之時，疑讀爲時，《史記·封禪書》云：『或曰：自古以雍州積高神明之隩，故立時郊上帝。』【俞讀】（郭、畢）二説并於文義未安。《説文》广部：『庤，儲置屋下也。』字通作峙。《後漢（書·）章帝紀》：『所經道上郡縣，無得設儲峙。』此經時字，亦庤之假字。囿，謂苑囿也。時，謂儲峙也。

[六]【廣注】一作土螻，又作土螻。《篇海》云：『土羻獸，似羊四角，觸物則斃。』《玄覽》曰：『土羻也，嗛羊也，四角之獸也。』《事物紺珠》云：『土螻如羊，四鋭角。』《駢雅》曰：『羊四角爲土螻。』又䴅䴅，北方亦謂之土螻，見《爾雅翼》，與此同名异物。【箋疏】土螻，《廣韵》作土羻，云：『似羊四角，其鋭難當，觸物則斃，食人。出《山海經》。』本此也。《周書·王會篇》云：『州靡、費費食人，北方謂之吐嘍。』與此同名，非一物也。費費即梟陽，見《海內南經》。

[七]【郭注】欽或作爰，或作至也。【廣注】《駢雅》云：『欽原，蠚鳥也。』《玄覽》曰：『蜚竭水，欽原蠚木。』彭儼《五侯鯖》云：『欽原，蠚鳥獸則死，蠚木則空。』

[八]【廣注】蠚，毒蟲名，猶言毒也。《漢書》齊王曰：『蝮蠚手則斬手，蠚足則斬足。』《（山海經）圖贊》曰：『土螻食人，四角似羊。欽原類蜂，大如鴛鴦。觸物則斃，其鋭難當。』【汪存】蠚、螫同音。釋據所言，則大蠭也。以其羽蟲之屬，故謂之鳥。【新校正】（蠚）當爲螫。《説文》云：『螫，蟲行毒也。蓋，蟲也。』蠚，蓋字之訛，借音爲螫耳。

[九]【箋疏】鶉鳥，鳳也。《海內西經》云昆侖、開明西北皆有鳳皇，此是也。《埤雅》引師曠《禽經》曰：『赤鳳謂之鶉。』然則南方朱鳥七宿曰鶉首、鶉火、鶉尾，亦是也。

[十]【郭注】服，器服也。一曰服事也，或作藏。【廣注】《（漢書·）天文志》：『鶉首、鶉火、鶉尾三宫，當大微、軒轅之座南面，而承如在帝左右焉，且星主衣裳文繡，張主宗廟服用，皆鶉火宿也。』《周禮》：『輪人鳥旗七斿，畫南方鶉火之象，司服鷩冕褘翟諸制。』皆本此意通之。經云『鶉鳥司帝百服』，或義取此也。今三式家猶以朱雀爲文章采服之神，夫有所

受之矣。【箋疏】服，事也，見《爾雅》。或作藏者，藏，古作臧，才浪切。百藏，言百物之所聚。

［十一］【郭注】棠，梨也。【箋疏】棠有赤、白，見《爾雅》，皆今杜梨也。

［十二］【箋疏】李有無核者，《爾雅》云：『休無實李。』郭注云：『一名趙李。』

［十三］【箋疏】高誘注《呂氏春秋·本味篇》云：『沙棠，木名也，昆侖山有之。』《玉篇》作桬棠，非也。云『華赤實、味如李』，蓋華上脱黄字。

［十四］【郭注】言體浮輕也。沙棠爲木，不可得沉。《呂氏春秋》曰：『果之美者，沙棠之實。』《銘》曰：『安得沙棠，刻以爲舟，汎彼滄海，以遨以游。』【廣注】《南越志》：『寧鄉果多沙棠。』竺法真《羅浮山疏》：『羅浮山有沙棠，華黄實赤，甘如李。』【汪存】沙棠，蓋亦梨之异種耳，禦水，使人不溺。又云，以其木爲舟不沉也。然據此文，則據其實言可以禦水腫之疾，且使人不多小便耳。【箋疏】《文選·琴賦》注引此經作禦水，人食之使不溺。《初學記》二十五卷引此經有爲木不沉句，蓋并引郭注也。《銘》，即郭氏《（山海經）圖贊》。刻，當爲制字之訛。

［十五］【郭注】（蕡）音頻。【廣注】毛晃曰：『蕡，大蘋也，與蘋同。』《（神農）本草》云：『大者爲蘋，小者爲荇，葉如田字，形有水陸二種。』《左傳》：『蘋蘩藴藻之采，可薦於鬼神，可羞於王公。』則蕡有賓之義，故字從賓。【汪存】此即蘋也，俗名田字草，以四葉同柎，中折如田字也，是處田澤。【箋疏】《文選》注陸機《擬古》詩十二首引此經文引字書曰：『蕡，亦蘋字也。』

［十六］【郭注】《呂氏春秋》曰：『菜之美者，昆侖之蘋。』【廣注】《（山海經）圖贊》曰：『司帝百服，其鳥名鶉。沙棠之實，唯果是珍。爰有奇菜，厥號曰蕡。』【箋疏】郭引《本味篇》文也。高誘注云：『蘋，大蘋，水藻也。』

［十七］【郭注】出山東北隅也。【新校正】《爾雅·釋地》云：『河出昆侖虚，色白。』高誘注《淮南子》云：『河水自昆侖，由地中行，禹導而通之，至積石山。』章懷太子（李）賢注《後漢書》云：『《河圖》曰：昆山出五色流水，其白水東南流入中國，名爲河。』今水出於積石，當肅州昆侖之南。

［十八］【郭注】山名。【汪存】無達，澤名也。【箋疏】無達，即阿耨達也。阿耨，華言無也。《水經注》云：『南河又東，右會阿耨大水。』釋氏《西域記》曰：『阿耨達山西北有大水，北流注牢蘭海者也。』

［十九］【郭注】出山東南隅也。【新校正】李善注《文選》云：『《河圖》曰：昆侖有五色水，赤水之氣上蒸爲霞。』《莊子》云：

『黄帝游於赤水之北，登於昆侖之邱。』疑即浩亹水也。【箋疏】赤水上有三珠樹，見《海外南經》。

[二十]【郭注】氾天亦山名，赤水所窮也。《穆天子傳》曰：『遂宿於昆侖之側、赤水之陽。』陽，水北也。氾，浮劍反。【箋疏】《大荒南經》云：『有氾天之山，赤水窮焉。』是郭注所本。

[二十一]【郭注】出山西北隅，或作清。【廣注】《水經注》引經作漾水出昆侖西北隅。又許慎、吕忱、孔安國、常璩并以漾水出隴西，則洋水或一名漾水，未可知也。【汪存】此二水蓋皆其南流入江之水耳。舊説赤水出其東南隅，洋水出其西北隅。【新校正】即甘肅秦州南之漢水也。【箋疏】《海内西經》洋音翔，或作清者，聲近而轉也。《水經注》引此經作漾水，高誘注《淮南子》或作養水，并洋字之异文也。

[二十二]【郭注】醜塗，亦山名也，皆在南極。《穆天子傳》曰：『戊辰，濟洋水。』又曰：『觴天子洋水也。』【廣注】《水經注》作配塗。【新校正】《大荒南經》云：『大荒之中有山，名曰杇塗之山，青水窮焉。』醜、杇聲相近，即此。

[二十三]【郭注】亦出西北隅也。【汪存】西徼黑水不一。《（尚書·）禹貢》道黑水至於三危，入於南海，而雍、梁二州皆西界。黑水，《漢（書·郊祀）志》以爲出犍爲之汾關，唐樊綽以麗水爲黑水，程泰之以西洱河爲黑水，此皆於入南海之文爲合，而疑其不及雍西之境。《水經》云：『黑水出張掖鷄山，南至敦煌，過三危，入於南海。』案：今肅州西有黑水，其北鷄山亦名汾關，西流入流沙。此則在雍西，而有不見其入南海。又平凉、寧夏皆有黑水，則皆入河。黑水，終難的指矣。【箋疏】《楚詞·天問》云『黑水玄趾』，謂此也。黑水亦見《海内西經》。

[二十四]【郭注】山名也。《穆天子傳》曰：『乃封長肱於黑水之西河，是惟昆侖鴻鷺之上，以爲周室主。』杅，音於。【箋疏】《穆天子傳》今本無昆侖二字，此注蓋衍。

[二十五]【郭注】謂有一獸九首，有一鳥六首之屬也。【箋疏】九首，開明獸也。又有鳥六首，并見《海内西經》。

又西三百七十里，曰樂游之山[一]。桃水[二]出焉，西流注于稷澤，是多白玉。其中多䱻[三]魚，其狀如蛇而四足[四]，是食魚。

[一]【新校正】疑即樂都也。《穆天子傳》曰：『天子西濟於河，爰有温谷、樂都。』《元和郡縣志》云：『湟水縣湟水，亦謂之樂都水，出青海東地亂山中。』據此，則青海東亂山即樂都，亦經樂游之山也。

[二]【汪存】臨洮有洮水，然東北入河，非此水也。【新校正】疑即洮水也。《（漢書·）地理志》云：『臨洮，洮水出西羌中，北至抱罕東入河。』

[三]【郭注】音滑。【廣注】字書鰨魚有二，鳥翼如魚者音滑，子桐水之鰨魚是也；如蛇四足者音骨。今郭音相反，疑字書誤。【汪存】鰨魚似鮎，腹下赤，前足如人足，後足如鼈足，多產於西流之水。【新校正】《廣韵》引此作鰨。【箋疏】《廣韵》及《太平御覽》九百三十九卷引此經并作鰨，今作鰨蓋訛。郭音滑，亦渭字之訛。

[四]【廣注】劉會孟曰：『龍蟠山潭中亦產魚，四足而有角。』

西水行四百里，曰流沙[一]。二百里至于蠃母之山，神長乘司之[二]，是天之九德也[三]。其神狀如人而犳[四]尾。其山上多玉，其下多青石而無水。

[一]【新校正】高誘注《吕氏春秋》云：『流沙在敦煌郡西八百里。』【箋疏】詳《海内西經》。

[二]【新校正】《水經注》云：『禹西至洮水之上，見長人，受黑玉。』疑此神也。《穆天子傳》云：『天子乃封長肱於黑水之西河。』肱、乘聲相近。樂史以此神爲在岷山，今鞏昌府岷州是。

[三]【郭注】九德，九氣所生。【廣注】《（山海經）圖贊》曰：『九德之氣，是生長乘。人狀犳尾，其神則凝。妙物自潛，世無得稱。』【箋疏】（郭注）九氣之九，藏經本作之。

[四]【郭注】（犳）之藥反。

又西三百五十里，曰玉山[一]，是西王母所居也[二]。西王母，其狀如人，豹尾虎齒而善嘯[三]，蓬髮戴勝[四]，是司天之厲及五殘[五]。有獸焉，其狀如犬而豹文，其角如牛[六]，其名曰狡[七]。其音如吠犬，見則其國大穰〔八〕。有鳥焉，其狀如翟而赤，名曰胜遇〔九〕，是食魚。其音如録〔十〕，見則其國大水。

〔一〕【新校正】山即《（漢書·）地理志》所云臨羌西北塞外西王母石室，今肅州西七十里昆侖之連麓。

〔二〕【郭注】此山多玉石，因以名云，《穆天子傳》謂之群玉之山。見其山河無險，四徹中繩，先王之所謂策府，寡草木，無鳥獸。穆王於是攻其玉石，取玉石版三乘，玉器服物，載玉萬隻以歸。雙玉爲瑴，半瑴爲隻。【釋義】古有西王母，蓋亦仙屬，故世多繪圖以稱壽。【廣注】闞駰《十三州志》：『赤水西有白玉山，山有西王母堂室。』《外國圖》曰：『西王母國前弱水中，有玉山白兔。』陶潛《讀山海經》詩：『玉臺淩霞秀，王母妙怡顔。』又李賀詩：『忽憶周天子，驅車上玉山。』即此也。又玉山近舂山旁，東瀛子云『西王母所居』，在龜山之舂山，瓊華之闕、光碧之堂，所謂玉闕塈天，緑臺承霄。《老君中經》、《集仙傳》、《諾皋記》、《書記洞詮》諸書云：西王母，九靈太妙龜山金母也，姓緱氏，名婉姈。一云姓揚，名回，與東王公共理二氣，乃西華之至紗，洞陰之極尊。其説甚誕，不足據也。【汪存】此越流沙以西，又多寶玉如此，正似于闐國境。【新校正】俗以西王母爲神人，非也。西王母，國名。《爾雅》四荒有西王母，《尚書大傳》：『西王母來獻白玉琯。』《荀子》：『禹學於西王國。』是也。【箋疏】《（漢書·）地理志》云：『金城郡臨羌，西北至塞外，有西王母石室。』西王母，國名，見於《竹書紀年》及《大戴禮》。《爾雅·釋地》以西王母與觚竹、北戶、日下并數，謂之四荒，是爲國名無疑。此經及《穆天子傳》始以爲人名。《荀子》云：『禹學於西王國。』《莊子·大宗師篇》云：『西王坐乎少廣。』釋文引司馬彪云：『少廣，穴名。』崔譔云：『山名。』蓋亦本此經爲説也。今本《穆天子傳》作阿平無險，四徹中繩。又云『取玉三乘』，無石版二字。又雙玉爲瑴，《初學記》二十七卷引此經云：『珏，二玉相合。』蓋引郭氏此注，又誤也。

〔三〕【汪存】西北地寒，人多戴貂皮於首，因以爲飾。此豹尾或亦此類，未必人而生尾也。【新校正】嘯，《説文》云：『吟也。』經云此者，見其民俗。如文身，雕題之屬耳，俗遂以爲神人也。【箋疏】《莊子·大宗師篇》釋文説西王母引此經作狗尾。又西王母穴處，見《大荒西經》也。

〔四〕【郭注】蓬頭亂髮。勝，玉勝也，音龐。【廣注】《帝王世紀》曰：『昆侖之北，玉山之神，人身虎首，豹尾蓬頭。』又《廣記》云：『蓬髮戴華勝，虎齒善嘯者，此乃王母之使金方白虎之神，非王母真形也。』其説未足信。今戴鵟鳥，以頭上有毛花成勝，故亦名戴勝，明此知戴勝之義。【箋疏】《莊子》釋文引此經作蓬頭戴勝。郭云玉勝者，蓋以玉爲華勝也。《後漢（書·）輿服志》云：『簪以瑇瑁爲擿端，爲華勝。』

［五］【郭注】主知災厲五刑殘殺之氣也。《穆天子傳》曰：『吉日甲子，天子賓於西王母，執玄圭白璧以見西王母，獻錦組百純，金玉百斤。西王母再拜受之。乙丑，天子觴西王母於瑶池之上。西王母爲天子謡曰：白雲在天，山陵自出。道里悠遠，山川間之。將子無死，尚復能來。天子畣之曰：予還東土，和理諸夏，萬民均平，吾顧見汝。比及三年，將復而野。西王母又爲天子吟曰：徂彼西土，爰居其所。虎豹爲群，烏鵲與處。嘉命不遷，我惟帝女。彼何世民，又將去子。吹笙鼓簧，中心翱翔。世民之子，惟天之望。天子遂驅升於奄山，乃紀迹於奄山之石而樹之槐，眉曰：西王母之山。』奄山，即崦嵫山也。案《竹書（紀年）》，穆王五十七年，西王母來見，賓於昭宮。舜時，西王母遣使獻玉環，見《禮·三朝》。【廣注】黄帝時，西王母授益地圖。《廣博物志》云：『堯教化及雕題、蜀、越，西見王母。』《大戴禮》云：『舜時，西王母獻白玉琯。』説見《大荒經》注。《（山海經）圖贊》曰：『天帝之女，蓬髮虎顔。穆王執贄，賦詩交歡。』【汪存】西王母者，昆侖君長而女主，亦西戎之國也。【新校正】《淮南子》言『羿請不死之藥於西王母』，則其國有學仙延年之術也。厲，如《春秋傳》晋侯夢大厲是也。【箋疏】厲及五殘，皆星名也。李善注《思玄賦》引此經作司天之厲，蓋誤。《（禮記·）月令》云：『季春之月，命國儺。』鄭注云：『此月之中，日行歷昴。昴有大陵積尸之氣，氣佚則厲鬼隨而出行。』是大陵主厲鬼，昴爲西方宿，故西王母司之也。五殘者，《史記·天官書》云：『五殘星出正東。東方之野，其星狀類辰星，去地可六七丈。』正義云：『五殘，一名五鋒，出則見五方毁敗之徵、大臣誅亡之象。』西王母主刑殺，故又司此也。郭引《穆天子傳》，與今本多有异同，其西王母又爲天子吟，云『彼何世民，又將去子』，一語今本所無，或脱誤不可讀也。郭又引《竹書（紀年）》及《禮·三朝》者，《大戴禮·少閑篇》云：『西王母來獻其白琯。』《漢書·藝文志》有孔子《三朝》七篇，皆在《大戴禮》也。

［六］【郭注】或作羊。

［七］【箋疏】《周書·王會篇》云：『匈奴狡犬。狡犬者，巨身四足果。』《廣韵》作巨口黑身爲异，疑即此。而此經狡無犬名，《周書》狡犬又不道有角，疑未敢定也。

［八］【郭注】晉太康七年，邵陵扶夷縣檻得一獸，狀如豹文，有二角，無前兩脚。時人謂之狡，疑非此。【廣注】盧柟《蟻蠓集》云：「狡音龐吠，豹文純擾。」【箋疏】郭所説見《爾雅》「貀無前足」注。以校此注，豹文上脱狗字。

［九］【郭注】（胜）音姓。【廣注】《事物紺珠》云：「胜遇如翟而赤，食魚。」《駢雅》曰：「蠻蠻、胜遇，兆水鳥也。」又張華《神异經》叙天柱上有大鳥，名曰希有，南向，右翼覆西王母，當與此鳥共處也。【箋疏】《説文》云：「胜，犬膏臭也，一曰不孰也。」非郭義。《玉篇》有鴩字，音生，鳥也，疑鴩即胜矣。

［十］【郭注】音録，義未詳。【廣注】《字義總略》：「琭琭，古作録録，或作鹿鹿。」是録、鹿古相通也，疑爲鹿之借字。【箋疏】經文作録，郭復音録，必有誤。

又西四百八十里，曰軒轅之丘［一］，無草木。洵水［二］出焉，南流注于黑水。其中多丹粟，多青雄黄。

［一］【郭注】黄帝居此丘，娶西陵氏女，因號軒轅丘。【廣注】皇甫謐云：「黄帝受國於有熊，居軒轅之丘。」劉會孟曰：「今新鄭縣，古有熊氏之國。」曹學佺《（天下）名勝志》云：「新鄭縣城内有軒轅丘。」又秦州亦有軒轅丘。【新校正】《淮南子》云：「軒轅邱在西方。」《水經注》云：「南安姚瞻以爲黄帝生於天水，在上邽城東七十里軒轅谷。」【箋疏】《大戴禮·帝繫篇》云：「黄帝居軒轅之丘，娶於西陵氏之子，謂之嫘祖氏。」《史記·五帝紀》同。《淮南（子·）墬形訓》云：「軒轅丘在西方。」高誘注云：「軒轅，黄帝有天下之號。」即此也。

［二］【郭注】（洵）音詢。

又西三百里［一］，曰積石之山［二］。其下有石門［三］，河水冒以西流［四］。是山也，萬物無不有焉［五］。

［一］【箋疏】《水經注》引此經，自昆侖至積石千七百四十里，今檢得一千九百里。若加流沙四百里，便爲二千一百里也。

[二]【新校正】山在今甘肅西寧縣東南一百七十里。

[三]【新校正】石門山在今甘肅河州西南積石山之南麓。

[四]【郭注】冒，猶覆也。積石山，今在金城河門關西南羌中。河水行塞外，東入塞内。【廣注】《（明）一統志》：『積石在西寧衛境廢龍文縣之南。』劉辰翁曰：『積石在陝西河州。』夏氏《禹貢合注》云：『積石有二，河水經大積石山，又東北流至小積石山，一名唐述山。土人以鬼爲唐述，蓋傳其山有神人往還也。』葛洪《枕中書》曰：『舜治積石山即此，河水冒以西流。』《水經注》引此作西南流。【箋疏】《水經注》引此經作河水冒以西南流。《藝文類聚》八卷同，《初學記》六卷引亦同，而脱流字，今本又脱南字也。然據此經，積石去昆侖一千九百里，而河水猶西南流，其去東入塞内之地尚遠，郭注非也。《穆天子傳》云：『乃至於昆侖之丘。』又云：『飲於枝洔之中，積石之南。』河正與河水冒以西南流合。然則此經積石，蓋《括地志》所謂大積石山，非禹所導之積石也。《（尚書·）禹貢》積石在今甘肅西寧縣東南一百七十里，爲中國河之始。《水經》云：『河水流入於渤海，又出海外，南至積石山下，有石門。』即此經之積石也。其下云又南入葱嶺山，又從葱嶺出而東北流，其一源出于闐國南山，北流與葱嶺所出河合，又東注蒲昌海，又東入塞，過敦煌、酒泉、張掖郡南，又東過隴西河關縣北，此則《（尚書·）禹貢》之積石也。據《水經》所説，積石有二明矣。酈氏作注，疑積石不宜在蒲昌海之上，蓋不知積石有二。而於河水東入塞下妄引此經積石以當之，其謬甚矣。然《括地志》以河先徑于闐鹽澤而後至大積石，亦與《水經》不合。其云積石有二，則質明可信。自古説積石者多不了，故詳據《水經》以定之。《括地志》所説，又見《海外北經》積石下。案《（漢書·）地理志》云：『金城郡河關積石山，在西南羌中，河水行塞外，東北入塞内。』是郭所本也。注門字衍。

[五]【郭注】《水經》引《山海經》云：『積石山，在鄧林山東，河所入也。』【釋義】此所謂積石，即《夏書》『導河積石』也。【廣注】《（山海經）圖贊》曰：『積石之中，實生重河。夏后氏導，石門涌波。珍物斯備，比奇昆阿。』【新校正】此疑非郭傳，後人所附。【箋疏】郭據《水經》引《山海經》者，《海外北經》文也。其云《水經》，今亡無考。

又西二百里，曰長留之山，其神白帝少昊居之[一]。其獸皆文尾[二]，其鳥皆文首[三]。是多文玉石，實惟員神磈氏[四]之宫。是神也，主司反景[五]。

[一]【郭注】少昊，金天氏帝摯之號也。【釋義】少昊主金氣，蓋西方神也。而獨以長留之山爲居，何哉？《易》曰：『神無方。』蓋言無定也。【廣注】《禮斗威儀》曰：『白帝白招拒。』《枕中書》云：『白帝治華陰山。』顔之推《家訓》曰：『《帝王世紀》：帝少昊崩，其神降長流之山，於祀主秋。《周禮·秋官》：主刑罰。』故今名治獄參軍爲長流，即長留也。羅苹《路史》注云：『今臨朐有祠曰治泉祠，《廣雅》以爲金神之祠，斯少昊所降也。』是少昊之主西也久矣。又傳稱少昊爲西皇，亦以帝居西方故耳。【箋疏】昊當爲皞，長留或作長流。《顔氏家訓·書證篇》引《帝王世紀》云：『帝少昊崩，其神降於長流之山，於祀主秋。』蓋留通作流也。

[二]【郭注】（文）或作長。

[三]【郭注】文或作長。

[四]【郭注】（磈）音隗。【廣注】《（路史·）國名記》作隗氏，即春秋隗氏之地。《冠編》云：『少昊青陽氏偕妃隗氏，降神於長流之山。』《（山海經）圖贊》曰：『少昊之帝，號曰金天。磈氏之宫，亦在此山。是司日入，其景則圓。』

[五]【郭注】日西入則景反東照，主司察之。【補注】日西入則景反東照，故曰反景，揚雄賦所謂倒景也。《尚書》：『宅西曰昧谷，寅餞納日。』古文昧谷作柳谷，鄭玄曰：『五色聚爲柳。』日入時具五色。《説文》：『谷，日入色也。』《尚書》：『餞日柳谷，屬之仲秋。』《山海經》司反景，亦居之白帝，則倒景反照，在秋爲多。其變千狀，有作胭脂紅者，諺所謂『日没胭脂紅，無雨必有風』也。有如金縷穿射者，古詩所謂『日脚射空金縷直，西望千山萬山赤』也。凡乍雨乍霽，載霞載陰，雲氣斑駁，日光穿漏其中，必有蛟龍隱見，是則所謂神司反景也。【汪存】景、影同。反景，日入而反照也。司反景，猶寅餞内日耳。【箋疏】是神員神，蓋即少昊也。紅光，蓋即蓐收，見下文泑山。《北堂書鈔》一百四十九卷引此經反作仄，恐誤。

又西二百八十里，曰章莪之山[一]。無草木，多瑶、碧[二]，所爲甚怪[三]。有獸焉，其狀如赤豹[四]，五尾一角。其音如擊石，其名如狰[五]。有鳥焉，其狀如鶴[六]，一足赤文，青質而白喙[七]，名曰畢方[八]。其鳴自叫也，見則其邑有訛火[九]。

[一]【廣注】一本作章義。

[二]【郭注】碧，亦玉屬。

[三]【郭注】多有非常之物。【汪存】言多生怪物也。

[四]【廣注】《穆天子傳》：『鍾山，爰有赤豹白虎。』屈子《九歌》云：『乘赤豹兮從文貍。』《詩·大雅》：『赤豹黄羆。』【箋疏】《廣韵》引此經無赤字。

[五]【郭注】《京氏易義》曰：『音如石相擊。』（狰）音静。【廣注】狰，又音争，一曰似狐有翼，見《廣韵》。黄氏《續騷經》『梟授翼於獰狰』注云：『似豹，一角五尾。』《（山海經）圖贊》曰：『章莪之山，奇怪所宅。有獸似豹，厥色惟赤。五尾一角，鳴如擊石。』【箋疏】經文如狰之如，當爲曰字之訛。注文音静之上當脱狰字也。《廣韵》云：『狰，獸名，音争，又音净。』所説形狀，與此經同。又狢字注云：『獸如赤豹，五尾。』然則狢亦狰類，或一物二名也。

[六]【廣注】鶴大於鵠，長喙丹頂，赤目赤頰，青脚修頸，白羽黑翎。《相鶴經》云：『飲而不食，乃胎化也。』

[七]【箋疏】《廣韵》作白面，疑訛。

[八]【箋疏】《廣雅》云：『木神謂之畢方。』又畢方，《玉篇》、《廣韵》并作鴨鴋，非也。

[九]【郭注】訛，亦妖訛字。【廣注】《駢雅》：『畢方，兆火鳥也；商羊、鸛鵝，兆雨鳥也。』《淮南子》：『木生畢方。』注云：『狀如鳥，青色赤脚一足，不食五穀。』《事物紺珠》云：『畢方見者主壽。』《彙苑》云：『畢方，老鬼也。一曰南方獨脚鳥，形如鶴。』《尚書故實》云：『漢武帝有獻獨足鶴者，人皆以爲异。東方朔奏曰：《山海經》云畢方鳥也。』驗之果是。《白澤圖》：『火之精曰必方，狀如鳥，一足。以其名呼之，則去。』即畢方也。《（山海經）圖贊》曰：『畢方赤文，離精是炳。旱則高翔，鼓翼陽景。集乃流災，火不炎正。』【汪存】訛火，妖火也。【新校正】薛綜注左思《（東京）賦》云：『畢方，老父神，如鳥兩足一翼者，常銜火在人家作怪災也。』訛，亦妖訛字。【箋疏】訛，蓋以言語相恐喝。

又西三百里，曰陰山[一]。濁浴[二]之水出焉，而西流注于蕃澤[三]。其中多文貝[四]。有獸焉，其狀如貍[五]而白首，名曰天狗[六]。其音如榴榴[七]，可以禦凶[八]。

［一］【汪存】陰山，北山也，今在套北。【箋疏】張揖注《漢書·司馬相如傳》云：『陰山，在昆侖西二千七百里。』謂此也。今校經文二千七百八十里矣。《（漢書·）地理志》云『西河郡有陰山』，非此。

［二］【箋疏】《太平御覽》八百十卷、九百十三卷并引此經浴作谷。

［三］【箋疏】《水經·沮水》注有濁谷水，東南至白渠，與澤泉合，疑非此。

［四］【郭注】餘泉蚳之類也，見《爾雅》。【廣注】《（山海經）圖贊》云：『先民有作，龜貝爲貨。貴以文彩，賈以小大。簡則易資，犯而不過。』【汪存】貝，介蟲。古人以其背爲貨。【新校正】今本《爾雅》作餘貾，非。【箋疏】《爾雅·說貝》云：『餘貾，黄白文；餘泉，白黄文。』

［五］【郭注】或作豹。【廣注】《字林》云：『貍，狀獸似貙，其子名隸。』【汪存】或作猫。

［六］【廣注】《大荒（經）》有赤犬曰天犬，又太白化妖星名天狗，窮奇獸亦名天狗，非此。《事物紺珠》云：『天狗如貍，白首，音如猫，食蛇。』

［七］【郭注】或作猫猫。【箋疏】猫猫，蓋聲如猫也。猫猫與榴榴聲又相近。《北山經》譙明山孟槐之獸音亦與此同。又經内亦有單言其音如榴者，此經注疊字蓋衍。

［八］【釋義】天狗可以禦凶，言佩其毛或坐其皮。術家謂枕虎骨可以辟邪，率若此理或爾也。【廣注】《（山海經）圖贊》云：『乾麻不長，天狗不大。厥質雖小，禳災除害。氣之相旺，在乎食帶。』

又西二百里，曰符惕[一]之山。其上多椶、枏，下多金、玉，神江疑居之[二]。是山也，多怪雨，風雲之所出也[三]。

〔一〕【郭注】（惕）音陽。【廣注】劉子威《雜俎》作符陽。【汪存】（惕）音傷，或作陽。【箋疏】《藝文類聚》一卷、《太平御覽》九卷及十卷并引此經作符陽之山，與今本异。

〔二〕【廣注】《鬱離子》云：『江疑乘雲，列缺御雷。』即此神。

〔三〕【廣注】劉鳳《（雜俎・）玄覽篇》『符陽之山，多怪雨』，謂此也。【箋疏】《（禮記・）祭法》云：『山林川谷丘陵，能出雲、爲風雨、見怪物，皆曰神。』即斯類也。

又西二百二十里，曰三危之山〔一〕，三青鳥〔二〕居之。是山也，廣員百里〔三〕。其上有獸焉，其狀如牛，白身〔四〕四角，其毫如披蓑〔五〕，其名曰獓⿰犭因〔六〕，是食人。有鳥焉，一首而三身，其狀如鸈，其名曰鴟〔七〕。

〔一〕【郭注】今在燉煌郡。《尚書》云『竄三苗於三危』，是也。【廣注】三危，古字作三峞，在陝西沙州城東南三十里。其山三峰峭絶，因名。《河圖括地象》曰：『三危山在鳥鼠之西南，與汝山相接，上爲天苑星，黑水出其南。』《河西舊事》云：『三危山有三峰，故曰三危，俗亦爲昇雨山，在縣南二十里。』又《列朝詩集》注：『麗江府羅些城北有山，即三危山。』未知是非。【汪存】三危山，爲説不一。《漢（書・）西羌傳》注云：『三危在沙州敦煌縣。』《（尚）書・禹貢》：『三危既宅，三苗丕敘。』又道：『黑水至於三危，入於南海。』而今沙洲南之三危與黑水遠不相及。樊綽云：『今麗水即黑水，三危臨時其上。』此即在川西、雲南之北，而洮、岷以西南有三危山，山下皆羌蕃及宕昌苗獠所聚，當是舜竄三苗處也。然此三危近陰山、天山之間，即是敦煌之三危也。【新校正】山在今甘肅肅州北塞外。古人言三危有三：鄭玄注《尚書》引《河圖》及《地説》云：『三危山在鳥鼠西南，與岐山相連。』岐當爲岷。劉昭注《（後漢書・）郡國志》首陽引《地道記》云：『有三危，三苗所處。』陸德明《莊子音義》曰：『三峗，今屬天水。』一也，山當在今秦州西，俗失其名；《水經》云：『江水又東，過江陽縣南洛水，從三危山東過廣魏漢洛縣南，』二也，山當在今四川省；《淮南子》云：『三危在樂民西。』《（尚書・）禹貢》山水地澤所在云：『三危山在沙州敦煌縣東南三十里。』見

《史記》正義，是此山也。【箋疏】《漢書·司馬相如傳》張揖注云：『三危山在鳥鼠山之西，與㟠山相近。』《水經·江水》注引此經云：『三危在敦煌南，與㟠山相接。』今經無此語，蓋引郭注之文也。

[二]【郭注】三青鳥，主爲西王母取食者，别自棲息於此山也。《竹書（紀年）》曰：『穆王西征，至於青鳥所解也。』【廣注】《（山海經）圖贊》曰：『山名三危，青鳥所憩。往來昆侖，王母是隸。穆王西征，旅軫斯地。』陶潛《讀山海經》詩：『翩翩三青鳥，毛色實可憐。朝爲王母使，暮歸三危山。』《留青日札》曰：『三危山有青鳥，爲王母使者。』《左傳》云：『青鳥，司啓者也。』注：『鶬鴰也，立春鳴，立夏止，故司啓。』因啓有通信問之義，故言西王母使者。又《漢武故事》云：『七月七日西王母至，有三青鳥夾侍王母傍。』亦緣此附會之。【箋疏】三青鳥之名，見《大荒西經》；爲西王母取食，見《海内北經》；青鳥所解，即三危山，見《竹書（紀年）》。

[三]【新校正】《國語》云：『廣運百里。』韋昭曰：『東西爲廣，南北爲運。』運、員音相近，下仿此。

[四]【箋疏】《廣韵》引此經作白首。

[五]【郭注】蓑，辟雨草衣也，音催。【汪存】蓑，音莎。【新校正】蓑，當爲衰，正字也，見《説文》。【箋疏】蓑，當爲衰，《説文》云：『衰草，雨衣，秦謂之萆。』

[六]【郭注】傲、噎二音。【廣注】一作獓㺍。《駢雅》曰：『牛四角而白，曰獓㺍。』《字彙》引此作獒㺍，《古音略》又作傲㺍。【箋疏】據郭音傲，知經文蓋本作獓；㺍字亦錯。當從《玉篇》作獒㺍。《廣韵》㺍字注引此經同。

[七]【郭注】鴟似雕，黑文赤頸，音洛。下句或云『扶狩則短，扶木則枯』，應在上欽原下，脱錯在此耳。一本作扶狩則短。【廣注】《（山海經）圖贊》曰：『江疑所居，風雲是潛。獸有獓㺍，毛如披蓑。鴟鳥一頭，厥身則兼。』【汪存】《穆天子傳》及《竹書（紀年）》云穆王西征至於青鳥所解，此云三青鳥居之，《外篇》又云三青鳥王母所使，則此山去昆侖群玉之山道里應不遠，是敦煌三危也。【箋疏】《玉篇》云：『鴟鳥如雕，黑文赤首。』本郭注爲説也。今東齊人謂鵅爲老雕，蓋本爲鴟雕，聲近，轉爲老雕耳。

又西一百九十里，曰騩山[一]。其上多玉而無石[二]，神耆童[三]居之。其音常如鐘磬[四]，其下多積蛇[五]。

[一]【新校正】《文選・琴賦》云：『慕老童於騩隅。』五臣（注）作隗。

[二]【釋義】玉，石之粹者。曰多玉而無石，其無乃玉山與？

[三]【郭注】耆童，老童，顓頊之子。【廣注】《（山海經）圖贊》曰：『顓頊之子，嗣作火正。鏗鏘其鳴，聲如鐘磬。處於騩山，唯靈之盛。』【箋疏】顓頊生老童，見《大荒西經》。李善注《琴賦》引此經及郭注，并與今本同。

[四]【汪存】言此山常聞有聲如鐘磬也。【箋疏】此亦天授然也。其孫長琴所以能作樂風本此，亦見《大荒西經》。

[五]【箋疏】今蛇媒，所在有之。其蛇委積，不知所來，不知所去，謂之蛇媒也。

又西三百五十里，曰天山[一]。多金、玉，有青雄黃。英水出焉，而西南流注于湯谷[二]。有神焉[三]，其狀如黃囊，赤如丹火[四]，六足四翼，渾敦無面目[五]，是識歌舞，實惟帝江也[六]。

[一]【廣注】《河西舊事》曰：『天山高，冬夏長雪，故曰白山。山中有好木，鐵白人謂之天山，過之皆下馬拜，在蒲東一百里，即漢貳師擊右賢王處也。』《九州要記》云：『凉州古武城都有天山，黃帝受金液神丹於此。』程大昌《北邊備對》云：『一名時漫羅山。』杜詩注：『天山即祁連山，在伊州。』顧氏《說略》曰：『天山、雪山、祁連山、白山四名，其實一也。』【汪存】天山，又名祁連山，在凉州之北。【新校正】山在今甘肅張掖縣西南二百里。【箋疏】《漢書・武帝紀》云：『天漢二年，與右賢王戰於天山。』顏師古注云：『即祈連山也。匈奴謂天爲祈連，今鮮卑語尚然。』《史記》正義引《括地志》云：『祁連山，在甘州張掖縣西南二百里，又云天山，一名白山，今名折羅漫山，在伊吾縣北百二十里。』晉灼注《漢書》云：『在西域近蒲類國，去長安八千餘里。』

[二]【廣注】《（遁甲）開山圖》：『麗山西北有温池。』《辛氏三秦記》、《漢武故事》并云：『驪山有湯泉』，若《南都賦》所稱湯谷涌其後，非此地也。【汪存】温泉也。

［三］【箋疏】《初學記》、《文選》注引此經并作神鳥，今本作焉字，蓋訛。

［四］【郭注】體色黄而精光赤也。【箋疏】《文選》注王融《曲水詩序》引此經作其文丹。

［五］【廣注】渾敦，古音叢目，音衮沌，與混沌同。《中天佚典》云：『渾沌蔑刳太希其谷。』《太微經》曰：『有物齒於渾敦，莫之敢作。』又《神异經》言：『昆侖西有獸，兩目不見，兩耳不聞，有腹而無五臟，有腸直而不旋，名曰渾沌。』

［六］【郭注】夫形無全者，則神自然靈照；精無見者，則暗與理會。其帝江之謂乎？莊生所云『中央之帝混沌，爲倏忽所鑿七竅而死』者，蓋假此以寓言也。【補注】此豈古昔用瞽人爲樂官而傅會其説乎？或者實有此物而因以瞽人爲樂師乎？【廣注】段氏《（西陽雜俎・）諾臯記》：『天山有神，是爲渾潡，狀如橐而光。其光如火，六足重翼，無面目，嗜音歌舞，實爲帝江。』《事物紺珠》云：『帝江出天山，識歌舞之妙。』楊慎《均藻》云：『帝江，鳥名，知歌舞之音。』王氏《彙苑》云：『天山之神鳥，名曰帝江。故能識歌舞之妙，無如帝江，一曰鼓神也。』《（山海經）圖贊》曰：『質則渾沌，神則旁通。自然靈照，聽不以聰。强之爲名，曰惟帝江。』【新校正】江，讀如鴻。《春秋傳》云：『帝鴻氏有不才子，掩義隱賊，好行凶慝，天下謂之渾沌。』是此云帝江，猶言帝江氏子也。【箋疏】《莊子・應帝王篇》釋文引崔譔云：『渾沌，無孔竅也。』簡文云：『儵忽取神速爲名，混沌以合和爲貌。』

又西二百九十里，曰泑山［一］，神蓐收［二］居之。其上多嬰短之玉［三］。其陽多瑾瑜之玉，其陰多青雄黄。是山也，西望日之所入。其氣員［四］，神紅光之所司也［五］。

［一］【郭注】泑，音黝黑之黝。【新校正】李善注《文選》引此作蒙山，山當在今甘肅隴西境。《今文尚書》『宅西曰柳谷』虞翻云：『古篆丣字。』案柳、丣、泑三聲相近，疑即此山也。鄭玄注『宅西』亦云：『西，在隴西之西。』【箋疏】《北堂書鈔》一百四十九卷引泑作㘭。李善注《思玄賦》引此經作蒙山，蓋即《淮南子》云日至於蒙谷是也。《尚書大傳》云：『宅西曰柳谷。』鄭注云：『西在隴西之西。』案隴西郡有西縣，見《（漢書・）地理志》，此爲寅餞入日之地。柳、泑之聲又相近，疑柳谷即㘭山矣。

[二]【郭注】亦金神也，人面、虎爪、白尾，執鉞。見《（春秋）外傳》云。【廣注】《風俗通》《（元和）姓纂》云：『蓐收後有蓐國，蓋少皞之子該也。生則爲諸侯，死則爲神。』《月令》亦云：『其神蓐收。』【新校正】《國語》云：『虢公夢有神，人面白毛虎爪，執鉞。史嚚曰：蓐收也，天之刑神也。』【箋疏】（郭注）尾當爲毛字之訛，《海外西經》注亦引《（春秋）外傳》正作白毛可證。《（禮記）月令》云：『其神蓐收。』鄭注云：『蓐收，少皞氏之子曰該，爲金官也。』李善注《思玄賦》引此經郭注作人面虎身、右手執鉞，與今本异。

[三]【郭注】未詳。【釋義】玉亦多屬。此謂嬰短，瑾瑜固自弗誣。【廣注】㺄次山有嬰垣玉，短疑垣字之訛。【新校正】當爲嬰琅。【箋疏】上文㺄次之山作嬰垣之玉，郭云：垣或作短，謂此也，依字當爲嬰琅。

[四]【郭注】日形員，故其氣象亦然也。【補注】《晋（書・）天文志》：『東海，氣如圓簦。』【汪存】員字下當重一字，【新校正】《虞書》云：『寅餞納日。』《淮南子》云：『日至於蒙谷，是謂定昏，入於虞淵之汜。』【俞讀】此當作其氣員員。古書重文，每於字下作二小畫識之，傳寫脱去耳。上文於槐江之山曰：『南望昆侖，其光熊熊，其氣魂魂』，此云員員，猶魂魂也。員、魂古字通。《詩・出其東門篇》：『聊樂我員。』《韓詩》作『聊樂我魂』，即其證也。郭不達此旨，以日形爲説，迂曲甚矣。

[五]【郭注】未聞其狀。【汪存】神紅光，未詳其狀。【箋疏】紅光，蓋即蓐收也。《思玄賦》注引此經無紅字，《北堂書鈔》引有紅字。

西水行百里，至于翼望之山[一]。無草木，多金、玉[二]。有獸焉，其狀如狸，一目而三尾，名曰讙[三]。其音如奪[四]百聲[五]，是可以禦凶，服之已癉[六]。有鳥焉，其狀如烏，三首六尾而善笑，名曰鵸鵌[七]，服之使人不厭[八]，又可以禦凶。

[一]【郭注】或作土翠山。【箋疏】《中次十一經》首曰翼望之山，與此同名。《大荒南經》有翠山，非此。

[二]【釋義】凡草木，柔屬；凡金玉，剛屬。凡山無草木而多金玉，是爲剛土之山。

[三]【郭注】讙，音歡，或作原。【箋疏】《太平御覽》九百十三卷引此經讙作讙讙，疑郭注讙字本在經文，傳寫者誤入郭注耳。《（太平）御覽》又引此經讙作原，與郭注合。

[四]【新校正】即奪字。張有《復古編》曰：『奪，别作奞。』奪并非。

[五]【郭注】言其能作百種物聲也。或曰：奞，百物名，亦所未詳。【廣注】《太平御覽》引經讙作讙讙，奞百聲作奞百聲。《五侯鯖》云：『原，一目三尾，音奪，衆音。』即斯獸也。【箋疏】奪，《説文》作奪，蓋形近誤作奞也。《（太平）御覽》引此經又誤作奞。

[六]【郭注】黄癉病也，音旦。【箋疏】《説文》云：『癉，勞病也。疸，黄病也。』與郭异。

[七]【郭注】猗、餘兩音。【廣注】帶山鳥自爲牝牡，亦名鵸鵌。《事物紺珠》云：『鵸鵌如烏，九首六尾，善笑，自爲雌雄。』黄氏之誤也。又《駢雅》云：『鵸鵌三首。』《玄覽》云：『三首之鳥，有鵸余焉；九首之鳥，有鶬焉、鬼車焉。』【新校正】《周書·王會》云：『奇幹善芳。善芳者，頭若雄鷄，佩之令人不昧。』孔晁曰：『奇幹亦北狄。善芳，鳥名。』案此鳥與此略同，疑奇幹即鵸鵌鳥，字或當爲奇幹。《周書》云善芳，當爲善笑，形相近，字之訛。【箋疏】《北山經》帶山有鵸鵌鳥自爲牝牡，與此同名。或曰《周書·王會篇》有奇幹、善芳，奇幹即鵸鵌，善芳即善笑之訛，非也。

[八]【郭注】不厭夢也。《周書》曰：『服者不昧。』音莫禮反，或曰眯。眯，目也。【廣注】程良孺曰：『鵸鵌不魘，當扈不眴。』《（山海經）圖贊》云：『鵸鵌三頭，獂獸三尾。俱禦不祥，消凶辟眯。君子服之，不逢不韙。』【汪存】厭當作魘，夢魘也。【新校正】《倉頡篇》云：『厭，眠内不詳也。』俗作魘，非。高誘注《淮南子》曰：『楚人謂厭爲昧。』則即《周書》云不昧也。【箋疏】今《周書·王會篇》作『佩之令人不昧』。案：昧，郭音莫禮反，則其字當作眯，從目從米。藏經本作厭者，不眯。而今本作昧，非矣。然昧、眯古亦通用。《春秋繁露·郊語篇》云：『鴟羽去昧。』昧亦作眯，是也。又《説文》云：『寐，寐而未厭。』從㝱省，米聲，正音莫禮反，是此注眯與寐音義相近。

凡《西次三經》之首，崇吾之山至于翼望之山[一]，凡二十三山[二]，六千七百四十四里[三]。其神狀，皆羊身人面。其祠之禮，用一吉玉[四]瘞，糈用稷米[五]。

［一］【新校正】此經之山，皆在甘肅。

［二］【箋疏】今才二十二山。

［三］【汪存】此三經之山，大略在金城以西張掖、酒泉、敦煌，以極於回紇、土番之境之山也。【箋疏】今才六千一百四十里，又加流沙四百里，才六千六百四十里。

［四］【郭注】玉加彩色者也。《尸子》曰：『吉玉大龜。』

［五］【廣注】稷，穄也，黍之不黏者。【新校正】精字當從示。

【新校正】右《西次三經》，古本爲第六篇。

《西次四經》之首，曰陰山［一］。上多穀，無石，其草多茆、蕃［二］。陰水［三］出焉，西流注于洛［四］。

［一］【廣注】在今寧夏。【汪存】此陰山當在上郡延、綏之間，非漢逐匈奴所得之陰山也。【新校正】山在今陝西甘泉縣南二十里。《漢書·地理志》謂之雕陰山。【箋疏】上文已有陰山，與此同名，畢氏以此爲雕陰山，然上郡雕陰，應劭云：『雕山在西南，不名陰山也。』

［二］【郭注】茆，鳧葵也。蕃，青蕃，似莎而大。茆、煩兩音。【廣注】《詩·魯頌》：『薄采其茆。』江南人謂之蓴采。《齊民要術》作蒓。【汪存】鳧葵，蓴也，生於水澤，不生於山。此或當作茅，古字借用耳。莎，香附苗也。此青番似莎而大，蓋三稜也。【箋疏】茆，見陸璣《詩疏》，云：『江南人謂之蓴菜。』《説文》云：『茆，鳧葵也。薠，青薠，似莎者。』《子虛賦》云：『薛莎青薠。』是蕃依字當爲薠。李善注《南都賦》引此郭注正作薠，云：『薠，青薠，似莎而大。』高誘注《淮南（子·）覽冥訓》云：『薠，狀如葴，葴如葭也。』莎，草名也。

［三］【新校正】今陰山下無水。甘泉縣有水出洛東清泉山，西流徑縣南入洛，俗稱清泉水，疑即陰水也。

［四］【汪存】此河西上郡之雒，今在延安府洛川是也，非河南伊洛之洛也。【新校正】此渭洛之洛，出白於山也。【箋疏】此渭洛之洛，即漆沮水也，出白於山，見下文。

北五十里，曰勞山[一]，多茈草[二]。弱水出焉[三]，而西流注于洛[四]。

[一]【廣注】齊地亦有大勞山、小勞山。晏謨《齊記》所謂泰山高不如東海勞也，是异地同名者。【新校正】疑即陝西保安縣西九吾山，在陰山之北，吃莫水經其西也。

[二]【郭注】一名茈莀，中染紫也。【廣注】即紫草。《爾雅》云：『藐，茈草。』《唐本草》：『一名紫丹。』【箋疏】茈草，即紫草，《爾雅》云：『藐，茈草。』《廣雅》云：『茈莀，茈草也。』是郭所本。

[三]【箋疏】《（漢書·）地理志》云：『張掖郡删丹，桑欽以爲道，弱水自此西至酒泉合黎，此《（尚書·）禹貢》弱水也。』《西域傳》云：『條支有弱水、西王母。』《大荒西經》云：『昆侖丘下，弱水環之。』皆非此經之弱水也。《晉書·苻堅載記》云：『堅遣安北將軍、幽州刺史苻洛討代王涉翼犍。翼犍戰敗，遁於弱水。苻洛追之，退還陰山。』此經上有陰山，下有弱水，當即是也。

[四]【釋義】《夏書》：『弱水既西』，即此。【廣注】《留青日札》：『天下有三弱水：東海中弱水，不勝鴻毛，至則必溺；西海中弱水，在今西寧衛西三百里甘州界。昔乞伏熾磐破吐谷渾覓地於弱水南，覓地降署爲弱水護軍是也。勞山所出，疑此水；又弱水條支去長安四萬里，似與甘州之弱水异，則又一弱水也。』【汪存】此弱水亦綏延間水，非入於流沙之弱水。【新校正】水即吃莫川也。《太平寰宇記》云：『保安軍吃莫河在軍北一十里，原出蕃部吃莫川，南流在軍北四十里入洛，河不勝船筏。』案：其川流道里，又云不勝船筏，即此經弱水也。【箋疏】吃莫川即弱水也。今水出陝西靖邊縣，東南流，至保安縣西入洛。

西五十里，曰罷父之山[一]。洱水[二]出焉，而西流注于洛[三]。其中多茈碧[四]。

[一]【廣注】楊氏《古音》引此作罷谷山。罷，皮買切。【新校正】山當在今陝西安定、安塞二縣界。《玉篇》云：『洱出罷谷山。』父、谷字形相近，當爲谷。《元和郡縣志》云：『貞觀十年置罷交縣，取城北罷交谷爲名。』疑即是。【箋疏】《玉篇》

《廣韻》并云洱出罷谷山，父、谷字形相近，疑此經父當爲谷字之訛也。

[二]【郭注】（洱）音耳。【廣注】劉會孟云：『洱水，葉榆河也，中有三島、四洲、九曲之勝。』朱國禎《大事記》曰：『西洱河在大理府城南，一名昆彌池，亦名彌海，源出浪穹縣罷谷中山下。世傳黑水伏流别派，自縣西北來，匯於縣東爲巨津，形如月，生五日抱珥之狀，故又曰珥河。』又案：《水經注》：『清水又南洱水注之，水出弘農郡盧氏縣之熊耳山。《（漢書·）地理志》：熊耳之山出三水，洱水其一焉。』計其道里，與朱説不合，未能斷也。【新校正】《隋書·地理志》云：『洛原有洱水』，即此。今甘肅慶陽府是。

[三]【廣注】李元陽云：『《（漢書·）地理志》謂南中山曰昆彌，水曰洛；《山海經》洱水西流入於洛，蓋瀾滄江亦名洛水，言脈絡分明也。』據此，則諸洛非上洛之洛。

[四]【廣注】紫石、華玄、石英之類。【箋疏】茈、碧二物也。茈，即茈石。

北百七十里，曰申山[一]。其上多穀、柞，其下多杻、橿，其陽多金、玉。區水[二]出焉，而東流注于河[三]。

[一]【新校正】疑即陝西安塞縣北蘆關嶺，區水所出也。【箋疏】《水經·河水》注引此經云：『《西次四經》之首曰陰山，西北百七十里曰申山。』案：自陰山至此凡二百七十里，《水經注》脱二字。

[二]【廣注】《水經注》：『世謂之清水。』【新校正】《水經注》：『（清水）東流入上郡長城，徑老人山下，又東北流，至老人谷。旁水北出極谿，便得水原。』《隋書·地理志》云：『金明有清水。』《元和郡縣志》云：『膚施縣清水，俗名去斤水，北自金明縣流入。』《太平寰宇記》謂之濯斤川，《金史·地理志》謂之濯巾川，水出今陝西安塞縣北一百五十里蘆關嶺，南徑膚施、延長、宜川三縣入河也。

[三]【新校正】區水在宜川縣東北入河。【箋疏】《水經》云：『河水南過上郡高奴縣東。』注云：『河水又右會區水。』引此經云云。區水，世謂之清水。

北二百里，曰鳥山[一]。其上多桑，其下多楮[二]。其陰多鐵，其陽多玉。辱水[三]出焉，而東流注于河[四]。

[一]【新校正】疑即陝西安定縣西南泰重嶺，辱水徑其北也。又縣南四十里有鵶鴿山，《方志》云：『山産鵶鴿，二鳥并居。』亦鳥鼠同穴之類，或即古之鳥山與？【箋疏】《穆天子傳》云：『有鶔鳥之山。』疑即此。鶔，《玉篇》同鷊。

[二]【汪存】楮亦穀也。

[三]【廣注】《水經》：『河水又南，又納辱水。』注云：『俗謂之秀延水。』【新校正】《元和郡縣志》謂之吐延川，云：『延川縣吐延水，北自綏州綏德縣流入。』今水出陝西安塞縣北王家掌，東北流入安定縣界。

[四]【新校正】辱水在延川縣東北，至永寧關入河也。【箋疏】《穆天子傳》云：『天子飲於溽水之上。』疑即是水也。《水經注》云：『河水又南，（又）右納辱水。』引此經云云。『其水東流，俗謂之秀延水。又東會根水。又東南露跳水亂流注于河。』

又北百二十里，曰上申之山[一]。上無草木而多硌石[二]，下多榛楛[三]，獸多白鹿[四]。其鳥多當扈[五]，其狀如雉，以其髯[六]飛，食之不眴目[七]。湯水出焉，東流注于河[八]。

[一]【新校正】疑即陝西米脂縣北諸山，俗名曰雲山、馮家山，湯水所出也。

[二]【郭注】硌，磊硌，大石貌也，音洛。【汪存】石磊落然也。【新校正】硌，當爲落，見《玉篇》。【箋疏】《老子·下篇（德經）》云：『不欲琭琭如玉，珞珞如石。』珞本或作落，依字當爲硌也。《玉篇》引《老子》正作硌，云：『硌，山上大石。』李善注《魯靈光殿賦》引此郭注作『礧硌，大石也』。

[三]【郭注】榛子，似栗而小，味美。楛木，可以爲箭。《詩》云：『榛楛濟濟。』臻、怙兩音。【廣注】陸璣《詩疏》：『榛，栗

屬，字或作蓁，木有二種。』《鄘風》云：『樹之榛栗。』《左傳》：『女贄不過榛栗棗脩。』楛，木名，《書傳》云：『可以爲矢。』【汪存】楛，赤荆也，可爲矢笴。【箋疏】榛、楛見陸璣《詩疏》。《廣雅》云：『亲，栗也。』《説文》云：『楛，木也。』陸機（璣）《（詩）疏》云：『形似荆而赤，莖似著。』

［四］【箋疏】《周書·王會篇》云：『黑齒白鹿。』《（國語·）周語》云：『穆王征犬戎，得四白鹿。』《穆天子傳》云：『白鹿一牾棄逸出走。』

［五］【郭注】（扈）或作户。【箋疏】《玉篇》云：『北鳸，鳥名。』疑即此。鳸、扈古字通。

［六］【郭注】髯，咽下須毛也。【廣注】《（玉芝堂）談薈》云：『飛者以翼，當扈之鳥以髯。』《（山海經）圖贊》曰：『鳥飛以翼，當扈則須。廢多任少，沛然有餘。輪運於轂，至用在無。』【新校正】髯，當爲頿。

［七］【郭注】（眴）音眩。【汪存】眴目，迷也。【箋疏】《説文》云：『旬或作眴，目摇也。』

［八］【廣注】《水經》：『河水又南，湯水注之。』《（明）一統志》：『湯水在盧氏縣西南一百二十里，源出惡峪嶺。』【新校正】今有水出綏德州米脂縣桃花峁，行數十里，其水落於匡下爲深滄，有如墨色，至州南入河，志家以爲湯水也，俗名黑水、坑水。【箋疏】《水經注》云：『河水又南，諸次之水入焉。又南，湯水注之。』引此經云云。

又北百八十里，曰諸次之山［一］。諸次之水出焉［二］，而東流注于河［三］。是山也，多木無草，鳥獸莫居，是多衆蛇［四］。

［一］【新校正】案《水經注》，山當在今陝西榆林府北塞外，俗失其名。

［二］【新校正】《水經注》云：『諸次水出上郡諸次山。其水東徑榆林塞外，世又謂之榆林山，即《漢書》所謂榆谿舊塞。』今水出榆林府治東、雙山保西北塞外。《元和郡縣志》謂之茹盧水。

［三］【廣注】《水經》曰：『河水又南，諸次之水入焉。』【新校正】今水徑葭州西屈東，徑州治南入於河也。

［四］【新校正】《水經注》引經作象蛇，當爲衆蛇。其地無象。【箋疏】《水經注》引此經作象蛇，則與《北次三經》陽山之鳥

同名。今各本并作衆蛇，疑《水經注》訛。【俞讀】畢説誤也。象蛇乃鳥名，《北山經》陽山有鳥名曰象蛇即是鳥。畢氏誤以象蛇爲二物，遂以其地無象謂當爲衆蛇。既云多，又云衆，不辭矣。

又北百八十里，曰號山[一]。其木多漆、椶[二]，其草多葯、虈、芎藭[三]，多汵石[四]。端水出焉[五]，而東流注于河[六]。

[一]【新校正】山當在今陝西葭州，未詳也。已上諸山俱見《水經注》，俗失其名。

[二]【郭注】漆樹似樗也。【廣注】韓保昇曰：『漆樹高二三丈，皮白，葉似槐，子似牛李，子木心黄，六七月刻取滋汁。』又一種似小榎而大，取汁漆物，黄澤如金，《唐書》所謂黄漆者也。【箋疏】俗語云：『樜樗栲漆，相似如一。』見《爾雅》注。

[三]【郭注】葯，白芷别名；虈，香草也；芎藭，一名江蘺。葯，音烏交反。【廣注】《廣雅》：『白芷葉謂之葯。』《楚詞》：『桂棟兮蘭橑，辛怡媚兮葯房。』《淮南子》：『秋葯被風。』《吴氏本草》曰：『白芷，一名虈，一名苻離，一名澤芬，一名葩。』《説文》云：『晋謂之虈，齊謂之茝，楚謂之蘺，又謂之葯。』是葯、虈皆白芷也。芎藭，《左傳》作山鞠藭，《本草（綱目・）釋名》謂之壺藭，與藁本類。《淮南（子）》云：『亂人者，若芎藭之與藁本。』《名山志》曰：『横山諸山，草多芎藭。』又案：《（神農本草・）别録》：『蘼蕪，一名江蘺，芎藭苗也。』郭以芎藭名江蘺，非是。然《上林賦》稱：『被以江蘺，揉以蘼蕪』，若非一物。李氏云：『大葉似芹者爲江蘺，細葉似蛇牀者爲蘼蕪。』總爲芎藭葉斷矣。【汪存】葯、虈，白芷也。舊注分而二之，未是。芎藭，江離也，此今所謂西芎是也。【箋疏】芎藭，即鞠窮，《左傳》謂之山鞠窮。

[四]【郭注】汵，或音金。未詳。【廣注】《水經注》引經作泠石。【新校正】汵、涅聲之緩急，疑涅石。【箋疏】《説文》汵本字作淦，云：『泥也，從水，金聲。』與郭音合。汵石，蓋石質柔耎如泥者。今水中、土中俱有此石也。

[五]【新校正】即寧河水也。寧、端聲相近。《水經注》：『圁水又東，徑圁陽縣南，東流注於河。河水又東，端水入焉。』今水出葭州北八十里王元溝，俗稱寧河。

［六］【新校正】其水南流，在葭州北入河也。

又北二百二十里，曰盂山［一］。其陰多鐵，其陽多銅。其獸多白狼、白虎［二］。其鳥多白雉、白翟［三］。生水出焉，而東流注于河［四］。

［一］【郭注】音于。【廣注】《水經注》引郭注云：『盂或作明』，今本無此文。《藝文類聚》引此作蓋山。【新校正】盂，當爲孟，與明聲相近。《水經注》云：『奢延水出奢延縣西南赤沙阜，疑即孟山也，當在今陝西靖邊縣。』【箋疏】《水經注》引此經郭注云：『盂或作明。』今本脱之。盂疑當作孟。《太平御覽》九百九卷引此經正作孟。《大戴禮・誥志篇》云：『明，孟也。』明、孟同聲，故孟或作明。

［二］【郭注】《（春秋）外傳》曰：『周穆王伐犬戎，得四白狼、白虎。虎名甝虪。』【廣注】《瑞應圖》曰：『白狼，王者仁德則見。周宣王時白狼見，西國滅。』《田俅子》曰：『商湯爲天子，有神手牽白狼，口銜金鈎而入湯庭。』《尚書中候》曰：『湯牽白狼，握禹籙。』《孝經援神契》曰：『德至，鳥獸白虎見。』《春秋演義圖》曰：『湯地七十，内懷聖明，白虎戲朝。』《中興徵祥説》曰：『白虎，狀如虎而白色，嘯則風興，皜身如雲而無雜者。』近代所謂白虎背斑虎文，是《爾雅》之虦虎也。《（山海經）圖贊》云：『甝虪之虎，仁而有猛。其質載皓，其文載炳。應德而擾，止我交境。』【箋疏】郭引《（春秋）外傳》者，《（國語・）周語》文也。《藝文類聚》九十九卷引郭氏《（圖）贊》云：『矯矯白狼，有道則游。應符變質，乃銜靈鈎。惟德是適，出殷見周。』案：白狼銜鈎，見緯書。《穆天子傳》云：『爰有赤豹白虎。』此注白虎下虎字衍、虪字衍。據《爾雅》云：『甝，白虎；虪，黑虎。』此注或云白虎名甝，黑虎名虪。今本又脱黑虎名三字也。

［三］【郭注】或作白翠。【汪存】翟，亦雉類而長尾。【箋疏】雉、翟，一物二種。經白翟，當爲白翠。

［四］【廣注】即奢延水也。水西出奢延縣西南赤沙阜，東北流。【汪存】此山川大抵自延安迤北，以及綏德、米脂、榆林、河套之間，極圁夏、豐勝之境。其水多東南流，以入於河，而古今异名難考。【新校正】奢延故城在廢夏州西南，今陝西懷遠縣亦其地。有水出縣東酸茨溝，俗名滉忽都河，疑即生水之原。又：『今生水東北徑榆林府懷遠縣北塞外，又東南至綏

德州清澗縣入於河。【箋疏】《（漢書·）地理志》上郡有奢延縣，即酈注所指也。奢延，合聲爲生。生，朔聲之轉，皆方俗語异，字隨音變也。又：《水經》云：『河水又南，過離石縣西。』注云：『奢延水注之。』即此經云東流注於河矣。離石，屬西河郡。

西二百五十里，曰白於之山[一]。上多松、柏，下多櫟[二]、檀。其獸多㸲牛、羬羊。其鳥多鴞[三]。洛水出于其陽[四]，而東流注于渭[五]。夾水出于其陰，東流注于生水[六]。

[一]【補注】《括地志》：『白於山在慶州洛源縣。』【廣注】《水經注》曰：『白於山，今名女郎山，指張魯女也。』【汪存】此白於山當在上郡、北地之間，入慶陽府界。【新校正】山在今甘肅安化縣。《元和郡縣志》云：『洛源縣白於山，一名女郎山，在縣北三十里。』

[二]【郭注】櫟，即柞。【廣注】實名橡斗。【箋疏】櫟，見《爾雅》。

[三]【郭注】鴞，似鳩而青色。【廣注】鴞即梟。盛弘之《荆州記》云：『有鳥如雌鷄，其名爲鴞，楚人謂之鵩。』【汪存】此今之苦鳥。【箋疏】鴞，見陸璣《詩疏》。

[四]【箋疏】洛水，雍州浸，《水經注》引闞駰以爲漆沮水也。《説文》云：『洛水出左馮翊歸德北夷界中，東南入渭。』《（漢書·）地理志》云：『北地郡歸德，洛水出北蠻夷中，入河。』《淮南（子·）墬形訓》云：『洛出獵山。』高誘注云：『獵山在北地西北夷中。』是則獵山即白於山之异名矣。又案：《西次二經》泰冒之山，洛水出焉，即斯水也。《太平寰宇記》云：『洛水源出白於山，經上郡雕陰秦望山。』秦望山當即泰冒山，蓋洛水本出白於山而東經泰冒山，二山一是發源，一是所經，此經則通謂之出也。

[五]【補注】洛有二，此秦中之洛也。伊洛之洛，其源出熊耳。《前漢書》云：『洛出重埜。』【汪存】洛即雒也。雒即《（尚書·）禹貢》之漆沮也。古漆、沮二水合流入渭，今則至鄜州而東流入河，不入渭矣。此古今水道所以難考也。【新校正】《太平寰宇記》云：『洛水原出白於山，經上郡雕陰秦望山。』今水出慶陽府安化縣，一原出延安府定邊縣東南流離廟

石縫中。【箋疏】《（尚書·）禹貢》云：『渭又東過漆沮。』漆沮水即洛水也。《水經》云：『渭水又東，過華陰縣北。』注云：『洛水入焉。』《說文》云：『洛東南入渭。』《（漢書·）地理志》云入河者，合渭而入可也，今則直入於河矣。

［六］【新校正】夾水未詳，疑即甘肅靖邊縣東苃麥河也。其水合紅柳河，徑塞外又東至縣入於奢延水，水即生水也。

西北三百里，曰申首［一］之山。無草木，冬夏有雷［二］。申水出于其上，潛于其下，是多白玉。

［一］【廣注】《唐類函》作由首。【汪存】大抵山脈相連，而此申山之首也。【新校正】案其道里，當在陝西榆林府北塞外。今有海子山，是與？【箋疏】《藝文類聚》二卷、《太平御覽》十二卷并引此經作由首。

［二］【釋義】夫雷，二月而出，八月而藏。此曰冬夏有雷，或即山氣所爲耳。然冬何以雷？夫冬雷，氣失藏也，非正也。【箋疏】山當在今陝西榆林府北塞外，地極高寒，故不生草木，冬夏有雪。【明案】經文冬夏有雷，《箋疏》本作冬夏有雪。雪、雷形近而訛。

又西五十五里，曰涇谷之山［一］。涇水出焉［二］，東南流注于渭［三］，是多白金、白玉。

［一］【郭注】或無之山二字。【新校正】《水經注》云：『渭水又東，過上邽縣。』注：『有涇谷之山。』山在今甘肅秦州東南。【箋疏】《初學記》六卷引此經亦有之山二字。

［二］【郭注】或以此爲。今涇水未詳。【廣注】《關中記》云：『涇、渭、洛，關中三川，與滻、澇、潏、澧、滈爲關中八水。』《（明）一統志》曰：『今涇河自平凉府西南白岩發源，至涇州，又東南至邠州界，又東北至西安府高陵縣界，會於渭。』【新校正】《水經注》云：『渭水徑綿諸道東，又東南，合涇谷水。水出西南涇谷之山，合横水、軒轅谷、白城谷水。』案：其水在今甘肅秦州東三十里，俗曰永川河。【箋疏】此則涇谷水也。

［三］【汪存】涇水出平凉涇州南笄頭山，然則此涇谷即郇邪長垣也。【箋疏】《水經注》云：『涇谷水又東北，歷董亭下東北流，

注於渭。』引此經云云。然經云東南，酈云東北，與經不合。《初學記》引此經無南字。

又西百二十里，曰剛山。多柒木[一]，多㻬琈之玉。剛水出焉，北流注于渭[二]。是多神螝[三]。其狀人面獸身，一足一手[四]，其音如欽[五]。

[一]【廣注】《廣韻》：『柒與漆同。』此即榛漆之漆也。【箋疏】柒，木名也。《廣韻》以柒爲漆俗字，俗又以代紀數之七字，并非。

[二]【汪存】此山皆在渭北，不得云北流注渭。或渭當作涇，不則北當作南也。

[三]【郭注】螝，亦魑魅之類也，音耻回反。或作䰡。【廣注】《圖經》作神魃，《集韻》引此作神魅，音熾。【汪存】俗所謂獨脚山魈。【新校正】《說文》：『䰡，厲鬼也。』《玉篇》：『䰡，醜利切。』亦作殃，義同郭。【箋疏】螝，疑當爲魋字之或體，《說文》云：『魋，神獸也，從鬼，隹聲。』與郭音義俱合。

[四]【箋疏】《說文》云：『夔，神䖘也，如龍，一足，從夊，象有角手人面之形。』許君所說形狀，正與此經合，再證以魋字之解，則知神䖘當爲神魋，字之訛也。

[五]【郭注】欽，亦吟字假音。【廣注】劉會孟云：『深山魑魅多一足，故詩曰：山鬼獨一足。』《（山海經）圖贊》曰：『其音如吟，一脚人面。鼠身鼈頭，厥號曰蠻。目如馬耳，食厭妖變。』【箋疏】《說文》云：『欽，欠皃，蓋人呵欠則有音聲也。』

又西二百里，至剛山之尾。洛水出焉[一]，而北流注于河。其中多蠻蠻，其狀鼠身而鼈首，其音如吠犬[二]。

[一]【汪存】此又別一洛水，蓋今固原、靈州之間北流入河者，如韋川之類也。【新校正】此洛水未詳也。【箋疏】此又一洛水

也，所未能詳。

[一一]【箋疏】蠻蠻之獸，與比翼鳥同名，疑即獱也，獱、蠻聲相近。《説文》云：『猵，或作獱，獺屬。』《文選·羽獵賦》注引郭氏《三蒼解詁》曰：『獱似狐，青色，居水中，食魚。』

又西三百五十里，曰英鞮[一]之山。上多漆木，下多金、玉，鳥獸盡白[二]。浣水出焉[三]，而北注于陵羊之澤，是多冉遺之魚[四]，魚身、蛇首、六足，其目如馬耳，食之使人不眯[五]，可以禦凶。

[一]【新校正】《玉篇》作莫靬，未詳。

[二]【釋義】西方金屬，於氣爲白。此曰英鞮之山鳥獸盡白，似感金氣而純乎其純與。【箋疏】《史記·封禪書》云：『蓬萊、方丈、瀛州，此三神山，其物禽獸盡白。』亦此類。

[三]【郭注】浣或作溾，音冤枉之冤。【新校正】《玉篇》：『溾，于袁切。水出莫靬山作溾。』【箋疏】《玉篇》正作溾，云：『水出莫靬山。』蓋英鞮山之异文也。

[四]【廣注】《（太平）御覽》作無遺之魚，《事物紺珠》作冉鱧。《玄覽》曰：『儵魚、鮒遺、鮯鮯，皆六足。』又《集韵》引經云：『英鞮之山，涴水出焉，多鮒魚』，似誤。【箋疏】《玉篇》有鱧字，音唯，無訓。《太平御覽》九百三十九卷引此經作無遺之魚，疑即蒲夷之魚也，見《北次三經》碣石之山下。蒲、無聲相近；夷、遺聲同。

[五]【廣注】目不明曰眯。《莊子》云：『簸糠眯目。』《讀書考定》云：『文鰩已狂，冉遺不眯。』【箋疏】《説文》云：『眯，草入目中也。』

又西三百里，曰中曲之山[一]。其陽多玉，其陰多雄黄、白玉及金。有獸焉，其狀如馬而白身黑尾[二]，一角虎牙爪，音如鼓音[三]，其名曰駮[四]，是食虎豹，可以禦兵[五]。有木焉，其狀如棠而員葉赤實，實大如木瓜[六]，名曰櫰[七]木，食之多力[八]。

［一］【新校正】山未詳也。已上三山，案其道里，當在古雍、梁之境，今甘肅秦、階二州之間，而無經傳證之。

［二］【新校正】《爾雅疏》引作身黑二尾。

［三］【箋疏】《爾雅》注引此經鼓下無音字。

［四］【郭注】《爾雅》説駮，不道有角及虎爪。駮，亦在畏狩畫中。【廣注】晉平公獵，遇虎，虎伏於道。問師曠，曠曰：『臣聞駮馬伏虎豹，意君所乘者駮馬乎？』又《宋史》載：順州山中有异獸如馬而食虎豹，北人不能識，問劉敞。敞曰：『此駮也。』爲説其狀，且誦《山海經》、《管子》書曉之。《汲冢瑣語》曰：『駮馬能食虎豹。』邢氏《爾雅疏》曰：『駮，亦野馬名。《秦風》：隰有六駮。』嚴粲：『音剥。』陸璣云：『駮馬，梓榆也，以其木皮似駮馬，故名之。』《（周書·）王會篇》：『義渠以兹白。』注：『兹白，一名駮』。《（山海經）圖贊》曰：『駮惟馬類，實畜之英。騰髦驤首，嘘天雷鳴。氣無不淩，吞虎辟兵。』【箋疏】《爾雅》云：『駮如馬，倨牙，食虎豹。』郭注引此經云：『有獸名駮，如白馬，黑尾倨牙，音如鼓，食虎豹。』今此經無倨牙，《海外北經》有之，郭蓋并引二經之文也。劉逵注《吴都賦》引此經云：『駮如馬，白身黑尾，一角，鋸牙虎爪，音如鼓，能食虎。』亦并引二文也。《管子·小問篇》云：『桓公乘馬，虎望見之而伏。桓公問管仲，對曰：意者，君乘駮馬而洀桓，迎日而馳乎？公曰：然。管仲對曰：此駮象也。駮食虎豹，故虎疑焉。』《説苑》又云：『豹食駮，駮食虎。』駮之狀有似駮馬，二書所説，并與此經合。

［五］【郭注】養之辟兵刃也。

［六］【郭注】木瓜如小瓜。【廣注】木瓜，一名楙。《詩》云：『投我以木瓜。』【箋疏】楙，木瓜，見《爾雅》。

［七］【郭注】音懷。【廣注】槐亦名櫰木，非此也。【汪存】此櫰木，蓋亦梨屬。【箋疏】《爾雅》云：『櫰槐，大葉而黑。』非此也。櫰，通作槐，又通作褢。《廣雅》云：『褢，續斷也。』《（神農）本草·别録》云：『續斷，一名接骨，一名槐。』陶注云：『有接骨樹。』顔師古注《急就篇》云：『續斷，即今所呼續骨木。』據諸書所説，接骨木即此經櫰木與？

［八］【郭注】《尸子》曰：『木食之人，多爲仁者，名爲若木。』此之類。【廣注】《（山海經）圖贊》曰：『櫰之爲木，厥形似棣。若能長服，拔樹排山。力則有之，壽亦宜然。』【箋疏】《大戴禮·易本命篇》云：『食木者，多力而拂。』

又西二百六十里，曰邽山[一]。其上有獸焉，其狀如牛，蝟毛，名曰窮奇，音如獋狗[二]，是食人。濛水[三]出焉，南流注于洋水[四]。其中多黃貝[五]、蠃魚[六]，魚身而鳥翼，音如鴛鴦，見則其邑大水。

[一]【郭注】（邽）音圭。【廣注】高氏《緯略》引此作卦山。【注存】此即秦州之上邽地也。【新校正】山在今甘肅秦州西北三十里。秦有邽戎，漢有上邽縣。其爲字從邑，山以邑名也。【箋疏】《（漢書·）地理志》云：『隴西郡上邽。』應劭曰：『《史記》故邽戎邑也。』《水經》云：『渭水東過上邽縣。』注云：『渭水東歷縣北邽山之陰。』

[二]【郭注】或云似虎，蝟毛有翼。《銘》曰：『窮奇之獸，厥形甚醜。馳逐妖邪，莫不奔走。是以一名，號曰神狗。』【廣注】《緯略》云：『窮奇聞人鬥，乃助不直者，文王出獵所獲。』張揖《上林賦》注：『窮奇，其音如狗嘷。』《神异經》云：『窮奇，狀如牛而色貍，長尾曳地，其聲如狗，狗頭人形，鈎爪鋸牙，逢忠信之人則齧而食之，逢姦邪則捕禽獸而飼之。』《宛委餘編》云：『窮奇逐妖，一名神狗。』《駢雅》曰：『牛猬毛謂之窮奇。』黄香《九宫賦》：『驂防騆而挾窮奇。』即此也。又逐疫神亦名窮奇。《後漢（書·）（禮儀）志》云：『窮奇、騰根共食蠱。』北方天神亦名窮奇。《淮南子》云：『窮奇，廣莫風之所生也。』《抱朴子》云：『前道十二窮奇，後從三十六辟邪』，皆非此窮奇。或作窮寄，誤。【箋疏】窮奇與《海內北經》所説有异。郭又引或云似虎有翼，則與彼實一物矣。《銘》，蓋郭氏《（山海經）圖贊》之文。窮奇惡獸而云馳逐妖邪者，《後漢（書·）禮儀志》説大儺逐疫使十二神有云：『窮奇、騰根共食蠱。』是窮奇又能驅逐凶邪、爲人除害，故復號曰神狗也。

[三]【郭注】（濛）音蒙。【新校正】《水經注》云：『濛水出縣西北邽山，翼帶衆流，積以成谿，東流南屈，徑上邽縣故城西側城南出。』《隋書·地理志》云：『上邽有濛水。』水在今秦州西南，俗曰來谷水。

[四]【新校正】《水經注》云：『渭水出橋亭西，又南得借水口，水出西山。』借水即洋水也，水北有濛水注焉。《通典》云：『上邽籍水，一名洋水，一名嶧水。』案：水出今秦州南門外。

[五]【郭注】貝，甲蟲，肉如科斗，但有頭尾耳。【廣注】《爾雅》：『貝陸居，贆在水者蜬。餘貾黃，白文；餘泉白，黃文。』

《相貝經》云：『貝十二等。濯貝使人善驚，黄脣、點齒是也；浮貝，投水則浮也。』【汪存】其背殼有錦文，而光澤有黄、白、紫、黑數種，大小不一。古人用其背以爲貨，通買賣。【箋疏】郭注《爾雅·釋魚》與此注同。

［六］【郭注】（蠃）音螺。【廣注】（明）睿宗《江漢賦》『翼飛鰩蠃於天池』，謂此與文鰩也，或作蠃。孫愐《唐韵》云：『蠃，落戈反，魚身鳥翼。』【汪存】又音裸。【箋疏】蠃，《玉篇》、《廣韵》并作蠃。《玉篇》云：『魚有翼，見則大水。』

又西二百二十里，曰鳥鼠同穴之山［一］。其上多白虎、白玉［二］。渭水出焉，而東流注于河［三］，其中多鰠魚［四］。其狀如鱣魚［五］，動則其邑有大兵［六］。濫水［七］出于其西，西流注于漢水［八］，多𩶱魮［九］之魚。其狀如覆銚［十］，鳥首而魚翼魚尾［十一］，音如磬石之聲，是生珠玉［十二］。

［一］【郭注】今在隴西首陽縣西南。山有鳥鼠同穴，鳥名曰鵌，鼠名曰鼵。鼵如人家鼠而短尾，鵌似燕而黄色。穿地入數尺，鼠在内，鳥在外而共處。孔氏《尚書傳》曰：『共爲雌雄。』張氏《地里記》云：『不爲牝牡也。』【補注】此即《（尚書·）禹貢》所記導渭之山也。鳥鼠同穴，今陝西人實云有之。【廣注】山在今陝西渭原縣。《（明）一統志》云：『俗呼爲青雀山是也。』《河圖括地象》曰：『鳥鼠同穴山，地之幹也，上爲搉華星。』楊衒之《（洛陽）伽藍記》云：『赤嶺不生草木，其山有鳥鼠同穴。鳥雄鼠雌，共爲陰陽。』《（山海經）圖贊》曰：『防、鼵二蟲，殊類同歸。聚不以方，或走或飛。不然之然，難以理推。』【箋疏】《（漢書·）地理志》云：『隴西郡首陽，《（尚書·）禹貢》鳥鼠同穴山在西南。』《史記·夏本紀》正義引《括地志》云：『鳥鼠山，今名青雀山，在渭州渭源縣西七十六里。』又引此經郭注云：『鳥名鵌。鼠名鼣，如人家鼠而短尾；鵌似鵽而小，黄黑色。穴入地三四尺。鵌音餘，鼣，扶廢反；鵽，丁刮反，似雉也。』所引郭注與《爾雅》注略同。以校此注則异。然鼣，《爾雅》仍作鼵，與此同也，且《爾雅》説鼠有十三種，中有鼣鼠，郭云：『形則未詳。』若據《史記》正義所引，是鼣鼠形狀，郭亦頗能詮説，不應注《（爾）雅》復云未詳，是此注之鼵不作鼣字審矣。

［二］【箋疏】李善注《子虚賦》、劉昭注《（後漢書·）郡國志》引此經并與今本同。

［三］【郭注】出山東，至弘農華陰縣入河。【廣注】《水經注》：『渭水出首陽縣首陽山渭首亭南谷，山在鳥鼠山西北。此縣有高

城嶺，嶺上有城，號渭原城。』【新校正】《括地志》云：『渭有三原，并出鳥鼠山。』見《史記》正義。今水出甘肅渭原縣西二十五里南谷山，山去鳥鼠山五里。又《（漢書·）地理志》云：『渭水東至船司空入河。』案：在今陝西華陰縣東北潼關廳界。【箋疏】《説文》云：『渭水出隴西首陽渭首亭南谷，東入河，杜林説。《夏書》以爲出鳥鼠山。』《水經》與《説文》同，渭首亭作渭谷亭。《（漢書·）地理志》云：『鳥鼠同穴山，渭水所出，東至船司空入河。』

［四］【郭注】（鰠）音騷。【廣注】《字彙》云：『鰠魚似鱣。』【箋疏】鰠字見《玉篇》，音義與此同。

［五］【郭注】鱣魚，大魚也，口在頷下，體有連甲也。或作鮎鯉。【廣注】《詩》：『鱣鮪發發。』今江東呼爲黄魚，似鱣。【箋疏】鱣，見《爾雅》，郭注詳之。鮎鯉亦見《爾雅》，然非一魚。（郭）注蓋本作鮎魚。

［六］【郭注】或脱，無從『動則』以下語者。【廣注】《（山海經）圖贊》曰：『物以感應，亦不數動。壯士挺劍，氣激白虹。鰠魚潛淵，出則邑悚。』【汪存】鱣魚，鰉魚也。口在頷下，其背有連甲，大數百斤。

［七］【郭注】（濫）音檻。【廣注】《水經注》：『洮水北徑降水道故城，又北，隴水注之。即經所謂濫水也。水出鳥鼠山，西徑隴坻，其岸崩落者，聲聞數百里。故揚雄稱響若坻頽是也。』又《小學紺珠》載濫水爲九淵之一，或謂即此水，未知是非。【新校正】《博物志》濫作温，云：『水出鳥鼠山下，注漢水。』《水經注》與《博物志》異。《隋書·地理志》云：『河津有濫水。』

［八］【箋疏】《水經注》云：『濫水注於洮水。』與此經异。

［九］【郭注】如，玭兩音。【新校正】《説文》云：『宋宏云：玭，珠之有聲。』即此魚也。魮，俗字；玭，正字。【箋疏】郭氏《江賦》云：『文魮磬鳴以孕璆。』李善注引此經亦作文魮。又引郭注作音毗，無絮字之音，是絮魮古本作文魮可證。

［十］【箋疏】《説文》云：『銚，温器也。』

［十一］【箋疏】《玉篇》引此經無魚翼二字，《江賦》注引此經魚翼無魚字。

［十二］【郭注】亦珠母蚌類而能生出之。【補注】《文選》所謂鳴磬孕璆。【廣注】吴淑《珠賦》云：『濫水文魮，瀛洲紺翼。』（明）睿宗《江漢賦》『轉車輪之鼉兮，覆金銚之魮』，此也。《南越志》曰：『海中有文魮，鳴似磬，鳥頭魚尾而生玉。』《（山海經）圖贊》云：『形如覆銚，包玉含珠。有而不積，涉以尾閭。暗與道會，可謂奇魚。』楊慎《异魚圖贊》：『《海經》絮鯊，《江賦》文魮。孕璆音磬，鳥首魚尾。出鳥鼠穴，《（尚書·）禹貢》攸紀。』【箋疏】《初學記》八卷引《南

越志》云：『海中有文魮魚，鳥頭尾，鳴似磬而生玉。』《説文》云：『宋宏云：玭珠之有聲。《夏書》玭作蠙。』蓋玭即魮也，古字通。有聲，即音如磬是矣。

西南三百六十里，曰崦嵫[一]之山。其上多丹木[二]，其葉如穀，其實大如瓜，赤符[三]而黑理，食之已癉[四]，可以禦火[五]。其陽多龜，其陰多玉。苕水[六]出焉，而西流注于海[七]，其中多砥、礪[八]。有獸焉，其狀馬身而鳥翼，人面蛇尾，是好舉人[九]，名曰孰湖[十]。有鳥焉，其狀如鴞而人面，蜼[十一]身犬尾，其名自號也[十二]，見則其邑大旱。

[一]【郭注】日没所入山也，見《離騷》。奄、兹兩音。【廣注】《穆天子傳》謂之弇山。《十道志》云：『昧谷在秦州西南。』《（尚書·）堯紀（典）》：『申命和叔，宅西土，曰昧谷。』亦謂之兖山，一曰崦嵫山。《事物紺珠》云：『崦嵫，亦曰落棠山，日入處。』【新校正】字當爲弇兹，山在今甘肅秦州西五十里。【箋疏】《離騷》云：『望崦嵫而未迫。』王逸注云：『崦嵫，日所入山也。下有蒙水，水中有虞淵。』《穆天子傳》云：『天子升於弇山。』郭注云：『弇兹山，日所入也。』《玉篇》引此經作⿰山弇嵫山。

[二]【新校正】即松柏屬。【箋疏】崟山亦有丹木，與此异。

[三]【新校正】借爲柎也。【箋疏】符疑借爲拊字，音府，或讀如本字。

[四]【廣注】癉，音旦，惡創也。《左傳》：『荀偃癉疽。』又黄病，與疸同，醫家有五疸症。

[五]【廣注】《（山海經）圖贊》曰：『爰有丹木，生彼洧盤。厥實如瓜，其味甘酸。蠲痾辟火，用奇桂蘭。』今廣州有樹，可以禦火，山北謂之慎火，多種屋上以防火，亦斯類也。

[六]【郭注】（苕）或作若。【箋疏】若水疑即蒙水也。若、苕字形相近，上文龍首之山苕水出焉，《初學記》亦引作若水。

[七]【郭注】《禹大傳》曰：『洧盤之水，出崦嵫山。』【廣注】江淹賦『崦嵫之泉』，疑指此。【汪存】此則當逾河而西矣。蓋亦在西寧、湟中之境。其海則青海之類也。【箋疏】《離騷》云：『朝濯髮乎洧盤。』王逸注云：『洧盤，水名也。』引《禹大

傳》與此注同，是郭以洧盤即茗水矣。

［八］【郭注】磨石也。精爲砥，粗爲礪也。【箋疏】《説文》云：『厎，柔石也，或作砥。厲，旱石也，或作蠣。礪，俗字也。』《玉篇》云：『崦嵫礪，可磨刃。』

［九］【郭注】喜抱舉人。【新校正】言其擭人。擭、舉音相近。

［十］【釋義】孰湖，异物也。見人而舉戲，未至傷也，（杜）少陵謂魑魅喜人過此也。【廣注】《駢雅》：『馬而人面鳥翼，曰孰湖。』又《游氏臆見》作孰湘，未知所據。《（山海經）圖贊》曰：『窮奇如牛，猬毛自表。蒙水之蠃，匪魚伊鳥。孰湖之獸，見人則抱。』【汪存】亦作孰胡。

［十一］【郭注】蜼，獮猴屬也，音贈遺之遺。一音誄，見《中山經》。尾，又作背。【汪存】蜼，猿屬，猱也，善援木，仰鼻歧尾。【箋疏】蜼，見《中次九經》鬲山。

［十二］【郭注】或作設。設，亦呼耳。疑此脱誤。【汪存】此鳥蓋亦梟類，然言其名自號而不著其名，蓋偶有遺字也。名，當作鳴。號，一作詨，詨亦號也。【箋疏】（郭）注設亦呼耳，設無呼義，是知設蓋詨字之訛也。郭云疑此脱誤者，既云其名自號，而經無其名，故知是脱。

凡《西次四經》自陰山以下，至于崦嵫之山［一］，凡十九山，三千六百八十里［二］。其祠祀禮，皆用一白鷄祈。糈以稻米，白菅爲席［三］。

［一］【新校正】此經之山，自陝西榆林府、延安府西南至甘肅秦州也。

［二］【汪存】此條大抵自河西上郡北行，至朔方、河套乃西折，行北地扶風、隴山之北，經秦鞏、臨洮，又折而西南，逾河岷，抵西蕃之境，與前第二經相并而行，故川流亦多相似重復。【箋疏】今三千五百八十五里。

［三］【釋義】祀禮皆用白鷄，又曰白菅爲席，從金也。

右《西經》之山[一]，凡七十七山[二]，一萬七千五百一十七里[三]。

[一]【箋疏】山下脱志字。

[二]【箋疏】當云七十八山。

[三]【箋疏】經當有一萬七千五百二十一里，今則一萬八千一十二里。

【新校正】右《西次四經》，古本爲第七篇。

北山經第三

《北山經》之首，曰單狐之山[一]，多机木[二]，其上多華草[三]。漨水[四]出焉，而西流注于泑水[五]。其中多芘石、文石[六]。

[一]【廣注】單狐，一作嵎狐，在洛一百五十里。秦遷西周公於單狐聚，即此。【汪存】此西北之山，近崇吾、長沙二山北者也。【箋疏】《玉篇》、《廣韵》并作⿰山單孤山。

[二]【郭注】机木似榆，可燒以糞稻田，出蜀中，音飢。【補注】即今之榿也。【廣注】字書云：『榿，音谿，蜀人以榿爲薪，三年可燒。』【箋疏】《説文》云：『机，木也。』段氏玉裁注云：『蓋即榿木也。今成都榿木樹讀若豈，平聲。』揚雄《蜀都賦》曰：『春机楊柳。』机、榿，古今字。榿見《杜詩》。

[三]【箋疏】華草未詳。《爾雅》雖云『葭，一名華』，而非山上之草。《吕氏春秋·别類篇》云：『夫草有莘、有藟。』《太平御覽》九百九十四卷引莘作華，然則華草豈是與？《吕氏春秋》説此草云：『獨食之則殺人，合而食之則益壽。』此經不言，未知其審，存以俟考。

[四]【郭注】（漨）音逢。

[五]【汪存】泑水，即長沙山泚水所注之泑水是也。

[六]【廣注】文石即瑪瑙，佛書謂之摩羅迦隸，見《本草（綱目·）釋名》。今紫雲瑪瑙、竹葉瑪瑙多出中州、淮右、山東諸地。又《周禮·秋官》注：『嘉石，文石也。』蓋指石之有文理者。【箋疏】《（神農）本草·别録》云：『紫石華，一名芘石華，生中牟山陰。』疑芘當爲茈。茈，古字，假借爲紫也。《中次六經》云：『婁涿之山陂水，其中多茈石、文石。』正作

茈字，明此作茈誤。《鹽鐵論》云：『周人以紫石。』蓋即茈石矣。

又北二百五十里，曰求如之山。其上多銅，其下多玉，無草木。滑水[一]出焉，而西流注于諸毗之水[二]，其中多滑魚[三]。其狀如鱓[四]，赤背，其音如梧[五]，食之已疣[六]。其中多水馬，其狀如馬，文臂牛尾[七]，其音如呼[八]。

[一]【箋疏】藏經本郭注有『作滑水』三字。

[二]【郭注】水出諸毗山也。【汪存】前不周山北望諸毗，此滑水注於諸毗之水，是求如山在不周山之東也。【新校正】此與《南山經》諸毗是二山也。【箋疏】《西次三經》云：『槐江之山，北望諸毗。』即此山也。

[三]【箋疏】藏經本郭注有『作鮹魚』三字。《玉篇》、《廣韵》并云：『鮹，魚名。』

[四]【郭注】鱓魚似蛇，音善。

[五]【郭注】如人相枝梧聲，音吾子之吾。【箋疏】義當如據梧之梧。《莊子·齊物論篇》釋文引司馬彪云：『梧，琴也。』崔譔云：『琴瑟也。』

[六]【郭注】疣，贅也。【廣注】《字書》：『疣，音由，結肉也。』【箋疏】疣，當爲肬。《説文》云：『肬，贅也，籀文作䵻。』

[七]【郭注】臂，前脚也。《周禮》曰：『馬黑脊而斑臂膢。』漢武元狩四年，燉煌渥窪水出焉，以爲靈瑞者，即此類也。【廣注】漢馬出於余吾之水。又元和中，神馬四匹出鎮池河中。《隨巢子》云：『夏后之興，方澤出馬。』皆水馬也。《（山海經）圖贊》曰：『馬實龍精，爰出水類。渥窪之駿，是靈是瑞。昔在夏后，亦有何駟。』【新校正】文，當讀若斑。【箋疏】《（禮記·）內則》云：『馬黑脊而般臂漏。』鄭注云：『漏，當爲螻，如螻蛄臭也。』

[八]【郭注】如人叫呼。【箋疏】呼，謂馬叱吒也。《穆天子傳》云：『其馬歕沙，其馬歕玉。』《説文》云：『歕，吹乞也。』

又北三百里，曰帶山。其上多玉，其下多青碧。有獸焉，其狀如馬，一角有錯[一]，其名曰臛疏[二]，可以辟火[三]。有鳥焉，其狀如烏，五采而赤文，名曰鵸鵌[四]，是自爲牝牡[五]，食之不疽[六]。彭水出焉，而西流注于芘湖之水，其中多儵[七]魚。其狀如鷄而赤毛三尾[八]，六足四首[九]；其音如鵲，食之可以已憂[十]。

[一]【郭注】言角有甲錯也。（錯）或作厝。【汪存】錯，一作厝。言其角有甲如錯。【箋疏】錯，依字正當爲厝。《說文》云：『厝，厲石也。』引《詩》曰：『他山之石，可以爲厝。』今《詩》通作錯。

[二]【郭注】（臛）音歡。【廣注】《駢雅》曰：『雖馬、臛疏，一角馬也。』《五侯鯖》云：『懽疏出常山，如馬一角，其性墨。』即此也。《异物彙苑》作矔疏，似誤。【箋疏】《周書·王會篇》云：『俞人雖馬。』孔晁注云：『巂如馬，一角。』案：巂，見《爾雅》。巂、雖、疏俱聲相轉。

[三]【廣注】《（山海經）圖贊》曰：『厭火之獸，厥惟臛疏。有鳥自化，號曰鵸鵌。一頭十身，何羅之魚。』

[四]【郭注】上已有此鳥，疑同名。【新校正】陸德明《莊子音義》因此作奇類，以釋類自爲雌雄，則當爲奇類也。詳郭義，又是鵸鵌。【箋疏】鵸鵌已見《西次三經》翼望之山。《莊子·天運篇》釋文引此經云：『其狀如鳳，五采文，其名曰奇類。』與今本异。

[五]【箋疏】《廣雅》云：『鵹離，怪鳥屬也。』《玉篇》云：『鵹離鳥，自爲牝牡。』《廣韵》亦同。是鵹離即鵸鵌之异名。

[六]【郭注】無癰疽病也。【廣注】《唐韵》注云：『有鳥，名鵹鶘，能自爲牝牡。』疑即此鳥也。

[七]【郭注】音由。【新校正】依義當爲鯈。儵，借音字。【箋疏】儵與鯈同。《玉篇》作鯈，云：『徒堯切，又直流切。』是也。

[八]【箋疏】《玉篇》云：『鯈似鷄，赤尾。』與今本异。

[九]【廣注】《引書品鈍》云：『鯈，徒堯切，又市流切，似鷄赤毛，六足四目也，從魚。』（明）睿宗《江漢賦》云：『翹鷄尾之鯈。』【箋疏】首，當爲目字之訛也。今圖正作四目，《玉篇》本此經亦作四目可證。今粵東人説海中有魚名鯈，形如鷄而有輭殼，多尾，足尾如八帶魚，宜鹽藏，炙食之甚美，可以餉遠，疑即此也。

[十]【廣注】《（山海經）圖贊》曰：『泪和損平，莫慘于憂。詩咏萱草，山經則鯈。壑焉遺岱，聊以盤游。』《宛委餘編》曰：

『鯈已憂，鯌已狂。』吴淑《事類賦》：『鮒唯宜暑，鯈可忘憂。』

又北四百里，曰譙明之山[一]。譙水出焉，西流注于河[二]。其中多何羅之魚，一首而十身[三]。其音如吠犬，食之已癰。有獸焉，其狀如貆[四]而赤豪，其音如榴榴[五]，名曰孟槐，可以禦凶[六]。是山也，無草木，多青雄黄[七]。

[一]【廣注】《荒史·循蜚紀》有譙明氏，蓋居於此山也。《冠編》云：『譙明氏顯治譙明之山。』羅泌云：『伯益之書有譙明之山、涿光之山而俱載於《北經》。譙明、涿光信其爲繼治者，乃知邃古之事，非必無據。』【明案】羅泌之言，見其《路史·前紀》卷三。

[二]【廣注】《（明）一統志》：『譙水在陝州城南三里，涌出入河，俗呼三里澗。』

[三]【補注】今名八帶魚。【廣注】張融《海賦》『何羅鱅鮨』即此也。鄧元錫《物性志》云：『其尤异者，曰何羅魚、曰鮨、曰鱄、曰䱉。』則鱗族之生不測也。【汪存】一首十身，蓋其形如肺然也。

[四]【郭注】貆，豪猪也，音丸。【廣注】嚴粲：『音喧。』【新校正】《爾雅》云：『貈子，貆。』《説文》云：『貆，貉之類。』

[五]【廣注】程良孺曰：『榴榴，亦獸也。』【汪存】榴榴，當是猫猫。

[六]【郭注】辟凶邪氣也，亦在畏狩畫中也。【廣注】《駢雅》曰：『豁邊如狗，孟槐如貆，石糓如狢活，褥地如鼠。』《（山海經）圖贊》云：『孟槐似貆，其豪則赤。列象畏獸，凶邪是辟。氣之相勝，莫見其迹。』又孟槐，《（琅琊）代醉編》作孟魂。【汪存】禦凶，避不詳也。

[七]【郭注】一作多青碧。

又北三百五十里，曰涿光之山[一]。嚻水出焉，而西流注于河，其中多鰼鰼[二]之魚。其狀如鵲而十翼，鱗皆在羽端。其音如鵲[三]，可以禦火[四]，食之不癉[五]。其上多松、柏，其下多椶、橿。其獸多麢羊，其鳥多蕃[六]。

[一]【廣注】《荒史·循蜚紀》有涿光氏，蓋居於此山也。《冠編》云：『涿光氏顓治涿光之山。』《（通鑑紀事本末）前編》引此作作光山，《神异經》、《事類賦》注作涑光之山，《緯略》引此作緣光之山。

[二]【郭注】音袴褶之褶。【新校正】《爾雅》有鰼鰌，郭云：『今泥秋。』非此也。【箋疏】鰼鰌見《爾雅》，非此。《廣韵》引此經作鰼魚，不作重文。

[三]【廣注】《雒書靈準聽》云：『鰼鰼魚狀如鵲，食之不癉，出涿光之山。』《神异經》云：『鰼鰼之魚，如鵲而十翼，可以禦火。』《述异記》云：『涿光山下嚚水，多鰼鰼之魚。』《玄覽》曰：『鰼鰼之魚十翼。』《（山海經）圖贊》曰：『鼓翮一揮，十翼翩翻。厥鳴如鵲，鱗在羽端。是謂怪魚，食之辟燔。』

[四]【釋義】鰼魚禦火，意其得水氣居多，氣有相制故也。

[五]【汪存】癉熱，癉疾。【新校正】《說文》云：『癉，勞病也。』

[六]【郭注】未詳。或云即鴞，音煩。【汪存】蕃，鴞也。【箋疏】蕃，通作緐。《楚詞·天問》云：『緐鳥萃棘。』王逸注引有鴞萃止爲釋，《廣雅》亦以鷩鳥爲鴞鷩。緐於蕃并同聲假借字，皆郭所本也。【俞讀】蕃，乃番之假字。《說文》釆部：『獸足謂之番。』此山之鳥多似獸足者，故曰其鳥多番。番或作蹞，郭音煩，是也。說即鴞，非是。下文虢山云：『其鳥多寓。』寓從禺聲，從由從禸，《說文》禸部：『禸，獸足蹂地也。』引《爾雅》曰：『狐狸貛貉醜其足，蹞其迹禸。』然則此經兩文相連，其鳥多蕃，其鳥多寓，皆取鳥而獸足之義。蕃，即其足蹞之蹞，聲近而義通。寓，雖非其迹禸之禸，而禺下從禸，本取禸義，則其鳥多寓亦即其鳥多禸矣。

又北三百八十里，曰虢山[一]。其上多漆，其下多桐、椐[二]。其陽多玉，其陰多鐵。伊水出焉，西流注于河[三]。其獸多橐駝[四]。其鳥多寓[五]，狀如鼠而鳥翼，其音如羊，可以禦兵。

［一］【新校正】《初學記》引此作號山，邢昺《爾雅疏》引此作虢山。【箋疏】虢，即號字异文也。

［二］【郭注】桐，梧桐也；椐，樻木，腫節中杖。椐，音袪。【廣注】桐有三種：青桐、赤桐、白桐。外又有岡桐，其名櫬者，青桐也。陸璣云：『椐，節中腫似扶老。』《詩》曰：『其檉其椐。』【箋疏】桐、椐并見《爾雅》。郭注椐與此注同。

［三］【汪存】西域有伊州，近蒲昌海，然其水不得入河。

［四］【郭注】有肉鞍，善行流沙中，日行三百里，其負千斤，知水泉所在也。【廣注】《西域傳》：『大月氏出封駝，脊上有一峰隆起若封土，故俗呼爲封牛，亦曰犕牛。』《穆天子傳》謂之物牛，《爾雅》謂之犦牛，嶺南徐聞縣海康皆出之，羅願以爲此即槖駝也。然槖駝肉鞍肤起有二，封牛領肉肤起惟一，自是二種。槖駝善知伏泉，性惡熱，夏至退毛至盡。又駝峰爲八珍之一，古詩所稱紫駝峰是也。《五侯鯖》云：『駝之聲曰圎。』《（山海經）圖贊》曰：『駝惟奇畜，肉鞍是被。迅景流沙，顯功絶地。潛識泉源，微乎其智。』又《南史》：『滑國出兩脚駝。』亦异種。【汪存】槖駝似胡羊，高大有肉鞍，謂之駝峰。蹄如囊槖，足有三節，力負千斤，行流沙中，日可三百里，知泉脈所在，嗜鹹，西北方甘肅及番中多有。【新校正】《史記》槖駝字作槖佗，古借馳字爲之。馳即駝，字當爲馳。【箋疏】《初學記》二十九卷引此經云『善行流沙中』云云，蓋并引郭注也。《爾雅》犦牛郭注云：『領上肉犦肤起，高二尺許，狀如槖馳，肉鞍一邊。健行者，日三百餘里。』釋文云：『槖字又作馲，音托，又音洛。』引《字林》云：『馲駝似鹿而大，肉鞍，出繞山也。』案：繞山，見下文。郭云知水泉所在者，《藝文類聚》九十四卷引《博物志》云：『燉煌西渡流沙，往外國濟沙千餘里中無水，時有伏流處，人不能知。駱駝知水脈，過其處輒停不行，以足踏地。人於所踏處掘之，輒得水也。』

［五］【新校正】《爾雅》所謂寓屬也。【箋疏】《方言》云：『寓，寄也。』《爾雅》有寓屬，又有寓鼠曰嗛。此經寓鳥，蓋蝙蝠之類，唯蝙蝠肉翅爲异。《廣韵》云：『䳒鼠，鳥名。』謂是也。《玉篇》云：『䳒，語俱切，似禿鶖，見則兵起。』非此。

又北四百里，至于虢山之尾。其上多玉而無石。魚水出焉［一］，西流注于河。其中多文貝［二］。

［一］【箋疏】《太平御覽》八百七卷引此經作陰山、漁水。

［一二］【釋義】文貝，《詩》所謂貝錦，光射水上而五色。

又北二百里，曰丹熏之山［一］。其上多樗、柏［二］，其草多韭、䪥［三］，多丹雘［四］。熏水出焉，而西流注于棠水。有獸焉，其狀如鼠而菟首麋身［五］，其音如獆犬［六］，以其尾飛［七］，名曰耳鼠［八］，食之不䏽［九］，又可以禦百毒［十］。

［一］【廣注】《（白氏）六帖》引此作丹重之山。

［二］【廣注】蘇恭曰：『椿、樗二樹形相似，但樗木疎，椿木實爲别。』又山樗名栲，《詩》云『山有栲』是也。

［三］【郭注】皆山菜，《爾雅》有其名。【釋義】韭雖稱草，然蔬也。【廣注】《説文》云：『一種而久，故謂之韭。生山中者名藿，又名䪥。』蘇頌云：『形性亦與家韭類，但根白，葉如燈心苗也。』䪥，《爾雅》作䪥，葉似韭，一名藠子，一名火葱，生山中者名葝。【汪存】䪥，似韭而大，葉如蒜。【箋疏】《爾雅》云：『藿山韭，葝山䪥。』

［四］【釋義】丹雘，恐亦丹沙之屬。

［五］【新校正】《初學記》鼠弟十引作麋耳。

［六］【新校正】《初學記》引此獆作嗥。

［七］【郭注】或作髯飛。獆，音豪。【箋疏】《初學記》引此經亦作尾飛。

［八］【廣注】即鼯鼠，飛生鳥也，狀如蝙蝠，暗夜行飛。其形翅聯四足及尾，與蝠同，故曰以尾飛。《神農經》謂之鸓鼠，《禽經》謂之鴟，《爾雅》謂之鼬鼠。劉子曰：『飛鼯甘煙，走貘美鐵。』《（神農本草·）别録》稱：『鸓鼠，狀如蝙蝠。』《爾雅》注言：『鼯鼠，狀如小狐。』經稱耳鼠菟首麋身，雖所喻不同，其實一也。又《博物志》：『鼠之最小者，謂之耳鼠。』【箋疏】疑即《爾雅》鼯鼠、夷由也。耳、鼯、夷并聲之通轉，其形肉翅連尾足，故曰尾飛。

［九］【郭注】䏽，大腹也，見《裨倉》，音采也。【釋義】耳鼠尾飛，羽在尾也。【汪存】䏽，大腹病。【箋疏】《（神農）本草經》云：『鸓鼠主墮胎，令産易。』陶注云：『鸓卽鼯鼠，飛生鳥也。人取其皮毛以與産婦持之，令兒易生。』義與此近。

［十］【廣注】《（山海經）圖贊》曰：『蹠實以足，排虚以羽。翹尾翻飛，奇哉耳鼠。厥皮惟良，百毒是禦。』【箋疏】《藝文類聚》九十五卷引郭氏《（圖）贊》曰：『或以尾翔，或以髯凌。飛鼠鼓翰，倏然皆騰。用無常所，唯神所憑。』

又北二百八十里，曰石者[一]之山。其上無草木，多瑶、碧[二]。泚水出焉[三]，西流注于河。有獸焉，其狀如豹而文題[四]、白身，名曰孟極，是善伏[五]，其鳴自呼[六]。

［一］【新校正】石者，或當爲根耆。

［二］【箋疏】碧，藏經本作玉。

［三］【新校正】《史記》正義云：『《山海經》：紫淵水出根耆之山，西流注河。』今經無此山，疑石者，者字與耆字相近，紫淵即泚水，當即是也。《（漢書·）地理志》云：『穀羅紫澤在北。』【箋疏】《水經》有兩泚水，《南山經》長沙之山亦有泚水，并與此异也。

［四］【郭注】題，額也。

［五］【釋義】善伏，言善藏也，或伏卧之伏。

［六］【廣注】《獸經》云：『在子，其鳴也在子；孟極，其名曰孟極。』《駢雅》曰：『孟極、諸犍，豹屬也。』

又北百一十里，曰邊春之山[一]。多葱[二]、葵、韭、桃[三]、李。杠水出焉[四]，而西流注于泑澤[五]。有獸焉，其狀如禺[六]而文身，善笑，見人則卧[七]，名曰幽鴳[八]，其鳴自呼。

［一］【郭注】或作春山。【注存】春、葱音近。此似即葱嶺也。【新校正】疑此即葱嶺，亦《穆天子傳》所謂春山也。《水經注》曰：『河水一源出于闐，北流與葱嶺所出河合，又東注蒲昌海。』今經云山多葱，又杠水注泑澤，又郭云或作春山。考泑

澤即蒲昌海，則杠水即葱嶺所出河也。《水經注》又云：『《西河舊事》曰：葱嶺在敦煌西八千里。其山高大生葱，故曰葱嶺也。』【箋疏】《穆天子傳》有春山，即鍾山也，已見《西山經》。

[二]【郭注】山葱，名茖，大葉。【箋疏】茖山葱，見《爾雅》。山上多葱，疑即葱嶺。《水經》云：『河水南入葱嶺山。』注云：『郭義恭《廣志》云：休循國居葱嶺，其山多大葱。』

[三]【郭注】山桃，榹桃，子小，不解核也。【廣注】桃屬甚多，如緋桃、緗桃、銀桃、御桃、方桃、偏桃之類，未可枚舉，大抵山中所産，則《爾雅》所謂榹桃是也。《玄中記》云：『積石之桃大如斗斛』，《酉陽雜俎》云：『九疑有桃核，半扇可容斗一升』，亦奇矣。【箋疏】榹桃，見《爾雅》，郭注與此同。《初學記》二十八卷引此經云：『邊春之山，多李，里人常採之。』《太平御覽》九百六十八卷引亦同，疑本郭注，今脱去之。

[四]【箋疏】《穆天子傳》云：『春山之澤，清水出泉。』清水或即杠水。

[五]【汪存】葱嶺之北，與蒲昌海爲近。【箋疏】泑澤，已見《西山經》不周之山。

[六]【廣注】（猴）大者爲禺，小者爲狖。

[七]【郭注】言佯眠也。

[八]【郭注】或作嬇嬒。䳓，音遏。【廣注】《事物紺珠》曰：『幽頞如禺，文身善笑。』《（山海經）圖贊》曰：『幽頞似猴，俾愚作智。觸物則笑，見人佯睡。好用小慧，終是嬰累。』頞，古音餘，作䳓。又《太平御覽》作幽頗，疑誤。【汪存】見人則卧，佯死也。【箋疏】《説文》云：『嬇，媟嬇也。嬒，女黑色也。』䳓，當爲頞字之訛。

又北二百里，曰蔓聯[一]之山。其上無草木。有獸焉，其狀如禺而有鬣，牛尾、文臂、馬蹄[二]，見人則呼，名曰足訾[三]，其鳴自呼。有鳥焉，群居而朋飛[四]，其毛如雌雉，名曰䴔[五]。其鳴自呼[六]，食之已風[七]。

[一]【郭注】萬、連二音。

［二］【新校正】此字（爲）蹢字省文。

［三］【廣注】《獸經》云：『足訾文臂，風狸長眉。』《五侯鯖》云：『足訾如巂，有鬣。』《駢雅》云：『嬇獪、足訾，皆禺屬也。』【箋疏】《楚詞・卜居》云：『將呢訾慄斯。』王逸注云：『承顔色也。』呢訾即足訾，其音同。慄斯即竦斯，聲之轉，鳥名，見下文。

［四］【郭注】朋，猶輩也。【釋義】群居朋飛，其類聚也。居飛無離，動静合也。【新校正】朋，《説文》云：『古文：鳳凰飛，群鳥從以萬數。』是也。

［五］【郭注】音交。或作渴也。【廣注】䳄，疑即䳄鵲也。䳄鵲，一名鳽，頂有紅毛如冠，翠鬣丹觜，頗似雉。【新校正】《玉篇》䳄云：『白䳄，鳥群飛，尾如雌鷄。』【箋疏】疑經文毛當爲尾字之訛。又經不言此鳥白色，《玉篇》作白䳄，疑因經文曰䳄，相涉而誤衍也。其雌鷄，疑亦雌雉之訛。

［六］【箋疏】『《爾雅》鳪雉郭注云：『黄色，鳴自呼。』』此鳥毛如雌雉，其鳴自呼，與《爾雅》合。又䳄或作渴，是無正字，疑即鳪雉也。

［七］【廣注】《（山海經）圖贊》曰：『毛如雌雉，朋翔群下。飛則籠日，集則蔽野。肉驗鍼石，不勞補寫。』

又北百八十里，曰單張之山。其上無草木。有獸焉，其狀如豹而長尾，人首而牛耳，一目，名曰諸犍［一］，善吒，行則銜其尾，居則蟠其尾。有鳥焉，其狀如雉而文首、白翼、黄足，名曰白鵺［二］，食之已嗌［三］痛，可以已痸［四］。櫟水出焉，而南流注于杠水。

［一］【郭注】音如犍牛之犍。【廣注】顧野王《玉篇》云：『犍獸似豹，人首一目。』即此也。【箋疏】郭既音犍，經文必不作犍，疑當爲楗字之訛。犍牛之犍，《説文・新附字》云：『犗，牛也。』《玉篇》同而又云：『獸似豹，人首一目。』復似經文作犍不誤，未知其審。

［二］【郭注】音夜。【釋義】鵺鳥固至藥也。【廣注】《篇海》云：『鵺鳥似雉。』《駢雅》曰：『白鵺、象蛇，皆雉屬也。』【汪存】

白鵰之類。【新校正】此即《爾雅》鶾雉。郭云：『今白鶾也，江東呼白鵫，亦名白雉。』是也。【箋疏】白鵺，即白鵫。郭注《爾雅》謂之白鵫。《北次二經》縣雍之山謂之白鶴。鶴、鵺聲轉，古無正字，疑皆假借爲之。

［三］【郭注】嗌，咽也。《穀梁傳》曰：『嗌不容粒。』今吳人呼咽爲嗌，音隘。【箋疏】《説文》云：『咽，嗌也。嗌，咽也。』互相訓。郭引《穀梁傳》者，《（春秋・）昭十九年》文。

［四］【郭注】痸，癡病也。【汪存】痸，音掣。【箋疏】《玉篇》云：『痸，同瘛，癡也。』與郭義合。又云：『癡，不慧也。』

又北三百二十里，曰灌題之山。其上多樗、柘［一］，其下多流沙［二］，多砥。有獸焉，其狀如牛而白尾，其音如訆［三］，名曰那父［四］。有鳥焉，其狀如雌雉而人面，見人則躍［五］，名曰竦斯，其鳴自呼也［六］。匠韓之水出焉，而西流注于泑澤，其中多磁石［七］。

［一］【廣注】《考工記》：『弓人取材，以柘爲上。』《埤雅》云：『柘宜山石，柞宜山阜。』又其葉飼蠶，絲中琴瑟，《爾雅》所謂棘繭是也。

［二］【箋疏】《説文》云：『漠，北方流沙也。』蓋沙漠之地，其沙多流。此之流沙，當即其類。

［三］【郭注】如人呼喚。訆，音叫。

［四］【廣注】《駢雅》：『獸似牛而白尾曰那父，赤尾曰領月，馬尾曰精精。』【箋疏】那，《玉篇》作㸏，云：『奴多切，獸似牛。』本此。

［五］【郭注】躍，跳。

［六］【廣注】彭儀《五侯鯖》云：『竦斯，狀如雌雉，見人則躍。』《駢雅》云：『竦斯、當扈，皆雉屬也。』《（山海經）圖贊》曰：『諸犍善咤，行則銜尾。白鵺竦斯，厥狀如雉。見人則跳，頭文如綉。』【箋疏】竦斯，説已見上文。

［七］【郭注】可以取鐵。《管子》曰：『山上有磁石者，下必有銅。』音慈。【釋義】今所謂吸鐵石。聞之蜀地川中多此，故造舟者不以鐵，懼沉舟也。【廣注】董子曰：『慈石取鐵，頸金取火。』羅泌曰：『慈石引針，琥珀拾芥。』《淮南萬畢術》：『磁

石，一名磁君。』《（山海經）圖贊》曰：『磁石吸鐵，琥珀拾芥。氣有潛感，數有冥會。物之相投，出乎意外。』【汪存】磁石，吸鐵之石。【箋疏】磁，古通用慈。《（神農）本草》云：『慈石，一名玄石。』《春秋繁露·郊語篇》云：『慈石取鐵，頸金取火。』《水經·渭水》注云：『磁石門在阿房前，悉以磁石爲之，令四夷朝者，有隱甲懷刃入門而脅之以示神。』郭引《管子》者，《地數篇》文也。

又北二百里，曰潘侯之山。其上多松、柏，其下多榛、楛[一]。其陽多玉，其陰多鐵。有獸焉，其狀如牛而四節生毛，名曰旄牛[二]。邊水出焉，而南流注于櫟澤。

[一]【汪存】楛，音户，赤荊也。

[二]【郭注】今旄牛，背、膝及胡、尾皆有長毛。【廣注】《文獻通考》云：『冉駹有旄牛，無角，一名犝牛，肉重千斤，毛可爲旄。』羅氏《爾雅翼》曰：『犛，西南國髦牛也，似牛，四節、腹下及肘有赤毛，長尺餘，而尾尤佳，大如斗，天子之車左纛以此爲之。』是旄、犛一物也。又案：《上林賦》：『庸旄貘犛。』顔監注云：『庸，今犎牛；旄，今偏牛；犛，今猫牛。』《（山海經）圖贊》曰：『牛充兵機，兼之者旄。冠於旌鼓，爲軍之標。匪肉致災，亦毛之招。』【新校正】犛牛。字當爲犛，作旄者假音。【箋疏】《爾雅》犣牛郭注云：『旄牛也，髀、膝、尾皆有長毛。』與此注同。或云旄牛即犛牛也，見《中次八經》荊山犛牛注。

又北二百三十里，曰小咸之山[一]。無草木，冬夏有雪[二]。

[一]【廣注】《藝文類聚》引此作小威之山。

[二]【釋義】今西北遠地，夏不知暑，寒可知矣，故小咸冬夏有雪。

北二百八十里，曰大咸之山[一]。無草木，其下多玉。是山也，四方不可以上。有蛇，名曰長蛇[二]，其毛如彘豪[三]，其音如鼓柝[四]。

[一]【廣注】《事類賦》注引此作大同之山，疑誤。【新校正】《藝文類聚》引此作大同之山。

[二]【箋疏】《左傳》云：『吴爲封豕長蛇。』即此也。封豕，見《海内經》。

[三]【郭注】説者云：長百尋。今蝮蛇色似艾，綬文，文間有毛如猪鬐，此其類也。常山亦有長蛇，與此形不同。【釋義】長蛇，惡產也。【廣注】《豫章記》：『永嘉末，有大蛇長十餘丈。』亦此類。《（山海經）圖贊》曰：『長蛇百尋，厥鬣如彘。飛群走類，靡不吞噬。極物之惡，盡毒之厲。』又吴淑《蛇賦》云『毛若彘豪』，本此也。【箋疏】常山蛇名率然，見《孫子·九地篇》。蝮蛇，即蝮蟲，已見《南山經》猨翼之山注。

[四]【郭注】如人行夜敲木柝聲，音託。

又北三百二十里，曰敦薨之山[一]。其上多椶、柟，其下多茈草[二]。敦薨之水出焉[三]，而西流注于泑澤，出於昆侖之東北隅，實惟河源[四]，其中多赤鮭[五]。其獸多兕、旄牛[六]，其鳥多尸鳩。

[一]【新校正】《水經注》云：『在匈奴之西、烏孫之東。』【汪存】疑此山即匈奴之燕支山也，今在山丹西北。

[二]【汪存】紫草，如蘭而赤，可染，西北人取其汁爲胭脂。

[三]【廣注】《水經注》：『敦薨之水出焉耆之北敦薨之山，在北邊之西、烏孫之東。』【新校正】《史記》曰『西有大河』，即斯水也，又南流注於河。《山海經》云『西流注於泑澤』，蓋亂河流自西南注也。【箋疏】泑澤，即經所謂蒲昌海也。

[四]【郭注】即河水出昆侖之虚。【廣注】漢張騫、元都實俱窮河源。河源，名火敦腦兒，華言星宿海也，在吐蕃西鄙。【汪存】此泑澤，實河之源也，説與張騫説略同。【新校正】此經云河原在西北，非如漢于闐河及唐宋之所謂星宿海也。【箋疏】《水經》及《漢書·西域傳》并言河出昆侖，然後注泑澤。此經泑澤乃在昆侖之上者，敦薨山在昆侖之東，故其水西

注泑澤。又西出於昆侖之東北隅，河水則自西南來，亦至昆侖之東北隅，重源顯發，與敦薨水合而爲河源，是河源乃受二水之通稱。此經河源，蓋指敦薨之水。郭云即河水出昆侖之虛，似誤。

［五］【郭注】今名鯸鮐，爲鮭魚，音圭。【廣注】左思《吴都賦》「魟鮪鯸鮐」，即鮭魚也。王充《論衡》云：「鮭肝死人，鮗鮛螫人。」《雷公炮炙論》：「鮭魚插樹，立便枯乾。」一名鯢魚，一名嗔魚。《日華子（本草）》謂之鶘夷，今謂之河豚，無鱗、無腮、無膽，有聲，目能眨。【汪存】今名河豚，善鼓氣，有毒。【新校正】鮭非古字，本當爲鮐字，《廣雅》訛爲鮔，或又訛爲鮭，皆聲相近之誤。【箋疏】《玉篇》云：「鮭，魚名。」鯸鮐，作鯸鮔，云：「鯸鮔，魺也。魺，户多切，食其肝殺人。」劉逵注《吴都賦》云：「鯸鮐，魚狀，如蝌斗。大者尺餘，腹下白，背上青黑，有黄文，性有毒，雖小獺及大魚不敢啖之。蒸煮啖之肥美，豫章人珍之。」是其形狀也，一名河豚，又名鯢。鯢即鮭之或體字耳。又案：經言赤鮭，今所見鯸鮐魚，背青腹白，絶無赤者。郭云鯸鮐爲鮭，既與經不合。而《初學記》三十卷引此經云：「鯷魚，赤目赤鬣者，食之殺人。」夫鯷即鮎也。鯷與鮭聲相近，或《初學記》所引本在郭注，今脱去之邪？

［六］【郭注】或作樸牛。樸牛見《離騷·天問》，所未詳。【箋疏】《天問》云：「恒秉季德，焉得夫樸牛？」王逸注云：「樸，大也。言湯出田，獵得大牛之瑞也。」

又北二百里，曰少咸之山［一］。無草木，多青碧。有獸焉，其狀如牛而赤身，人面馬足，名曰窫窳［二］。其音如嬰兒，是食人。敦水出焉［三］，東流注于雁門之水［四］。其中多䰾䰾［五］之魚，食之殺人。

［一］【新校正】此山當在漢代郡東南，今代州。

［二］【郭注】《爾雅》云：「窫窳似貙，虎爪。」與此錯。軋、愈二音。【廣注】《爾雅》：「猰貐類貙，食人，迅走。」《淮南子》：「堯時窫窳爲民害，乃使羿殺之。」《海内經》：「窫窳龍首，是食人。」《海内西經》：「窫窳，蛇身人面。」《駢雅》：「牛人面而馬足，曰窫窳。」或爲猰貐，或爲猰窳，形狀不同，所傳亦异，實未詳也。【新校正】窫，《爾雅》作猰。陸德明《（莊

子）音義》云：『字亦作猰，或作窫。』猰、窫二字《說文》所無，疑當爲窫也，郭音軋、愈。【箋疏】《海内南經》云：『窫窳龍首，居弱水中。』《海内西經》云：『窫窳，蛇身人面。』又與此及《爾雅》不同。窫窳，《爾雅》作『猰貐，其音如嬰兒，是食人，敦水出』。

[三]【廣注】《水經注》：『敦水導源西北少咸之山南麓，東流，徑參合縣故城南。』

[四]【郭注】水出雁門山間。【汪存】此西北方別一雁門，非山西之雁門也。又東北亦有雁門。【箋疏】《水經·㶟水》注云：『雁門水東南流，徑高柳縣故城北，又東南流，屈而東北，積而爲潭，敦水注之。敦水導源西北少咸山之南麓，東流，徑參合縣故城南，又東，澻水注之。又北合敦水亂流，東北注雁門水。』引此經及郭注。

[五]【郭注】音沛，未詳。或作鯆。【廣注】李時珍《本草（綱目）》以爲即鯸鮐也，與鮭同物异名。又江豚別名鯆魚。魏武（帝）《（四時）食制》謂之䱐魳，未知孰是。【新校正】即魶魚也，一名江豚。《說文》云：『魳，魚名，出樂浪潘國。魶，訓同，一曰溥浮。』今郭云亦作鯆，鯆古字爲溥，魳、溥聲相轉也。《廣雅》又爲鱄，云：『鱄䱐，魶也。』《玉篇》云：『鱄䱐魚，一名江豚，欲風則踴。』【箋疏】《說文》云：『魳，魚名，出樂浪潘國。魶，訓同，一曰魶魚出江東，有兩乳，一名鱄䱐。』《廣雅》云：『鱄䱐，魶也，鱄一作鯆。』《晉書·夏統傳》云：『後作鯆䱐引。』何超《（晉書）音義》引《埤倉》云：『鯆䱐，魶魚也，一名江豚，多膏少肉。』《玉篇》云：『欲風則踴。』鯆䱐，語轉爲䱐魳。《太平御覽》九百三十九卷引魏武（帝）《四時食制》云：『鱳魚，黑色，大如百斤猪，黄肥不可食。』即此經云食之殺人矣。

又北二百里，曰獄法之山。瀤澤之水[一]出焉，而東北流注于泰澤[二]，其中多鱳魚[三]。其狀如鯉而鷄足[四]，食之已疣。有獸焉，其狀如犬而人面，善投[五]，見人則笑，其名山貚[六]。其行如風[七]，見則天下大風[八]。

[一]【郭注】（瀤）音懷。【新校正】《說文》云：『瀤，北方水也。』出此。【箋疏】《玉篇》引此經。

[二]【汪存】此非邊水所注之泰澤。

〔三〕【郭注】（鱳）音藻。【新校正】此字《説文》、《廣雅》無，見《玉篇》。

〔四〕【廣注】《（山海經）圖贊》曰：『鱳之爲狀，半鳥半鱗。形如鷄鯉，食之已疣。』又《南齊書》載張融《海賦》云：『鯡魞鰈鯖。』疑鰈（乃）鱳之誤。

〔五〕【新校正】投，讀如舉，言善舉人。

〔六〕【郭注】音暉。【廣注】《爾雅翼》曰：『[illegible]。[illegible]亦作䲦，一名揮揮，一名梟羊，一名山𤟤，俗謂之山都，北方謂之土螻。周成王時，州靡國獻之。』竊謂狒狒者，梟羊也。山𤟤者，山都、山丈類，《吴都賦》𤟤子長嘯是也。又狒狒人形，山𤟤獸狀，故有差別，羅氏誤矣。璞注梟陽國以山都即狒狒，亦非是。【新校正】《説文》：『𤟤，獸名。』劉淵林注《吴都賦》云：『𤟤子，猿類，猿身人面，見人則笑。』《异物志》云：『廬陵大山之間，山都似人，裸身，見人便走。有男女，可長四五尺，能叢明相唤，常在幽昧之中，似螭魅鬼物。』見《初學記》。【箋疏】嘯，蓋與笑通，李善注（《吴都賦》）引此經正作見人則笑，名𤟤。𤟤，胡奔切，無山字，與今本异。

〔七〕【郭注】言疾。【釋義】見人則笑，其行如風，是怪物而兼飛廉者也。周公之所驅，伯益之所焚也。

〔八〕【廣注】《獸經》云：『風獸兆風。』《（山海經）圖贊》曰：『山𤟤之獸，見人歡謔。厥性善投，行如矢激。是惟氣精，出則風作。』

又北二百里，曰北岳之山〔一〕。多枳、棘、剛木〔二〕。有獸焉，其狀如牛而四角，人目彘耳，其名曰諸懷〔三〕。其音如鳴雁〔四〕，是食人。諸懷之水出焉〔五〕，而西流注于囂水。其中多鮨魚〔六〕，魚身而犬首。其音如嬰兒〔七〕，食之已狂〔八〕。

〔一〕【釋義】北岳當爲恒山，在雲中渾源。此亦曰北岳何？【廣注】劉會孟曰：『恒山渾源，即北岳。相傳飛至曲陽縣，歷代怯升者就祠於曲陽。』【汪存】此非恒山北岳。【新校正】即恒山也，在今山西絳縣東。【箋疏】即恒山也。《水經》謂之玄岳，在今山西大同渾源州。

［二］【郭注】檀、柘之屬。【箋疏】郭注《中山經》云：『櫄，剛木也，中車材。』此經云枳棘剛木，郭云檀柘之屬者，檀中車材，柘中弓材也。

［三］【廣注】《駢雅》曰：『牛四角人目，曰諸懷。』又《篇海》、《字彙》作懷，通作㰛。《事物紺珠》曰：『犻似牛，三足；懷似牛，四角。』《玄覽》云：『諸懷也，駮駮也，四角之獸也。』【箋疏】《玉篇》作㰛，云：『獸似牛，四角人目。』

［四］【廣注】《獸經》曰：『窮奇之音獆狗，諸懷之音鳴雁。』

［五］【廣注】水以獸名，猶蜮山、蠻水之義。【箋疏】諸，《廣韻》作渚，云：『水名，在北岳。』

［六］【郭注】（鮨）音詣。【新校正】即鯢魚也，亦曰人魚，亦曰鰟魚。鯢字亦作兒。【箋疏】《說文》云：『鮨，鮪魚名。』

［七］【郭注】今海中有虎鹿魚及海豨，體皆如魚而頭似虎、鹿、豬，此其類也。【廣注】張融《海賦》云『何㩳鱅鮨』，即斯魚。【汪存】今海中有虎魚、鹿魚、牛魚、海豨，皆以其首似之也。【箋疏】劉逵注《吳都賦》云：『虎魚，頭身似虎，或云變而成虎。鹿頭魚，有角似鹿。』李善注《江賦》引《臨海異物志》曰：『鹿魚，長二尺餘，有角，腹下有腳如人足。』又引《臨海水土記》曰：『海豨，豕頭，身長九尺。』然則推尋郭義，此經鮨魚蓋魚身魚尾而狗頭，極似今海狗。登州海中有之，其狀非狗非魚，《本草》家謂之骨肭獸是也。

［八］【新校正】《北次三經》云：『人魚，食之無癡疾。』同也。【箋疏】《日華本草》云：『膃肭獸，療驚狂癇疾。』與此經合。膃肭，即海狗也。

又北百八十里，曰渾夕之山。無草木，多銅、玉［一］。嚻水出焉［二］，而西北流注于海［三］。有蛇，一首兩身［四］，名曰肥遺，見則其國大旱［五］。

［一］【箋疏】銅、玉，二物也。《北次二經》諸餘之山復多銅、玉。

［二］【廣注】《爾雅翼》引經作嚚水。

［三］【汪存】沙漠以北，乃多北流之水。

［四］【箋疏】藏經本首作頭，兩身下有『四足』二字。

［五］【郭注】《管子》曰：『涸水之精，名曰蝺，一頭而兩身。其狀如蛇，長八尺，以其名呼之，可使取魚鼉。』亦此類。【釋義】其國不名，不可考。肥遺，説見前，蓋物固有重名者。【廣注】《搜神記》曰：『涸小水精，生蚳。』蚳者，一頭而兩身，其狀若蛇，即《管子》之所記也。又《五音集韵》云：『蟹蠙，神蛇，二身同首，六足四羽，見則不雨。』是合兩肥蠙爲一矣，疑誤。《（山海經）圖贊》云：『窫窳諸懷，是則害人。鰈之爲狀，羊鱗黑文。肥遺之蛇，一頭兩身。』王世貞詩『狸力見距山，渾夕出肥遺』，蓋指此也。【汪存】蝺字，即肥遺二字合音也。遺字本音位。【新校正】《廣韵》引此作蟹蠙，字俗。郭云即《管子》之蝺，案《説文》，蝺即逶字，古文逶蛇即肥遺，以其長名之，故華山之蛇同有是名也。【箋疏】（郭注乃）《管子・水地篇》文也。《説文》蝺即逶字之或體，逶迤即委蛇也，與肥遺聲相近，豈即是與？

又北五十里，曰北單之山。無草木，多葱、韭。

又北百里，曰羆差之山。無草木，多馬［一］。

［一］【郭注】野馬也，似馬而小。【箋疏】《穆天子傳》云：『野馬走五百里。』郭注云：『野馬亦如馬而小。』《爾雅・釋畜》云：『野馬。』郭注云：『如馬而小，出塞外。』

又北百八十里，曰北鮮之山，是多馬。鮮水出焉［一］，而西北流注于涂吾之水［二］。

［一］【新校正】《括地志》云：『合黎水，一名鮮水。』見《史記》正義。

［二］【郭注】漢元狩二年，馬出涂吾水中也。【釋義】水亦生馬，如所謂渥窪水。【廣注】涂吾與余吾同。揚雄《長楊賦》：『髓

余吾。』又：『漢得馬於余吾。』是也。【汪存】未詳其地所在。【新校正】應劭曰：『在朔方北。』見《文選》注。徐廣注《史記》曰：『余（涂）一作斜，音邪。』其水在今陝西懷遠縣北河套外也。【箋疏】《漢書·武帝紀》云：『元狩二年，馬生余吾水中。』應劭注云：『在朔方北。』《文選·長楊賦》注引此經作『北經余吾水』。《史記·匈奴傳》索隱引此經亦作『北流注余吾』，并無西字。又并作余吾，不加水旁也。《（漢書·）地理志》云：『上黨郡余吾。』疑縣因水爲名。

又北百七十里，曰隄山[一]，多馬[二]。有獸焉，其狀如豹而文首，名曰狕[三]。隄水出焉，而東流注于泰澤。其中多龍龜[四]。

[一]【郭注】或作院，古字耳。【箋疏】《玉篇》云：『隄，古文作院。』本此。

[二]【箋疏】《左傳》云：『冀之北，土馬之所生。』故此三山并云多馬，今名馬多出西北也。

[三]【郭注】音幺。【廣注】《事物紺珠》云：『狕如豹，文首。』【箋疏】《玉篇》云：『狕，獸名。』

[四]【釋義】龍龜，蓋龜之大者，非謂既有龍而又有龜也。【廣注】《殊域周咨録》：『滿剌加海有龍龜，高四尺，四足，有鱗甲，露長牙，齧人立死。』【箋疏】龍龜，一物也。或是一物，疑即吉吊也，龍種龜身，故曰龍龜。裴淵《廣州記》云：『吊生嶺南，蛇頭龜身，水宿木棲。其膏至輕，利銅及瓦器盛之，皆浸出，置鷄卵殼中則不漏。其透物甚於醍醐也。』見《證類本草》及李時珍《本草（綱目）》。

凡《北山經》之首，自單狐之山至于隄山[一]，凡二十五山，五千四百九十里[二]。其神皆人面蛇身。其祠之：毛用一雄鷄、彘瘞；吉玉用一珪，瘞而不糈[三]。其山北人，皆生食不火之物[四]。

[一]【新校正】此經之山，當是西域塞外，東至於山西，多不定其所在也。

〔二〕【汪存】大約寧夏以北之山。自單狐至敦薨十七山，并西山而西；自少咸至隄山八山，則并北而東者之山也。【箋疏】今五千六百八十里。

〔三〕【郭注】言祭不用米，皆埋其所用牲、玉。

〔四〕【郭注】或作皆生食而不火。【釋義】是生食也。蓋洪荒之初，民固有茹毛而飲血者也。【箋疏】《大戴禮・千乘篇》説四辟大遠，皆不火食。此經唯兩言不火食，皆在《北山經》篇也。《淮南（子・）原道訓》云：『雁門之北狄不穀食。』義亦與此同。

【新校正】右《北山經》，古本爲第八篇。

《北次二經》之首〔一〕，在河之東。其首枕汾〔二〕，其名曰管涔之山〔三〕。其上無木而多草，其下多玉〔四〕。汾水出焉〔五〕，而西流注於河〔六〕。

〔一〕【釋義】《北次二經》之首，下當遺山字。【汪存】此《北次二經》之首，大抵冀州以北之山川也。

〔二〕【郭注】臨汾水上也。（汾）音墳。【補注】《山海經》皆先書山，此山獨變文，亦奇筆也。【釋義】汾水，今晉之汾州有汾河焉。【箋疏】《水經注》引此經作其東首枕汾。

〔三〕【郭注】今在太原郡故汾陽縣北秀容山。涔，音岑。【廣注】管涔山，土人亦曰箕管山。又爲菅字，見多菅草，或以爲名。《十六國春秋》：『劉曜弱冠隱居菅涔山，菅涔王以神劍獻之。』劉會孟云：『管涔山，今屬静樂縣。』又劉子威《雜俎》引此作官涔山，誤。【汪存】管涔山，在今太原府汾陽縣北，又名秀容山，故曰在河之東。枕，枕之也。【新校正】《括地志》云：『汾水原出嵐州静樂縣北百三十里管涔山北。』《太平寰宇記》云：『土人云其山多菅，或以爲名。』【箋疏】《太平寰宇記》引郭注有『管音姦』三字，今本蓋脱去之。《（太平寰宇）記》文又云：『土人云其山多菅，或以爲名。』是經文管當爲菅矣。山在今山西静樂縣北。《水經注》引《十三州志》曰：『汾水出武州之燕京山。』亦管涔之异名也。太原郡汾陽，見《漢書・地理志》，《晉（書・地理）志》爲太原國，其汾陽屬河東郡也。郭云汾陽縣北秀容山，《漢（書・郊祀）志》

直謂之汾陽北山。

[四]【箋疏】《水經注》引此經云：『其上無草木，而下多玉。』與今本異。然又云『其山有草無木』，復與今本同。

[五]【廣注】《十三州記》：『汾水出武州燕京山』，亦管涔之异名也。李維禎《五臺山記》云：『燕京山，一名管涔。』即五臺之一。【新校正】《水經注》云：『泉原導於南麓之下。』

[六]【郭注】至汾陽縣北，西入河。【釋義】注於黄河也。【汪存】汾水出管涔，東折南流，經汾州、霍州、平陽以南，乃折而西流入河。【新校正】水在今山西河津縣南，西入河也。【箋疏】《（漢書·）地理志》云：『汾水出汾陽，至汾陰入河。』郭注陽，蓋陰字之訛也。汾水，詳見《海内東經》及郭注。

又西二百五十里[一]，曰少陽之山[二]。其上多玉，其下多赤銀[三]。酸水出焉，而東流注于汾水[四]。其中多美赭[五]。

[一]【新校正】少陽山在今管涔山東南可三百里。經云西，未詳也。【箋疏】西，藏經本作北。

[二]【廣注】《（大明一統）名勝志》：『少陽山，在交城縣西北四十里。』【新校正】《元和郡縣志》云：『交城縣少陽山，在縣西南九十五里，高百丈，周回二十里。』【箋疏】今太原府有交城。

[三]【郭注】銀之精也。【廣注】《寶藏論》云：『銀牙，生銀坑内石縫中，狀如亂絲，紅色者上。』即赤銀也。唐立大通監於此，取鐵礦烹煉，亦以此故。【汪存】銀自有赤者。【箋疏】《穆天子傳》有燭銀，郭注云：『銀有精光如燭。』疑即此。

[四]【廣注】《（大明一統）名勝志》：『酸水，其味微酸，流入文谷水。』【新校正】《水經注》云：『汾水南徑秀容城東南，與酸水合。水原西出少陽之山，東南流注于汾水。』

[五]【郭注】《管子》曰：『山上有赭者，其下有鐵。』【廣注】赭，赤土。晋張華嘗以赤土拭寶劍。《（神農）本草·别録》曰：『出代郡者名代赭，出姑幕者名須丸，一名血師。』【箋疏】《説文》云：『赭，赤土也。』《（神農）本草》謂之代赭石。《（神農本草·）别録》云：『出代郡者名代赭，出姑幕者名須丸。一名血師。』郭引《管子》者，《地數篇》文也。

又北五十里，曰縣雍之山[一]。其上多玉，其下多銅。其獸多閭[二]、麋，其鳥多白翟、白鶴[三]。晉水出焉，而東南流注于汾水[四]，其中多鮆魚。其狀如儵而赤麟[五]，其音如叱，食之不驕[六]。

[一]【郭注】今在晉陽縣西，名汲甕。雍，音甕。【廣注】《（後漢書·）郡國志》曰：『懸甕山，一名龍山，亦名結絀。』《（明）一統志》云：『因山腹有巨石如甕，故名。』【汪存】縣，音懸。今平陽縣西有汲甕山，然非管涔以北也。【新校正】一名龍山，在今山西太原縣。【箋疏】《水經》作縣甕山，劉昭注《（後漢書·）郡國志》引此經及郭注與今本同。《史記·魏世家》正義引此作懸壅山，《括地志》亦作懸壅，并非。山今在太原縣也，一名龍山。《元和郡縣志》云：『晉陽縣甕山，一名龍山，在縣西南十二里。』案：《（漢書·）地理志》云：『太原郡晉陽龍山在西北，晉水所出，東入汾。』高誘注《淮南（子·）墜形訓》亦云：『龍山，在晉陽之西北。』并非也。《水經注》云：『今在縣之西南。』

[二]【郭注】閭，即羭也。似驢而歧蹄，角如麢羊，一名山驢。《周禮》曰：『北唐以閭。』亦見《鄉射禮》。【補注】《（儀禮·）鄉射禮》：『國君射於郊則閭。』謂以閭皮爲侯也。【廣注】《（儀）禮》曰：『君國中射，則皮樹中，於郊則閭中。』陳祥道《禮書》云：『閭如驢，一角。』《廣志》云：『驢羊似驢。』《南史》云：『滑國出野驢，有角。』皆閭也。或曰：《歸藏·齊母經》兩壺、兩羭即此。【汪存】閭，山驢也。【箋疏】《周書·王會篇》云：『北唐戎以閭，閭似隃冠。』疑隃即羭字之訛也。孔晁注云：『《射禮》以閭象爲射器。』孔氏及郭注俱本《鄉射禮》，《禮》曰：『國中射，則皮樹中；於郊則閭中。』《初學記》引《廣志》云：『驢羊似驢。』即此也。《集韵》云：『閭，一角，歧蹏。』

[三]【郭注】即白鶾也，音于六反。【廣注】《爾雅》鸐山雉注疏云：『俗呼山鷄也。白鶾，一名鶾雉，江東人亦呼爲白雉。』又《字林》云：『鴝鸐似鶴，出縣雍山。』蓋指此鳥也。然與郭注不同，未詳是非。【汪存】白鶴，即白翰。【箋疏】白鶾，即白韓，雉也，見《爾雅》。

[四]【郭注】東過晉陽南，又東入汾。【廣注】《水經》：『晉水出晉陽縣西縣壅山，又東入於汾水。』

[五]【郭注】小魚曰儵。【新校正】儵本字，儵假音。【箋疏】儵、儵字通；麟、鱗聲同。

［六］【郭注】或作騷。騷，臭也。【廣注】即蘊羝之疾。《（山海經）圖贊》曰：『陽鱅動日，土蛇致宵。微哉鰲魚，食則不驕。物在所感，其用無標。』【箋疏】騷臭，蓋即蘊羝之疾，俗名狐騷也。

又北二百里，曰狐岐之山［一］。無草木，多青碧。勝水出焉，而東北流注于汾水［二］。其中多蒼玉。

［一］【廣注】《（尚書·）禹貢》：『治梁及岐。』即此山也，在汾州介休縣東南二十五里、孝義縣西八十里。一名薛頡山，勝水所出。又名洪山。【新校正】《水經注》云：『文湖徑中陽縣故城東。有勝水出西狐岐之山。』

［二］【新校正】其水合文湖而入汾也，見《水經》。【箋疏】《水經注》云：『文水又東南流，與勝水合。水西出狐岐之山，東徑六壁城南，又東合陽泉水，又東徑中陽縣故城南，又東合文水。文水又東南，入於汾水也。』

又北三百五十里，曰白沙山。廣員三百里，盡沙也，無草木鳥獸［一］。鮪水出于其上，潛于其下［二］，是多白玉［三］。

［一］【汪存】此蓋石洲以北之山也。【箋疏】此即所謂沙漠。《說文》云：『漠，北方流沙也。』

［二］【郭注】出山之頂，停其底也。【廣注】武王師渡鮪水，疑非此。【汪存】出山之巔而潛其下，蓋亦其皆沙故也。

［三］【釋義】白玉，疑亦石之似玉者。

又北四百里［一］，曰爾是之山。無草木，無水。

［一］【箋疏】百，藏經本作十。

又北三百八十里，曰狂山，無草木。是山也，冬夏有雪。狂水出焉，而西流注于浮水[一]，其中多美玉。

[一]【廣注】《（路史·）國名記》云：『狂水徑綸氏城，在陽城。』

又北三百八十里，曰諸餘之山。其上多銅、玉，其下多松、柏。諸餘之水出焉，而東流注于旄水[一]。

[一]【新校正】《玉篇》作滜，云：『水名。俗字。』

又北三百五十里，曰敦頭之山。其上多金、玉，無草木。旄水出焉，而東流注于卬澤[一]。其中多騂馬[二]，牛尾而白身，一角，其音如呼[三]。

[一]【汪存】凡此浮水、旄水之類，大抵自大同外入塞之水。其澤皆北方小海也。【新校正】疑祁澤。

[二]【郭注】（騂）音勃。【新校正】此字《説文》所無，見《玉篇》。又案：張駿《山海經圖畫贊》曰：『敦山有獸，其名爲教，麟形一角。』麟形者，以釋牛尾，案即此也。騂，或古本作教，則即勃字异文也。【箋疏】郭氏《江賦》云：『騂馬騰波以噓蹀。』李善注引此經與今本同。《初學記》八卷引《南越志》云：『平定縣東巨海有騂馬，似馬，牛尾一角。』又二十九卷引張駿《山海經圖畫贊》曰：『敦山有獸，其名爲教，麟形一角。』即此也。形蓋釋牛尾，教即騂也，字音同。【俞讀】此即《後漢書·班超傳》所謂符拔也。李賢注引《續漢書》：『符拔，形似麟而無角。』雖一角、無角兩書不同，

然騂、拔音近，又皆似麟，其爲一獸無疑，或彼所云無角者，誤耳。

[三]【廣注】馬一角者，名驎。元康八年，九真郡曾獵得之。《（周書·）王會解》云：『俞人雖馬。』雖馬亦一角，皆斯類也。郭璞《江賦》：『騂馬騰坡以噓蹀。』《駢雅》曰：『白而一角，謂之騂馬。』明睿宗《江漢賦》：『水狗騂馬，厥類孔多。』《（山海經）圖贊》云：『有獸如豹，厥文惟縟。閻善躍嶮，騂馬一角。』【箋疏】李善注《江賦》引此經作其音如虎，疑虎當爲嘑字之訛。嘑與呼聲同，義亦同。

又北三百五十里，曰鉤吾之山。其上多玉，其下多銅。有獸焉，其狀如羊身人面，其目在腋下[一]，虎齒人爪，其音如嬰兒，名曰狍鴞[二]，是食人[三]。

[一]【箋疏】腋，俗字也，《說文》作亦，云：『人之臂亦也。』又作掖，云：『掖，臂下也。』《文選》注陳琳《爲袁紹檄豫州》引此經作『其口腋下』，蓋有脱誤。

[二]【釋義】狍鴞食人，蓋惡獸矣。聲如嬰兒，疑人也。【廣注】《駢雅》云：『羊人面腋目，曰狍鴞。』《（玉芝堂）談薈》云：『猼訑，目在背上；狍鴞，目在腋下。』【汪存】狍鴞，猶鳥休，氣健貌。

[三]【郭注】爲物貪惏，食人未盡，還害其身，像在夏鼎。《左傳》所謂饕餮是也。狍，音咆。【廣注】《宣和博古圖》：『古器多篆，雲雷、饕餮之形。』《呂氏春秋》曰：『饕餮，有首無身，食人未咽，害及其身。』黄伯思《東觀餘論》曰：『饕餮之爲物，食人未盡，還齧其軀。又其目在腋下，《山經》所謂狍鴞者。故多以飾器之腋腹，象其本形，示爲食戒。』彭儼《五侯鯖》云：『鉤吾山獸名饕餮，能食人。』《（山海經）圖贊》曰：『狍鴞貪惏，其目在腋。食人未盡，還自齦割。圖形妙鼎，是謂不若。』【箋疏】《呂氏春秋·先識覽》云：『周鼎著饕餮，有首無身，食人未咽，害及其身，以言報更。』是郭所本也。（郭）注蓋《（山海經）圖贊》之文，與今世所傳復不同。《文選》注陳琳《爲袁紹檄（豫州）》引此注貪惏作貪婪，夏鼎作禹鼎。

又北三百里，曰北嚻之山，無石。其陽多碧，其陰多玉。有獸焉，其狀如虎而白身，犬首、馬尾、彘鬣，名曰獨狢[一]。有鳥焉，其狀如烏，人面，名曰鶖鶋[二]，宵飛而晝伏[三]，食之已暍[四]。涔水出焉[五]，而東流注于邛澤[六]。

[一]【郭注】（狢）音谷。【廣注】《（山海經）圖贊》云：『虎狀馬尾，號曰獨狢。』《説文》云：『北嚻山有獨狢獸，如虎，白身豕鬣，尾如馬，余蜀切。』《駢雅》曰：『獨狢如虎而馬尾，猾裹如人而彘鬣。』《事物紺珠》云：『獨狢如虎，白身犬首，馬足豕鬣。』【汪存】此獸實野犬，類犬之性獨。【新校正】（《説文》）又曰：『豰似牂羊，出蜀北嚻山中，犬首而馬尾。』今經不載此獸，或古本有之。【箋疏】北嚻山，又不在蜀也。【明案】《説文》之豰，獸名，音構。

[二]【郭注】般、冒兩音。或作夏也。【釋義】鶖鶋，一作斑猫，蓋陰氣之鳥。【廣注】孫愐《唐韵》：『鶖鶋，异鳥，人面。』《（山海經）圖贊》曰：『御暍之鳥，厥名鶖鶋。昏明是互，晝隱夜覿。物貴應用，安事鸞鵠。』【新校正】此二字《説文》所無，見《玉篇》。【箋疏】郭云或作夏者，夏形聲近賈。《大荒南經》有鷹賈，郭注云：『賈亦鷹屬。』《水經注》引《莊子》有雅賈，蓋是烏類。經言此鳥狀如烏，疑是也。又言宵飛晝伏，則似今訓狐。訓狐即鵂鶹之屬，其狀如鷹。鷹賈之名，或以此。

[三]【郭注】鵂鶹之屬。【汪存】今人謂之訓狐，又名隻胡。其目能夜察蚊寅，而晝不見邱山，故宵飛晝伏。

[四]【郭注】中熱也，音謁。【廣注】程良孺曰：『鶖鶋已渴，鸀鳿無卧。』【汪存】今鵂鶹亦可治熱及頭風。

[五]【新校正】《説文》云：『涻水出北嚻山，入邙澤，從水，舍聲。』《廣韵》引文字音義同。舊本經字作涔，誤也。

[六]【新校正】《説文》卬作邙。【箋疏】經文涔當爲涻，今本或形近而訛也。卬，亦當爲邙。

又北三百五十里，曰梁渠之山[一]。無草木，多金、玉。脩水出焉[二]，而東流注于雁門[三]。其獸多居暨[四]。其狀如彙[五]而赤毛，其音如豚。有鳥焉，其狀如夸父[六]，四翼、一目、犬尾，名曰囂。其音如鵲，食之已腹痛，可以止衕[七]。

[一]【新校正】其山當在漢代郡且如縣北塞外。

[二]【新校正】《（漢書·）地理志》云：『代郡且如於延水出塞外，東至廣寧入治。』《水經注》云：『即脩水也。水出塞外柔玄鎮西，長川城南小山，東南徑且如縣故城南。又東南，徑馬城縣故城北。《十三州志》曰：俗謂是水爲河頭。又東南，於大寧郡北右注雁門水。』

[三]【郭注】水名。【廣注】脩水，即于延水也。《水經注》云：『《（漢書·）地理志》有于延水而無雁門、脩水之名；《山海經》有雁門之目而無説于延河。自下亦通謂之于延河矣。』【新校正】雁門水即灅水，《（漢書·）地理志》亦云治水。《水經注》云：『雁門水東徑大寧郡，有脩水注之。』【箋疏】雁門水即灅水也。《説文》云：『灅水出雁門陰館累頭山，東入海，或曰治水也。』許君此釋本《（漢書·）地理志》雁門郡陰館注而爲説，是雁門水一名治水。《（漢書·）地理志》説于延水入沽，即此經云脩水注於雁門矣。沽，當從《説文》作治。

[四]【箋疏】既，《玉篇》、《廣韵》并作蟨。《玉篇》無居字，《廣韵》作蟨居。

[五]【郭注】彙，似鼠，赤毛如刺也。猬、彙，音渭。【汪存】彙，似鼠，短喙短足，其毛如刺，卷伏則如栗毬。【廣注】彙，古猬字，即猬鼠。《廣韵》云：『似猬而赤尾者，名居蟨，或作居蟨。』《集韵》曰：『居蟨獸似猬，毛赤。』【箋疏】《爾雅》云：『彙，毛刺。』郭注云：『今蝟狀如鼠。』與此注同。蝟，蒼白色。此注赤字，猬字并衍。又彙，《玉篇》、《廣韵》并作蝟。赤毛，《廣韵》作赤尾也。

[六]【郭注】或作舉父。【新校正】夸、舉音相近，即玃父也。【箋疏】《西次三經》云：『崇吾之山，有獸曰舉父。』或作夸父。此經鳥如夸父，或作舉父。舉、夸聲相近，故古字通也。

[七]【郭注】治洞下也，音洞。【汪存】衕，瀉泄也。【箋疏】《玉篇》云：『衕，下也。』義與郭同。

又北四百里，曰姑灌之山，無草木。是山也，冬夏有雪。

又北三百八十里，曰湖灌之山。其陽多玉，其陰多碧，多馬。湖灌之水出焉，而東流注于海。其中多䱻[一]。有木焉，其葉如柳而赤理[二]。

[一]【郭注】亦䱇魚字。【廣注】《字苑》作黄䱻，云：「黄䱻之名取此，音旦。」【新校正】䱻，䱇省文。【箋疏】李善注王褒《四子講德論》引郭氏此經注曰：「䱇魚似蛇，時闡切。」疑即今本注下脱文也。《大戴禮·勸學篇》云：「虵䱻之穴。」䱻，即䱇字也。《玉篇》云：「䱻魚似蛇，同䱇。」《集韵》云：「䱻，上演切，音善。」

[二]【廣注】今檉柳似柳而赤色，未審是非。【汪存】未詳其名。【箋疏】柳有一種赤者，名赤柳。《晉書·地理志》云：「丹陽丹陽山，多赤柳。」

又北水行五百里，流沙三百里，至于洹山[一]。其上多金、玉。三桑生之，其樹皆無枝，其高百仞[二]。百果樹生之。其下多怪蛇[三]。

[一]【新校正】（洹）疑當爲恒。【箋疏】《水經》云：「洹水出上黨泫氏縣。」注云：「水出洹山，山在長子縣也。」計其道里不相應，當在闕疑。

[二]【釋義】百仞，則八百尺矣。【廣注】《（山海經）圖贊》曰：「居暨豚鳴，如彙赤毛。四翼一目，其名曰䳋。三桑無枝，厥樹惟高。」【箋疏】《海外北經》云：「三桑無枝，在歐絲東。其木長百仞。」即此。

[三]【釋義】凡大木之下，多蟲蛇居之。【廣注】嶺表之蛇人面，雲南之蛇岐尾，活褥之蛇似鼠，而捕鼠苟印之蛇如蛇而四足，古都之蛇角，號曰碧犀，千歲之蝮精呼曰博叔，凡皆蛇類絶怪者，附記之。【汪存】此大漠之北也。

又北三百里，曰敦題之山[一]。無草木，多金、玉，是錞于北海[二]。

〔一〕【釋義】此蓋北方之地，極北而臨夫海者也。【新校正】疑即雁門陰館累頭山。敦題、累頭，皆音之轉。敦，讀如自也。【箋疏】上文有敦頭山，與累頭之聲尤相近，未審誰是。

〔二〕【釋義】謂依附於海。【新校正】依義當爲自。作錞者，假音。【箋疏】《西山經》云錞于西海，此云錞于北海，其義同。

凡《北次二經》之首，自管涔之山至于敦題之山〔一〕，凡十七山〔二〕，五千六百九十里〔三〕。其神皆蛇身〔四〕人面。其祠：毛用一雄鷄、彘瘞〔五〕；用一璧一珪，投而不糈〔六〕。

〔一〕【新校正】此經之山，自山西太原府東北至忻、代諸州也。

〔二〕【新校正】自管涔山至此，纔十六山，疑當有脱誤。

〔三〕【汪存】此北山之中直北者。【箋疏】今六千一百四十里。

〔四〕【新校正】言身有鱗。

〔五〕【郭注】埋之。

〔六〕【郭注】擿玉於山中以禮神，不埋之也。【汪存】其牲埋之，其玉投之，而不用米也。【新校正】糈，當爲稰，言不陳列祭具。

【新校正】右《北次二經》，古本爲第九篇。

《北次三經》之首，曰太行之山〔一〕。其首曰歸山〔二〕。其上有金、玉，其下有碧〔三〕。有獸焉，其狀如麢羊〔四〕而四角，馬尾而有距，其名曰驔，善還〔五〕，其鳴自訆。有鳥焉，其狀如鵲，白身〔六〕、赤尾、六足，其名曰鷶〔七〕，是善驚，其鳴自詨〔八〕。

［一］【郭注】今在河内野王縣西北。行，音户剛反。【廣注】《丹鉛録》曰：『太行山，一名五行山。』《列子》作大形，則行本音也。《河圖括地象》云：『太行天下之脊。』郭緣生《述征記》：『太行首始河内，自河内至幽州，凡有八陘。』《博物志》曰：『太行山北不知山所限極，亦如東海不知所窮。』《尸子》曰：『龍門，魚之難也；太行，牛之難也。』《（明）一統志》云：『山勢緯亘數千里，雖各因地立名，其實皆名太行山。』【新校正】山在今河南輝縣西北，《淮南子》云五行山。太、五音相近。高誘注云：『今太行山也，在今河内野王縣之北上黨關也。』【汪存】行，音杭。太行山磅礴，遼澤，彰德、衛輝、潞安六郡之間皆其山麓也。太行山之南，首則歸山，今懷慶河内縣西北也。【箋疏】《漢（書）》、《晋（書·）地理志》并云：『河内郡壄王太行山在西北。』今在河南輝縣也。《列子·湯問篇》作太形山。

［二］【新校正】《爾雅》云：『山小而衆歸』，是其義。俗本《爾雅》作巋。

［三］【箋疏】《藝文類聚》十卷引此經碧下有玉字。

［四］【箋疏】劉昭注《（後漢書·）郡國志》引此經䴥作麋，無羊字。

［五］【郭注】還，旋；旋，儛也。驒，音暉。【廣注】李氏《本草（綱目）》：『驒，山驢之類。』《（山海經）圖贊》云：『驒獸四角，馬尾有距。涉歷歸山，騰險躍岨。厥貌惟奇，如是旋舞。』【汪存】善還，善盤旋而舞也。【新校正】劉昭注《（後漢書·）郡國志》引此作驒。又《廣韵》曰：『驒騱，野馬。』考《説文》作驒騱，亦驒之誤爲驒，疑此亦當爲驒也。驒字《説文》無，見《玉篇》，云：『獸名。』【箋疏】《説文》云：『驒，騱馬也。』無驒字。《玉篇》有驒騱，云：『駿馬屬。』又有驒，云：『獸名。』即此也。《廣韵》既云『驒騱，野馬名，驒音壇』，又云『驒騱，野馬』，蓋誤也。劉昭注《（後漢書·）郡國志》引此經作驒，亦誤。又：還，當音旋。郭注旋上脱音字。劉昭注《（後漢書·）郡國志》引此經無善字，蓋脱去之。經云善還，謂善舞也。宋謝莊有《舞馬賦》。

［六］【箋疏】《廣韵》此下有『三目』二字。

［七］【郭注】音犇。【廣注】《玄覽》云：『鶌四足，鷾六足。』顧起元《帝京賦》曰：『三目之鷾，五工之鴹。』蓋謂此也。【箋疏】《廣韵》説鷾云：『似鵲。』

［八］【郭注】今吴人謂呼爲詨，音呼交反。【汪存】詨亦呼也。鳥鳴曰詨。閩人謂呼爲詨。

又東北二百里，曰龍侯之山。無草木，多金、玉。決決之水[一]出焉，而東流注于河。其中多人魚[二]，其狀如鰟魚，四足。其音如嬰兒[三]，食之無癡疾[四]。

[一]【郭注】（決）音訣。【汪存】此間注河小水，今難悉考。【箋疏】《太平御覽》九百三十八卷引此經決水，決字不作重文。

[二]【廣注】《史記》：『始皇之葬也，以人魚爲燭。』又《稽神録》言：『人魚，上身如婦人，腰以下皆魚。』《臨海异物志》云：『人魚，長三尺餘，不可食。』此更名同而异物者。【汪存】人魚似鮎而又似人，廣中亦有之，謂之海婦人。此以有音爲异。【箋疏】人魚，即鯢魚。《爾雅》云：『鯢，大者謂之鰕。』是也。鯢，古文省作兒。《周書·王會篇》云：『穢人前兒。』亦是也。兒，從兒，即古文人字。又人、兒聲轉，疑經文古本作兒魚，闕脱其上，即爲人魚矣。

[三]【郭注】鰟，見《中山經》。或曰人魚即鯢也，似鮎而四足，聲如小兒啼，今亦呼鮎爲鰟，音蹄。【廣注】鰟魚、鯢魚，皆名人魚，此則鯢魚也。李時珍謂其聲如小兒，故名。蓋即鰟魚之能上樹者，與海中鯨同名。陳藏器云：『鯢生谿中，似鮎，有四足，長尾，能上樹。』《廣志》云：『鯢四足，形如鱧，可以治牛。』《爾雅》：『鯢大者謂之鰕。』又一名孩兒魚，秦人名鰨，蜀人名魶。《益部方物略記》：『魶魚出谿谷及雅江，有足，能緣木，其聲如兒啼。』是也。《（明）一統志》：『興安縣龍蟠山水中有魚，四足而有角，人不敢傷，恐致風雨。』亦其類。【新校正】鰟字當爲鮷。《説文》云：『鮷，大鮎也。』《字林》則作鯷，云：『青州人呼鮎鯷。』見《經典釋文》。此云今亦呼鮎爲鰟，然則鯷、鰟俗字，鮷正字。【箋疏】郭云見《中山經》者，少室山休水中多鰟魚是也。又云人魚即鯢者，《水經注》云伊水又東北流注於洛水，引《廣志》曰：『鯢魚，聲如小兒嗁，有四足，形如鯪鯉，可以治牛，出伊水也。』司馬遷謂之人魚，故其著《史記》曰：『始皇帝之葬也，以人魚膏爲燭。』徐廣曰：『人魚，似鮎而四足。』即鯢魚也。

[四]【廣注】《酉陽雜俎》：『峽中人食鯢魚，縛樹上，鞭至白汁出如構汁方可食，不爾有毒也。』《（神農）本草》云：『食之已疫疾。』【箋疏】《説文》云：『癡，不慧也。』《中山經》云：『鰟魚，食者無蠱疾。』與此异。

又東北二百里，曰馬成之山。其上多文石，其陰多金、玉。有獸焉，其狀如白犬而黑頭，見人則飛[一]，其名曰天馬，其鳴自詨。有鳥焉，其狀如烏，首白而身青足黄，是名曰鶌鶋[二]。其鳴自詨，食之不飢，可以已寓[三]。

[一]【郭注】言肉翅飛行自在。【補注】在天爲勾陳，在地爲天馬，五行家有其目，而不知其物也。文人所用天馬行空之語，亦指此爾。【廣注】《韵寶》云：『飛虡，天上神獸，鹿頭龍身，在天爲勾陳，在地爲天馬。』即其獸也。《（山海經）圖贊》曰：『龍憑雲遊，騰蛇假霧。未若天馬，自然凌翥。有理懸運，天機潛御。』

[二]【郭注】屈、居二音。或作鳴。【廣注】《駢雅》曰：『鶌鵴、鶌鶋，皆烏屬也。』【汪存】鶌鶋，即鶌鳩也。【新校正】亦曰秸鵴。鵴、鶌、鳩皆音相近也。【箋疏】《爾雅》云：『鶌鳩，鶻鵃。』此鶌鶋疑即鶌鳩也，聲轉字變，經多此例，唯白首爲异耳。孫炎注《爾雅》云：『鶻鵃，一名鴟鳩。』故此經郭云或作鳴。

[三]【郭注】未詳。或曰寓，猶誤也。【廣注】《（山海經）圖贊》曰：『鶌鶋如烏，青身黄足。食之不飢，可以辟穀。内厥惟珍，配彼丹木。』【汪存】寓，與誤同通。【箋疏】寓，誤，蓋以聲近爲義。誤，疑昏忘之病也。王引之曰：『案寓，當是㝢字之假借。』《玉篇》、《廣韵》并音牛具切，疣病也。

又東北七十里，曰咸山。其上多玉，其下多銅。是多松、柏，草多茈草。條菅[一]之水出焉，而西南流注于長澤[二]。其中多器酸，三歲一成[三]，食之已癘。

[一]【郭注】菅音間。

[二]【汪存】或謂此澤州陽城之濩澤也。

[三]【郭注】所未詳也。【釋義】器酸，疑物之可食而酸者，如解州鹽池出鹽之類。蓋澤水止而不流，積久或酸，理所有也，故曰三年一成。【汪存】器酸，未詳。成，成熟也。

又東北二百里，曰天池之山[一]。其上無草木，多文石。有獸焉，其狀如兔而鼠首，以其背飛[二]，其名曰飛鼠[三]。澠水出焉，潛于其下[四]。其中多黄堊[五]。

[一]【廣注】劉會孟曰：『天池山，今河内鄉，一名高前。』疑非。【新校正】山在今山西静樂縣東北。《水經注》云：『桑乾水潛承太原汾陽縣北燕京山之天池。池在山原上，世謂之天池。』《隋書·地理志》云：『静樂有天池。』

[二]【郭注】用其背上毛飛，飛則仰也。【補注】此即《文選》所謂飛蠝，雲南姚安、蒙化有之，余所親見也。其肉可食，其皮治難産。【新校正】《初學記》兔弟十三引此作兔。【箋疏】《文選·上林賦》云：『蜼玃飛蠝。』張揖注云：『飛蠝，飛鼠也。其狀如兔而鼠首，以其頾飛。』今經頾作背，或所見本异也。又上文丹熏山有耳鼠以其尾飛，郭云或作髯飛，髯即頾字耳。

[三]【廣注】《宛委餘編》：『飛鼠斷猿，狼虱嘀鶴。』《（玉芝堂）談薈》云：『飛者以翼，而天池之山，飛兔以背。』《（山海經）圖贊》曰：『或以尾翔，或以髯凌。飛鼠鼓翰，翛然皆騰。因無常所，惟神是馮。』【箋疏】《初學記》引此經云：『以其背飛，名飛兔。』又引《括地圖》亦作飛兔，與今經文异。

[四]【郭注】停山底也。【廣注】河南澠池縣與此近，戰國澠池之會是其地也。

[五]【郭注】堊，土也。【釋義】黄堊，疑即黄丹之屬。凡土之有色者，皆可以供采色。

又東三百里，曰陽山[一]。其上多玉，其下多金、銅。有獸焉，其狀如牛而赤尾，其頸腎，其狀如勾瞿[二]，其名曰領胡[三]，其鳴自詨，食之已狂。有鳥焉，其狀如雌雉而五彩以文，是自爲牝牡，名曰象蛇[四]，其鳴自詨。留水出焉，而南流注于河[五]，其中有䱻父之魚[六]。其狀如鮒魚[七]，魚首而彘身，食之已嘔[八]。

［一］【汪存】澤州之陽城山。【箋疏】《水經注》有大陽之山，亦通謂之薄山，疑即此。

［二］【郭注】言頸上有肉腎。勾瞿，牛也，音劬。【汪存】言頸上有肉高起如斗瞿也。【新校正】《廣雅》云：『腎，堅也。』郭云肉腎，猶云肉堅。【箋疏】《廣雅》云：『腎，堅也。』以句瞿爲斗，所未詳。《元和郡縣志》云：『海康縣多牛，項上有骨，大如覆斗，日行三百里。』即《爾雅》所謂犦牛，疑此是也。

［三］【廣注】《駢雅》曰：『獸似牛而赤尾，曰領胡。』【箋疏】《説文》云：『領，項也。胡，牛顄垂也。』此牛頸肉垂如斗，因名之領胡與？

［四］【箋疏】《水經》云：『河水東過大陽縣南。』注云：『河水又東，左合積石、土柱二谿，并北發大陽之山，南流，入於河。』與此經合，但不知二谿之中誰爲留水耳。

［五］【廣注】鳥獸自爲雌雄者：亶爰之類、䳜䳜之禽、帶山䳜鵌、竹山豪彘、陽山象蛇，以至火眼狻猊，一首兩身，相爲牝牡。是皆天地不正之氣，陰陽變异之事也。

［六］【郭注】（䱻）音陷。【廣注】《五音集韵》引經作餤文之魚，音兼。《（山海經）圖贊》曰：『有鳥善驚，名曰䳜䳜。象蛇似雉，自生子孫。䱻父魚首，厥體如豚。』【新校正】即杜父魚，見《（神農）本草》。【箋疏】《説文》云：『䱻，魚名。』《玉篇》云：『䱻，魚也，見《山海經》。』

［七］【廣注】《廣雅》：『鮒，鰿也。』《莊子》：『鮒魚涸轍。』《易》曰：『井谷射鮒。』《吕氏春秋》：『魚之美者，洞庭之鮒。』

［八］【汪存】嘔，乾吐也。【箋疏】嘔，當爲歐。《説文》云：『吐也。』音附。

又東三百五十里，曰賁聞之山。其上多蒼玉，其下多黄堊，多涅石［一］。

［一］【廣注】涅石，礬石也，與石涅不同，辨見女牀山注。【汪存】以上山大抵皆太行之屬。【箋疏】即礬石也。《淮南（子·）俶真訓》云：『以涅染緇。』高誘注云：『涅，礬石也。』《（神農）本草經》云：『礬石，一名羽涅。』《（神農本草·）别録》

云：『一名羽澤。』《西次二經》女牀之山多石涅，郭氏注誤，當移於此。

又北百里，曰王屋之山[一]，是多石。𤅊水出焉[二]，而西北流注于泰澤[三]。

[一]【郭注】今在河東東垣縣北。《（尚）書》曰『至於王屋』也。【廣注】劉會孟曰：『在今山西澤州。』晁氏曰：『山形如屋，故名。』李石《續博物志》曰：『中國有洞天三十六所，第一王屋山洞天，周回萬里，名小有清虛。』《天王君內傳》曰：『王屋山有小天，號曰小有天。』《真誥》曰：『王屋山，仙之別天，所謂陽臺是也。』又王屋山有二，一在山西之垣曲，一在河南之濟源，實一山也。【汪存】王屋山，在絳州垣曲縣，山形如屋，沇水所出也。【新校正】山在今山西垣曲縣。【箋疏】《漢（書）》、《晉（書・）地理志》并云：『河東郡垣，《（尚書・）禹貢》王屋山在東北。』今在山西垣曲縣也。（郭）注東垣，東字衍。

[二]【郭注】𤅊，音輦。【汪存】此𤅊水即沇水也。𤅊、沇音近。【箋疏】《水經》云：『濟水出河東垣縣東王屋山，爲沇水。』注引此經𤅊水作聯水。劉昭注《（後漢書・）郡國志》又作兖水，云：『王屋山，兖水出。』兖、沇、𤅊俱聲相近。

[三]【郭注】《（漢書・）地理志》：『王屋山，沇水所出。』𤅊、沇聲相近，殆一水耳。沇則濟也。【廣注】《水經注》引經𤅊水作聯水，泰澤作秦澤。【汪存】泰澤，當作大澤，蓋指濟源二澤言也。【箋疏】《水經注》引此經泰澤作秦澤，疑即滎澤也。《（漢書・）地理志》云：『沇水東南至武德入河，軼出滎陽北地中。又東至琅槐入海。』今案：滎澤在滎陽北也。濟水，又見《海內東經》。

又東北三百里，曰教山[一]。其上多玉而無石。教水出焉，西流注于河[二]。是水冬乾而夏流，實惟乾河[三]，其中有兩山。是山也，廣員三百步，其名曰發丸之山。其上有金、玉。

[一]【補注】教即殽也。秦晉戰於殽即此地。兩山，即殽之南北兩嶔也，夏后臯墓、文王避雨陵在焉，見《（春秋・）公羊

傳》。【廣注】《水經》曰：「河之右則崤水注之。」注云：「出河南盤崤山，西北流。」又曰：「河水又東，與教水合。」注云：「出垣縣教山。」是二山實相近，然以爲教即殽也，非是。《（大明一統）名勝志》云：「教山，今名效山，亦名覃山，在絳縣東南八十里，入垣曲界。」【新校正】山在今山西垣曲縣北。【箋疏】教山，在垣縣北，見《水經注》。在今山西垣曲縣也。

[二]【新校正】《水經注》云：「教水南徑輔山，疑即平山也。其水南流，徑鼓鐘上峽，南流歷鼓鐘川，分爲二澗。一澗西北出一百六十許里，今聞喜縣東北谷口，猶有乾河里。一水歷冶官西，世人謂之鼓鐘城。城西阜下有大泉，西流注澗，與教水合，伏入石下，南至下峽。其水重源又發，南至西馬頭山，東截坡下，又伏流南十餘里，復出，南入於河。」【箋疏】《水經注》云：「河水又東，與教水合，水出垣縣北教山云云，南入於河。」引此經亦作南流注於河，今本作西，疑訛。

[三]【郭注】今河東聞喜縣東北有乾河口，因名乾河里，但有故溝處，無復水，即是也。【補注】（乾河）今在陝州，唐名石壕。杜子美詩有《石壕吏》一首，今者乾壕鋪。【廣注】酈道元云：「是水冬乾夏流，今世人猶謂之乾澗。」【箋疏】《水經注》云：「今聞喜縣東北谷口猶有乾河里，故溝存焉，今無復有水，世人猶謂之爲乾澗矣。」

又南三百里，曰景山[一]。南望鹽販之澤[二]，北望少澤[三]。其上多草、藷藇[四]。其草多秦椒[五]。其陰多赭，其陽多玉。有鳥焉，其狀如蛇而四翼，六目三足，名曰酸與[六]。其鳴自詨，見則其邑有恐[七]。

[一]【郭注】《（春秋）外傳》曰：「景、霍以爲城。」【補注】景山，即《毛詩》景山也。【廣注】《（太平）寰宇記》：「山在聞喜縣東南十八里。」非《毛詩》景山。【汪存】景山，耿也，今蒲州河津縣。【新校正】山在今山西聞喜縣南。《水經》云：「涑水西過周陽邑南。」注云：「景水出景山。」案《山海經》不言有水，今有水焉，西北流注於涑水也。【箋疏】《太平寰宇記》云：「山在聞喜縣東南十八里。」《水經》云：「涑水西過周陽邑南。」注云：「涑水又與景水合，水出景山北谷。」引此經云云。

［二］【郭注】即鹽池也，今在河東猗氏縣。或無販字。【廣注】《（漢書·）地理志》曰：『鹽池在安邑西南。』許慎謂之鹽鹽，長五十一里，廣六里，周一百一十四里。呂宿云：『河東鹽池謂之解鹽，今池水東西七十里，南北十七里，紫色澄渟，渾而不流，水出石鹽，自然印成。西又一池，名女鹽澤。』朱廷立《鹽政志》曰：『安邑一池，謂之女鹽澤，東西二十五里，南北二十里，在猗氏故城南。大曆間，生乳鹽，賜名寶應靈慶池。』《（神農）本草》云：『解州安邑兩池，取鹽於池旁，耕地沃川，池水每得。南風急，則宿夕成鹽滿畦。』【汪存】鹽下一無販字。鹽澤，今解州鹽池也。【箋疏】《水經注》及《太平御覽》八百六十五卷引此注，鹽池上并有『解縣』二字，今本脫也。《穆天子傳》云：『戊子，至於鹽。』郭注云：『鹽，鹽池，今在河東解縣。』《呂氏春秋·本味篇》云：『和之美者，大夏之鹽。』高誘注云：『大夏，澤名。』今案：大夏，古晉地。此澤亦即鹽澤矣。《（漢書·）地理志》云：『河東郡安邑，鹽池在西南。』《晉書·地理志》云：『河東郡解有鹽池。』

［三］【汪存】少澤，郇瑕也。然此當在王屋之西耳。

［四］【郭注】根似羊蹄，可食，曙、豫二音。今江南單呼爲藷，音儲，語有輕重耳。【補注】藷萸，即今山藥。藷萸有二種，此草藷萸也。《中山經》：『其木多藷萸』，蓋木藷萸也。【廣注】藷萸或音儲餘。計然曰：『儲萸本出三輔，白色者善。』是也，或音署預。《（神農）本草》：『薯蕷，味甘溫。』是也。【汪存】藷萸，即薯也，有赤白大小數種。其苗蔓生，葉似牵牛，其根似羊蹄。【新校正】《太平寰宇記》引藷萸作藷蕪。【箋疏】《廣雅》云：『藷萸，署預也。』《（神農）本草》云：『薯蕷，一名山芋。』皆即今之山藥也。此言草藷萸，別於木藷萸也。木藷萸見《中次十一經》兔牀之山。

［五］【郭注】子似椒而細葉，草也。【補注】秦椒，今名地椒，狗貗羊食之，故味比他羊爲美。【廣注】計然云：『秦椒出隴西天水，粒細者善。』又《（神農）本草》以大椒爲秦椒，即《爾雅》椴也。地椒別爲一種。【汪存】如川椒而細。

［六］【釋義】酸與，以爲鳥屬則不類，以爲蟲屬則有翼，蓋參錯於魚鳥之間者與？【廣注】《駢雅》曰：『酸與三足。』《玄覽》云：『三足之鳥有酸鵸焉。』即此也。《事物紺珠》云：『酸與如蛇，四翼六目三足。』程良孺曰：『善芳令人不寐，酸與令人不醉。』《（山海經）圖贊》曰：『景山有鳥，稟形殊類。厥狀如蛇，脚三翼四。見則邑恐，食之不醉。』

［七］【郭注】（酸與）或曰食之不醉。

又東南[一]三百二十里，曰孟門之山[二]。其上多蒼玉，多金；其下多黄堊，多涅石。

[一]【箋疏】孟門山在今景山西，經云東南，疑誤。

[二]【郭注】《尸子》曰：『龍門未辟，吕梁未鑿，河出於孟門之上。大溢逆流，無有丘陵，高阜滅之，名曰洪水。』《穆天子傳》曰：『北升孟門，九河之澄。』【廣注】《辛氏三秦記》曰：『河津一名龍門，巨靈迹猶在，去長安九百里。』孟門與龍門相對，即龍門之上口也，實爲河巨厄，兼孟門津之門也。《（大明一統）名勝志》云：『今在山西平陽府吉州西七十里，界離風山四十里。』【汪存】孟門，底柱三門也，在今懷慶之孟縣南。底柱山，禹鑿之，爲三門以通河。【箋疏】今本《穆天子傳》孟作盟，盟、孟通也。山在今山西平陽吉州西。《水經注》云河南孟門山與龍門山相對，引此經云云。又引《淮南子》，即此注所引《尸子》之文。又引《穆天子傳》而云：『孟門即龍門之上口也，實爲河之巨厄。』

又東南三百二十里，曰平山[一]。平水出于其上，潛于其下[二]，是多美玉。

[一]【廣注】《水經注》：『輔山疑即平山也，山頂周員五六里，少草木。』《隋圖經》曰：『平山在平陽，一名壺口山。』《尚書》『既載壺口』是也，今名姑射山，平水出其下。又《（明）一統志》：『平山在平陽府西南二十五里，姑射山之支也。』《圖經》以爲即姑射山，非，姑射山在府西五十里。【新校正】山在今山西垣曲縣東北。【箋疏】《元和郡縣志》云：『臨汾縣本漢平陽縣。縣在平水之陽，故曰平陽。山一名壺口山，今名姑射山，在縣西八里，平水出焉。』

[二]【箋疏】《水經注》云：『輔山高三十許里，上有泉源，不測其深。山頂周員五六里，少草木。引此經云，孟門東南有平山，水出於其上，潛於其下。又是王屋之次，疑即平山也。』案：酈氏言上有泉源，不測其深，即此經云『平水出於其上，潛於其下』是矣。

又東二百里，曰京山。有美玉，多漆木，多竹。其陽有赤銅，其陰有玄礵[一]。高水出焉，南流注于河。

[一]【郭注】黑砥石也。《尸子》曰：『加玄黄砥。』明色非一也。䃈，音竹篠之篠。【汪存】䃈，音小。【箋疏】䃈字見《玉篇》，同郭義。

又東二百里，曰虫尾之山。其上多金、玉；其下多竹，多青碧。丹水出焉，南流注于河。薄水出焉[一]，而東南流注于黄澤[二]。

[一]【郭注】《淮南子》曰：『薄水出鮮于山。』【汪存】自景山以下，皆沿河東流，大抵懷、衛間山川也。《淮南子》曰：『薄水出鮮于山。』未知合否？【新校正】《淮南子·地形訓》云：『鎬出鮮于。』郭引作薄，未詳孰是。

[二]【汪存】黄澤，蓋河之旁所潴澤也。【新校正】疑即漢内黄黄澤。【箋疏】《穆天子傳》云：『東游於黄澤。』蓋即此。又《（漢書·）地理志》云：『魏郡内黄。』應劭云：『黄澤在西。』

又東三百里，曰彭毗之山。其上無草木，多金、玉；其下多水。蚤林[一]之水出焉，東南流注于河。肥水出焉[二]，而南流注于牀水[三]。其中多肥遺之蛇[四]。

[一]【郭注】（蚤）音早。

[二]【廣注】今鎮原縣西北有肥水，疑即此。劉會孟曰：『昔黄帝誅百魅，膏流成泉，故有肥泉之水。』

[三]【箋疏】肥水當即《詩》之肥泉，牀水未詳。

[四]【釋義】蛇名肥遺，見於諸山水甚多。

又東百八十里，曰小侯之山。明漳之水出焉，南流注于黄澤。有鳥焉，其狀如烏而白文，名曰鴣鸐[一]，食之不灂[二]。

[一]【郭注】姑、習二音。【廣注】《駢雅》曰：『鶺鴒、鵰鶡、鴣鸐、精衛，皆鳥屬也。』【箋疏】鴣鸐見《玉篇》。

[二]【郭注】不瞧目也。或作瞬，音醮。【汪存】南方有鷓鴣似雌鷄而白文，北方無此鳥，恐非也。灂，目瞬動也。【箋疏】瞧，音樵。俗以偷視爲瞧，非也。瞬，音醮，《玉篇》云：『目冥也。』

又東三百七十里，曰泰頭之山。共水[一]出焉，南注于虖池[二]。其上多金、玉，其下多竹、箭。

[一]【郭注】（共）音恭。

[二]【郭注】呼、佗二音，下同。【釋義】凡水平而行者曰流，直而入者曰注。此曰注於虖池，徑入而無所事於流也。【汪存】此蓋又背河而東北行矣。衛有共邑，又其地多竹，然虖沱猶遠在其北，此共水不得云南注也。

又東北二百里，曰軒轅之山[一]。其上多銅，其下多竹。有鳥焉，其狀如梟而白首，其名曰黄鳥，其鳴自詨，食之不妒[二]。

[一]【廣注】《路史·禪通紀》『有軒轅氏作於空桑之北』注引此爲據，非黄帝軒轅也。【汪存】此當在彰德西矣。

[二]【廣注】倉庚亦名黄鳥，倉庚即鸎也。李氏《本草（綱目）》於鸎條下云：『食之不妒』，且引經文爲證。然經云狀如梟，白首，與倉庚不甚類，疑亦同名异物者也。《（山海經）圖贊》曰：『鴣鸐之鳥，食之不瞧。爰有黄鳥，其鳴自叫。婦人是

服，矯情易操。』【汪存】黄鳥，鸝也，一名倉庚，今謂之黄鶯。醫者言：食之可以療妒。【箋疏】《周書・王會篇》云：『方揚以皇鳥。』《爾雅》云：『皇，黄鳥。』蓋皆此經黄鳥也。郭注《爾雅》以爲黄離留，誤矣。俗人皆言黄鶯治妒。而梁武帝以倉庚作膳，爲郗氏療忌，又本此經及《爾雅》注而誤也。

又北二百里，曰謁戾之山[一]。其上多松、柏，有金、玉。沁水出焉，南流注于河[二]。其東有林焉，名曰丹林[三]。丹林之水出焉[四]，南流注于河[五]。嬰侯之水出焉[六]，北流注于汜水[七]。

[一]【郭注】今在上黨郡涅縣。【廣注】劉會孟云：『今在澤州高平縣。』【汪存】謁戾，今沁州沁源縣羊頭山也，古之上黨也。【新校正】山在今山西樂平縣。謁字亦作楬。《淮南子・地形訓》云：『清漳出楬戾。』高誘曰：『楬戾山，在上黨。』《水經注》引（高）誘曰：『在沾縣。』《元和郡縣志》云：『綿上縣羊頭山，一名謁戾山，在縣東北五里，沁水所出。』《太平寰宇記》云：『平遥縣謁戾山，在縣東南四十五里，一名麓臺山。』【箋疏】郭注本《（漢書・）地理志》。謁戾山，見《水經》。

[二]【郭注】至滎陽縣東北入河。或出穀述縣羊頭山也。【釋義】沁水，郭氏以爲在上黨。今晉地以沁名郡邑者二，蓋取諸沁。【廣注】《水經》：『沁水出上黨涅縣謁戾山。』注云：『沁水即洎水也。』【汪存】沁水出沁州，流經澤州，至滎陽之東北入河。【新校正】今在河南濟源縣入河也。【箋疏】（郭注）穀述，當爲穀遠，字之訛也。《（漢書・）地理志》云：『上黨郡穀遠。羊頭山世靡谷，沁水所出。』是郭所本也。沁水，一名涅水。《（漢書・）地理志》云：『上黨郡涅氏，涅水也。』顔師古注云：『涅水出焉。』《水經》云：『沁水出上黨涅縣謁戾山。』注云：『沁水即涅水也。或言出穀遠縣羊頭山世靡谷。』是酈氏合沁、涅爲一水也。《（漢書・）地理志》又云：『沁水，東南至滎陽入河。』顔師古注云：『今沁水至懷州武陟縣界入河。』此云至滎陽，疑傳寫錯誤。今案：顔氏之説非也。《水經》亦云至滎陽縣北入河，滎陽在河南，武陟在河北，相去不遠，説俱得通。今沁水至河南濟源縣入河矣。沁水又見《海内東經》。

[三]【補注】丹林，今之懷慶清化鎮，柿林百里，故曰丹林。實北地之上腴，太行之穠秀也。丹水在懷慶，實帶府城。

[四]【廣注】鄭世子《律學新説》：『羊頭山西二十里，曰丹朱嶺。』意古之丹林也。蓋年久伐盡，不復有林矣，遂訛爲丹嶺，

而朱乃後人妄加者。《水經注》云：『丹水出上黨高都縣故城東北阜下，俗謂之源源水。』《（漢書·）地理志》云：『高都縣有莞谷，丹水所出，東南人絶水。』《竹書紀年》：『晋出公五年，丹水三日絶不流。幽公九年，丹水出相反擊。』皆丹水也。【箋疏】《（漢書·）地理志》云：『高都莞谷，丹水所出，東南入泫水。』《水經注》云：『丹水出上黨高都縣故城東北阜，俗謂之源源水。』引此經云云，即斯水矣。又《水經注》引經直作丹水，無林字。

［五］【新校正】《（漢書·）地理志》云：『丹水入泫水。』《水經注》引作入絶水。《（漢書·）地理志》又云：『泫氏楊谷，絶水所出，南至壄王入沁。』《水經注》亦云：『沁水與丹水合。』此云入河者，蓋丹水合絶水入沁，又入於河。【箋疏】《水經注》亦云沁水與丹水合。此經云入河者，蓋丹水合絶水入沁，又入於河也。又《（漢書·）地理志》『泫氏』應劭注云：『《山海經》泫水出者也。』今經無泫水，蓋脱去之。而《地理志》丹水入泫水，《水經注》引作入絶水，未審誰是。

［六］【廣注】《水經注》：『潙水又會嬰侯之水，北流注於汜水，亂流徑中都縣，俗又謂之中都水。』《（明）一統志》曰：『嬰澗水，今在平遥縣東三十里，即嬰侯水也。』

［七］【汪存】此非河南之汜水也，然未詳所在。【新校正】作汜非。《水經》云：『汾水過大陵縣東。』注引此經云：『祀水出祀山。其水殊源，共合注於嬰侯之水。』【箋疏】據《水經注》，汜水當爲祀水。又云出於其陰，亦與今本异。

東三百里，曰沮洳之山[一]。無草木，有金、玉。濝水[二]出焉，南流注于河[三]。

［一］【郭注】《詩》云：『彼汾沮洳。』【廣注】劉會孟曰：『今山西太原，叔虞封此。』【汪存】沮洳，即隆慮。【新校正】山在今河南輝縣。《元和郡縣志》云：『共城縣淇水，源在縣西北沮洳山。』《太平寰宇記》云：『共城縣沮洳山在縣西，淇水出此山。』【箋疏】《水經注》引此經云：『淇水出沮如山。』是洳當爲如，或古字通。山在今河南輝縣。

［二］【郭注】（濝）音其。【廣注】郝敬《讀書通》曰：『文字附合增減，悉由人作，如《山海經》「沮洳之山，濝水出焉」增系；「海内西南陬，有鶬」增鳥。』【汪存】濝水，即淇水也，出衛輝之大號山，古隆慮也。【新校正】《水經》云：『淇水出河内隆慮縣西大號山。』《説文》云：『淇水出河内共北山，東入河。或曰出隆慮西山。』《（漢書·）地理志》云：『淇水

出共。』【箋疏】漴，即淇字。

[三]【郭注】今淇水出汲郡隆慮縣大號山東，過河内縣南，爲白溝。【廣注】清、淇自魏郡朝歌縣界入，分爲二派，一在郡東，一在郡西，俱南流入河。漢建武二年，遣司空王梁守此關，即漴水地也。《水經》：『河西會漴水。』注云：『水出汲縣王屋西山。』【箋疏】《（漢書・）地理志》云：『河内郡共北山，淇水所出，東至黎陽入河。』《晋書・地理志》云：『汲郡共北山，淇水所出。』隆慮作林慮也。

又北三百里，曰神囷[一]之山。其上有文石，其下有白蛇，有飛蟲[二]。黄水出焉[三]，而東流注于洹[四]。滏水[五]出焉，而東流注于歐水[六]。

[一]【郭注】音如倉囷之囷。【新校正】案《水經注》，此山當在漢林慮縣，今河南林縣也。【箋疏】囷即倉囷之囷，郭氏復音如之，知經文必不作囷。《廣韵》引作神箘，疑是也。

[二]【箋疏】《史記・周本紀》云：『蜚鴻滿野。』索隱引高誘曰：『蜚鴻，蠛蠓也。言飛蟲蔽日滿野，故爲災。』又《後漢書・南蠻傳》云：『鹽神旦即化爲蟲，與諸蟲群飛，掩蔽日光。』亦此類也。

[三]【廣注】劉鳳《雜俎》云：『隆慮縣，黄水出於神囷之山黄華谷，山高十七里，水出木門帶，直瀉巖下，狀若鷄翹，故謂之鷄翹。』

[四]【郭注】洹水出汲郡林慮縣東北，至魏郡長樂入清水。洹，音丸。【廣注】《隋圖經》云：『洹水出隆慮縣西北，俗謂安陽河，即聲伯夢涉之所。』【注存】洹水出彰德林慮縣，東流，入於清水。【新校正】《說文》云：『洹水在齊魯間。』《水經》云：『（洹水）出上黨泫氏縣，東過内黄縣北，東入於白溝。』注云：『水出洹山。山在長子縣也。』【箋疏】《（漢書・）地理志》云：『河内郡隆慮。』應劭注云：『隆慮山在北，避殤帝名改曰林慮也。』《說文》云：『洹水在晋魯間。』《水經》云：『洹水出上黨泫氏縣，東過隆慮縣北。』注云：『縣有黄水，出於神囷之山黄華谷。又東，入於洹水也。』又云：『洹水又東，徑長樂縣故城南。』

［五］【郭注】滏水今出臨水縣西滏口山，經鄴西北，至列人縣入於漳，其水熱。【補注】滏水在今磁州。【廣注】《水經注》：『滏水發源，出石鼓山南岩下，泉奮涌滏水之陽矣。其水冬温夏冷，水上有祠，能興雲雨。又東流注於漳，謂之合河。』【汪存】滏水出釜山，過彰德西北，下流入濁水。【新校正】滏當爲釜。《淮南子·地形訓》云：『釜出景。』高誘注云：『景山在邯鄲西南，釜水所出，南流入漳。其原浪沸涌正，勢如釜中湯，故曰釜，今謂之釜口。』【箋疏】李善注《魏都賦》引此經與今本同。《（三國志·）魏志·武帝紀》云：『建安九年，公進軍到洹水。』又云：『臨滏水爲營。』即斯水也。

［六］【新校正】《太平御覽》引《水經注》云：『釜水發源石鼓山南，東流注於漳。』今本無此語，但云：『漳水又對趙氏臨漳宫。又東北，釜水入焉。』據經云注於歐水，豈漳水有歐水之名與？【箋疏】劉逵注《魏都賦》云：『漳、滏，二水名，經鄴西北。滏水熱，故曰滏口。』《水經注》云：『滏水出鄴西北石鼓山南巖下，泉源奮涌若釜之揚湯矣。其水冬温夏冷。滏水又東，流注於漳，謂之合口。』據《水經注》，石鼓山當即滏口山之异名也。

又北二百里，曰發鳩之山［一］。其上多柘木［二］。有鳥焉，其狀如烏［三］，文首、白喙、赤足［四］，名曰精衛，其鳴自詨［五］，是炎帝之少女，名曰女娃［六］。女娃游于東海，溺而不返，故爲精衛［七］，常銜西山之木石，以堙于東海［八］。漳水［九］出焉，東流注于河［十］。

［一］【郭注】今在上黨郡長子縣西。【廣注】劉會孟云：『今屬山西潞安府。』《（明）一統志》云：『在長子縣西五十里。』《律學新説》曰：『黴蓋山西北三十里，曰發鳩山。山下有泉，泉上有廟，濁漳水之源也。廟有象，神女三人。女侍手擎白鳩，俗言漳水欲漲則白鳩先見，蓋以精衛之事而傅會之也。』王鑒《禹貢考》云：『發鳩山，又名鹿谷山。』【新校正】山亦曰發包山，在今山西長子縣西。《淮南子·地形訓》云：『濁漳出發包。』高誘注云：『發包山，一名鹿谷山。亦在上黨長子縣。』案：鳩、包聲相轉，或云包當爲勹字也。《水經注》云：『鹿谷與發鳩連麓而在南。』《元和郡縣志》云：『長子縣發鳩山，在縣西南六十里。』

［二］【新校正】柘，當爲樜。《説文》云：『樜木，出發鳩山。』【箋疏】《説文》云：『樜木，出發鳩山。』是柘當爲樜。《玉篇》

云：『柘，亦作樜。』蓋同聲假借字也。《漢書音義》云：『櫧似樜，葉冬不落。』是樜、櫧同類之木。櫧，見《中次十一經》前山。

［三］【箋疏】《太平御覽》四十五卷引此經烏作鳩。

［四］【箋疏】《廣韵》引此經作白首赤喙。

［五］【箋疏】李善注《吴都賦》引此經作呼。

［六］【郭注】炎帝，神農也。娃，惡佳反。語誤，或作階。【箋疏】李善注《吴都賦》引此經作赤帝之女姓姜，誤也。《魏都賦》注引此經仍作女娃。是姓乃娃之訛，姜字衍。

［七］【新校正】《列仙傳》云：『赤松子服水玉以教神農，能入火自燒。炎帝少女追之，亦得仙俱去。』《（魏書·）地形志》云：『長子羊頭山下神農泉，北有穀關，即神農得嘉穀處。』據二書言，則炎帝少女追神農而得仙，正於此也。

［八］【郭注】堙，塞也，音因。【釋義】此以炎帝少女化精衛，猶稱蜀帝化杜鵑云耳。【廣注】《述异記》：『炎帝女溺死東海中，化爲精衛，一名誓鳥，一名冤禽，一名志鳥，俗名帝女雀。』《學海》注云：『赤帝之女，姜姓，爲精衛，在上黨發鳩山。』《博物志》云：『有鳥如烏，文首白喙赤足，曰精衛。精衛常取西山之木石以填東海。』《五侯鯖》曰：『精衛無雄，偶海燕而生。』《抱朴子》曰：『精衛填海，玄讓遞生。』左思《魏都賦》：『㹀㹀精衛，銜木償怨。』《吴都賦》：『精衛銜石而遇繳，文鰩飛波而觸綸。』庾信《（擬）連珠》云：『精衛何禽，欲銜石而塞海。』又《哀江南賦》：『豈冤禽之能塞海，非愚叟之可移山。』顔之推賦：『既銜石以填海，終荷戟以從秦。』崔融《嵩山碑》：『精衛銜木而償冤，女尸化草而成嬪。』李白詩：『西飛精衛鳥，東海何由填。』又云：『精衛費木石，黿鼉無所憑。』又《大鵬賦》：『精衛殷勤於銜木，鶢鶋悲愁乎薦觴。』《白氏六帖》：『婦化石以望夫，鳥銜木而填海。』胡斗南詩：『千年木石勞精衛。』邊貢詩：『柳邊精衛浙江潮。』豐坊《鳴鳳行》：『精衛一小鳥，銜石翻飛東海頭。』文翔鳳《後湖行》：『銜木非馮精衛填。』徐光啓《曆書表》：『精衛填海，有求成之望；愚叟移山，諭可爲之理。』黄氏《續騷經》云：『娥宛轉於水濟兮，精衛舞於江渚。』《（山海經）圖贊》曰：『炎帝之女，化爲精衛。沉形東海，靈爽西邁。乃銜木石，以填波害。』陶潛《讀山海經》詩：『精衛銜微木，將以填滄海。刑天舞干戚，猛志故常在。同物既無慮，化去不復悔。徒設在昔心，良晨詎可待。』【新校正】堙，當爲垔，見《説文》，俗加土也。【箋疏】《文選》注引此經銜作取，堙作填，唯《魏都賦》注引此仍作堙。《列仙傳》載炎帝少女追赤松而得仙，是

知東海溺魂，西山銜石，斯乃神靈之變化，非夫仇海之冤禽矣。女尸之爲䔄草，亦猶是也。

[九]【郭注】濁漳，音章。【廣注】《（明）一統志》：『濁漳在潞州西五十里。』《（大明一統）名勝志》曰：『發鳩山，上有靈湫泉，即濁漳之源。』【新校正】漳，當爲涑，郭誤也。《説文》云：『涑水，出發鳩山，入於河。從水，東聲。』今本《水經注》云：『漳水又東，陳水注之。水西出發鳩山，東徑余吾縣故城南。又東徑屯留縣故城北。又東流注於漳。故許慎曰：水出發鳩山入關，從水、章聲也。』案：陳水皆涑水之誤，所引《説文》乃涑字之解；云章聲，又東聲之誤也。詳郭音，則是晉時已訛涑爲漳。【箋疏】此經古有二本，許君所見本蓋爲涑水，即《説文》及《水經注》所云是也。桑欽所見本蓋爲漳水，《水經》云濁漳水出上黨長子縣西發鳩山，即此，郭注所云是也。

[十]【郭注】或曰出長子縣鹿谷山，而東至鄴入清漳。【汪存】此濁漳也，出鹿谷山，流經彰德府，合清漳而東入河。【箋疏】《（漢書・）地理志》云：『上黨郡長子鹿谷山，濁漳水所出。東至鄴入清漳。』《説文》亦同，是皆郭注所本。

又東北百二十里，曰少山[一]。其上有金、玉，其下有銅。清漳之水出焉，東流于濁漳之水[二]。

[一]【郭注】今在樂平郡沾縣。沾縣故屬上黨。【廣注】《晉地記》云：『少山即太谷也，在太谷縣西南十里，有咸陽故城，亦名咸陽谷。』王鑒《禹貢考》云：『山在太原府樂平縣西南二十里。』《福地記》曰：『其高八百丈，可以避兵，恒山之佐命也。清漳水出此，又名沾嶺。』【汪存】今在平定州樂平縣。【新校正】山在今山西樂平縣。《水經》云：『清漳水，出上黨沾縣西北少山大要谷。』《説文》云：『出沽山大要谷。』《元和郡縣志》云：『樂平縣少山，一名河逢山，在縣西南三十里，清漳水出焉。』【箋疏】大要谷即少山也。樂平郡沾及上黨郡，并見《晉書・地理志》。

[二]【郭注】清漳出少山大繩谷，至武安縣南暴宫邑入於濁漳。或曰東北至邑城入於大河也。【廣注】《禹貢合注》：『漳水有二：出大黽谷爲清漳，出鹿谷山爲濁漳。』【汪存】清漳出大要谷，東流，合濁漳，至阜城入河。【新校正】《説文》云：『濁漳入清漳。』經及《水經》云清漳入濁漳，同也。【箋疏】郭注繩，蓋黽字之訛。黽又㽉字之訛也。《（漢書・）地理志》：『北地郡大㽉。』顔師古注云：『㽉，即古要字也。』顔本作㽉，而今本於上黨郡沾縣大㽉谷訛爲大黽谷，郭氏此注

又訛爲大繩谷矣。《説文》云：『清漳出沾山大要谷，北入河。』以此可證。又郭注暴宫，當爲黍窖之訛，《水經》云：『東至武安縣南黍窖邑入於濁漳。』是也。邑城當爲皐城之訛。今本《（漢書·）地理志》上黨郡沾下亦訛爲邑城也。皐城縣屬渤海郡，見《漢（書）》、《晋（書·）地理志》。

又東北二百里，曰錫山[一]。其上多玉，其下有砥[二]。牛首之水出焉[三]，而東流注于滏水。

[一]【釋義】今無錫亦有錫山。【新校正】山在今河南武安縣。《（漢書·）地理志》云：『邯鄲堵山，牛首水所出。』《太平寰宇記》云：『磁州武安縣有錫山。』引此經。【箋疏】《（漢書·）地理志》、《水經注》并作堵山，或古有二名。

[二]【廣注】《（尚書·）禹貢》云：『礪砥砮丹。』【明案】《（尚書·）禹貢》孔安國注：『砥細於礪，皆磨石也。』

[三]【新校正】《水經注》云：『（牛首）水出邯鄲縣西堵山。漢景帝時攻趙圍邯鄲，引牛首拘水灌城。』《太平寰宇記》云：『邯鄲縣牛首水，在縣西北三十里，又名曲河，源出縣前西南平地。』【箋疏】《（漢書·）地理志》云：『趙國邯鄲堵山，牛首水所出。』

又北二百里，曰景山[一]。有美玉。景水出焉，東南流注于海澤[二]。

[一]【新校正】高誘注《淮南子》云：『景山，在邯鄲西南。』

[二]【新校正】《淮南子·地形訓》云：『西北方曰海澤。』

又北百里，曰題首之山。有玉焉，多石，無水。

又北百里，曰繡山。其上有玉、青碧。其木多栒[一]，多芍藥[二]、芎藭。洧水出焉[三]，而東流注于河。其中有鱯[四]、黽[五]。

[一]【郭注】木中枚也，音荀。【汪存】栒，音洵，木可爲琴。【新校正】《説文》云：『橁，杶也。』此省文。【箋疏】郭注未詳所本。《説文》有橁，云：『杶也。』又有㮲，云：『大木，可爲鉏柄。』疑皆非郭義。《（神農）本草經》有栒核，《（神農本草・）別録》云：『味苦，療水身面癰腫。』蓋即此木也。《説文》云：『枚，榦也，可爲杖。』

[二]【郭注】芍藥，一名辛夷，亦香草屬。【釋義】芍藥蓋花屬，恐未可名草。【廣注】辛怡乃辛雉，今謂之木筆。揚雄《甘泉賦》：『列辛雉於林薄。』服虔注云：『即辛怡。』雉、怡聲相近耳。《楚詞》有辛怡車，亦不謂芍藥也，郭注非是。又《毛（詩故訓）傳》以芍藥爲香草，陸璣云：『今藥草芍藥無香氣，未審今何草。』芍或作勺，《（詩・）鄭風》云：『伊其相謔，贈之以勺藥。』董子云：『勺藥一名將離，故將別贈之。』《韓詩外傳》云：『勺藥，離草也。』李瀕湖曰：『芍藥，猶婥約也。此草花容婥約，故以爲名。』《爾雅翼》云：『制食之毒，莫良於勺，故得藥名。』又赤者名金芍藥，白者名木芍藥。【汪存】芍藥似牡丹，其花香而色麗，其根入藥。或以爲辛夷，誤甚。【箋疏】《廣雅》云：『攣夷，芍藥也。』張揖注《上林賦》云：『留夷，新夷也。』新與辛同，留、攣聲轉。王逸注《楚詞・九歌》云：『辛夷，香草也。』是攣夷即留夷。《離騷》之留夷，又即《九歌》之辛夷，與芍藥正一物也。郭注本《廣雅》及《楚詞》。

[三]【廣注】《水經》云：『洧水出河南密縣馬領山。』【汪存】此非鄭之洧水也，然未詳所在。

[四]【郭注】鱯似鮎而大，白色也。【箋疏】《爾雅》云：『魾，大鱯。』郭注與此同。

[五]【郭注】鼃黽似蝦蟇，小而青。或曰蠖、黽一物名耳。【廣注】《爾雅疏》：『蟾諸，在水者名黽，一名耿黽，一名土鴨。』鄭樵云：『黽，水鷄也，音猛。』【汪存】黽，青鮭也。【箋疏】鼃，當爲耿字之訛。耿黽見《（周禮・）秋官》。蟈（郭）氏注亦見《爾雅》。

又北百二十里，曰松山[一]。陽水出焉[二]，東北流注于河。

〔一〕【新校正】疑即今山西襄垣縣好松山。

〔二〕【新校正】《（魏書·）地形志》云：『上黨屯留有陽水，原出三想山，東流，合平臺水，東南入絳水。』

又北百二十里，曰敦與之山〔一〕。其上無草木，有金、玉。溹水出于其陽〔二〕，而東流注于泰陸之水〔三〕。泜水出于其陰〔四〕，而東流注于彭水〔五〕。槐水出焉，而東流注于泜澤〔六〕。

〔一〕【廣注】《（大明一統）名勝志》作敦輿山，在今直隸趙州臨城縣南七十里。【新校正】《元和郡縣志》云：『趙州臨城縣敦與山，在縣西南七十里，泜水所出。』《太平寰宇記》引此作敦輿山。【箋疏】山在今直隸臨城縣西南。

〔二〕【郭注】（溹）音悉各反。【廣注】今索水源出滎陽小陘山，北流入京水。【箋疏】《玉篇》云：『溹，所格切，水名。』

〔三〕【郭注】大陸水，今鉅鹿北廣平澤即其水。【廣注】泰陸，一本作泰陸，誤。【汪存】孫炎云：『大陸，今鉅鹿北廣阿澤也。』李吉甫又以深、邢、趙三州爲大陸。然則大陸，今深澤是也。【箋疏】廣平，當爲廣阿，字之誤也。《爾雅》『十藪』晋有大陸，郭注云：『今鉅鹿北廣阿澤是也。』然今《爾雅》注阿復誤作河。《呂氏春秋》九藪趙之鉅鹿，高誘注云：『廣阿，澤也。』《（漢書·）地理志》云：『鉅鹿郡鉅鹿。《（尚書·）禹貢》大陸澤在北，又有廣阿。』劉昭注《（後漢書·）郡國志》亦同。

〔四〕【郭注】（泜）音抵肆反。【新校正】《説文》云：『泜水在常山。』《（漢書·）地理志》云：『常山中邱有逢山長谷，諸水所出，東至張邑入濁漳。』案：諸水即泜水也。《元和郡縣志》云：『臨城縣泜水，在縣南二十里，出白土，細如膏。』

〔五〕【郭注】今泜水出中丘縣西窮泉谷，東注於堂陽縣，入於漳水。【廣注】《（明）一統志》：『泜水在臨城縣西北，源發元氏縣。』《史記》：『韓信斬成安君於泜水上。』【汪存】此彭字當作漳。【新校正】《隋書·地理志》云：『房子有彭水。』【箋疏】《説文》云：『泜水在常山。』《（漢書·）地理志》云：『常山郡元氏。沮水首受中丘西山窮泉谷，東至堂陽入黄河。』又：『中丘逢山長谷，諸水所出，東至張邑入濁漳。』是郭所本也。諸水，即泜水矣。《隋書·地理志》云：『房子有彭水。』

案：《史記·陳餘傳》索隱引此郭注云：「泜水出常山中丘縣。」今本脱「常山」二字。

[六]【釋義】此謂泜水出於其陰，指泰陸之南而言；曰東流注於彭水，亦泜水也；曰槐水出焉，則出於彭水也。三水委折，必分別始悉。【新校正】槐水即濟水也，亦曰石濟，出今直隸贊皇縣。《説文》云：「濟出常山房子贊皇山。」《（漢書·）地理志》云：「石濟水東至廮陶入泜。」《元和郡縣志》云：「平棘縣槐水，一名白溝河，南去縣二十五里。」《太平寰宇記》云：「贊皇縣槐水，《隋圖經》云：槐水出贊皇山，一名渡水，亦曰濟水，去縣十里。此自別是一濟，即《詩》云出宿於濟。」

又北百七十里，曰柘山。其陽有金、玉，其陰有鐵。歷聚之水出焉，而北流注于洧水。

又北三百里，曰維龍之山。其上有碧、玉。其陽有金，其陰有鐵。肥水出焉[一]，而東流注于皋澤，其中多礨石[二]。敞鐵之水出焉，而北流注于大澤。

[一]【廣注】成德亦有肥水，出良餘山，非此。

[二]【郭注】未詳也，音雷，或作壘。磈壘，大石貌。或曰石名。【汪存】言肥水中有磈壘大石也。【新校正】礨非古字，當爲壘。【箋疏】《玉篇》云：「礧，不平也。」又云：「礧，磈石。」與郭義近。礧、壘字通也。又《漢書·鼂錯傳》云：「具藺石。」服虔注云：「藺石，可投人石也。」如淳注云：「藺石，城上雷石也。」藺、礨聲轉，礨、雷聲近，疑礨石即雷石矣。

又北百八十里，曰白馬之山[一]。其陽多石、玉，其陰多鐵，多赤銅。木馬之水出焉[二]，而東北流注于虖池[三]。

[一]【新校正】山在今山西孟縣北。《（魏書·）地形志》云：『清廉有白馬山。』《元和郡縣志》云：『孟縣白馬山在縣東北六十里。』

[二]【新校正】即牧馬水，在孟縣東北，至定襄入虖沱。【箋疏】木馬水，即俗謂牧馬水也，在孟縣東北，至定襄入虖沱。

[三]【郭注】呼、陀二音。【廣注】曹學佺《（大明一統）名勝志》：『白馬山在孟縣東北四十里，有白馬關。相傳後魏時築，其水俗謂之牧馬河，源有二十，出當縣，一出忻州，俱名白馬山。至三交村之牛尾莊合流，經城南七里，東北入定襄界，注于滹沱。』【汪存】自泰頭至此，繞太行之東而北行也。至此則疑近北岳恒山之境矣。

又北二百里，曰空桑之山[一]。無草木，冬夏有雪[二]。空桑之水出焉，東流注于虖池。

[一]【郭注】上已有此山，疑同名也。【廣注】空桑有二。《路史》云：『共工振滔鴻水，以薄空桑』，其地在莘、陝之間。伊尹莘人，故《呂氏春秋》、《古史考》俱言尹產空桑。空桑故城在今陳留，三十里又有空桑澗，史稱帝榆罔居空桑。《歸藏·啓筮》云：『蚩尤伐空桑，帝所居也。』即此空桑也。兖地亦有空桑，其地廣絶，高陽氏所嘗居，皇甫謐所謂廣桑之野，上古有空桑氏。又《春秋演孔圖》及干寶所記孔子生於空桑，皆魯之空桑也，見《東山經》。【汪存】此北方空桑，非東之空桑也。【箋疏】《東（山）經》有此山，此經已上無之。檢此篇《北次二經》之首，自管涔之山至于敦題之山，凡十七山，今才得十六山，疑經正脱此一山也。經内空桑有三，上文脱去之空桑，蓋在莘、虢間，《呂氏春秋》、《古史考》俱言尹產空桑是也。此經空桑，蓋在趙、代間。《歸藏·啓筮》言『蚩尤出自羊水，以伐空桑』是也。兖地亦有空桑，見《東山經》。

[二]【廣注】吴淑《雪賦》云『怪空桑於四時』，本此。

又北三百里，曰泰戲之山[一]。無草木，多金、玉。有獸焉，其狀如羊，一角一目，目在耳後，其名曰辣辣[二]，其鳴自訆。虖池之水出焉[三]，而東流注于漊水[四]。液女之水出於其陽，南流注于沁水[五]。

[一]【廣注】一作秦戲。《(明)一統志》云：『秦戲山，在繁峙縣東北，俗名小孤山。』《(太平)寰宇記》云：『一名武夫山，亦曰氏天山，今名孤山。』王鑒《禹貢考》引此亦作秦戲。【新校正】山在今山西繁峙縣西。《淮南子·地形訓》云：『虖沱出魯乎。』《説文》云：『泒水起雁門葰人戍夫山。』《元和郡縣志》云：『繁峙縣泰戲山，一名武夫山，在縣東南九十里。』《太平寰宇記》云：『繁峙縣泰戲山，今曰泒山。』又云：『虖沱河源出東南孤阜山。』據此，則戲字當讀如呼。《説文》：『本從䖒聲。』泰戲、魯乎、戍夫、武夫、孤阜，皆聲相近、字之异也。

[二]【郭注】音屋棟之棟。【廣注】《獸經》曰：『𤘾𤘾一目，從從六足。』《玄覽》曰：『解廌、狰駮、臛疏、𤘾𤘾，一角之獸也。』《駢雅》曰：『羊一角，謂之𤘾𤘾。』楊慎《奇字韵》云：『𤘾𤘾，今産於代州雁門谷口，俗呼爲耩子，見則歲豐，音東，見《晋(書·地理)志》。』曹學佺《(大明一統)名勝志》曰：『代州谷中常産獸，其名曰𤘾，狀如羊，一目一角，目生耳後，鳴則自呼。』《河源志》云：『昆侖以西，獸有犛牛、野馬、狼狍、𤘾羊之類。』又《字彙》引此作𤘾。又《集韵》：『音陳，别有獸名䵴，似豕，目出於耳。』亦與此類，見《事物紺珠》。【箋疏】《玉篇》𤘾字云：『泰山有獸，狀如牛，一角。』疑泰下脱戲字。又羊爲牛，或字之訛也。《廣韵》引此經作秦戲山，餘同。𤘾，音東，又音陳。

[三]【郭注】今虖池水出雁門鹵成縣南武夫山。【補注】古本作灌池。虖沱，後人改也。【廣注】《地理通釋》云：『虖沱在今代州繁峙縣東，流經定州深澤縣東南，即光武所渡處，俗謂之危渡口。』《(大明一統)名勝志》：『滹沱水列如品字，又名三白水。』【新校正】《周禮》作呼沱，《禮記》作惡池。呼、惡、虖三音同也。《(漢書·)地理志》云：『勃海成平虖沱，或曰徒駭河。』亦音相近也。水出今山西繁峙縣，又北徑直隸，至滄縣入於海。【箋疏】虖沱，又見《海内東經》。《(漢書·)地理志》云：『勃海郡成平。虖池河，民曰徒駭河。』蓋語聲之轉也。《(後漢書·)郡國志》云：『雁門郡鹵城。』劉昭注引此經作呼沱，經典或作惡池，或作亞馳，并聲近假借之字。郭注鹵成，成當爲城。

[四]【郭注】(漊)音樓。【汪存】虖沱，今出朔州平鹵南武夫山，東南流，經正定，并恒、衛、寇、易諸水而東入海。今自河已南徙，北方川原或塞或開，互相易位，不可詳考矣。【新校正】《(漢書·)地理志》云：『代郡鹵城。虖池河，東至參合入虖池。』别疑漊水即虖池别流也。

［五］【郭注】液，音悦懌之懌。【廣注】劉會孟曰：『竇憲奪公主田處。』【汪存】液女之水，不知何水也。【新校正】今泰戲山在繁峙，沁水在沁源，南北相去甚遠，無由有注沁之水。經所云云，未詳也。【箋疏】南北遥阻，無緣有水相注，疑經文誤。此云液女，下文直云液水。

又北三百里，曰石山。多藏金、玉［一］。濩濩［二］之水出焉，而東流注于虖池。鮮于之水出焉，而南流注于虖池。

［一］【箋疏】藏，古字作臧，善也。《西次三經》槐江之山多藏黄金、玉，義與此同。
［二］【郭注】濩，音尺蠖之蠖。

又北二百里，曰童戎之山。皋涂之水出焉，而東流注于溇液水［一］。

［一］【汪存】前溇水、液水兩分，此又合言溇液水，豈此皋涂之水分入於二水而約言之邪？

又北三百里，曰高是之山［一］。滋水［二］出焉，而南流注于虖池［三］。其木多椶，其草多條［四］。滱水［五］出焉，東流注于河［六］。

［一］【郭注】今在北地靈丘縣。【廣注】《（明）一統志》：『高是山，在蔚州西北七十里。』【汪存】今蔚州靈邱縣，此北岳之山矣。【新校正】在縣西北。《水經》作高氏。【箋疏】《晉書·地理志》北地郡無靈丘，代郡下亦無之。《漢（書·地理）志》代郡下則有。

［二］【郭注】（滋）音慈。【釋義】今京師之南真定郡有滹沱河。【廣注】《（明）一統志》云：『在靈邱西南枚回嶺，懸流五丈，湍激之聲，震動山谷。』《（大明一統）名勝志》云：『滋水在蔚州西南三十里之南馬莊，名流水泉。』【箋疏】《説文》云：『滋水出牛飲山白陘谷，東入呼沱。』《（漢書・）地理志》云：『常山郡南行唐。牛飲山白陸谷，滋水所出，東至新市入虖池。』《（後漢書・）郡國志》云：『南行唐有石臼谷，谷名三書。』皆异，未知其審。

［三］【新校正】《（漢書・）地理志》云：『南行唐牛飲山白陸谷，滋水所出。東至新市入虖沱。』《元和郡縣志》云：『靈邱縣茲水，出縣西枚回山。』【汪存】慈水出靈邱，經正定，合恒水。恒水出恒山北谷，東南合慈水，又南流入於衡水，此後世經流也。古之衡水入於易水，而東自入海。滋、恒皆不入虖沱也。

［四］【箋疏】條草未詳。或説以《爾雅》蓧蓨，恐非。

［五］【郭注】（滱）音寇。【廣注】滱水，今在渾源州恒山南。《水經》：『滱水出代州靈邱縣高氏山。』注云：『即温彝之水也，今名纏河，亦名温彝河。』【汪存】滱水出靈邱，東南流，合恒水，入易水，入海。【新校正】《説文》云：『滱水起北地靈邱，東入河。』又曰：『滱水即漚夷之水，并州浸也。』

［六］【郭注】過博陵縣南，又東北入於易水。【汪存】滱不入虖沱，亦不入河也。此言滱水入河，下鄴、般、燕、虢、倫、繩皆云入河，是秦漢人之水道或然。【新校正】《（漢書・）地理志》云：『靈邱滱河，東至文安入大河。』《水經注》云：『清、湛、漳、洹、滱、易、淶、濡、沽、虖池，同歸於海。』【箋疏】《（漢書・）地理志》云：『代郡靈丘。滱河，東至文安入大河。』《説文》亦云：『東入河。』與此經合。《水經》云：『滱水東過博陵縣南，又東北入於易。』注云：『東北至長城，注于易水也。』與郭注合。今案：滱水自入易水。易水復不通河流，經言注河，未知其審。

又北三百里，曰陸山。多美玉。鄴水［一］出焉，而東流注於河。

［一］【郭注】或作郯水。【箋疏】鄴字，《説文》《玉篇》《廣韵》俱無之。嚴可均曰：『《説文》云：黄帝娶於姜水。』

又北二百里，曰沂山[一]。般水[二]出焉，而東流注于河。

[一]【郭注】（沂）音祈。

[二]【郭注】（般）音盤。【新校正】此疑九河之鉤盤。《（魏書·）地形志》云：『盤有故般河。』【箋疏】《（漢書·）地理志》云：『平原郡般。』説者云：即《爾雅》九河鉤般也。《元和郡縣志》云：『棣州陽信縣鉤盤河，經縣北四十里。』

北百二十里，曰燕山[一]。多嬰石[二]。燕水出焉，東流注于河[三]。

[一]【廣注】《（明）一統志》：『燕山，在玉田縣西北，自西山一帶迤邐東，其延袤數百里。北平立燕山三衛，因此山而名。』【汪存】燕山，今□（原闕，疑爲屬字）京師也。【新校正】《隋書·地理志》云：『無終有燕山。』疑即此。

[二]【郭注】言石似玉，有符彩、嬰帶，所謂燕石者。【補注】今此石出保定之滿城縣。【廣注】語云：魚目混珠，燕石亂玉。【汪存】嬰石，石之美者，《列子》所謂燕石也。【箋疏】嬰，疑燕聲之轉，未必取嬰帶爲義。《水經注》云：『聖水又東，逕玉石山，謂之玉石口山。多珉玉、燕石，故以玉石名之。』是燕石出玉石山，將玉石山即燕山之异名與？而與《水經》鮑丘水注無終之燕山似异，此蓋别一山也。

[三]【汪存】燕山以東，灤、盧、濡、遼之水皆自入海，不入河。

又北，山行五百里，水行五百里，至于饒山[一]。是無草木，多瑶、碧。其獸多橐駝，其鳥多鶹[二]。歷虢之水[三]出焉，而東流注于河。其中有師魚[四]，食之殺人。

[一]【箋疏】《爾雅釋文》引《字林》云：『馲駝出繞山。』疑饒、繞古字通也。《初學記》二十九卷引此經云：『陽光之山，獸多

槖駞。」經無陽光山，疑亦饒山，字之誤衍也。

［二］【郭注】未詳。或曰：鷌，鵂鷌也。【廣注】《廣雅》曰：「鵅鵋，飛鸓也。」疑即是。【汪存】鵂鷌，頭似猫。【箋疏】鵂鷌，即鵋久，《爾雅》謂之怪鵋。《廣雅》又云：「鸓鵋，飛鸓也。」別一物，即鼯鼠也。

［三］【汪存】此未越海而水行五百里，或即泝此歷虢之水歟，今不可考。

［四］【郭注】未詳。或作鯢。【釋義】師魚殺人，如今之河豚誤食亦有死者。【廣注】《本草綱目》有魚師之名。陳藏器《本草拾遺》云：「魚師，大者有毒殺人。」疑即此魚也。《唐韵》云：「鰤，老魚。」《事物紺珠》云：「鰤魚，青黄色，腮下有横骨如鋸。」【新校正】師魚，或當爲沛魚之訛，即上鯑鯑之魚，亦曰溥浮魚也。【箋疏】師，《玉篇》作鰤，非也。郭云或作鯢者，師、鯢聲之轉，鯢即人魚也，已見上文。《酉陽雜俎》云：「峽中人食鯢魚，縛樹上，鞭至白汁出如構汁方可食，不爾有毒也。」正與此經合。

又北四百里，曰乾山，無草木。其陽有金、玉，其陰有鐵而無水［一］。有獸焉，其狀如牛而三足，其名曰獂［二］，其鳴自詨。

［一］【汪存】據此，則乾當音干。

［二］【郭注】音元。【廣注】《玄覽》曰：「從從六足，獂三足。」【新校正】《周書》云：「貛有爪而不敢以撅。」《説文》云：「讀若桓。」【箋疏】獂當爲貛，見《説文》。

又北五百里，曰倫山。倫水出焉，而東流注于河。有獸焉，其狀如麋，其川［一］在尾上，其名曰羆［二］。

[一]【郭注】川，竅也。【補注】伯樂《馬經》云：『有馬白州。』州當是川字。【廣注】姚旅《露書》云：『倫山獸，川在尾上。』則川可爲穿也。【汪存】川，亦作州，後竅也。【新校正】《爾雅》云：『白州驠。』郭云：『州，竅也。』則川當爲州。《廣雅》云：『州，臀也。』【箋疏】《爾雅》云：『白州驠。』郭注云：『州，竅。』是州、川其義同。《廣雅》云：『川，臀也。』本此。王引之曰：『川似當爲州，字形相近而誤。』

[二]【廣注】《（山海經）圖贊》本作羆九獸。《贊》曰：『𤜣𤜣似羊，眼在耳後。竅生尾上，號曰羆九。幽都之山，大蛇牛呴。』《（玉芝堂）談薈》云：『羆有二種，如麋與如熊者別也。』【汪存】此非熊羆之羆。【箋疏】藏經本作羆九，郭氏《（山海經）圖贊》亦作羆九，疑經文羆下有九字，今本脱去之。

又北五百里，曰碣石之山[一]。繩水出焉，而東流注于河[二]，其中多蒲夷之魚[三]。其上有玉，其下多青碧。

[一]【郭注】《水經》曰『碣石山』，今在遼西臨渝縣南水中。或曰在右北平驪城縣海邊山。【廣注】《水經注》：『碣石在驪城縣西南，漢武帝常登之以望海。』杜佑曰：『碣石在樂浪郡，長城起於此，東截遼水而入高麗。』《（尚書·）禹貢》右碣石在平州，有三十餘里，則高麗中爲左碣石也。或曰碣石一在廣東海口，一在冀州北海口。北碣石在海中，如河中砥柱，迨天造也。【汪存】《地志》：『碣石在北平驪城縣西南河口之地。』酈道元《水經（注）》云：『驪城枕海，有石如甬道數十里。當山頂有大石如柱。』韋昭云：『碣石昔在河口海濱，歷世既久，爲水所漸，淪入於海，已去岸五百餘里矣。』案：永平府之南，萊州之北，河間、天津之東，渤海中有過沙焉，蓋古碣石也。【新校正】山在今直隸撫寧、昌黎二縣界，即驪城山也。【箋疏】《（漢書·）地理志》云：『右北平郡驪成大揭石山，在縣西南。』今直隸撫寧、昌黎二縣是其地。郭引《水經》今無考。《水經注》云：『河之入海，舊在碣石。今川流所導，非禹瀆也。故張君云：碣石在海中，蓋淪於海水也。』

[二]【廣注】澠水亦謂之繩水。《水經注》『繩水又西北入時水』是也，非此。【汪存】碣石且淪海中，則繩水亦無存矣。【箋疏】《（漢書·）地理志》遼西郡臨渝有粲，云：『又有揭石水。』疑揭石水即繩水也。《水經·河水》注引此經云云。劉昭

注《（後漢書·）郡國志》引此經作編水，疑誤。

［三］【郭注】未詳。【新校正】《説文》云：『鮇，鯕魚，出東萊。』疑即此。古音蒲如扶。【箋疏】蒲夷魚，疑即冉遺魚也，已見《西次四經》。《玉篇》有鯑鮧，《日華本草》有胡夷魚，即河豚，并非此。

又北水行五百里，至于雁門之山［一］，無草木［二］。

［一］【郭注】雁門山，即北陵西隃，雁之所出，因以名云。在高柳北。【汪存】此雁門山，又非山西之雁門關也。【新校正】山在今山西代州東北。【箋疏】北陵西隃，見《爾雅》。雁門山，雁出其間，在高柳北，見《海内西經》。山在今山西代州東北。又案：經不言此山有水，而《北次二經》梁渠之山有修水，東流注於雁門。郭云水名，《北山經》首少咸之山有敦水，東流注於雁門之水。郭云水出雁門山間，是此山有水明矣。《水經·㶟水》注引《山海經》曰：『雁門之水，出於雁門之山。』蓋古本有此，經文今脱去之。

［二］【釋義】今三晋代州有雁門山，遂以是名關，豈即是與？然其上草木多生，此曰無草木而又曰水行五百里，恐當别爲一山矣。

又北水行四百里，至于泰澤［一］。其中有山焉，曰帝都之山，廣員百里［二］，無草木，有玉、金［三］。

［一］【箋疏】泰澤，即大澤也。大澤方百里，群鳥所生及所解，在雁門北，見《海内西經》。

［二］【箋疏】山疑即委羽之山也。崇巘參雲，日月虧蔽，在雁門北，見《淮南（子·）墬形訓》。

［三］【釋義】凡此皆在晋地。夫環晋皆山，恐無水行四百里者。然雁門山亦曰水行五百里，豈禹治水時事與？

又北五百里，曰錞于母逢之山［一］。北望鷄號之山［二］，其風如飈［三］；西望幽都之山［四］，浴水［五］出焉。是有大蛇，赤首白身，其音如牛，見則其邑大旱。

［一］【汪存】此蓋東極於遼左矣。

［二］【廣注】《通志略》作惟號之山。【新校正】《說文》、《玉篇》引此作惟（號之山）。

［三］【郭注】𩗗，急風貌也，音戾。或云飄風也。【補注】他本引此或作颲。【廣注】一本作𩗗。又《說文》引經云：『惟號之山，其風若劦。（音）何頰切。』【新校正】舊本劦作𩗗，非。《說文》、《玉篇》劦字解引此皆祇作劦。【箋疏】𩗗，俗字也。《說文》、《玉篇》引此經并作劦。《說文》云：『劦，同力。』《玉篇》云：『急也。』《文選·江賦》注引此注與今本同。【俞讀】郭說望文生訓。如其說，則兩句之義不貫矣。《說文》劦部：『劦，同力也，從三力。《山海經》：惟號之山，其風如劦。』苟劦爲風貌，則於同力之義無涉，許君何爲而泛引之乎？愚疑此句非說風也。風，當讀爲分。《玉篇》風部：『風，甫縈切。』八部：『分，甫墳切。』風與甫爲雙聲，分與甫亦爲雙聲，故風得轉爲分。《淮南子·原道篇》春風至注：『風或作分。』是其例也。劦從三力，訓爲同力，得有合并之義。北望惟號之山，其分若劦，言母逢之山與惟號之山雖分而似合也。風爲分，劦爲合，古語如此。協從劦聲，而《尚書》協和萬邦、協時月整日，《史記》并作合，可證劦有合義矣，故許君引此經以證同力之義。《玉篇》襲用其文而增益之，曰疾也，則不解此經，并未達許意矣。

［四］【廣注】《爾雅》：『北方之美者，有幽都之筋角焉。』《（明）一統志》：『山在昌平縣西北，古幽州蓋因山爲名。』【汪存】幽都，燕也。【箋疏】幽都之山，在北海之內，見《海內經》。

［五］【郭注】浴，即黑水也。【廣注】今黑水在定州界，未審是非。【汪存】浴水，黑水也。永平有盧水入海，長白山有黑龍江，皆黑水也。【箋疏】浴下疑脫水字。郭知浴水即黑水者，據《海內經》幽都之山，黑水出焉而爲說也。《夏小正》云：『黑鳥浴。』疑浴當訓黑，正與此義合，說者失之耳。

凡《北次三經》之首，自太行之山以至于無逢之山［一］，凡四十六山［二］，萬二千三百五十里［三］。其神狀，皆馬身而人面者廿神。其祠之，皆用一藻、茝瘞之［四］。其十四神狀，皆彘身而載玉［五］。其祠之皆玉，不瘞[六]。其十神狀，皆彘身而八足蛇尾。其祠之，皆用一璧瘞之。大凡四十四神[七]，皆用稌、糈米祠之，此皆不火食[八]。

[一]【新校正】此經之山，自河南北至山西也。【箋疏】無逢，即毋逢也。毋、無古音同。【明案】上條曰母逢之山，此曰無逢之山，無字當作母，汪紱本正作母。
[二]【箋疏】今四十七山。
[三]【汪存】此北之東條。自太行而西南，又循河而東，又循太行之東而北至恒岳。乃自恒岳而又東歷山、前、燕、平以北，大約極於遼左而止。【箋疏】今一萬二千四百四十里。
[四]【郭注】藻，聚藻；茝，香草，蘭之類，音昌代反。【汪存】『藻字下有闕文。茝，今白芷也。』【箋疏】藻，聚藻，見《毛詩》。茝，香草，見《（禮記·）内則》。
[五]【箋疏】載亦戴也，古字通。
[六]【郭注】不埋所用玉也。【汪存】不瘞，投其玉也。
[七]【箋疏】四十六山，其神乃止四十四，蓋有攝山者。
[八]【汪存】『惟太行恒山、高是二神用火食也。』【箋疏】其山北人，皆生食不火之物，已見《北山經》首。

右《北（山）經》之山志，凡八十七山[一]，二萬三千二百三十里[二]。

[一]【箋疏】今八十八山。
[二]【箋疏】當二萬三千五百三十里，今則二萬四千二百六十里。
【新校正】右《北次三經》，古本爲第十篇。

東山經第四

《東山經》之首，曰樕螽[一]之山。北臨乾昧[二]，食水出焉，而東北流注于海[三]。其中多鳙鳙[四]之魚。其狀如犂牛[五]，其音如彘鳴。

[一]【郭注】速、株二音。【廣注】《五音集韵》引經作𣘺蝨。《廣博物志》引經作樕蛛。江暉《亶爰集》云：『申寨樕螽之壁英』，謂此也。【箋疏】《廣韵》云：『樕株，山名。』疑即樕螽之异文。

[二]【郭注】亦山名也，音妹。【箋疏】《東次四經》之首曰北號之山，食水出焉，而東北流注于海。與此互證，是北號即乾昧矣。

[三]【新校正】以聲求之，疑食水即時水也，無以定之。

[四]【郭注】音容。【釋義】鳙魚如犂牛，蓋魚之大者。【廣注】《楚辭·大招》曰：『鰅鳙短狐。』《篇海》云：『鳙與鰫同，似牛，音如豕。』《説文長箋》云：『海魚，肉如彘，曰鳙。』【新校正】《史記》司馬相如賦有禺禺，徐廣曰：『禺禺，魚牛也。』《漢書》注：『郭璞曰：禺禺魚，皮有毛，黄地黑文。』（顔）師古曰：『禺，音偶，又音顒。』則鳙鳙即禺禺，字异音同也。又案：《詩》正義引陸璣云：『鱮似魴而頭大，徐州人謂之鰱，或謂之鳙。』則鳙鳙即鰱也。【箋疏】《史記》裴駰集解引郭氏云：『鳙似鰱而黑。』非此也。《説文》云：『鳙，魚名。』又云：『鰅魚，皮有文，出樂浪東暆。神爵四年，初捕收輸考工。周成王時，揚州獻鰅。』《周書·王會篇》云：『揚州禺禺，魚名，解隃冠。』禺禺即鰅鰅，聲之轉，古字通也。《史記·司馬相如傳》有禺禺，徐廣云：『禺禺，魚牛也。』郭氏注《上林賦》云：『鰅魚，有文彩。』又云：『禺禺魚，皮有毛，黄地黑文。』與《説文》鰅魚皮有文合。徐廣謂之魚牛，即此經狀如犂牛是也。《説文》云出樂浪東暆，亦與此經合。

《藝文類聚》九卷引《博物志》云：『東海中有牛魚，其形如牛，剥其皮懸之，潮水至則毛起，潮去則伏。』即是魚也。

[五]【郭注】牛似虎文者。【廣注】《莊子》云：『執犁之狗。』犁即此牛。【箋疏】郭氏注《上林賦》云：『禺禺魚，皮有毛，黄地黑文。』與此注似虎文義合。《（三國志・）魏志・文帝紀》注引《獻帝傳》云：『犁牛之駁似虎。』正謂此也。《太平御覽》九百三十九卷引此經《（山海經）圖贊》曰：『魚號鱅鱅，如牛虎駁。』犁牛即留牛，見《南山經》柢山。

又南三百里，曰藟山[一]。其上有玉，其下有金。湖水[二]出焉，東流注于食水[三]，其中多活師[四]。

[一]【郭注】（藟）音誄。【釋義】此紀東山而皆曰南，何以地勢度之？豈北山遍歷之後，自北而南，遂紀東方之山與？

[二]【新校正】疑即《（漢書・）地理志》之巨澱湖水，無以定之。

[三]【箋疏】《（漢書・）地理志》云：『右北平郡俊靡。灅水，南至無終，東入庚。』《説文》亦同。疑藟山因灅水爲名。灅、藟聲同，灅水即湖水，庚水即食水矣，俟考。

[四]【郭注】科斗也，《爾雅》謂之活東。【釋義】活師，疑蚌屬。【廣注】陳藏器曰：『活師即蝦蟇兒，生水中，有尾如鮧魚，漸大則脚生尾脱。』陸農師云：『活師，月大盡則生前兩足，月小盡則生後兩足。』崔豹《古今注》：『一名懸針，一名玄魚。』朱謀㙔曰：『活東、活師，鼃黽子也。』【汪存】活師，蝌蚪也。《爾雅》謂之活東。或曰：東海之濱有魚焉，似蝌蚪而味美，其名曰跳魚。【箋疏】蝦蟇叫而生子，其聲聒聒，謂之聒子。活師、聒子聲相近；科斗、活東亦音相轉也。

又南三百里，曰栒狀[一]之山。其上多金、玉，其下多青碧石。有獸焉，其狀如犬，六足，其名曰從從[二]，其鳴自詨。有鳥焉，其狀如鷄而鼠毛[三]，其名曰𧉗鼠[四]，見則其邑大旱。沢水[五]出焉，而北流注于湖水[六]，其中多箴魚。其狀如儵[七]，其喙如箴[八]，食之無疫疾。

又南三百里，曰番條之山。無草木，多沙。減水[一]出焉，北流注于海，其中多鱤魚[二]。

[一]【廣注】林茂槐《字考》曰：『勃亝山，亝與齊同。』【新校正】此即齊之异文。【箋疏】亝，篆文齊字，見《說文》。

又南三百里，曰勃亝之山[一]。無草木，無水。

[一]【新校正】《廣韵》云：『洔水出拘扶山。』疑此當爲拘扶。【箋疏】《廣韵》云：『洔水出拘扶山。』此作栒狀，字形相似，未審誰是。

[二]【廣注】《獸經》云：『從從六足。』《駢雅》曰：『從從，六足犬也。』一作從，又作[犭從]。《事物紺珠》云：『[犭從][犭從]如犬，六足，尾長丈餘。』《宋書》：『六足獸，王者謀及衆庶則至。』

[三]【箋疏】毛，《說文》作尾。

[四]【郭注】（[此虫]）音咨。【廣注】《駢雅》曰：『[此虫]鼠，鷄屬也。』《事物紺珠》云：『[此虫]鼠如鷄，鼠尾。』《篇韵》作鶿，《字彙》作[此鼠]。《（山海經）圖贊》曰：『魚號鱅鱅，如牛虎駮。從從之狀，似狗六脚。[此虫]鼠如鷄，見則旱涸。』【新校正】經云鼠毛，當爲鼠尾；[此虫]字當爲[此鼠]，皆傳寫誤。《說文》云：『[此鼠]鼠似雞，鼠尾。』即此。【箋疏】《玉篇》云：『[此虫]，蟲也。』

[五]【郭注】（洔）音枳。【新校正】以聲求之，疑即淄水。【箋疏】《玉篇》云：『洔，水名。』

[六]【新校正】《水經注》：『淄水注馬車瀆。馬車瀆首受鉅定湖。』疑即是而無以定之。

[七]【新校正】依義當爲鯈。【箋疏】鯈，即鯈字。

[八]【郭注】出東海，今江東水中亦有之。【廣注】鱤魚，大小形狀與鱠殘魚相似，但喙尖，有一細黑骨如鍼，爲异耳。《臨海志》謂之銅哾魚，俗名姜公魚。【汪存】今江東濱海皆有之，謂之針工魚。【箋疏】今登萊海中有箴梁魚，碧色而長。其骨亦碧，其喙如箴，以此得名。《太平御覽》九百三十九卷引《南楚記》云：『箴魚，口四寸。』

［一］【郭注】（減）音同減損之減。【箋疏】減即減損之字，何須用音？知經文必不作減，未審何字之訛。

［二］【郭注】一名黄頰，音感。【廣注】鰔魚即鮥魚，一名鰥魚。《异苑》云：『諸魚欲産，鮥以頭冲其腹，世謂之衆魚生母。』李時珍曰：『鰔，敢也。鮥，脂也，食而無厭也。又其性獨行，故曰鰥。』【汪存】黄頰魚也。【新校正】《玉篇》云：『（鰔），黄魚。』案：《説文》有鰔字，云：『面黄。』依義當用鰔，俗寫從魚。【箋疏】鰔，一名魠。《説文》云：『魠，哆口魚也。』《廣雅》云：『魠魧，鱑魠也。』《玉篇》云：『魠，黄頰魚。』郭氏注《上林賦》云：『魠，鰔也，一名黄頰。』與此注合。又謂之鱨。《（詩·）小雅·魚麗篇》毛傳云：『鱨，楊也。』陸璣《（詩）疏》云：『今黄頰魚也，似燕頭，魚身，形厚而長大，頰骨正黄，魚之大而有力解飛者。徐州人謂之楊。黄頰，通語也。』今江東呼黄鱨魚亦名黄頰魚，尾微黄，大者長尺七八寸許。

又南四百里，曰姑兒之山［一］。其上多漆，其下多桑、柘。姑兒之水出焉，北流注于海，其中多鰔魚。

［一］【汪存】或曰：此即齊東姑尤也。

又南四百里，曰高氏之山。其上多玉，其下多箴石［一］。諸繩之水［二］出焉，東流注于澤，其中多金、玉。

［一］【郭注】可以爲砥針，治癰腫者。【廣注】《（黄帝内經·）素問》：『東方之域，其病爲瘡瘍，其治宜砭石。』故砭石亦從東方來。程良孺曰：『或云金剛鑽。』即其物也。《南史》：『金元起訪王僧孺以砭石。僧孺對曰：古人當以石爲針。』《東山經》：『高氏之山，多針石。』（郭）璞云：『可以爲砭針。』季世無嘉石，故以鐵代之耳。【箋疏】（郭注）砥，當爲砭字之

訛。《南史·王僧孺傳》引此注作可以爲砭針是也。《説文》云：『砭，以石刺病也。』《素問》云：『東方之域，其病爲癰瘍，其治宜砭石。』是砭石正東方所出也。又此云箴石，《史記·扁鵲傳》有鑱石。鑱、箴聲相近，然非一物也。《淮南（子·）説山訓》云：『病者寢席，醫之用針石。』高誘注云：『石針所砥，彈人癰痤，出其惡血者也。』

［二］【汪存】或曰即澠水在青州者。【新校正】疑即澠水也。《水經注》云：『澠水出營城東，西北入時水。』

又南三百里，曰岳山［一］。其上多桑，其下多樗。濼水［二］出焉，東流注于澤，其中多金、玉。

［一］【新校正】疑即泰山。

［二］【郭注】（濼）音樂。【廣注】濼水，即魯桓公會齊襄公地。【汪存】齊有濼水，出泰山北，匯爲黑水，至渴馬崖潛流，出歷城西五十里湧出，曰趵突之泉，北注清泲，其經流即濼水也。或即此歟？【新校正】《説文》云：『濼，齊、魯間水也。』《水經注》云：『濼水出歷城縣故城西泉源上，北入於濟，謂之濼口。』

又南三百里，曰犲山［一］。其上無草木，其下多水，其中多堪䱹之魚［二］。有獸焉，其狀如夸父而彘毛，其音如呼，見則天下大水。

［一］【汪存】犲，音柴。【新校正】《玉篇》犲音柴，云：『犲，狼。』知犲即豺别字。

［二］【郭注】未詳。（䱹）音序。【廣注】《字彙》云：『堪䱹，一本作䱹。』又《篇海》云：『䱹亦魚子。』非此也。【汪存】或曰即鱮魚也，似鰱，食草。今人池沼養之，謂之草魚。【新校正】䱹字從子從予，見《玉篇》，俗本作二子，非。又《玉篇》有魣字，云：『同鱮。』疑䱹即鱮异文。

又南三百里，曰獨山[一]。其上多金、玉，其下多美石。末塗之水出焉，而東南流注于沔[二]，其中多偹蟰[三]。其狀如黄蛇，魚翼，出入有光，見則其邑大旱[四]。

[一]【廣注】平樂府亦有獨山，良餘山亦名獨山，非此。

[二]【汪存】此非漢水之沔。

[三]【郭注】條、容二音。【廣注】《駢雅》曰：『蝺蝫、偹蟰、睩聽、蠿人，皆毒蟲也。』楊慎《奇字韵》云：『偹蟰，色如黄蛇，有羽。』（郭）景純《江賦》云：『偹蟰拂翼而掣耀。』《字彙》作偹蟰。

[四]【廣注】《（山海經）圖贊》曰：『偹蟰蛇狀，振翼灑光。憑波騰逝，出入江湘。見則歲旱，是惟火祥。』

又南三百里，曰泰山[一]。其上多玉，其下多金[二]。有獸焉，其狀如豚而有珠，名曰狪狪[三]，其鳴自訆。環水出焉[四]，東流注于江[五]，其中多水玉[六]。

[一]【郭注】即東岳岱宗也，今在泰山奉高縣西北。從山下至頂，四十八里三百步也。【釋義】泰山，蓋五岳第一山。【廣注】劉會孟云：『山屬山東泰安州，又名天孫，高四十餘里，凡十八盤。』馬第伯《封禪記》曰：『泰山，石壁窅窱，鬱鬱蒼蒼。仰視天門，如從穴中視天矣。』《五岳真形圖》：『東岳姓歲，名嶽。』《雲笈七籤》云：『東岳姓玄丘，名目陸。』《河圖》云：『東方泰山君，姓圓名常龍。』《枕中書》云：『太昊氏爲青帝，治岱宗山。』【新校正】山在今山東泰安縣北。【箋疏】泰山郡奉高，見《漢書·地理志》，山在今山東泰安縣北。《史記·泰始皇本紀》正義引此注作百四十八里，百字當爲衍文，故劉昭注《（後漢書·）祭祀志》引此注作四十八里二百步，亦無百字。《初學記》引《漢官儀》及《泰山記》亦云：『自下至古封禪處，凡四十里。』

[二]【箋疏】《史記·秦始皇本紀》正義引此玉作石。今案：作石是也。泰山下既多礠礐，又《（神農）本草經》：『紫、白二石英俱生泰山。』《（三國志·）魏志·高堂隆傳》云：『鑿泰山之石英。』正謂此也。

[三]【郭注】音如吟恫之恫。【廣注】《駢雅》曰：『狪狪，珠豚也。』《亹爰子》云『召蠵狪使先驅』，謂此。又彭氏《五侯鯖》作侗侗，亦作狪。孫愐《唐韵》曰：『狪獸似豕，出泰山。』《（山海經）圖贊》曰：『蚌則含珠，獸何不可。狪狪如豚，被褐懷禍。患難無由，招之自我。』蓋物有珠者，瀛洲之紺翼，濫水之鴽魚，與夫珠母、文魮、龍虵、蛛蝥之屬，爲種不一。最异者狪狪，以獸而孕珠，殆猶之羊哀、馬墨、鹿璚、狐媚珠也。又顧氏《說略》載：『易定之水馬吐珠，劉鋹之苑羊吐珠。』更爲物類之變矣。【新校正】此字二作也。舊本作狪，從犬，無此字。【箋疏】《玉篇》云：『狪似豕，出泰山。』又狪云：『獸名。』《廣韵》狪、狪，俱云：『獸名，似豕，出泰山。』是知古本作狪，或作狪。今本作狪，皆一字也。郭云音如吟恫之恫，疑吟當爲呻字之訛。《匡謬正俗》云：『關中謂呻吟爲呻恫。』

[四]【廣注】環水，古引水爲璧雍，處基瀆存焉，世謂之石汶也。但璧雍爲禹以後事，未審是非。【汪存】泰山下有原山，淄水出其北，東北流入海。汶水出其南，西南流入泲。此或即淄水也，然則環當作原。【新校正】《水經注》云：『汶水合門下谿水。其水徑龜陰之田，又合環水。水出泰山南谿，南流歷中下兩廟間。其水又屈而東流，入於汶水。』引此云云。

[五]【郭注】一作海。【新校正】《水經注》引此作入於汶，是。【箋疏】當作汶。

[六]【廣注】今水晶也。《玄覽》云：『北產偏黑，南產偏白，信州產濁而不清，倭產者爲上。』

又南三百里，曰竹山，錞于江[一]。無草木，多瑤、碧[二]。激水出焉，而東南流注于娶檀之水，其中多茈蠃[三]。

[一]【郭注】一作涯。【補注】錞于江，形如錞也。【廣注】或言江形如錞于，然《西山經》錞于西海、《北山經》錞于北海，解難互通，注見騩山。【汪存】一作江，非。案：此據岱宗以南，則當作錞于淮。【箋疏】江，亦當作汶。竹山，當即蜀山，在今汶上縣，獨立波心，故名曰蜀。

[二]【廣注】瑤，美玉。《（尚書·）禹貢》：『瑤琨篠簜。』《（詩·）衛風》：『報之以瓊瑤。』《說文》云：『碧，石之青美者。』

[三]【釋義】茈蠃，疑亦草蟲屬。【廣注】即茈蠃也，誤作蠃。【新校正】當爲蠃。【箋疏】蠃，當爲蠃字之訛。茈蠃，紫色

羸也。

凡《東山經》之首，自樕𧑒之山以至于竹山[一]，凡十二山，三千六百里[二]。其神狀，皆人身龍首。祠：毛用一犬祈，䰠用魚[三]。

[一]【新校正】其山多未詳。案其道里，當是今山東兖州東北抵於海也。

[二]【汪存】此經大約自東北海上迤西而南，沿泲至東岳以南也。然勃海、青、兖之境海水多所淪昧，今皆不可考矣。【箋疏】今才三千五百里。

[三]【郭注】以血塗祭爲䰠也。《（春秋·）公羊傳》云：『蓋叩其鼻以䰠社。』音釣餌之餌。【汪存】其祠之用犬。其有所祈禱者，則用魚也。以牲告神，欲神聽之曰䰠。【新校正】祈，當爲㡰。【箋疏】《玉篇》云：『以牲告神，欲神聽之，曰䰠。』此説與郭异。據郭注䰠，疑當爲衈，《玉篇》云：『耳血也。』《禮（記·）雜記》云：『其衈，皆於屋下。』鄭注云：『衈，謂將刲割牲以釁，先滅耳傍毛薦之。』郭引《公羊傳》者，《（春秋·）僖十九年》文。然《傳》云：『蓋叩其鼻以血社。』不作衈字。《（春秋·）穀梁傳》正作叩其鼻以衈社。范甯注云：『衈者，釁也。』是郭此注當由誤記故，竟以《穀梁》爲《公羊》耳。

【新校正】右《東山經》，古本爲第十一篇。

《東次二經》之首，曰空桑之山[一]。北臨食水[二]，東望沮吳[三]，南望沙陵[四]，西望湣澤[五]。有獸焉，其狀如牛而虎文，其音如欽[六]，其名曰軨軨[七]，其鳴自叫[八]，見則天下大水[九]。

[一]【郭注】此山出琴瑟材，見《周禮》也。【廣注】此魯之空桑也，説見《北山經》注。《歸藏·啓筮》云：『空桑之蒼蒼，

八極之既張。』謂斯地也。《述异記》曰：『空桑生大野山中，爲琴瑟之最者。』空桑也，山以産此桑而名。【汪存】此非北山之空桑也。前言食水出樕螽山，東北注海，此山北臨食水，是則此山在樕螽之東也。【新校正】高誘注《淮南子》云：『空桑在魯。』張衡《思玄賦》注云：『少皞金天氏居窮桑，在魯北。』《太平寰宇記》云：『干寶云：徵在生孔子於空桑之地，今名孔竇，在魯南山之穴。』【箋疏】此究地之空桑也。郭引《周禮》者，《春官·大司樂》文。

[二]【廣注】即樕螽山食水。【箋疏】食水已見篇首樕螽山。

[三]【汪存】沮吴，猶沮洳，斥鹵下濕也。《周禮》：『空桑之琴瑟。』

[四]【廣注】即下流沙界。

[五]【郭注】（湣）音旻。【汪存】湣澤，即繩、濼之水所注澤也。【新校正】水近空桑山，疑湣即汶也，音同。【箋疏】湣，疑即汶字之异文。

[六]【郭注】或作吟。

[七]【郭注】音靈。

[八]【廣注】《駢雅》曰：『牛而虎文，曰軨軨。』《寶爰集》云：『命軨徐使奔驟。』王世貞詩：『軨軨娱空桑，鹿臺嘯梟徯。』即此也。

[九]【廣注】《（山海經）圖贊》曰：『堪孖軨軨，殊氣同占。見則洪水，天下昏墊。豈伊妄降，亦應圖讖。』《（玉芝堂）談薈》云：『水獸兆水，軨軨之獸，見則天下大水也。』

又南六百里，曰曹夕之山。其下多穀而無水，多鳥獸。

又西南四百里，曰嶧皋之山[一]。其上多金、玉。其下多白堊[二]。嶧皋之水出焉，東流注于激女之水[三]，其中多蜃、珧[四]。

［一］【郭注】（嶧）音亦。【汪存】或曰此即鄒之繹山也，在鄒縣北。【箋疏】《爾雅》云：『山屬者嶧。』

［二］【釋義】白堊，疑今所謂土粉之屬。

［三］【廣注】《爾雅疏》引經作激汝之水。【新校正】《玉篇》引此女作汝。

［四］【郭注】蜃，蚌也；珧，玉珧，亦蚌屬。腎、遥兩音。【釋義】蜃，蚌也；珧，玉也，當爲兩物。【補注】宋人謂之江瑶柱，今登、萊、廣、閩皆有之。【廣注】蜃，大蛤也，一名蚌，一名含漿。小者名珧，可飾佩刀鞘。《詩·（鞞琫有珌）傳》：『天子玉琫而珧珌。』萬震《南州志》云：『江瑶柱厥甲美，肉柱膚寸，名江瑶柱。』【汪存】蜃、珧，皆蚌屬，其甲可飾器物。【箋疏】《爾雅》云：『蜃，小者珧。』郭注云：『珧，玉珧。』即小蚌也。

又南水行五百里，流沙三百里[一]，至于葛山之尾。無草木，多砥、礪。

［一］【汪存】東無流沙，而此經云然，豈渡少海而行歟？

又南三百八十里，曰葛山之首，無草木。澧水出焉[一]，東流注于余澤，其中多珠蟞[二]魚。其狀如肺而有目[三]，六足有珠[四]；其味酸甘，食之無癘[五]。

［一］【郭注】（澧）音禮。【汪存】此非荆州之澧。【新校正】高誘注《吕氏春秋》云：『醴水蒼梧，環九疑之山。』案：經是《東山經》，非蒼梧之水也。

［二］【郭注】音鼈。【汪存】此或以爲鼊媚，則鼊六足而形不似肺；或以爲鮓魚，則鮓似肺而無目；或以爲烏鰂，似之。《吕氏春秋》曰：『朱鼈六足有珠，魚之美者也。』【新校正】珠蟞當爲朱鼈。郭璞《江賦》云赬蟞，則以赬代朱也。高誘注《吕氏春秋》云：『有珠如蛟皮。』《南越志》云：『海中多朱鼈，狀如胏，有四眼六足而吐珠。』見《初學記》。【箋疏】《吕氏春秋》作朱鼈，郭氏《江賦》作赬蟞，是經文珠、朱，蟞、鼈并古字通用。

［三］【釋義】此胏乃肝胏之胏，言是魚其狀如胏而有目也。【箋疏】此物圖作四目。《初學記》八卷引《南越志》云：『海中多朱鼈，狀如胏，有四眼六脚而吐珠。』正與圖合。疑此經有目當爲四目，字之訛也。《文選·江賦》注引此經仍作有目，訛與今本同，并當刊正。

［四］【箋疏】《吕氏春秋·本味篇》云：『六足，有珠百碧。』百碧疑青碧，字之訛也。高誘注云：『有珠如蛟皮。』蛟當爲鮫，皮有珠文。但郭氏《江賦》云：『頳鳖胏躍而吐璣。』《南越志》亦云：『朱鼈吐珠。』高誘以爲皮有珠，蓋非也。

［五］【郭注】無時氣病也。《吕氏春秋》曰：『澧水之魚，名曰朱鳖，六足有珠，魚之美也。』【廣注】鳖通作鼈。《淮南子》：『蛤蟹珠鼈，與月盛衰。』傳曰：『舜攝天子，有鈹耳、貫胸之民來獻珠蝦珠鼈。』《埤雅》云：『鼈珠在足，蚌珠在腹。』《玄覽》亦云：『魚之珠在目，鼈之珠在足。』《（明）一統志》：『珠鼈生高州海中，狀如胏，四目六足，吐珠。』《（太平）寰宇記》云：『高州府海中出珠鼈，六眼四脚而吐珠。』（郭）景純《江賦》『頳鳖胏躍而吐璣』，謂此也。又珠或作朱。阮籍《咏懷詩》：『朱鳖躍飛泉，夜飛過吴洲。』《庾信集》云：『澧水朝浮光』，疑朱鼈。然朱鼈生南海，大如錢，腹赤如血。《（淮南）鴻烈解》云：『朱鼈浮波，必有風雨。』自爲一種，非珠鼈也。《（山海經）圖贊》曰：『澧水之鱗，狀如浮胏。體兼三才，以貨賈害。厥用既多，何以自衛。』

又南三百八十里，曰餘峨之山［一］。其上多梓、枏，其下多荆、芑［二］。雜余之水出焉，東流注于黄水。有獸焉，其狀如菟而鳥喙，鴟目蛇尾，見人則眠［三］，名曰犰狳［四］。其鳴自訆，見則螽、蝗爲敗［五］。

［一］【新校正】《廣韵》引此峨作我。

［二］【箋疏】《南山經》虖勺之山下多荆杞，此經作芑，同聲假借字也，下文并同。

［三］【郭注】言佯死也。【新校正】眠，俗字。【箋疏】眠，依字當爲瞑。

［四］【郭注】仇、餘二音。【廣注】《篇海》曰：『狳獸似兔，鳥喙鴟目。』《獸經》云：『山都見人則走，犰狳見人則眠。』《駢雅》

曰：『狻即如膜，犰狳鳥喙。』《（山海經）圖贊》曰：『犰狳之獸，見人佯眠。與災協氣，出則無年。此豈能爲，歸之於天。』《事物紺珠》作犰狳。【新校正】《玉篇》有犰、狳字，皆云：『獸似兔。』犰，音几，無犰字。《廣韵》有犰字，云：『獸名，如兔喙，蛇尾，見則有蝗災。』又有犰字，蓋非。【箋疏】經文犰當爲犰。郭注仇當爲几，并字形之訛也。《廣韵》犰字注云：『兔喙。』蓋脱鳥字。【俞讀】畢説非也。犰、犰二字并不見於《説文》。畢氏特以《玉篇》有犰無犰故，改經爲犰，改注爲几，不知犰狳本雙聲字。古鳥獸往往取雙聲字爲名，故犰狳是而犰狳非也。此二字，古止作仇餘。《淮南子·精神篇》：『夫仇由貪大鐘之賂而亡其國。』高誘注曰：『仇，讀仇餘之仇。』所謂仇餘者，即爲此獸，乃《山海經》原文也。後人傳寫，變而從犬。然郭氏音仇餘，則雖變其形，未變其音。

[五]【郭注】螽，蝗類也，言傷敗田苗，音終。【廣注】《春秋書》螽，《傳》云：『蝗也。』《詩經》：『螽斯羽。』嚴粲注云：『螽即蝗。斯，助語也。』是螽、蝗明爲一物。經以二名連文，或古之方言然也，若《（詩·）豳風》：『五月斯螽動股。』此爲蚱蜢之名，即阜螽也，似蝗而亦能害稼，《爾雅》謂之蜙蝑，與螽不同。中郎以斯螽、螽斯皆爲蝗；（李）時珍以螽斯、斯螽皆爲蚱蜢，與郭氏以螽爲蝗類，均非。【箋疏】《説文》云：『蝗，螽也。螽，蝗也。』以爲一物。據此，又似二種。《太平御覽》九百十三卷引此經螽作蟲。

又南三百里，曰杜父之山。無草木，多水。

又南三百里，曰耿山。無草木，多水碧[一]，多大蛇。有獸焉，其狀如狐而魚翼，其名曰朱獳[二]。其鳴自叫，見則其國有恐[三]。

[一]【郭注】亦水玉類。【廣注】即青䨼、石緑之屬。今畫家染采，猶有天水碧之色。謝靈運詩：『水碧輟流溫。』注云：『水玉也。』江淹詩：『水碧驗未黷。』又云：『凌波采水碧。』李白《過彭蠡》詩：『水碧或可采。』李賀詩：『采玉采玉須水碧。』《西谿叢語》云：『常見《墨子》、道書，石藥中有水脂碧者，當是。』【箋疏】李善注《江賦》引此經及郭注并與今本同。

又注謝靈運《入彭蠡湖口》詩及注江淹《雜體》詩并引此經郭注云：『碧，亦玉也。』與今本异。又經言水碧生於山間，謝靈運詩云：『水碧輟流溫。』江淹詩云：『凌波采水碧。』并與經不合。

[二]【郭注】音儒。【廣注】《駢雅》曰：『朱獳、乘黄，狐屬也。』《事物紺珠》曰：『朱獳似狐，魚翼』。《亶爰集》云『率獳狎而來御』，本此。【箋疏】《説文》云：『獳，需聲，讀若槈。』與郭音异。然云需聲，則與儒音相近。《（禮記·）樂記》云：『朱儒獶雜。』蓋獶是獮猴，朱儒似狐。《樂記》所言，皆獸名也，正與此經義合。

[三]【廣注】《（山海經）圖贊》曰：『朱獳無奇，見則邑駭。通感靡誠，維數所在，因事而作，未始無待。』

又南三百里，曰盧其之山[一]。無草木，多沙石。沙水出焉[二]，南流注于涔水，其中多鵹鶘[三]。其狀如鴛鴦而人足[四]。其鳴自訆[五]，見則其國多土功。

[一]【箋疏】《太平御覽》九百二十五卷引此經盧其作慮期。

[二]【廣注】《水經注》：『逢澤，其水東北流爲新溝。新溝又東北流徑牛首鄉北，又東北注渠，即沙水也。』又《左傳》：『楚令尹子，常以舟師及沙、汭而還。』杜預曰：『沙，水名也。』是此水之末流入淮者。

[三]【郭注】（鵹）音黎。【新校正】黎、鵜聲相近也；鶘，當爲胡。《玉篇》云：『又名淘河。』皆音之轉。

[四]【郭注】今鵜胡，足頗有似人脚形狀也。【廣注】鵜鶘，一名鴮鸅，又名淘河，江南甚多。俗以夏至前來，謂之犁湖，主水。夏至後來，謂之犁塗，主旱。以其嘴之形狀似犁，故云犁湖，轉聲爲鵜鶘，又訛爲駝鶴。《駢雅》曰：『周周大首，鵹鶘、數斯，皆人足也。』《（山海經）圖贊》曰：『狸力鵹鶘，或飛或伏。是惟土祥，出其功築。長城之役，同集秦域。』【汪存】今鵜鶘之足頗似人足，然其狀似雁，不似鴛鴦。【箋疏】《（太平）御覽》引此經作鵜鶘，鵹、鵜聲相近也。鵜鶘，見《爾雅》。陸璣《詩疏》又名淘河，即鵜鶘，聲之轉。《（三國志·）魏志》：『黄初四年，有鵜鶘鳥集靈芝池。詔曰：此詩人所謂汙澤是也。』

[五]【箋疏】《（太平）御覽》引訆作呼。【明案】訆，郝懿行《箋疏》本作訓，古通用。

又南三百八十里，曰姑射之山[一]。無草木，多水。

[一]【廣注】山在平陽城西，有姑射、蓮花二洞，神人所居。【新校正】《莊子》云：『藐姑射之山，汾水之陽。』《隋書·地理志》云：『臨汾有姑射山。』【箋疏】《莊子·逍遥游篇》云：『藐姑射之山，汾水之陽。』《隋書·地理志》云：『臨汾有姑射山。』山在今山西平陽府西。又案：已下三山，俱名姑射，但分南北耳，皆山在中國者。《海内北經》有列姑射，有姑射國，俱地在遠裔者。

又南水行三百里，流沙百里，曰北姑射之山[一]。無草木，多石。

[一]【補注】《括地志》有南姑射山、北姑射山，亦猶語有南語、北語，潞有東潞、西潞也。【汪存】上下節射字皆音夜。莊周所謂藐姑射之山，或此三山也。

又南三百里，曰南姑射之山。無草木，多水。

又南三百里，曰碧山。無草木，多大蛇，多碧、水玉[一]。

[一]【廣注】《本草拾遺》：『玻瓈，一名水玉，與水精同名。』《梁四公記》：『扶南人來賣碧頗黎、鏡、碧。』水玉疑即是也。然玻瓈今出南番、西國，内地絶少，此非。一云靛子石類，或曰碧、水玉爲二物。【汪存】水晶之青緑者。

又南五百里，曰維氏之山[一]。無草木，多金、玉。原水出焉，東流注于沙澤。

[一]【郭注】一名俠氏之山。【廣注】即偃師地也。道書七十二福地有緱氏，今本或作維氏之山。【箋疏】俠即緱，聲之轉。緱，本或作維，誤。《（漢書·）地理志》云：『河南郡緱氏。』蓋縣因山爲名也。【明案】明清諸本多作緱氏之山。

又南三百里，曰姑逢之山。無草木，多金、玉。有獸焉，其狀如狐而有翼，其音如鴻雁，其名曰獙獙[一]，見則天下大旱。

[一]【郭注】音斃。【廣注】《駢雅》曰：『獙獙鳥翼，狐屬也。』盧柟《蠛蠓集》云：『窮怪异獸，獵獵、獙獙。』【新校正】即獘字异文。《玉篇》云：『獘，獸名。』即此。【箋疏】斃、獘同。經文獙，即獘字异文。

又南五百里，曰鳧麗之山。其上多金、玉，其下多箴石。有獸焉，其狀如狐而九尾九首[一]，虎爪，名曰蠪姪[二]。其音如嬰兒，是食人。

[一]【箋疏】《廣韵》説蠪蛭，無『九首』二字，餘并同。

[二]【郭注】龍、姪二音。【釋義】蠪姪，怪物也。而又食人，是惡獸也。【廣注】《駢雅》曰：『灌灌，九尾狐也；蠪姪，九首狐也，皆食人。』然灌灌、青丘鳥名，朱氏以爲狐，誤矣。《亶爰集》云：『蠪裓翼其脩軛兮，率獢獋而來御。』《玄覽》云：『蠪狌九首，蔡茂兩頭。』皆指此，或作蠪蛭。《唐韵》云：『蠪蛭如狐，九尾虎爪，呼如小兒，食人，一名蚳蛭。』《廣博物志》又作龔侄。獸九首者，别有開明九首。又阿羊九頭而更食，國亂乃出，見《淮南萬畢術》。【箋疏】《中次二經》昆吾之山有獸，名曰蠪蚳，郭云：『上已有此獸，疑同名。』是此經姪當爲蛭，《廣韵》作蠪蛭可證。又云：『一名

蛬蠪。』

又南五百里，曰䃌山[一]。南臨䃌水，東望湖澤。有獸焉，其狀如馬而羊目[二]，四角牛尾。其音如獋狗，其名曰峳峳[三]，見則其國多狡[四]客[五]。有鳥焉，其狀如鳧而鼠尾，善登木，其名曰絜鉤[六]，見則其國多疫[七]。

[一]【郭注】（䃌）音一真反。【箋疏】《玉篇》云：『䃌，音真，石山。』蓋即此。郭注一、反二字疑衍。《中次十一經》注可證。

[二]【箋疏】藏經本目作首。

[三]【郭注】音攸。【廣注】《駢雅》：『馬四角牛尾，曰峳峳。』《玄覽》云：『土螻也，嗛羊也，諸懷也，駮駮也，夫諸也，四角之獸也。』【新校正】峳字《説文》、《玉篇》所無，此是宋以後俗本訛字，疑即攸字也。【箋疏】疑峳當爲莜，古從草之字，或從屮。屮亦艸也。《海内經》有菌狗，即菌狗，亦其例。

[四]【郭注】狡，狡猾也。【汪存】或曰美好也。

[五]【補注】（狡客），姦人也。【廣注】《麟書》曰：『狡客用，乃有攸攸。』《五侯鯖》云：『峳峳見，其國多狡猾。』《（山海經）圖贊》曰：『治則得賢，亡由失人。峳峳之來，乃致狡賓。歸之冥應，誰見其津。』

[六]【汪存】絜，胡結反。鳥本木棲，鳧則不木棲，故以善登木爲异也。以上之山川，皆無可考。【明案】明清諸本多作絜鉤。

[七]【廣注】《（山海經）圖贊》曰：『獙獙如狐，有翼不飛。九尾虎爪，號曰龍蚳。絜鉤似鳧，見則民悲。』劉會孟曰：『海鳧毛見，則天下大亂。』斯鳥亦海鳧類。

凡《東次二經》之首，自空桑之山至于䃌山[一]，凡十七山，六千六百四十里[二]。其神狀，皆獸身人面，載觡[三]。其祠：毛用一鷄祈，嬰用一璧瘞。

[一]【新校正】此經之山，疑自山東南至於山西、河南也。

[二]【汪存】大約又在楸螽之東，東循於海。

[三]【郭注】麋，鹿屬，角爲觡，音格。【汪存】觡，角之中實者。又：載、戴通。【箋疏】《説文》云：『觡，骨角之名也。』鄭注《（禮記·）樂記》云：『無鰓曰觡。』《説文》云：『鰓，角中骨也。』《史記·樂書》索隱云：『牛羊有鰓曰角，麋鹿無鰓曰觡。』

【新校正】右《東次二經》，古本爲第十二篇。

又《東次三經》之首，曰尸胡之山。北望殍山[一]，其上多金、玉，其下多棘。有獸焉，其狀如麋而魚目，名曰妴胡[二]，其鳴自訆。

[一]【郭注】（殍）音詳。【新校正】殍字《説文》所無，見《玉篇》，云：『女鬼也。』山則未詳。

[二]【郭注】（妴）音婉。【廣注】《駢雅》云：『麋而魚目，爲妴胡。』【新校正】《玉篇》云：『妴，同婉。』則婉字省文。

又南水行八百里，曰岐山[一]。其木多桃、李，其獸多虎。

[一]【汪存】東山而水行，蓋在海東也。以下之山川，無可考，記其名物音釋而已。

又南水行五百里，曰諸鉤之山。無草木，多沙石。是山也，廣員百里，多寐魚[一]。

［一］【郭注】即魶魚，音味。【廣注】魶魚，嘉魚也，一名拙魚，一名丙穴魚。【汪存】蓋環山皆水也。寐魚，即魶魚。【新校正】《爾雅》有鱴刀魚，即此。古字衹用寐，《玉篇》作魶，云：『海中魚，似鮑。』又云：『鱴同。』【箋疏】魶魚今未詳。《玉篇》云：『魶，音未，魚名。』與郭義合。又有魶字與鱴同，非此也。

又南水行七百里，曰中父之山。無草木，多沙。

又東水行千里，曰胡射之山。無草木，多沙、石。

又南水行七百里，曰孟子之山［一］。其木多梓、桐，多桃、李。其草多菌蒲［二］。其獸多麋、鹿。是山也，廣員百里。其上有水出焉，名曰碧陽［三］。其中多鱣、鮪［四］。

［一］【釋義】山以孟子名，其戰國以後乎？是知山川或無定名，惟人所命。然惟五岳四瀆，則定名而無易也。【箋疏】畢氏據藏經本（孟子）作孟于。

［二］【郭注】未詳。（菌）音睏晅之睏。【廣注】菌蒲，或曰二種。菌，地菌。《爾雅》：『中馗，菌小者。菌蒲，蒲草。』《羅浮記》云：『山菖蒲也。』【汪存】菌，蕈也。海中如綸綬之屬，今之紫菜、石花、牛毛、海帶之類，皆菌蒲屬也。【箋疏】《藝文類聚》八十二卷引此經無菌字。

［三］【汪存】不曰碧陽之水出焉，而曰其上有水出焉，曰碧陽，見碧陽之水衹在此山中。山在海中，無他注也。【箋疏】《開元占經》一百十三卷引《竹書紀年》云：『今王四年，碧陽君之諸御産二龍。』碧陽君豈即斯水之神邪？

［四］【郭注】鮪，即鱏也，似鱣而長鼻，體無鱗甲，别名魱鱣，一名鱣也。【廣注】鱣即鱑，似鱏而短，鼻口在頷下，大者長二三尺，江南呼爲黄魚，俗亦謂之玉板。鮪形似鱣而色青黑，頭小而尖，似鐵兜鍪，口亦在頷下，今謂之鱏魚。一作鱘

魚，一名王鮪，小者名鮥子。【汪存】鱣，黄魚也。其夾背有鱗甲一路，其身無鱗，其首似龍，其色黄，其骨脆軟，可食，重者千斤。鮪，鱘魚也，似鱣而長，鼻如鐵兜鍪，無鱗。其骨亦脆軟，可食，一名鮔鱛。【箋疏】鱣、鮪，并見《爾雅》。郭云別名鮔鱛者，《史記》集解引郭氏注《上林賦》云：『鮔鱛，鮪也。』李奇注《漢書》云：『周洛曰鮪，蜀曰䱜鱛。』《説文》作䱜鰽，蓋古今字耳。

又南水行五百里，曰流沙。行五百里，有山焉，曰跂踵之山[一]。廣員二百里，無草木，有大蛇，其上多玉。有水焉，廣員四十里，皆涌，其名曰深澤[二]，其中多蠵龜[三]。有魚焉，其狀如鯉而六足鳥尾，名曰鮯鮯[四]之魚，其鳴自叫。

[一]【郭注】跂，音企。

[二]【郭注】今河東汾陰縣有瀵水，源在地底，濆沸涌出，其深無限，即此類也。【廣注】神瀵是也。宋寶鼎縣瀵泉有光如燭焰，其聲如雷。【汪存】此澤衹在此山，亦環海也。【箋疏】《爾雅》云：『瀵，大出尾下。』郭注與此注文有詳略，其義則同。

[三]【郭注】蠵，觜蠵，大龜也，甲有文彩，似瑇瑁而薄，音遺知反。【廣注】應劭《漢書》注：『靈蠵，大龜也，雄曰瑇瑁，雌曰觜蠵。』《臨海水土記》云：『其甲黄點有光，彼人以亂瑇瑁。』《日華子（本草）》曰：『蠵蠵，即𪓕鼊也，皮可寶裝飾物，或曰蠵龜。大者爲蠵蠵、屓贔，小者爲𪓕鼊。』段成式《酉陽雜俎》：『係臂狀如龜，生南海。』劉欣《交州記》：『蚼蝶似瑇瑁，其甲有黑珠文彩，斑似錦文。』皆是物也。《（山海經）圖贊》曰：『水圓四十，潛源溢沸。靈龜爰處，掉尾養氣。莊生是感，揮竿傲貴。』【汪存】蠵，觜蠵也，似龜而大，六足。其甲薄而有文，可以飾器。今廣中亦有之。或曰：雄曰瑇瑁，雌曰觜蠵。【箋疏】瑇瑁，《玉篇》作蝳蝐。《説文》云：『蠵，大龜也，以胃鳴者。』郭注《爾雅》靈龜云：『緣中文似瑇瑁，俗呼爲靈龜，即今觜蠵龜，一名靈蠵，能鳴。』

[四]【郭注】音蛤。【廣注】《廣雅》曰：『東方有魚焉如鯉，六足鳥尾，其名曰鮯。』《事物紺珠》云：『鮯如鯉，六足鳥尾，出

東方深澤中。』《駢雅》曰：『冉遺、鯩鯩、建同、浮瑚，皆异魚也。』（明）睿宗《江漢賦》曰：『曳六足之鯩兮，戴八極之蹭神鰲。』楊慎《异魚贊》云：『東方有魚，其形如鯉。其名爲鯩，六足鳥尾。鱅爲之母，胎育厥子。』《（山海經）圖贊》曰：『嬰胡之狀，似麋之眼。精精似牛，以尾自辨。鯩鯩所潛，厥深無限。』【箋疏】《廣雅·釋地》本此經云：『東方有魚焉，如鯉，六足鳥尾，其名曰鯩。』不作重文，《玉篇》亦然。

又南水行九百里，曰踇隅之山[一]。其上多草木，多金、玉，多赭。有獸焉，其狀如牛而馬尾，名曰精精[二]，其鳴自叫。

[一]【郭注】（踇）音敏字。【新校正】《玉篇》引此作踇偶山。【箋疏】《玉篇》、《廣韵》并作踇偶山。踇，莫後切。【明案】踇一作晦。汪紱云：『晦，音畝。』

[二]【廣注】《駢雅》曰：『獸似牛而馬尾，曰精精。』或又云乃辟邪也。

又南水行五百里，流沙三百里，至于無皋之山。南望幼海[一]，東望榑木[二]，無草木，多風[三]。是山也，廣員百里。

[一]【郭注】即少海也。《淮南子》曰：『東方大渚曰少海。』【廣注】周弘正啓色華少海，用寶叢臺。庾信詩：『黿橋浮少海，鵠蓋上中峰。』《徐陵集》云：『叢臺之璧，少海之珠。』盧柟賦云：『跨渚毗弄少海。』又云：『訝育遺而洗幼海。』指此也。【汪存】以環中國者爲少海，少海外乃爲大海也。明此皆在幼海東矣。【箋疏】《初學記》六卷引此經及郭注并與今本同。又少海，即裨海也。《史記·騶衍傳》云：『裨海環之。』索隱云：『裨海，小海也。』郭引《淮南子》者，《墬形訓》文也。

[二]【郭注】扶、桑二音。【補注】鄭玄注《禮記》不改本字而音其下，郭璞注《山海經》亦不改本字而音其下，深得聖人闕

文之義，宋人則直改之矣。【廣注】《六書正訛》：『扶桑作榑桒。』嚴忌《哀時命》云：『左袪掛於榑桑。』《吕覽》云：『夏禹東至榑木之地。』即此也。【汪存】或作扶桑，謂東海有扶桑之木，日出所拂者也。【新校正】疑木字誤也。【箋疏】榑木，即扶桑，但不當讀木爲桑，注有脱誤。《鴻（洪）範五行傳》云：『東方之極，自碣石，東至日出榑木之野。』《吕氏春秋·求人篇》云：『禹東至榑木之地，日出九津。』高誘注云：『榑木，大木；津，崖也。』案：扶桑，見《海外東經》。

［三］【汪存】凡東海多風。《周禮》『日東景夕多風』，是也。【箋疏】東極多風，爰有神人，來風曰俊，處東極以出入風也，見《大荒東經》。

凡《東次三經》之首，自尸胡之山至于無睪[一]之山，凡十九山[二]，六千九百里[三]。其神狀，皆人身而羊角。其祠：用一牡羊，米用黍。是神也，見則風雨水爲敗。

［一］【廣注】一本作睾。古睾、皋通。【明案】宋本作睪，古同睾，明清諸本多作皋。

［二］【明案】此言十九山，誤，實爲九山，十字衍。

［三］【箋疏】今纔六千四百里。

【新校正】右《東次三經》，古本爲第十三篇。

又《東次四經》之首，曰北號之山，臨于北海。有木焉，其狀如楊，赤華，其實如棗而無核[一]。其味酸甘，食之不瘧[二]。食水出焉，而東北流注于海[三]。有獸焉，其狀如狼，赤首鼠目，其音如豚，名曰猲狚[四]，是食人。有鳥焉，其狀如鷄而白首，鼠足而虎爪，其名曰鬿雀[五]，亦食人。

［一］【廣注】《异物類苑》有無核棗，即此也。【箋疏】《爾雅》云：『皙，無實棗。』郭注云：『不著子者。』即此。今樂陵縣亦出

無核棗。

[二]【箋疏】《（神農）本草經》腐婢陶注云：『今海邊有小樹，狀如巵子，莖條多曲，氣作腐臭，士人呼爲腐婢，用療瘧有效。』即此。

[三]【汪存】此又一食水，非楸𧑒之食水。【箋疏】食水已見篇首，其云北臨乾昧，當即此經北號之山。

[四]【郭注】葛、苴二音。【廣注】楊慎《古音略》引經云：『有獸赤眉鼠目，名曰獦狚。』與此文异。【新校正】此即狚也。《説文》云：『狚，玃屬。』《（經典）釋文》《莊子音義》云：『司馬云：狚一名獦牂，似猨而狗頭，喜與雌猨交也。』即此。狚、牂音相轉，猶駔字兩音矣。《玉篇》、《廣韵》作獦狚，云：『丁旦切，獸名。』蓋誤。【箋疏】經文獦狚，當爲獦狚。注文葛苴，當爲葛旦，俱字形之訛也。《玉篇》、《廣韵》并作獦狚，云：『狚，丁旦切，獸名。』可證今本之訛。《説文》云：『狚，玃屬。』《莊子·齊物論》釋文引司馬彪云：『狚，一名獦牂，似猨而狗頭，熹與雌猨交。』所説形狀與此經异，非一物也。

[五]【郭注】（鬿）音祈。【廣注】《天問》云：『鬿堆焉處？』王逸注：『鬿堆，奇獸也。』柳子《天對》云：『鬿雀在北號，惟人是食。』楊萬里注：『堆當爲雀，王、柳注誤也。』王世貞《續九辨》云『鬿堆侁侁而鼓翼』，謂此。《駢雅》曰：『鬿雀，食人鳥也。』《篇海》、《字彙》引此復作鬿萑，音桓，非是。《（山海經）圖贊》曰：『獦狚狡獸，鬿雀惡鳥。或狼其體，或虎其爪。安用甲兵，擾之以道。』又李給諫《筆記》云：『崇禎甲戌，鳳陽出惡鳥數萬，兔頭鷄身鼠足，味甚美，犯其骨立死，稽其形狀。』疑即此鳥也。【新校正】鬿，即魁字异文。又：《玉篇》亦有鬿字，云：『巨希切，星名。』蓋亦魁也。【箋疏】柳子《天對》云：『鬿雀在北號，惟人是食。』則以鬿堆爲即鬿雀字之誤，王逸注蓋失之。

又南三百里，曰旄山，無草木。蒼體之水出焉，而西流注于展水，其中多鱃魚[一]。其狀如鯉[二]而大首，食者不疣[三]。

[一]【郭注】今蝦鰌，字亦或作鱃，秋音。【廣注】鱃魚，《本草拾遺》以爲即鱅魚。李時珍曰：『此魚中之下品，蓋魚之庸，

常以供饈食者，故曰鱅、曰鱃。』鄭氏作溶魚。【新校正】《廣雅》云：『鱃，鰌也。』案鱃非古字，後人以聲合之，其實當爲鰌。【箋疏】《廣雅》云：『鱃，鰌也。』是本一字。郭音鱃爲秋，與鰌同音。

[二]【廣注】鯉三十六鱗，應老陰之數。又鱗有十字文理，故名。交州人呼赤鯉爲玄駒。【箋疏】《太平御覽》七百四十卷引此經鯉作鱧。

[三]【箋疏】疣，當爲肬。

又南三百二十里，曰東始之山，上多蒼玉。有木焉，其狀如楊而赤理，其汁如血，不實，其名曰芑[一]，可以服馬[二]。泚水出焉，而東北流注于海。其中多美貝，多茈魚。其狀如鮒，一首而十身[三]，其臭如蘪蕪，食之不䊧[四]。

[一]【郭注】音起。【廣注】《玄覽》曰：『芑木之汁如血。』【箋疏】李善注《西京賦》引此經作杞，云：『杞如楊，赤理。』是知杞假借作芑也，經内多此例。李善又云：『杞，即便木也。』未知其審。

[二]【郭注】以汁塗之，則馬調良。【廣注】《（山海經）圖贊》曰：『馬惟剛峻，塗之芑汁。不勞孫陽，自然閑習。厥術無方，理有潛執。』【箋疏】良馬有汗血者，以芑汁塗馬則調良，或取此義與？

[三]【廣注】與何羅魚類。【箋疏】似何羅魚。

[四]【郭注】孚謂反，止失氣也。【廣注】䊧，氣下泄也，譬、費二音。《（山海經）圖贊》曰：『有魚十身，蘪蕪其臭。食之和體，氣不下溜。薄之躍淵，是惟災候。』【汪存】䊧，古屁字，氣下泄也。【新校正】《廣韵》云：『䊧，同屁，氣下泄也，匹寐切。』案䊧字，《説文》所無，而有粊字，當是正文。

又東南三百里，曰女烝之山。其上無草木。石膏水出焉，而西注于鬲水，其中多薄魚[一]。其狀如鱣魚而一目，其音如歐[二]，見則天下大旱[三]。

［一］【箋疏】《玉篇》、《廣韵》并作鱄魚。又云：『似鯉也。』

［二］【郭注】如人嘔吐聲也。【廣注】歐與嘔同。《太玄經》：『歐鳴之疾至。』【箋疏】歐吐之字，古書作歐，俗作嘔。《初學記》三十卷引此經及郭注并與今本同。

［三］【廣注】《物异志》作見則天下大水。【箋疏】《初學記》引此經作見則天下反。

又東南二百里，曰欽山。多金、玉而無石。師水出焉［一］，而北流注于皋澤。其中多鱃魚，多文貝。有獸焉，其狀如豚而有牙，其名曰當康［二］。其鳴自叫，見則天下大穰［三］。

［一］【廣注】今信陽縣有浉水，疑即此水。

［二］【廣注】《駢雅》云：『當康，牙豚也。』《事物紺珠》當作庚，誤。【箋疏】《太平御覽》九百十三卷引《神异經》云：『南方有獸，似鹿而豕首，有牙，善依人，求五穀，名無損之獸。』所説形狀與此獸近，當即此。

［三］【箋疏】當康大穰，聲轉義近，蓋歲將豐稔，茲獸先出以鳴瑞。聖人通知鳥獸之音，故特記之。凡經中諸物，或出而兆妖祥，皆動於幾先，非所常有，故世人希得見之爾。

又東南二百里，曰子桐之山［一］。子桐之水出焉，而西流注于餘如之澤。其中多鮹魚［二］。其狀如魚而鳥翼，出入有光。其音如鴛鴦，見則天下大旱［三］。

［一］【箋疏】《玉篇》引司馬相如《梓桐山賦》云『礲硐』，疑即斯山也。梓、子聲同。

［二］【郭注】（鮹）音滑。【廣注】《太平御覽》曰：『子桐之水，其中澤多鮹魚。』疑鮹即鮹也。【新校正】鮹字《説文》所

無，見郭璞《江賦》。《玉篇》云：『鮹魚如鳥。』【箋疏】鮹魚見郭氏《江賦》。李善注引此經及郭音并與今本同。《玉篇》云：『鮹魚如鳥。』《太平御覽》九百三十九卷引此經作鮹魚，誤。

[三]【廣注】《（山海經）圖贊》曰：『當康如豚，見則歲穰。鮹魚鳥翼，飛乃流光。同出殊應，或災或祥。』

又東北二百里，曰剡山[一]。多金、玉。有獸焉，其狀如彘而人面，黄身而赤尾，其名曰合窳[二]，其音如嬰兒。是獸也，食人，亦食蟲蛇，見則天下大水[三]。

[一]【箋疏】《藝文類聚》八卷引剡山作炎山，蓋誤。

[二]【郭注】（窳）音庾。

[三]【廣注】《事物紺珠》曰：『合窳如猪，人面血食。』《駢雅》曰：『皮樹、在子、合窳，皆人面獸也。』《（山海經）圖贊》曰：『猪身人面，號曰合窳。厥性貪殘，物爲不咀。至陰之精，見則水雨。』【箋疏】是獸蓋即彘屬而异者也。彘爲水祥者，以坎爲豕爲水故也。彘能啗蛇，見蘇鶚《杜陽雜編》。

又東二百里，曰太山。上多金、玉、楨木[一]。有獸焉，其狀如牛而白首，一目而蛇尾，其名曰蜚[二]，行水則竭，行草則死，見則天下大疫[三]。鈎水出焉，而北流注于勞水，其中多鱃魚。

[一]【郭注】女楨也，葉冬不凋。【廣注】女貞亦名冬青，負霜葱翠，振柯凌風。《琴操》載魯有處女，見女貞木而作歌，乃此木也。《駢雅》云：『思儡不腐，女貞不凋。』《上林賦》：『豫章女貞。』張揖曰：『女貞，冬青。』【新校正】《經史證類本草》引此楨作貞。【箋疏】《説文》云：『楨，剛木也。上郡有楨林縣。』《玉篇》云：『楨，堅木也。』引此經作大山多楨木。又引郭注，與今本同。

[二]【郭注】音如翡翠之翡。【箋疏】蜚，《廣韻》作犕，非也。《玉篇》引此經與今本同。又此與《春秋》之蜚同名异實。劉敞解《春秋》便引此經以爲一物，非也。

[三]【郭注】言其體含災氣也。其《銘》曰：『蜚之爲名，體似無害。所經枯竭，甚於鴆厲。萬物斯懼，思爾遐逝。』【廣注】《春秋·莊二十五年》：『秋，有蜚。』劉侍讀《春秋解》引此謂：『蜚狀若牛，一目虵尾。』江休復《雜志》亦云：『唐彦猷有舊本《山海經》，説蜚處淵則涸，行木則枯。』《春秋》所書，似即此物。又《字彙》：『犕似牛，白首一目。』疑爲此獸。《篇海》引經又作蟲。《五侯鯖》云：『蜚生太山，行水水竭，行草草枯。』《（山海經）圖贊》云：『蜚則災獸，跂踵厲深。會所經涉，竭水槁林。稟氣自然，體此殃淫。』【箋疏】《廣韻》引此經作見則有兵役，與今本异。又引郭氏《贊》，即今注中《銘》語也，萬物斯懼，斯作攸，餘同。又案：藏經本所載《（山海經）圖贊》，復與此絶异，所未能詳。

凡《東次四經》之首，自北號之山至于太山，凡八山[一]，一千七百二十里[二]。

[一]【汪存】皆不可考。

[二]【箋疏】畢氏本里字作三，此字形之訛。又案：此經不言神狀及祠物所宜，疑有闕脱。

右《東（山）經》之山志[一]，凡四十六山，萬八千八百六十里[二]。

[一]【釋義】山志，志山也。志山，則水不能外矣。曰凡四十六山，撮名山也。撮其名山而草木，而鳥獸，而蟲魚，而貨寶金玉，皆見之矣。曰萬八千八百六十里，志地里也。

[二]【箋疏】今才萬八千二百六十里。

【新校正】右《東次四經》，古本爲第十四篇。

中山經[一]第五

[一]【新校正】《史記》注（集解）云：『皇甫謐曰：禹都平陽，或在安邑，或在晉陽。』故以山西薄山爲中山，起薄山也。

《中山經》薄山[一]之首，曰甘棗之山[二]。共水[三]出焉，而西流注于河，其上多杻木。其下有草焉，葵本而杏葉[四]，黄華而莢實[五]，名曰籜[六]，可以已瞢[七]。有獸焉，其狀如獃鼠而文題[八]，其名曰𪕮[九]，食之已癭[十]。

[一]【廣注】《（史記・）封禪書》：『華山以西，名山七。』薄山其一焉。薄山，即襄山也。徐廣曰：『蒲坂縣有襄山。』應劭云：『在潼關北十餘里。』【注存】薄與亳通，而殷有三亳：東亳，今之亳州，隸江南；西亳即河南偃師縣；南亳，轘轅也。而此《中山》之經，大約多自洛、汭問始，則此薄山之首，殆主偃師言也。【新校正】山在今山西蒲州府南。又：《水經注》引此作蒲山者，蒲、薄音之緩急，通也。【箋疏】山在今山西蒲州府南禹都平陽，或在安邑，故以薄山爲中山也。《（漢書・）地理志》云：『河東郡蒲反。雷首山在南。』《史記・封禪書》云：『薄山者，襄山也。』正義引《括地志》云：『薄山，亦名襄山，一名雷首山。』案：正義：『襄，音色眉反。』則當作衰。然《穆天子傳》云：『河首襄山。』是字仍當作襄也。《水經・河水》注引揚雄《河東賦》注云：『襄山在潼關北十餘里。』又引此經薄山作蒲山，蓋薄、蒲聲有輕重耳。

[二]【廣注】《括地志》云：『蒲州河東縣雷首山，一名中條，一名歷山，亦名首陽山，亦名蒲山，亦名襄山，一名甘棗山，亦名猪山。』又《水經注》引經，薄山作蒲山，甘棗作甘桑。【新校正】《括地志》云：『（蒲州河東縣雷首山）亦名獨頭山，亦名吴山。』此山西起雷首山，東至吴坂，凡十二名，隨州縣分之。見《史記》正義。又云：『一名渠山，一名條山。』又

一作甘棘。

〔三〕【郭注】（共）音恭。【新校正】《水經注》云：『蓼水出襄山蓼谷，西南注於河。』又曰：『今診蓼水川流所注，與共水相扶。今水當在山西芮城縣。【箋疏】是酈氏以蓼水即共水也。

〔四〕【郭注】或作楛葉。

〔五〕【廣注】如莢薺之實。《周禮》莢物是也。【箋疏】《說文》云：『莢，草實。』鄭注《（周禮·）地官·司徒職》云：『莢物，薺莢、王棘之屬。』

〔六〕【郭注】（音）他落反。【汪存】音托。又：此蓋決明之屬，但決明葉不似杏楛。

〔七〕【郭注】音盲。【廣注】懵，目不明也。瞽瞍號天懵。【箋疏】《說文》云：『懵，不明也。』

〔八〕【郭注】鈦鼠，所未詳，音虵，字亦或作虵。【廣注】鈦鼠，《集韵》作猷，注云：『獸名。』【汪存】鈦鼠，鼠類，色紫紺，淺毛，其皮可裘。文題，其額上有文也。【新校正】《玉篇》以鈦字爲古文獨字。《廣韵》云：『鈦，徒各切，獸名，似鼠。』俱與郭音异，疑當爲吠字。【箋疏】鈦鼠，《爾雅》十三鼠中無之，其字或作虵，蓋同聲假借也。

〔九〕【郭注】音那，或作熊也。【廣注】《群書鈎玄》云：『古熊字作難，與難字相近。』《古音略》曰：『難，又音熊。』【汪存】難與熊通。說者云：鯀化黃熊，入於羽淵。熊，三足鼈也。與此互异。【新校正】難字《說文》所無，見《玉篇》。【箋疏】難，或云即古熊字，非也。古文熊字作難，見《玉篇》。又《玉篇》云：『難，乃何切，獸似鼠，食之明目。』《廣韵》亦云：『獸名，似鼠，班頭，食之明目。』蓋皆本此經而誤記也。

〔十〕【廣注】《集韵》曰：『難獸似鼠，斑頭，食之明目。』與此略异。《草木子》云：『阻氣多瘿。』

又東二十里，曰歷兒之山〔一〕。其上多橿，多櫔木〔二〕。是木也，方莖而員葉，黃華而毛，其實如楝〔三〕，服之不忘。

〔一〕【新校正】即歷山也，在今蒲州府南。《水經注》云：『河東郡南有歷山，舜所耕處也。』《括地志》云：『蒲山，亦名歷山。』

即此經云歷兒者，語之緩。【箋疏】《史記》正義引《括地志》云：『蒲山，亦名歷山。』即此也。蓋與薄山連麓而异名。《太平御覽》四百九十卷引此經作歷小之山，疑兒本或作尔，聲近而通，尔又訛作小也。

[二]【郭注】（欐）音厲。【新校正】欐字《説文》所無，見《玉篇》，云：『木名，實如栗。』案：此云如楝，不同。

[三]【郭注】楝，木名，子如指頭，白而粘，可以浣衣也。音練，或作簡。【廣注】《爾雅翼》曰：『楝實名金鈴子。』【汪存】楝木似槐，子如指頭，色白而粘，可搗以浣衣，服之益腎。此服之不忘，謂令人健記，蓋亦楝類也。或作簡，非。【箋疏】《説文》云：『楝，木也。』《玉篇》云：『子可以浣衣。』《爾雅翼》云：『木高丈餘，葉密如槐而尖，三、四月開花，紅紫色，實如小鈴，名金鈴子，俗謂之苦楝，可以湅，故名。』

又東十五里，曰渠猪之山[一]。其上多竹。渠猪之水出焉，而南流注于河[二]。其中是多豪魚，狀如鮪[三]，赤喙尾，赤羽[四]，可以已白癬[五]。

[一]【新校正】即渠山也。《括地志》云：『雷首山，亦名渠山。』又云：『薄山，亦名猪山。』經文説此去薄山方三十五里，蓋薄山之异名。【箋疏】《史記》正義引《括地志》云：『雷首山，亦名渠山。』又云：『薄山，亦名猪山。』即此。

[二]【汪存】此經當在河南，而此曰南流注河，恐訛誤。【新校正】《水經注》云：『永樂澗水北出於薄山，南流徑河北縣故城西，又南入於河。』余按《中山經》，即渠猪之水也。《元和郡縣志》云：『永樂縣永樂澗水，源出條山。經縣東一里，又南入河。』《太平寰宇記》云：『永樂縣渠猪水，一名蓼水，今名百丈澗，原出縣北中條山。』水在今山西永濟縣。【箋疏】《括地志》中條山，亦雷首之异名也。

[三]【郭注】鮪，似鱣也。

[四]【箋疏】《太平御覽》九百三十九卷引此經赤喙上有而字。《廣韻》引作赤尾赤喙有羽，而無狀如鮪三字。

[五]【箋疏】《説文》云：『癬，乾瘍也。』

又東三十五里，曰葱聾之山[一]。其中多大谷，是多白堊[二]，黑、青、黄堊[三]。

[一]【箋疏】自此已下七山，亦皆與薄山連麓而异名。

[二]【廣注】《本草》：『白堊，白善土也，邯鄲者爲上。』

[三]【郭注】言有雜色堊也。

又東十五里，曰涹山[一]。其上多赤銅，其陰多鐵。

[一]【郭注】（涹）音倭。【新校正】涹字《説文》所無，見《玉篇》，云：『山名也。』【箋疏】《玉篇》云：『委，山名也。』

又東七十里，曰脱扈之山[一]。有草焉，其狀如葵葉而赤華莢實，實如椶莢[二]，名曰植楮，可以已癙[三]，食之不眯[四]。

[一]【新校正】自此至吴林山，皆雷首之連麓。

[二]【郭注】今椶木，莢似皂莢也。【廣注】《事物紺珠》云：『植楮，實如椶莢。』椶、棕同。【箋疏】今椶木，結實作房，如魚子狀，絶不似皂莢也，未知其審。

[三]【郭注】癙，病也。《淮南子》曰：『狸頭已癙也。』【廣注】《正韵》云：『癙，憂病。』《詩》云：『癙憂以癢。』【新校正】癙，當爲鼠。【箋疏】《太平御覽》七百四十二卷引郭注作癙瘻也，今本作癙病，蓋本《爾雅·釋詁》文，非誤也。又引《淮南子》者，《説山訓》文，本作貍頭愈鼠，今人正以貍頭療鼠瘍。鼠瘍，即瘻。《説文》云：『瘻，頸腫也。』

[四]【汪存】眯，目病也。

又東二十里，曰金星之山。多天嬰[一]，其狀如龍骨[二]，可以已痤[三]。

[一]【汪存】天嬰，未詳何物。

[二]【廣注】龍骨，出晉地川谷及太山巖。雷斅曰：『細文廣者雌骨，粗文狹者雄骨。』【箋疏】《（神農）本草·別録》云：『龍骨生晉地川谷，及太山巖水岸土穴中死龍處。』

[三]【郭注】癰痤也。【廣注】《説文》云：『小腫也。一曰癤也，才何反。』【汪存】痤，皮上魂磊病也。【箋疏】（郭）注疑當爲痤癰也。《説文》云：『痤，小腫也，一曰族絫。』《韓非子·六反篇》云：『彈痤者痛。』

又東七十里，曰泰威之山。其中有谷，曰梟谷[一]，其中多鐵。

[一]【郭注】或無谷字。

又東十五里，曰橿谷之山[一]。其中多赤銅。

[一]【郭注】或作檀谷之山。

又東百二十里，曰吴林之山[一]。其中多葌草[二]。

[一]【新校正】即《括地志》云『雷首山，一名吴山』也，在今山西平陸縣。【箋疏】《（漢書·）地理志》云：『河東郡大陽吴山在西，上有吴城。』《史記》正義引《括地志》云：『雷首山，亦名吴山。』即此也。已上諸山，西起雷首，東至吴坂，

隨地异名，大體相屬也。吴山在今山西平陸縣。

［二］【郭注】（菅）亦菅字。【廣注】《爾雅》：『白華，野菅。』《説文》云：『菅，茅也。』《左傳》：『雖有絲麻，無棄菅蒯。』《詩經》：『東門之池，可以漚菅。』陸璣曰：『似茅而滑澤無毛，柔韌，宜爲索。』菅、菅古字通。【汪存】或曰當與蕑同，即蘭也。【新校正】《説文》云：『菅草，出吴林山。』即此。【箋疏】《説文》云：『菅，香草，出吴林山。』本此經爲説也。《衆經音義》引《聲類》云：『菅，蘭也。』又引字書云：『菅與蕑同，蕑即蘭也。』是菅乃香草。《中次十二經》洞庭之山以菅與蘪蕪并稱，其爲香草審矣。郭注以菅爲菅字，菅乃茅屬，恐非也。

又北三十里，曰牛首之山［一］。有草焉，名曰鬼草［二］。其葉如葵而赤莖，其秀如禾，服之不憂［三］。勞水出焉［四］，而西流注于潏水［五］，是多飛魚，其狀如鮒魚，食之已痔衕［六］。

［一］【郭注】今長安西南有牛首山，上有館，下有水，未知此是非。【廣注】金陵亦有牛首山。徐陵《（勸進梁元帝）表》：『南望牛頭，方稱天闕。』是同名者也。【汪存】晋人伐鄭師於牛首。牛首，鄭地也，當在鄭州、滎陽之境。或以長安西南之牛首山當之，非也。【新校正】《太平寰宇記》《長安志》直以此爲雍州鄠縣之牛首山，非也。此是《中山經》，則山當在今山西浮山縣境霍太山之南。案其道里皆合，故知非鄠縣之山。《太平寰宇記》云：『神山縣黑山，在縣東四十四里，一名牛首，今名烏嶺山。』【箋疏】此山在霍太山之南，當在今山西浮山縣界，非長安鄠縣之牛首山也。《水經·汾水》注有黑山，即此。

［二］【新校正】疑當爲蒐草。

［三］【廣注】合歡、蠲忿、萱草忘憂，此其類也。《（山海經）圖贊》曰：『焉得鬼草，是樹是蓺。服之不憂，樂天儀世。如彼滚舟，任波流滯。』【汪存】其秀如禾，蓋吐穗也。【箋疏】《（詩·）大雅·生民篇》云：『實發實秀。』是禾謂之秀也。

［四］【廣注】《説文》：『澇水如扶風鄠，北入渭。』《（明）一統志》：『澇水源出浮山縣西，入汾河。』【新校正】《太平寰宇記》、《長安志》以此爲鄠縣之澇水，非也。又《太平寰宇記》云：『臨汾縣澇水，源出烏嶺山，俗名長壽水。』今水出山西浮山

縣，經平陽府城西北入於汾是。【箋疏】長安亦有澇水、潏水，見《（漢書・）地理志》，非此也。《太平寰宇記》云：『臨汾縣澇水，源出烏嶺山，俗名長壽水。』是也。《水經注》云：『黑水出黑山，西徑楊城南，又西與巢山水會。引此經云云。疑是水也。』

[五]【郭注】（潏）音如譎詐之譎。【廣注】《水經注》：『潏水，即巢山之水也。水源東南出巢山東谷，北徑浮山東，又西北流，與勞水合。』《（明）一統志》：『潏水源出龍角山。』《字林》曰：『潏水出杜陵縣。』【新校正】《元和郡縣志》云：『臨汾縣潏水，今名三交水，東至襄陵縣界流入。襄陵縣潏水，在縣北十五里。』《太平寰宇記》云：『洪洞縣潏水，源出縣東南巢山，在縣北十五里。』今水出山西襄陵縣卧龍山也。

[六]【廣注】屠本峻《海錯疏》：『飛魚頭大尾小，有肉翅，一躍十餘丈。』《林邑國記》曰：『飛魚身圓，長丈餘，羽重沓，翼如山蟬，出入群飛，游翔翳會。』張駿《飛魚贊》：『飛魚如鮒，登雲游波。』楊慎《异魚贊》曰：『飛魚身圓長丈餘，登雲遊波形如鮒，翼如輕蟬翔泳俱，仙人寧封曾餌諸，着藻灼灼千載舒。』《西陽雜俎》云：『朗山浪魚，長一尺。能飛，飛則凌雲，息歸潭底。』《（明）一統志》：『陝西鄠縣澇水出飛魚，狀如鮒，食之已痔疾也。』【汪存】飛魚，蓋鮒之一種耳。言飛而不言有翼，其魚好超躍水面如飛也。今鯽魚亦能治痔止泄。鯽即鮒魚別名。【新校正】衎字《説文》所無，見《玉篇》，云：『下也。』【箋疏】《中次三經》復有飛魚，與此异。《太平御覽》九百三十九卷引張駿《山海經飛魚贊》曰：『如鮒登雲游波。』今案：如鮒之上當脱飛魚二字，遂不成文。又引《林邑國記》曰：『飛魚身圓，長丈餘，羽重沓，翼如胡蟬，出入群飛，游翔翳會，而沉則泳海底。』

又北四十里，曰霍山[一]。其木多穀。有獸焉，其狀如狸而白尾，有鬣，名曰朏朏[二]，養之可以已憂[三]。

[一]【郭注】今平陽永安縣、廬江灊縣、晋安羅江縣、河南鞏縣皆有霍山，明山以霍爲名者非一矣。案《爾雅》，大山統小山爲霍。【廣注】霍山甚多，最大者衡山，一名霍山。《白虎通》云：『霍之爲言護也。太陽用事，護養萬物也。』漢武帝移

南岳於天柱山，遂以天柱山爲霍山，廬江之霍山也。《爾雅》：『北方之美，有霍山之珠玉焉。』平陽之霍山也，經所紀疑是此山。《水經注》：『霍太山，上有飛廉冢。山上有廟甚虛，鳥雀不栖其林，猛虎常守其庭。』劉會孟云：『山西霍州霍山，今爲中鎮，固《（尚書·）禹貢》之岳陽也。』【汪存】此蓋鞏（縣）之霍山也。【新校正】郭引三霍山，無以定之。此是《中山經》，又在牛首山北，則永安之山是也。山在今山西霍州東南，《夏書》謂之太岳，《周禮》、《爾雅》謂之霍山，《史記》謂之霍太山。《元和郡縣志》云：『洪洞縣霍山，在縣東北三十里。霍邑縣霍山，在縣東三十里。沁源縣霍山，在縣西七十里。』案：皆一山也。【箋疏】此平陽永安之霍山也，山在今山西霍州東南。《（漢書·）地理志》云：『河東郡彘。霍太山在東，冀州山。』《晉書·地理志》云：『平陽郡永安霍山在東。』案：《水經·汾水》注有彘水、霍水，并出霍太山，西南流注於汾水，此經絶不言有水。又《爾雅》記西方之美，有霍山之多珠玉，此經亦復不言。

[二]【新校正】此字從肉，從月未詳。郭音以爲從月也。

[三]【郭注】謂蓄養之也。（朏音）普昧反。【廣注】《駢雅》曰：『朏朏、蒙頌，皆貍屬也。』《麟書》云：『安得朏朏與之游，而釋我之憂。』【汪存】朏，音菲。言畜之使人解憂也。【箋疏】陳藏器《本草拾遺》云：『風貍似兔而短，人取籠養之。』即此也。

又北五十二里，曰合谷[一]之山。是多薝棘[二]。

[一]【新校正】《玉篇》引此作金谷。

[二]【郭注】未詳。（薝）音瞻。【廣注】薝棘，木名，一音膽。《説文》云：『金谷多薝棘。』又《篇海》引經作爾谷山。【汪存】薝，音淡。或曰薝，薝蔔，今之梔子也。【箋疏】《（神農）本草》云：『天虋冬，一名顛棘。』即《爾雅》髦顛棘也。薝，《玉篇》云：『丁敢切。』疑薝、顛古字或通。

又北三十五里，曰陰山[一]。多礪石[二]、文石，少水出焉[三]。其中多雕棠，其葉如榆葉而方，其實如赤菽[四]，食之已聾[五]。

[一]【郭注】亦曰險山。【新校正】案其道里及所出水，疑即綿山。山在山西祁縣、沁源二縣界。

[二]【郭注】礪石，石中磨者。【新校正】礪，當爲厲。【箋疏】礪，當爲厲。《説文》云：『厲，旱石也。』

[三]【新校正】《水經注》云：『沁水又徑沁水縣故城北，《春秋》之少水也。』又云：『少水，今沁水。』【箋疏】《水經注》云：『沁水又徑沁水縣故城北，《春秋》之少水也。』又云：『少水，今沁水。』酈氏此説，蓋言沁水隨地异名耳，不云即此經之少水也。且沁水出謁戾山，少水出陰山，既不同源，非一水明矣。

[四]【郭注】菽，豆。【釋義】赤菽，今赤小荳。【廣注】《通志略》：『海棠子，名海紅，其狀如梨，大如櫻桃。』亦此類也。赤菽，赤小荳。【新校正】菽字當爲叔。【箋疏】菽，當爲尗，見《説文》。

[五]【釋義】已聾，可以止聾也。聾，耳不聽也。其字從龍何？龍以角聽故也。【廣注】《草木子》曰：『風氣多聾。』

又東北四百里，曰鼓鐙之山[一]。多赤銅[二]。有草焉，名曰榮草[三]。其葉如柳，其本如鷄卵，食之已風[四]。

[一]【新校正】即鼓鐘山，在今山西垣曲縣。鐘、鐙聲形皆相近。《水經注》云：『平（山）水南流，歷鼓鐘上峽，水廣一十許步，南流歷鼓鐘，分爲二澗。一水歷冶官西，世人謂之鼓鐘城。城之左右，猶有遺銅及銅錢也。』即此山。

[二]【新校正】詳《水經注》，云：『有冶官遺銅。』則知古者冶銅於此。經言多赤銅，信也。

[三]【廣注】揚雄《解嘲》云：『四皓采榮於南山。』

[四]【箋疏】《（神農）本草經》云：『藺茹，味辛寒，除大風。』陶注云：『葉似大戟。』蜀本注云：『根如蘿蔔。』并與此合，豈是與？

凡薄山之首，自甘棗之山至于鼓鐙之山[一]，凡十五山，六千六百七十里[二]。歷兒，冢也。其祠禮：毛，太牢之具，縣以吉玉[三]。其餘十三山者[四]，毛用一羊，縣嬰用桑封，瘞而不糈。桑封者，桑主也[五]，方其下而鋭其上，而中穿之加金[六]。

[一]【新校正】此自山西蒲州西北至平陽太原府也，其山多可考。

[二]【汪存】此中山，大略不越周、鄭之境。凡所總括道里，多不相符合，而此爲尤甚。【箋疏】今才九百三十七里，經有誤。

[三]【郭注】縣，祭山之名也，見《爾雅》。【廣注】祭山曰庪、縣，或庪或縣，置之於山。【汪存】《爾雅》：『祭山曰縣。』此祠歷兒禮也。

[四]【箋疏】《風俗通》云：『趙襄子齋三日，親自剖竹，有朱書曰：無卹，余霍太山陽侯大吏云云。』是霍山之神，名陽侯也，其餘未聞。

[五]【箋疏】《穆天子傳》云：『乃駕鹿以游於山上，爲之石主。』《淮南（子·）齊俗訓》云：『殷人之禮，其社用石。』是土神、山神之主，例當用石，此則用木耳。又祭山不獨有主，兼亦有尸，故《中次五經》云：『尸水合天也。』

[六]【郭注】言作神主而祭，以金銀飾之也。《（春秋·）公羊傳》曰：『虞主用桑。』主，或作玉。【汪存】此復言桑封之制也。方下以安宅，鋭上以象山。中穿空之，象山以虛受澤之意也。加金飾以金也，以桑木爲之。案：此則封當作卦。卦亦音圭，其主形如圭，故曰桑卦耳。【新校正】此條疑周秦人釋語，舊本亂入經文。【箋疏】郭引《公羊》文，《（文公）二年傳》也。經言作僖公主，何休注云：『主狀正方，穿中央，達四方。』彼是説天子諸侯之主，此言山神之主，所未聞也。郭云主或作玉，蓋字形之訛。

【新校正】右《中山經》，古本爲第十五篇。

《中次二經》濟山之首，曰煇諸之山[一]。其上多桑，其獸多閭、麋，其鳥多鶡[二]。

〔一〕【汪存】濟山非一山。其山之首，別名煇諸山也。大約在伊、洛之東、河、沛之會。【箋疏】山在上黨。

〔二〕【郭注】似雉而大，青色有毛，勇健，鬥死乃止。音曷，出上黨也。【廣注】鶡似雉而大，或以爲黄黑色，鷙鳥之暴疏者也。每所攫撮，應爪摧衄，同類有被侵者，輒往赴救之，一死乃止。曹植賦：『雙戰不祇僵』是也。《爾雅翼》曰：『黄帝之戰，以雕、鶡、鳶爲旗幟。』趙武靈王制鶡冠以表武士。《東都賦》云：『武夫皆戴鶡。』又鶡冠子居山，以鶡爲冠，漢世常用之。顔師古云：『俗爲鶡鷄，黄覇乃以爲鳳凰，故張敞譏之。』《（山海經）圖贊》曰：『鶡之爲鳥，同群相爲。畸類彼侵，雖死不避。毛飾武士，兼厲以義。』【汪存】此濟山所有，蓋沛、洛間道通上黨，相去亦不遠也。【箋疏】張揖注《上林賦》云：『鶡似雉，鬥死不却。』《説文》云：『鶡似雉，出上黨。』劉昭注《（後漢書·）郡國志》上黨郡猗氏引《漢書音義》云：『縣出鶡。』因知此經煇諸之山在上黨猗氏縣矣。李善注《鸚鵡賦》引此經郭注作青色有角，今本作有毛，二者皆誤。李賢注《後漢書·西南夷傳》引此注云：『毼鷄似雉而大，青色有毛角，鬥敵死乃止。』是鶡或作毼。又增鷄字，非也。其作毛角，則是。《玉篇》云：『鶡，何葛切，鳥似雉而大，青色有毛角，鬥死而止。』

又西南二百里，曰發視之山。其上多金、玉，其下多砥、礪。即魚之水出焉，而西流注于伊水。

又西三百里，曰豪山。其上多金、玉，而無草木。

又西三百里，曰鮮山〔一〕。多金、玉，無草木。鮮水出焉，而北流注于伊水〔二〕。其中多鳴蛇，其狀如蛇而四翼。其音如磬，見則其邑大旱〔三〕。

〔一〕【廣注】《事類賦》注引此作鱗山。【新校正】《爾雅》云：『小山別，大山鮮。』是其義。《水經》云：『伊水東北過郭落山。』注云：『有鮮水，出鮮山。』山當在今河南嵩縣。

［二］【新校正】《水經注》云：『陽水入伊水。伊水又東北，鮮水入焉。水出鮮山，北流注於伊水。』水當在今河南嵩縣界。

［三］【廣注】張衡《南都賦》：『其水蟲則有蠳龜鳴蛇。』吴淑《蛇賦》：『音如磬聲。』即此也。《（山海經）圖贊》曰：『鳴化二蛇，同類异狀。拂翼俱游，騰波漂浪。見則并災，或淫或亢。』【箋疏】鳴蛇見《南都賦》，李善注引此經與今本同。

又西三百里［一］，曰陽山［二］。多石，無草木。陽水出焉，而北流注于伊水。其中多化蛇，其狀如人面而豺身［三］，鳥翼而蛇行［四］。其音如叱呼，見則其邑大水。

［一］【新校正】此三百里當爲三十里。

［二］【廣注】《水經注》：『陽水出陽山陽谿，世人謂之太陽谷水。』【新校正】《隋書·地理志》云：『陸渾有陽山。』當在今河南嵩縣。

［三］【廣注】豺，狼屬。《爾雅》：『豺，狗足。』《（禮記·）月令》：『仲秋，豺祭獸。』

［四］【廣注】《廣雅》曰：『中央有蛇焉，人面豺身，鳥翼蛇行，其名曰化蛇。』

又西二百里，曰昆吾之山［一］。其上多赤銅。有獸焉，其狀如彘而有角，其音如號［二］，名曰蠪蚔［三］，食之不眯［四］。

［一］【郭注】此山出名銅，色赤如火，以之作刀，切玉如割泥也。周穆王時，西戎獻之，《尸子》所謂昆吾之劍也。《越絶書》曰：『赤堇之山，破而出錫；若邪之谷，涸而出銅。歐冶子因以爲純鈞之劍。』汲郡冢中得銅劍，一枝長三尺五寸，乃今所名爲干將劍。汲郡亦皆非鐵也，明古者通以錫雜銅爲兵器也。【廣注】（司馬）相如《子虚賦》：『其石則琳瑉昆吾。』楊慎曰：『流州多積石，其名曰昆吾，鍊之成鐵，以作劍，光明成水精，石蓋鐵卝也。』應即此。又《（海内）十洲記》：『昆

吾割玉刀，周穆王時西域所獻。』《列子》：『穆王得昆吾之劍，切玉如泥。』《（白氏）六帖》云：『穆王征西土，得昆吾劍。』疑所稱非內地，郭以爲即斯山，所未詳也。《拾遺記》云：『昆吾山，其下多赤金，色如火。黄帝於此煉石爲銅，越王採金鑄之，以成八劍之精。』《（山海經）圖贊》曰：『昆吾之山，名銅所在。切玉如泥，炙有光彩。尸子所嘆，驗之彼宰。』【箋疏】《列子·湯問篇》云：『周穆王大征西戎。西戎獻本鋙之劍。其劍長尺有咫，練鋼赤刃，用之切玉，如切泥焉。』是郭所本也。又《博物志》引《周書》曰：『昆吾氏獻切玉刀，切玉如蠟也。』《子虛賦》云：『琳瑉昆吾。』張揖注云：『昆吾，山名也，出美金。《尸子》曰：昆吾之金。』又郭注《海內經》昆吾之丘亦引《尸子》曰：『昆吾之金。』此注引作劍，蓋字之訛也。又銅劍一枝，枝當爲枚，亦字之訛也，《藝文類聚》六十卷引此注枝正作枚。又汲郡亦皆非鐵，郭氏欲明古劍皆銅爲之耳。然《越絶書》云：『歐冶子、干將鑿茨山，泄其谿，取鐵英作爲鐵劍三枚。』《史記》亦云：『楚之鐵劍利，而倡優拙。』是知古劍亦不盡用銅矣。《（藝文）類聚》又引《龍魚河圖》云：『流洲在西海中，上多積石，名爲昆吾石。治其石成鐵作劍，光明四照，洞如水精』。案：《河圖》所説此，自別有昆吾石，非昆吾山之所出銅也。《（藝文）類聚》六卷引《（海內）十洲記》與《河圖》同。

[二]【郭注】如人號哭。【汪存】號，平聲。

[三]【郭注】上已有此獸，疑同名。【廣注】《五侯鯖》云：『蠪蚳，似九尾狐，見而年豐。』又《事物紺珠》云：『龍蚳獸似狐，九首九尾，見則豐稔十年。』是合蠪姪（蚳）爲一物也，誤矣。《駢雅》曰：『蠪蚳，角彘也。』【箋疏】蚳，疑當爲蛭，已見《東次二經》鳧麗之山。

[四]【廣注】程良孺曰：『耳鼠不睬，蠪蚳不眯。』【汪存】蚳，音池。

又西百二十里，曰葌山[一]。葌水出焉，而北流注于伊水[二]。其上多金、玉，其下多青雄黄。有木焉，其狀如棠而赤葉，名曰芒草[三]，可以毒魚。

[一]【郭注】（葌）音間。【新校正】《水經注》云：『鸞川亭北，有葌水出葌山。』山當在今河南盧氏縣西南。

[二]【新校正】《水經注》云：『伊水自熊耳山東北，逕鸞川亭北。蓌水出蓌山，北流，際其城東而北入伊水，世人謂伊水爲鸞水、蓌水爲交水，故名斯川爲鸞川也。』

[三]【郭注】（芒）音忘。【廣注】即莽草，俗名苪草。【汪存】此即鼠莔也，蔓生而略似木形，葉略似棠梨之類，而葉下有赤文，其莖根亦有赤色，大毒，能殺人，亦可製以治風痰之疾。中其毒者，甘草、蒝荳、童便皆可解之。【箋疏】芒草，亦單謂之芒。《海内經》説建木云：『其葉如芒。』郭注云：『芒木似棠梨。』本此經爲説也。又《爾雅》云：『葞，春草。』郭注引《本草》云：『一名芒草。』疑此非也。然芒草即草類，而經言木者，雖名爲木，其實則草。正如侖者之山有木如穀而赤理，其名白䓘。白䓘即蕐蘇，亦草屬也，故《廣雅》列於草部。又如竹屬，《爾雅》居於《釋草》，而此經或言草、或言木也。

又西一百五十里，曰獨蘇之山。無草木而多水。

又西二百里，曰蔓渠之山[一]。其上多金、玉。其下多竹、箭。伊水出焉，而東流注于洛[二]。有獸焉，其名曰馬腹。其狀如人面，虎身[三]。其音如嬰兒，是食人。

[一]【廣注】《水經》：『蔓渠山，在南陽縣西。』【新校正】即悶頓山，在今河南盧氏縣東南百六十里。《水經》云：『伊水出南陽魯陽縣西蔓渠山。』【箋疏】《水經注》云『即熊耳山之連麓』，是也。山在今河南盧氏縣熊耳山西。

[二]【郭注】今伊水出上洛盧氏縣熊耳山東北，至河南洛陽縣入洛。【廣注】《淮南子》云：『伊水出上魏山。』《禹貢合注》云：『伊水出陸渾山。』《（明）一統志》曰：『伊水源出盧氏縣悶頓嶺，流經嵩縣、洛陽、偃師縣界，入於洛。』【汪存】上洛今屬商州。上洛、盧氏皆有熊耳山，而伊水實出上洛也。但古今皆言伊出熊耳，而此言蔓渠，是山川隨時有异名，斯所以難考也。【新校正】水出今河南盧氏縣蔓渠山。山在熊耳山西。郭云出上洛盧氏縣熊耳山者，本《（漢書·）地理志》。《水經注》云：『《淮南子》曰：伊水出上魏山。《（漢書·）地理志》曰：出熊耳山。即麓大同、陵巒互别是也。』【箋

疏】《（漢書・）地理志》云：『弘農郡盧氏。熊耳山在東，伊水出，東北入雒。』是郭所本也。《晉書・地理志》云：『上洛郡盧氏。熊耳山在東，伊水所出。』與郭注合。《水經》云：『伊水出南陽魯陽縣西蔓渠山。』注引此經云云。又引《淮南子》曰：『伊水出上魏山。』《（漢書・）地理志》曰出熊耳山，即麓大同、陵巒互別爾。

[三]【廣注】《駢雅》：『虎而人面，曰馬腹。』【汪存】此即俗所稱馬虎也。其面略似人面，其毛長，足高如馬，實虎類也。腹、虎音近而名耳。【箋疏】《刀劍録》云：『漢章帝建初八年鑄一金劍，令投伊水中，以厭人膝之怪。』（陶）宏景案：『《水經》云：伊水有一物如人，膝頭有爪，人浴輒没不復出。』陶氏所説，參以劉昭注《（後漢書・）郡國志》南郡中盧引《荆州記》，云：『陵水中有物，如馬甲，如鯪鯉，不可入。七八月中，好在磧上自曝，膝頭如虎掌爪，小兒不知，欲取弄戲，便殺人。或曰生得者，摘其鼻厭，可小小便，名爲水盧。』《水經・沔水》注與《荆州記》小有异同。然則人膝之名，蓋取此。據陶、劉二家所説，形狀與馬腹相近，因附記焉。陶氏所引《水經》，蓋即郭所注者，今亡無考。

凡濟山經之首，自煇諸之山至于蔓渠之山[一]，凡九山，一千六百七十里[二]。其神皆人面而鳥身。祠用毛[三]，用一吉玉，投而不糈。

[一]【新校正】此經之山，在河南府東南。

[二]【汪存】此皆泝伊而上，以西南至於伊水之源。【箋疏】今一千七百七十里。

[三]【郭注】擇用毛色。

【新校正】右《中次二經》，古本爲第十六篇。

《中次三經》萯山之首[一]，曰敖岸[二]之山。其陽多㻬琈之玉，其陰多赭、黄金。神熏池居之[三]，是常出美玉[四]。北望河林[五]，其狀如茜如舉[六]。有獸焉，其狀如白鹿而四角，名曰夫諸[七]，見則其邑大水。

[一]【郭注】（萯）或作獻。萯，音倍。【汪存】萯山非一山也，此其首也。【新校正】《國語》云：『主芣騩而食溱洧。』騩，即新安縣騩山。芣、萯古音通，疑此山也。【箋疏】《竹書（紀年）》云：『夏帝孔甲三年，畋於萯山。』即此。《水經·河水》注引《呂氏春秋·音初篇》云：『田於東陽萯山。』《帝王世紀》以爲即東首陽山也，蓋是山之殊目矣。

[二]【汪存】敖岸，即敖倉也，在河陰縣。【新校正】《春秋傳》云：『敖鄗之間。』疑即此山，音相近。

[三]【廣注】《（山海經）圖贊》云：『泰逢虎尾，武羅人面。熏池之神，厥狀不見。爰有美玉，河林如茜。』盧柟《蛾蠓集》云『熏池訶虓』，謂此也。

[四]【廣注】張衡《思玄賦》：『怬河林之蓁蓁兮。』即此。【汪存】河林，敖之北麓，濱河者也。

[五]【郭注】或作石。

[六]【郭注】説者云：蒨、舉皆木名也，未詳。蒨，音倩。【廣注】蒨，染絳草也，紫赤色。舉，櫸柳，大者連抱數仞。如蒨如舉，言其一望蔚葱，有如丹青樹然。【汪存】蒨，蒼葱之貌。舉，謂其林氣之飛舉也。【箋疏】蒨，草也。舉，木也。舉即櫸柳，《（神農）本草》陶注詳之。李善注《思玄賦》及李賢注《後漢書·張衡傳》引此經并無『如舉』二字，蓋脱。

[七]【廣注】《駢雅》曰：『鹿四角而白，爲夫諸。』《麟書》云：『夫諸横流，天戒罔憂。』《玄覽》作夫觰。【箋疏】《玉篇》云：『麌，音夫。麐，音諸。』蓋夫諸本或作麌麐也。

又東十里，曰青要之山[一]，實維帝之密都[二]。北望河曲[三]，是多駕鳥[四]，南望墠渚[五]，禹父之所化[六]，是多僕纍、蒲盧[七]，䰠武羅[八]司之。其狀人面而豹文，小腰而白齒[九]，而穿耳以鐻[十]，其鳴如鳴玉[十一]。是山也，宜女子[十二]。畛水[十三]出焉，而北流注于河。其中有鳥焉，名曰鴢[十四]。其狀如鳧，青身而朱目[十五]，赤尾，食之宜子。有草焉，其狀如葌[十六]而方莖，黄華赤實，其本如藁本[十七]，名曰荀草[十八]，服之美人色[十九]。

［一］【廣注】《十道志》：『青要山，名强山。』劉會孟云：『在河南府新安縣西北二十里。』【新校正】山在今河南新安縣西北二十里。《水經注》云：『新安縣青要山，今謂之彊山。』

［二］【郭注】天帝曲密之邑。【汪存】未詳。【新校正】《爾雅》云：『山如堂者密。』

［三］【郭注】河千里，一曲一直也。【新校正】河至函谷，一小曲也。【箋疏】河曲及郭注，并見《爾雅》。

［四］【郭注】未詳也。或曰：駕宜爲鴐。鴐，鵝也，音加。【廣注】（司馬）相如《上林賦》：『鴐鳥屬玉。』《子虚賦》：『弋白鵠，連鴐鵝。』《玄覽》云：『海東青食鴐鵝。』後世鴐鵝遂取此名之，蓋即野鵝也。《爾雅》謂之鴚鵝，鴐亦有作駕者，見陶氏《（神農）本草》注。《左傳》：『榮成伯名駕。』鵝、駕平聲。又《（大明一統）名勝志》作青要山多駕鳥。【汪存】駕，鵝鴻類也。【箋疏】《説文》云：『鵝，鴚鵝也。』鴚通作駕，又通作鴐。《漢書·司馬相如傳》云：『連駕鵝。』《史記》正作駕。又魯大夫有榮駕鵝也。

［五］【郭注】水中小洲名渚。墠，音填也。【廣注】楊慎《奇字韵》引此作墠陼，《古音略》又作禪諸，或作禪渚。《水經注》云：『渚水上承陸渾縣東禪渚，渚左原上，陂方十里，佳饒魚葦，世謂此澤爲慎望陂。』【新校正】（《水經注》）引此經云云，『鯀化羽淵而復在此，世謂此澤爲慎望陂。陂水南流，注於涓陽水。』渚在今河南嵩縣。【箋疏】（《水經·伊水》注）墠，作禪。又引郭注云：『（禪）一音暖。』今本脱此三字。

［六］【郭注】鯀化於羽淵爲黄熊，今復云在此。然則一已有變怪之性者，亦無往而不化也。【廣注】《瘖凡》云：『人之化者：鯀化黄熊，望帝化杜鵑，褒君化龍，牛哀化虎，黄母化黿，徐君化魚。』《路史》注云：『今陸渾東有禪渚，即鯀化之所。河南密縣亦有羽山。鯀化羽淵，一或在此。神則無不在也。』【箋疏】《水經注》引郭注云：『鯀化羽淵而復在此，然已變怪，亦無往而不化矣。』與今本詳略异。又案：《山海經》，禹所著書，不應自道禹父之所化，疑此語亦後人羼入之。【俞讀】此化字，非變化之化。化者，治也。《（黄帝内經·）素問·六元正紀大論篇》注曰：『化，治也。』是化得訓治。禹父之所化，猶言禹父之所治耳。

［七］【郭注】僕纍，蝸牛也。《爾雅》曰：『蒲盧者，螟蛉也。』【廣注】蝸牛，一名蚹蠃，一名蜣蝓，形似蛞蝓，但頭皆負殼爾。蒲盧，細腰蟲，俗呼蠮螉，取桑上之螟蛉爲子。《爾雅》故分二種，非，即螟蛉也。鄭玄注《中庸》，復以爲土蠭，更非。【新校正】郭説非也。蒲盧者，蜃是。【箋疏】蝸牛，名蚹蠃，見《爾雅》。蒲盧者，《夏小正傳》云：『蜃者，蒲盧

也。』《廣雅》云：『蛙蛤，蒲盧也。』是蒲盧爲蜃侖之屬。蒲盧聲轉爲僕纍，即蜾螺也。郭注《西次三經》槐江之山云：『贏母，即蜾螺。』是矣。又聲轉爲蚹蠃，即蒲蠃也。《（國語・）吴語》云：『其民必移就蒲蠃於東海之濱。』是矣。是僕纍、蒲盧同類之物，并生於水澤下濕之地。至於《爾雅》之蒲盧，非水蟲也，郭氏引之誤矣。以蒲盧爲螟蛉，尤誤。

[八]【郭注】武羅，神名。䰠，即神字。【廣注】《世本》：『夏有武羅。』與神同名。盧柟《滄溟賦》云：『武羅屏首以蝠身，帝江蹩足而斂翼。』【新校正】此神偶與商臣同名耳。高誘注《淮南子》云：『天神曰神，人神曰鬼。』疑䰠從鬼，人神字；神從示，鬼神字。【箋疏】《説文》云：『䰠，神也。』《玉篇》云：『山神也。』俱本此。李善注《魏都賦》引此經郭注云：『䰠，音神。』與今本不同。

[九]【郭注】（齒）或作首。【新校正】腰字非。【箋疏】白齒，即《左傳》所云皙䶧。【明案】經文腰字，畢沅本校作要。

[十]【郭注】鐻，金銀器之名，未詳也，音渠。【廣注】《五音集韵》云：『鐻，耳環，與璩同。』左思《魏都賦》：『髽首之豪，鐻耳之傑。』【新校正】鐻，《説文》虡或字也，借爲穿耳之鐻。《説文・新附（字）》引此作璩，非。【箋疏】鐻，假借字也。《説文》以爲虡或字，其《新附字》引此經則作璩，云：『璩，環屬也。』《後漢書・張奂傳》云：『遺金鐻八枚。』《魏都賦》云：『鐻耳之傑。』李善、李賢注并引此注。

[十一]【郭注】如人鳴玉珮聲。【廣注】《（山海經）圖贊》曰：『有神武羅，細腰白齒。聲如鳴佩，以鐻貫耳。司帝密都，是宜女子。』

[十二]【補注】《淮南子》云：『青腰玉女，霜降神也。』蓋本此説而傅會之。【汪存】言居此山者，多好女也。【箋疏】宜女之義未詳。吴氏引《淮南子》：『青要玉女，降霜神也。』今考《淮南（子・）天文訓》雖有『青女乃出，以降霜雪』之文，而無青要玉女之説，當在闕疑。

[十三]【郭注】（畛）音軫。【廣注】《水經注》：『畛水出新安縣青要山，今謂之彊山。』【新校正】《水經注》云：『河水與教水合，又與畛水合。水出新安縣青要山。其水北流入河。』引此經云，即是水也。水在今河南新安縣。

[十四]【郭注】音如窈窕之窈。【廣注】《爾雅》：『鴢，頭鵁。』一作投鵁，即此也。江東謂之魚鵁。張萱《彙雅》曰：『鴢鳥類鴨而有文彩，不能行，多溷野鴨群中浮游。』【新校正】《爾雅》：『鴢，頭鵁。』郭注云：『似鳧，脚近尾，略不能行，江東謂之魚鵁。』

[十五]【郭注】朱，淺赤也。【廣注】《文獻通考》：『建炎二十七年，鄱陽有妖鳥，梟身鷄尾，長喙方足赤目，止於民屋。』疑是此鳥，不知者以爲妖也。《（山海經）圖贊》曰：『鴒鳥似梟，翠羽朱目。既麗其形，亦奇其肉。婦女是食，子孫繁育。』

[十六]【郭注】菅，似茅也。【廣注】《詩》：『露彼菅茅。』即菱。【箋疏】菱非菅，已見上文吴林山。

[十七]【郭注】根似槀本，亦香草。【廣注】槀本似芎藭。《淮南（子）》云：『亂人者，若槀本之於芎藭。』【汪存】槀本似芎藭而香不足，其莖似香蒿。【箋疏】《廣雅》云：『山茝，蔚香，槀本也。』

[十八]【郭注】或曰苞草。【汪存】此亦蘭、蕙之類也。【新校正】《說文》無苟字，當爲苞。

[十九]【郭注】令人更美艷。【廣注】《（明）一統志》：『青要山有草，黄華赤實，服之益人色。』徐炬《事物原始》云：『美顔多食青要草。』即此也。《（山海經）圖贊》曰：『荀草赤實，厥狀如營。婦人服之，練色易顔。夏姬是艷，厥媚三遷。』【汪存】美人色，令人色美也。【箋疏】《（神農）本草經》云：『旋花，主（去）面皯黑色媚好，一名金沸。』《（神農本草·）别録》云：『一名美草，生豫州平澤。』陶注云：『根似杜若，亦似高良薑。』又云：『葉似薑花，赤色，子狀如豆蔻。』今案旋花，一名金沸明，是黄花。陶注云赤色，誤矣。又唐宋《本草》或以旋花爲今鼓子花，然與本經不合，此皆非矣。唯陶説形狀與此經同。《（神農本草·）别録》云生豫州，地亦相近。荀、旋聲近也。

又東十里，曰騩山[一]，其上有美棗，其陰有㻬琈之玉。正回之水[二]出焉，而北流注于河，其中多飛魚。其狀如豚而赤文，服之不畏雷[三]，可以禦兵[四]。

[一]【郭注】（騩）音巍。【廣注】《水經注》：『强山東阜即騩山。』【新校正】山當在今河南新安縣西北，即青要山東阜。《水經注》云：『騩山，彊山東阜也。《國語》『主芣騩』，即此山。』【箋疏】《（國語·）鄭語》云：『主芣隗而食溱洧。』隗即騩也，古字通用。

[二]【廣注】俗謂之彊川水。【新校正】《水經注》云：『河水與畛水合。又東，正回之水入焉。水出騩山，東流，俗謂之彊川

水，與石瓜疇川合，又東徑彊冶鐵官東，東北流注於河水。』水當在今河南新安縣。

[三]【廣注】劉會孟云：『雷之形，亦如彘形。』【汪存】此又飛魚之一種，如今江豘之類耳。【箋疏】上文勞水飛魚與此同名，非一物也。

[四]【廣注】《（山海經）圖贊》曰：『馬腹之物，人面似虎。飛魚如豚，赤文無羽。食之辟兵，不畏雷鼓。』

又東四十里，曰宜蘇之山[一]。其上多金、玉，其下多蔓居之木[二]。滽滽[三]之水出焉，而北流注于河[四]。是多黃貝。

[一]【新校正】水在今河南孟津縣界。《水經注》云：『庸庸水，出河南垣縣宜蘇山。案：垣當爲東垣。《太平寰宇記》云：『河清縣，宋東垣縣，在縣西南二十五里，今爲孟津縣也。』

[二]【郭注】未詳。【廣注】木居蔓草之中，非木名也。【箋疏】《廣雅》云：『牡荆，曼荆也。』曼，《（神農）本草》作蔓。此經蔓居，疑蔓荆聲之轉。蔓荆列《本草》木部，故此亦云蔓居之木也。

[三]【郭注】音容。【廣注】《水經》作庸庸，出河南垣縣，俗謂之長川水。

[四]【新校正】《水經注》云：『河水東，正回之水入焉。又東合庸庸之水。水出河南垣縣宜蘇山，俗謂之長泉水。伊洛門也，其水北流，分爲二水。一水北入河，一水又東北流注于河。』《太平寰宇記》云：『河清縣滽滽水，在縣西南六十里。』

又東二十里，曰和山[一]。其上無草木而多瑶、碧，實惟河之九都[二]。是山也，五曲[三]。九水出焉，合而北流注于河[四]。其中多蒼玉[五]，吉神[六]泰逢司之。其狀如人而虎尾[七]，是好居于萯山之陽[八]，出入有光。太（泰）逢神，動天地氣也[九]。

[一]【新校正】山當在今河南孟津縣界。《水經注》云：『河水東徑平縣故城北，有孟津之目。又東，湨水入焉。』引此經云云。（又）：《呂氏春秋》曰：『夏后氏孔甲田於東陽萯山。』皇甫謐《帝王世紀》以爲即東首陽山也，蓋是山之殊目矣。今於首陽東山無水以應之，當是今古世殊，川域改狀矣。

[二]【郭注】九水所潛，故曰九都。【箋疏】都者，渚也。《史記·夏本紀》索隱曰：『都，《古文尚書》作猪。』孔安國云：『水所停曰猪。』鄭玄云：『南方謂都爲猪。』則是水聚會之義。郭注潛字誤，藏經本作聚。李善注《海賦》引此經及郭注并與今本同。

[三]【郭注】曲回五重。【廣注】《帝王世紀》云：『即東首陽山也。』五曲，《水經注》作五典，誤。

[四]【廣注】酈道元云：『今首陽東山無水以應之，當是今古世懸，川域改狀。』

[五]【新校正】《水經注》引此作（其）陽（多蒼）玉。

[六]【郭注】吉猶善也。【廣注】《三才圖會》作泰䙜。《事物紺珠》云：『泰䙜，司吉善之神。』緯書云：『䙜黃，萯山之神，能動天地。』《冠編》二十二姓紀有泰逢氏，注云：『和山，爲河之九都，吉神泰逢寄精之所。』馮氏《雜録》曰：『泰逢，吉神也，居和山五曲。』王文禄《補衍》云：『泰逢出萯山。』《郁離子》曰：『泰逢起風，薄號行雨。』指此也。【新校正】《玉篇》有䙜字，云：『神名。』《廣韵》云：『䙜，大黃，萯山神，能動天地氣，昔孔甲遇之。』皆泰逢別字。

[七]【郭注】或作雀尾。

[八]【廣注】《學海》曰：『今東陽有萯山，一云倍尾山。』《（帝王）世紀》云：『即東首陽山』。【汪存】泰逢神司此山，而又曰好居於萯山之陽，蓋此五山皆萯山屬也。

[九]【郭注】言其有靈爽，能興雲雨也。夏后孔甲田於萯山之下，天大風晦冥。孔甲迷惑，入於民室，見《呂氏春秋》也。【廣注】《（資治）通鑒》：『《循蜚紀》：泰逢氏没爲河神，司之於萯山之陽，出入有光。』《路史》：『夏后氏游畋黃萯之顔，天風晦冥，遇神䙜而迷。』《文心雕龍》云：『夏甲畋於東陽，東音以發。』謂此事耳。《（山海經）圖贊》曰：『神號泰逢，好游山陽。濯足九州，出入流光。天氣是動，孔甲迷惶。』【汪存】出入有光，動天地氣，猶所謂昭明焄蒿者，此殆次睢之社之類，而其俗敬信，如或見之如此。【新校正】此疑周秦人釋語，舊本亂入經文。【箋疏】《廣韵》䙜字云：『大黃，萯山神，能動天地氣，昔孔甲遇之。』《廣韵》此言，蓋以大風晦冥即是神所爲也。大黃二字，今未詳。《太平御覽》十一

卷引《遁甲開山圖》曰：『鄭有不毛山，上有無爲之君，分佈雲雨於九州之内。』榮氏解曰：『不毛山，不生樹木。古無爲君常處其上，布灑雲雨，九州之内平均。』今案：和山上無草木，當即不毛山。其無爲君，當即泰逢矣。存以俟考。

凡萯山之首，自敖岸之山至于和山[一]，凡五山，四百四十里[二]。其祠：太（泰）逢、熏池、武羅，皆一牡羊副[三]，嬰用吉玉。其二神用一雄鷄瘞之，糈用稌。

[一]【新校正】其山當在今河南河南、新安、孟津三縣界。

[二]【汪存】自敖沿河以東之山也。【箋疏】今才八十里。

[三]【郭注】副，謂破羊骨磔之以祭也，見《周禮》，音悃愊之愊。【廣注】《周禮·大宗伯》：『以疈辜祭四方。』何注云：『披牲胸中分曰疈。』《詩經》：『不坼不副。』副訓劈，副、疈古字通也。【汪存】言分磔牲體以祭也。【新校正】副，《周禮》大疈辜作疈，本字當作㔕，見《說文》，云：『以火乾肉。』【箋疏】《說文》云：『副，判也。』引《周禮》曰：『副辜。』籀文作疈。今《周禮·大宗伯》正作疈。

【新校正】右《中次三經》，古本爲第十七篇。

《中次四經》釐山[一]之首，曰鹿蹄之山[二]。其上多玉，其下多金。甘水出焉[三]，而北流注于洛[四]。其中多泠石[五]。

[一]【郭注】（釐）音狸。

[二]【廣注】《（太平）寰宇記》云：『鹿蹄山在宜陽縣西南三十里，俗名非山，亦名縱山。』《水經注》云：『其山陰則峻絶百仞，陽則原阜隆平。』【汪存】釐不一山，鹿蹄其首。此伊北洛南間山，大抵宜都、伊闕間也。【新校正】山今在河南宜陽縣東

南，一名非山。《水經注》云：『山在河南陸渾縣故城西北，俗謂之脩（縱）山。』又云：『世謂之非山。』《太平寰宇記》恒農縣有鹿蹄山。《九州要記》云：『山中石上有自然鹿跡，非人功所爲。』又云：『玉城縣鹿蹄山，在縣西南二里。』

[三]【廣注】《水經》：『甘水出南山甘谷，北徑秦文王萯陽宫，又北徑甘亭，昔夏啓伐扈作誓於是亭。』酈道元注云：『甘水發於鹿蹄山東麓。』【新校正】《水經》云：『甘水出弘農宜陽縣鹿蹏山。』注云：『水之所導發於山曲之中，故世人目之爲甘棠。東北流，北屈徑故城東，在非山上，又與非山水會，又於河南城西北入洛，故京相璠曰：今河南縣有甘水，北入洛。』

[四]【廣注】《（明）一統志》：『今甘水在河南府西南四十里，下流入澗水，味最甘美。』

[五]【郭注】未聞也。泠或作涂。【廣注】泠當作冷，滑石小青黄者也。又作涂者，以下有涂石，誤移此。【汪存】泠石，寒水石也。【新校正】泠石，即涅石也。泠、涅聲相近。舊本作冷，非。【箋疏】泠，當爲汵，《西次四經》號山多汵石是也。郭云泠或作涂，涂亦借作泥涂字，汵又訓泥，二字義同，故得通用。又涂或淦字之訛也，《説文》汵、淦同。

西五十里，曰扶猪之山[一]。其上多礝石[二]，有獸焉，其狀如貉而人目[三]，其名曰䴢[四]。虢水出焉，而北流注于洛[五]。其中多瓀石[六]。

[一]【新校正】山在今河南宜陽縣鹿蹄山北。《水經注》云：『其南則鹿蹏之山也。』經云西者，蓋在西北。又案：《玉篇》引此作狀睹之山。非。【箋疏】《玉篇》引此經作狀睹之山，蓋猪亦作睹。

[二]【郭注】（礝）音耎。今雁門山中出礝石，白者如水，水中有赤色者。【廣注】《禮記》：『士佩瓀玫。』（司馬）相如《子虚賦》：『碝石武夫。』即此。【汪存】礝石，珉也。【新校正】礝，當爲碝。《説文》云：『碝石，次玉者。』《玉篇》引此又作瑌，非。【箋疏】礝，當爲碝。《説文》云：『碝，石次玉者。』《玉篇》同，云：『亦作瑌。』引此經作瑌石，或所見本異也。張揖注《上林賦》云：『碝石，白者如冰半，有赤色。』《玉篇》引此郭注同，與今本异。

[三]【郭注】貉或作貛，古字。【廣注】《爾雅》：『貈子，貆。』注云：『雌者名㹼，今江東呼貉爲㹶狹也。』貈即貉。【新校正】《玉篇》云：『貛，同貈。』是郭義也。經云人目，《玉篇》引作八目，非。

[四]【郭注】音銀，或作麇。【廣注】黄氏《（事物）紺珠》云：「麔如貉，人目。」【新校正】《説文》無此字，見《玉篇》引此。【箋疏】《玉篇》云：「麔，獸名。」引此經。

[五]【廣注】《水經注》：「洛水又與虢水會，水出林褚之山。」疑此扶猪之訛。【汪存】西虢在洛之北，去此不遠，或初因此水名邑。【新校正】《水經注》云：「洛水枝瀆徑河南縣王城西，又東出，關惠水右注之，又與虢水會。水出扶猪之山，北流注於洛水。」

[六]【郭注】言亦出水中。【新校正】瑞，亦當爲碝。

又西一百二十里，曰釐山[一]。其陽多玉，其陰多蒐[二]。有獸焉，其狀如牛，蒼身。其音如嬰兒，是食人，其名曰犀渠[三]。滽滽之水出焉，而南流注于伊水[四]。有獸焉，名曰獺[五]。其狀如獳犬而有鱗，其毛如彘鬣[六]。

[一]【廣注】《（大明一統）名勝志》：「釐山在嵩縣西。」【汪存】釐山，此經之主。【新校正】山在今河南嵩縣西。

[二]【郭注】音搜。茅蒐，今之茜草也。【廣注】《爾雅》：「茹藘，茅蒐。」李巡云：「一名茜，可以染絳。」《（詩·）鄭風》：「縞衣茹藘。」又曰：「茹藘在阪。」即此草。【汪存】蒐，一名茹藘，茜草也。莖弱中空，有筋葉如杏葉而糙。每四葉對節而生，其根可以染赤。【箋疏】茹藘、茅蒐見《爾雅》。郭音蒐爲搜，非也。《詩》鄭箋及《（國語·）晋語》韋昭注并以茅蒐、韎韐爲合聲及聲轉之字，是蒐從鬼得聲，當讀如鬼，不合音搜。後人借爲春蒐之字，亦誤矣，説見《爾雅略》。

[三]【箋疏】犀渠，蓋犀牛之屬也。《（國語·）吴語》云：「奉文犀之渠。」《吴都賦》云：「户有犀渠。」疑古用此獸皮蒙楯，故因名楯爲犀渠矣。

[四]【廣注】《水經注》云：「即今之王母澗也，出陸渾縣西南。」【汪存】此又一滽水。【新校正】《水經》云：「伊水東北過陸渾縣南。」注引此經云云，「今水出陸渾縣之西南王母澗。澗北山上有王母祠，故世因以名谿，東流注於伊水，即滽滽之水也。」又案：滽字，《説文》所無，見《玉篇》。【箋疏】酈氏所稱王母澗，當即釐山。

[五]【郭注】音倉頡之頡。【廣注】水鳥龍、骨豽之類。【汪存】獺，胡結反，獳犬之多毛者。其體有鱗，而毛出鱗間如彘鬣也。【新校正】即獺也。《文選》郭璞賦有猵獺，李善注引此字亦作獺。案獺字，《説文》、《玉篇》所無，當衹作頡，或作獺。【箋疏】獺字，諸書所無。郭氏《江賦》有猵獺，李善注引此經亦作獺。又引郭注云：『音倉頡之頡，與獺同。』然獺不與頡同音，未知其審。

[六]【郭注】生鱗間也。【廣注】獳犬，怒犬也。范槲《蜀都賦》云：『呌窱之獳。』【新校正】李善注《文選》引此作鱬，無犬字，云：『鱬，如珠切。』今案：經文作獳是也。《説文》云：『獳，怒犬皃，讀若槈。』

又西二百里，曰箕尾之山[一]。多穀，多涂石[二]。其上多㻬琈[三]之玉。

[一]【釋義】箕尾之山，與前山同名。【新校正】疑是箕山，《史記》所云有許由冢者。在今河南登封縣東南側，在釐山之東二百里。經云西二百里，未敢定之。【箋疏】或云即箕山，許由所隱。非也。箕山在釐山之東二百里，與經言西不合。

[二]【新校正】上鹿蹄山云多泠石，傳云或作涂，此云多涂石，案《説文》云：『淦，或作泠。』則淦、泠一字。疑涂當爲淦，亦涅石也。

[三]【新校正】㻬，未詳何字之别，或當爲瑜。琈，當衹作孚，孚尹是也。

又西二百五十里，曰柄山。其上多玉，其下多銅。滔雕之水出焉，而北流注于洛[一]，其中多羬羊[二]。有木焉，其狀如樗，其葉如桐而莢實，其名曰茇[三]，可以毒魚。

[一]【新校正】此山此水及下白邊山，案其道里，衹在宜陽、永寧、盧氏之境。遍考經傳，無著聞焉。或恐方俗尚有其名，以俟知者。

[二]【新校正】羬字當爲麙。【箋疏】羬，當爲麙，見《説文》。

［三］【郭注】芨，一作艾。【廣注】《事物紺珠》曰：『芨木如樗，葉如桐，莢實。』【汪存】此巴豆之屬。【箋疏】《爾雅》云：『杬，魚毒。』《説文》杬，從草作芫。疑作艾者，因字形近芫而訛。又《（神農）本草·別録》云：『狼跋子，主殺蟲魚。』陶注云：『出交廣，形扁扁，制搗以雜木，投水中，魚無大小皆浮水而死。』今案：狼跋之名，雖與此經名芨相合，但彼列艸部，非此木之比也。

又西二百里，曰白邊之山。其上多金、玉，其下多青、雄黄［一］。

［一］【新校正】青及雄黄，二物也。

又西二百里，曰熊耳之山［一］。其上多漆，其下多椶。浮濠之水出焉［二］，而西流注于洛。其中多水玉［三］，多人魚。有草焉［四］，其狀如蘇［五］而赤華，名曰葶薴［六］，可以毒魚［七］。

［一］【郭注】今在上洛縣南。【廣注】《河圖括地象》曰：『熊耳山，地門也。其精上爲畢附耳星。』盛弘之《荆州記》：『南修縣北有熊耳山。山東西各一峰傍踈，南北望之若熊耳。』《（遁甲）開山圖》曰：『地皇興於熊耳山。』《山書》云：『上有丹青之樹，服之可成仙。』《禹貢合注》曰：『熊耳山有三：一在陝州東；一在宜陽，漢光武破赤眉，積甲與熊耳山，齊者也；一在盧州，兩峰相并如耳，《（尚書·）禹貢》導洛處也。』又眉州亦有熊耳山。《（華陽國志·）蜀志》：『望帝以褒斜爲前門，熊耳、靈關爲後户。』蓋指眉州之熊耳。【汪存】此上洛之熊耳也，在商州西五十里。【新校正】郭説是也，山今在陝西洛南縣東南、河南盧氏縣西南，洛所經也，故經不云洛出。山在洛水南。《地里志》云：『上雒熊耳、獲輿山在東北。』《水經》云：『洛水東北過盧氏縣南。』注云：『鴮渠水出南鴮渠山，即荀渠山也。』荀渠，蓋熊耳之殊稱也。又云：『均水發源弘農郡之盧氏縣熊耳山，山南即修陽、葛陽二縣界也。齊桓公召陵之會，西望熊耳，即此山也。』《括地志》云：『熊耳山在虢州，洛所經。』見《史記》正義。又云：『在虢州盧氏縣南五十里。』此皆經文所稱之熊耳山也。又有熊耳山在河南

宜陽縣西，山在洛水之北。《地里志》云：『盧氏熊耳山在東。』鄭注：『《尚書》同《孔傳》云：在宜陽之西。』《水經》云：『洛水東北過宜陽縣南。』注云：『洛水之北，有熊耳山。此自別山，不與《（尚書・）禹貢》導洛自熊耳同也。昔漢光武破赤眉，樊崇，積甲仗與熊耳平，即是山也。』考盧氏東即宜陽西，班、孔所説，祇一山。《水經注》云在洛北也。又有熊耳山在商州西，則是誤會《（尚書・）禹貢》導洛之文而以讙舉爲之。《淮南子》洛出熊耳高誘注云：『熊耳山在京兆上洛縣西北。』此又一山，與班、孔不合也。又《荆州記》云：『順陽、益陽二縣東北，有熊耳山。東、西各一峰，如熊耳狀，因以爲名。齊桓公、太史公登之。或云弘農熊耳，非也。』見《史記》索隱。顔師古注《漢書》云：『熊耳山，在順陽縣北、益陽縣東，非《（尚書・）禹貢》所云導洛自熊耳者也。其山兩峰，狀若熊耳，因以爲名也。』案此二説，似又有一熊耳。然考《水經注》云盧氏熊耳山即齊桓公所登山，南即修陽、葛陽二縣界，恐與盧氏之山爲一也。經云熊耳，在讙舉東六百五十里，又有浮豪之水出，故案之《水經注》，定以爲是盧氏、洛南二縣界洛水南之山也。

[二]【汪存】此洛之別源也，故或者猶以爲洛出熊耳。【新校正】《水經注》云：『洛水徑隝渠關北，隝渠水出南隝渠山。其水一源兩分，川流半解。一水西北流，屈而東北，入於洛。引此經云云，疑即是水也。』今案河南盧氏縣北有鐵嶺，是隝渠山、浮豪水當在此。【箋疏】濠，《水經注》及劉昭注《（後漢書・）郡國志》并作豪。

[三]【新校正】劉昭注《（後漢書・）郡國志》引此作美玉。

[四]【箋疏】《玉篇》作熊耳山有細草。

[五]【廣注】蘇，一名桂荏。生池中者爲水蘇，一名鷄蘇；無紫色不香者，名野蘇。

[六]【郭注】亭寧、盯聹二音。【汪存】此草赤花成穗，好生荒岸。【新校正】（葶薴）二字《説文》所無，見《玉篇》，云：『細草。』案《爾雅・釋草》云：『菺，芓熒。』郭云：『未詳。』《説文》云：『芓熒，菺也。』疑即此。葶薴、芓熒，音同也。【箋疏】《廣雅》云：『薴，蘇也。』薴上疑脱葶字。此經云其狀如蘇，是必蘇類，其味辛香，故可以毒魚也。蘇頌《本草圖經》云：『蘇有魚蘇，似茵蔯，大葉而香，吴人以煮魚者，一名魚薪。生山石間者，名山魚蘇。』

[七]【廣注】《駢雅》曰：『植楮可以已癙，葶薴可以毒魚。』又南方有醉魚草，莖如黄荆，七八月開花，成穗紅紫色，漁人采以毒魚，亦葶薴類也。一名擁木。

又西三百里，曰牡山[一]。其上多文石。其下多竹箭、竹䉋[二]。其獸多㸲牛、羬羊，鳥多赤鷩[三]。

[一]【新校正】《爾雅疏》引此作牝山，藏經本作壯山。

[二]【新校正】（䉋）當爲媚，見《水經注》。【箋疏】䉋上竹字疑衍。

[三]【郭注】音閉，即鷩雉也。【廣注】《周禮》注：『音鼈。』【汪存】今商州猶然。【箋疏】鷩雉，見《爾雅》。

又西三百五十里，曰讙舉之山[一]。雒水[二]出焉，而東北流注于玄扈之水[三]。其中多馬腸之物[四]。

此二山者，洛間也[五]。

[一]【汪存】讙舉山，一名冢嶺山。【新校正】山在今陝西雒南縣西北。《海内東經》云：『洛水出上洛西山。』《水經》云：『洛水出京兆上洛縣讙舉山。』《地里志》云上雒。《（尚書・）禹貢》雒水，出冢嶺山。今《方志》云：冢嶺山即讙舉山也。山在今商州西北一百二十里，入雒南縣界。或云即《（漢書・）地里志》護輿，字形相似，劉昭引經文又作護沅。案《水經注》又云：『洛水出讙舉山之東，歷清池山，自合門水、要水，又東與獲水合。水南出獲輿山。』是爲二山。《（漢書・）地里志》亦云：『獲輿山在上雒東北。』漢上雒郡，今雒南是，而洛水所出讙舉山，則在縣西北，其不得爲一山明矣。

[二]【廣注】魚豢云：『漢火行，忌水，去洛水而加佳。』疑雒非古本。考《左傳》：『楚子伐陸渾之日，遂至於雒。』《周禮・職方氏》：『其川熒雒。』則古有其文矣，不自漢昉也。【新校正】洛水出今陝西洛南縣西北冢領山，至渭南縣界流五里入縣境，俗名洛水泉。《爾雅・水原》曰：『泉是其源也。』

[三]【廣注】顓頊得河圖於玄扈之水。《（明）一統志》：『玄扈水在永寧縣西五十里。』【汪存】玄扈，洛、汭間河之别名也。《河圖》云：『玄扈、洛、汭』是也。【新校正】《水經注》云：『洛水會於龍餘之水。又東，至陽虛山，合玄扈之水。其水徑於陽虛之下。』案：玄扈之水，俗稱黑潭也，在今陝西雒南縣西八十里。東流，徑楊虛之山，南入於洛。

[四]【廣注】蔓渠山馬腹，一本作馬腸。又《事物紺珠》云：『馬腸，人面虎身，音如嬰兒。』豈即一物耶？又馬腸亦草名，

葉似桑，但非在水者，疑非是。【汪存】馬腸，即馬腹也。【箋疏】上文蔓渠山馬腹，一本作馬腸，蓋此是也。《大荒西經》女媧之腸或作女媧之腹，亦其例。

[五]【郭注】洛水今出上洛縣冢嶺。《山河圖》曰：『玄扈、洛、汭』，謂此間也。【廣注】冢嶺即讙舉。【汪存】此二山者洛間，言牡山、讙舉夾洛水間也。【新校正】玄扈山與讙舉山爲一也。【箋疏】經言此二山者，謂玄扈、讙舉也。《水經注》引此經又云：『玄扈之水出於玄扈之山。』蓋山水兼受其目也。

凡釐山之首，自鹿蹄之山至于玄扈之山[一]，凡九山[二]，千六百七十里[三]。其神狀，皆人面獸身。其祠之：毛用一白鷄，祈而不糈[四]，以彩衣之[五]。

[一]【新校正】此經之山，自河南河南府西至陝西商州也。

[二]【新校正】《水經注》云：『玄扈亦山名也，而通與讙舉，爲九山之次焉。』是知玄扈之水出於玄扈之山，蓋山水兼受其目矣。

[三]【汪存】此在洛南、伊北，泝洛而上，以窮洛水之源。

[四]【郭注】言直祈禱。【新校正】當爲鐖而不禱。【箋疏】祈，當爲鐖。

[五]【郭注】以彩飾鷄。【箋疏】以彩飾鷄，猶如以文繡被牛。【明案】畢沅以彩爲俗字，校作采。

【新校正】右《中次四經》，古本爲第十八篇。

《中次五經》薄山之首[一]，曰苟牀之山[二]。無草木，多怪石[三]。

[一]【汪存】此經大略在洛北河南，然則薄山又非甘棗之薄山也。或謂此在河北耿都，亦名亳。然則下首山、朝歌似近之，而尸山以下水皆南流，又不可通矣。凡此，宜姑闕之。【新校正】此薄山即山西蒲州山。《中次五經》與《中山經》同起，

薄山爲次也。【箋疏】薄山，即篇首薄山曰甘棗山者。

[二]【郭注】或作苟林山。【箋疏】下文正作苟林山，《文選・江賦》注引此經亦作苟林山。

[三]【郭注】怪石，似玉也。《（尚）書》曰『鉛松，怪石』也。

東三百里，曰首山[一]。其陰多穀、柞[二]，草多茮、芫[三]；其陽多㻬琈之玉，木多槐。其陰有谷，曰机谷，多䳜鳥[四]。其狀如梟[五]而三目，有耳。其音如録[六]，食之已墊[七]。

[一]【廣注】山在襄城縣南五里。《史記》：『申公曰：天下名山八，而三在外域，五在中國，皆黄帝所游。』首山其一也。《（大明一統）名勝志》云：『縣西諸山，直接嵩華，而實起於此，故名首山。有聖泉出山上。』【新校正】疑即蒲州首山。《水經注》云：『黄帝採首山之銅，鑄鼎於荆山之下。荆山在馮翊，首山在蒲坂，與湖縣相連。』【箋疏】《史記・封禪書》以首山與華山、太室并稱，蓋山起蒲州蒲坂，與嵩、華連接而爲首，故山因取名與？《吕氏春秋・有始覽》亦以首山與太、華并稱，高誘注云：『首山在蒲坂之南、河曲之中，伯夷所隱也。』

[二]【汪存】柞，櫟也。

[三]【郭注】茮，山薊也；芫華，中藥。【廣注】《（神農）本草》：『茮，一名山薑，一名山連。』陶隱居云：『有兩種白术：葉大有毛，赤术；葉細小苦，其生平地而肥大者，名楊抱薊，今呼爲馬薊。』芫花，一名赤芫，一名杜芫，根名黄大戟，《玉篇》謂之杬木。【汪存】茮，山薊也，有蒼术、白术兩種，其葉抱莖而生；芫，芫華也。其花善逐水，皆入藥用。茮字今單作术。【箋疏】茮見《爾雅》，芫見《（神農）本草》。又《爾雅》有杬，魚毒，在《釋木》，亦是也。《説文》云：『芫，魚毒也。』

[四]【郭注】（䳜）音如鉗釱之釱。【廣注】《字彙》引經云：『䳜鳥，狀如梟，音地，從犬從鳥。』又曰：『䳜似烏，三目，有耳，音如豕，食之亡熱，音代，從鳥從大。』彼此互有异同，未識所據也。【箋疏】《玉篇》有䳜字，云：『徒賴切。』【明案】張自烈《正字通》以䳜爲䳜之訛字。

[五]【箋疏】李善注《江賦》引此經作其狀如鳧，《玉篇》作鴃鳥似烏。

[六]【汪存】録，刻木聲。【新校正】《玉篇》引此作如豕。【箋疏】録，蓋鹿字假音，《玉篇》作音如豕。

[七]【郭注】未聞。【釋義】已墊，止昏墊也。【汪存】墊，下濕病。【新校正】《玉篇》引此作亡熱。然郭云未聞，則古本竟作墊也。又案：《九經字樣》云：『𩂣，音店，寒也，《傳》曰：𩂣隘。』今經典相承作墊，則墊又痁字假音，當讀如齊侯疥遂痁之痁。【箋疏】《尚書》云：『下民昏墊。』《方言》云：『墊，下也。』是墊蓋下濕之疾。《玉篇》說此鳥作『食之亡熱』，非郭義也。又《說文》云：『𩂣，寒也。讀若《春秋傳》墊阨。』義亦相近。

又東三百里，曰縣斸之山[一]，無草木，多文石。

[一]【郭注】音如斤斸之斸。【汪存】縣，音玄。斸，音斵，又音祝。

又東二百里，曰葱聾之山[一]。無草木，多摩石[二]。

[一]【廣注】《中山經》岐山、䰟山、豐山、女几山、葱聾山各二，皆异地同名。

[二]【郭注】未詳。【新校正】摩，當爲玤。《說文》云：『石之次玉。』

東北五百里，曰條谷之山。其木多槐、桐，其草多芍藥、虋冬[一]。

[一]【郭注】《（神農）本草經》曰：『虋冬，一名滿冬。』今作門，俗作耳。【廣注】《爾雅》：『蘠蘼，虋冬。』李時珍曰：『蘠蘼乃營實苗。《爾雅》指爲門冬，蓋錯簡也。』《博物志》：『天門冬曰䢵休，一名顛棘。』《抱朴子》云：『或名地門冬，或名筵

門冬。在東岳名淫羊藿，在中岳名天門冬，在西岳名菅松，在北岳名無不愈，在南岳名百部。』又『麥門冬，秦名羊韭，齊名愛韭，楚名馬韭，越名羊蓍，一名忍冬。』二種無名滿冬者，（郭）景純不知何據而云。【汪存】虋，音門。虋冬，一名滿冬，有兩種。一曰麥虋冬，其葉如韭而黑，勁大者葉如山蘭，其根下結丸，尖長清脆而肉白。一種曰天虋冬，蔓生，細葉如松蘿，根下亦結丸，似麥冬而大，皆入肺藥。【新校正】虋，當爲蘴省文也。【箋疏】虋，當爲蘴。《爾雅》云：『蘠蘼，蘴冬。』郭引《（神農）本草》與此同。今檢《（神農）本草》，無滿冬之名，必郭所見本尚有之，今闕脱。

又北十里，曰超山。其陰多蒼玉，其陽有井，冬有水而夏竭[一]。

[一]【釋義】冬有水氣專藏也，夏反竭氣他泄也，是恒而失恒。【汪存】凡井泉多夏出冬竭，此獨冬出夏竭，故以爲異。【箋疏】視山有井，夏有水，冬竭，與此相反。見《中次一十一經》。

又東五百里，曰成侯之山。其上多櫄木[一]，其草多芃[二]。

[一]【郭注】似樗樹，材中車轅。吴人呼櫄音輴，車或曰輴車。【廣注】《集韵》：『櫄，即椿也。』《（尚書·）禹貢》作杶，《左傳》作椿，語云：『椿樗栲漆，相似如一。』【汪存】櫄，音春。櫄木似樗而材中車轅，可爲棟。其嫩苗香，可食。【新校正】《説文》云：『杶，或作櫄。』則即杶也。

[二]【廣注】《詩》：『芃芃其麥，芃芃其苗。』注：『長大也。』又《正韵》：『芃，草盛貌。』都不言爲草名。考《（神農）本草》，雷斆云：『秦艽，取左文列爲秦，治疾；右文列爲艽，發足氣。』則芃疑艽字之訛也，未詳是非。艽音交。【汪存】芃，蒲也。或作艽，音交，秦艽也。【新校正】《説文》云：『芃，草盛也。』【箋疏】芃，《説文》訓草盛，非草名也。疑芃當爲艽字之訛。艽音交，即藥草秦艽也，見《（神農）本草》。《玉篇》云：『艽，秦艽，藥同艽。』

又東五百里，曰朝歌之山[一]。谷多美堊[二]。

[一]【汪存】此非紂都之朝歌也。【新校正】山疑在今河南淇縣，古朝歌地也。朝歌，或當讀如淖滒，以地多水名之，始自紂。經云東，則當爲東南也。

[二]【釋義】美堊，土之美者。

又東五百里，曰槐山[一]。谷多金、錫。

[一]【新校正】此云又東，當是薄山之東。五百里，亦太遠也。槐，當爲稷，即稷字古文，見《説文》，形相近，字之誤也。稷山，在今山西稷山縣。杜預注《左傳》云：『河南聞喜有稷山。』《元和郡縣志》云：『稷山縣稷山，在縣南五十里。』《太平寰宇記》云：『安邑縣稷山，在縣東北六十七里，舊名玉山。東自陝府夏縣界，經縣十二里。』引此經云云，亦作稷。【箋疏】杜預注河南當爲河東，字之訛也。《太平御覽》四十五卷引《隋圖經》曰：『稷山在絳郡，后稷播百穀於此山。』亦左氏《傳》謂晋侯治兵於稷，以略狄土，是此也。

又東十里，曰歷山[一]。其木多槐[二]，其陽多玉。

[一]【廣注】濟南有歷山。蒲州有歷山，舜耕之處。《漢（書·郊祀）志》充縣亦有歷山。【新校正】即蒲州府南歷山。【箋疏】即上文歷兒山。《水經注》云：『河東郡南有歷山，舜所耕處也。』

[二]【廣注】蘇頌云：『槐有數種。葉大而黑，名櫰槐；晝合夜開，名守宫槐；葉細而青緑，但謂之槐。』《（神農本草·）别録》曰：『槐，實生河南平澤。』【箋疏】《廣韵》去聲九御及上聲八語并收楚字。九御楚云：『木名，出歷山。』疑此經槐本

或作楚，抑或經文脱楚字也，俟考。

又東十里，曰尸山[一]，多蒼玉。其獸多麖[二]。尸水出焉，南流注于洛水[三]。其中多美玉。

[一]【新校正】此云東十里，當錯簡也。山當在今陝西洛南縣北。《水經注》云：『洛水與丹水合，又東，尸水注之。水北發尸山，南流入洛。』尸作户，與此异。

[二]【郭注】似鹿而小，黑色。【廣注】蘇頌曰：『類麅而大者，名麖。』《（明）一統志》云：『梧州有靈麖，三足。』【汪存】麖，麠類，似鹿而小，其色黑，長髮。又：大鹿亦曰麖。【新校正】郭説非也。《爾雅》：『麠，大鹿。』《説文》云：『牛尾一角，或從京。』則此是大鹿。凡云京，皆大也。郭義失之。

[三]【新校正】《水經注》作户水。水當在今洛南縣界，疑即今縣西北階谷川也。

又東十里，曰良餘之山[一]。其上多穀、柞，無石。餘水出于其陰，而北流注于河[二]。乳水出于其陽，而東南流注于洛[三]。

[一]【新校正】山在今陝西華陰縣西南二十里。《太平寰宇記》云：『華陰縣餘糧山，在縣西南三十里。』作餘糧同。【箋疏】《水經注》有良餘山，本或作糧，非。

[二]【新校正】《水經》云：『渭水又過鄭縣北。』注云：『渭水又東，餘水注之。水南出良餘山之陰，北流入於渭，俗謂之宣水也。』經云注河者，蓋合渭而入河。

[三]【廣注】《水經》：『洛水又東，得乳水。』注云：『水北出良餘山南，南注於洛。』【新校正】《水經注》云：『户水入洛。洛水又東，得乳水。水北出良餘山，南流注於洛。』今山在華陰、洛南二縣界，有水名構谷川，南流至洛南縣保安郵入洛。楚人言構、乳音相近，疑即乳水也。志家以良餘山爲秦望山，在商州南；乳水爲楚水，則大誤也。

又東南十里，曰蟲尾[一]之山。多礪石、赤銅。龍餘之水出焉，而東南流注于洛[二]。

[一]【廣注】《水經注》作蟲尾。【新校正】（山）當在今陝西洛南縣南，俗失其名。

[二]【廣注】《水經》：『洛水又東，會於龍餘之水。』【新校正】《水經注》云：『洛水得乳水，又東會於龍餘之水。水出蟲尾之山，東流入洛。』今不詳此水何名也。

又東北二十里，曰升山[一]。其木多穀、柞、棘，其草多藷薁[二]、蕙[三]，多寇脱[四]。黄酸之水出焉，而北流注于河[五]，其中多璇玉[六]。

[一]【新校正】山當在今陝西華陰縣西南，即《太平寰宇記》之車箱谷。【箋疏】《水經·渭水》注有升山。

[二]【廣注】即薯蕷。《吴普本草》云：『一名諸署，一名兒草，一名修脆。齊、魯曰山芋，鄭、越曰土藷，秦、楚曰玉延。』蘇頌云：『江閩人單呼爲藷，音若殊，亦曰山藷。』稱名不同，語有輕重耳。後以唐代宗名預，改爲署藥。又以宋英宗諱署，更名山藥。

[三]【郭注】蕙，香草也。【箋疏】蕙，已見《西山經》浮山及嶓冢山。

[四]【郭注】寇脱草，生南方，高丈許，似荷葉而莖中有瓤，正白，零桂人植而日灌之，以爲樹也。【廣注】《爾雅疏》引此作冠脱，蓋離南草也，一名活莌。（秦）嘉謨曰：『白瓤，中藏脱木，故亦名通脱。』蘇頌云：『又名倚商。』陳氏云：『俗名通草。』【汪存】寇脱草，其莖似荷，莖中白瓤。今人脱出之，以染采作花勝。其入藥曰通草，能利水通乳，又名通脱木。【箋疏】寇脱，即活脱也，寇、活聲之轉。《爾雅》云：『離南，活莌。』郭注與此注同。又云：『倚商，活脱。』亦是也。

[五]【新校正】《水經注》云：『渭水東合黄酸之水，世名之爲干渠水。水南出升山，北流于渭。』今水在華陰縣西南車箱谷北。水出而北流，徑長城鋪右合仙谷水，北入於渭。經云入河，亦合渭而入河也。

〔六〕【郭注】石次玉者也。孫卿曰：『璇瑶珠不知佩。』音旋。【廣注】《韵譜本義》：『琁與璿同，美玉也。』【汪存】璇石，次玉。【新校正】當爲琁，見《説文》。【箋疏】孫卿本作荀。卿所引見《荀子·賦篇》，《韓詩外傳》亦引作璇，并非也。古無璇字，有琁，與瓊同，赤玉也。璇玉之璇，當爲璿，古文作璿，美玉也，并見《説文》。後世作字，通以琁代璿，故經典多誤。李善注（顔）延之《陶徵士誄》引此經亦作琁玉。又引《説文》曰：『琁亦璿字。』非也。

又東十二里，曰陽虚之山〔一〕。多金，臨于玄扈之水〔二〕。

〔一〕【新校正】山在今陝西洛南縣。《水經注》云：『洛水東至陽虚山，合玄扈之水。』又曰：『玄扈之水，徑於陽虚之下。』《隋書·地理志》：『洛南有楊靈山。』靈，當爲虚。山在升山西南。經云又東，未詳也。

〔二〕【郭注】《河圖》曰：『倉頡爲帝南巡狩，登陽虚之山，臨於玄扈、洛、汭。靈龜負書，丹甲青文以授之。』出此水中也。【廣注】《（明）一統志》：『陽虚山在河南永寧縣西五十里，一名陽峪。』曹學佺《（大明一統）名勝志》云：『玄扈水，出永寧之陽虚山。』【新校正】《水經注》引此本有『是爲洛汭』四字，今本無之。玄扈山，在今陝西雒南縣西北。《隋書·地理志》云：『雒南有玄扈山。』《太平寰宇記》云：『雒南縣玄扈山，在縣西北一百里。』

凡薄山之首，自苟林（牀）之山至于陽虚之山〔一〕，凡十六山〔二〕，二千九百八十二里〔三〕。升山，冢也〔四〕。其祠禮：太牢，嬰用吉玉。首山，䰠也。其祠：用稌、黑犧、太牢之具，蘖釀〔五〕；干儛〔六〕，置鼓〔七〕；嬰用一璧。尸水合天也〔八〕，肥牲祠之，用一黑犬于上，用一雌鷄于下，刉一牝羊，獻血〔九〕；嬰用吉玉，彩之〔十〕，饗之〔十一〕。

〔一〕【新校正】此經之山，自山西蒲州府南，至於陝西商州也。

［二］【箋疏】今才十五山。

［三］【汪存】此條多無考。

［四］【汪存】以升山爲尊。

［五］【郭注】以蘖作醴酒也。【汪存】釀蘖爲禮。【箋疏】蘖，牙米也，見《説文》。今以牙米釀酒極甘，謂之餹酒。

［六］【郭注】干儛，萬儛；干，楯也。【汪存】用武舞。【新校正】當爲舞，此俗字。【箋疏】儛與舞同。《夏小正傳》云：『萬也者，干戚舞也。』《（詩·）邶風·簡兮篇》云『方將萬舞』是也。

［七］【郭注】擊之以儛。【汪存】建鼓也。【箋疏】置，亦植也，古字通用。鄭注《（禮記·）明堂位》引《（詩·）殷頌》曰：『植我鞉鼓。』今《（詩·）商頌·那篇》植作寘也。

［八］【郭注】天神之所馮也。

［九］【郭注】以血祭也。刉，猶封也。《周禮》曰：『刉衈奉犬牲。』【箋疏】《（周禮·）秋官·士師》云：『凡刉珥，則奉犬牲。』鄭注云：『釁禮之事用牲，毛者曰刉，羽者曰釁。』

［十］【郭注】又加以繒彩之飾也。

［十一］【郭注】勸强之也。《（儀禮·）特牲饋食禮》曰：『執奠祝饗。』是也。【箋疏】勸强之者，《考工記》云：『祭侯之禮，以酒脯醢。其辭曰：强飲强食，詒女曾孫，諸侯百福。』《特牲饋食禮》云：『尸答拜執奠，祝饗。』鄭注云：『饗，勸强之也』。是郭注所本。

【新校正】右《中次五經》，古本爲第十九篇。

《中次六經》縞羝山之首，曰平逢之山[一]。南望伊、洛，東望穀城之山[二]。無草木，無水，多沙石。有神焉，其狀如人而二首，名曰驕蟲，是爲螫蟲[三]，實惟蜂蜜之廬[四]。其祠之：用一雄鷄，禳而勿殺[五]。

〔一〕【廣注】《圖經》：『郟山在河南郡西南，逶邐至城北二里，曰芒山，一名北邙，一名平逢山。』又別本作平蓬。【汪存】縞羝山在西，此平逢山其首也。此伊洛之北瀍澗諸水所出之山。平逢山，當伊水入洛處，在洛陽縣之南也。【新校正】山即北邙山，在今河南河南府西南。《太平寰宇記》云：『河南縣芒山，在縣地十里，一名平逢山，亦郟山之別名。』（逢，）《水經注》引作蓬。

〔二〕【郭注】在濟北穀城縣西。黄石公石在此山下，張良取以合葬爾。【廣注】《（明）一統志》：『穀城山在河南府西北五十里，連孟津縣界，舊名替亭山，瀍水出此。』【汪存】穀城山，在河南河南縣之西北，瀍水所出，至偃師入洛。或引濟北之穀城以釋此，非也。【新校正】郭云在濟北，非也，山在河南洛陽縣西北。《左傳》單子伐穀城，杜預曰：『（穀城）在縣西。』至漢爲縣，或俱以山得名與？【箋疏】《（漢書・）地理志》云：『河南郡穀成。』蓋縣因山爲名。山在今河南洛陽縣西北。郭云在濟北者，《晉書・地理志》云『濟北國穀城』是矣。《水經》濟水過穀城縣西注引《魏土地記》曰：『縣有穀城山，山出文石。』又云：『有黄山臺。黄石公與張子房期處也。』

〔三〕【郭注】爲螫蟲之長。【廣注】《聞見彙考》作蟜蟲。《事類賦》注引經云嬌蟲，是長螌蟲。盧柟《泰宇賦》：『挫陸吾而阤驕蟲』，謂此也。【箋疏】《太平御覽》九百五十卷引此經驕作嬌。

〔四〕【郭注】言群蜂之所舍集。蜜，赤蜂名。【廣注】蜜，蠟蜂。《禮記》謂之蠭，最小者爲石蜜，凡三種。王元之《蜂記》：『蜂廬始營，必造臺。擁王居臺上，言有君臣之禮也。』吴淑《蜂賦》云『結廬於逢山之側』，本此。【汪存】言此神爲螫人之蟲之主，而此山爲蜂蜜所聚之舍也。蜜亦蠭也。今之蠭所釀者爲蜜。【新校正】蜂，當爲蠭，此省文。蜜，本字爲䗋，此或作字，見《説文》也。【箋疏】（郭注）赤，疑亦字之訛。蜂凡數種，作蜜者即呼蜜蜂，故曰蜜亦蜂名。《説文》云：『䗋，或作蜜蠭；甘，飴也。』

〔五〕【郭注】禳，亦祭名，謂禳却惡氣也。【汪存】禳，祈禱以去災惡，使勿螫人。其鷄則放去之而不殺也。

西十里，曰縞羝之山〔一〕。無草木，多金、玉。

［一］【箋疏】《水經注》云：『平蓬山西十里廆山。』是不數此山也。然得此乃合於此經十四山之數，疑《水經注》脱去之。

又西十里，曰廆山［一］。其陰［二］多㻬琈之玉。其西有谷焉，名曰雚谷［三］，其木多柳、楮。其中有鳥焉，狀如山鷄而長尾，赤如丹火而青喙，名曰鴒䳆［四］。其鳴自呼，服之不眯［五］。交觴之水出于其陽［六］，而南流注于洛［七］；俞隨之水［八］出于其陰，而北流注于穀水［九］。

［一］【郭注】（廆）音如瓌偉之瓌。【汪存】廆，音灰。【新校正】廆，即瘣字省文。山當在今河南河南縣西。《隋（書·）地理志》：『新安有魏山，有孝水。』魏、瘣音同也。新安與河南接境。【箋疏】《初學記》二十八卷引此經作沃山，誤。

［二］【箋疏】《水經注》及《太平御覽》六十三卷引此經作其陽。

［三］【汪存】雚，音權。【箋疏】《左傳·昭二十六年》云：『王次於萑谷。』杜預注云：『萑谷，周地。』釋文云：『萑，音丸，本又作雚，古亂反。』即此經雚谷也，其地當去河南洛陽爲近。《初學記》引此經云：『沃山之西，有谷焉，名均雚谷。其木多柳。』均字衍。

［四］【郭注】鈴、要二音。【廣注】《駢雅》曰：『鳷渠、鴒䳆，山鷄屬也。』（明）睿宗《江漢賦》云：『鱵似魚而䳆似鷄兮，鼊入洳而爲蛤。』【新校正】即脊令也。《詩傳》云：『飛則鳴，行則摇。』摇、䳆聲相近，俗寫爲此字。《詩》脊令亦不從鳥。【箋疏】《玉篇》䳆字，説與此經同。

［五］【汪存】不眯，使人通明也。

［六］【新校正】（交觴）《水經注》引此作交觸，云：『洛水東出關，惠水右注之。惠水又東南，謝水北出瞻諸之山，東南流。又有交觸之水，北出廆山，南流，俱合惠水。惠水又南流，徑關城北二十里。』案：此水名交觸者，以入惠之處，適當謝水之交也。

［七］【新校正】《水經注》云：『合惠水而入洛。』經云入洛者，質辭。

［八］【廣注】俞隨水，世謂之孝水。潘岳《西征賦》：『澡孝水以濯纓，嘉美名之在兹。』酈道元云：『是水在河南城西十餘里。』

故呂忱曰：孝水在河南也。』【新校正】《水經注》云：『少水注於穀。穀水又東，俞隨之水注之。』引此經云云。又：『《字林》曰：孝水在河南郡。見李善《文選》注。』水今在河南新安縣東一十二里，東入澗。

[九]【新校正】《水經注》云：『孝水，戴延之言在函谷關西。劉澄之又云出檀山。檀山在宜陽縣西，在穀水南，無南人之理。』考尋茲説，當承（郭）緣生《述征（記）》謬志耳。

又西三十里，曰瞻諸之山[一]。其陽多金，其陰多文石。謝水[二]出焉，而東南流注于洛[三]。少水[四]出其陰，而東流注于穀水。

[一]【廣注】《（明）一統志》引經作瞻渚之山，《（大明一統）名勝志》引經作擔堵之山。【新校正】山當在今河南河南縣西，見《水經注》。《玉篇》引此作瞻渚。

[二]【郭注】（謝）音謝。【廣注】《水經注》作謝水。【新校正】謝，《水經注》引此作謝。以郭音言之，當是晉時已有謝字也。謝字，《説文》所無，見《玉篇》。《水經注》云：『洛水自枝瀆出關，惠水右注之。惠水又東南。謝水北出瞻諸之山，東南流。』

[三]【新校正】按《水經注》，謝水會交觸之水南流，俱合惠水，徑關城北二十里，又南流入於洛水。經徑言入洛，質也。

[四]【郭注】世謂之慈澗。【廣注】少水今在河南新安縣東一十二里，東流入澗。《（大明一統）名勝志》云：『金水發源新安縣，東南流，與少水同入澗水。』【新校正】《水經注》云：『波水注於穀。穀水又東，少水注之。引此經云云。控引衆谿，積以成川，東流注於穀，世謂之慈澗也。』又云：『今孝水東十里，有水世謂之慈澗，又謂之澗水。按《山海經》，則少水也，而非澗水，蓋習俗之誤耳。』

又西三十里，曰婁涿之山[一]。無草木，多金、玉。瞻水出于其陽[二]，而東流注于洛[三]；陂水[四]出于其陰，而北流注于穀水。其中多茈石、文石[五]。

[一]【新校正】山當在今河南永寧縣。

[二]【新校正】《水經注》云：『惠水出白石山之陽，東南流，與瞻水合。水東出婁涿之山，而南流入惠水。』

[三]【廣注】《水經注》：『惠水東南流，與瞻水合。』即此水也。【新校正】蓋入惠而入洛也。

[四]【郭注】世謂之百荅水。【廣注】《水經注》及蔡沈《書傳》引此作波水。《周禮》：『豫州，其浸波、溠。』《（尚書・）禹貢》：『滎、波既猪。』【汪存】《爾雅》曰：『水自洛出爲波。』《周禮》：『豫州，其浸波、溠。』而此陂水不自洛出，爲説不同，意此別一陂水。【新校正】《水經注》云：『澗水注於穀。穀水又東，波水注之，世謂之百荅水，北流注於穀。』

[五]【箋疏】《北山經》首滏水中多此二石，其茈誤作芘也。

又西四十里，曰白石之山[一]。惠水出于其陽，而南流注于洛[二]，其中多水玉；澗水[三]出于其陰，西北流注于穀水[四]，其中多麋石、櫨丹[五]。

[一]【廣注】《（明）一統志》：『白石山，在澠池縣東北二十三里。』《龜山白玉經》云：『白石山，瓊秀長明之天，是三十六洞天之一。』又《事物紺珠》云：『白石山，周七十里，在和州。』孔曄《會稽記》：『剡縣七十里，亦有白石山。』是异地同名者也。【汪存】白石山，一名廣陽山，在今澠池縣東之新安城北，澗水所出，東入於洛。【新校正】山在今河南澠池縣東北二十三里。《水經》云：『澗水出新安縣南白石山。』注云：『世謂是山曰廣陽山。』《太平寰宇記》云：『澠池縣廣陽山，在縣東北二十里，亦名沔池山。』

[二]【廣注】《水經注》：『洛水自枝瀆，又東出關，惠水右注之，世謂之八關水。』【汪存】《（尚書・）禹貢》曰：『伊、洛、瀍、澗，既入於河。』而此云入穀，宋《輿地圖》又云：『澗水合瀍入洛。』是川原屢有變遷，亦知此書非禹益之書也。【新校正】《水經注》云：『戴延之《西征記》謂之八關澤，出白石山之陽，東南流，與瞻水合。又東南，謝水東南流。又有交觸之水，俱合惠水。惠水又南流，徑關北城二十里者也。其城西岨塞垣，東抗惠水，其水又南流，入於洛水。』案：

其水在今河南新安縣東北也。

[三]【郭注】《（尚）書》曰：『伊、洛、瀍、澗。』【廣注】《水經》：『澗水出新安縣白石山。』蔡氏《書》傳云：『新安之東，澗水出焉，至南而入於洛。』【新校正】《説文》云：『澗水出弘農新安，東南入洛水。』《水經》云：『澗水出新安縣南白石山。』《水經注》云：『世謂是水曰赤岸水，亦曰石澗。』又云：『廣陽川水出廣陽北山。』《括地志》云：『澗水原出洛州新安縣東白石山，東北與穀水合流。』見《史記》正義。【箋疏】《説文》云：『澗水出弘農新安，東南入洛。』本《（漢書·）地理志》爲説也。

[四]【新校正】《説文》、《水經》云入洛，《水經注》引此無西字，云：『穀水又東，徑缺門山，自門而東，廣陽川水注之。』則是合穀入洛，云入穀，是也。

[五]【郭注】皆未聞。【廣注】眉、麋古字通。麋石，疑石之列文如眉者，猶礨石以礨帶文而名也。櫨丹，亦疑丹䨼、丹粟類。【汪存】麋石、櫨丹未詳。【新校正】《説文》云：『宅櫨木，出弘農山。』疑謂此也。【箋疏】麋石，或是畫眉石，眉、麋古字通也。櫨丹，疑即黑丹，櫨、盧通也。又《説文》云：『宅櫨木出弘農山。』陶注《（神農）本草》引李當之曰：『溲疏，一名楊櫨。』《（神農本草·）別録》云：『生熊耳川谷。』《説文》宅櫨，或即此。

又西五十里，曰穀山[一]。其上多穀，其下多桑。爽水[二]出焉，而西北流注于穀水，其中多碧緑[三]。

[一]【新校正】山在今河南澠池縣南，見《水經注》。《太平寰宇記》云：『澠池縣穀山，在縣南八十里。』

[二]【郭注】世謂之𦬁蕨澗。【廣注】《水經注》：『穀水又東北，徑函穀關城東，右合桑爽之水。』孫汝箋（澄）云：『本爲爽水，曰桑爽水者誤矣。』【箋疏】《水經注》云：『穀水又東北，經函谷廣城東，右合爽水。引此經云云。世謂之𦬁蕨澗，北流注於穀。』案：酈氏引此經直作北流，無西字。世謂之𦬁蕨澗句，蓋并引郭注也。

[三]【廣注】亦石緑類。

又西七十二里，曰密山[一]。其陽多玉，其陰多鐵。豪水出焉，而南流注于洛[二]，其中多旋龜。其狀鳥首而鱉尾，其音如判木[三]。無草木。

[一]【郭注】今滎陽密縣亦有密山，疑非也。【新校正】山在今河南新安縣。《水經注》云：『洛東逕九曲南。豪水出新安縣密山。』

[二]【廣注】《水經注》：『斷神水又東北經神迹亭東，又北，謂之豪水。』【新校正】《水經注》云：『洛水東徑九曲南，又東與豪水會。南流，歷九曲東，而南流入於洛。』今宜陽縣東三十里有九曲城也。

[三]【廣注】《（山海經）圖贊》曰：『聲如破木，號曰旋龜。修辟似黽，厥鳴如鴟。人魚類鯑，出於洛伊。』

又西百里，曰長石之山[一]。無草木，多金、玉。其西有谷焉，名曰共谷，多竹。共水出焉[二]，西南流注于洛[三]，其中多鳴石[四]。

[一]【廣注】《（明）一統志》云：『即南寧府鳴石山也。計道里甚遠，乃志之誤。』【新校正】山在今河南新安縣。《新唐書·地理志》云：『新安有長右山。』【箋疏】山在今河南新安縣，見《水經注》。

[二]【廣注】《水經注》：『洛水又東，共水入焉。』【箋疏】《水經注》云：『（共水）北出長石之山，山無草木。其西有谷焉，厥名共谷，共水出焉。』

[三]【新校正】洛水東徑宜陽故城南，又東，共水入焉。其水南流，得尹谿口。其水在西南與左澗水會。又南與李谷水合。其水世謂之石頭泉，而西流注於洛。

[四]【郭注】晉永康元年，襄陽郡上鳴石，似玉，色青。撞之，聲聞七八里。今零陵泉陵縣永正鄉有鳴石二所，其一狀如鼓，

俗因名爲石鼓，即此類也。【釋義】水中石虛而清越有聲，曰鳴石，如泗濱浮磬之類。【廣注】（郭）景純《江賦》云：『鳴石列於陽渚，浮磬肆乎陰濱。』劉會孟曰：『歸德有鼓山，鼓鳴則起兵。』《齊地記》云：『城東祠山有石鼓，將有寇難則鳴。』《後秦記》曰：『天水冀地，石鼓鳴野。』《吴興記》曰：『長城有夏架山石鼓，盤石爲足，聲如金鼓，鳴則三吴有兵。』《（明）一統志》：『城固縣有石鼓在褒水中，擊之有聲。』又：『成都石磬山，擊之聲聞數里。東昌高唐山，巖高百餘仞，扣之，聲甚清越，號鳴石山。』《述异記》曰：『洞庭山東有石樓，樓下有兩石，扣之清越，所謂神鉦者。』凡此，皆鳴石之屬也。《（山海經）圖贊》曰：『金石同類，潛響是韞。擊之雷駭，厥聲遠聞。苟以數通，氣無不運。』【汪存】磬石之類也。【新校正】郭説非也。言可以爲磬。【箋疏】郭氏《江賦》云：『鳴石列於陽渚。』李善注引此經及郭注，并與今本同。《初學記》十六卷引王韶之《始興記》云：『縣下流有石室，内有懸石，扣之聲若磬，響十餘里。』亦此類也。郭云襄陽郡上鳴石，見《晉書·五行志》。

又西一百四十里，曰傅山[一]。無草木，多瑶、碧。厭染[二]之水出于其陽，而南流注于洛[三]，其中多人魚[四]。其西有林焉，名曰墦冢[五]。穀水出焉，而東流注于洛[六]，其中多珚玉[七]。

[一]【新校正】山在今河南宜陽縣西。《水經注》云：『洛水東徑宜陽故城南又東。厭梁之水出縣北傅山大陂。』

[二]【新校正】《水經注》引此作（厭）梁。

[三]【新校正】洛水東與厭梁之水合，其水自陂北流屈而東南注，世謂之五延水。又東南流，徑宜陽縣故城東，東南流注於洛。

[四]【廣注】《水經注》：『伊水又東北，流注於洛水。鯢魚有四足，出伊水也。』司馬遷謂之人魚。徐廣曰：『人魚似魚而四足，即鯢魚。』朱謀㙔箋云：『《山海經》：厭染之水，多人魚。』不云伊水，豈古今相沿，並厭染之水名伊水乎？

[五]【郭注】（墦）音番。【汪存】墦冢，即穀陽谷。穀水出穀陽谷東北，至穀城入於洛。【新校正】《水經》云：『穀水出弘農澠池縣南墦冢林穀陽谷口。』注云：『今穀水出於崤東馬頭山穀陽谷。《元和郡縣志》云：『永寧縣穀陽山，在縣北五十里。』

［六］【郭注】今穀水出穀陽谷東北，至穀城縣入洛河。【廣注】《水經》：『穀水出弘農黽池縣南墦冢林穀陽谷。』《（明）一統志》：『穀水在永寧縣北七十里。』楊衒之《（洛陽）伽藍記》云：『扶桑海石竇流於地下，西通穀水。』即此水也。【新校正】《元和郡縣志》云：『新安縣穀水，在縣南二里。』水今在河南永寧縣北七十里。【箋疏】《（漢書·）地理志》云：『弘農郡黽池，穀水出穀陽谷東北，至穀城入雒。』是郭所本也。洛謂之河者，北方人凡水通名河也。

［七］【郭注】未聞也。珚，音堙。【廣注】《水經注》作珉玉，《（明）一統志》引經作雕玉。【汪存】珚，未詳。【新校正】《廣雅》云：『瑌、珚，玉。曹憲音渠、愍。』《玉篇》云：『珚，齊玉，奇殞切。』《太平御覽》引此正作珚，是與《廣韻》合也。然《說文》無珚字，《水經注》引此又作珉。【箋疏】《太平御覽》六十二卷引此經作珚玉。

又西五十里，曰橐山［一］。其木多樗［二］，多構木［三］。其陽多金、玉，其陰多鐵，多蕭［四］。橐水出焉，而北流注于河［五］。其中多脩辟之魚［六］，狀如黽［七］而白喙。其音如鴟，食之已白癬［八］。

［一］【廣注】今在陝州東五十里。【新校正】山在今河南陝州東五十里。《水經》云：『河水又北，過陝縣北。』注云：『有橐水，出橐山。』

［二］【新校正】樗，當爲杼。《說文》云：『樗木，出橐山。』謂此。【箋疏】《廣韻》十一模曰：『黃杼木可染。』十姥曰：『杼，木名，可染繒。』

［三］【郭注】今蜀中有構木，七八月中吐穗。穗成，如有鹽粉着狀，可以酢羹，音備。【廣注】構木即膚木，木狀如椿，葉兩對生，七月結子如細豆。其核淡綠，核外皮有薄鹽。其葉上蟲結成五構子，今訛爲五倍。《後魏書》『勿吉國，水氣咸凝，鹽生樹上』，謂此木也。蜀人謂之酸桶，吳人謂之鹽麩，西人謂之木鹽。劉會孟曰：『構木可以酢羹蔓，葉可以作醬。』又案：《太平御覽》引經作橲，音謾。【汪存】俗謂之附咸桃。【新校正】郭說非也。《管子·地員篇》云：『高陵土山，命曰縣泉。其地不乾，其木乃構。』是其義。構字《說文》所無，見《玉篇》。又案：《說文》：『糒，乾（飯）也。』此蓋乾木，疑當借糒爲之。【箋疏】《玉篇》云：『構，木名。』說與郭同。郭注酢，蓋作字之訛也。《（神農）本草》鹽麩

子，即五楮子，俗訛爲五倍子。陳藏器《本草拾遺》云：『鹽麩子，生吴、蜀山谷，樹狀如椿，七月子成，穗粒如小荳，上有鹽似雪，可爲羹用。』是也。《太平御覽》引此經作樠，云音漫，或所見本异也。

[四]【郭注】蕭，蒿。見《爾雅》。【廣注】陸璣云：『今人所謂荻蒿是也，可作燭，有香氣。』《（禮記・）郊特牲》：『既奠，然後焫蕭合馨香。』【汪存】蕭，似艾而香。【箋疏】《爾雅》云：『蕭，萩。』郭注云：『即蒿也。』

[五]【廣注】《（明）一統志》：『槖水在陝州城南，一名永定澗，水漫流，故又名漫澗。』《（太平）寰宇記》云：『槖水即魯水也。』【新校正】《水經注》云：『槖水出槖山，西北流出谷，謂之漫澗。西徑陝縣故城南，又西北徑陝城西，西北入於河。』水今在河南陝州城南，一名永定澗，亦曰漫澗，以其流遲。

[六]【廣注】《駢雅》曰：『浮湖、章舉、偹辟、鱕䱜、横公、王餘，皆异魚也。』【箋疏】此魚即䱛屬也。䱛，亦名䱛魚，見《漢書・東方朔傳》。

[七]【郭注】黽，蛙屬也。【汪存】此魚亦黿屬。【箋疏】詹諸在水者名黽，見《爾雅》。

[八]【廣注】《宛委餘編》曰：『何羅已癰，偹辟已白癬。』【汪存】癬，蟲圈瘡也。

又西九十里，曰常烝之山[一]。無草木，多堊。潐水[二]出焉，而東北流注于河，其中多蒼玉。菑水出焉[三]，而北流注于河。

[一]【新校正】山當在今河南陝州。《水經注》云：『常烝之山，俗謂之干山，在陝城南八十里。』

[二]【郭注】（潐）音譙。【廣注】《（從劉武王）西征記》曰：『北臨焦水，西倚大河。』《（大明一統）名勝志》曰：『譙水在陝州城南三里，平地涌出，與槖水并流入河，俗呼三里澗。』焦水、譙水，即潐水也。【新校正】亦焦水也。《水經注》云：『河水東合潐水。水導源常烝之山。其川二源雙導，同注一壑，而西北流注於河。』《括地志》云：『焦城在陝城内東北百步，因焦水爲名，周同姓所封。』見《史記》正義。案：經字亦作譙云。

[三]【新校正】亦曹水也。《水經注》云：『會水西北流入於河。河水又東，菑水注之。水出常烝之山西北，徑曲沃城南，又屈

徑其城西，西北入河。』又云：『潘岳《西征賦》曰：憩於曹陽之墟。以《山海經》求之，嶞、曹字相類，是或有曹陽之名。』顔師古注《漢書》云：『曹水，出陝縣西南峴頭山而北流入河，今謂之好陽澗。』

又西九十里，曰夸父之山[一]。其木多椶、枬[二]，多竹、箭；其獸多㸲牛、羬羊；其鳥多鷩。其陽多玉，其陰多鐵。其北有林焉，名曰桃林[三]，是廣員三百里，其中多馬[四]。湖水出焉，而北流注于河[五]，其中多珚玉。

[一]【廣注】《（太平）寰宇記》：『夸父山，一名秦山，在閿鄉縣東南二十五里。諺云：秦爲頭，虢爲尾，與太華山相連。』【汪存】夸父山，當商州武關之北也。【新校正】山一名秦山，在今河南靈寶縣東南。《水經注》云：『槃澗水，出湖縣夸父山。』《元和郡縣志》云：『湖城縣夸父山，在縣南三十五里。』

[二]【廣注】《（資治）通鑒》：『大業元年，廢二崤道，開葼册道。』胡三省注云：『《山海經》夸父山，在湖縣西九里。其山多椶、柟。』或椶柟字後訛爲葼册，遂爲葼册道與？

[三]【郭注】桃林，今弘農湖縣闅鄉南谷中是也，饒野馬、山羊、山牛也。【廣注】《三秦記》：『桃林塞，在長安東四百里。』《左傳·文公十三年》：『晉侯使詹嘉守桃林之塞，以備秦。』《（大明一統）名勝志》云：『自閿鄉已西至潼關，皆是也。』《（三國志·）魏志》：『恒農縣有桃林。』《隋（書·地理）志》：『河南郡立桃林縣，因桃林而名也。』劉會孟云：『今閿鄉下有桃林，武王放牛桃林之野即此。』程大昌《雍録》曰：『桃林，一以爲潼關，一以爲閿鄉，一以爲靈寶。』《元和（郡縣）志》則又該爲之説曰：『靈寶縣西至潼關，俱爲桃林塞。』《（山海經）圖贊》曰：『桃林之谷，實惟塞野。武王克商，休牛風馬，厄越三塗，作嶮西夏。』【汪存】桃林，在今陝州閿鄉縣南谷。【新校正】今在河南閿鄉縣舊閿鄉。《春秋傳》有桃林之塞。高誘注《呂氏春秋》云：『桃林，蓋在華陰西長城是。』《水經注》云：『《三秦記》：桃林塞，在長安東四百里。』晉灼云：『在弘農閿鄉中。』應劭《十三州記》云：『弘農有桃邱，聚古桃林。』見《史記》索隱。《括地志》云：『桃林在陝州桃林縣，至潼關皆爲桃林塞也。』見《史記》正義。【箋疏】《（後漢書·）郡國志》弘農郡湖（縣）有閿鄉。閿，俗字

也。劉昭注引《博物記》曰：『（桃林）在湖縣休與之山。』

［四］【廣注】《史記·趙世家》：『造父取桃林盜驪、驊騮、騄耳獻之繆王。』此以知桃林多馬也。【箋疏】《史記·趙世家》正義引此經廣員作廣闊，蓋誤。《留侯世家》索隱引此經又作廣三百里，無員字。

［五］【廣注】《括地志》：『湖水出湖城縣南夸父山。』又樂史云：『大谷關在夸父山谷中，湖水所出，與盤澗水、百姆水、玉澗水同流入河。』【汪存】舊因湖水置縣，曰湖縣，在閿鄉北。【新校正】《水經注》云：『湖水出桃林塞之夸父山。又北，徑湖縣東，而北流入於河。』《史記》云：『黄帝鑄鼎於荆山下。鼎既成，有龍垂鬍髯下迎黄帝。百姓仰望黄帝既上，乃抱其弓與龍鬍髯，故後世因名其地曰鼎湖。』《括地志》曰：『湖水原出虢州湖城縣南三十五里夸父山，北流入河，即鼎湖也。』見《史記》正義。案此，知湖縣之名以此水，此水之名又以黄帝也。水在今閿鄉縣西。

又西九十里，曰陽華之山［一］。其陽多金、玉，其陰多青雄黄，其草多藷藇。多苦辛［二］，其狀如橚［三］，其實如瓜，其味酸甘，食之已瘧［四］。楊水［五］出焉，而西南流注于洛［六］，其中多人魚。門水出焉，而東北流注于河［七］，其中多玄礵［八］。緒姑［九］之水出于其陰，而東流注于門水［十］，其上多銅。門水至于河，七百九十里入雒水［十一］。

［一］【汪存】即華山之陽也。【新校正】今名陽華藪，在陝西華陰縣東南至潼關是也。《吕氏春秋》九藪云：『秦之華陽。』高誘注云：『或在華陰西。』又云：『桃林西長城是也。』《秦地道記》云：『潼關是也。』案：《爾雅》云秦有陽陓，《海内北經》云陽汙之山，《淮南子》云禹治水以身解於陽盱之河，皆即此。【箋疏】《爾雅》十藪秦有楊陓，郭注云：『今在扶風汧縣西。』劉昭注《（後漢書·）郡國志》於右扶風汧亦引《爾雅》及郭注，然則陽華、陽陓非一地明矣。或説以二者是一，故附辨於此。

［二］【廣注】《（山海經）圖贊》作若華，字之誤也。《騈雅》云：『苦辛可以已瘧，焉酸可以療毒。』

［三］【郭注】即楸字也。【汪存】橚，即楸，名苦辛，而味酸甘亦奇。【箋疏】《説文》云：『橚，長木皃。』《玉篇》同，非郭義

也。《晏子春秋·外篇》云：『景公登箐室，而望見人有斷雍門之橚者。』橚，即楸也。《左傳》有伐雍門之萩之語，萩蓋楸之同聲假借字也，橚亦一音爾。

[四]【汪存】瘧，寒熱疾也。【箋疏】《（神農）本草經》云：『常山，味苦辛，主温瘧。』又云：『蜀漆，主瘧。』《（神農本草・）別録》云：『常山，苗也。』蘇頌《（本草）圖經》云：『海州出者，葉似楸葉。』與此經合。但常山味苦辛，此云味酸甘爲异，常山實又不似瓜也。《玉篇》云：『𦺓，草名，其實似瓜，食之治瘧。』蓋即此矣。而經復無𦺓名，未審《玉篇》何據。

[五]【汪存】楊水，藉姑、門水之間別派，相通以達於河。【箋疏】楊水，即錯姑水之分流岐出者也。其水流入門水，又注於洛水。

[六]【新校正】《水經注》云：『門水東北歷鴻關，又東北歷邑川，二水注之。左水出於陽華之陽，東北流，徑盛墻亭東，東北流，與右水會。』案經云注洛，蓋合錯姑之水入門水，又注於洛也。

[七]【廣注】《（明）一統志》：『門水在靈寶縣西南。』《水經注》：『門水，即洛水之枝流者也。洛水出自上洛縣東北，於拒城之西北分爲二水，枝渠東北出爲門水也。門水又東北，歷陽華之山。』【新校正】《水經注》云：『河水合柏谷水。又東，右合門水。門水又北，徑弘農縣城東。其水側城，北流而注於河。』

[八]【郭注】黑砥石，生水中。【箋疏】《玉篇》礵，思六、先鳥二切，云：『黑砥石。』又云：『𥖁礵，青礪也。』蓋亦礵類。

[九]【郭注】錯，音耤。【廣注】《水經注》引經作緒茹之水，即今燭水。

[十]【新校正】《水經注》云：『左水出於陽華之陽，東北流，與右水合。右水出陽華之陰，東北流，徑盛墻亭東，東北與左水合，即《山海經》所謂錯姑之水，出於陽華之陰，東北流，注於門水者也。又東北，燭水注之。燭水又北，入門水。水之左右即函谷山也。』

[十一]【新校正】《水經注》云：『洛水合武里水。又東，門水出焉。《爾雅》所謂洛別爲波也。』又云：『門水，即洛水之枝流者也。洛水自上洛縣東北於拒陽城之西北分爲二水，枝渠東北出爲洛水也。門水又東北，歷陽華之山。又東北，歷峽，謂之鴻關。余案，上洛有鴻臚圍池，故謂斯川爲鴻臚澗。』《太平寰宇記》云：『恒農縣鴻臚川，一名鴻臚澗，一名門水，在縣西一里。西南自朱陽縣界入，又東北歷峽，謂之鴻關。東有城，即關亭也。』又案：舊本洛作雒，漢改亂之。

【箋疏】門水本出洛水，此經又云入洛者，蓋其枝流復入於本水也。《爾雅》云：「洛爲波。」《水經注》引其文，蓋以門水即《爾雅》所謂波水矣。

凡縞羝山之首，自平逢之山至于陽華之山[一]，凡十四山，七百九十里[二]。岳在其中[三]，以六月祭之[四]，如諸岳之祠法，則天下安寧[五]。

[一]【新校正】此經之山，自河南西至陝州，又西至陝西華陰也。

[二]【箋疏】今八百二里。

[三]【汪存】此條無中岳而曰岳在其中，蓋以洛陽居天下之中。王者於此以時望祭四岳。以其非岳而祭四岳，故曰岳在其中。此殆東周時之書也。【新校正】《爾雅》云：「華山爲西岳。」

[四]【郭注】六月亦歲之中。【釋義】中岳，嵩山也，祭嵩而以六月。【汪存】《（禮記·）月令》：「季夏，中央土。」【箋疏】岳，當謂華山也。郭以爲中岳，蓋失之。中岳在下文。

[五]【箋疏】後漢順帝陽嘉元年，望都蒲陰狼殺人。《東觀書》言朱遂不祠北岳，致有斯災。推此而言，岳祠如法，即天下安寧，經語不虚也。

【新校正】右《中次六經》，古本爲第二十篇。

《中次七經》苦山之首，曰休與[一]之山。其上有石焉，名曰帝臺之棋[二]，五色而文，其狀如鶉卵[三]。帝臺之石，所以禱百神者也[四]，服之不蠱[五]。有草焉，其狀如蓍[六]，赤葉而本叢生，名曰夙條[七]，可以爲簳[八]。

[一]【郭注】與或作輿，下同。【廣注】《女紅餘志》：『仙蜂出休與山，其形如猫。』即此山。【汪存】此條在伊之東南、汝之西北之山也。【新校正】山在今河南靈寶縣。劉昭注《（後漢書・）郡國志》桃林云：『在湖縣休與之山。』【箋疏】《初學記》五卷引《博物志》作休馬之山，馬、與聲相近。《藝文類聚》六卷又引作休牛之山，牛、與聲之轉也。

[二]【郭注】帝臺，神人名。棋，謂博棋也。【廣注】《仙傳拾遺》曰：『玉女投壺，天帝爲之嚳噓。』説與帝臺棋類。又《水經注》言『湘水底石如樗蒲』，亦此義也。顏延之《赭白馬賦》：『要帝臺於宣岳。』吳淑《石賦》云：『或以布帝臺之棋。』本此。【汪存】帝臺，猶言天帝之臺。【新校正】言基址。【箋疏】《南次二經》漆吳之山多博石，郭云可以爲博棋石，亦此類。【俞讀】棋字從木，則古不用石，郭説非也。畢以爲基之假字，然下云如鶉卵，則此石甚小，不足言基址，畢説亦非也。棋，當爲琪。《爾雅・釋地》：『東方之美者，有醫無閭之珣玗琪焉。』郭注曰：『珣玗琪，玉屬。』此帝臺之石，五色而文，故以美玉之名名之。作棋者，假字。

[三]【廣注】《博物志》曰：『桃林休牛之山，有石焉，曰帝臺之棋也。五色而文，狀如鶉卵。』《事物紺珠》云：『帝臺棋出湖城縣休馬山，如鶉卵，五色文。』《（山海經）圖贊》曰：『茫茫帝臺，維靈之貴。爰有石棋，五彩煥蔚。觴禱百神，以和天氣。』【箋疏】《初學記》引《博物志》作狀如鶉卵。

[四]【郭注】禱祀百神，則用此石。【汪存】棋，弈具。蓋美石似玉，故可以禱百神。

[五]【箋疏】《（神農）本草經》云：『石膽，主諸邪毒氣。』《（神農本草・）别録》云：『一名棋石。』蘇恭注云：『有塊如鶉卵者爲真。』并與此經義合。

[六]【廣注】蘇頌曰：『蓍草，生如蒿作，叢高五六尺，一本一二十莖，多者五十莖，生便條直，异於衆蒿。』《埤雅》曰：『草之多壽者，故字從耆，其莖可爲筮。』【箋疏】《説文》云：『蓍，蒿屬。』《廣雅》云：『蓍，耆也。』

[七]【箋疏】夙，俗字，《説文》作殂。

[八]【郭注】中箭笴也。【汪存】簳，音幹，箭笴也。【新校正】當祇作幹。【箋疏】簳，當爲榦。鄭注《考工記》云：『笴，矢榦也。』《廣雅》云：『笴，箭也。』

東三百里，曰鼓鐘之山[一]，帝臺之所以觴百神也[二]。有草焉，方莖而黄華，員葉而三成[三]，其名曰焉酸，可以爲毒[四]。其上多礪，其下多砥[五]。

[一]【廣注】今名鐘山，在陸渾縣西南三十里，有鼓鐘上峽，鼓鐘下峽。《水經注》云：『垣曲縣鼓鐘川，世人謂之鼓鐘城，《山海經》鼓鐘之山也。』王氏《地理通釋》有鼓鐘鎮，亦其地。《（大明一統）名勝志》曰：『鼓鐘城，在垣曲縣東北。』【新校正】山在今河南陸渾縣西南三十里。別有鼓鐘峽，在山西垣曲縣。《水經注》引此經以爲即山西鼓鐘山，案其道里，非也，見《中山經》鼓鐙山注。

[二]【郭注】舉觴燕會，則於此山，因名爲鼓鐘也。【廣注】《事類賦》云：『觴百神者，帝臺。』謂此也。【汪存】言天帝燕會之所也。【新校正】『今案其山在伊闕西南』，以上九字舊本脱文，《初學記》引郭注有。【箋疏】《初學記》八卷引郭注此山句下，有『在伊闕西南』五字，蓋今本脱去之。

[三]【郭注】葉三重也。【汪存】成，重也。

[四]【郭注】爲治。【廣注】《駢雅》曰：『焉酸，可以療毒。嘉榮，令人不霆。一本作烏酸。』《（山海經）圖贊》云：『療虐之草，厥實如瓜。烏酸之葉，三成黃華。可以爲毒，不畏蚖蛇。』【汪存】爲，治也。此蓋重樓金綫之屬也。【箋疏】治，去之也。

[五]【釋義】砥、礪，皆磨石。《詩》所謂『他山之石，可以攻玉』，即此。

又東二百里，曰姑媱之山[一]。帝女死焉，其名曰女屍[二]，化爲䔄草。其葉胥成[三]，其華黃，其實如菟丘[四]，服之媚于人[五]。

[一]【郭注】（媱）音遥。或無之山字。【新校正】《文選》注引此作瑶，《博物志》作古䔄山，今俗本《博物志》訛古䔄爲右詹。又案：《穆天子傳》：『天子至於重璧之臺乃休。乃周姑繇之水，以環喪車。』疑即此。

[二]【新校正】李善注《文選（·别賦）》云：『宋玉《高唐賦》曰：我帝之季女，名曰瑶姬。未行而亡，封於巫山之臺，精神

爲草，實曰靈芝。』又元《襄陽耆舊傳》云：『赤帝女姚姬，未行而卒，葬於巫山之陽。』【箋疏】䔄，通作瑶。《水經》江水東過巫縣南注云：『巫山，帝女居焉。宋玉所謂天帝之季女名曰瑶姬，未行而亡，封於巫山之陽，精魂爲草，實爲靈芝。』與《别賦》注同，是帝女即天帝之女。以爲赤帝女者，誤也。又宣山有帝女之桑，亦是天帝之女明矣。又案：《别賦》雖作瑶草，注引此經仍作䔄草。又引郭䔄注云瑶，與䔄并音遥，亦今本所無。

[三]【郭注】言葉相重也，（䔄）亦音遥。【廣注】江淹《别賦》：『惜瑶草兮徒芳。』瑶、䔄通。崔融《啓母碑》：『女尸化草而成嬪。』本此。又《韵府雜編》載：『瑶草，仙家用以合丹，乃珊瑚之類。』又泰室山有䔄草，其狀如茱，是同名而异物者。或曰䔄草，一名懷夢草。然《洞冥記》云：『夢草似蒲，色紅，亦名懷夢。武帝懷之以夢李夫人。』此非是。【箋疏】《博物志》作『䔄草，其葉鬱茂』。

[四]【郭注】菟丘，菟絲也，見《爾雅》。【廣注】孫炎云：『唐蒙、女蘿、菟絲，一物四名。』陸佃曰：『在木爲女蘿，在草爲菟絲。二物殊别，其子如碎黍、米粒。』《庚辛玉册》云：『火焰草即菟絲，子陽草結實如粃豆，惟懷孟多有之。』【新校正】《博物志》云：『實如豆。』【箋疏】菟丘，菟絲也，見《廣雅》，今各本俱作《爾雅》，誤。又《别賦》注引此經文竟作兔絲，亦誤。

[五]【郭注】爲人所愛也。《（左）傳》曰：『人服媚之如是。』一名荒夫草。【補注】《楚國先賢傳》云：『帝之季女，名曰瑶姬，精魂化草，實爲靈芝。』亦此類也。【廣注】《搜神記》曰：『舌埵山，帝之女死，化爲怪草。其葉鬱茂，其華黄色，其實如菟絲。故服怪草者，恒媚於人焉。』《（山海經）圖贊》曰：『䔄草黄華，實如菟絲。君子是佩，人服媚之。帝女所化，其理難思。』又李時珍曰：『嶺南無風，獨摇草頭若彈子，尾若鳥尾，兩片開合，見人自動。』陳藏器云：『帶之令夫相愛。』此與䔄草有類，豈即一物耶？

又東二十里，曰苦山[一]。有獸焉，名曰山膏[二]。其狀如逐[三]，赤若丹火，善詈[四]。其上有木焉，名曰黄棘，黄華而員葉，其實如蘭，服之不字[五]。有草焉，員葉而無莖[六]，赤華而不實，名曰無條[七]，服之不癭。

［一］【汪存】南陽古有苦邑。

［二］【新校正】即山都也。

［三］【郭注】即豚字。【新校正】借遁字爲之。逐，又遁省文。【箋疏】《玉篇》云：『豚，音逐，獸名。』即此。郭云即豚字者，畢氏云借遁字爲之，逐又遁省文。懿行謂遁古文作遯，見《鄭易》，遁從豚得聲，遯作逐文省，正如《歸藏易》渙作奐、損作員，并古字省文也。是此經之逐從遁，或遯省，當讀爲豚，故曰逐即豚字也。

［四］【郭注】好罵人。【廣注】《駢雅》曰：『山膏善詈，贛互善笑，蒲牢善鳴，山繅善語。』《五侯鯖》曰：『山膏生苦山，善罵。』《事物紺珠》曰：『山膏如豚，赤若火。』【汪存】詈，罵也。

［五］【郭注】字，生也。《易》曰：『女子貞，不字。』【廣注】《駢雅》曰：『黃棘員葉，播移虛中。』《（山海經）圖贊》曰：『山膏如豚，厥性好罵。華棘是食，匪子匪化，雖無貞操，理同不嫁。』【汪存】不字，不生子也。【箋疏】蘭蕙皆有實，女子種蘭美而芳。

［六］【箋疏】《管子·地員篇》云：『葉下於𦹯。』房氏注云：『葉草名唯，生葉無莖。』與此經合，即是物也。

［七］【箋疏】無條，已見《西山經》臯塗之山，與此同名异物。

又東二十七里，曰堵山［一］。神天愚居之，是多怪風雨［二］。其上有木焉，名曰天楄［三］，方莖而葵狀［四］，服者不哽［五］。

［一］【箋疏】《（漢書·）地理志》云『南陽郡堵陽』。疑縣因山爲名。

［二］【汪存】蓋言天愚實爲之也。

［三］【郭注】音鞭。【新校正】楄，《説文》云：『楄部，方木也。以其方莖，故名之。』

［四］【廣注】《玄覽》曰：『荆木内方，天楄、羊桃外方。』《駢雅》云：『天楄方莖，六駁多癬。』

［五］【郭注】食不噎也。【廣注】《古音略》云：『即咽字。』【箋疏】《玉篇》噎同咽。《廣韵》槅字兩見，并云木名。一云食不噎，一云食之不咽。蓋咽、噎聲轉，或古字通也。《説文》云：『噎，飯窒也。』

又東五十二里，曰放皋［一］之山。明水出焉，南流注于伊水［二］，其中多蒼玉。有木焉，其葉如槐［三］，黄華而不實，其名曰蒙木［四］，服之不惑［五］。有獸焉，其狀如蜂，枝尾而反舌，善呼［六］，其名曰文文［七］。

［一］【郭注】放，或作效，又作牧。【廣注】《水經注》舊本作放睾。睾，即古皋字。【新校正】山在今河南魯山縣北。《水經注》：『明水出梁縣西狼皋山。』引此云云。（又）『汝水自狼皋山東出峽，謂之汝阨也。』《太平寰宇記》云：『伊陽縣鳴皋山，在縣南三十里。』又《元和郡縣志》云：『陸渾縣明皋山，在縣東北十五里。』疑非。

［二］【新校正】《水經》云：『伊水又東北，過新城縣南。』注云：『明水出梁縣西狼皋山，俗謂之石㵎水。西北流，逕楊亮壘南，西北合康水。水亦出狼皋山，東北流，逕范塢北，與明水合。又西南流，入於伊。』

［三］【廣注】槐，葉大而黑，晝聶夜炕。又其生也季春，五日而兔目，十日而鼠耳，經旬而成規。

［四］【箋疏】此即槐屬，但不實爲异爾。蒙，《玉篇》作檬，云：『木名，似槐，葉黄。』葉蓋華字之訛也。

［五］【汪存】此今密蒙花也，治目疾。【箋疏】槐，味苦寒，主熱，可以通神明，故服之不惑與？

［六］【郭注】好呼唤也。【釋義】今嶺海深山有异蛇，亦善呼人之名。【汪存】枝尾，尾兩歧也。反舌，舌善翻弄如百舌鳥也。

【箋疏】枝尾，歧尾也。《説文》云燕枝尾反舌者，蓋舌本在前，不向喉。《淮南（子·）墬形訓》有反舌民。

［七］【廣注】《駢雅》曰：『蟲雕如雕而戴角，文文如蜂而反舌。』《獸經》云：『文文善呼。』《古音複字》云：『文文，獸名，音問。』

又東五十七里，曰大𩇯之山［一］。多㻬琈之玉［二］，多麋玉［三］。有草焉，其狀葉［四］如榆，方莖而蒼傷[五]，其名曰牛傷[六]。其根蒼文，服者不厥[七]，可以禦兵[八]。其陽狂水出焉，西南流注于伊水[九]。其中多三足龜，食者無大疾[十]，可以已腫[十一]。

[一]【廣注】𦸘同苦。《（太平）寰宇記》云：『大苦山、倚箔山、太谷山，俱在舊潁陽境。』【新校正】山在今河南登封縣北。東者，當是東北。五十七里，亦太近。大苦，舊本訛作大𦸘，唐宋字書無此字。據《水經注》、《爾雅》注、《初學記》、《太平寰宇記》引此，皆作大苦。【箋疏】𦸘，當爲苦。《初學記》龜下引此經作丈若山，誤。

[二]【廣注】《水經注》引經作琂琈。【箋疏】《水經注》引此經作㻞琈，亦古字所無，説已見前。

[三]【郭注】未詳。【新校正】疑麋當爲麖，即琂玉。古字少，借麖爲之。作麋，非。【箋疏】麖，疑瑂之假借字也。《説文》云：『瑂，石之似玉者。』讀若眉。

[四]【箋疏】當爲葉狀。本或無葉字。

[五]【箋疏】《（神農）本草經》『續斷』陶注引李當之云：『是虎薊能療血。』蜀本《（本草）圖經》云：『葉似苧，莖方。』《范汪方》云：『葉似旁翁菜而小厚，兩邊有刺刺人。』

[六]【郭注】猶言牛棘。【廣注】《（山海經）圖贊》曰：『牛傷鎮氣，天楄弭噎。文獸如蜂，枝尾反舌。螣魚赤斑，處於逵穴。』【汪存】此草遍體皆刺，牛且畏之。【箋疏】牛棘，見《爾雅》郭注。《方言》云：『《山海經》謂刺爲傷也。』即指此。下文講山亦云反傷赤實。

[七]【郭注】厥，逆氣病。【汪存】今人猶用其根爲傷損藥。【新校正】依義當爲欮。厥，發石，字見《説文》。【箋疏】《説文》云：『瘚，屰氣也。或省作欮。』《史記·扁鵲傳》云：『暴蹷。』正義引《釋名》云：『蹷，氣從下蹷起，上行外及心脅也。』是蹷與瘚通。

[八]【箋疏】《（神農）本草經》云：『續斷，主金創。』與此義合。

[九]【廣注】《水經注》：『伊水又逕西北，當階城西，大狂水入焉。水東出陽之大𦸘口，即大𦸘山也。』《（路史·）國名記》云：『狂水逕綸氏城，在今南陽。』【新校正】《水經注》云：『狂水出陽城縣之大苦山。又西逕綸氏縣故城南。左與倚薄山

水合。又東，入風谿水注之。又西，得三交水口。又西，徑缶高山北，西南與浬水合。又西，徑浬陽城南。又西，徑當階城南，而西流注於伊。』

[十]【郭注】今吳興陽羨縣有君山，山上有池，水中有三足六眼龜鼈。龜三足者名賁，出《爾雅》。【廣注】吳淑《龜賦》云：『大苦三足，君山六眸。』彭氏《五侯鯖》云：『砉山多三足賁。賁，龜也。』疑是賁字之訛。又《唐書》：『江州獻六眼龜。』《大明會典》：『暹羅國獻六足龜。』《宋史》：『趙霆獻兩頭龜。』皆异種也，附記之。《（山海經）圖贊》曰：『造物維均，靡偏靡頗。少不爲短，長不爲多。賁能三足，何异鼃鼉。』【汪存】人言三足之鼈食之殺人，故此特言食此龜者，無大疾也。【箋疏】《爾雅》注亦引此經，與今本同。《（漢書・）地理志》云：『會稽郡陽羨。』《晋（書・）（地理）志》有吳興郡，無陽羨。

[十一]【廣注】《（神農）本草》：『食之辟時疾，消腫。』

又東七十里，曰半石之山[一]。其上有草焉，生而秀，其高丈餘，赤葉赤華，華而不實[二]，其名曰嘉榮[三]，服之者不霆[四]。來需之水出于其陽，而西流注于伊水[五]。其中多鯩魚[六]，黑文，其狀如鮒，食者不睡[七]。合水出于其陰，而北流注于洛[八]，多鰧魚[九]，狀如鱖，居逵[十]，蒼文赤尾，食者不癰，可以爲瘻[十一]。

[一]【廣注】《（太平）御覽》：『半石山在緱氏南十五里。』今之偃師縣地也。【汪存】以上山與苦山相連，大約汝州魯山西境。以下山連中岳，大約在汝州北，連登封境。【新校正】山在今河南偃師縣東南。《水經注》云：『伊水又北，徑高都城東。來需之水，出於半石之山。』《太平寰宇記》云：『緱氏縣半石山，在縣南十五里。』案：緱氏，今偃師西南境也。

[二]【郭注】初生先作穗，却着葉，花生穗間。【廣注】《（大明一統）名勝志》引此作華莖皆赤不實。【箋疏】《爾雅》云：『草謂之榮，不榮而實者謂之秀。』此草既謂之秀，又名爲榮却又不實，所以异也。

[三]【箋疏】《呂氏春秋・本味篇》云：『有菜名曰嘉樹，其色若碧。』高誘注云：『食之而靈。』疑即此草。而靈，或不霆字之訛

也。又案：《（神農）本草經》有蘘荷，與巴蕉同類。《太平御覽》引干寶《搜神記》以蘘荷爲嘉草，蓋即嘉榮草也。《（周禮・）秋官》庶氏掌除蟲毒，以嘉草攻之，是干寶所本。蘘荷，華生根中，可食，見《古今注》，而不説實狀，證知此草有華無實也。因其可食，故《呂氏春秋》謂之菜矣。《名醫別録》云：『蘘草主邪氣，辟不祥。』又與此經服者不霆義合。

[四]【郭注】不畏雷霆霹靂也，音廷搏之廷。【廣注】《（太平）御覽》作服者不遷怒。劉鳳《（雜俎・）玄覽篇》云：『服之不畏霆。』《（山海經）圖贊》曰：『霆惟天精，動心駭目。曷以御之，嘉榮是服。所正者神，用口腸腹。』【箋疏】《北堂書鈔》一百五十二卷引此經霆上有畏字，注無雷霆二字，今本脱衍也。《説文》云：『霆，雷餘聲也。鈴鈴所以，挺出萬物。』又云：『震，劈歷振物者。』郭云音廷搏之廷，不成語，當爲脡脯字之訛也。《公羊傳・昭二十五年》云：『與四脡脯。』【俞讀】不畏雷，不得但言不霆。《西山經》之橐𩇯，《中山經》之飛魚，并云服之不畏雷，此何以變其文曰不霆乎？霆，疑娗之假字。《説文》女部：『娗，女出病也。』其義未詳。然娗下即繼以婞字，曰：『女病也。』則娗亦必婦女病矣。

[五]【廣注】《水經注》曰：『來需之水，又西南徑赤眉城南，又西至高都城東，西入伊水，謂之曲水也。』【新校正】《水經注》引此作儒，云：『（來儒之水）出於半石之山。西南流，徑斌輪城北，西歷其澗。以其水西流，又謂之小狂水也。其水又西，徑大石嶺南。山在洛陽南。又西南，徑赤眉城南。又西，至高都城東，西入伊水，謂之曲水也。』案：其地當在今河南洛陽、伊陽之界。

[六]【郭注】（鯩）音倫。【廣注】（郭）景純《江賦》云：『鯪鰩鯩鰱。』【箋疏】《廣雅》云：『鰿，鮒也。』即今之鯽魚。

[七]【釋義】魚目不閉，故謂無妻曰鰥。然則食之不睡，或取諸此。【箋疏】李善注《江賦》引此經作食之不腫。《太平御覽》九百三十九卷亦引作食者不腫。

[八]【新校正】《水經》云：『洛水東過洛陽縣南。』注云：『合水南出半石之山，北徑合水塢而東北流，注於公路澗。合水北與劉水合，水出半石東山。合水又北流，注於洛水也。』案：其水在今河南洛陽縣東南。

[九]【郭注】（䲢）音騰。【廣注】《（神農）本草》：『䲢，形狀、居止、功用與鱖略同。』《日華子》謂鱖爲水豚者，意即䲢也。《篇海》云：『鰧魚，蒼身赤尾，亦作䲢。』【新校正】此字《説文》所無，見《玉篇》，云：『魚，似鮪。』李善注《文選》引此文又作鰧。【箋疏】《玉篇》云：『䲢魚似鮪，蒼文赤尾。』郭氏《江賦》作鰧，李善注引此注云：『鰧，音滕。』

[十]【郭注】鱖魚，大口、大目，細鱗，有斑彩。逵，水中之穴道交通者。鱖，音劌。【廣注】鱖，蹶也。其體不能屈曲，如僵蹶也。味似豚，又名鱖豚。李廷飛《延壽書》曰：『鱖，鬐刺凡十二，以應十二月。』《月令廣義》云：『鱖魚，脊有十二骨，每月一骨，有毒。』《開寶本草》：『名爲石桂魚。』【汪存】居逵，謂居水中衆流交會處也。【箋疏】《爾雅》云：『鱖，歸。』注云：『小魚也，似鮒子而黑。』《初學記》魚下引此經云：『鱖魚，大口而細鱗，有班彩。』蓋引郭注誤作經文也。如鱖，《玉篇》作似鮒。

[十一]【郭注】瘻，癰屬也，中多有蟲。《淮南子》曰：『雞頭已瘻。』音漏。【釋義】可以爲瘻，言可以治病。【汪存】瘻，癰屬中之有痰有蟲者。【箋疏】《說文》云：『癰，腫也。瘻，頸腫也。』

又東五十里，曰少室之山[一]，百草木成囷[二]。其上有木焉，其名曰帝休，葉狀如楊，其枝五衢[三]，黃華黑實[四]，服者不怒[五]。其上多玉[六]，其下多鐵。休水出焉，而北流注于洛[七]。其中多鯑魚[八]，狀如盩蜼[九]而長距，足白而對[十]，食者無蠱疾[十一]，可以禦兵。

[一]【郭注】今在河南陽城西，俗名泰室。【廣注】少室爲七十二福地之一。劉會孟曰：『少室在河南懷慶府登封縣嵩山，乃中岳也。東曰泰室，西曰少室，有三華。』【汪存】少室、太室，皆在今河南登封縣之北。【新校正】山在今河南登封縣西。《淮南子·墬形訓》云：『少室、大室在冀州。』高誘注曰：『少室、大室在陽城，嵩高下之別名。』戴延之《（從劉武王）西征記》云：『東謂大室，西謂少室，相去十五里，嵩山其總名也。』見《初學記》。《括地志》曰：『嵩高山，一名太室山，一名外方山，在洛陽陽城縣北二十三里也。』見《史記》正義。【箋疏】《晉書·地理志》云：『河南郡陽城，《（後漢書·）郡國志》潁川郡陽城，有嵩高山。』《（漢書·）地理志》云：『崈，高武帝置，以奉泰室山，是爲中岳。有太室、少室山廟。』古文以崇高爲外方山也。《初學記》五卷引戴延之《（從劉武王）西征記》云：『其山東謂太室，西謂少室，相去十七里，嵩其總名也。』謂之室者，以其下各有石室焉。

[二]【郭注】未詳。【廣注】囷，如倉囷之囷，言草木屯聚也。朱氏《玄覽》云：『少室有壽榮草，服之可通百神。』【汪存】言

草木衆積如囷倉然。【箋疏】《説文》云：「囷，廩之圜者。」經蓋言草木屯聚如倉囷之形也。

[三]【郭注】言樹枝交錯，相重五出，有象衢路也。《離騷》曰：「靡萍九衢。」【釋義】服者不怒，故知其能平肝氣也。推而論之，可以例藥草矣。【廣注】劉鳳《雜俎》曰：「帝休之葉，又曰五衢。」謂此也。【汪存】言每節分五枝，如五達之道也。【箋疏】王逸注《楚詞・天問》云：「九交道曰衢。」《文選》注《頭陁寺碑》引此注作靡萍九衢。

[四]【廣注】楊炯《少室山碑》：「考於《含神紐》，白玉猶存；驗於《山海經》，黄花不落。」

[五]【廣注】《駢雅》曰：「帝休觸忿，文莖已聾。」《事類賦》云：「服帝休而不怒，食員丘而無死。」《宛委餘編》曰：「屈軼指佞，帝休不愁。」陳藏器曰：「主帶之愁自銷，生少室山嵩高山，亦如萱草之忘憂也。」《事物紺珠》云：「帝休，服之不愁，又名不愁木。」《(山海經)圖贊》云：「帝休之樹，厥枝交對。竦本少室，曾陰雲霨。君子服之，匪怒伊愛。」

[六]【郭注】此山巔亦有白玉膏，得服之即得仙道，世人不能上也。《詩含神霧》云。【箋疏】郭注《西次三經》峚山引《河圖玉版》曰：「少室山，其上有白玉膏，一服即仙矣。」謂此。

[七]【新校正】《水經注》云：「洛水直偃師故縣南，與緱氏分水。又東，休水自南注之。其水導源少室山，西流，徑穴山南。又西南北屈，潛流地下，其故瀆北屈出峽，謂之大穴口。北歷覆釜堆東。又東，屆零星塢，水流潛通，重源又發，側緱氏原。又徑延壽城南、緱氏縣治。又西轉北屈，徑其城西。又北流，注於洛水。」案：在今河南偃師縣東南界。

[八]【廣注】鯑魚，一名人魚。陶隱居云：「人魚，荆州臨沮青谿多有之。其膏然之不消耗。」《史記》：「始皇以人魚膏爲燭。」是也。寇宗奭曰：「鯑魚似獺，四足，腹重墜如囊，身微紫色，無鱗，與鮎鮠類。剖視之，嘗有小蟹、小魚、小石數枚也。」《全蜀藝文志》：「鯢魚，一名魶，一名鯑，大首長尾四足。」又《(神農)本草》：「與鯢魚同名孩兒魚。」然鯑生江湖，鯢生谿澗，能上樹，此所以异也。(明)睿宗《江漢賦》：「文屋瓦之蚶兮，聲嬰兒之鯑。」即此。

[九]【郭注】未詳。蟄，音倘。【廣注】蛙，最小者名蒙頌，紫黑色。説者以鯑魚類獺而紫色，意蟄、蛙之爲物即蒙頌异名也，未審是非。【汪存】蟄，音周。蛙，音雷。蟄蛙，未詳。或曰蟄當作鰲，音戾，青黑色也。蛙，蛙也。此魚如青緑色之蛙而長距也。對義亦未詳。【新校正】蟄字從支、從血。舊本作蟄，誤，《漢書》亦有之。【箋疏】蟄，當爲蟄。《廣雅》云：「狖，蛙也。」狖、蟄聲相近。郭注《爾雅》云：「蛙似獼猴。」鯑，即鯢也。《北次三經》注云：「鯑，見中山經。」謂此也。鯢，省作兒。《周書・王會篇》云：「兒若獼猴。」與此經合。

[十]【郭注】未詳。【釋義】言其足色白且相向也。【箋疏】對，蓋謂足趾相向也。《史記·天官書》云：『疾其對國。』

[十一]【箋疏】《北次三經》云：『人魚如鯑魚，四足，食之無癡疾。』此言食者無蟲疾。蟲，疑惑也；癡，不慧也，其義同。

又東三十里，曰泰室之山[一]。其上有木焉，葉狀如梨而赤理，其名曰栯木[二]，服者不妒[三]。有草焉，其狀如茉[四]，白華黑實，澤如蘡薁[五]，其名曰䔄草，服之不昧。上多美石[六]。

[一]【郭注】即中岳嵩高山也，今在陽城縣西。【廣注】戴延之《（從劉武王）西征記》曰：『中岳，東謂之泰室，西謂之少室，相去十七里。嵩，其總名也。以其下各有室焉，故謂之室。』葛洪《枕中書》云：『軒轅爲黃帝治嵩高山。』《五岳真形圖》云：『中岳姓惲，名㷂。』《（山海經）圖贊》曰：『嵩維岳宗，華岱恒衡。氣通天漢，神洞幽明。巍然中立，衆山之英。』【汪存】嵩山形如室，故有太室之名。【新校正】今在河南登封縣北也。【箋疏】《藝文類聚》七卷引郭氏《（圖）贊》云：『嵩惟岳宗，華岱恒衡。氣通元漠，神洞幽明。嵬然中立，衆山之英。』

[二]【郭注】（栯）音鬱。【廣注】栯木，李時珍謂即郁李，其注《本草》云：『郁，《山海經》作栯，馥郁也，花實俱香，故名之。』【汪存】即常棣郁李也，葉略似梨，而長花赤木，理亦赤。【新校正】此字《説文》所無，見《玉篇》，云：『（音）於六、禹九二切。引此。【箋疏】《（藝文）類聚》七卷及三十五卷引此經栯并作指，疑誤。

[三]【廣注】《（山海經）圖贊》曰：『爰有嘉樹，厥名曰栯。薄言采之，窈窕是服。君子維歡，家無反目。』楊慎曰：『栯，禹九切，婦人服之不妒。』

[四]【郭注】茉，似薊也。【箋疏】茉有赤茉、白茉二種。《爾雅》云：『茉，山薊、楊枹薊。』

[五]【郭注】言子滑澤。【廣注】《詩》：『六月食鬱及薁。』《廣雅》云：『一名嬰舌。』【汪存】蘡薁，蔓生細葉，實如小葡萄。或以爲櫻桃，或以爲葡萄，皆誤。【新校正】蘡，當爲嬰。《説文》云：『薁，嬰薁也。』《玉篇》有蘡字，非。又《廣雅》云：『燕薁，蘡舌也。』【箋疏】蓋即今之山葡萄。《齊民要術》引陸璣《詩義疏》云：『櫻薁，實大如龍眼，黑色。今車鞅藤實是。』又引疏云：『櫐，似燕薁，連蔓生。』皆其形狀也。

［六］【郭注】次玉者也。啓母化爲石而生啓在此山，見《淮南子》。【箋疏】郭注《穆天子轉》云：『太室之丘嵩高山，啓母在此山化爲石。而子啓亦登仙，故其上有啓石也，皆見《歸藏》及《淮南子》。』今《淮南子》無之，蓋有闕脱也。劉昭注《（後漢書·）郡國志》引《帝王世紀》曰：『陽城有啓母冢。』《太平御覽》一百三十五卷引《連山易》曰：『禹娶塗山之子，名曰攸女，生啓也。』

又北三十里，曰講山。其上多玉，多柘，多柏。有木焉，名曰帝屋，葉狀如椒［一］，反傷［二］赤實，可以禦凶［三］。

［一］【廣注】《爾雅》：『椵，大椒。』《唐風》云：『椒聊之實。』蓋今秦椒也。又欓子，亦名越椒，古謂之藙，或謂之椴。外此有吴茱萸、味履支、蜀椒、崖椒、蔓椒、地椒，其類不一。《（山海經）圖贊》云：『椒之灌植，實繁有倫。拂頤沾霜，朱實芬辛。服之不已，洞見通神。』

［二］【郭注】反傷，刺下勾也。【廣注】《駢雅》曰：『平仲銀實，帝屋赤實，君遷瓠實，毗野楮實，羅望刀實。』【汪存】此茱萸之類，或曰即鈎鈎藤也。【箋疏】郭注《方言》云：『《山海經》謂刺爲傷也。』

［三］【箋疏】此别一種椒也。蘇頌《本草圖經》云：『黨子出閩中、江東。其木似樗，莖間有刺。子辛辣如椒，主游蠱、飛尸。』

又北三十里，曰嬰梁之山。上多蒼玉，錞于玄石［一］。

［一］【郭注】言蒼玉依黑石而生也。或曰：錞于，樂器名，形似椎頭。【箋疏】錞于，已見《西山經》首䰠山。或曰樂器，似非也。

又東三十里，曰浮戲之山[一]。有木焉，葉狀如樗而赤實，名曰亢木，食之不蠱[二]。汜水出焉[三]，而北流注于河[四]。其東有谷，因名曰蛇谷[五]，上多少辛[六]。

[一]【廣注】《水經注》：『綏水出方山綏谿。』綏谿，亦浮戲山之异名也。是斯山所出，不止汜水。【新校正】山當在今河南汜水縣東。《水經》云：『河水又東徑成皋縣北。』注云：『汜水南出浮戲山，世謂之方山。』《元和郡縣志》云：『汜水縣汜水，出縣東三十二里浮戲山。』

[二]【箋疏】《（神農）本草經》：『衛矛，一名鬼箭，主除邪殺蠱，葉狀如野茶，實赤如冬青。』即此也。

[三]【廣注】《史記》正義：『汜，音似。』汜水在成皋故城東。《水經注》：『汜水南出浮戲山，世謂之方山。』盧諶《征艱賦》云：『步汜口之芳草，吊周襄之鄙館。』《（資治）通鑒》：『唐紀西薄汜水，南屬鵲山。』即此水。【汪存】汜，音范。【箋疏】（《水經注》）云：『洧水東流，綏水會焉。水出方山綏谿，即《山海經》所謂浮戲之山也。』案：綏水即汜水，聲之轉。

[四]【新校正】《（後漢書·）郡國志》云：『成皋有汜水。』《水經注》云：『汜水南出浮戲山。北流，合東關水。又北，右合石城水。又北，合鄤水。又北，徑虎牢城東。又北，流注於河。』案此汜字，從戊巳之巳，讀如似，與定陶汜水异，彼讀如泛。

[五]【郭注】言此中出蛇，故以名之。【汪存】因，當作其。

[六]【郭注】細辛也。【廣注】《管子》『五沃之土，群藥生少辛』，蓋細辛。根細而味極辛，故名細辛，又名小辛。少辛亦此義也。李當之曰：『細辛如葵，一根一葉相連。』沈括《（夢溪）筆談》曰：『東南所用細辛，皆杜衡也。』《博物志》有云『杜衡亂細辛』，自古已然矣。【箋疏】《廣雅》云：『細條少辛，細辛也。』是郭所本。又名小辛，見《（神農）本草》及《管子·地員篇》。

又東四十里，曰少陘之山[一]。有草焉，名曰䕡草[二]，葉狀如葵而赤莖白華[三]，實如蘡薁[四]，食之不愚[五]。器難[六]之水出焉，而北流注于役水[七]。

［一］【廣注】《（大明一統）名勝志》：『滎陽縣嵩渚山，一名小陘山，俗名周山。』即斯山。【新校正】山在今河南滎陽縣東南。《水經注》云：『濟水右受黄水。黄水北至故市縣。重泉水出京城西南少陘山。』《新唐書·地理志》云：『許州長葛有小陘山。』《太平寰宇記》云：『滎陽縣嵩渚山，一名小陘山，俗名周山，在縣南三十五里。』

［二］【郭注】（茵）音剛。【汪存】此草一名益智，然與蘡薁不甚相似。【新校正】剛字《説文》所無，見《玉篇》。

［三］【廣注】葵有戎葵、露葵、龍葵、菟葵、終葵之异名，皆葵屬。

［四］【廣注】《丹鉛録》引此作赤莖白葉如顛冬，與本文异。

［五］【郭注】言益人智。【廣注】《（山海經）圖贊》曰：『茵草赤莖，實如蘡薁。食之益智，忽不自覺。殆齊生知，功奇於學。』

［六］【郭注】（器）或作囂。【汪存】器或作囂，疑作囂爲是，蓋河陰敖倉間也。【新校正】《水經注》云：『索水出京城西南嵩渚山，即古旃然水也。其水東北流，器難之水注之。其水北流，徑金亭又北，徑京縣故城，西入於旃然之水。』

［七］【郭注】（役）一作侵。【廣注】《水經注》引經役水作侵水，酈氏以侵水即古旃水也。【新校正】《水經注》云作侵，又云器難之水入於旃然之水，亦謂之旃然水。今《水經》云注侵水，疑侵水即索水，亦兼旃然、旃然之稱也。

又東南十里，曰太山［一］。有草焉，名曰梨［二］。其葉狀如荻［三］而赤華，可以已疽［四］。太水出于其陽［五］，而東南流注于没水［六］。承水出于其陰［七］，而東北流注于没［八］。

［一］【郭注】别有東小太山，今在朱虚縣，汶水所出。疑此非也。【汪存】此太山在鄭，非東岳太山。【箋疏】《（漢書·）地理志》云：『琅邪郡朱虚。東泰山，汶水所出。』以道里計之，非此明矣。【明案】吴任臣本改太作泰，誤矣。

［二］【箋疏】《（神農）本草·别録》云：『芥，一名梨，葉如大青。』即此。【箋疏】荻當爲萩，狄亦當爲秋，皆字形之訛也。《爾雅》云：『蕭，萩。』郭注云：『即蒿。』

［三］【郭注】荻亦蒿也，音狄。【汪存】荻，蕭也，非蘆荻。【新校正】此字《説文》所無，當爲萩。《説文》云：『蕭也。』《（史

記·）貨殖傳》河濟之間千畝萩，亦如此。

［四］【箋疏】《太平御覽》九百九十八卷引此經作可以爲萡，郭注云：『爲，治也。』與今本异。

［五］【廣注】《水經注》：『太水，出太山東平地，世謂之禮水也。』

［六］【郭注】世謂之禮水。【廣注】《水經注》引此作注於役水。【新校正】《水經注》云：『承水東北流，太水注之。水出太山東平地，世謂之禮水也。』【新校正】《水經注》云：『太水東北徑武陵城西。東流注於承水。』又案：郭傳云云，疑後人以《水經注》附入。

［七］【郭注】世謂之靖澗水。【廣注】《水經注》：『白溝水有二源，北水出密之梅山，而東徑靖城南，與南水合。北水即承水也。』【新校正】《水經注》云：『司馬彪《（後漢書·）郡國志》曰：中牟有清口水，白溝水注之。水有二源，北水出密之梅山東南，而東徑靖城南，與南水合；南水出太山，西北流，至靖城南左注北水，即承水也，世亦謂之靖澗水。』

［八］【新校正】《水經注》云：『承水東北入黄瓮澗，北徑中陽城西，東北流，爲白溝。又東北，徑伯禽城北，屈而南流，東注於清口水。』今案此經，太水、承水皆云注於役，與《水經注》不同者。案：《水經注》太水注承水，承水注清水，清水注渠水，渠水又東徑陽武縣故城南，與役水合也。今案：其城在河南中牟縣界也。

又東二十里，曰末山[一]。上多赤金。末水出焉[二]，北流注于没[三]。

［一］【新校正】山在今河南中牟縣。舊本作末，《水經注》引此云云，作沫，云：『沫山，沫水所出。』今是水出中牟城西南。

［二］【郭注】《水經》作沫。【廣注】《水經注》曰：『今是水出中牟城西南。』又永州亦有末水，見《（明）一統志》，非此。【新校正】《水經注》云：『役水東徑曹公壘南，與沫水合。東北流，徑中牟縣故城西。又東北，注於役水。役水又東北，徑中牟澤。』【箋疏】郭云《水經》作沫。郭注《水經》二卷，今亡無考。

［三］【明案】畢沅據《水經注》校没爲役，言此没水即《水經注》役水。

又東二十五里，曰役山[一]。上多白金，多鐵。役水出焉[二]，北注于河[三]。

[一]【新校正】沬山、役山當即今河南中牟縣北牟山也，見《水經注》。

[二]【廣注】《水經注》：『役水出苑陵縣西、隟侯亭東中平陂，世名之遲泉也。』【汪存】没、役异文，實一水也。【新校正】《水經注》云：『渠水東徑陽武縣故城南，東爲官渡水。渡在中牟。又東，役水注之。水出宛陵縣西、隟侯亭東中平陂，世名之遲泉也。』即古役水矣。

[三]【新校正】《水經注》云：『役水東北流，徑苑陵縣故城北，又東北，徑中牟澤。其水東北流，屈注渠。渠水又東南，而注大梁也。』經云北入河，今渠下流則南入淮矣。【箋疏】《水經注》云役水注渠水，此云注河，未詳。

又東三十五里，曰敏山[一]。上有木焉，其狀如荆，白華而赤實，名曰葪柏[二]，服者不寒[三]。其陽多㻬琈之玉。

[一]【新校正】此山在大騩山西三十五里，則是今河南鄭州梅山矣。《（後漢書·）郡國志》云：『密有大騩山，有梅山。』【箋疏】劉昭注（《（後漢書·）郡國志》）引《左傳·襄十八年》：『楚伐鄭，右迴梅山。』在縣西北。今案：山在河南鄭州梅山，蓋即敏山，梅、敏聲之轉也。此經敏山去大騩山三十里，是今梅山審矣。

[二]【郭注】（葪）音計。【新校正】此葪字之壞。《玉篇》云：『葪，俗薊字。』【箋疏】《初學記》二十八卷引《廣志》云：『柏有計柏。』計、薊聲同，疑是也。

[三]【郭注】令人耐寒。【廣注】《駢雅》曰：『沙棠不沈，思偏不腐，女貞不凋，葪柏耐寒。』《（山海經）圖贊》曰：『葪柏白華，厥子如丹。實肥變氣，食之忘寒。物隨所染，墨子所嘆。』

又東三十里，曰大騩之山[一]。其陰多鐵、美玉、青堊[二]。有草焉，其狀如蓍而毛，青華而白實，其名曰⿱艹狼[三]，服之不夭[四]，可以爲腹病[五]。

[一]【郭注】今滎陽密縣有大騩山。騩，固溝水所出，音歸。【廣注】即具茨山也，在新鄭縣西南四十里。《字彙》作具汷山。《抱朴子》云：『黄帝上具茨，見大騩君黄蓋童子，受神芝圖。』今其山有軒轅避暑洞。《水經》：『潩水出大騩山。』《荒史・循蜚紀》：『大騩氏出於河南密縣泰騩山。』《（通鑑紀事本末）前編》云：『新鄭有大騩之迹。』皆指此。【汪存】今河南密縣有大歸山，因溝水出焉，蓋以上數山實皆連於大騩山，而因溝（水），即役水也。【新校正】《説文》作大隗，山在今河南新鄭縣西南四十里。《莊子》云：『黄帝將見大騩於具茨之山。』陸德明《（莊子）音義》云：『司馬云：在滎陽密縣東，今名泰隗山。』《（漢書・）地理志》云：『密有大騩山。』《水經注》云：『大騩，即具茨山也。黄帝登具茨之山，升於洪堤上，受神芝圖於黄蓋童子，即是山也。』《元和郡縣志》云：『密縣大騩山，在縣東南五十里。』【箋疏】《（漢書・）地理志》云：『河南郡密有大騩山，潩水所出。』此注云騩，固溝水所出，疑溝即潩字之訛，固即山字之訛也。騩，《説文》作隗，《廣韵》同。《莊子・徐無鬼篇》云：『黄帝將見大隗乎具茨之山。』釋文引司馬彪云：『在滎陽密縣東，今名泰隗山。』《水經注》云：『大騩，即具茨山也。』《廣韵》云：『具俠山，在滎陽，出《山海經》。』即此。

[二]【箋疏】劉昭注《（後漢書・）郡國志》引此經作多美堊。

[三]【郭注】音狼戾。【新校正】當爲狼。《廣雅》云：『狼，毒也。』⿱艹狼字《説文》所無，見《玉篇》，云：『⿱艹狼，毒草。』【箋疏】《玉篇》云：『⿱艹狼，胡墾切，草名，似蓍，花青白。』《廣韵》同是，⿱艹狼當爲⿱艹很。狼當爲很，今本經注并訛。

[四]【郭注】言盡壽也，或作芺。【廣注】劉會孟曰：『柳州有不死草如茅，食之令人多壽。』即⿱艹狼類也。《（山海經）圖贊》曰：『大騩之山，爰有蘋草。青華白實，食之無夭。雖不增齡，可以窮老。』【箋疏】盡壽，蓋益獸字之訛也。芺即夭，古今字爾。【俞讀】服之不夭，是上藥也。而其名曰⿱艹狼，郭以狼戾音之，則非美名矣。《玉篇》曰：『⿱艹狼，毒草。』安得有延年益壽之功乎？此字當從或本作芺。芺，即笑字也。古笑字作𠯗，從口，芺聲，或即以芺爲之。古文以聲爲主也。《漢書》或作咲，或作关。咲者，𠯗之誤；关者，芺之誤。服之不芺者，謂人服此草易生恚怒，故不笑也。正與萱草、皋蘇厥性相反。

[五]【郭注】爲，治也。一作已。【汪存】今蓍實亦能益壽、治腹疾。

凡苦山之首，自休與之山至于大騩之山[一]，凡十有九山，千一百八十四里[二]。其十六神者，皆豕身而人面。其祠：毛牷[三]，用一羊羞[四]，嬰用一藻玉瘞[五]。苦山、少室、太室，皆冢也，其祠之太牢之具，嬰以吉玉。其神狀，皆人面而三首。其餘屬，皆豕身人面也[六]。

[一]【新校正】此經之山，自河南閿縣東至河南開封府也。

[二]【箋疏】今才一千有五十六里。

[三]【汪存】毛牷，牲也。

[四]【郭注】言以羊爲薦羞。【汪存】别用一羊爲薦羞也。

[五]【郭注】藻玉，玉有五彩者也。或曰：所以盛玉。藻，藉也。【汪存】此以繅承玉耳。【箋疏】藻玉，已見《西次二經》泰冒山，此藻疑當與璪同。《説文》云：『璪，玉飾如水藻之文也。』藻藉，見《（周禮·）周官·大行人》。

[六]【汪存】此條皆南陽、汝鄭間中岳之山脈也。

【新校正】右《中次七經》，古本爲第二十一篇。

《中次八經》荆山之首，曰景山[一]。其上多金、玉，其木多杼[二]、檀。睢水[三]出焉，東南流注于江[四]。其中多丹粟[五]，多文魚[六]。

[一]【郭注】今在南郡界中。【廣注】盛弘之《荆州記》：『景山在上洛縣西南三百里，一名雁浮山。雁南翔北歸，編經其上，土人由兹改名焉。』《（明）一統志》云：『在房縣西南二百里，又名馬塞山。』【汪存】今安陸景山。【新校正】山在今湖北房縣西南二百里，俗名馬塞山。【箋疏】《初學記》三十卷引《荆州圖記》曰：『沮縣西北半里，有雁浮山，是《山海經》

所得景山，沮水之所出也。高三十餘里，修巖遐亘，擢榦干霄，雁南翔北歸，遍經其上，士人由兹改名焉。』

[二]【郭注】杼，音椽柱之柱。【廣注】《爾雅》栩、杼疏云：『栩，一名杼也。』《詩·唐風》：『集於苞栩。』陸璣云：『今作櫟也，其子爲皁，或言皁斗。』【汪存】杼，音序。杼，小栗也。【新校正】《説文》作柔，云：『栩也，讀若杼。』作杼者，機杼。字今《爾雅》栩、杼及經俱作杼，非。【箋疏】杼，見《爾雅》及陸璣《詩疏》。

[三]【郭注】睢，音癰疽之疽。【新校正】《春秋傳》云：『江、漢、沮、漳。』字亦作沮。《水經》云：『沮水出漢中房陵縣。』注云：『沮水出東汶陽郡沮陽縣西北景山，即荆山首也，故《淮南子》云：「沮出荆山。」高誘注云：「荆山在左馮翊懷德縣。」斯謬證耳。杜預云：「水出新城郡之西南發阿山。」蓋山异名也。』

[四]【郭注】今睢水出新城魏昌縣東南，發阿山東南，至南郡枝江縣入江也。【廣注】睢水有二，一在陳留，一在夏邑，此非是。蓋即楚之沮水也，在襄陽府房縣。《（左）傳》曰：『江、漢、沮、漳』，是也。【汪存】睢水出阿山，東南至枝江縣入江。此非入淮之睢也。【新校正】李善注《文選》引此作沔江。《水經》云：『過枝江縣，東南入於江。』注云：『謂之沮口也。』今睢水東北流，至湖北穀城縣東入於沔，俗名之南河。【箋疏】《晋書·地理志》云：『新城郡昌魏。』郭作魏昌，訛也。

[五]【箋疏】李善注《南都賦》引此經郭注云：『細沙如粟。』今本無之，已見《南次二經》櫃山注。

[六]【郭注】有斑彩也。【汪存】文魚，今石斑魚。

東北百里，曰荆山[一]。其陰多鐵，其陽多赤金[二]。其中多犛牛[三]，多豹、虎。其木多松、柏，其草多竹，多橘、櫾[四]。漳水[五]出焉，而東南流注于睢。其中多黄金，多鮫魚[六]。其獸多閭、麋[七]。

[一]【郭注】今在新城沐鄉縣南。【廣注】荆山在荆門、南漳二縣，青谿之北，卞璞所出，三面絶險，惟西南一隅通人行，非雍州荆岐既旅之荆也。《（河圖）括地象》曰：『荆山爲地雌，上爲軒轅星。』【汪存】此荆、豫二州之界也，在今襄陽府南

漳縣北。【新校正】山在今湖北南漳縣西北。《（漢書·）地理志》云：「南郡臨沮。《（尚書·）禹貢》南條，荆山在東北。」《荆州記》云：「臨沮西北三十里有青谿。谿北即荆山。首曰景山，即弁（卞）和抱璞之處。」見劉昭注《（後漢書·）郡國志》。《水經注》云：「荆山在景山東百餘里新城沶鄉縣界。」《括地志》云：「荆山在襄州荆山縣西八十一里。」見《史記》正義。【箋疏】《晉書·地理志》云：「新城郡沶鄉。」《水經注》云：「荆山在景山東百餘里新城沶鄉縣界。」沶，郭注作沭，字形之訛也。

［二］【箋疏】劉昭注《（後漢書·）郡國志》引此經云：「其陽多鐵，其陰多赤金。」

［三］【郭注】㸲牛屬也，黑色，出西南徼外也，音狸，一音來。【廣注】犛牛，《廣志》謂之毛犀，顔師古《漢書》注作猫牛，《爾雅》謂之犘牛，經又謂之㸰牛，《昨夢録》謂之竹牛，《（神農）本草》謂之犨牛，《丹鉛録》曰毛犀，即象也。狀如犀而角小，善知吉凶，古人呼爲美猪，交廣稱之猪神。【汪存】犛，音貍，即㸲牛。【新校正】犛，㸲牛正字，而郭云㸲牛屬也，别音狸，不達甚矣。【箋疏】《説文》云：「犛，西南夷長髦牛也，從牛，𠩺聲。」是知犛古音貍也。貍、來古同聲。㸲牛，見《北次二經》潘侯之山。㸲、犛、犛實一字耳。郭意以犛牛非，即㸲牛，故云㸲牛屬也。《文選·西都賦》注及《後漢書·班固傳》注引此注并云：「犛，力之切。」與今本小異，其音則同。

［四］【郭注】橘，似橘而大也，皮厚味酸。【廣注】《列子》：「吴越之間有木焉，其名爲櫾。」《桂海（虞衡）志》云：「廣西臭柚，大如瓜。」《爾雅》謂之櫠，《廣志》謂之鐳柚，皆櫾名也。《（山海經）圖贊》曰：「厥苞橘櫾，奇者維甘。朱實金鮮，葉茜翠藍。靈均是咏，以爲美談。」【汪存】櫾，音又。櫾，似橘而大，皮厚味酢，其類不一。【新校正】《説文》橘柚字從由，此櫾字云：「昆侖河隅之長木也。」古或假借爲之，非本字矣。【箋疏】《説文》云：「橘果出江南。」劉逵注《蜀都賦》云：「大曰柚，小曰橘。犍爲南安縣出黄甘橘。」《（漢書·）地理志》云：「蜀郡嚴道巴郡朐忍、魚復二縣出橘，有橘官。」案：今《（漢書·）地理志》嚴道有木官，木蓋橘字之訛也。櫾，本字作柚。《説文》云：「柚，條也。」本《爾雅》。又云：「似橙而酢。」引《夏書》曰：「厥包橘柚。」又《吕氏春秋·本味篇》云：「江浦之橘，雲夢之柚。」

［五］【郭注】出荆山，至南郡當陽縣入沮水。【廣注】《（明）一統志》：「漳江在當陽縣北，源出臨沮縣南，至當陽與沮水合流，入大江。」王粲《（登樓）賦》：「夾清漳之通浦，倚曲沮之長洲。」指此水也。胡三省《釋文辨誤》曰：「荆山漳水，今在襄陽南漳縣界。《左傳》所謂「江、漢、沮、漳，楚之望者」是也，非上黨漳水。」【汪存】漳水出荆山，南流，至當陽縣入

沮水。【新校正】《（漢書·）地理志》云：『臨沮，漳水所出，東至房縣入陽水。陽水入沔，行六百里。』《水經》云：『漳水出臨沮縣東荆山，南至枝江縣北烏扶邑入於江。』注云：『《（漢書·）地理志》云云，非也，今漳水於當陽縣之東南百餘里而右會沮水也。』今二水會於湖北保康縣西。【箋疏】《文選·江賦》及《登樓賦》注引此經并作注於睢，云：『睢與沮同。』

［六］【郭注】鮫，鮒魚類也，皮有珠文而堅，尾長三四尺，末有毒，螫人，皮可飾刀劍，口錯治材角，今臨海郡亦有之，音交。【廣注】鮫皮有沙，古曰鮫，今曰沙，其實一也。或曰本名鮫，訛爲鮫。其類數種，有鹿沙、虎沙之别。《述异記》云：『魚虎老變爲鮫魚。』虎沙者，魚虎所化也。《南越志》曰：『環雷魚，長丈許，一腹容二子，子朝從口中出，暮還入腹，鱗皮有珠，可飾刀劍，一名鯌魚。』此即鮫魚也。又石决明亦名鮫，與此同名异物。楊孚《交州异物贊》：『鮫之爲魚，其子既育。驚必歸母，還入其腹。小則如之，大則不復。』楊慎《异魚贊》曰：『天淵魚虎，老化爲鮫。其皮朱文，可飾弓刀。』《（山海經）圖贊》曰：『魚之别屬，厥號曰鮫。珠皮毒尾，匪鱗匪毛。可以錯角，兼飾劍刀。』【汪存】鮫魚似鯊，今馬鮫也。【箋疏】鮫魚即今沙魚，郭注鮒字訛。李善注《南都賦》引此注云：『鮫，鯌屬。』是也。又云：『皮有斑文而堅。』斑，疑珠字之訛。《初學記》三十卷引劉欣期《交州記》曰：『鮫魚出合浦，長三尺，背上有甲，珠文堅强，可以飾刀口，又可以鑢物。』與郭注合。三尺，疑當爲三丈，字之訛。又引此經荆山，訛作燕山。郭注尾有毒，訛作尾青毒。張揖注《子虛賦》云：『蛟狀，魚身而蛇尾，皮有珠也。』蛟即鮫字，古通用。

［七］【郭注】似鹿而大也。【箋疏】閭，注已見《北次二經》縣雍之山。麋，注已見《西次二經》西皇之山。此注又云似鹿而大，疑經文麋當爲麈字之訛。下文閭麈叠見，郭皆無注，益知此爲麈字之注無疑也。張揖注《上林賦》云：『麈似鹿而大。』《埤雅》亦云：『麈似鹿而大。』并與郭注合。《埤雅》又云：『其尾辟塵。』又引《名苑》曰：『鹿之大者曰麈，群鹿隨之，皆視麈所往。麈尾所轉爲準，古之談者揮焉，良爲是也。』李石《續博物志》云：『麈尾掃氈，氈不蠹。』《説文》云：『麈，麋屬。』《周書·世俘篇》云：『武王狩禽麈十有六。』《（周書·）王會篇》云：『稷慎大麈。』孔晁注云：『麈似鹿。』《廣韵》亦云：『麈，鹿屬。』引《華陽國志》曰：『郪縣宜君山出麈尾。』

又東北百五十里，曰驕山[一]。其上多玉，其下多青雘[二]。其木多松、柏，多桃枝、鉤端，神蟲圍處之[三]。其狀如人面[四]，羊角虎爪，恒游于睢、漳之淵[五]，出入有光。

[一]【新校正】李善注《文選》云：『景山之西曰驕山。』案：經云在東北，疑李善注誤。

[二]【箋疏】《南都賦》注引此經郭注云：『䳇，黝屬，音瓠。』今本無之，已見《南山經》青丘之山注。

[三]【郭注】蟲，音鼉魚之鼉。【汪存】蓋其神常見於此也。

[四]【箋疏】《廣韵》蟲字注本此，文無面字。

[五]【郭注】淵，水之府奥也。

又東北百二十里，曰女几之山[一]。其上多玉，其下多黄金。其獸多豹、虎，多閭、麋、麖、麂[二]。其鳥多白鷮[三]，多翟，多鴆[四]。

[一]【廣注】《枕中書》曰：『左仙公，治蓋竹山，又在女几山，常駕乘虎騎。』疑即此山也。今宜陽亦有女几山，《前凉録》：『張軌與皇甫謐初隱宜陽女几山。』劉會孟云：『神女上昇遺几處也。』又《元和郡縣志》：『女几山在福昌縣西南。』非此。【新校正】山在今河南宜陽縣西。《水經注》亦作女机山，云：『七谷水出女机山，東南流，注於伊水。』又云：『亳谷水出女机山，東流入於伊水。』《隋書·地理志》云：『宜陽有女机山。』《元和郡縣志》云：『福昌縣女机山，在縣西南三十四里。』【箋疏】《玉篇》作女屼山。

[二]【郭注】麂，似獐而大，猥毛豹脚，音几。【廣注】《爾雅》：『麂，大麢，旄尾狗足。』《字説》曰：『山中有虎，麂必鳴以告，其聲几几然，故名。』【汪存】麂，似獐而大，四目，亦麋屬。【箋疏】麂、麐同。《爾雅》云：『麐，大麢，旄毛狗足。』郭注云：『旄毛猥長。』疑此注猥當爲猥，豹當爲狗，皆字形之訛也。

[三]【郭注】鷮似雉而長尾，走且鳴，音驕。【廣注】鷮，鷮鷄也。《説文》云：『長尾雉。乘轝以鷮尾爲防釳，著馬頭上。』《詩·小雅》：『有集維鷮。』陸璣《（詩）疏》云：『鷮，微小於鸐，肉甚美。語曰：四足之美有麃，兩足之美有鷮。』【箋

疏】鶬雉，見《爾雅》。郭注云：『即鶬鷄也。』餘同此注。

[四]【郭注】鴆大如雕，紫綠色，長頸赤喙，食蝮蛇頭，雄名運日，雌名陰諧也。【廣注】《爾雅翼》曰：『鴆似鷹而大，食蛇及橡實，知木石有蛇，即爲禹步以禁之。須臾，木倒石崩而蛇出也。』《（山海經）圖贊》曰：『蝮維毒魁，鴆鳥是噉。拂翼鳴林，草瘁木慘。羽行隱戮，厥罰難犯。』其雄者運日，運日鳴則晴；雌者陰諧，陰諧鳴則雨。《楊維楨集》云：『鴆出蘄州黄梅山，狀類訓狐，聲如擊鼓，今交廣人謂之同力鳥。』【汪存】鴆，音朕，大毒之鳥也。【箋疏】《説文》云：『鴆，毒鳥也，一名運日。』《廣雅》云：『鴆鳥，其雄謂之運日，其雌謂之陰諧。』是郭所本也。郭云大如雕，《廣韵》引《廣志》云：『大如鴞。』疑誤也。又云：『紫緑色，有毒，頸長七八寸，以其毛歷，飲食則殺人。』餘與郭同也。劉逵注《吴都賦》云：『鴆鳥，一名雲白，黑色，長頸赤喙，食蝮蛇，體有毒，古人謂之鴆毒，江東諸大山中皆有之。』案：雲白，蓋雲日之訛。《淮南（子・）繆稱訓》云：『暉目知晏，陰諧知雨。』目亦日字之訛，雲、暉并聲近假借字也。

又東北二百里，曰宜諸之山[一]。其上多金、玉，其下多青雘。洈水[二]出焉，而南流注于漳[三]。其中多白玉。

[一]【汪存】宜諸，疑即今宜都山。【新校正】山當在今湖北青陽縣境。《（漢書・）地理志》云：『高成洈山，洈水所出。』疑即洈山。【箋疏】即洈山，因水得名。

[二]【郭注】（洈）音詭。【汪存】洈水出荆州洈山，至華容入江。

[三]【郭注】今洈水出南郡東洈山，至華容縣入江也。【廣注】《水經》：『漳水又南，洈水注之。』【新校正】《説文》云：『洈水出南郡高成，東入繇。』《（漢書・）地理志》文同。又云：『繇水南至華容入江，過郡二，行五百里。』《水經注》云：『漳水又南，逕當陽縣。又南，洈水注之。』引此經云云。【箋疏】據諸書所説，洈山即宜諸山之异名矣。

又東北三百五十里，曰綸山[一]，其木多梓、枏，多桃枝，多柤[二]、栗、橘、櫾[三]。其獸多閭、麈[四]、麢、㚟[五]。

[一]【郭注】(綸)音倫。

[二]【郭注】柤似梨而酢濇。【廣注】柤，榠樝也。《詩》謂之木李，《通志略》謂之蠻樝，《埤雅》謂之木梨。李時珍曰：「榠樝乃木瓜之大者，柤栗乃木瓜之小者。」三物與木瓜一類。【箋疏】(郭)注與《爾雅》注同。《説文》云：「樝果似樝而酢。」鄭注《(禮記·)内則》云：「樝，梨之不臧者。」

[三]【廣注】《本草綱目》：「橘、柚、柑三者相類而不同。橘實小，其瓣味微酢；柑大於橘，其瓣味甘，皮稍厚；柚大皆如橙，瓣味酢，皮最厚。」而黄韓氏《橘譜》云：「柑橘南出閩廣，西出荆州，斯山與荆山、銅山所産，皆荆州種也。」

[四]【廣注】《名苑》云：「鹿大者曰麈，小鹿隨之，視其尾爲準。其尾能辟塵，拂氈則不蠹。」《急就篇》注云：「似鹿，尾大而一角。談説者飾其尾，執之以爲儀。」《逸周書》：「武王狩禽麈十有六。」《華陽國志》云：「郪縣宜舂山出麈尾。」《恩平郡譜》曰：「麈謂之荒，鹿謂之擢。」【汪存】麈，音主。麈似鹿而大，牛尾。

[五]【郭注】㚟似菟而鹿脚，青色，音敕略反。【廣注】《六書正譌》㚟作㲋，注云：「青色，似兔而大，頭足似鹿。」《説文》曰：「㚟獸，青色而大，頭與兔同，足與鹿同。」【汪存】㚟，音綽。【新校正】㚟字當爲㲋，見《説文》。俗加犬，非。

又東北二百里，曰陸郾[一]之山。其上多㻬琈之玉，其下多堊[二]。其木多杻、橿。

[一]【郭注】音如跪對之跪。【箋疏】《玉篇》引此經云：「綸山東陸郾山。」李善注《南都賦》引此注云：「郾，音跪。」

[二]【箋疏】李善注《南都賦》引此注云：「堊似土，白色也。」今本無之，已見《西次二經》大次之山。

又東百三十里，曰光山[一]。其上多碧，其下多木[二]，神計蒙處之，其狀人身而龍首，恒游于漳淵，出入必有飄風暴雨[三]。

[一]【汪存】今河南光州光山縣。【箋疏】今汝寧有光山，春秋時爲弦國，未審此是非。

[二]【箋疏】木，疑水字之訛。

[三]【廣注】盧柟《泰字賦》云：『虔山鼓而折計蒙。』蓋此神也。《（山海經）圖贊》云：『涉𧉈三脚，𧉈圍虎爪。計蒙之神，獨禀异表。升降風雨，茫茫渺渺。』【汪存】今六安、光州之間奉有金龍神，宜似此。但自光山而游，神見於漳淵，似爲已遠。

又東百五十里，曰岐山[一]。其陽多赤金，其陰多白珉[二]。其上多金、玉，其下多青雘，其木多樗，神涉𧉈[三]處之。其狀人身而方面、三足。

[一]【汪存】非雍、冀之岐山。

[二]【郭注】石似玉者，音旻。【釋義】赤金，金也；白珉，玉也。【廣注】《玉書》云：『石似玉者，珷、玞、琨、珉、瑻、瓔也。』【箋疏】《説文》云：『珉，石之美者。』通作瑉。《（禮記・）聘義》云：『君子貴玉賤瑉。』鄭注云：『石似玉，又作玟。』《（禮記・）玉藻》云：『士佩瓀玟。』經典諸書無言珉色者，此言白珉，明珉多白者也。下文琴鼓之山、岷山、鬲山，皆多白珉。

[三]【郭注】（音）徒河切。一作䗥，笑游切。【廣注】《宛委餘編》作涉鼉。𧉈，古鼉字。《（玉芝堂）談薈》云：『駽山神，名駽圍。岐山神，名涉𧉈。』【箋疏】（郭注）䗥字音義，并所未詳。

又東百三十里，曰銅山[一]。其上多金、銀、鐵[二]。其木多穀、柞、柤、栗、橘、櫾。其獸多犳[三]。

［一］【汪存】銅山非一處，不敢妄指。

［二］【汪存】名銅山而却不出銅，亦奇。【箋疏】銅山蓋以所産三物得名。

［三］【汪存】蓋山狗也。【箋疏】犳，本或作豹，非犳，音灼，豹文獸也，見《西次二經》底陽之山。【明案】犳字，畢沅本校作豹。

又東北一百里，曰美山。其獸多兕、牛，多閭、麈，多豕、鹿。其上多金，其下多青雘。

又東北百里，曰大堯之山［一］。其木多松、柏，多梓、桑，多机［二］。其草多竹，其獸多豹、虎、麢、㚟。

［一］【箋疏】《水經》有堯山，溠水所出。劉昭注《（後漢書·）郡國志》魯陽魯山引《南都賦》注有堯山，封劉累，立堯祠，疑非此。

［二］【箋疏】机，已見《北山經》首單狐山，注云：『木似榆，出蜀中。』即此。

又東北三百里，曰靈山［一］。其上多金、玉，其下多青雘。其木多桃、李、梅［二］、杏。

［一］【箋疏】今汝寧府信陽州有靈山，非此。

［二］【郭注】梅似杏而酢也。【廣注】陸璣云：『梅，杏類也。華葉皆略似杏，其外有鴛鴦梅，一蔕雙實。又有椈梅，乃椈樹而梅實者。』《西京雜記》云：『蓬萊杏花，五色六出，是仙人所食。』【箋疏】郭注《爾雅》梅枏云：『似杏，實酢。』非也，說見《南山經》注。此梅蓋《爾雅》時英梅，《説文》作某，云：『酸果。』是也，見陸璣《詩疏》。

又東北七十里，曰龍山，上多寓木[一]。其上多碧，其下多赤錫[二]。其草多桃枝、鉤端。

[一]【郭注】寄生也，一名宛童，見《爾雅》。【廣注】陸璣《（毛詩）草木疏》：『葉似當盧，子如覆盆，一名蔦。』《小雅》云『蔦與女蘿』，是也。《（漢書·）東方朔傳》云：『在樹爲寄生，在地爲寠數。』【汪存】寄生於他木上。【箋疏】郭注《爾雅》云：『寄生樹，一名蔦。』《廣雅·釋草》云：『寄屑，寄生也。』《釋木》云：『宛童，寄生樢也。』樢與蔦同，蓋此物雖生於木，其質則草，故《廣雅》列於《釋草》、《釋木》。而寄生樹，今亦謂之寄生草也。

[二]【廣注】赤錫，疑即鉛丹、砂錫之屬。

又東南五十里，曰衡山[一]。上多寓木、穀、柞，多黄堊、白堊。

[一]【釋義】此衡山當另爲一山，非中岳。【汪存】此當是潁州之霍山，一名天柱山，漢嘗祀以爲南岳。若湖南衡州之衡山南岳，則不在中山之南列矣。然天柱山去光山已不遠，此乃相懸千里，此書道里之遠近多難據也。

又東南七十里，曰石山。其上多金，其下多青雘，多寓木。

又南百二十里，曰若山[一]。其上多㻬琈之玉，多赭[二]，多邽石[三]，多寓木，多柘。

[一]【郭注】若，一作前。【箋疏】《（漢書·）地理志》云：『南郡若（縣），楚昭王畏吴，自郢徙此。』疑縣因山爲名。

[二]【郭注】赤土。【箋疏】李善注《南都賦》引此經云：『若之山，其上多赭。』之字衍。又引郭注云：『赭，赤土也。』與今本同。

［三］【郭注】未詳。【新校正】疑即封石也，正字當爲玤。《説文》云：『玤，石之次玉者，以爲系璧。』經亦多爲封。玤、封形相近。【箋疏】邽，疑封字之訛也。封石，見《中次十經》虎尾之山。

又東南一百二十里，曰堯山。多美石，多柘。

又東南一百五十里，曰玉山。其上多金、玉，其下多碧、鐵。其木多柏［一］。

［一］【郭注】一作楢。【箋疏】《藝文類聚》七卷引王韶之《始興記》云：『郡東有玉山，草木滋茂，泉石澄潤。』當即斯山也，俟考。

又東南七十里，曰讙山。其木多檀，多邽石，多白錫［一］。郁水出于其上，潛于其下。其中多砥、礪。

［一］【郭注】今白鑞也。【廣注】《（神農）本草》：『錫謂之賀。』《爾雅》：『錫謂之鈏。』【箋疏】《（周禮·）夏官·職方（氏）》云：『揚州，其利金錫。』鄭注云：『錫，鑞也。』《爾雅·釋器》云：『錫謂之鈏。』郭注云：『白鑞也。』案：經内亦有赤錫，見上文龍山、下文嬰侯山、服山。

又東北百五十里，曰仁舉之山。其木多穀、柞。其陽多赤金，其陰多赭。

又東五十里，曰師每之山。其陽多砥、礪，其陰多青雘。其木多柏，多檀，多柘。其草多竹。

又東南二百里，曰琴鼓之山。其木多榖、柞、椒[一]、柘。其上多白珉，其下多洗石。其獸多豕[二]、鹿，多白犀[三]。其鳥多鴆。

[一]【郭注】椒爲樹，小而叢生，下有草木則蓊死。【箋疏】椵，大椒，見《爾雅》。李善注顔延之《陶徵士誄》引此經。

[二]【廣注】野豕形似猪而大，牙出口外如象牙，能與虎鬥。

[三]【廣注】犀有山犀、水犀、兕犀三種，白者絶少。此與辟寒、觸忿、辟塵、辟暑諸犀，皆异種也。【汪存】今湖廣多白水牛，然未見白犀。【箋疏】兹山有白犀，西域有白象，皆异種也。

凡荆山之首，自景山至琴鼓之山[一]，凡二十三山，二千八百九十里[二]。其神狀，皆鳥身而人面。其祠：用一雄鷄祈瘞[三]，用一藻圭，糈用稌。驕山，冢也。其祠：用羞酒、少牢。祈瘞，嬰毛一璧[四]。

[一]【新校正】此經之山，自湖北襄陽府至河南府，其後十餘山多不詳也。

[二]【汪存】此楚之北境，淮南漢北以東，行衡、霍、盧、皖之間之山也，而自衡山以東，多不可考。【箋疏】今三千有一十里。

[三]【郭注】禱請已埋之也。【汪存】既祈，而埋其鷄。【箋疏】祈，當爲幾。

[四]【汪存】常祠用羞酒、少牢。其有祈禱，則瘞埋以毛牲，而又用嬰璧也。

【新校正】右《中次八經》，古本爲第二十二篇。

《中次九經》岷山之首，曰女几之山[一]。其上多石涅，其木多杻、橿，其草多菊、苿[二]。洛水出焉[三]，東注于江[四]，其中多雄黄[五]。其獸多虎、豹[六]。

[一]【汪存】曰岷山之首，則女几亦岷山也，以此稱首耳。晁氏曰：『山近江源，皆曰岷山。連峰接岫，重疊險阻，不分遠近。』然則下之岷、崍、崌、高、蛇、鬲皆岷山耳。【新校正】山在今四川雙流縣。《淮南子·天文訓》云：『日回於女紀，是謂大遷。』《隋書·地理志》云：『蜀都雙流有女伎山。』紀、伎、几三音同也。

[二]【廣注】菊，苦蒠也，莖如馬蘭花。苿，山薊也，有赤白二種。【汪存】白苿，蒼苿。【新校正】菊，是大菊瞿麥。郭注《爾雅》云：『一名麥句薑也。』

[三]【新校正】《（漢書·）地理志》云：『廣漢雒音山，雒水所出，南至新谷入湔。』《水經》云：『江水又東，過江陽縣。南洛水從三危山東過廣魏洛陽縣南，東南注之。』注云：『洛水出洛縣漳山，亦言出梓潼縣柏山。《山海經》：「三危在燉煌南，與崏山相接，山南帶黑水。」又《山海經》不言洛水所導，經曰：「出三危山」，所未詳。』案：《水經注》此説泥敦煌之三危，又不考《山海經》女几之有洛水耳。《水經》所言三危，是四川省别有三危。洛水所經，非敦煌之山也，故鄭注《尚書》亦云與岷山相連也。洛水，今出四川什邡縣西北章山，亦曰雒通山，東南流徑縣南，俗名鴨子河。又案：左思《蜀都賦》云『浸以綿、洛』，謂此洛水。劉淵林注云：『雒水在上雒桐柏山。』蓋謬甚矣。經凡有三洛水，一出白於山，今自甘肅安化至陝西同州入河之洛，雍州浸也；一出讙舉山，今自陝西商州至河南入河之洛，豫州浸也；一即此洛，在四川入江，李冰之所導也。

[四]【汪存】江不一源，此自西來注者。

[五]【郭注】雄黄亦出水中。【廣注】蘇頌曰：『階州出水窟，雄黄生於山岩中有水流處。』

[六]【廣注】豹有金錢、艾葉、金綫文之异。又本經有玄豹，《詩經》有赤豹，《爾雅》有白豹，種類不同。沈括《（夢溪）筆談》云：『秦人謂豹爲程，東國謂之失刺孫。』

又東北三百里，曰岷山[一]。江水出焉，東北流注于海[二]。其中多良龜[三]，多鼉[四]。其上多金、玉，其下多白珉。其木多梅、棠[五]。其獸多犀、象，多夔牛[六]。其鳥多翰、鷩[七]。

[一]【郭注】岷山，今在汶山郡廣陽縣西，大江所出。【釋義】《夏書》『岷山導江』，即此。【廣注】岷山，即瀆山也，亦謂之汶阜山。緯書曰：『岷山之精，上爲井絡，帝以會昌，神以建福。』劉會孟云：『岷山，今四川茂州，即隴山之南。』《四川總志》曰：『岷山在茂州之列鵝村，一名鴻蒙，爲隴山之南首，又名沃焦山，江水所出也。』《水利志》云：『蜀諸江咸出岷江，江源在羊膊嶺，分爲二派。一西南流，爲大渡河；一正南流，謂之南江。』《益州記》曰：『大江泉源，始發羊膊嶺下，緣崖散漫，小大百數，殆未濫觴。』《（山海經）圖贊》曰：『岷山之精，上絡東井。始出一勺，終致淼溟。作紀南夏，天清地静。』又《全蜀藝文志》云：『蜀山在左皆名岷，在右皆名嶓，不獨茂州之汶山爲岷，金牛之嶓冢爲嶓也。』【汪存】岷山，自岷州衛以南，及松潘江源鎮以西南，及威、茂東，及龍安之境，盤迴約七百里皆是，而以青城爲第一峰云。岷，一作汶。【新校正】山在今四川茂州東南。《説文》、《（漢書·）地理志》俱作𡺖。《正字》云：『山在蜀湔西徼外。』《水經注》云：『岷山，即瀆山也，又謂之汶阜山，在徼外。』【箋疏】汶即岷，古字通。岷山在今四川茂州東南，即漢之徼外地也。汶山郡，漢武帝所開，宣帝省并蜀郡，見《後漢書·西南夷傳》。郭注廣陽，《史記·封禪書》索隱引此注亦作廣陽，蓋晉時縣也。漢汶江縣，晉改爲廣陽縣，屬汶山郡，見《晉書·地理志》。

[二]【郭注】至廣陽縣入海。【汪存】江聚衆源，至江源鎮而始大，乃稱大江。其始出，實東南流，至嘉定始折而東，至瀘州始折而東北，至重慶合州始折而東，經湖廣、洞庭，又稍迤東北，合漢水，然後東流至江南通州入海。此言東北流注於海，舉其大略也。【箋疏】《海内東經》注云：『至廣陵郡入海。』此注廣陽縣，當爲廣陵郡或廣陵縣，字訛也，并見《晉書·地理志》。劉昭注《（後漢書·）郡國志》引此經注，上無流字，海下有中字。

[三]【郭注】良善。【廣注】《（尚書·）禹貢》：『九江納錫大龜。』

[四]【郭注】（鼉）似蜥蜴，大者長二丈，有鱗彩，皮可以冒鼓。【廣注】《博物志》名土龍，《本草》謂之鮀魚。蘇頌曰：『形似守宮，鯪鯉其聲。夜鳴應更，號曰鼉更。』《埤雅》云：『鼉，身十二生肖肉，惟蛇肉在尾，最毒。』【汪存】（鼉）四足，

能横飛不能直騰，能作霧不能爲雨。善崩岸，健啖魚，善睡，夜鳴應更漏，皮可冒鼓。【箋疏】《説文》云：『鼉，水蟲，似蜥易長大。』陸璣《詩疏》云：『鼉，似蜥蜴長丈餘，其甲如鎧，皮堅厚，可冒鼓。』是郭所本也。鼉亦作䵶，《周書・王會篇》云：『會稽以䵶。』又或作鱓，《夏小正》云：『二月剥鱓。』《傳》云：『以爲鼓也。』是鱓即鼉矣。李善注《西京賦》引此注有『徒多切』三字，蓋今本脱去之。

［五］【廣注】《爾雅》：『杜，赤棠，白者棠。』蓋棠梨也，亦名楟。《丹鉛録》云『尹伯奇采楟花以濟飢』，此也。【汪存】或云梅當作海。海棠亦木瓜、棠梨之類也。【箋疏】棠有赤白二種，具見《爾雅》。又劉逵注《蜀都賦》云：『風連出岷山。岷山獨多藥草，其椒尤好异於天下。』而此經曾不言焉。

［六］【郭注】今蜀山中有大牛，重數千斤，名爲夔牛。晋太興元年，此牛出上庸郡，人弩射殺，得三十八擔肉，即《爾雅》所謂魏。【釋義】象，大獸也。夔，大牛也。【廣注】《本草綱目》云：『即犩牛也。』《韵會》引經作犪牛。《（山海經）圖贊》曰：『西南巨牛，出自江岷。體若垂雲，肉盈千鈞。雖有逸力，難以揮輪。』【新校正】今本《爾雅》注引此經文作犪，非傳云即《爾雅》所謂魏。今本《爾雅》亦加牛，非。【箋疏】（郭）注射殺下當脱之字。今本《爾雅》作犩，注引此經作犪，并加牛，非。

［七］【郭注】白翰、赤鷩。【廣注】翰雉，白鵫也，今謂之白鷴。鷩雉，華蟲也，今謂之錦鷄。【箋疏】翰、鷩，并見《爾雅》。

又東北一百四十里，曰崍山［一］。江水出焉［二］，東流注大江［三］。其陽多黄金，其陰多麋、麈。其木多檀、柘，其草多薤［四］、韭，多葯［五］、空奪［六］。

［一］【新校正】山在今雅州滎經縣西。《（漢書・）地理志》云：『嚴道邛來山，邛水所出。』《華陽國志》云：『雅州邛郲山，本名邛笮山。』《水經注》云：『崍山，邛來山也，在漢嘉嚴道縣，一曰新道南山。』《元和郡縣志》云：『滎經縣邛來山，在縣西五十里。』

［二］【郭注】邛來山，今在漢嘉嚴道縣，南江水所自出也。山有九折坂，出貊貊，似熊而黑白駮，亦食銅鐵也。【廣注】《華陽

國志》：『峽山，邛峽山也，一曰新道山。南有九折坂，夏則凝冰，冬則毒寒，王陽按轡處也。』《水經注》：『峽山，中江所出。』劉會孟云：『峽山，崌山，今屬四川眉州彭山縣。』《（太平）寰宇記》云：『崌峽山，在彭山縣東北十二里，導江從山南合流。』王鑒《禹貢》注釋云：『今滎經縣四十里即邛峽山。』地非是。《（山海經）圖贊》曰：『邛峽峻險，其坂九折。王陽逡巡，王尊逞節。殷有三仁，漢稱三哲。』又案：狛即貘，亦作膜，獸之食銅鐵者。狛之外復有一角之豻、南方之嚙鐵、葉火羅之大獸、昆吾之狡兔，皆狛類也。【新校正】（郭）傳云南江水所出也，李善注《文選》引作中江，非。《海內東經》云：『南江出高山。高山在成都西，入海在長洲南。』《（漢書·）地理志》云：『邛來山，邛水所出，東入青衣。』《水經注》云：『邛水東至蜀郡臨邛縣，東入青衣水。』案：郭云邛來山，南江水所自出，是郭以邛水爲南江水。邛水即今滎經縣北至雅州合青衣水者也。【箋疏】《漢（書·）地理志》云：『蜀郡嚴道邛來山，邛水所出，東入青衣。』《（後漢書·）郡國志》蜀郡嚴道有邛僰九折阪。劉昭注引《華陽國志》云：『邛峽山，今名邛笮。』《水經注》云：『峽山，邛峽山也，在漢嘉嚴道縣，一曰新道南山，有九折阪，夏則凝冰，冬則毒寒。平恒言是中江所出矣。』案：酈氏言峽山中江所出，郭云南江所出者，蓋據《海內東經》南江出高山之文也。是峽山一名高山，南江一名邛水，皆山水之异名者也。峽，俗字也，當作來。山在今雅州滎經縣西。狛，即貘。白豹，見《爾雅》及注。又即猛豹，見《西山經》首南山注。

[三]【汪存】邛州邛峽山，江水所經流，然在岷山之南，不在岷山東北也。此殆猶在岷州東境之山，岷江之別源也。【新校正】《水經》云：『青衣水至犍爲南安縣入於江。』案：今邛水自合青衣水東南流，又與若水會，至犍爲縣北入於大江者也。

[四]【汪存】䪥似韭，而葉闊如大蒜。李時珍以薤當之，誤也。【明案】《玉篇》云：『䪥，韮菜也。俗作薤。』

[五]【郭注】即虈。【箋疏】郭云葯即虈，非也。《西次四經》號山草多葯虈，郭既分釋於下，此注又謂一草，誤也。《玉篇》云：『葯，白芷葉，即虈也。』又承郭注而誤。【明案】葯，《唐韵》云：『許嬌切，音枵。』

[六]【郭注】即蛇被（皮）脱也。【汪存】空奪，即寇脱也，舊以爲蛇蜕，非。【箋疏】郭知空奪即蛇皮脱者，《玉篇》、《廣韵》并云：『⿰虫空，蟬脱⿰虫空皮。』蓋空字後人加蟲作⿰虫空也。《説文》云：『蜕，蛇、蟬所解皮。』《廣韵》云：『蜕，又他卧切。』與奪聲近。奪，古字作敓，疑空奪本作空蜕，訛蜕爲敓，又改敓爲奪耳。

又東一百五十里，曰崌山[一]。江水出焉[二]，東流注于大江。其中多怪蛇[三]，多鰲魚[四]。其木多楢[五]、杻，多梅、梓。其獸多夔牛、麢、㚖、犀、兕。有鳥焉，狀如鴞[六]而赤身白首，其名曰竊脂[七]，可以禦火。

[一]【郭注】（崌）音居。【汪存】《海內東經》云：『大江出汶山，北江出曼山，南江出高山，高山在成都西。』而舊注以此爲北江，山名彼此互异，未知崌山即曼山否也？【新校正】崌字《說文》所無，見郭璞賦及《玉篇》。案其道里，疑即四川名山縣西蒙山也。

[二]【郭注】北江。【廣注】《水經注》：『崌山，北江所出。』（郭）景純《江賦》云：『流二江於崌崍。』【新校正】《海內東經》云：『北江出曼山。』今四川名山縣西有蒙山，曼、蒙音相近，疑是也。沫水，經此或即郭所云北江與？《水經》云：『沫水出廣柔徼外，東南過旄牛縣北。又東，至越嶲靈道縣，出蒙山南，東北與青衣水合。又東，入於江。』是也。【箋疏】畢說當是也。《（後漢書・）郡國志》云：『蜀郡漢嘉有蒙山。』劉昭注引《華陽國志》云：『有沫水從西來，出岷江。又從岷山西來入江，合郡下青衣江，入大江。』又《水經》亦云：『沫水與青衣水合，東入於江。』案其道里，沫水當即中江矣。李善注《江賦》引此經郭注云：『崌山，北江所出。』

[三]【郭注】今永昌郡有鉤蛇，長數丈，尾歧，在水中鉤取岸上人、牛、馬啖之，又呼馬絆蛇，謂此類也。【廣注】張文仲云：『鉤蛇尾如鉤，能鉤人獸入水食之。又南方有呴蛇，人若傷之不死，終身伺其主。』【汪存】永昌遠在蜀西南，未知即此怪蛇否也？【箋疏】《水經・若水》注云：『山有鉤蛇，長七八丈，尾末有岐。蛇在山澗水中，以尾鉤岸上人牛食之。』李善注《江賦》引此注作『鉤取斷岸人及牛馬啖之』，其餘則同。又李石《續博物》志云先提山有鉤蛇云云，與《水經注》所說同。

[四]【郭注】（鰲）音贅，未聞。【新校正】此字《說文》所無，見《玉篇》。【箋疏】鰲，見《玉篇》，云：『魚名。』

[五]【郭注】楢，剛木也，中車材，音秋。【箋疏】《說文》云：『楢，柔木也，工官以爲耎輪，讀若糗。』郭以楢爲剛木而云『楢，音秋』，未詳。

[六]【箋疏】《太平御覽》四十四卷及八百七十卷引此經鴞作鶚。

[七]【郭注】今呼小青雀。此觜肉食者爲竊脂，疑此非也。【廣注】竊脂有三種，九扈中竊玄、竊黄、竊脂。竊訓淺，言淺白色也。《（詩·）小雅》：『交交桑扈。』乃今青雀，好竊脂肉者。若此之赤身白首，自與二種迥别，不得以名之偶同混爲一也。【汪存】桑扈名竊脂，此殆名偶同耳。【新校正】此即是也。【箋疏】與《爾雅》竊脂同名异物。

又東三百里，曰高梁之山[一]。其上多堊，其下多砥、礪。其木多桃枝、鉤端。有草焉，狀如葵而赤華，莢實白柎，可以走馬[二]。

[一]【汪存】漢中、保寧之間有梁州山，或此高梁山也。【新校正】山在今四川劍州北。《太平寰宇記》云：『劍門縣大劍山，亦曰梁山。《山海經》高梁之山，西接岷、嶓，東引荆、衡。』

[二]【汪存】草狀如葵，蓋亦杜衡之類。【箋疏】柎，當爲拊。《西山經》首天帝之山，有草焉，其狀如葵，臭如蘼蕪，名曰杜衡，可以走馬，亦此之類。

又東四百里，曰蛇山。其上多黄金，其下多堊。其木多相[一]，多豫、樟。其草多嘉榮、少辛。有獸焉，其狀如狐而白尾長耳，名㹠狼[二]，見則國内有兵[三]。

[一]【明案】相，明清諸本多作枸。畢沅以爲枸即[illegible]字省文。

[二]【郭注】（㹠）音巴。【汪存】㹠，音巳。【新校正】音巳，舊本訛作音巴。㹠字《説文》所無，見《玉篇》，云：『時爾切。』義同此。【箋疏】郭蓋音巳，字訛作巴也。《玉篇》云：『㹠，時爾切。』云：『獸如狐，白尾。』

[三]【郭注】一作國有内亂。【廣注】《駢雅》曰：『㹠狼、獙獙，狐屬也。』《（山海經）圖贊》云：『㹠狼之出，兵不外擊。雍和作恐，猆乃流疫。同惡殊災，氣各有適。』【新校正】兵與狼爲韵，作亂者非。

又東五百里，曰鬲山。其陽多金，其陰多白珉。蒲鸏[一]之水出焉，而東流注于江，其中多白玉。其獸多犀、象、熊、羆，多猨、蜼[二]。

[一]【郭注】音甍。【新校正】《説文》、《玉篇》俱無此字。【明案】鸏，《字彙》云：「呼昆切，音甍，水名。」

[二]【郭注】蜼似獼猴，鼻露上向，尾四五尺，頭有歧，蒼黄色，雨則自縣樹，以尾塞鼻孔，或以兩指塞之。【廣注】獼猴有數種，總名禺屬。小而尾短者猴也，似猴而多髯者豦也，小於猴文彩蔚然者果下豹也，以猴而大者玃也，大而尾長赤目者禺也，小而尾長仰鼻者狖也。狖即蜼也，南人名仙猴。似狖而大者果然也，似狖而小者蒙頌也，似狖而善躍越者獑䶂也，似猴而長臂者猨也，似猨而狗首以猨爲雌者猵狚也。猵狚一名獦牂，似猿而金尾者狨也，似猨而大能食猨者獨也，食猴者㹜也。《（山海經）圖贊》曰：「禺屬之才，莫過於蜼。雨則自縣，塞鼻以尾。厥形雖隨，列象宗彝。」【箋疏】蜼，見《爾雅》，郭注同此。《廣雅》云：「狖，蜼也。」高誘注《淮南（子·）覽冥訓》云：「狖，猨屬也。長尾而昂鼻。狖，讀中山人相遺物之遺。」郭注《西次四經》亦云：「蜼，獼猴屬也，音贈遺之遺。」是則蜼即狖矣，音義同。

又東北三百里，曰隅陽之山。其上多金、玉，其下多青雘。其木多梓、桑，其草多茈。徐之水出焉，東流注于江。其中多丹粟。

又東二百五十里，曰岐山[一]。其上多白金，其下多鐵。其木多梅[二]、梓，多杻、楢。減水出焉[三]，東南流注于江。

[一]【郭注】今在扶風美陽縣西。【釋義】岐山，今二秦鳳翔府有岐山縣。【汪存】此非扶風之歧山，大抵亦蜀漢間山耳。【新校正】郭説非也。山當在四川，俗失其名。【箋疏】《（漢書·）地理志》云：「右扶風美陽。」《（尚書·）禹貢》岐山，在

西北。《（後漢書・）郡國志》云：『美陽有岐山。』劉昭注引此經，《晋（書・地理）志》右扶風爲扶風郡也。

[二]【郭注】梅或作敔。

[三]【新校正】疑即黚水也，《説文》又作黔。減、黚、黔音皆相近。《（漢書・）地理志》云：『犍爲符（縣）。黚水南至鱉入江。』《水經注》云：『闞駰謂之闞水。』【箋疏】劉昭注《（後漢書・）郡國志》引此經作城水。城疑城字之訛，或古本減有作城者也。

又東三百里，曰勾檷[一]之山。其上多玉，其下多黄金。其木多櫟[二]、柘，其草多芍藥。

[一]【郭注】（勾）音絡椐之椐。【箋疏】絡椐之椐不成語，疑椐當爲柅字之訛也。《説文》云：『檷，絡絲。檷，讀若柅。』又云：『柅，或作柅，籆柄也。』《方言》云：『籆，榬也。』郭注云：『所以絡絲也。』《玉篇》亦云：『檷，絡絲，柎也。』本《説文》。然則籆柄即絡絲之柅，故郭音絡柅，本《説文》、《方言》也。今訛爲絡椐，遂不復可讀。又《玉篇》云：『檷拘，山名。』疑檷拘即句檷，誤倒其文爾。

[二]【廣注】嚴粲《詩緝》曰：『櫟，柞櫟也，橡斗也。』又栩亦謂之柞櫟，故陸璣云：『秦人謂柞櫟爲櫟，河内人謂木蓼爲櫟。』木蓼即橡斗。

又東一百五十里，曰風雨之山。其上多白金，其下多石涅。其木多椒、椫[一]，多楊。宣余之水出焉，東流注于江，其中多蛇[二]。其獸多閭、麋，多麈、豹、虎，其鳥多白鷮。

[一]【郭注】椒木，未詳也。椫木，白理中櫛。騶、善二音。【廣注】《説文》：『椒木，薪也。』《博雅》：『校椒，柴也。』又初九切。椫，白木之有文理者。』《（禮記・）禮器》椫杓、《（禮記・）玉藻》櫛用椫櫛，亦音展。【注存】椒木，未詳。椫木，白理而膩，宜爲櫛。【箋疏】《説文》云：『椫，木也，可以爲櫛。』《（禮記・）玉藻》云：『櫛用椫櫛。』鄭注云：『椫，白

理木也。』

［二］【箋疏】水蛇也，一名公蠣蛇。

又東北二百里，曰玉山。其陽多銅，其陰多赤金［一］。其木多豫、樟、楢、杻。其獸多豕、鹿、麢、㚖。其鳥多鴆。

［一］【廣注】郭以赤金爲銅，則一物何以叠見即此？足證前注之謬。【箋疏】銅與赤金并見，非一物明矣。郭氏誤注，見《南山經》杻陽之山。

又東一百五十里，曰熊山。有穴焉，熊之穴恒出神人，夏啓而冬閉［一］。是穴也，冬啓乃必有兵［二］。其上多白玉，其下多白金。其木多樗、柳，其草多寇脱。

［一］【廣注】《（楚辭·）天問》云：『焉有虯龍，負熊以游？』周拱辰注：『虯龍與熊絶不相類，而相負以游，蓋神熊也。《山海經》熊穴恒出神人，即此也。』又熊穴一謂之熊館。《説文》云：『熊似豕，山居，冬蟄。』《（山海經）圖贊》：『熊山有穴，神人是出。與彼石鼓，象殊應一。祥雖先見，厥事非吉。』

［二］【郭注】今鄴西北有鼓山，下有石鼓，象懸著山旁，鳴則有軍事，與此穴殊象而同應。【箋疏】劉逵注《魏都賦》引《冀州圖》：『鄴西北鼓山，山上有石鼓之形，俗言時時自鳴。』劉劭《趙都賦》曰：『神鉦發聲，俗云石鼓，鳴則天下有兵革之事。』是郭所本也。《水經·渭水》注云：『朱圉山在梧中，聚有石鼓，不擊自鳴，鳴則兵起。』亦此類。

又東一百四十里，曰騩山。其陽多美玉、赤金，其陰多鐵。其木多桃枝、荆、芑［一］。

〔一〕【廣注】荊，牡荊也，或謂之楚。芭疑芑字之訛，卷中多以荊芑連文。【汪存】未詳。【新校正】此即葩字省文。戴凱之《竹譜》有笆竹，注云：『筍味，落人鬢髮。』《玉篇》云：『笆竹，有刺。』《廣韵》云：『笆，竹名，出蜀。』古字少，此蓋借葩省字爲之。【箋疏】芭，蓋芑字之訛，芑又杞之假借字也。《南次二經》云：『虖勺之山，其下多荊杞。』《中次十一經》云：『歷石之山，其木多荊芑。』并以荊芑連文，此誤審矣。

又東二百里，曰葛山。其上多赤金，其下多瑊石〔一〕。其木多柤、栗、橘、櫾〔二〕、楢、杻〔三〕。其獸多麢、㚟。其草多嘉榮〔四〕。

〔一〕【郭注】瑊石，勁石，似玉也，音緘。【新校正】瑊，當爲玪。《説文》云：『玪塾，石之次玉者。』《玉篇》云：『玪，同瑊。』《史記·子虛賦》有瑊功，亦作瑊咸，今音相似之訛也。【箋疏】《子虛賦》云：『瑊功玄厲。』張揖注云：『瑊功，石之次玉者。』《説文》作玪塾，云：『玪塾，石之次玉者。』《玉篇》云：『玪，同瑊。』郭云勁石，疑勁當爲功字之訛。瑊石，石字衍。

〔二〕【新校正】（櫾）當爲柚。

〔三〕【箋疏】《太平御覽》九百六十四卷引此經云：『葛山，其上多桐。』今本無桐字，疑有脱誤。

〔四〕【廣注】《駢雅》曰：『嘉榮之草不霆。』

又東一百七十里，曰賈超之山。其陽多黄堊，其陰多美赭。其木多柤、栗、橘、櫾。其中多龍脩〔一〕。

［一］【郭注】龍須也，似莞而細，生山石穴中，莖倒垂，可以爲席。【廣注】鄭緝之《東陽記》：『仙姥巖下，盡出龍須。』即此草也。《廣志》云：『龍脩，一名西王母簪。』《述异記》：『周穆王東海島中養八駿處，有草名龍芻。』龍芻亦龍脩也。古語云：『一束龍芻，化爲龍駒。』謂此耳。【新校正】脩、須音相近。【箋疏】龍修、龍須聲轉耳。《廣雅》云：『龍木，龍修也。』《述异記》云：『周穆王東海島中養八駿處有草，名龍芻。』龍芻亦龍須也，須、芻聲相近。

凡岷山之首，自女几山至于賈超之山［一］，凡十六山，三千五百里［二］。其神狀，皆馬身而龍首［三］。其祠：毛用一雄雞瘞，糈用稌。文山［四］、勾檷、風雨、䳥之山，是皆冢也。其祠之：羞酒［五］、少牢具，嬰毛一吉玉。熊山，席也［六］。其祠：羞席、太牢具，嬰毛一璧，干儛，用兵以禳［七］，祈璆冕舞［八］。

［一］【新校正】此經之山，自四川成都府東至忠州也。

［二］【汪存】此條大抵自岷、嶓之間，東行蜀北、漢南東西川間，達於上、庸、襄、鄖，而東接荆山也。【箋疏】今三千六百五十里。

［三］【廣注】范槲《蜀都賦》：『馬首之神何其烈。』江鎏注云：『《山海經》：江有神，生汶州，馬首龍身。禹導江，神實佐之。』與本文小异。

［四］【廣注】文山，即岷山。《史記》：『汶、岷通。』【箋疏】此上無文山，蓋即岷山也。《史記》又作汶山，并古字通用。《穆天子傳》云：『天子三日游於文山，於是取采石。』郭注云：『以有采石，故號文山。』案：經云岷山多白珉，《（穆天子）傳》言『取采石』，蓋謂此，然則文山即岷山審矣。

［五］【郭注】先進酒以酬神。

［六］【郭注】席者，神之所憑止也。【箋疏】席，當爲帝，字形之訛也。上下經文并以帝冢爲對，此訛作席，郭氏意爲之説，蓋失之。【俞讀】據下經堵山冢也、䳥山帝也，疑此文席字，亦帝字之誤。冢也神也，則冢尊於神；冢也帝也，則帝又

尊於冢，蓋冢不過君之通稱，而帝則天帝也。

［七］【郭注】禳，祓除之，祭名。儛者持盾，武儛也。【汪存】以熊山恒出神人，且冬啓則必有兵，故隆其禮而干儛，用兵以禳之。【新校正】（儛）當爲舞。【箋疏】《（周禮·）地官·舞師》云：『掌教兵舞，帥而舞山川之祭祀。』鄭注云：『兵舞，執干戚以舞。』

［八］【郭注】所求福祥也，祭用玉，儛者冕服也。美玉曰璆，巳求反。【箋疏】《爾雅·釋器》云：『璆琳，玉也。』郭注云：『美玉名。』

【新校正】右《中次九經》，古本爲第二十三篇。

《中次十經》之首，曰首陽之山［一］。其上多金、玉，無草木。

［一］【釋義】此所謂首陽，夷齊之所游與？當另爲一首陽與？【廣注】劉會孟曰：『首陽山有二：一屬山西蒲州，一屬河南偃師。』【汪存】此非雷首之首陽。【箋疏】《（漢書·）地理志》云：『隴西郡首陽（縣）。《（尚書·）禹貢》鳥鼠同穴山，在西南。』蓋縣因山爲名也。此云首陽，下文又稱首山。《史記·封禪書》説天下名山八，首山其一。又云黄帝采首山銅，鑄鼎於荆山下，蓋皆不謂此山也。晋灼據《（漢書·）地理志》，首山屬河東蒲坂，彼《中次五經》首山也，非此。

又西五十里，曰虎尾之山。其木多椒、椐，多封石［一］。其陽多赤金，其陰多鐵。

［一］【廣注】《（神農本草·）别録》曰：『封石，味甘無毒，主消渴，生常山及少室。』【箋疏】下文遊戲之山、嬰侯之山、豐山、服山、聲匈之山，并多此石。

又西南五十里，曰繁績［一］之山。其木多楢、杻，其草多枝勾［二］。

［一］【郭注】音潰。【汪存】續、繪同。

［二］【郭注】今山中有此草。【汪存】枝勾，蓋桃枝、鈎端也。【箋疏】《説文》：『穬，多小意而止也，一曰木也。椒，穬椒也，一曰木名。』然則枝勾，即穬椒之省文，蓋草木通名耳。

又西南二十里，曰勇石之山。無木草，多白金，多水。

又西二十里，曰復州之山。其木多檀，其陽多黄金。有鳥焉，其狀如鴞［一］，而一足彘尾，其名曰跂踵［二］，見則其國大疫［三］。

［一］【箋疏】《太平御覽》七百四十七卷引此經作鷄。

［二］【郭注】（跂）音企。【箋疏】跂踵，《（太平）御覽》引作企踵。《海外北經》有跂踵國，郭注云：『其人行，脚跟不著地也。』疑是鳥亦以此得名。

［三］【郭注】《銘》曰：『跂踵爲鳥，一足似夔。不爲樂興，反以來悲。』【廣注】《玄覽》曰：『一足之鳥有橐𩇯焉，有跂踵焉，有畢方焉，有商羊焉。』《駢雅》曰：『㩳鈎、跂踵，兆疫鳥也。』《（山海經）圖贊》云：『青耕御疫，跂踵降災。物之相反，各以氣來。見則民咨，實爲病媒。』【新校正】此（《銘》）亦與今所傳《（山海經）圖贊》文不同。

又西三十里，曰楮山［一］。多寓木，多椒、椐，多柘，多堊。

［一］【郭注】一作渚州之山。

又西二十里，曰又原之山。其陽多青雘，其陰多鐵。其鳥多鸜鵒[一]。

[一]【郭注】鴝鵒也。《（春秋）傳》曰：『鴝鵒來巢。』音臞。【釋義】《春秋》有『鸜鵒來巢』，蓋淮南有之。【廣注】《考工記》：『鴝鵒不逾濟，地氣使然也。一名哵哵鳥，一名寒皋。』《讀書考定》云：『干皐，鴝鵒也。』又云：『鵁鶄睛交，鴝鵒足交。』師曠《禽經》曰：『鸜鵒摩背而瘖，鴝鵒剔舌而語。』【汪存】鸜鵒，八哥也。色黑而翅有白毛，頭有毛幘，大如百舌，好群飛。人家畜之，翦治其舌，能效人言。【箋疏】《説文》云：『鵒，鴝鵒也。』古者鴝鵒不逾泲，鵒或作鵅，《説文》義本《考工記》。【明案】經文鸜鵒，明清諸本多作鸜鵒。

又西五十里，曰涿山[一]。其木多穀、柞、杻，其陽多㻬琈之玉。

[一]【新校正】疑即蜀山。涿、蜀古字通。《太平寰宇記》云：『南陽縣蜀山，在縣西三十里。』【箋疏】郭注《海内經》引《世本》云：『顓頊母，蜀山氏之子，名昌僕。』《大戴禮·帝繫篇》作昌意娶於蜀山氏之子，謂之昌濮。濁、蜀古字通；涿、濁聲又同。《史記》索隱云：『涿鹿或作蜀鹿。』是此經涿山即蜀山矣。史稱昌意降居若水，索隱云：『若水在蜀。』然則昌意居蜀而娶蜀山氏之女，蓋蜀山國因山爲名也，即此經涿山矣。

又西七十里，曰丙山。其木多梓、檀，多弞杻[一]。

[一]【郭注】弞，義所未詳。【廣注】弞，音哂。【箋疏】《方言》云：『弞，長也。東齊曰弞。』郭注云：『弞，古矧字。』然則弞杻，長杻也。杻爲木多曲少直，見陸璣《詩疏》。此杻獨長，故著之俟考。

凡首陽山之首，自首山至于丙山[一]，凡九山，二百六十七里[二]。其神狀，皆龍身而人面[三]。其祠之：毛用一雄鷄瘞，糈[四]用五種之糈[五]。堵山[六]，冢也。其祠之：少牢具，羞酒祠，嬰毛一璧瘞。騩山，帝也[七]。其祠：羞酒、太牢其[八]。合巫祝二人儛，嬰一璧[九]。

[一]【新校正】此經之山，經傳不著也。【箋疏】首山即首陽山。

[二]【汪存】此條未詳所在。【箋疏】今三百一十里。

[三]【廣注】《汲冢瑣語》曰：『晋平公至於澮，見人乘白驂八駟以來，狸身而狐尾，問師曠。師曠曰：其名首陽之神。飲酒霍太山而歸，見之甚善。』所言形狀，與此不同。【箋疏】《汲冢瑣語》，《水經·澮水》注引作《古文瑣語》。

[四]【新校正】當爲稰。

[五]【汪存】黍、稷、稻、粱、麥也。【新校正】此字是當從米，與上稰字别。《説文》云：『稰，糧也。』

[六]【廣注】即楮山。【箋疏】堵山，即楮山。又楮山注云：『一作渚州之山。』渚、陼古通用。陼、堵同音當古切，故古字俱得通與。

[七]【汪存】此條九山中無騩山，惟前《（中次）九經》中有騩山，《（中次）七經》中有大騩山。然岷山條中已言騩山，冢也，祠用太牢矣，豈此條乃至陽山，西行而會苦山條終大騩山以止，故及之與？亦或有錯簡歟？

[八]【箋疏】其，當爲具字之訛。

[九]【廣注】此亦祠騩山者，明有統也。祭以大牢者，詘於所同而伸於所獨也。

【新校正】右《中次十經》，古本爲第二十四篇。

《中次一十一山經》荆山之首，曰翼望之山[一]。湍水出焉[二]，東流注于濟[三]，貺水出焉[四]，東南流注于漢[五]，其中多蛟[六]。其上多松、柏，其下多漆、梓。其陽多赤金，其陰多珉。

[一]【汪存】此亦荆山之别支，折而東南行者。【新校正】山在今河南内鄉縣。《水經注》云：『湍水出弘農界翼望山。』《元和郡縣志》云：『臨湍縣翼望山，在縣西北二十里。』案：臨湍，治在今淅川西北，則山當在内鄉也。内鄉與盧氏接界，故《水經注》云在弘農界。

[二]【郭注】（湍）鹿摶反。【廣注】《水經》：『湍水出酈縣北芬山。』注云：『湍水出弘農翼望山，水甚清徹，東南流徑南酈縣故城東。』《（明）一統志》云：『今湍水在鄧州城北三里，源出熊耳山鎗竿嶺。』【新校正】今水出内鄉縣西北。俗云出熊耳山，非也。【箋疏】水名之湍，《集韵》朱遄切，音專，郭音鹿摶反，似誤。然《文選·南都賦》注引此經郭注亦作湍，鹿摶切，又非誤也，未知其審。《（漢書·）地理志》云：『弘農郡析（縣）。黄水出黄谷，鞠水出析谷，俱東至酈入湍水。』《水經》云：『湍水出酈縣北芬山。』注云：『湍水出弘農界翼望山。』

[三]【郭注】今湍水徑南陽穰縣而入清水。【汪存】湍水在南陽。此濟水又名清水，入淮者，非王屋之沇水也。【新校正】舊本訛作濟，李善注《文選》引此作淯，今從之。（郭）傳云入清水，亦非也。《水經》云：『湍水南過冠軍縣，又東過白牛邑南，又東南至新野縣，東入於淯。』今水在河南新野縣西入淯。《説文》云：『入沔者，蓋合淯而入沔。』【箋疏】經文濟、注文清，并當爲淯字之訛也。《文選·南都賦》注引此經郭注云：『今湍水徑南陽穰縣而入淯也。』《水經》亦云：『湍水至新野縣東入於淯。』《（後漢書·）郡國志》云：『盧氏有熊耳山，淯水出。』《（漢書·）地理志》作育水也。又案：《晋書·地理志》南陽無穰縣，義陽郡有穰。義陽郡，太康中置，是郭注南陽當爲義陽，字之訛也。

[四]【郭注】（睨）音況。【新校正】未詳睨水何水也。詳入沔之水，但有洱水，豈即是與？【箋疏】《玉篇》云：『睨，虚放切，水名。』蓋即此。是睨當爲睨字之訛也，然其水今未聞。

[五]【汪存】此襄樊間之水。

[六]【郭注】似蛇而四脚，小頭細頸，頸有白癭，大者十數圍，卵如一二石瓮，能吞人。【廣注】龍類。無角曰螭龍，有角曰虬龍，有翼曰應龍，有鱗曰蛟龍。《（山海經）圖贊》曰：『匪蛇匪龍，鱗彩炳焕。騰躍波濤，蜿蜒江漢。漢武飲羽，佽飛叠斷。』【箋疏】《廣雅》云：『有鱗曰蛟龍。』《説文》云：『蛟，龍之屬也。池魚滿三千六百，蛟來爲之長。能率魚飛。置笱水中，即蛟去。』《史記·司馬相如傳》正義引此注，小頭細頸作小細頭，癭作嬰，十數圍作數十圍，一二石作一二斛。《太平御覽》九百三十卷引與《史記》正義同。小頭細頸句，與今本同。《藝文類聚》九十六卷引此注，癭亦作嬰，小頭

細頸下復有頸字，十數圍下有『卵生子』三字，一二石瓮作『三斛瓮』三字。

又東北一百五十里，曰朝歌之山[一]。潕水出焉[二]，東南流注于滎[三]，其中多人魚。其上多梓、枏。其獸多麢、麋。有草焉，名曰莽草[四]，可以毒魚。

[一]【釋義】朝歌，疑紂都，今河南輝縣皆其地也。夫以地名古也。【廣注】《淮南子》云：『墨子非樂，不飲朝歌。』鄒陽《獄中（上梁王）書》云：『邑號朝歌，墨子回車。』《論語撰考讖》曰：『邑名朝歌，顔淵不舍。』即此地也。《路史》云：『今衛之黎陽衛鎮西二十里，有朝歌城。』【汪存】此非河北紂都之朝歌。【新校正】山在今泌陽縣西北，俗稱十八盤山。《水經》云：『潕水出潕陰縣西北扶予山。』注云：『《山海經》曰朝歌之山。經書扶予者，其山之异名乎？』案：今河南泌陽，漢潕陰地。

[二]【郭注】潕水今在南陽舞陽縣，（潕）音武。【廣注】劉會孟云：『今之衛輝也。』《水經》：『潕水，出潕陰縣西北扶予山東，過其縣南。』不云朝歌者，豈山之异名耶？【新校正】《説文》云：『潕水出南陽潕陰，東北入潁。』《水經》云：『東過定潁縣北，東入於汝。』案：潕水在今河南泌陽縣北。』【箋疏】《（漢書·）地理志》云：『潁川郡舞陽。』應劭注云：『舞水出南。』蓋舞水即潕水矣。而《水經》云：『潕水出潕陰縣北扶予山，東過其縣南。』注引此經而釋之云：『經書扶予者，其山之异名乎？』明扶予即朝歌也。

[三]【汪存】今南陽舞陽南有潕水入汝，然去此疑遠。【新校正】《水經注》云：『滎水上承堵水，東流，左與西遼水合。又東，東遼水注之，俱導北山，而南流注於滎。滎水又東北，於潕陰縣北左會潕水。』案：當在泌陽縣界。《説文》云入潁、《水經》云入汝者，蓋潕水會潁下流，合汝而入潁也。

[四]【郭注】今用之殺魚。【廣注】《周禮》：『翦氏掌除蠹物，以莽草熏之。』鄭注：『莽草，藥物殺蟲者。』《玄覽》云：『莽草熏庶蟲，蜃炭攻貍蟲。』李氏謂即芒草也，一名芮草。山人以毒鼠，故又謂之鼠莽。《（神農本草·）别録》云：『一名葞，一名春草。』沈括《（夢溪）筆談補》曰：『世人用莽草，多是謬誤。』《（神農）本草》云：『若石南，而葉稀無花實。』亦誤

也。今莽草，蜀道、襄漢、浙江湖間山中有，枝葉稠密，團欒可愛，葉光厚而香烈，花紅色，大小如杏花，六出反卷向上，中心有新紅蕋倒垂下。漢間漁人競採以擣飯，餄魚皆翻上，乃撈取之。南人謂之石桂，唐人謂之紅桂。李德裕《詩序》：『龍門敬善寺有紅桂樹，故是蜀道莽草徒得佳名耳。』古用此毒魚有驗。《（神農）本草》木部所收，不審何緣謂之草。【汪存】即芒草也。【箋疏】《爾雅》云：『葞，春草。』郭注引《（神農）本草》云：『一名芒草。』是芒草即莽草。《中次二經》云：『葌山有芒草，可以毒魚也。』芒又通作莔，《水經·夷水》注云：『郫人以莔草投淵上流，魚則多死。』是也。

又東南二百里，曰帝囷[一]之山。其陽多㻬琈之玉，其陰多鐵。帝囷之水出于其上，潛于其下，多鳴蛇[二]。

[一]【郭注】（囷，音）去倫反。【廣注】盧柟《泰宇賦》：『頸帝囷而俘太逢』，指此山之神。【新校正】《廣韻》作箘。

[二]【汪存】此去陽城、伊闕之間未遠，故所產與伊洛多相似。【箋疏】鳴蛇，已見《中次二經》鮮山。

又東南五十里，曰視山。其上多韭。有井焉，名曰天井[一]，夏有水，冬竭[二]。其上多桑，多美堊、金、玉。

[一]【廣注】《爾雅》：『井一有水，一無水，爲瀱汋。』注云：『即天井類也。』邢昺疏曰：『非人爲之者，曰天井。』《荆州記》云：『江陵縣有天井臺，東臨天井。井周二里許。中有潛室，人時見之輒有兵疫。』魚豢《典略》曰：『浪井者，勿鑿而成。』皆斯類。又《孫子》：『地滔曰天井。』此兵法家言也，非此。

[二]【箋疏】《中次五經》云：『超山有井，冬有水而夏竭。』與此相反。

又東南二百里，曰前山[一]。其木多櫧[二]，多柏。其陽多金，其陰多赭。

[一]【箋疏】郭注《中次八經》若山云：『若，或作前。』

[二]【郭注】音諸，似柞，子可食，冬夏生，作屋柱難腐。或作儲。【廣注】櫧子有苦、甜二種。甜櫧子粒小，木文細白，俗名面櫧。苦櫧子粒大，木文粗赤，俗名血櫧。其色黑者名鐵櫧。【汪存】櫧木似柞而高大，色赤，木宜爲地栿，不腐。其子亦似柞子而形圓，有皁斗含之，可食，可濟飢。有苦櫧、甜櫧、栲櫧，數種相似。【新校正】此字《説文》所無，見司馬相如《（上林）賦》。《漢書音義》云：『櫧似樜，葉冬不落也。』【箋疏】《上林賦》云：『沙棠櫟櫧。』郭注云：『櫧似柃，葉冬不落。』《玉篇》亦云：『櫧，木名，冬不凋。』郭云或作儲者，聲近假借字。

又東南三百里，曰豐山[一]。有獸焉，其狀如蝯[二]，赤目、赤喙、黄身，名曰雍和[三]，見則國有大恐。神耕父處之[四]，帝[五]游清泠之淵[六]，出入有光，見則其國爲敗。有九鐘焉，是知霜鳴[七]。其上多金，其下多穀、柞、杻、橿。

[一]【廣注】《（大明一統）名勝志》：『紫川又東北五里，曰豐山。』《（明）一統志》云：『豐山在南陽東北三十里。』元好問詩：『豐山一何高，古屋蒼煙重。』謂此。【新校正】山在今河南南陽府治東北。《元和郡縣志》志：『向城縣豐山，在縣南三十二里。有九鐘，霜降則鳴。』

[二]【廣注】蝯即猿。《爾雅》：『猱蝯善援。』揚雄賦：『蝯狖擬而不敢下。』

[三]【廣注】《麟書》云：『天狗電落，不恐雍和。』本此。【箋疏】禺似蝯，而赤目長尾，即此類。

[四]【廣注】《駢雅》曰：『耕父、野仲、語忘、敬遺，皆鬼名也。』《麟書》云：『耕父凌波。』《歲華紀麗》云：『囚耕父，殲游光。』《文選》（李善）注曰：『耕父，旱鬼。』【箋疏】耕，《玉篇》作畊，云：『神名。』李善注《南都賦》引此經、劉昭注《（後漢書・）郡國志》引《南都賦》注云：『耕父，旱鬼也。』其注《（後漢書・）禮儀志》又引《東京賦》注云：『耕父，

旱鬼也。』今注并無之。

［五］【明案】經文帝字，明清諸本多作常。

［六］【郭注】清泠水，在西號郊縣山上。神來時，水赤有光耀。今有屋祠之。【廣注】張衡《東京賦》：『囚耕父於清泠，溺女魃于神潢。』《南都賦》：『耕父揚光於清泠之淵。』黄省曾《讀山海經詩》：『耕父爾何神，常游清泠淵。』馮氏《（鈍吟）雜録》曰：『耕父居清泠之淵，見則其國敗。』《事物紺珠》云：『南陽府東北豐山下有清泠泉，神耕父處之。神來則水赤。』《説苑》云：『白龍下清泠之淵。』《真誥》云：『務光入清泠之淵。』《淮南子》：『北人無擇非舜，自投清泠之淵。』夏竦賦：『湛清泠之素液。』即斯水。《（山海經）圖贊》曰：『清泠之水，在平山頂。耕父是游，流光灑景。黔首祀禜，以弭災𤜵。』【新校正】《吕氏春秋》云：『舜友北人無擇，投於蒼領之淵。』高誘曰：『蒼領，或作青令。』《莊子》作清泠。薛綜《東都賦》注云：『清泠水，在南陽西鶚山上。』案：蒼領、青令、清泠音皆同也。清泠水，在西鶚縣山上。神來時，水赤有光耀，今有屋祠也。陸德明《莊子音義》引此云：『在江南。一云在南陽西鶚山下。』舊本有脱字。鶚又誤作號郊二字，非。【箋疏】《莊子·讓王篇》云：『舜友北人無擇，自投清泠之淵。』《吕氏春秋·離俗覽》作『蒼領之淵』，高誘注云：『蒼領，或作青令。』《莊子》釋文引此經云：『在江南，一云在南陽郡西鄂山下。』所引蓋郭注之文也。薛綜注《東京賦》亦云：『清泠，水名，在南陽西鄂山上。』與《莊子》釋文同。今本郭注號郊，當即鄂字之誤衍。劉昭注《（後漢書·）郡國志》引此經郭注作『今有屋祠也』。

［七］【郭注】霜降則鐘鳴，故言知也。物有自然感應，而不可爲也。【釋義】霜降而鐘鳴，金氣應也。【廣注】《文苑英華》：『南陽有豐山，山有鐘，霜降則鳴。於是喬潭作《霜鐘賦》。』《五行記》云：『豐山有鐘，霜降則鳴；黄河有鐘，陰雨則鳴。』李邴《答徐陵書》：『繁霜應管，能響豐山之鐘。』王褒詩：『律改三秋節，氣應九鐘霜。』王勃《浄惠寺碑》：『九乳仙鐘，獨鳴霜雪。』楊炯《渾天賦》：『鐘何鳴兮動霜氣。』駱賓王《（上齊州張司馬）啓》云：『浮礎潤霜落鐘鳴。』（韓）昌黎子曰：『豐山有鐘，感而自鳴。』沈亞之《乞巧文》：『咽吟夢語之漣漣，感霜鐘之流越。』吴淑《霜賦》：『覆員嶠之寒蠶，振豐山之洪鐘。』黄省曾詩：『九鐘知霜鳴。』宋濂文：『霜鐘初動，巢鳥咸憂。』《盧柟集》：『豐山有九鐘焉，不知夫霜降氣凝，轟闐雷觸，天然自鳴於火荒之野，蓋自況也。』《（白氏）六帖》引經云：『豐山有鐘九耳，霜降則鳴。』與本文小异。《（山海經）圖贊》曰：『嶢崩涇竭，麟鬬日薄。九鐘將鳴，凌霜乃落。氣之相應，觸感而作。』【箋疏】《北堂書鈔》一百

八卷引此經及郭注，知并作和，疑今本字形之訛。【俞讀】霜降則鐘鳴，不得但言是知霜鳴，文不成義，郭説非也。鳴，乃鳿字之誤。鳿者，雗之或體，《廣韵》音户公切，與洪同音。此鳿字當讀爲降，古降字音亦如洪，《廣韵》洚亦音户公切。《孟子》曰：『洚水者，洪水也。』古洚、洪同聲，則降、洪古亦同聲。是知霜鳿者，是知霜降也。後人不知古音，又不識古字，改鳿爲鳴，以爲合於鐘鳴之義。祇見其陋矣。

又東北八百里[一]，曰兔牀之山。其陽多鐵，其木多藷䓁[二]。其草多鷄穀[三]，其本如鷄卵，其味酸甘，食者利於人。

[一]【汪存】此北字、百字皆疑有誤。

[二]【廣注】此木藷䓁也。【汪存】藷䓁非木也，此疑當是櫧芧。芧，小栗也。【箋疏】木藷䓁，未聞其狀。

[三]【箋疏】《廣雅》云：『鷄狗獳，哺公也。』説者謂即蒲公英。《唐本草》云：『蒲公草，一名耩耨草。』耩耨與狗獳聲相近，穀字古有構音，構、狗之聲又相近，疑此經鷄穀即《廣雅》鷄狗矣。下文夫夫山，又作鷄鼓，亦即鷄穀也。又《（神農）本草·别録》云：『黄精，一名鷄格。』格、穀聲轉，疑亦近是。

又東六十里，曰皮山。多堊，多赭。其木多松、柏。

又東六十里，曰瑶碧之山[一]。其木多梓、楠。其陰多青䨼，其陽多白金。有鳥焉，其狀如雉，恒食蜚，名曰鴆[二]。

[一]【箋疏】《藝文類聚》八十九卷引此經瑶作摇。

［二］【郭注】蜚，負盤也，音翡。此更一種鳥，非食蛇之鴆也。【廣注】蜚，一名蠦蜰。《（神農）本草》謂之蜚廉，《春秋經》云：『有蜚。』似此也，音費。漢中人食之，名爲石姜，或以爲即蜚厲蟲，非是。【箋疏】蜚，見《爾雅》，郭注云：『蜚，負盤，臭蟲。』

又東四十里，曰支離之山［一］。濟水出焉［二］，南流注于漢［三］。有鳥焉，其名曰嬰勺。其狀如鵲［四］，赤目、赤喙、白身。其尾若勺［五］，其鳴自呼。多㸲牛，多羬羊。

［一］【新校正】山在今河南嵩縣，疑即雙鷄嶺。《水經》云：『淯水出弘農盧氏縣攻離山。』注云：『酈縣故城在攻離山東南。』又：李善注《文選》引此作攻，非。

［二］【新校正】《説文》云：『淯水出弘農盧氏山，東南入沔。或曰出酈山西。』《（漢書·）地理志》云：『南陽酈，淯水出西北，南入漢。』《（後漢書·）郡國志》作清水，云：『熊耳山出。』案：其水出今河南嵩縣雙鷄嶺，俗名白河原，東南流至南陽府東也。【明案】經文濟水，畢沅本作淯水，故有此注。它本多作濟水。

［三］【郭注】今濟水出酈縣西北山中，南入漢。酈，離音字亦同。【汪存】此又一濟水，在南郡之間，南流入漢者。【新校正】《水經》云：『南過鄧縣，東入於沔。』《説文》文云入沔，沔即漢也。水在今湖北襄陽界入於漢。【箋疏】經文濟及注文濟，并淯字之訛也。《説文》云：『淯水出弘農盧氏山，東南入沔。或曰出酈山西。』酈、離聲同也。淯，《（漢書·）地理志》作育，云：『盧氏有育水，南至順陽入沔。』沔即漢也，故《（漢書·）地理志》南陽郡酈又云：『育水出西北，南入漢。』并《説文》所本也。《（後漢書·）郡國志》作清水，誤。《水經》云：『出弘農盧氏縣攻離山，又南過鄧縣，東南入於沔。』《文選·南都賦》注引此經作『攻離之山，淯水出焉』，可證今本之訛。酈縣、淯陽俱屬南陽國，見《晋書·地理志》。

［四］【廣注】鵲大如雅，長尾尖觜黑爪。《淮南子》云：『乾鵲知來。』《禽經》謂之喜鵲，《内典》謂之芻尼。

［五］【郭注】似酒勺酌。【廣注】《事物紺珠》云：『嬰勺如鵲，目喙赤，身白，尾若勺。』《駢雅》曰：『嬰勺，鵲屬也。』《（山海

經）圖贊》曰：『支離之山，有鳥似鵲。白身赤眼，厥尾如勺。維彼有斗，不可以酌。』【汪存】勺，音杓。【箋疏】鵲尾似勺，故後世作鵲尾勺，本此。

又東北五十里，曰祑簡之山[一]，其上多松、柏、机柏[二]。

[一]【郭注】（簡）音彫。【廣注】《五音集韵》作袜簡。【新校正】（經文）作祑，非。案：《廣韵》引此作族簡之山，是。簡，有郭音，不易其字。

[二]【郭注】柏葉似柳，皮黄不措，子似楝，著酒中，飲之辟惡氣，浣衣去垢，核堅正黑，可以間香纓，一名栝樓也。【廣注】柏有數種：松葉柏身者樅；柏葉松身者檜，亦謂之栝；葉扁而側生者，名曰側柏。【箋疏】机柏，《廣韵》引此經作机桓。《玉篇》云：『桓，木葉似柳，皮黄白色。』與郭義合，是此經及注并當作桓。今本作柏，字形之訛也。且柏已屢見，人所習知，不須更注。注所云云，又非是柏也。郭云皮黄不措，措當爲棤，與皵同見《玉篇》。陳藏器《本草拾遺》云：『無患子，一名桓。』引《博物志》云：『桓葉似櫸柳葉，核堅，正黑如瑿，可作香纓及浣垢。』案：所引正與郭注合，或即郭所本也。郭云間香纓，間字疑訛。又云一名栝樓，《本草拾遺》云：『一名噤婁也。』

又西北一百里，曰堇理之山。其上多松、柏，多美梓。其陰多丹雘，多金。其獸多豹、虎。有鳥焉，其狀如鵲，青身白喙，白目白尾，名曰青耕[一]，可以禦疫。其鳴自叫。

[一]【廣注】《事物紺珠》曰：『青耕如鵲，青身，喙、首、尾皆白。』《駢雅》曰：『青耕、肥遺，禦癘鳥也。』《讀書考定》云：『寓辟兵，青耕辟疫。』【汪存】青耕，即青鵲也。【明案】《集韵》釋鵲爲布穀鳥。

又東南三十里，曰依軲[一]之山。其上多杻、橿，多苴[二]。有獸焉，其狀如犬，虎爪有甲[三]，其名曰獜[四]，善駚坌[五]，食者不風[六]。

[一]【郭注】（軲）音枯。

[二]【郭注】未詳，音葅。【廣注】雎麻謂之苴。又粤西不死草亦名苴，未審孰是。【汪存】麻也。【新校正】疑樝字假音。【箋疏】經内皆云其木多苴，疑苴即柤之假借字也。柤之借爲苴，亦如杞之借爲芑矣。

[三]【汪存】甲，鱗也。

[四]【郭注】言體有鱗甲，（獜）音吝。

[五]【郭注】跳躍自撲也，鞅、奮兩音。【新校正】作坌非。駚坌字，《説文》、《玉篇》所無。駚，當爲駉；坌，當爲坌。《漢書》司馬相如《（哀二世）賦》云：『坌入會宫。』蘇林曰：『坌，音馬叱坌之坌。』是此義。【箋疏】據郭音，義當爲鞅掌、奮迅之意。

[六]【郭注】不畏天風。【廣注】《（山海經）圖贊》曰：『有獸虎爪，厥號曰獜。好自跳撲，鼓甲振奮。坌食其肉，不覺風迅。』【汪存】不風，不畏風。或云無風疾也。【箋疏】礫狗止風，見《爾雅·釋天》注及鄭司農《（周禮·春官·）大宗伯》注。此物蓋亦狗類也。又案：此物形狀，頗似鯪鯉。鯪、鄰聲近，後世亦用鯉療風痹。【俞讀】風，亦病名也。《（黄帝内經·）素問·風論篇》黄帝問曰：『風之傷人也，或爲寒熱，或爲熱中，或爲寒中，或爲癘風，或爲偏枯，或爲風也。其病各异，其名不同。』是風亦病名。《素問》以《風論》、《痺論》、《痿論》、《厥論》并列。然則此言食者不風，猶大苦之山有草曰牛傷，服者不厥也。厥，則《素問·厥論》之厥；則風即《素問·風論》之風矣。又如蔓聯之山，白鵺食之已風；鼓鐙之山，榮草食之已風。凡言風者，皆病名。已風者，有病而可已也。不風者，無病人食之不病也。

又東南三十五里，曰即谷之山。多美玉，多玄豹[一]，多閭、麈，多麢、㚟。其陽多珉，其陰多青護。

[一]【郭注】黑豹也。則今荆州山中出黑虎也。【箋疏】《周書·王會篇》云：『屠州玄豹。』《海内經》云：『幽都之山，多玄豹、玄虎。』郭注《爾雅》黑虎云：『晉永嘉四年，建平秭歸縣檻得之，狀如小虎而黑，毛深者爲斑。』此注云荆州黑虎，即是物也。晉建平秭歸縣屬荆州。注出，當爲之字之訛。

又東南四十里，曰鷄山。其上多美梓，多桑。其草多韭。

又東南五十里，曰高前之山[一]。其上有水焉，甚寒而清[二]，帝臺之漿也[三]，飲之者不心痛[四]。其上有金，其下有赭。

[一]【廣注】高前山，今在南陽府内鄉縣東南五十里，亦名天池山。【新校正】山在今河南内鄉縣。《吕氏春秋·本味篇》云：『伊尹曰：水之美者，高泉之山。其上有涌泉焉。』案：泉、前音同也。《太平寰宇記》云：『内鄉縣高前山，今名天池山。』引此云云。在冀望山東五十里。

[二]【郭注】或作潛。【箋疏】《北堂書鈔》一百四十四卷引此經亦作清。

[三]【郭注】今河東解縣南檀首山上，有水潛出，停不流，俗名爲盎漿，即此類也。【廣注】《（大明一統）名勝志》：『天池山有水甚寒，而冽比於帝臺之漿。』又《鹽池録》曰：『檀道山謂之百梯山。山東嶺出水，噴流如雪，澄渟爲池，呼曰天池，俗名止渴泉。故老傳有玉女得道於此，亦名玉女谿。』云即此處，疑非也。吴淑《事類賦》云：『天池之泉，帝臺之漿。』夏竦《河清賦》：『帝臺之漿映日。』盧柟《滄溟賦》：『飲帝臺之漿。』徐氏《奢修賦》云：『漱帝臺之鴦漿。』劉會孟云：『帝臺之漿，所謂神瀵也，亦泰山醴泉、虞淵、甜水之屬。』【汪存】此去河東絶遠，非也。此猶當在淮、汝之間。【箋疏】檀首，《釋名》作譚首，聲近假借字。檀首當爲檀道，字之訛也，《太平御覽》五十九卷引此注正作檀道山。《水經·涑水》注又引作鹽道山，盎漿作鴦漿也。有水潛出，停不流，《太平寰宇記》引作有水泉出，停而不流。

[四]【廣注】《（山海經）圖贊》曰：『帝臺之水，飲蠲心病。靈府是滌，和神養性。食可逍遥，濯髮浴泳。』

又東南三十里，曰遊戲之山。多杻、橿、穀，多玉，多封石。

又東南三十五里，曰從山。其上多松、柏，其下多竹。從水出于其上，潛于其下。其中多三足鼈，枝尾[一]，食之無蠱疫[二]。

[一]【郭注】三脚鼈，名能，見《爾雅》。【廣注】羅良願《爾雅翼》云：『能，鼈之三足者。』今陽羡縣君山有池出三足鼈，蓋自是一種。故魁下六星，兩兩而比者曰三能，取此象也。或以爲鯀化黄熊即此。又《説文》稱蜮似鼈三足，以氣射害人，豈亦能之類耶？束晳《發蒙記》曰：『鼈，三足熊。』《論衡》曰：『鼈三足爲能。』《韵通》云：『能乃來翻。』《左傳》：『黄能入寢。』今本熊誤也。《玄覽》云：『伊水有三足之鼀，從水有三足之鼈。』《兩京賦》云：『王鮪岫居，能鼈三趾。』（郭）景純《江賦》云：『有鼈三足，有龜六眸。』又《白澤圖》載：『一足鼈池精，名髮項。』更异也。【汪存】醫家言三足鼈食之殺人，而此云食之無蠱疫，豈此以歧尾爲不同邪？【箋疏】郭注《爾雅》亦引此經。李善注《江賦》引此經作岐尾。岐、枝古通用。

[二]【廣注】《庚巳編》：『太倉民得三足鼈，烹食畢，形化爲血水。』蘇頌云：『三足鼈，食之殺人。』經謂食之無蠱疫，而李時珍亦云：『近有誤食無恙者。』説都不同，兩記之。

又東南三十里，曰嬰硜[一]之山，其上多松、柏，其下多梓、櫄[二]。

[一]【郭注】（硜）音真。【箋疏】《玉篇》音與郭同。《東次二經》硜山，郭音一真反，蓋一、反二字衍。

［二］【汪存】檈，音椿。【箋疏】檈，即杶字，見《説文》。

又東南三十里，曰畢山[一]。帝苑之水出焉，東北流注于視[二]。其中多水玉，多蛟。其上多㻬琈之玉。

［一］【新校正】山疑即旱山，字相近，在河南泌陽。《水經注》有比水，出潕陰縣旱山，東北注於瀙。【箋疏】此帝苑之水，疑即（《水經注》）比水也。

［二］【汪存】視，當作瀙。今南陽、汝寧間有瀙水。【箋疏】視，當爲瀙，字形相近，見下文。

又東南二十里，曰樂馬之山。有獸焉，其狀如彙[一]，赤如丹火，其名曰㺊[二]，見則其國大疫。

［一］【廣注】彙，蝟鼠也。【新校正】字當爲彙。【箋疏】《説文》云：『彙或作蝟，蟲似豪猪者。』《爾雅》云：『彙，毛刺。』

［二］【郭注】音戾。【廣注】《十六國春秋》：『南燕太上四年，燕主超祀南郊，有獸類鼠而色赤，集於圜丘之側。』疑即此獸，但其大如馬，未審是非。【新校正】疑即戾字之訛。《説文》、《玉篇》無㺊字。

又東南二十五里，曰葴山[一]。視水出焉[二]，東南流注于汝水[三]。其中多人魚，多蛟，多頡[四]。

［一］【新校正】山在今河南泌陽縣東。《水經》云：『瀙水，出潕陰縣東上界山。』（注云：）『《山海經》（謂之視水也，）出葴山；許慎云：出中陽山，皆山之殊目也。』

［二］【郭注】或曰：視宜爲瀙。瀙水今在南陽也。【新校正】郭説是也。《（漢書·）地理志》云：『南陽舞陰中陰山，瀙水所

出。』《説文》云：『瀙水，出南陽舞陰中陽山。』《水經》云：『瀙水，出潕陰縣東上界山。』水在今泌陽界東北也。

〔三〕【新校正】《（漢書・）地理志》、《説文》云東至蔡入汝水，《水經》云東過上蔡縣南入汝，今下流入汝也。【箋疏】《水經》云：『瀙水東過上蔡縣南，東入汝。』與此經及《（漢書・）地理志》合，與《説文》則异。《説文》云入潁者，蓋合潁而入汝也。潁水徑汝陰縣，汝水枝津注之，見《水經注》。

〔四〕【郭注】如青狗。【汪存】頡，似青狗而龐。【新校正】此獺字之假音。前經作獺，非。【箋疏】《中次四經》云：『釐山㺊之水有獸，名獺。其狀如獳犬而有鱗，其毛如彘鬣。』《文選・江賦》注引獺作獺，然獺故無鱗，恐非也。此經之頡，郭云如青狗，則真似獺矣。而獺復不名頡，亦所未詳。

又東四十里，曰嬰山。其下多青雘，其上多金、玉。

又東三十里，曰虎首之山。多苴、椆〔一〕、椐。

〔一〕【郭注】椆，未詳也，音雕。【新校正】椆字，《説文》云：『木也。』【箋疏】《説文》云：『椆，木也，讀若丩。』《類篇》云：『椆，寒而不凋。』

又東二十里，曰嬰侯之山。其上多封石，其下多赤錫〔一〕。

〔一〕【箋疏】《中次八經》已云藋山多白錫，此又云多赤錫，明錫非一色也。

又東五十里，曰大孰之山〔一〕。殺水出焉，東北流注于視水〔二〕。其中多白堊。

〔一〕【新校正】案《水經注》，山亦當在今河南泌陽縣界。

〔二〕【新校正】《水經注》云：『瀙水出葴山，東與比水合，又東北。殺水出西南大熟之山，東北流於瀙。』

又東四十里，曰卑山。其上多桃、李、苴、梓，多纍〔一〕。

〔一〕【郭注】今虎豆、狸豆之屬。纍，一名縢，音誄。【廣注】《（神農）本草》謂之黎豆。【汪存】纍，亦作虆，千歲藤也，可以爲扶老，一曰葛屬。一曰虎豆、貍沙之屬。【箋疏】《爾雅》云：『欇，虎纍。』郭注云：『今虎豆，纏蔓林樹而生，莢有毛刺。』《古今注》云：『虎豆，似貍豆而大也。』郭云纍一名縢者，《廣雅》云：『藟，藤也。』

又東三十里，曰倚帝之山〔一〕。其上多玉，其下多金。有獸焉，其狀如鼣鼠〔二〕，白耳白喙，名曰狙如〔三〕，見則其國有大兵〔四〕。

〔一〕【廣注】《荒史·循蜚紀》：『倚帝氏都南陽倚帝山。』《（通鑑紀事本末）前編》云：『南陽有倚帝之山。』唐吴筠下弟，遂居南陽倚帝山，即此。賓子野云：『今内鄉東三十里踦立山也。』【新校正】山在今河南鎮平縣西北。《新唐書·吴筠傳》云：『筠居南陽倚帝山。』《太平寰宇記》云：『南陽縣廢菊潭縣西北一十五里騎立山，山銅礦在縣東一百八十里。山有湫水三池。』案：騎、倚聲相近；立則帝字之壞也。

〔二〕【郭注】《爾雅》説鼠有十三種，中有此鼠，形所未詳也，音狗吠之吠。【廣注】《本草綱目》作鼥，《廣博物志》作鼣。【汪存】鼣，音灰，又音吠。鼣鼠如鼠而大，又似兔，色紫紺，其皮可裘。【新校正】《爾雅》鼣鼠，舍人云：『其鳴如犬也。』見（《爾雅》）釋文，則鼣或當爲吠。《中山經》有鼣鼠，疑亦吠字之訛也。《玉篇》又云：『𪕶，同鼣。』

[三]【郭注】音即蛆（反）。【廣注】《事物紺珠》云：『狙如，鼠耳白喙。』【新校正】即㹶㹦也。狙、㹶，如、㹦，皆音相近。
【箋疏】《爾雅》云：『蒺蔾，蝍蛆。』郭言此狙音蝍蛆之蛆也，文省爾。

[四]【廣注】《（山海經）圖贊》曰：『狙如微蟲，厥體無害。見則師興，兩陣交會。物之所感，焉有小大。』

又東三十里，曰鯢山[一]。鯢水出于其上[二]，潛于其下，其中多美堊。其上多金，其下多青雘。

[一]【郭注】（鯢）音倪。

[二]【新校正】經云在倚帝山東三十里，則今騎立山上湫水三池即鯢山、鯢水是也。

又東三十里，曰雅山[一]。澧水[二]出焉，東流注于視水[三]，其中多大魚[四]。其上多美桑，其下多苴，多赤金。

[一]【新校正】《漢書》注引此作雉（山）。又：『山即雉衡山也，在今河南南陽縣北。《（漢書·）地理志》云：「南陽雉衡山，澧水所出。」《水經注》云：「澧水出南陽雉縣，亦云導源雉衡山。」《隋書·地理志》云：「武川有雉衡山。」』今案：此經衡山，去雉山九十五里，是其連麓，故亦稱雉山，亦稱雉衡山。漢雉縣，則以山得名也。

[二]【郭注】（澧）音禮。今澧水出南陽。【廣注】南陽府今有澧水，其源與淮水同出於桐柏山，而別流西注，故亦謂是水爲派水。又蒼梧九疑間亦有澧水。《漢（書·）地理志》：『充縣歷山，澧水出焉。』【汪存】非九江之澧水也。【箋疏】《説文》云：『澧水出南陽雉衡山。』本《（漢書·）地理志》爲説也。《玉篇》云：『澧水出衡山。』無雉字，非也。澧通作醴，《水經注》云：『汝水又東得醴水口。水出南陽雉縣，亦云導源雉衡山，即《山海經》衡山也。』今案：此經雅山去衡山九十五里，是其連麓，疑雅山當爲雉山，字形相近。《晉書·地理志》雉縣屬南陽國，縣蓋因茲山得名也。《後漢書·馬融傳》注引此經正作雉山。山在今河南南陽縣北也。

［三］【新校正】《水經注》引此又作涀水，今從之。《説文》云：『澧水東入汝。』《（漢書·）地理志》云：『東至郾入汝。』《水經注》云：『郾縣汝水又東南，得醴水口。』又云：『醴水，東與葉西陂水會。其水徑流昆、醴之間，纏絡四縣之中。疑即吕忱所謂涀水也。醴水東徑郾縣故城南，左入汝。』案此，則酈道元以此視水爲葉縣西陂水，在今河南舞陽、葉二縣界，俗名濃河。《説文》、《（漢書·）地理志》云入汝者，蓋合涀而入汝也。此涀水與瀙水异，故不當爲視。【箋疏】《説文》云：『澧水東入汝。』《（漢書·）地理志》云：『東至郾入汝。』郾蓋郾字之訛也。《水經》云：『汝水東南過郾縣北。』注云：『醴水東徑郾縣故城南，左入。』引此經云：『醴水東流注於涀水也。』酈氏改經視水爲涀水，涀水即陂水，從吕忱之説也。然《説文》、《（漢書·）地理志》并云入汝，此云注涀水者，蓋合涀水而入汝也。

［四］【箋疏】《史記·秦本紀》云：『占夢博士曰：水神不可見，以大魚、蛟龍爲候。』

又東五十里，曰宣山［一］。淪水出焉，東南流注于視水［二］，其中多蛟。其上有桑焉，大五十尺［三］。其枝四衢［四］，其葉大尺餘，赤理、黄華、青柎，名曰帝女之桑［五］。

［一］【廣注】顔延之賦：『要帝臺於宣岳。宣岳，即斯山也。』【新校正】案《水經注》，山在今河南泌陽縣界，今失名。

［二］【新校正】《水經注》云：『潕陰縣，殺水入於瀙。瀙水又東，淪水注之。水出宣山，東南流注於瀙水。』

［三］【郭注】圍五丈也。

［四］【郭注】言枝交互四出。

［五］【郭注】婦女主蠶，故以名桑。【釋義】言其爲异桑也。【廣注】張衡《南都賦》：『楓柙櫨櫪，帝女之桑。』昭明太子《錦帶書》：『依依聳蓋，俱臨帝女之桑。』《庾信集》云：『春則帝女采桑。』吴淑《桑賦》：『狀鳳闕之萬桷，擢帝女之四衢。』本此。《（山海經）圖贊》曰：『爰有洪桑，生濱淪潭。厥圍五丈，枝相交參。園客是采，帝女所蠶。』【箋疏】李善注《南都賦》引此經及郭注并與今本同。

又東四十五里，曰衡山[一]。其上多青雘，多桑。其鳥多鸜鵒[二]。

[一]【郭注】今衡山在衡陽湘南縣，南岳也，俗謂之岣嶁山。【釋義】衡山，南岳也。【廣注】《（太平）寰宇記》云：『宿當翼軫，度應璣衡。』衡者北斗第二星玉衡也，故名衡。盛弘之《荆州記》：『南岳衡山，朱陵之靈臺，太虚之寶洞。』《五岳真形圖》云：『瀟、廬、𤛛麻、玉笥、洞陽、小潙、九疑、羅浮等十山爲之佐，命復有神山聖境，曰朱陵洞天。』盡指衡山也。又云：『南岳，姓崇名䴴。』《河圖》云：『南岳衡山君神，姓丹名靈峙。』《雲笈七籤》云：『南岳姓爛，名洋光。』葛洪《枕中書》：『祝融氏爲赤帝，治衡霍山。』楊慎云：『衡山，一名芝岡。』【汪存】此又一衡山。舊以爲南岳衡山，則道里山川遠不相及矣。此條大抵皆淮、漢以北，汝、潁以南之山耳。【新校正】山在今河南南陽縣北。《水經注》云：『醴水導源雉衡山，即《山海經》云衡山也。郭景純以爲南岳，非也。馬融《廣成頌》曰面據衡陰，指謂是山在雉縣界，故世謂之雉衡山。』《太平寰宇記》云：『南陽縣廢向城縣雉衡山，《荆州記》衡山，有石室甚整飭。相傳名皇后室，未詳其來。』又云：『方城縣衡山，即桐柏之連岡也。』【箋疏】《海内經》云：『南海之内有衡山。』郭注云：『南岳是也。』此又云南岳，誤矣。《初學記》五卷引此經云：『衡山，一名岣嶁山。』蓋并引郭注也。

[二]【明案】鸜鵒，即《中次十經》又原之山鸜鵒，八哥鳥也。

又東四十里，曰豐山[一]。其上多封石。其木多桑，多羊桃[二]，狀如桃而方莖，可以爲皮張[三]。

[一]【汪存】此條有兩豐山。【新校正】即漢西鄂縣之豐山，已見前。《太平寰宇記》云：『南陽縣廢向城縣，本漢西鄂縣地，有豐山、雉衡山。』【箋疏】上文豐山在今南陽縣，漢西鄂縣地。此豐山蓋與連麓而別一山，非重出也。

[二]【郭注】一名鬼桃。【廣注】羊桃，莖大如指，似樹而弱。《爾雅》：『長楚，銚芅。』《詩》曰：『隰有萇楚。』是也。《（神農）本草》：『一名羊腸，一名細子。』【汪存】羊桃，萇楚也，又名姚芅子，如桃而小，中有陷痕如小麥。其枝莖略方如荆，其枝繁而莖弱。其皮柔韌，橫截而脱之成圈，可以箍物，亦可飾弓，故曰可以爲皮張，謂以皮飾弓外體也，俗名樺桃。

李時珍以此爲藤梨、獼猴桃，誤也。藤梨亦有羊桃之名，然蔓生大葉，絶非其類。【箋疏】《（神農）本草》云：「羊桃，一名鬼桃。」郭注《爾雅》及此注所本也。

［三］【郭注】治皮腫起。【新校正】張，讀如張如厠（之張）。【箋疏】張，讀如張脈憤興之張。《唐本草》云：「羊桃煮汁，洗風癢及諸創腫，極效。」

又東七十里，曰嫗山。其上多美玉，其下多金。其草多鷄轂。

又東三十里，曰鮮山。其木多楢、杻、苴，其草多虋冬。其陽多金，其陰多鐵。有獸焉，其狀如膜大［一］，赤喙、赤目、白尾［二］，見則其邑有火［三］，名曰狢即［四］。

［一］【箋疏】大，當爲犬字之訛。《廣韵》作犬可證。膜犬者，郭注《穆天子傳》云：「西膜，沙漠之鄉。」是則膜犬即西膜之犬，今其犬高大獵毛，猛悍多力也。

［二］【廣注】膜即貘。《南中志》云：「貘大如驢，狀似熊，蒼白色，多力，舐鐵消十斤，其皮温暖。」《五侯鯖》云：「食鐵之獸，貘也；食煙之鼠，鼯也。」又曰：「貘糞可以切玉，貘溺可以消鐵成水。」

［三］【箋疏】《廣韵》説狢云：「出則大兵。」

［四］【郭注】（狢）音移。【廣注】《駢雅》曰：「狢即如膜。」《事物紺珠》云：「狢即如犬，目喙赤，尾白，見則大火。」《（玉芝堂）談薈》曰：「火獸兆火，狢即火獸，見則邑有火災也。」【汪存】膜犬即白豹也，亦似犬。【新校正】狢字《説文》所無，見《玉篇》。【箋疏】《玉篇》云：「狢，獸名。」

又東三十里，曰章山［一］。其陽多金，其陰多美石。皋水出焉，東流注于澧水［二］。其中多脃石［三］。

［一］【郭注】或作童山。【廣注】《尚書日記》云：『章山在江夏竟陵縣東北，古文以爲内方山，疑即斯山。』又《四川總志》：『成都西六十里，亦有章山，一名洛通山。』非此也。【新校正】案《水經注》，山當在今河南唐縣。【箋疏】經章山當爲皋山，注童山當爲章山，并字形之訛也，見《水經注》。又《漢（書）》、《晉（書·）地理志》并云：『江夏郡竟陵章山在東北，古文以爲内方山。』非此也。

［二］【新校正】《水經注》云：『鄧縣醴水東流，注唐山下。又東南，與皋水合。水發皋山，東流注於醴水。醴水又東南，徑唐城北，南入城而西流出城。』案：唐山在今河南唐縣南。

［三］【郭注】未聞，（硊，音）魚跪反。【箋疏】《説文》云：『脃，小耎易斷也。』此石耎薄，易碎，故以名焉。《（神農）本草·别録》云：『石脾無毒，味甘，一名膏石，一名消石，生隱蕃山谷石間，黑如大豆，有赤文，色微黄而輕薄如棋子。』亦此類也。【明案】經文硊，王崇慶本、畢沅本、郝懿行本均作脃。

又東二十五里，曰大支之山。其陽多金，其木多穀、柞，無草。

又東五十里，曰區吴之山。其木多苴。

又東五十里，曰聲匈之山。其木多穀。多玉，上多封石。

又東五十里，曰大騩之山［一］。其陽多赤金，其陰多砥石。

［一］【郭注】上已有此山，疑同名。【汪存】此又一大騩山。【新校正】疑即張衡《南都賦》所謂天封大胡。大胡、大騩聲相近。李善云：『《南郡圖經》曰：大胡山，故縣縣南十里。』【箋疏】《水經》云：『比水出比陽東北太胡山。』注云：『太胡山

在比陽北，如東三十餘里，廣員五六十里。』張衡賦南都所謂『天封大狐』者也。如酈氏所説，不引此經大騩山，明大胡非大騩矣。此大騩又不言有水出，無以定之。

又東十里，曰踵臼[一]之山。無草木。

[一]【明案】經文踵臼，王崇慶本、汪紱本、畢沅本作踵臼，郝懿行本仍作踵臼。

又東北七十里，曰歷石之山[一]。其木多荆、芑。其陽多黄金，其陰多砥石。有獸焉，其狀如狸而白首虎爪，名曰梁渠，見則其國有大兵[二]。

[一]【郭注】（歷）或作磨。【箋疏】磨，蓋曆字之訛。《（周禮·）地官·遂師》云：『及窆抱磨。』磨亦當爲曆。又《戰國策》：『磨室，燕宫名。』今本亦訛爲磨。

[二]【廣注】《駢雅》曰：『梁渠、朏朏、蒙頌，皆貍屬也。』《（山海經）圖贊》曰：『梁渠致兵，狢即起災。駅鵌辟火，物各有能。聞製之見，大風乃來。』

又東南一百里，曰求山。求水出于其上，潛于其下，中有美赭。其木多苴，多䉋[一]。其陽多金，其陰多鐵。

[一]【郭注】篠屬。【新校正】（䉋）當爲媚，《廣志》又作篃，云：『篃竹，宜爲室椽。』見《初學記》。戴凱之《竹譜》曰：『篃竹，江漢間謂之竿𥲤，一尺餘，葉大如履，可以衣篷。』【箋疏】篠，箭，見《爾雅》。又《中次十二經》云：『暴山多

竹箭、𥳇箘。』是𥳇亦箘屬，中箭也。戴凱之《竹譜》云：『箭竹，高者不過一丈，節間三尺，堅勁中矢。江南諸山皆有之，會稽所生最精好。』

又東二百里，曰丑陽之山。其上多椆、椐。有鳥焉，其狀如烏而赤足，名曰䳶鵌[一]，可以禦火。

[一]【郭注】音如枳橘之枳。【廣注】《駢雅》曰：『䳶鵌，禦火鳥也。』【箋疏】《玉篇》《廣韵》說䳶鵌鳥與此經同。【明案】經文䳶餘，明清諸本多作䳶鵌。

又東三百里，曰奧山[一]。其上多柏、杻、橿。其陽多㻬琈之玉。奧水出焉，東流注于視水[二]。

[一]【新校正】案《水經注》，山當在今河南泌陽縣。

[二]【廣注】《水經注》作澳水，（云：）『泚水又西，澳水注之。』【新校正】《水經注》云：『潕陰縣淪水東南流，注瀙水。瀙水又東，得奧水口水。西出奧山，東入於瀙水也。』【箋疏】《水經・比水》注云：『比水又西，澳水注之。水北出茈丘山，東流屈而南轉，又南入於比水。』引此經云：『澳水又北，入視，不注比水。』今案：此澳似別一水，其引經又與今异，所未詳也，存以俟考。

又東三十五里，曰服山。其木多苴。其上多封石，其下多赤錫。

又東百十里，曰杳山。其上多嘉榮草，多金、玉。

又東三百五十里，曰几山[一]。其木多楢、檀、杻，其草多香[二]。有獸焉，其狀如彘，黄身、白頭、白尾，名曰聞獜[三]，見則天下大風[四]。

[一]【明案】經文几山，畢沅本、汪紱本作凡山，下同。

[二]【汪存】蓋蘭、蕙之類。【箋疏】草多香者，即如下文洞庭之山，其草多葌、蘼蕪、芍藥、芎藭之屬也。

[三]【郭注】（獜）音鄰。【新校正】《説文》無此字，見《玉篇》也。

[四]【郭注】獜一作䴵，音瓴。【廣注】《駢雅》曰：『聞獜，黄彘也。』《事物紺珠》云：『聞獜如猪，黄身，頭尾白。』又云：『彘如彘，黄身，首尾白，亦斯獸也。』《（玉芝堂）談薈》云：『風獸兆風，聞獜之獸，見則天下大風也。』《集韵》作䴵，又作甀，音吝。【汪存】獜，音鄰，一作甀，音瓶，恐非。【箋疏】《玉篇》云：『獜，力人切，似豕身黄，出泰山。』《廣韵》云：『獸名，似豕，黄身白首，出堭蒼。』郭云一作䴵，蓋粼字之訛也，《玉篇》云：『粼，獸名。』本此。

凡荆山之首，自翼望之山至于几山[一]，凡四十八山，三千七百三十二里[二]。其神狀，皆彘身人首。其祠：毛用一雄鷄祈，瘞用一珪，糈用五種之精[三]。禾山[四]，帝也，其祠：太牢之具，羞瘞倒毛[五]，用一璧，牛無常[六]。堵山、玉山[七]，冢也，皆倒祠[八]：羞毛少牢，嬰毛吉玉。

[一]【新校正】此經之山，在河南陝州南陽府也。

[二]【汪存】此條大抵由荆山東北行南陽之境，又東南行方城、汝鄧之間，又迤行汝潁之間，陳蔡、淮西之境，然山多不可考。【箋疏】今四千二百二十里。

[三]【汪存】用五穀舂爲精米也。【明案】畢沅本、郝懿行本有郭注『備五穀之美者六』字，宋本無。

[四]【廣注】禾山疑即帝囷山。【新校正】疑即上求山，字誤也。【箋疏】上文無禾山，或云帝囷山之脱文，或云求山之誤文。

【俞讀】上文無禾山，故畢以求山當之。此但以形求，未以聲擬也。禾山，實即上文之宣山。宣之爲禾，猶桓之爲和也，宣、桓并從亘聲。《（禮記·）檀弓》曹桓公卒於會，鄭注曰：『曹伯廬謚宣，言桓，聲之誤也。』是古宣、桓聲同。《（尚書·）禹貢》和夷底績，鄭注讀和爲桓。和可讀桓，則禾亦可讀宣，故宣山爲禾山矣。

[五]【郭注】薦差反，倒牲埋之也。【汪存】瘗倒毛，蓋倒埋其牲也。【新校正】倒，當爲到，古不從人。【箋疏】倒，古字作到，見《説文》。

[六]【汪存】不必犧牷具也。

[七]【汪存】此條中無堵山、玉山。而堵山見《（中次）七經》苦山條中，苦山亦在南陽，或與此經相及歟？玉山則一見於《（中次）八經》景山條，一見於《（中次）九經》岷山條。岷山條之玉山與此絶不相涉，此條與景山條同主荆山，蓋景山條行楚境，此條行淮北陳蔡境，南北相并，故此亦及玉山歟？又此二條，皆有衡山，蓋亦彼此互及也。不然，則堵山以下十七字爲他篇錯簡也。【箋疏】此經都無此二山，未審何字之訛。

[八]【新校正】倒祠，未詳。【箋疏】倒祠，亦謂倒毛也。

【新校正】右《中次十一經》，古本爲第二十五篇。

《中次十二經》洞庭山[一]之首，曰篇遇之山[二]。無草木，多黄金。

[一]【釋義】洞庭，今蘇州及湖湘皆有之，二山未知孰是。

[二]【郭注】（篇）或作肩。【汪存】此去洞庭山五百餘里，蓋遥接岷山女几一經，終於賈超者。而又當荆山之陽，以起漸東南行，逾洞庭，至敷淺原以止，實與《南山經》之北支并行，皆江漢之間山及江之南山川也。

又東南五十里，曰雲山[一]，無草木。有桂竹甚毒，傷人必死[二]。其上多黄金，其下多瑶琈之玉[三]。

［一］【汪存】雲山，蓋雲澤之上之山也。【箋疏】劉逵注《吴都賦》云：「梢雲，山名，出竹。」疑梢雲即雲山也。

［二］【郭注】今始興郡桂陽縣出筀竹，大者圍二尺，長四丈。又交趾有篥竹，實中，勁强有毒，鋭以刺虎，中之則死，亦此類也。【廣注】《竹譜》云：「棘竹，一名芀竹，芒棘森然，大者圍二尺，可禦盜賊，亦桂竹之屬。」【汪存】南方有筀竹，大者圍二尺、長三四丈，實中而勁有毒，多刺甚鋭。以刺虎，中之即死。今廣中及海南皆有之。又曰篤簩竹，臺灣種此以當郡城。然此雲山尚在江北，蓋物産亦有興廢。【箋疏】始興郡桂陽，見《晋書・地理志》。《吴都賦》注引《异物志》曰：「桂竹生於始興小桂縣，大者圍三尺，長四五丈。」又云：「簞竹，大如戟穫，實中勁强，交趾人鋭以爲矛，甚利。簩竹有毒，夷人以爲觚刺獸，中之則必死。」并與郭注合。又郭注篥，疑當爲簞，筀當爲桂。

［三］【新校正】《初學記》梅第十引此有云：「雲山之山，其實乾腊。郭璞注曰：乾腊，梅也。」今經無此語，他卷亦無雲山，因附於此。

又東南一百三十里，曰龜山。其木多穀、柞、椆、椐。其上多黄金，其下多青雄黄，多扶竹［一］。

［一］【郭注】邛竹也，高節實中，中杖也，名之扶老竹。【補注】陶潛《歸去來辭》「策扶老以流憩」，即此杖也，又見《（後漢書・）蔡順傳》注。【廣注】《竹譜》：「邛竹剡，俗謂之扶老。」《廣志》云：「出南康邛都縣。」【箋疏】劉逵注《蜀都賦》云：「邛竹，出興古盤江以南，竹中實而高節，可以作杖。」

又東七十里，曰丙山。多筀竹［一］，多黄金、銅、鐵，無木。

［一］【廣注】筀竹出桂陽，見雲山注。【新校正】亦當爲桂。【箋疏】筀亦當爲桂。桂陽所生竹，因以爲名也。

又東南五十里，曰風伯之山[一]。其上多金、玉，其下多痠石[二]、文石，多鐵。其木多柳、杻、檀、楮。其東有林焉[三]，名曰莽浮之林。多美木鳥獸。

[一]【廣注】《事類賦》注引經作鳳伯之山。【箋疏】《初學記》柳下引此經作鳳伯之山。

[二]【郭注】未詳痠石之義。【廣注】痠，蘇官反，音酸。【箋疏】《廣韵》云：『痠，素官切，音酸。』《廣雅》云：『痠，痛也。』

[三]【釋義】東林，今廬山有東林寺，疑即此。

又東一百五十里，曰夫夫之山[一]。其上多黄金，其下多青雄黄。其木多桑、楮，其草多竹、鷄鼓[二]。神于兒居之，其狀人身而身[三]操兩蛇，常游于江淵，出入有光[四]。

[一]【廣注】《（山海經）釋義》本作大夫之山，《續通考》引此亦作大夫山。又案：《泰繹山碑》及漢印篆文，大夫都作夫夫，則二字古相通也。【箋疏】《宋景文筆記》曰：『古者大夫字，便用叠畫寫之，以夫有大音故也。』《莊子》、李斯《嶧山碑》如此。

[二]【廣注】草類有鷄涅、鷄腸、鷄蓊、鷄脚、鷄冠莧之名，無所爲鷄鼓者，疑即鷄穀之訛。【新校正】即上鷄穀草。穀、鼓聲相近。【箋疏】即鷄穀也，穀、鼓聲相轉。

[三]【明案】身，汪紱本作手，疑是。

[四]【廣注】《（山海經）圖贊》曰：『于兒如人，蛇頭有兩。常游江淵，見於洞廣。乍潜乍出，神光惚恍。』【汪存】于兒，疑即俞兒，而他書言其衣冠乘馬，與此不合。【箋疏】《列子·湯問篇》説愚公事云：『操蛇之神聞之，告之於帝。』操蛇之神蓋即此。

又東南一百二十里，曰洞庭之山[一]。其上多黄金，其下多銀、鐵。其木多柤、梨、橘、櫾[二]，其草多葌、蘪蕪[三]、芍藥、芎藭。帝之二女居之[四]，是常游于江淵。澧、沅之風[五]，交瀟、湘之淵[六]，是在九江之間[七]，出入必以飄風暴雨[八]。是多怪神，狀如人而載蛇，左右手操蛇[九]。多怪鳥。

[一]【郭注】今長沙巴陵縣西又有洞庭陂，潛伏通江。《離騷》曰：『邅吾道兮洞庭』、『洞庭波兮木葉下』，皆謂此也。（洞）字或作銅，宜從水。【釋義】此謂洞庭，蓋楚地者。【廣注】劉會孟曰：『今屬湖廣德安府應山縣中，有一穴深不可測。或云洞庭山浮於水上也。』《事物紺珠》曰：『君山在洞庭湖中，亦名洞庭山，狀如十二螺髻。』【汪存】此岳州之西洞庭湖中之君山也。古有洞庭陂，今因以名湖。或以今蘇州太湖中之洞庭山釋此，誤甚矣。【新校正】山在今湖南巴陵洞庭湖中，即君山也。【箋疏】洞庭山，在今蘇州府城西太湖中，一名包山。《初學記》七卷引《史記·吴起傳》裴駰集解云：『今太湖中苞山有石穴，其深洞無知其極者，名洞庭。』洞庭對彭蠡，即斯山也，詳見《水經》『沔水過毗陵縣北爲北江』注。郭以此經洞庭山即君山也，在今湖南巴陵洞庭湖中。郭云洞庭陂潛伏通江，詳見《海内東經》湘水注。

[二]【廣注】《（山海經）圖贊》曰：『厥色橘櫾，奇者維丱。朱實金鮮，葉茜翠藍。靈均是咏，以爲美談。』【新校正】字當爲柚。

[三]【郭注】蘪蕪，似蛇牀而香也。【汪存】葌，蘭也。蘪蕪與芎藭同類，而有大小之异。【箋疏】《淮南（子·）説林訓》云：『蛇牀，似蘪蕪而不能香。』高誘注云：『蛇牀臭，蘪蕪香。』

[四]【郭注】天帝之二女而處江爲神，即《列仙傳》江妃二女也。《離騷·九歌》所謂湘夫人，稱帝子者是也。而《河圖玉版》曰湘夫人者，帝堯女也。秦始皇浮江至湘山，逢大風而問博士：『湘君何神？』博士曰：『聞之，堯二女舜妃也，死而葬此。』《列女傳》曰：『二女死於江湘之間，俗謂爲湘君。』鄭司農亦以舜妃爲湘君。説者皆以舜陟方而死，二妃從之，俱溺死於湘江，遂號爲湘夫人。案《九歌·湘君》，湘夫人自是二神。江湘之有夫人，猶河濆之有虙妃也。此之爲靈，與天地并矣，安得謂之堯女？且既謂之堯女，安得復總云湘君哉，何以考之？《禮記》曰：『舜葬蒼梧，二妃不從。』明二妃生不從征，死不從葬，義可知矣。即令從之，二女靈達，鑒通無方，尚能以鳥工龍裳救井廪之難，豈尚不能自免於風波

而有雙淪之患乎？假復如此，《（左）傳》曰：『生爲上公，死爲貴神。』《禮（記）》：『五岳比三公，四瀆比諸侯。』今湘川不及四瀆，無秩於命祀。而二女，帝者之后，配靈神祇，無緣當復下降小水而爲夫人也。參互其義，義既混錯，錯綜其理。理無可據，斯不然矣。原其致謬之由，由乎俱以帝女爲名。名實相亂，莫矯其失。習非勝是，終古不悟，可悲矣。

【廣注】高似孫《緯略》曰：『劉向《列女傳》：帝堯之二女，長曰娥皇，次曰女英。堯以妻舜於溈汭。舜既爲天子，娥皇爲后，女英爲妃。舜死於蒼梧，二妃死於江湘之間，俗謂之湘君。』羅含《湘中記》：『舜二妃，死爲湘水神，故曰湘妃。』韓愈《黄陵碑》：『秦博士對始皇帝云：湘君者，堯之二女舜妃者也。』劉向、康成皆以二妃爲湘君，而《離騷·九歌》既有湘君，又有湘夫人。王逸注以湘君爲正妃之稱，則次妃自宜降曰夫人也，故《九歌》謂娥皇爲君，女英爲帝子。而《山海經》亦言帝之二女者，其稱謂審矣。陳氏《江漢叢譚》曰：『沈存中云：舜陟方時，二妃皆百餘歲，豈得俱存猶稱二女？』其説誠是，但未考黄陵舜妃墓及瀟湘二女之故。惟《路史·發揮》則以黄陵爲癸比之墓，瀟湘二女乃帝舜女也。癸比氏，帝舜第三妃，而二女皆癸比氏所生，一曰宵明，一曰燭光。《帝王世紀》云：『舜三妃，娥皇無子，女英生商均。』今女英墓在商州，蓋舜崩之後，女英隨子均徙於封所故，其卒葬在焉。而癸比氏則亦從二女徙於瀟湘之間，故其卒葬在此，《山海經》所謂洞庭之山，帝之二女居之是也。若《九歌》之湘君、湘夫人則又洞庭山神，豈謂帝女之靈耶？《博物志》云：『洞庭君山，帝二女居之，曰湘夫人。』《荆州圖經》又曰：『洞庭，湘君所游，故曰君山。』則更合爲一矣。

【新校正】郭云二妃死不從征，非也。鄭注《禮記》云：『舜死於蒼梧，二妃留江湘之間。』張衡《思玄賦》云：『哀二妃之未從，翩繽處此湘濱。』是二妃不從葬而實從征也。【箋疏】《竹書（紀年）》云：『帝舜三十年，后育於渭。』注云：『后育娥皇也。』《大戴禮·帝繫篇》云：『帝舜娶於帝堯之子，謂之女匽氏。』女匽或即娥皇也。《藝文類聚》十一卷引《尸子》云：『妻之以媓，媵之以娥。』娥即女英也。《海内北經》云：『舜妻登比氏，一曰登北氏。』然則舜有三妃，娥皇先卒，何言二妃留處江湘？假有此事，其非帝堯二女亦明矣。且舜年百有餘歲，正使二妃尚存，亦當年近百歲，生不從征，郭氏斯言殆無可議爾。

[五]【汪存】澧水在今澧州。《（尚書·）禹貢》：『水道自入江。』今則自入湖。沅水出靖州，東北流，至常德入湖。【新校正】《（漢書·）地理志》云：『充歷山，澧水所出，東至下雋入沅。又故且蘭。沅水東南至益陽入江。』《水經》云：『澧水東至長沙下雋縣西北，東入江。沅水東至長沙下雋縣西北入於江。』注云：『澧水流於洞庭湖，俗謂之澧江口。沅水下注洞庭

湖，方會於江。」

[六]【郭注】此言二女遊戲江之淵府，則能鼓三江，令風波之氣共相交通，言其靈響之意也。江、湘、沅水皆共會巴陵頭，故號爲三江之口。澧又去之七八十里而入江焉。《淮南子》曰：『弋釣瀟湘。』今所在未詳也。瀟，音消。【廣注】《（山海經）圖贊》曰：『神之二女，爰宅洞庭。游化五江，惚恍窈冥。號曰夫人，是維湘靈。』又王子年《拾遺記》曰：『洞庭之山，其下金臺數百間，帝女居之，四時匏管之清音，金石之淒唳，徹於山抄。』張鷟《龍筋鳳髓判》云：『瀟湘帝子，乘洞浦而揚波。』本此。【汪存】瀟水自郴州，北流入湘。湘水出永州，北流至長沙入洞庭湖。蓋洞庭一湖，實瀦湘、瀟、沅、漸、潋、蒸、衡、汩、辰九水而輸於岷江，故洞庭湖《（尚書・）禹貢》謂之九江。《（漢書・）地理志》謂九江在潯陽南，江自潯陽而分爲九，故曰九江，非也。【新校正】舊本作瀟，非，（當作潚。）潚湘一水名，猶云清湘。《説文》云：『潚，水清深也。』《水經》云：『湘水北過羅縣西。』注云：『瀟者，水清深也。《湘中記》曰：湘川清照五六丈。是納瀟湘之名矣。』【箋疏】《水經・湘水》注引此經淵作浦。《思玄賦》舊注引作是常游江川，澧沅之側，交遊瀟湘之淵。李善注謝朓《新亭渚别范零陵詩》引作是常游於江淵，澧沅風交瀟湘之川，又引郭注靈響作靈饗。《初學記》引云：『沅澧之交，瀟湘之淵。』并與今本异也。《（漢書・）地理志》云：『武陵郡充歷山，澧水所出，東至下雋入沅。』又云：『牂柯郡故且蘭，沅水東南至益陽入江。』《水經注》云：『澧水流於洞庭湖，俗謂之澧江口。沅水下注洞庭湖，方會於江。』《説文》云：『湘水出零陵陽海山，北入江。』《（漢書・）地理志》云：『北至酃入江也。』瀟當作潚，《説文》云：『潚，深清也。』《水經》云：『湘水北過羅縣西。』注云：『瀟者，水清深也。《湘中記》曰：湘川清照五六丈，是納瀟湘之名矣。』《文選》注顔延年《登巴陵城樓詩》引此注作共會巴陵，無頭字。

[七]【郭注】《（漢書・）地理志》九江，今在潯陽南。江自潯陽而分爲九，皆東會於大江。《（尚）書》曰九江，孔殷是也。【廣注】《書（經集）傳》云：『九江，即今之洞庭也。』今沅水、漸水、元水、辰水、叙水、酉水、澧水、資水、湘水皆合於洞庭，意以是名九江也。【新校正】間，《初學記》引此作門，以江門儷地道。【箋疏】《初學記》引此經作是在九江之門。

[八]【廣注】北齊李騊駼聘陳，問陸士秀：『江南有孟婆，是何神？』士秀曰：『《山海經》：帝之女游於江中，出入必以風雨自隨。以帝女故，曰孟婆，猶《（漢書・）郊祀志》以地神爲泰媪。』陸言似謬也。【箋疏】《中次八經》云：『光山之神計蒙，恒游於漳淵，出入必有飄風暴雨。』又《博物志》云：『文王夢見一婦人當道而哭，曰：我東海泰山神女，嫁爲西海

婦，欲東歸，灌壇令當吾道。太公有德，吾不敢以暴風疾雨過也。』是山水之神，出入恒以風雨自隨，乃是其常。

〔九〕【汪存】今洞庭湖中尚多怪神及怪風雨。

又東南一百八十里，曰暴山〔一〕。其木多椶、柟、荆、芑、竹、箭、䉋、箘〔二〕。其上多黄金、玉，其下多文石、鐵。其獸多麋、鹿、麐、就〔三〕。

〔一〕【箋疏】《文選·鷦鷯賦》注引此經作景山。

〔二〕【郭注】箘，亦篠類，中箭，見《（尚書·）禹貢》。【汪存】芑、杞同。箘，小竹中箭笴者。《（尚書·）禹貢》：『荆州以箘入貢。』今岳州長沙猶多竹箭。【箋疏】《説文》云：『簬，箘簬也。』引《夏書》曰：『惟箘簬楛。』戴凱之《竹譜》云：『箘、簬二竹，亦皆中矢，出雲夢之澤，皮特黑澀。』又云：『篃，亦箘徒，概節而短，江漢之間謂之䈽竹。䈽，苦怪反。篃是竹類，一尺數節，葉大如履，可以作篷，亦中作矢。其笋冬生。』引此經云：『其竹名篃。』據《竹譜》所説，篃即䉋也。郭氏説䉋，已見《西山經》首英山注，與《竹譜》小异。

〔三〕【郭注】就，雕也。見《廣雅》。【補注】麐，即麂也；就，即鷲也。【廣注】麐，即麂也。就，即鷲也。《（神農）本草》：『麐，古麂字。麂，味甘旨，故字從旨。』鷲，一名鷻。《禽經》云：『雕以周之，鷲以就之，鷻以搏之。』【汪存】就，義未詳，或曰雕鷲也。【箋疏】《廣雅》云：『鷲，雕也。』《説文》云：『鷲鳥黑色多子，通作就。』《漢書·匈奴傳》云：『匈奴有斗入漢地，生奇材木，箭竿就羽。』顔師古注云：『説大鵰黄頭赤目，其羽可爲箭。』皆其形狀也。就，鳥也。經統謂之獸者，鳥獸通名耳。

又東南二百里，曰即公之山〔一〕。其上多黄金，其下多㻬琈之玉。其木多柳、杻、檀、桑。有獸焉，其狀如龜而白身赤首，名曰蛫〔二〕，是可以禦火〔三〕。

［一］【新校正】《史記》集解云：『姚氏引經作即山。』【箋疏】《史記·司馬相如傳》索隱載姚氏引此經作即山，無公字；作《山經》，無海字。

［二］【郭注】音詭。【新校正】《史記》司馬相如《（上林）賦》『獑胡豰蛫』，徐廣曰：『蛫，音詭。』索隱曰：『郭璞曰：未聞。』沅曰：此蛫字，《説文》云：『蟹也。』疑是，爲字之假音然。案：經説如龜白身云云，形又不合。

［三］【廣注】《事物紺珠》云：『蛫狀如龜，白身赤首。』又（司馬）相如《上林賦》：『獑胡豰蛫，栖息乎其間。』

又東南一百五十九里，曰堯山［一］。其陰多黄堊，其陽多黄金。其木多荆、芑、柳、檀，其草多藷藇、茉［二］。

［一］【廣注】今真定府唐山縣亦有堯山，以堯始封名。南陽府魯山縣亦有堯山，非此。【箋疏】《初學記》二十四卷引王韶之《始興記》云：『含洭縣有堯山。堯巡狩至於此，立行臺。』蓋即斯山也。

［二］【箋疏】《水經·洭水》注云：『堯山，盤紆數百里，有赭巖迭起，冠以青林，與雲霞亂采。山上有白石英，山下有平陵，有大堂基，耆舊云堯行宫所，然則兹山草木蓋多云。』

又東南一百里，曰江浮之山。其上多銀、砥、礪，無草木。其獸多豕、鹿［一］。

［一］【箋疏】江浮山，亦堯山之連麓。《水經注》所云堯山，盤紆數百里，是其證也。又引王歆《始興記》曰：『含洭縣有白鹿城、白鹿岡。』

又東二百里，曰真陵之山［一］。其上多黄金，其下多玉。其木多穀、柞、柳、杻，其草多榮草［二］。

［一］【廣注】吴淑《事類賦》注作直陵之山，其《柳賦》云『復有直陵鳳伯』，謂此。【箋疏】《初學記》柳下引此經作直陵之山。

［二］【箋疏】榮草形狀，已見《中山經》首鼓鐙之山。

又東南一百二十里，曰陽帝之山［一］，多美銅。其木多橿、杻、檿［二］、楮，其獸多麢、麝。

［一］【新校正】《吕氏春秋》有楊樸之薑，疑業字與帝字相似，即此。

［二］【郭注】檿，山桑也。【廣注】《（尚書·）禹貢》：『厥篚檿絲。』《詩經》：『其檿其柘。』《國語》：『檿弧箕箙。』《考工記》：『凡爲幹之道，檿桑次之。』檿，于檢反，音掩。

又南九十里，曰柴桑之山［一］。其上多銀，其下多碧，多泠石［二］、赭。其木多柳、芑、楮、桑。其獸多麋、鹿，多白蛇［三］、飛蛇［四］。

［一］【郭注】今在潯陽柴桑縣南，與廬山相連也。【釋義】今九江府其地也。【汪存】柴桑，今江西南康府也，地連廬阜。【箋疏】《（漢書·）地理志》云：『廬江郡尋陽，豫章郡柴桑。』《晋書·地理志》尋陽屬廬江郡，其柴桑屬武昌郡也。廬山在今九江府。《廣興記》云：『在府城南。』柴桑山在府城西南也。

［二］【廣注】泠石，滑石類，見《（神農本草·）别録》。【汪存】九江、南康諸郡出石膏。所謂泠石，疑即石膏。【箋疏】泠石，當爲汵石，已見上文。

［三］【箋疏】《史記·龜策傳》云：『求之於白蛇蟠杅林中。』索隱云：『謂白蛇嘗蟠杅此林中也。』

［四］【郭注】即螣蛇，乘霧而飛者。【廣注】《爾雅》疏：『螣蛇，能興雲霧而游其中，或以爲奔蛇。』許慎云：『奔蛇，馳蛇也，或呼爲莽蛇。』《荀子》云：『螣蛇無足而飛。』《慎子》云：『螣蛇游霧，飛雲乘龍。』《淮南子》云：『螣蛇雄鳴於上風，雌

鳴於下風。』《（山海經）圖贊》曰：『螣蛇配龍，因霧而躍。雖欲登天，雲罷陸莫。材非所任，難以久託。』【汪存】白花蛇也，出蘄州。

又東二百三十里，曰榮余之山[一]。其上多銅，其下多銀。其木多柳、芑，其蟲[二]多怪蛇、怪蟲。

[一]【汪存】此大約在九江湖口。
[二]【箋疏】《海外南經》云：『南山人以蟲爲蛇。』

凡洞庭山之首，自篇遇之山至于榮余之山[一]，凡十五山，二千八百里[二]。其神狀，皆鳥身而龍首。其祠：毛用一雄鷄、一牝豚刉[三]，糈用稌[四]。凡夫夫之山、即公之山、堯山、陽帝之山，皆冢也，其祠：皆肆瘞[五]，祈用酒，毛用少牢，嬰毛一吉玉。洞庭、榮余，山神也[六]，其祠：皆肆瘞[七]，祈酒，太牢祠，嬰用圭璧十五，五彩惠之[八]。

[一]【新校正】此經之山，在湖南境，今多不詳也。
[二]【汪存】此條始江漢之間，過九江而行江之南，阻彭蠡、潯陽而止。【箋疏】今才一千八百四十九里。
[三]【郭注】刉，亦割刺之名。【汪存】刉，割也。祠山或太牢，或少牢，或一牲，或鷄，蓋以山之大小爲秩，抑亦各因土俗也。【箋疏】《説文》云：『刉，劃傷也，一曰斷也。』
[四]【汪存】粢多用稌，蓋祠山神以水産也。【新校正】（糈）當爲糈。
[五]【郭注】肆，陳之也。陳牲、玉而後埋藏之。【汪存】祠此四山，皆肆陳牲、玉而瘞埋之。其牲毛少牢，其玉以吉玉也。
【箋疏】肆，通作矢。矢，陳也，見《爾雅·釋詁》。

［六］【俞讀】此神字，疑當作帝。上云夫夫之山、即公之山、堯山、陽帝之山，皆冢也，冢必尊於神。乃此經於冢用少牢，於神用太牢，則神轉尊於冢矣。余故疑神也爲帝也之誤。蓋此爲《中次十二經》之山，其上爲《中次十一經》，則曰禾山帝也，堵山、玉山冢也。又其上爲《中次十（經）》，則曰堵山冢也，騩山帝也。又其上爲《中次九（經）》，則曰文山、句檷、風雨、騩之山，是皆冢也，熊山席也，余正席爲帝字之誤。此三經相連屬，并以冢也、帝也分別衆山之尊卑。其祠之之禮，帝皆太牢，冢皆少牢。然則此經亦必同之神也，爲帝也之誤無疑矣。

［七］【郭注】肆竟，然後依前埋之也。

［八］【郭注】惠，猶飾也，方言也。【汪存】以繢爲惠，音相近也。【新校正】作彩，非。（當爲采）【箋疏】惠，義同藻繪之繪，蓋同聲假借字也。

右《中（山）經》之山志，大凡百九十七山［一］，二萬一千三百七十一里［二］。大凡天下名山［三］，五千三百七十；居地，大凡六萬四千五十六里。

［一］【箋疏】校經文，當有百九十八山，今除《中次五經》内闕一山，乃得百九十七山。

［二］【箋疏】今二萬九千五百九十八里。

［三］【新校正】高誘注《淮南子》云：『名山，大山也。』【新校正】右《中次十二經》之山，古本爲第二十六篇。

禹曰［一］：天下名山，經［二］五千三百七十山，六萬四千五十六里［三］，居地也。言其五臧［四］，蓋其餘小山甚衆，不足記云。天地之東西二萬八千里，南北二萬六千里［五］，出水之山者八千里［六］，受水者八千里［七］，出銅之山四百六十七，出鐵之山三千六百九十［八］。此天地之所分壤樹穀也［九］，戈矛之所發也，刀鎩之所起也[十]。能者有餘，拙者不足[十一]。封於太山，禪於梁父[十二]，七十二家[十三]，得失之數，皆在此内，是謂國用[十四]。

[一]【箋疏】經既禹作，無緣又稱禹曰。蓋記者述禹之意而作之，非必禹所親筆，亦如《（尚書・）禹貢》非禹所爲。故篇内復稱禹，其義同也。

[二]【箋疏】經，言禹所經過也。

[三]【新校正】劉昭注《（後漢書・）郡國志》作：『天下名山，五千三百五十，經六萬四千五十六里。』《管子》云：『凡天下名山，五千二百七十。』《莊子》云：『禹之湮洪水、决江河而通四夷九州也，名山三百，支山三千，小者無數。』【箋疏】劉昭注《（後漢書・）郡國志》引此經云：『名山五千三百五十，經六萬四千五十六里。』此文作七十者，古五、七字形相近，蓋傳寫之訛也。又《廣雅・釋地》作名山五千二百七十，亦疑三訛爲二也。

[四]【廣注】臧與藏同，才浪切。《漢（書・郊祀）志》曰：『山海天地之藏。』【新校正】古藏字祇作臧，見《漢書》。【箋疏】藏字古作臧，才浪切，《漢書》云：『山海天地之臧。』故此經稱《五臧》。

[五]【新校正】此禹所治也。《管子・地數篇》、《淮南子・墬形訓》俱與此文同。《廣雅》及《藝文類聚》引《河圖括地象》言禹所治海内地，劉昭注《（後漢書・）郡國志》言四海之内里數亦同。《廣雅》又云：『天圍辟，南北二億三萬三千五百里七十五步；東西短，減四步；周六億十萬七百里二十五步。從地至天，一億一萬六千七百八十七里。下度地之厚，與天高等。』又云：『神農度海内，東西九十萬里，南北八十一萬里。帝堯所治九州地，二千四百三十萬八千二十四頃。其墾者九百一十萬八千二十四頃。』《論衡》云：『周時九州，東西五千里，南北亦五千里。』又案：劉昭注《（後漢書・）郡國志》文同。

[六]【新校正】《管子》及劉昭注《（後漢書・）郡國志》但云出水者八千里。

[七]【新校正】《管子》文同。《吕氏春秋》云：『水道八千里，受水者亦八千里。通谷六，名川六百，陸注三千，小水萬數。』《淮南子・墬形訓》亦云：『水道八千里，通谷。其名川六百，陸徑三千里。』【箋疏】《廣雅・釋地》引此經文而云：『夏禹

所治四海内地也。』《管子·地數篇》、《吕氏春秋·有始覽》、《淮南（子·）墬形訓》并與此同。

［八］【新校正】《管子》云：『出銅之山四百六十七，出鐵之山三千六百有九。』劉昭注《（後漢書·）郡國志》云：『出銅之山四百六十七，出鐵之山三千六百九。』則此經九十當爲九也，十，羨字。【箋疏】劉昭注《（後漢書·）郡國志》引此經作三千六百九，無十字。又上句作出水者八千里，無之山二字。《管子·地數篇》及《廣雅·釋地》并同。

［九］【汪存】分壤，以山水言；樹穀，以平地言。

［十］【汪存】戈矛以誅伐，刀鎩以便用，皆以銅鐵言。【箋疏】鎩，《管子·地數篇》作幣。

［十一］【新校正】劉昭注《（後漢書·）郡國志》云：『儉者有餘，奢者不足。』

［十二］【汪存】此言王者於太山之上封土爲壇，以祭告於天；又於梁父山除地爲墠，以祭后土。此後世封禪之説所從起也，蓋因名山昇中於天。古王者巡狩四岳而柴望祭告，此禮之常。後世乃夸張其事，而失古人之意，且惑於符讖，勞民傷財多矣。梁父，太山旁山名。

［十三］【新校正】自此天地之所分壤樹穀也已下，當是周秦人釋語，舊本亂入經文，今别行亞字。《史記·封禪書》管仲説：『封泰山七十二家，記者十有二，自無懷氏至湯、周武王。』證知此非禹言。【箋疏】《管子·封禪篇》曰：『古者封泰山、禪梁父者七十二家，而夷吾所記者十有二焉。自無懷氏至周成王爲十二家。』據此，則非禹言也。

［十四］【郭注】《管子·地數》云：『封禪之王，七十二家也。』【汪存】言古之封禪者七十二君也，《管子》亦云然。然所謂得失之數云云，則未詳所指。此必非禹之言也。【箋疏】自禹曰已下，蓋皆周人相傳舊語，故《管子》援入《地數篇》，而校書者附著《五臧山經》之末。

右《五臧山經》五篇，大凡一萬五千五百三字［一］。

［一］【汪存】此又後人總括，其數如此。【箋疏】今二萬一千二百六十五字。

海外南經[一]第六

[一]【新校正】此（劉）秀所題也，下同。

地之所載，六合之間[一]。四海之内[二]，照之以日月[三]，經之以星辰，紀之以四時，要之以太歲[四]。神靈所生，其物异形[五]，或夭或壽，唯聖人能通其道[六]。

[一]【郭注】四方上下爲六合也。【新校正】據《列子》夏革引此文，有大禹曰。此無者，蓋此文承上卷禹曰天下名山云云，劉秀分爲二卷耳。【箋疏】《淮南（子・）齊俗訓》云：『往古來今謂之宙，四方上下謂之宇。』《列子・湯問篇》夏革引此經六合之間已下四十七字，而稱大禹曰，則此經亦述禹言，與前文禹曰之例同。《文選》注歐陽建《臨終》詩及曹植《七啓》并引此經文。

[二]【新校正】《淮南子・墬形訓》海作極。

[三]【新校正】《淮南子・墬形訓》照作昭。

[四]【新校正】已上《淮南子・墬形訓》用此文。

[五]【新校正】异形當爲其形。《列子・湯問篇》作其形。

[六]【郭注】言自非窮理盡性者，則不能原極其情變。【新校正】《列子・湯問篇》夏革曰：『大禹曰：六合之間』云云，凡四十七字，正用此文。夏革，湯臣，則經爲禹書無疑耳。此蓋圖首叙詞，故《淮南子・墬形訓》亦用之。

海外自西南陬至東南陬者[一]：

[一]【郭注】陬，猶隅也，音騶。【新校正】《淮南子·墬形訓》凡海外三十六國用此經文。而起自西北至西南方，次自西南至東南方，次自東南至東北方，次自東北至西北方。與此异也者，《説文》云：『别事詞也。』

結匈國[一]在其西南，其爲人結匈[二]。南山在其東南，自此山來，蟲爲蛇，蛇號爲魚[三]。一曰南山在結匈東南[四]，比翼鳥在其東[五]。其爲鳥青赤[六]，兩鳥比翼[七]。一曰在南山東。

[一]【新校正】《淮南子·墬形訓》有結胸民，作匈非。【箋疏】《淮南（子·）墬形訓》海外三十六國，俱本此經文，有結胸民。

[二]【郭注】臆前胅出，如人結喉也。【廣注】《淮南子》：『海外三十六國，自西南至東南方，有結胸民、羽民。』《博物志》云：『結胸國有滅蒙鳥。』江淹《遂古篇》：『結匈反舌。』【箋疏】《説文》云：『胅，骨差也，讀與跌同。』郭注《爾雅》犦牛云：『領上肉犦胅起。』義與此同。

[三]【郭注】以蟲爲蛇，以蛇爲魚。【廣注】《（山海經）圖贊》曰：『賤無定貴，貴無常珍。物不自物，自物由人。萬事皆然，豈伊蛇鱗。』【箋疏】今東齊人亦呼蛇爲蟲也。《埤雅》云：『《恩平郡譜》蛇謂之訛。』蓋蛇古字作它，與訛聲相近。訛聲轉爲魚，故蛇復號魚矣。

[四]【釋義】此所謂南山，海外山也。【新校正】凡一曰云云者，是劉秀校此經時附著所見他本异文也，舊亂入經文，當由郭注此經時并爲大字。【箋疏】經内凡一曰云云者，蓋後人校此經時附著所見，或别本不同也。疑初皆細字，郭氏作注，改爲大字，遂與經并行矣。

[五]【箋疏】比翼鳥即蠻蠻也，已見《西次三經》崇吾之山。

[六]【郭注】似凫。

［七］【廣注】即蠻蠻也。【新校正】《博物志》云：「比翼鳥，一青一赤，在參隅山。」

羽民國［一］在其東南。其爲人長頭，身生羽［二］，一曰在比翼鳥東南，其爲人長頰［三］。有神人二八，連臂，爲帝司夜於此野［四］，在羽民東。其爲人小頰赤肩［五］，盡十六人［六］。畢方鳥在其東，青水西［七］。其爲鳥，人面一脚［八］。一曰在二八神東。

［一］【新校正】《淮南子·墬形訓》有羽民。《吕氏春秋》云：「禹南至羽人之處。」王逸《楚辭章句》曰：「或曰人得道，身生羽毛也。」【箋疏】《大戴禮·五帝德篇》云：「東長鳥夷。」疑即此也。《楚詞·遠游》云：「仍羽人於丹丘。」王逸注引此經言有羽人之國。《吕氏春秋·求人篇》亦作羽人，高誘注云：「羽人鳥喙，背上有羽翼。」

［二］【郭注】能飛不能遠，卵生，畫似仙人也。【廣注】《博物志》：「羽民國民有翼，飛不遠。多鸞鳥，民食其卵，去九疑四萬三千里。」《异林》云：「羽民，長頰鳥喙，赤目白首，身有羽毛，不能遠飛。」《事物紺珠》云：「羽民國，在海東南崖巘間，長頰鳥喙，身生羽毛，似人而卵生。」《淮南（子·）原道訓》曰：「理三苗、朝羽民。」注云：「南方羽國之民。」《金樓子》云：「舜時羽民獻火浣布。」顧氏《説略》曰：「舜時瑞事尤多，羽民等獻黄布、火浣之類。」《楚辭》：「仍羽人於丹邱兮。」王逸注：「即羽人國也。」高叔嗣詩：「宅并羽人邱。」孫綽賦：「仍羽人於丹邱，尋不死之福庭。」江淹《遂古篇》：「跂踵交脛與羽人兮。」《（山海經）圖贊》曰：「鳥喙長頰，羽生則卵。矯翼而翔，龍飛不遠。人維倮屬，何狀之反。」【箋疏】《博物志》云：「羽民國民有翼，飛不遠。多鸞鳥，民食其卵，去九疑四萬三千里。」《太平御覽》九百十六卷引《括地圖》同，唯三千作一千也。郭云畫似仙人者，謂此經圖畫如此也，下同。

［三］【郭注】《啓筮》曰：「羽民之狀，鳥喙赤目而白首。」【箋疏】《文選·鸚鵡賦》注引《歸藏·啓筮》曰：「金水之子，其名曰羽蒙，是生百鳥。」即此也。羽民、羽蒙聲相轉。

［四］【郭注】晝隱夜見。【補注】南中夷方或有之。夜行逢之，土人謂之夜游神。【廣注】《淮南子》：「有神人連臂爲帝候夜。」注云：「連臂大呼，夜行。」《（山海經）圖贊》曰：「羽民之東，有神司夜。二八連臂，自相羈駕。晝隱宵出，詭時淪化。」

【箋疏】薛綜注《東京賦》云：『野仲、游光，惡鬼也。兄弟八人，常在人間作怪害。』案：野仲、游光二人兄弟各八人，正得十六人，疑即此也。

[五]【郭注】當胛上正赤也。【箋疏】脾（宋本胛）當爲髆字之訛。《説文》云：『髆，肩甲也。』甲，俗作胛。《廣韻》云：『背胛。』明藏經本脾作胛可證。《玉篇》引此經肩作眉，訛。

[六]【郭注】疑此後人所增益語耳。【新校正】郭説是也。此或秀釋二八神之文。【箋疏】此蓋校書者釋經之語。

[七]【箋疏】畢方形狀，已見《西次三經》章莪之山。又：青水，出昆侖西南隅，過畢方鳥東，見《海内西經》。

[八]【廣注】《抱朴子》云：『枯灌化形，山夔前跟。石脩九首，畢方人面。』即斯鳥也。又《韓子》載師曠曰：『黄帝合鬼神於泰山之上，駕象車而六蛟龍，畢方并轄。』《淮南子》云：『水出罔象，木生畢方。』《意林》曰：『木精畢方，火精游光。』《廣雅》曰：『土神謂之羵羊，木神謂之畢方。』揚雄《蜀都賦》：『獸則猶㺃畢方。』疑非此。劉會孟曰：『佛國鳥頻伽亦人面。羽山之北，有善鳴之禽，亦人面鳥喙一足，名曰青鸛。其聲似鐘磬笙竽。』又鵃鳥、鵹鳥、橐𩇯、鳧徯，皆人面禽也，與此類。【箋疏】《西次三經》説畢方鳥，不言人面。

讙頭國[一]在其南。其爲人，人面有翼，鳥喙，方捕魚[二]。一曰在畢方東，或曰讙朱國[三]。

[一]【新校正】《淮南子·墜形訓》有讙頭國民。【箋疏】驩頭國，鯀之苗裔，見《大荒南經》。

[二]【郭注】讙兜，堯臣，有罪，自投南海而死。帝憐之，使其子居南海而祠之，畫亦似仙人也。【廣注】《神异經》曰：『驩兜氏鳥足，仗翼而行，食魚，不畏風雨，有所觸，死乃已。』《博物志》曰：『驩兜國，其民盡是仙人。帝堯司徒，驩兜民常捕海島中，人面鳥口，去南國萬六千里。』《吕氏春秋》云：『縛婁之陽禺、驩兜之國，多無君。』《（山海經）圖贊》曰：『讙國鳥喙，行則仗羽。潜於海濱，維食秬秠。實維嘉穀，所謂濡黍。』【新校正】言圖象如此。【箋疏】讙兜，古文作鵃吺，見《尚書大傳》注。鵃，當爲鴅，《玉篇》云：『鴅，呼丸切，人面鳥喙。』《史記》正義引《神异經》云：『南方荒中有人焉，人面鳥喙而有翼，兩手足扶翼而行，食海中魚。』即斯人也。

[三]【新校正】朱、頭聲相近，古假音字。【箋疏】頭，聲轉爲徒。徒、朱聲相近，故讙頭爲讙朱。

厭火國[一]在其國南，獸身黑色，生[二]火出其口中[三]。一曰在讙朱東。

[一]【新校正】《淮南子·墜形訓》云裸國民，與此异。【箋疏】《博物志》作厭光國。

[二]【箋疏】《藝文類聚》八十卷引此經無生字。

[三]【郭注】言能吐火。畫似獼猴而黑色也。【廣注】《博物志》曰：『厭光國民，光出口中。』《事物紺珠》云：『厭光民形如猿猴，光出口中。』又云：『厭虎獸似獼猴，黑身，口出火。』即此也。《本草集解》曰：『南方有厭火之民，食火之獸。』注云：『國近黑昆侖，人能食火炭。食火獸，名禍斗也。』《（山海經）圖贊》曰：『有人獸體，厥狀怪譎。吐納炎精，火隨氣烈。推之無奇，理有不熱。』又：大秦國，俗多奇幻，口中出火。漢安帝永寧元年，復有撣國來朝，獻樂及幻人，能變化吐火。此魚龍曼衍之術，非自然者也。

三株樹[一]在厭火北，生赤水上[二]。其爲樹如柏，葉皆爲珠[三]。一曰其爲樹若彗[四]。

[一]【箋疏】《初學記》二十七卷引此經作珠，《淮南（子·）墜形訓》及《博物志》同。

[二]【箋疏】《莊子·天地篇》云：『黄帝游乎赤水之北，遺其玄珠。』蓋本此爲説也。樹生赤水之南，故陶潛《讀山海經》詩云：『粲粲三珠樹，寄生赤水陰。』陰，謂水南也。

[三]【釋義】皆爲珠，謂其葉生如珠。【廣注】三株通作三珠。《淮南子》云：『三珠樹在其東北方。』《博物志》云：『三珠樹生赤水之上。』吴淑《事類賦》：『見三珠於赤水，植五柞於漢宫。』《（山海經）圖贊》曰：『三珠所生，赤水之際。翹葉柏竦，美壯若彗。濯彩丹波，自相霞映。』陶潛《讀山海經》詩：『粲粲三珠樹，寄生赤水陰。亭亭凌風桂，八榦共成林。』吴筠詩：『安得昆侖山，偃蹇三珠樹。』褚禋詩：『誰謂重三珠，終焉競八桂。』張九齡詩：『側見雙翠鳥，巢在三珠樹。』李白

詩：『蒼蒼三珠樹。』王世貞詩：『赤水三珠樹。』《高士廉集·（文思博要）序》：『獲十城之珍，搴三珠之樹。』又唐人號王勔兄弟爲三珠樹，皆本此。【箋疏】即琅玕樹之類。《海内西經》云：『開明北有珠樹。』

[四]【郭注】如彗星狀。【箋疏】彗，埽竹也，見《説文》。彗星爲欃槍，見《爾雅》。

三苗國[一]在赤水東。其爲人相隨[二]。一曰三毛國[三]。

[一]【廣注】《淮南子》海外三十六國有三苗民，《路史》作三饒。【新校正】《淮南子·墬形訓》有三苗民，高誘注云：『三苗，蓋謂帝鴻氏之裔子渾沌、少昊氏之裔子窮奇、縉雲氏之裔子饕餮。三族之苗裔，亦謂之三苗。』又云：『三苗國民，在豫章之彭蠡。』《史記》正義云：『吳起云：左洞庭而右彭蠡。今江州、鄂州、岳州，三苗之地也。』【箋疏】《史記·五帝紀》云：『三苗在江淮荆州，數爲亂。』正義曰：『《左傳》云：自古諸侯不用王命，虞有三苗也。吳起云：三苗之國，左洞庭而右彭蠡。今江州、鄂州、岳州，三苗之地也。』案：《周書·史記篇》云：『外内相間，下撓其民。民無所附，三苗以亡。』是三苗乃國名。高誘注《淮南（子·）墬形訓》既云：『三苗，國名，在豫章之彭蠡。』而注《脩務訓》又云：『渾敦、窮奇、饕餮三族之苗裔，謂之三苗。』非也。

[二]【郭注】昔堯以天下讓舜，三苗之君非之，帝殺之。有苗之民叛入南海，爲三苗國。【廣注】劉會孟云：『猶陸渾之族遷於伊州尚曰陸渾。』【箋疏】郭説三苗疑非實録，當以《周書·史記篇》爲據。

[三]【釋義】此即《（尚）書》之所謂『竄三苗於三危』。俗稱三毛，誤。【新校正】毛、苗音相近。

𢧵國[一]在其東。其爲人黄，能操弓射蛇[二]。一曰𢧵國在三毛東[三]。

[一]【郭注】（𢧵）音秩，亦音替。【廣注】《（路史·）國名記》云：『經有巫人、𢧵民。𢧵民盼姓，帝俊後。』《廣韵》有𢧵國，即此也。【新校正】舊本作𢧵，非。案六書，當爲此（𢧵）。《淮南子·墬形訓》三苗民之次即交股民，而無此國。【箋疏】

載，疑當爲𢧢，見《說文》。《玉篇》作𢦏，云：『𢦏，國名也，在三苗東。』本此。

[二]【郭注】《大荒經》云：『此國自然，有五穀衣服。』【釋義】黄，色中也。國在東，鄰苗也。【箋疏】𢧢民國，肦姓，見《大荒南經》。

[三]【廣注】《（山海經）圖贊》曰：『不蠶不絲，不稼不穡。百獸率儛，群鳥拊翼。是號𢧢民，自然衣食。』

貫匈國[一]在其東。其爲人，匈有竅[二]。一曰在𢧢國東。

[一]【釋義】《倮蟲録》亦有穿胸國，即此。【新校正】《淮南子·墜形訓》有穿胸民，高誘注云：『穿孔達背。』《竹書紀年》云：『黄帝軒轅氏五十九年，貫匈氏來賓。』《括地圖》云：『禹平天下，會於會稽之野。又南經，防風之神弩射之。有迅雷，二神恐，以刃自貫其心。禹哀之，乃拔刃，療以不死之草，皆生，是爲貫匈之民。』《博物志》云：『穿匈人去會稽萬五千里。』俱見李善注《文選》。案《竹書（紀年）》，黄帝時已有貫匈民，則《括地圖》之言未得其實也。

[二]【郭注】《尸子》曰：『四夷之民，有貫匈者，有深目者，有長肱者，黄帝之德嘗致之。』《异物志》曰：『穿匈之國，去其衣則無自然者。』蓋似效此貫匈人也。【廣注】《河圖玉版》曰：『防風之二臣，以刃自貫其心而死。禹哀之，乃拔其刃，療以不死之草，是爲穿匈民。』然《金樓子》云：『帝舜九載，貫匈民獻珠鰕』。《竹書（紀年）》：『黄帝五十九年，貫匈氏來賓。』前此已有其國矣。《墨子》蠻之類八，穿匈在其中。《嬴蟲録》云：『穿匈國在盛海東。』駱賓王《露布》：『反衡（踵）穿匈之域，襲官（冠）帶以來王。奇肱儋耳之民，奉正朔而請吏。』【箋疏】《藝文類聚》九十六卷引《括地圖》曰：『禹誅防風氏，夏后德盛，二龍降之。禹使范氏御之以行。經南方，防風神見。禹怒射之，有迅雷，二龍升去。神懼，以刃自貫其心而死。禹哀之，瘞以不死草，皆生，是名穿胸國。』《博物志》亦同兹説。然黄帝時已有貫匈民，防風之説，蓋未可信。

交脛國[一]在其東。其爲人交脛[二]。一曰在穿匈東[三]。

[一]【新校正】《淮南子·墜形訓》有交股民，在三苗民之次，與此异。《吕氏春秋》云：『禹南至交阯之國。』高誘注《淮南子》云：『交股民，脚相交切。』

[二]【郭注】言脚脛曲戾相交，所謂雕題、交趾者也。或作頸，其爲人交頸而行也。【釋義】交脛亦可行也，其性遂也。【廣注】《淮南子》作交股，今名交趾。《東漢書》：『男女同川而浴，故曰交趾。』《（大戴）禮·（孔子）三朝記》云：『北發渠搜，南撫交趾。』范氏《桂海虞衡志》：『安南有播流山，環數百里，皆如鐵圍，不可攀躋。中有土國，惟一竅可入，而常自窒之。人物詭怪，不與外人通。』疑此即古交趾地。若今之交趾，其人百骸與華無异。又李氏《筆記》云：『交趾人，足趾皆重起。』又張鏡心《馭交記》引經曰『交趾，其人交脛』，與本文略异。【箋疏】《廣韵》引劉欣期《交州記》云：『交阯之人，出南定縣，足骨無節，身有毛，卧者更扶始得起。』引此經及郭注，并與今本同。《太平御覽》七百九十卷引《外國圖》曰：『交脛民，長四尺。』《淮南（子·）墜形訓》有交股民，高誘注云：『交股民，脚相交切。』即此也。《説文》云：『㐌，行脛相交也。』亦此義。㐌，音力吊切。

[三]【廣注】《博物志》云：『交趾民，在穿胸東。』沈佺期《渡海》詩：『嘗聞交趾郡，南與貫匈連。』【新校正】此作穿匈者，穿、貫音義同。

不死民[一]在其東[二]。其爲人黑色，壽不死[三]。一曰在穿匈國東。

[一]【新校正】《淮南子·墜形訓》有不死民，在交股民之次。《吕氏春秋》云：『禹南至不死之鄉。』高誘注《淮南子》云：『不死，不食也。』【箋疏】《楚詞·遠游》云：『仍羽人於丹丘，留不死之舊鄉。』王逸注引此經言：有不死之民。《天問》云：『何所不死。』王逸注引《（河圖）括地象》曰：『有不死之國也。』《吕氏春秋·求人篇》云：『禹南至不死之鄉。』

[二]【廣注】《楚辭》：『何所不死？長人何守？』《淮南子》海外三十六國，有不死民。又云：『飲氣之民，不死之野。』即此也。江淹《遂古篇》云：『不死之國，皆何因兮。』

［三］【郭注】有員丘山，上有不死樹，食之乃壽。亦有赤泉，飲之不老。【廣注】《括地圖》曰：『員邱之山，上有赤泉，飲之不死。』《博物志》云：『員邱山有不死樹，食之乃壽。』（郭）景純《遊仙》詩：『圓邱有奇草，鍾山出靈液。』《洛陽宫殿簿》云：『明光殿前長生樹二株，晉華林園長生樹二株，即不死樹也。』又廣西柳州産苴草，亦名不死草。《周髀算經》曰：『中衡左右，冬有不死之草。』李石《續博物志》曰：『支國有活人草。人死者，將草覆面即活。』皆不死樹類。《（山海經）圖贊》曰：『有人爰處，員邱之上。赤泉駐年，神木養命。禀此遐齡，悠悠無竟。』陶潛《讀山海經》詩：『自古皆有没，何人得靈長。不死復不老，萬歲如平常。赤泉給我飲，員邱是我糧。方與三辰游，壽考豈渠央。』【箋疏】《淮南（子・）墬形訓》有不死民，高誘注云：『不死，不食也。』《大戴禮・易本命篇》云：『食氣者神明而壽，不食者不死而神。』是高注所本。然則不死之民，蓋以不食不飲而得之。郭云食木飲泉，據《大荒南經》爲説也。《博物志》説員丘赤泉與郭同。又陶潛《讀山海經》詩亦同兹説，蓋魏晉間人祖尚清虚，舊有成語，郭氏述之爾。

岐舌國［一］在其東［二］。一曰在不死民東。

［一］【新校正】《淮南子・墬形訓》有反舌民，在穿胸民之次，高誘注云：『語不可知而自相曉。一説舌本在前，不向喉，故曰反舌也。南方之國名也。』案：反、支字相近，則岐舌古或又爲支與？

［二］【郭注】其人舌皆岐。或云支舌也。【廣注】《淮南子》：『東南方有反舌民。』注云：『語不可知而自相曉。』《吕覽》云：『反舌，殊鄉之國。』《東京賦》：『重舌之人九譯，僉稽首而來王。』王氏《彙苑》云：『反舌之國，其人反舌。』即此也。《拾遺記》曰：『因霄之國，人舌尖處倒向喉内，亦曰兩舌重沓。』《玄覽》云：『軒渠之西，其民四舌而三瞳。』《（文獻）通考》謂之三童國，亦此類。』【箋疏】支舌，即岐舌也。《爾雅・釋地》云：『枳首蛇，即岐首蛇。』岐一作枝，枝、支古字通也。又支與反字形相近。《淮南（子・）墬形訓》有反舌民，高誘注云：『語不可知而自相曉。』又注《吕氏春秋・功名篇》云：『一説南方有反舌國，舌本在前，末倒向喉，故曰反舌。』是支舌古本作反舌也。《藝文類聚》十七卷引此經作反舌國，其人反舌。《太平御覽》三百六十七卷亦引此經同，而云：『一曰交。』案：交蓋支字之訛也。二書所引經文作反舌，

與古本正合。

昆侖墟在其東，墟四方[一]。一曰在岐舌東，爲墟四方。羿[二]與鑿齒[三]戰於壽華之野[四]，羿射殺之[五]，在昆侖墟東。羿持弓矢，鑿齒持盾[六]，一曰戈[七]。

[一]【郭注】墟，山下基也。【廣注】劉會孟云：『在烏思藏山。』【新校正】此東海方丈山也。《爾雅》云：『三成爲昆侖邱。』是昆侖者，高山皆得名之。此在東南方，當即方丈山也。《水經注》云：『東海方丈，亦有昆侖之稱。』又案：舊本虛作墟，非。

[二]【新校正】《墨子》云：『羿作弓。』《吳越春秋》云：『黄帝作弓。後有楚狐父以其道傳羿，羿傳逢蒙。』《說文》云：『羿，古諸侯也。』今作羿，省文。

[三]【新校正】《淮南子·墜形訓》此上有冢喙民，又次有鑿齒民，即此。高誘注云：『吐出一齒，口下長三尺。』壽華，《淮南子·齊俗訓》作疇華。高誘注云：『南方澤名。』

[四]【郭注】鑿齒亦人也，齒如鑿，長五六尺，因以名云。【箋疏】《說文》云：『芎，帝嚳射官，夏少康滅之。』引《論語》曰：『芎，善䠶。』又云：『羿，亦古諸侯也，一曰䠶師。』《吳越春秋》云：『黄帝作弓。後有楚狐父以其道傳羿，羿傳逢蒙。』據二書所説，羿蓋非一人也。此經之羿，説者以爲堯臣。《淮南（子·）本經訓》云：『堯之時，鑿齒爲民害。堯乃使羿誅鑿齒於疇華之野。』高誘注云：『鑿齒，獸名，齒長三尺，狀如鑿徹頷下，而持戈盾。疇華，南方澤名。』又注《墜形訓》鑿齒民云：『吐一齒出口下，長三尺。』大意與郭注同。唯以鑿齒爲獸，非也。李善注《長楊賦》引服虔云：『鑿齒，齒長五尺，似鑿，亦食人。』與郭義近。疇華，即壽華。《北堂書鈔》一百十八卷引此注人下有貌字，經文之下無在字，此脱衍。

[五]【廣注】《（淮南）鴻烈解》有鑿齒民，即此。高誘云：『鑿齒，獸名，齒長三尺，其狀如鑿，下徹頷下，羿射殺之。』《博物志》曰：『羿與鑿齒戰於疇華之野。羿持弓鑿，齒持矛，羿殺之。』《路史》云：『堯殊鑿齒於疇華之野，戮九嬰於凶水之

上。』疇華，即壽華也。《青邱記》：『東方澤疇華，南方澤凶水。』《（山海經）圖贊》曰：『鑿齒人類，實有傑牙。猛越九嬰，害過長蛇。堯乃命羿，斃之壽華。』《金薤琳琅》載《昭仁寺碑》云：『殄暴壽華之澤，戮凶絶轡之野。』本此也。【新校正】《淮南子·齊俗篇》云：『堯之時，鑿齒爲民害。堯乃使羿，誅鑿齒於疇華之野。』高誘注云：『鑿齒，獸名，徹頷下而持戈盾。』案：高誘云獸名，與封豨、修蛇并列，其實非也。經云持弓矢、持盾者，亦所見圖象與？

［六］【箋疏】亦謂圖畫如此也。《太平御覽》三百五十七卷引此經作持盾戟。

［七］【郭注】未詳。【廣注】一云鑿齒持戈也。【新校正】一本持盾作持戈也。【俞讀】此文有誤，今訂正之，曰：『鑿齒在其東。羿與鑿齒戰於壽華之野，羿射殺之。羿持弓矢，鑿齒持盾。一曰在昆侖虚東。』如此方與上下諸國一例，今本脱誤耳。其一曰戈，即一曰在，戈乃在之壞字。郭所見本已誤，故不得其説。畢疑爲盾之异文，非也。

三首國［一］在其東。其爲人，一身三首［二］。一曰在鑿齒東。

［一］【新校正】《淮南子·墬形訓》有三頭民。高誘注云：『身有三頭也。』即此。《吕氏春秋》云：『禹西至三面之鄉。』

［二］【廣注】《抱朴子》曰：『巢居野處，獨目三首。』《南華經》云：『有人三頭伺琅玕。』與玕琪子同此類。李時珍《人傀論》：『人具四肢七竅常理也，而荒裔有三首、比肩、飛頭、垂尾之民。』《淮南子》云：『自西南至東南方，爲三頭民。』《（山海經）圖贊》曰：『雖云一氣，呼吸异道。觀則俱見，食則皆飽。物形自周，造化非巧。』又《博物志》載『蒙雙民二頭四手』，亦三首之屬也。【箋疏】《海内西經》云：『有三頭人伺琅玕樹。』即斯類也。

周饒國［一］在其東。其爲人，短小冠帶［二］。一曰焦僥國，在三首東［三］。

［一］【新校正】《淮南子·墬形訓》無此國。周饒，即焦僥，音相近也。《周書·王會》有周頭國，即此。《國語》曰：『焦僥人長三尺，短之至也。』韋昭云：『焦僥，西南蠻之别名也。』《列子·湯問篇》云：『夏革曰：從中州以東四十萬里，得焦僥

國人，長一尺五寸。』《淮南子·墬形訓》云：『西南方曰焦僥。』高誘注云：『不滿三尺。』《說文》云：『西南僰人、焦僥從人。蓋在坤地，頗有順理之性。』《括地志》云：『小人國在大秦南，人纔三尺。其耕稼之時，懼鶴所食，大秦助之，即焦僥國。其人穴居也。』見《史記》正義。【箋疏】周僥，亦焦僥，聲之轉，又聲轉爲朱儒。《（三國志·）魏志·東夷傳》云：『女王國，又有侏儒國在其南，人長三四尺，去女王四千餘里。』蓋斯類也。焦僥國幾姓，見《大荒南經》。

［二］【郭注】其人長三尺，穴居，能爲機巧，有五穀也。【箋疏】《初學記》十九卷引《拾遺記》云：『員嶠山有陀移國，人長三尺，壽萬歲。』疑陀移即周饒之异名，員嶠山與方丈山相近也。又引《神异經》曰：『西北荒中有小人，長一寸，朱衣玄冠。』與此經短小冠帶合也。又云：『有鶴國，人長七寸，海鵠遇則吞之。』《史記》正義引《括地志》云：『小人國在大秦南，人纔三尺。其耕稼之時，懼鶴所食，大秦助之，即焦僥國。其人穴居也。』亦與郭注合。郭云能爲機巧者，案：《竹書（紀年）》云：『帝堯二十九年，焦僥氏來朝，貢没羽。』是其機巧之事也。

［三］【郭注】《（春秋）外傳》云：『焦僥氏，長三尺，短之至也。』《詩含神霧》曰：『從中州以東西千萬里，得焦僥國人，長一尺五寸也。』【廣注】《（文獻）通考》云：『焦僥人長三尺，穴居善游，鳥獸懼焉。其地草木冬落夏生。』《竹書紀年》：『堯二十九載，焦僥氏來貢没羽。』《帝王世紀》：『舜時，焦僥氏來貢没羽。』馬融《廣成頌》云『納焦僥之珍羽』，謂此也。《淮南子》云：『焦僥曰炎，上林希逸。』《列子》注：『焦僥之尺五，諍人之九寸。』《（山海經）圖贊》曰：『屈籟舛吹，氣有萬殊。大人三丈，焦僥尺餘。混之一歸，此亦僑如。』又焦僥或作憔僥。《酉陽雜俎》云：『李章武有人臘，長三寸餘，頭項中骨筋成就，是憔僥國人。』

長臂國［一］在其東，捕魚水中，兩手各操一魚［二］。一曰在焦僥東，捕魚海中［三］。

［一］【釋義】長臂捕魚，業生也。【新校正】《淮南子·墬形訓》有修臂國。高誘注云：『一國民皆長臂，臂長於身，南方之國也。』

［二］【郭注】舊説云：其人手下垂至地。魏黄初中，玄菟太守王頎討高句麗王宫，窮追之，過沃沮國。其東界臨大海，近日之

所。出問其耆老：『海東復有人否？』云：『嘗在海中得一布褶，身如中人衣，兩袖長三尺。』即此長臂人衣也。【廣注】《淮南子》：『海外三十六國，有脩臂民。』《抱朴子》云：『脩臂、交股。』江淹《遂古篇》云：『長臂兩面。』即此也。牛衷《埤雅廣要》曰：『長臂國，在海之東。其人垂手至地。又有長脚人，常負之入海捕魚。』又《博物志》載：『一布衣從海浮出，其身如中國人，衣兩袖長二丈。』朱謀㙔《异林》云：『長臂之國，臂長丈餘，身如中人。』《（山海經）圖贊》曰：『雙肱三尺，體如中人。彼曷爲者，長臂之民。脩脚是負，捕魚海濱。』梁簡文（帝）《菩提樹頌》：『穿胸鏤臆之首，短身長臂之師。』【箋疏】《穆天子傳》云：『乃封長肱於黑水之西河。』郭注云：『即長臂人也，身如中國，臂長三丈。魏時，在赤海中得此人裾也。』案：郭注與此注同，其中國當爲中人，字之訛也。此注所説本《（三國志·）魏志·東夷傳》。布褐，彼文作布衣，中人作中國人，《博物志》亦同。唯三丈，《博物志》作二丈也。

[三]【新校正】兩手各操一魚，云捕魚海中，皆其圖像也。

狄山[一]，帝堯葬于陽[二]，帝嚳葬于陰[三]。爰有熊、羆、文虎[四]、蜼[五]、豹、離朱[六]、視肉[七]、吁咽[八]，文王皆葬其所[九]。一曰湯山[十]。一曰爰有熊、羆、文虎、蜼、豹、離朱、鴟久[十一]，視肉、虖交[十二]。其范林方三百里[十三]。

[一]【新校正】《墨子》云：『堯北教八狄，道死，葬蛩山之陰。』則此云狄山者，狄中之山也。《元和郡縣志》云：『頓邱縣狄山，在縣西北三十五里。』蓋以頓邱嚳冢所在故，指爲狄山，恐非經狄山也。【明案】《元和郡縣志》文爲秋山，非狄山，畢沅文誤。

[二]【郭注】《吕氏春秋》曰：『堯葬穀林。』今陽城縣西、東阿縣城次郡中、赭陽縣湘亭南，皆有堯冢。【廣注】《帝王世紀》：『堯葬濟陰成陽西北四十里，是爲穀林。』《墨子》云：『堯葬蛩山之陰。』《山陵考》云：『堯陵在東平州。』王充乃云：『葬崇山。』《（後漢書·）郡國志》言濟陰郡成陽縣有堯冢。《皇覽·冢墓記》云：『堯冢在濟陰成陽。』《續述征記》云：『小成陽在陽城西南半里許，俗云囚堯城。』合諸説觀之，要以爲小成陽者近是，餘皆儀墓爾。【箋疏】《史記》集解引《皇覽》

曰：『堯冢在濟城陰。劉向曰：堯葬濟陰丘壠山。《呂氏春秋》曰：堯葬穀林。皇甫謐曰：穀林即城陽。』正義引《括地志》云：『堯陵在濮州雷澤縣西三里。雷澤縣，本漢郕陽縣也。』今案：《（漢書·）地理志》云：『濟陰郡成陽。有堯冢、靈臺。』《晉書·地理志》云：『濟陽郡城陽。堯冢在西。』二志皆作城陽，郭注作陽城，訛。其引《呂氏春秋·安死篇》文也，高誘注云：『《傳》曰：堯葬成陽。此云穀林，成陽山下有穀林。』是諸書所說，其地皆不殊，唯《墨子》云：『堯北教乎八狄，道死，葬蛩山之陰。』然則此經狄山，蓋狄中之山，今大名府清豐縣有狄山也。司馬相如《大人賦》云：『歷唐堯於崇山。』《漢書》張揖注云：『崇山，狄山也。』引此經云云。《水經·瓠子河》注亦引此經，而云狄山一名崇山。崇、蛩聲相近，蛩山，又狄山之別名也。

[三]【郭注】嚳，堯父，號高辛，今冢在頓丘縣城南臺陰野中也，音酷。【廣注】《山陵雜紀》云：『嚳葬頓邱宜陽。』《山陵考》云：『帝嚳陵，在滑縣東北七十里。』《廣輿記》：『大名府清豐縣有秋山，帝嚳葬此山之陰。』《（山海經）圖贊》曰：『聖德廣被，物無不懷。爰乃殂落，封墓表哀。异類猶然，况乃華黎。』【箋疏】《大戴禮·帝繫篇》云：『黄帝産玄囂，玄囂産蟜極，蟜極産高辛，是爲帝嚳。帝嚳産放勛，是爲帝堯也。』《史記·五帝紀》索隱引《皇覽》曰：『帝嚳冢，在東郡濮陽頓丘城南臺陰野中。』案：東郡濮陽、頓丘，具見《（漢書·）地理志》。

[四]【郭注】雕虎也。《尸子》曰：『中黄伯：余左執大行之猱，而右搏雕虎也。』【箋疏】《文選·思玄賦》舊注云：『雕虎，象，獸名也。』引《尸子》中黄伯曰云云。劉逵注《蜀都賦》亦引《尸子》曰中黄伯云，并與此注同。此注中黄伯下脱曰字。

[五]【郭注】蜼，獮猴類。【廣注】《爾雅》：『蜼，卬鼻而長尾。』

[六]【郭注】木名也，見《莊子》。今圖作赤鳥。【箋疏】郭云木名者，蓋據《子虛賦》檗離朱楊爲説也。然郭於彼注既以朱楊爲赤莖柳，則此注非也。又云見《莊子》者，《天地篇》有其文。然彼以離朱爲人名，則此亦非矣。又云今圖作赤鳥者，赤鳥疑南方神鳥焦明之屬也。然《大荒南經》離朱又作離俞。

[七]【郭注】聚肉形如牛肝，有兩目也。食之無盡，尋復更生如故。【廣注】劉會孟曰：『視肉，猶南方無損獸。』《南華逸篇》云：『人而不學謂之視肉，學而不行謂之撮囊。』李斯云：『禽鹿視肉，人面而能强行。』《（山海經）圖贊》曰：『聚肉有眼，而無腸胃。與彼馬勃，頗相髣髴。奇在不盡，食人薄味。』【箋疏】《北堂書鈔》一百四十五卷引此注作食之盡，今本無字衍也。《初學記》引《神异經》云：『西北荒有遺酒、追復脯焉，其味如麞，食一片復一片。』疑即此也。《博物志》云：

『越嶲國有牛，稍割取肉，牛不死。經日，肉生如故。』又《神异經》云：『南方有獸，似鹿而豕首，有牙，善依人求五穀，名無損之獸。人割取其肉不病，肉復自復。』已上所説二物，義與郭近，而形狀則异。郭注未見所出。又《（三國志・）魏志・公孫淵傳》云：『襄平北市生肉，長圍各數尺，有頭目口喙，無手足而動摇。占曰：有形不成，有體無聲，其國滅亡。』亦其類也。又高誘注《淮南（子・）墬形訓》云：『視肉，其人不知言也。』所説復與郭异，今所未詳。

［八］【郭注】所未詳也。

［九］【郭注】今文王墓在長安鄗聚社中。案：帝王冢墓，皆有定處。而《山海經》往往復見之者，蓋以聖人久於其位，仁化廣及，恩洽鳥獸。至於殂亡，四海若喪考妣，無思不哀。故絶域殊俗之人聞天子崩，各自立坐而祭醊哭泣，起土爲冢，是以所在有焉，亦猶漢氏。諸遠郡國皆有天子廟，此其遺象也。【廣注】今咸陽縣有周文王陵。【新校正】文王所葬既與堯、嚳不同所，又此禹經安從紀文王之葬，以爲《五臧山經》五篇是禹所著也。《海外經》已下，是周時説《山海圖》之文。詳其文義，因圖有湯即嚳而兼及文王葬也。【箋疏】《尚書大傳・金縢篇》云：『畢者，文王之墓地。』《史記》集解引《皇覽》云：『文王、武王、周公冢，皆在京兆長安鎬聚東社中也。』是文王之葬既不與堯、嚳同地。又此經禹記，何得下及文王？明《海外經》已下，蓋周秦間人讀此經者所附著也。

［十］【釋義】海外湯山，湯冢也。無弗届也，是故异獸群分，范林布野。其湯之佳城乎？

［十一］【郭注】鴟久，鵂鶹之屬。【廣注】鴟久，即鵂鶹，古字通，見《字義總略》。【箋疏】鴟，當爲鵰。《説文》云：『雖舊，舊留也。』舊或作鵂，是經文鴟久即雖舊。注文雊鶹，即鵂鶹也，皆聲近假借字。

［十二］【郭注】所未詳也。【箋疏】即吁咽也。吁、虖聲相近。

［十三］【郭注】言林木無濫布行也。【廣注】范、氾通。【箋疏】范林，《海内南經》作氾林。范、氾通。【明案】郭注『無濫布行』四字，畢沅本、郝懿行本均作氾濫布衍。

南方祝融［一］，獸身［二］人面，乘兩龍。

〔一〕【郭注】火神也。【釋義】祝融火帝，其道南也。【廣注】《太公金匱》：『南海神，名祝融。』《越絶（書）》云：『祝融治南方，僕程佐之。』《楚辭·九嘆》云：『絶廣都以直指兮，歷祝融於朱冥。』（司馬）相如《大人賦》：『祝融驚而蹕御兮，清雰氣而後行。』揚雄《河東賦》：『服玄冥及祝融。』《史記》正義云：『南方炎帝之佐，獸身人面，乘兩龍，應火正也。』《（山海經）圖贊》曰：『祝融火神，雲駕龍驂。氣御朱明，正陽是含。作配炎帝，列位於南。』【新校正】《尚書大傳》云：『南方之極，自北户南至炎風之野，帝炎帝、神祝融司之。』《淮南子·時則訓》云：『南方之極，自北户孫之外，貫顓頊之國，南至委火炎風之野，赤帝、祝融之所司者，萬二千里。』【箋疏】《吕氏春秋·孟夏紀》云：『其神祝融。』高誘注云：『祝融，顓頊氏後，老童之子吴回也，爲高辛氏火正，死爲火官之神。』《漢書·司馬相如傳》張揖注本此經。

〔二〕【新校正】云獸身者，若言蜂目豺喙之類。

【新校正】右海外自西南陬至東南陬，古本爲第二十七篇。

海外西經第七

海外自西南陬至西北陬者[一]：

[一]【釋義】天下之水，莫海爲大。曰海外，極論之耳。【新校正】《淮南子·墬形訓》云：『自西北至西南方，起修股民、肅慎民。』正與此文倒，知此經是説圖之詞。或右行，則自西南至西北起三身國；或左行，則自西北至西南起修股民。是漢時猶有《山海經圖》，各以所見爲説，故不同也。

滅蒙鳥在結匈國北[一]，爲鳥青，赤尾[二]。

[一]【新校正】蓋結匈國所有。承上文起西南陬，言其圖象在結匈國北也。

[二]【廣注】張華《博物志》：『結匈有滅蒙鳥。』【箋疏】《博物志》本此。《海内西經》又有孟鳥。

大運山[一]，高三百仞，在滅蒙鳥北。

[一]【廣注】《路史》注作大連山。

大樂之野[一]，夏后啓[二]於此儛九代[三]，乘兩龍[四]，雲蓋三層[五]，左手操翳[六]，右手操環[七]，珮玉璜[八]，在大運山北[九]。一曰大遺之野[十]。

[一]【新校正】此當即今山西太原，是《易·歸藏·鄭母經》夏后啓筮享神於晉之虛，作爲璿□□□□□□（原闕六字，實闕『臺於水之陽』五字）。李善注《文選》及《初學記》、《竹書紀年》云：『帝啓十年，帝巡狩，舞《九韶》於大穆之野。』《春秋地名》云：『晉大鹵、大原、大夏、大虛、晉陽、太原六名，其實一也。』見《初學記》。案：經云大樂，又云一曰大遺，樂、遺俱與夏聲相近，即大夏也，《易·歸藏》所謂晉之虛。【箋疏】畢氏云：『即今山西大原。』疑非也。據《大荒西經》說天穆之野在西南海外，不得近在晉陽也。

[二]【釋義】夏后啓，禹之子也，人也，非地也。【新校正】此有夏后啓者，證知周時說圖象之文。【箋疏】經稱夏后，即知非夏書也。

[三]【郭注】九代，馬名。儛，謂盤作之令儛也。【補注】盤作之，謂舉盤起之，令馬儛其上。杜詩：『舞馬更登床。』唐世猶有此戲。【廣注】蕭子範《求昭明集表》：『夏后之風，載傳樂野。』梁簡文（帝）《（馬寶）頌》：『張樂大野，夏有慙德。』盧柟《滄溟賦》：『玩弄乎夏后氏之儛。』本此。【新校正】（儛）當爲舞。【箋疏】九代，疑樂名也。《竹書（紀年）》云：『夏帝啓十年，帝巡狩，舞《九韶》於大穆之野。』《大荒西經》亦云：『天穆之野，啓始歌《九招》。』招，即韶也。疑九代即《九招》矣。又《淮南（子·）齊俗訓》云：『夏后氏，其樂夏籥九成。』疑九代本作九成，今本傳寫形近而訛也。李善注王融《三月三日曲水詩序》引此經云：『舞九代馬。』疑馬字衍。而《藝文類聚》九十三卷及《太平御覽》八十二卷引此經亦有馬字，或并引郭注之文也。舞馬之戲，恐非上古所有。【俞讀】九代之爲馬名，未詳所出。以儛爲舞馬，亦未合古義。代字，疑戈字之誤。戈、歌音同，九戈即九歌也。《大荒西經》曰：『夏后開上三嬪於天，得《九辯》與《九歌》以下。』是《九歌》乃夏后啓之樂。彼作九歌，此作九戈，音之誤也。《竹書紀年》云：『帝啓十年巡狩，舞《九韶》於大穆之野。』即是此事。

[四]【廣注】王融《（三月三日）曲水詩序》：『夏后兩龍，載驅璿臺之上。』江淹《赤虹賦》：『集傳說之一星，乘夏后之兩龍。』

又《遂古篇》：『夏開乘龍何因緣兮。』又效阮體詩：『夏后乘兩龍，高會在帝臺。』李商隱《九成宫》詩：『雲隨夏后雙龍尾。』謂此也。【箋疏】《大荒西經》同。

[五]【郭注】層，猶重也。【箋疏】李善注《西京賦》兩引此注并同。又注潘岳《爲賈謐作贈陸機詩》引此注云：『層，重也，慈登切。』今本脱郭音三字。又層，經典通作曾。據郭音，益知此經層當爲曾矣。

[六]【郭注】羽葆幢也。【箋疏】《説文》云：『翳，翿也，所以舞也。』

[七]【郭注】玉空邊等爲環。【補注】謂玉空其中而等其邊，肉、好均也。玉之内孔曰肉，外羨曰好。古玉有肉倍好者，有好倍肉者。環則肉、好兩均，所謂玉空邊等也。【箋疏】《説文》云：『環，璧也。肉好若一謂之環。』

[八]【郭注】半璧曰璜。

[九]【郭注】《歸藏·鄭母經》曰：『夏后啓筮：御飛龍登於天，吉。』明啓亦仙也　【廣注】《路史·夏啓紀》：『登擯抃馬，秉翳執環而聲九辨。』《（山海經）圖贊》曰：『筮御飛龍，果儛九代。雲融是揮，玉璜是佩。對揚帝德，稟天靈誨。』【箋疏】《太平御覽》八十二卷引《史記》曰：『昔夏后啓筮，乘龍以登於天，占於皋陶。皋陶曰：吉而必同，與神交通，以身爲帝，以王四鄉。』今案：《（太平）御覽》此文即與郭注所引爲一事也。

[十]【郭注】《大荒經》云大穆之野。【新校正】槃、遺聲相近。【箋疏】《大荒西經》作天穆之野。此注云大穆之野。《竹書（紀年）》天穆、大穆二文并見。此經又云大遺之野、大樂之野，諸文皆异，所未詳。

三身國[一]在夏后啓[二]北，一首而三身[三]。

[一]【新校正】《淮南子·墬形訓》有三身民。【箋疏】三身國姚姓，舜之苗裔，見《大荒南經》。

[二]【釋義】夏后啓，禹之子也，人也，非地也。

[三]【廣注】《淮南子》：『自西北至西南方，有三身民。』注云：『三身民，一頭三身。』江淹《遂古篇》：『丈夫女子至三身兮。』《玄覽》云：『鑿齒之東，其民一首而三身。』《荒史·因提紀》曰：『庸成氏實有季子，其性喜淫。帝放之於西南。季子儀

馬而産子，身人而尾蹄馬，是爲三身之國。』【箋疏】《藝文類聚》三十五卷引《博物志》云：『三身國，一頭，三身三手。』今此經無三手字。

一臂國[一]在其北，一臂、一目、一鼻孔[二]。有黄馬，虎文，一目而一手[三]。

[一]【新校正】《淮南子·墬形訓》有一臂民。

[二]【箋疏】郭注《爾雅·釋地》比肩民云：『此即半體之人，各有一目、一鼻孔、一臂、一脚。』蓋本此經爲説也。

[三]【廣注】《淮南子》：『海外三十六國，西南方有一臂民。』《吕氏春秋》云：『共肱、一臂之鄉。』《爾雅》：『北方有比肩民焉，迭食而迭望。』注云：『此即半體之人，各有一目、一鼻孔、一臂、一脚。』《异域志》云：『半體國，其人一目一手一足。』《交州記》曰：『儋耳國東有一臂國，人皆一臂也。』江淹《遂古篇》『一臂人兮』，本此。《三才圖會》曰：『一臂國在西海之北，半體比肩，猶魚鳥相合。』王融《（三月三日）曲水詩序》：『離身反踵之君，髽首貫胸之長。』離身，亦斯類也。《（山海經）圖贊》曰：『品物流行，以散混沌。增不爲多，減不爲損。厥變難原，請尋其本。』【箋疏】手，馬臂也。《（禮記·）内則》云：『馬黑脊而般臂漏。』

奇肱之國[一]在其北。其人一臂三目，有陰有陽，乘文馬[二]。有鳥焉，兩頭、赤黄色，在其旁[三]。

形天[四]與帝至此[五]争神。帝斷其首，葬之常羊之山[六]，乃以乳爲目，以臍爲口，操干戚以舞[七]。

[一]【郭注】（肱）或作弘。奇，音羈。【新校正】《淮南子·墬形訓》作奇股。高誘注云：『奇，隻也；股，脚也。』【箋疏】其肱，《説文》作厷，古文作厶，此注云或作宏，即《大荒南經》張宏之國也。《吕氏春秋·求人篇》云：『其肱一臂。』其肱，即奇肱。《淮南（子·）墬形訓》作奇股，高誘注云：『奇，隻也；股，脚也。』與此异。

[二]【郭注】陰在上，陽在下。文馬，即吉良也。【箋疏】吉良，見《海内北經》。

［三］【郭注】其人善爲機巧，以取百禽；能作飛車，從風遠行。湯時得之於豫州界中，即壞之，不以示人。後十年西風至，復作遣之。【廣注】《河圖括地象》曰：『奇肱氏能爲飛車，從風遠行。』《博物志》云：『奇肱國，去玉門西四萬里，善爲拭扛飛車。』《述异記》曰：『湯時，西風吹，奇肱人垂車，東至豫州界。俟十年而風後至使遣歸國。』《冠編》亦云：『成湯十祀，遣奇肱氏歸其國。』沈思永《文苑豹班》云：『奇肱氏能爲飛車，乘風而飛。禹時曾至。』《黄帝祠額解》云：『儋耳、奇肱、長股、貫胸，莫不來賓。』吴淑《風賦》云：『飛車初駭於奇肱，曲蓋始因於周武。』又《車賦》云：『然邱則剛金爲輞，奇肱則從風以飛。』《玄覽》曰：『奇肱有兩頭之鳥，互人有六首之鸓。』《（山海經）圖贊》曰：『妙哉工巧，奇肱之人。因風構思，制爲飛輪。凌頹遂軌，帝湯是賓。』【箋疏】《博物志》説奇肱民善爲拭扛，以殺百禽。拭扛，蓋機巧二字之异。又云：『湯破其車，不以視民。』視，即古示字，當作眎。又云：『十年東風至，乃復作車遣返。』郭注作西風至，西字訛也。云：『其國去玉門關四萬里，當須東風至乃得遣返矣。』

［四］【新校正】唐《等慈寺碑》正作形夭。依義，夭長於天，始知陶潛詩『形夭無千歲』千歲則干戚之訛；形夭，是也。【箋疏】《淮南（子·）墬形訓》作形殘，天、殘聲相近。或作形夭，誤也。《太平御覽》五百五十五卷引此經作形天。

［五］【箋疏】《（太平）御覽》引此經無至此二字。

［六］【箋疏】《宋書·符瑞志》云：『有神龍首，感女登於常羊山，生炎帝神農。』即此山也。《大荒西經》有偏勾常羊之山，亦即此。

［七］【郭注】干，盾；戚，斧也。是爲無首之民。【廣注】《抱朴子》謂無首之體，即此也。《（山海經）圖贊》曰：『争神不勝，爲帝所戮。遂厥形天，臍口乳月。仍揮干戚，雖化不服。』形天或作刑天。陶詩云：『精衛銜微木，將以填滄海。刑天舞干戚，猛志故常在。』亦作形夭，段成式《諾皋記》云：『形夭與帝争神，帝斷其首，葬之常羊山，乃以乳爲目，臍爲口，操干戚而舞焉。』劉會孟曰：『律陀有天眼，形天有天口。』《路史》曰：『刑天，即渾潡。』【新校正】《淮南子·墬形訓》云：『西方有形殘之尸。』高誘注云：『一説曰：形殘之尸於是以兩乳爲目，肥臍爲口，操干戚以舞。天神斷其手，後天帝斷其首也。』【箋疏】高氏所説，即本此經。其肥臍，疑肶臍之訛也。肥，本亦作腹。

女祭、女戚［一］在其北，居兩水間，戚操魚䱇［二］，祭操俎［三］。鶬鳥、鶹鳥［四］，其色青黄，所經國亡[五]，在女祭北。䳋鳥人面，居山上[六]。一曰維鳥、青鳥、黄鳥所集[七]。

[一]【箋疏】女戚，一曰女薎，見《大荒西經》。

[二]【郭注】䱇魚屬。【廣注】《（周書·）王會篇》：『甌人䱇蚳。』即䱇也。《物性志》云：『䱇似蛇，亦善緣樹食藤花。語曰：䱇則似蛇，䱜聞有翼。』【箋疏】《北次二經》云：『湖灌之水，其中多䱇。』郭注云：『亦䱇魚字。』是䱇即䱇字之异文。此注又云『䱇魚屬』，以爲二物，蓋失檢也。

[三]【郭注】肉几（反）。【廣注】《（山海經）圖贊》曰：『彼姝者子，誰氏二女。曷爲水閒，操魚持俎。厥儷安在，離群逸處。』

[四]【郭注】次、瞻雨音。【新校正】䳋、鶬二字，《説文》所無，見《玉篇》，云：『鳥青黄色，即鵂鶹也。』

[五]【郭注】此應禍之鳥，即今梟、鵂鶹之類。【廣注】《（山海經）圖贊》曰：『有鳥青黄，號曰鶬䳋。與妖會合，所集會至。類則梟鶹，厥狀難媚。』【箋疏】郭氏但舉類以曉人。《玉篇》云：『䳋鶬，即鵂鶹。』非也。《大荒西經》云：『爰有青鴍、黄鷔、青鳥、黄鳥。其所集者，其國亡。』是鴍、鷔即䳋、鶬之异名，非鵂鶹也。《廣韵》云：『䳋鳥似梟。』本此經及郭注。

[六]【廣注】《篇海》云：『䳋鳥，鵂鶹别名。』

[七]【新校正】古無䳋、鶬字，是作維鳥云云是也。下丈夫國，亦云在維鳥北。【箋疏】下云丈夫國在維鳥北，則作維鳥是也。青鳥、黄鳥，見《大荒西經》。

丈夫國[一]在維鳥北。其爲人，衣冠帶劍[二]。

[一]【新校正】《淮南子·墬形訓》有丈夫民。高誘注云：『其狀皆如丈夫，衣黄衣冠，帶劍。』

[二]【郭注】殷帝太戊使王孟採藥，從西王母至此，絶糧不能進。食木實，衣木皮，終身無妻而生二子，從形中出，其父即

死，是爲丈夫民。【廣注】《玄中記》云：『子從背脅中出。』王孟一作王英。江淹《遂古篇》：『丈夫女子。』徐陵《陳公九錫文》：『北洎丈夫之鄉，南逾女子之國。』陳氏《吴問》云：『丈夫北極，女子南方。』謂此也。《淮南子》：『自西北至西南方，有丈夫民。』《事物紺珠》云：『丈夫民，去玉門關二萬里。』《（山海經）圖贊》曰：『陰有偏化，陽無産理。丈夫之國，王孟是始。感靈所通，桑石無子。』【箋疏】《竹書（紀年）》云：『殷太戊三十六年，西戎來賓。王使王孟聘西戎。』即斯事也。西戎豈即西王母與？其無妻生子之説，本《括地圖》。《太平御覽》七百九十卷引其文與郭注略同，但此言從形中出，彼云從背間出。又《玄中記》云從脅間出，文有不同。

女丑之尸，生而十日炙殺之[一]，在丈夫北，以右手鄣其面[二]。十日居上，女丑居山之上。

[一]【廣注】《冠編》云：『羲和爲黄帝日官，錫土扶桑。扶桑后君生十子，皆以日名，號十日；而九日爲凶，號九嬰。分扶桑之國爲十，用兵不止，求實無已，炙殺女丑，同惡相濟，故曰叢枝胥敖。』【箋疏】十日并出，炙殺女丑。於是堯乃命羿射殺九日也。

[二]【郭注】蔽面。【廣注】王世貞《沈慅》云：『鑿齒𪘏𪘏擬
談余兮，女丑蒙顱以相蠱。』盧柟《放招賦》：『魂兮無西，女丑之尸，蒙面奇怪。』指此也。《（山海經）圖贊》曰：『十日并熯，女丑以斃。暴於山阿，揮袖自翳。彼美誰子，逢天之厲。』【箋疏】《大荒西經》云：『衣青，以袂蔽面也。』

巫咸國[一]在女丑北。右手操青蛇，左手操赤蛇，在登葆山[二]。群巫所從上下也[三]。

[一]【新校正】巫咸山，在今山西夏縣。《淮南子·墬形訓》云：『巫咸在其北方，立登保之山。』《（漢書·）地理志》云：『安邑巫咸山，在東。』《水經注》云：『鹽水西北流，徑巫咸山北。』【箋疏】此國亦當在海外。觀登備山，在《南荒經》可見。《水經·涑水》注以巫咸山即巫咸國，引此經云云，非矣。《太平御覽》七百九十卷引《外國圖》曰：『昔殷帝太戊使

巫咸禱於山河。巫咸居於此，是爲咸氏，去南海萬千里。』即此國也。

[二]【箋疏】登葆山，《大荒南經》作登備山。葆、備聲之轉也，《淮南（子・）墜形訓》作保。

[三]【郭注】採藥往來。【廣注】《（路史・）國名記》：『巫咸國，故巫縣，今夔之巫山。』又陝之夏縣有巫咸山，計其道里，非此也。《淮南子》云：『巫咸在其北方。』董逌《廣川書跋》曰：『巫咸河在女丑北，其神威靈震耀，得在祀典。世圖其象：右手操青蛇，左手操赤蛇，在保登山，群巫所以上下，故安邑有巫咸祠祀之。』江淹《赤虹賦序》：『自非巫咸采藥、群帝上下者，皆斂意焉。』用此。《（山海經）圖贊》曰：『群有十巫，巫咸所統。經枝是搜，術藝是綜。采藥靈山，隨時登降。』

并封[一]在巫咸東。其狀如彘，前後皆有首，黑[二]。

[一]【新校正】《周書・王會解》云：『鼈封者若彘，前後有首。』并、鼈聲之緩急，疑即此。但《王會》言區陽所有，非此地。【箋疏】《周書・王會篇》云：『區陽以鼈封。鼈封者若彘，前後有首。』是鼈封即并封。并、鼈聲轉也。《大荒西經》又作屏蓬，皆一物，或曰即兩頭鹿也。《後漢書・西南夷傳》云：『雲南縣有神鹿，兩頭，能食毒草。』注云：『見《華陽國志》。』

[二]【郭注】今弩弦蛇亦此類也。【釋義】此即所謂兩頭蛇也。【廣注】《游氏臆見》云：『西區陽有鼈封，謂之兩頭鹿。』朱氏《駢雅》曰：『鼈封，兩首彘也。』鼈封、并封、屏蓬，似是一物，胡應麟《三墳補逸》曰：『《（周書・）王會》稱區陽以鼈封。鼈封者若彘，前後有首。王伯厚《補注》云：盛弘之記武陵郡西有獸如鹿，前後有頭，常以一頭食、一頭行，然不言名鼈封。考以《山海經》所載，并封在巫咸東，其狀如彘，前後皆有首，蓋斯物也。』《（山海經）圖贊》曰：『龍過無頭，并封連載。物狀相乖，如驥分背。數得自通，尋之愈閡。』【箋疏】弩弦蛇，即兩頭蛇也，見《爾雅・釋地》枳首蛇注。

女子國[一]在巫咸北。兩女子居，水[二]周之[三]。一曰居一門中[四]。

[一]【新校正】《淮南子·墬形訓》有女子民。高誘注云：『其貌無有須，皆如女子也。』《三國志》云：『沃沮耆老言：有一國在海中，純女無男。』則高誘説非。【箋疏】經言丈夫、女子國，并真有其人，非但貌似之也。高氏不達，創爲异説，過矣。女子、丈夫之國，又見《大荒西經》注。

[二]【箋疏】《太平御覽》七百九十卷引此經水下有外字。

[三]【郭注】有黄池，婦人入浴，出即懷妊矣。若生男子，三歲輒死。周，猶繞也。《離騷》曰：『水周於堂下也。』【廣注】《金樓子》云：『女國有潢池，浴之而孕。』《抱朴子》云：『黄池無男，穿胸旁口。』《隋書》云：『女國在葱嶺南。』《（文獻）通考》曰：『扶桑東千里，有女國。其人容貌端正，身體有毛。至二三月競入水則妊娠，六七月産子。』《埤雅廣要》曰：『女人國，與奚部小如者部抵界。其國無男，每視井即生。』蓋東女國也，非此。《（山海經）圖贊》曰：『簡狄有吞，姜嫄有履。女子之國，浴於黄水。乃娠乃字，生男則死。』【箋疏】《太平御覽》三百六十卷引《外國圖》曰：『方丘之上暑濕，生男子三歲而死。有潢水，婦人入浴，出則乳矣，是去九嶷二萬四千里。』今案：潢水即此注所謂黄池矣。《（三國志·）魏志》云：『沃沮，耆老言：有一國在海中，純女無男。』《後漢書·東夷傳》云：『或傳其國有神井，闚之輒生子。』亦此類也。

[四]【箋疏】居一門中，蓋謂女國所居，同一聚落也。

軒轅之國[一]在此窮山[二]之際，其不壽者八百歲[三]。在女子國北，人面蛇身，尾交首上。窮山在其北，不敢西射[四]，畏軒轅之丘[五]，在軒轅國北。其丘方，四蛇相繞[六]。此諸夭之野[七]，鸞鳥自歌，鳳鳥自舞，鳳皇卵，民食之；甘露，民飲之，所欲自從也[八]。百獸相與群居，在四蛇北。其人兩手操卵食之，兩鳥居前導之[九]。

〔一〕【新校正】《水經注》云：『南安姚瞻以爲黄帝生於天水，在上邽城東。』【箋疏】《西次三經》有軒轅之丘，郭云黄帝所居。然則此經軒轅之國，蓋黄帝所生也。《水經・渭水》注云：『軒轅谷水，出南山軒轅谿。南安姚瞻以爲黄帝生於天水，在上邽城東七十里軒轅谷。』案《（漢書・）地理志》，上邽在隴西郡也。

〔二〕【新校正】《太平寰宇記》引此山作桑。

〔三〕【郭注】其國在山南邊也，《大荒經》曰：岷山之南。【廣注】《博物志》：『西北有軒轅國，在窮山之際。其不壽者八百歲。』張衡《思玄賦》云『超軒轅於西海兮』，謂此。《（山海經）圖贊》曰：『軒轅之人，承天之祐。冬不襲衣，夏不扇暑。猶氣之和，家爲彭祖。』潘之恒《黄海》云：『天帝賜算，聖人有加焉。軒轅之國，不壽者八百歲。』是即以軒轅爲黄帝也，未詳是非。【箋疏】《大荒西經》說軒轅之國江山之南，此云岷山者，以大江出岷山故也。經文此字疑衍。李善注《思玄賦》引此經云：『在窮山之際。』《史記・五帝紀》索隱引此經同，并無此字。《周本紀》正義引此經又作地窮桑之際，蓋山字聲訛爲桑矣。

〔四〕【新校正】《史記》索隱引此文云：『軒轅之邱，在窮山之際，西射之南。』蓋非。【箋疏】《史記・五帝紀》索隱、《周本紀》正義引此經，并作西射之南，蓋誤衍。

〔五〕【郭注】言敬畏黄帝威靈，故不敢向西而射也。【廣注】《（路史・）禪通紀》有軒轅氏，或曰居軒轅之邱以爲名，疑非是。羅泌曰：『軒轅所迹，後人因以名邱。』非因邱而爲號，且其邱在昆侖之下，世以爲黄帝之所避風雨者，非所居也。【箋疏】軒轅之丘，在積石山之東三百里也。

〔六〕【郭注】繚繞樛纏。

〔七〕【郭注】夭，音妖。【廣注】《博物志》作渚沃，《事類賦》作諸沃。又《篇海》引此：『夭，音沃。』【新校正】《淮南子・墜形訓》有沃民，在白民之次。又云：『西方曰金邱，曰沃野。』高誘注云：『沃猶白也。西方白，故曰沃野。』則（郭）傳云夭音妖，非，當云音沃。又張衡《思玄賦》曰『超軒轅於西海，跨汪氏之龍魚，聞此國之千歲』云云，此經下有龍魚陵居在其北，知汪氏即沃民之誤也。【箋疏】經文此字亦衍。夭，郭音妖，蓋訛。夭野，《大荒西經》作沃野，是此經之夭乃沃字省文，郭注之妖乃沃字訛文也。諸夭，《藝文類聚》九十九卷引作清沃，《博物志》作渚沃。《淮南（子・）墜形訓》有沃民，又云：『西方曰金丘，曰沃野。』高誘注云：『沃，猶白也。西方白，故曰沃野。』案：高説非也。沃野，蓋謂其地沃饒耳。

［八］【郭注】言滋味無不有，所願得自在，此謂夭野也。【廣注】《博物志》：『軒轅國，鸞自舞，民食鳳卵，飲甘露。』《述异記》云：『海中有軒軒邱，鸞自歌，鳳自舞，古云天帝樂也。』昭明太子《七召》云：『拾卵鳳巢，剖胎豹約。』李氏《演連珠》云：『渚沃之野，食鳳卵而棄餘。』崔融《（爲皇太子）賀甘露表》：『嘗之則甘，似降軒轅之國。』俱本此。又吴淑《露賦》『享遐壽於摇山』注引經云：『諸沃之山，摇山之民，甘露是飲，不壽者八百歲。』與今本略异。

［九］【箋疏】亦言圖畫如此。

龍魚［一］陵居在其北［二］，狀如狸［三］。一曰鰕［四］，即有神聖［五］，乘此以行九野［六］；一曰鼈魚［七］，在夭野北［八］。其爲魚也，如鯉。

［一］【箋疏】龍魚，郭氏《江賦》作龍鯉。張衡《思玄賦》仍作龍魚。《淮南（子·）墜形訓》作硥魚。

［二］【新校正】此蓋沃野所有。《淮南子·墜形訓》作硥魚。高誘注云：『硥魚如鯉魚也，有神聖者，乘行九野，在無繼民之南。』案：漢《成陽靈臺碑》云『比目鮵魚』，又作鮵。

［三］【郭注】或曰龍魚似狸，一角。【廣注】《淮南子》：『硥魚在其南。』即此。張衡《思玄賦》云：『跨汪氏之龍魚。』（郭）景純《江賦》云：『龍鯉一角，奇鶬九頭。』又云：『或虎狀龍顔。』吴淑《魚賦》云：『陵處亦驚於龍鯉。』劉賡《稽瑞録》云：『具區文鰧，陵居角鯉。』《駢志》云：『龍魚陵居。』皆指此也。又《成陽靈臺碑》有龍魚，疑亦斯魚也，見洪適《漢隸釋》。又《文選》注、《事類賦》注引經，通作龍鯉。【箋疏】狸，當爲鯉字之訛。李善注《江賦》引此經云：『龍鯉陵居，其狀如鯉。或曰龍魚，一角也。』蓋并引郭注。又注《思玄賦》引此經云：『龍魚陵居在北，狀如鯉。』高誘注《淮南（子·）墜形訓》亦云『如鯉魚也』，可證。

［四］【郭注】音遐。【廣注】虞荔《鼎録》曰：『宋文帝得鰕魚，遂作鼎曰鰕魚，四足。』又《爾雅》：『鯢大者亦謂之鰕。』皆同名异物。【新校正】一作如鰕，言狀如鯢魚，有四脚也。【箋疏】《後漢書·張衡傳》注引此經鰕作蝦，蓋古字通也。《爾

雅》云：『鯢，大者謂之鰕。』郭注云：『今鯢魚似鮎，四脚。』梁虞荔《鼎録》云：『宋文帝得鰕魚，遂作一鼎。其文曰：鰕魚四足。』然則鰕即龍魚，其狀如鯉，故又名龍鯉矣。

[五]【新校正】舊本作即有神聖，據章懷太子（李）賢注《後漢書》引此作有神巫，上無即字，是也。

[六]【郭注】九域之野。【廣注】《拾（括）地圖》曰：『龍魚，一名鰕魚，狀如龍，而有神聖乘此而行九野。』高誘《淮南（子）》注：『硥魚如鯉魚，有神靈者乘行九野。』《（山海經）圖贊》曰：『龍魚一角，似狸處陵。俟時而出，神聖攸乘。飛騖九域，乘雲上昇。』楊慎《异魚（圖）贊》曰：『龍魚之川，在汧之瑌。河圖授羲，實此出焉。神行九野，如馬行天。』【箋疏】《（後漢書·）張衡傳》注引此經無即字，作有神巫。疑巫即聖字，形近而訛也。高誘注《淮南（子·）墜形訓》作有神生者，乘行九野。可知今本不訛。神聖，若琴高、子英之屬，見《列仙傳》。《思玄賦》云『跨汪氏之龍魚』，謂此矣。

[七]【郭注】鼈，音惡横也。【新校正】郭音鼈爲横，蓋言讀近蚌也。龍、蚌、横三音相近也。【箋疏】注有訛字，所未詳。明藏本作鼈，音猶也，亦訛。

[八]【新校正】張衡自注《思玄賦》引此作汪野，又云：『汪氏國在西海外。此國足龍魚也。』章懷太子（李）賢注《後漢書》同。【箋疏】《思玄賦》注引此經云：『在汪野北。』又云：『汪氏國在西海外。此國足龍魚也。』疑汪氏當爲沃民，汪野當爲沃野，并字形之訛也。《（後漢書·）張衡傳》及注亦并作汪，訛與《文選》注同。

白民之國[一]在龍魚北[二]，白身被髮[三]。有乘黄，其狀如狐。其背上有角，乘之壽二千歲[四]。

[一]【新校正】《淮南子·墜形訓》有白民，在肅慎民之次。高誘注云：『白民白身，民被髮亦白。』【箋疏】白民國銷姓，見《大荒東經》。

[二]【廣注】《呂氏春秋》注：『白民之國，在海外極南。』《淮南子》：『自西北至西南方，有白民。』注云：『白民白身。』《天寶軍録》云：『日南廄，山連接，不知幾千里，裸人所居，白民之後也。刺其胸前作花，以爲美飾。』《路史》：『白民進藥

獸。』《黄帝祠額解》云：『師白民藥獸而知醫。』劉鳳《雜俎》曰：『赤頸白民。』謂此也。又《大荒東經》亦有白民國，計其道里，疑爲二國。

[三]【郭注】言其人體洞白。【廣注】《湘煙録》云：『白氏國，人白如玉。國中無五穀，惟種玉食之。』疑即白民。

[四]【郭注】《周書》曰：『白民、乘黄似狐，背上有兩角。』即飛黄也。《淮南子》曰：『天下有道，飛黄伏皁。』【廣注】《博物志》：『白民國有乘黄，乘之壽三千歲。』《稽瑞録》云：『成王時，白民獻乘黄。』《游氏臆見》曰：『乘黄，一名訾黄，龍翼馬身，黄帝乘之而仙，漢武欲得之。郊祀歌曰：訾黄何不徠下。』《文選・赭白馬賦》：『黄帝陟位，飛黄伏皁。』《輟耕録》云：『軒轅獲飛黄而獨角。』高誘《淮南》注云：『飛黄出西方，狀如狐，背上有角，乘之壽三千歲。』《宋（書・）符瑞志》：『舜時，地出乘黄之馬。』李長吉詩：『暫繫騰黄馬。』吴正子注云：『騰黄，神黄也，一曰乘黄，飛黄。或作古黄、翠黄。狀如狐，背有兩角，乘之壽千歲。』《抱朴子》云：『騰黄之馬，吉光之獸，皆壽三千歲。』即斯獸也。《（山海經）圖贊》曰：『飛黄奇駿，乘之難老。揣角輕騰，忽若龍矯。實鑒有德，乃集厥皁。』【新校正】壽二千歲，言此馬年久長。或云乘之以致壽考，非也。【箋疏】《周書・王會篇》云：『乘黄似麒。』郭引作似狐，《初學記》引與郭同，《博物志》亦作狐。兩角，《初學記》引作肉角，皆所見本异也。郭又引《淮南子》者，《覽冥訓》云：『青龍進駕，飛黄伏皁。』乘黄，又即訾黄。《漢書・禮樂志》云：『訾黄其何不徠下。』應劭注云：『訾黄，一名乘黄。龍翼而馬身，黄帝乘之而仙。』又：《博物志》作三千歲。

肅慎之國[一]在白民北[二]。有樹名曰雄常[三]，先入代帝，於此取之[四]。

[一]【新校正】《淮南子・墬形訓》有天民、肅慎民，經無天民。高誘注云：『《（左）傳》曰：「肅慎、燕、亳，吾北土。」是云西方，黨獨西方之國自復有之耶？』《周書・王會》云：『正北方，稷慎大麈。』即此。《肅慎國記》云：『肅慎氏，其地在夫餘國北，東濱大海。』見《後漢書》注。《括地志》云：『靺鞨國，古肅慎也，在京東北萬里。』見《史記》正義。【箋疏】《竹書（紀年）》云：『帝舜二十五年，息慎氏來朝。周成王九年，肅慎氏來朝。』《（尚）書・序》云：『賄肅慎之命。』

《周書・王會篇》云：『稷慎大麈。』孔晁注云：『稷慎，肅慎也。』又《大戴禮・五帝德篇》及《史記・五帝紀》并作息慎，鄭康成云：『息慎，或謂之肅慎也。』又《大荒北經》有肅慎之國。

[二]【廣注】《淮南子》海外三十六國，有肅慎民。

[三]【郭注】（雄）或作雒。【新校正】《淮南子・墬形訓》所謂雒棠是。

[四]【郭注】其俗無衣服。中國有聖帝代立者，則此木生皮可衣也。【釋義】雄常之木，皮可衣。中國有聖，其效也。【廣注】《异物彙苑》云：『雒常木無皮，出肅慎之國。聖人在位則木生皮，可爲衣。其國東朝中國。成王時一生。』《晉書・列傳（・四夷）》云：『肅慎有樹，名曰雒常。若中國有聖帝代立，則其木生皮可衣。周武王及成王時，遣使入貢。』《事物紺珠》云：『雒常出肅慎。』《（玉芝堂）談薈》云：『挹婁國雒常樹，其皮可衣。』顧野王《進〈玉篇〉啓》：『取衣雒樹，則肅慎識受命之興；平波海水，則越裳知聖人之德。』《駢雅》曰：『雒常之皮可衣，吉貝之花可績。』《稽瑞録》云：『房戶闢達，肅慎雒常。』《（山海經）圖贊》曰：『青質赤尾，號曰滅蒙。大運之山，百仞三重。雄常之樹，應德而通。』【箋疏】《穆天子傳》云：『至於蘇谷，骨飦氏之所衣被。』郭注云：『言谷中有草木皮，可以爲衣被。』《廣韵》云：『櫂，青木，皮葉可作衣，似絹，出西域烏耆國。』亦此類也。

長股之國[一]在雄常北，被髮[二]。一曰長脚[三]。

[一]【新校正】《淮南子・墬形訓》有修股民，即此。【箋疏】《竹書（紀年）》云：『黄帝五十九年，長股氏來賓。』《淮南（子・）墬形訓》有修股民。又《玉篇》《廣韵》并有豉，巨支切，云：『長豉，國名。髮長於身。』與此經被髮義合，疑長股本或作長豉也。

[二]【郭注】國在赤水東也。長臂人身如中人，而臂長二丈。以類推之，則此人脚過三丈矣。黄帝時至。或曰：長脚人常負長臂人入海中捕魚也。【廣注】《竹書紀年》：『黄帝五十九年，長股氏來賓。』《穆天子傳》：『天子乃封長肱於黑水之西河，是曰留骨之邦。』即長股也。《淮南子》海外三十六國，有修股民。又《氾論訓》曰：『奇肱修股之民，是非各异，習俗相

反。」江淹《遂古篇》云：「長股深目，豈君臣兮。」《埤雅廣要》云：「長脚人與長臂國相連。」【箋疏】長臂國，已見《海外南經》。郭云臂長二丈，二當爲三字之訛也。脩脚，即長脚。郭注《穆天子傳》云：「長脚人國，又在赤海東。」謂是也。《大荒西經》又有長脛之國。

〔三〕【郭注】或曰有喬國。今伎家喬人，蓋象此身。【補注】喬人，雙木續足之戲，今曰蹻蹺。

西方蓐收，左耳有蛇，乘兩龍〔一〕。

〔一〕【郭注】金神也，人面、虎爪、白毛，執鉞。見《（春秋）外傳》。【釋義】南祝融，西蓐收。庶幾，金、火各適攸居。【廣注】《（禮記·）月令》：「秋月，其神蓐收。」《（月令）明義》云：「少皞金天氏，其子該爲蓐收也。」《左傳》：「金正曰蓐收。」《楚辭·遠游》云：「鳳凰翼其承旂兮，遇蓐收乎西皇。」柳子《晋問》云：「出太白，征蓐收。」《亶爰子》云：「召蓐收以奔屬兮，馴威虓，回踆烏。」《國語》虢公所夢、史嚚所對，均此神也。《（山海經）圖贊》曰：「蓐收金神，白毛虎爪。珥蛇執鉞，專司無道。立號西阿，恭行天討。」【新校正】《尚書大傳》云：「西方之極，自流沙西至三危之野，帝少皞、神蓐收司之。」《淮南子·時則訓》云：「西方之極，自昆侖，絶流沙、沈羽，西至三危之國，石城金室，飲氣之民、不死之野，少皞、蓐收之所司者，萬二千里。」【箋疏】郭説蓐收，本《國語·晋語》文，已見《西次三經》泑山注。《尚書大傳》云：「西方之極，自流沙西至三危之野，帝少皞、神蓐收司之。」《吕氏春秋·孟秋紀》云：「其神蓐收。」高誘注云：「少皞氏裔子曰該，皆有金德，死托祀爲金神。」

【新校正】右海外自西南陬至西北陬，古本爲第二十八篇。

海外北經第八

海外自東北陬至西北陬者[一]：

[一]【新校正】《淮南子·墬形訓》云自東北至西北陬，同而起跂踵民，終無繼民。此文正倒，疑《淮南子》當作自西北方至東南方，或傳寫之誤也。

無𦝫之國[一]在長股東，爲人無𦝫[二]。

[一]【郭注】（𦝫）音啓，或作綮。【廣注】一名無啓，又名無繼。《淮南（子·）墬形訓》：『海外三十六國，西北方有無繼民。』【新校正】《說文》無𦝫字，當爲綮，或作啓、繼皆是。《廣雅》作無啓，《淮南子》作無繼民，高誘注云：『其人蓋無嗣也，北方之國也。』與郭義异。《字林》始有𦝫字，云：『腨腸。』見《廣韵》。

[二]【郭注】𦝫，肥腸也。其人穴居，食土，無男女，死即埋之。其心不朽，死百廿歲乃復更生。【廣注】《博物志》：『無啓民，居穴食土。死埋之，其心不朽，百年還化爲人。』《酉陽雜俎》曰：『無啓人食土，其人死，其心不朽。埋之，百年化爲人。録民，膝不朽，埋之百二十年化爲人。細民，肝不朽，埋之八年化爲人。』《抱朴子》云：『乘雲蟹産之國，肝心不朽之民。』盧柟《蠛蠓集》云：『登巫咸，歷無𦝫。』劉鳳《雜俎》云：『無𦝫無骨。』皆此也。《（山海經）圖贊》曰：『萬物相傳，非子則根。無𦝫因心，構肉生魂。所以能然，尊形者存。』又《三才圖會》云：『三蠻國民食土，死者埋之，心肺肝皆不朽，百年復化爲人。』與無𦝫國相類。【箋疏】《廣雅》云：『腓，𦝫，腨也。』《說文》云：『腨，腓腸也。』《廣

韵》引《字林》云：『膂，腨腸。』是郭注肥腸當爲腓腸，因聲同而訛也。《玉篇》亦作肥腸，又承郭注而訛。《博物志》説無膂民，與郭同，唯百廿歲作百年。又云：『細民，其肝不朽，百年而化爲人，皆穴居處。』二國同類也。

鍾山[一]之神，名曰燭陰[二]，視爲晝，瞑爲夜，吹爲冬，呼爲夏，不飲、不食、不息，息爲風[三]，身長千里，在無膂之東。其爲物，人面、蛇身、赤色，居鍾山下[四]。

[一]【廣注】《（海内）十洲記》曰：『北海外有鍾山，自生千芝及神草。』又云：『鍾山在北海子地，仙家數十萬，耕田種芝草，課計頃畝。』《酉陽雜俎》云：『仙藥有鍾山白膠。』《魯女生列傳》曰：『鍾山之棗，其大如缾。』（郭）景純《遊仙》詩：『鍾山出靈液。』注云：『北海外山。』即此山也。【明案】《魯女生列傳》文，見《太平御覽》卷三十八引。

[二]【郭注】燭龍也，是燭九陰，因名云。【廣注】盧柟《泰宇賦》：『前引壽華，後蟠燭陰。』【新校正】此無膂國所有也。山即陰山，在山西、陝西塞外。陰、鍾聲近，燭龍、燭陰亦音相近。《詩含神霧》云：『天不足西北，無有陰陽，故有龍銜火精以照天門中。』見李善注《文選》。《淮南子・墜形訓》云：『燭龍在雁門北，蔽於委羽之山，不見日。其神，人面龍身而無足。』高誘注云：『委羽，北方山名也。龍銜燭以照太陰，蓋長千里。視爲晝，瞑爲夜，吹爲冬，呼爲夏。』案：《淮南（子）》云『雁門北』，亦謂今山西塞外山也。【箋疏】鍾山，《大荒北經》作章尾山，章、鍾聲轉也；燭陰作燭龍。

[三]【郭注】息，氣息也。

[四]【郭注】《淮南子》曰：『龍身，無足。』【廣注】《括地圖》曰：『鍾山之神，名曰燭龍。視爲晝，眠爲夜，吹爲冬，吁爲夏，息爲風。』《楚辭》：『日安不到？燭龍何照？』王逸注云：『天之西北，有幽冥無日之國，有龍銜燭而照之。』柳宗元《天對》曰：『脩龍且燎，爰北其首。九陰極冥，厥朔以炳。』楊萬里解云：『且燎，謂銜燭也。』盧柟《放招賦》：『軼鍾山之幽黕兮，今照之以燭龍。』《龍池賦》：『蔚兮銜燭，照鍾山之野。』《（山海經）圖贊》曰：『天缺西北，龍銜火精。氣爲寒暑，眼作昏明。身長千里，可謂至神。』張憲《燭龍行》云：『蛇身人面髮如赭，銜珠光吐照天下。』指此也。【箋疏】《淮南（子・）墜形訓》云：『燭龍在雁門北。其神人面龍身而無足。』是郭所引也。李善注《思玄賦》引此經作人首蛇身。

一目國[一]在其東，一目中其面而居。一曰有手足[二]。

[一]【新校正】《淮南子·墬形訓》有一目民，在柔利民之次。高誘注云：『目在面中央。』【箋疏】一目國，其人威姓，見《大荒北經》。

[二]【廣注】《淮南子》海外三十六國，有一目民。《抱朴子》所謂獨目也。《事物紺珠》云：『西北一目，少廣，爲八紘之地，在八埏外。』《三才圖會》曰：『一目國，在北海外。其人一目當其面，而手足皆具』。《（山海經）圖贊》曰：『蒼四不多，此一不少。於野冥瞽，洞見無表。形游逆旅，所貴維眇。』【箋疏】有手足三字，疑有訛。

柔利國[一]在一目東。爲人一手一足，反膝，曲足居上[二]。一云留利之國[三]，人足反折[四]。

[一]【新校正】《淮南子·墬形訓》有柔利民，在無腸民之次。《大荒北經》有牛黎國，人無骨，即此。《博物志》作子利國，字之誤。【箋疏】《大荒北經》有牛黎之國，蓋此是也，牛黎、柔利聲相近。其人無骨，故稱柔利與？

[二]【郭注】一脚一手反卷曲也。【廣注】《博物志》：『子利國人，一手二足，拳反曲。』與此國類。第云二足，疑非此也。《淮南子》海外三十六國，有柔利民。《异林》云：『柔利國，其人曲膝向前，一手一足。』《三才圖會》云：『柔利國，國人曲膝，一手一足。』《（山海經）圖贊》曰：『柔利之人，曲脚反肘。干求之容，方此無醜。所貴者神，形於何有。』【箋疏】《博物志》作子利國人，一手二足，拳反曲。疑二當爲一，子當爲柔，并字形之訛也。

[三]【箋疏】留、柔之聲亦相近。

[四]【箋疏】足反卷曲，有似折也。

共工之臣曰相柳氏[一]，九首[二]，以食于九山[三]。相柳之所抵，厥爲澤谿[四]。禹殺相柳，其血腥，不可以樹五穀種。禹厥之[五]，三仞三沮[六]，乃以爲衆帝之臺[七]。在昆侖之北[八]，柔利之東。相柳者，九首人面，蛇身而青。不敢北射，畏共工之臺[九]。臺在其東。臺四方，隅有一蛇，虎色[十]，首冲南方[十一]。

[一]【郭注】共工，霸九州者。【新校正】《廣雅》云：『北方有民焉，九首蛇神，其名曰相繇。』繇、柳音相近。【箋疏】相柳，《大荒北經》作相繇，《廣雅·釋地》同。

[二]【新校正】疑言九頭，九人也。首，頭。

[三]【郭注】頭各自食一山之物，言貪暴難饜。【廣注】相柳，《蛙螢子》、《三才圖會》俱作相抑。亦作相繇，見張揖《廣雅》及《大荒經》。《（山海經）圖贊》曰：『共工之臣，號曰相柳。禀此奇表，虵身九首。恃力夗暴，終禽夏后。』【箋疏】九山，《大荒北經》作九土。《楚詞·天問》云：『雄虺九首，儵忽焉在。』王逸注云：『虺，蛇别名也。言有雄虺，一身九頭。』今案：雄虺，疑即此也。經言此物，九首蛇身。

[四]【郭注】抵，觸；厥，抵也，音厥。【箋疏】此厥義即同撅。《周書·周祝篇》云：『貔有爪，而不敢以撅。』

[五]【新校正】《説文》云：『厥，發石也。』

[六]【郭注】掘塞之，而土三沮滔。言其血膏浸潤壞也。【箋疏】注滔，蓋陷字之訛。

[七]【郭注】言地潤濕，唯可積土以爲臺觀。【箋疏】《海内北經》云：『帝堯臺、帝嚳臺、帝丹朱臺、帝舜臺，在昆侖東北。』

郭注亦引此經爲説。

[八]【郭注】此昆侖山在海外者。【箋疏】《海内北經》云：『臺四方，在昆侖東北。』是此昆侖亦在海内者，郭注恐非。

[九]【箋疏】臣避君也。

[十]【箋疏】虎文也。

[十一]【郭注】冲，猶向也。【補注】首冲南方者，紀鼎上所鑄之像。虎色者，蛇斑如虎，蓋鼎上之像，又以彩色點染别之。【新校正】自相柳者至此，疑釋語。

深目國[一]在其東。爲人舉一手，一目[二]，在共工臺東[三]。

[一]【新校正】《淮南子·墬形訓》有深目民，在句嬰民之次。《周書·王會》云：『目深桂。』孔晁注云：『目深，亦南蠻也。』

【箋疏】深目國盼姓，食魚，見《大荒北經》。

[二]【郭注】一作曰。【新校正】據此，則一曰當爲劉秀校字。【箋疏】一目作一曰，連下讀是也。

[三]【廣注】《淮南子》：『自東北至西北方，有深目民。』《路史》曰：『北海深目之國，盼姓，近南地。』《冠編》云：『黄帝五十九歷，貫胸、長股、深目、儋耳，莫不來賓。』《（山海經）圖贊》曰：『深目類戎，但覺絶縮。軒轅道降，款塞歸服。穿胸長脚，同會异族。』

無腸之國[一]在深目東[二]。其爲人長而無腸[三]。

[一]【新校正】《淮南子·墬形訓》有無腸民，在深目民之次。【箋疏】無腸國任姓，見《大荒北經》。

[二]【郭注】一作南。

[三]【郭注】爲人長大，腹内無腸，所食之物直通過。【廣注】《淮南子》：『自東北至西北方，有無腸民。』《路史》云：『無腸蜚頭，厭火流鬼。』《（山海經）圖贊》曰：『無腸之人，厥體維洞。心實靈府，餘則外用。得一自全，理無不共。』《埤雅廣要》作無腹國。【箋疏】《神异經》云：『有人知往，有腹無五藏，直而不旋，食物徑過。』疑即斯人也。

聶耳之國[一]在無腸國東，使兩文虎[二]。爲人兩手聶其耳[三]，縣居海水中[四]，及水所出入奇物[五]。兩虎在其東。

［一］【新校正】聶，當爲耴。《淮南子·墬形訓》無此國，而有云：『夸父、耽耳在其北方。』此文亦近夸父國，蓋即耽耳國也。《説文》云：『耴，耳垂也。』與瞻（耽）耳義同。郭云以手攝持，用攝字義釋之。以下有兩手聶其耳，文恐非。【箋疏】《淮南（子·）墬形訓》無聶耳國，而云：『夸父、耽耳在其北方。』是耽耳即此經聶耳。夸父在下文。《説文》云：『耽，耳大垂也。』

［二］【箋疏】文虎，雕虎也，已見《海外南經》注。

［三］【郭注】言耳長，行則以手攝持之也，（聶）音諾頰反。【廣注】牛衷《埤雅廣要》云：『聶耳在無腹東，其人虎文，兩手聶耳而行，耳長及頰，行則手捧之。』朱謀㙔《异林》云：『聶耳之國，耳垂至腰，兩手捧耳而行。』《（山海經）圖贊》曰：『聶耳之國，海渚是縣。雕虎斯使，奇物畢見。形有相須，手不離面。』長源羅氏曰：『四海之下，半體聶耳。』即此。

［四］【郭注】縣，猶邑也。【箋疏】《初學記》引此經作縣居赤水中。

［五］【郭注】言盡規有之。

夸父［一］與日逐走，入日［二］。渴欲得飲，飲於河渭；河渭不足，北飲大澤［三］。未至，道渴而死。棄其杖［四］，化爲鄧林［五］。

［一］【箋疏】《大荒北經》云：『后土生信，信生夸父。』或説夸父善走，爲丹朱臣。《吕氏春秋》云：『禹北至夸父之野。』疑地因人爲名也。夸父追日景，《列子·湯問篇》夏革説本此經。

［二］【郭注】言及日於將入也。逐，音冑。【廣注】《列子》：『夸父不量力，欲追日影。逐之於隅谷之際。』林注云：『夸父，龍伯之類。』《（淮南）鴻烈解》：『夸父在其北方。』又曰：『臣雷公，役夸父。』注云：『夸父，神獸也。』《廣輿記》云：『今涇州有振履堆。相傳夸父逐日，振履於此。』《歲華紀麗·日類》云：『逐有夸父，送有泰皇。』《吴國倫集》：『北山愚公，東海夸父。』《續騷經》云：『攙飛輿以夸父兮，徐吾起而爲助。』《冠編》云：『句龍生垂及信，信生夸父。』又《蜀觀井碑》：『成湯自上而臨下，夸父處中而見受。』疑謂此人。【新校正】《列子·湯問篇》夏革云云，同此。《吕氏春秋》云：『禹北

至夸父之野。』【箋疏】《北堂書鈔》一百三十三卷、李善注《西京賦》、《鸚鵡賦》及張協《七命》引此經并作與日競走，《初學記》一卷引此經作逐日，《史記·禮書》裴駰集解引此經作『與日逐走，日入』，并與今本异。

[三]【新校正】即西海。

[四]【箋疏】《列子·湯問篇》棄其杖下有『尸膏肉所浸』五字。

[五]【郭注】夸父者，蓋神人之名也。其能及日景而傾河渭，豈以走飲哉？寄用於走飲耳。幾乎不疾而速，不行而至者矣。此以一體爲萬殊，存亡代謝，寄鄧林而遁形，惡得尋其靈化哉！【廣注】《淮南子》：『夸父棄其策，是爲鄧林。』《博物志》云：『海水西，夸父與日相逐，棄其策杖，化爲鄧林。』阮籍《咏懷》詩：『夏后乘靈輿，夸父爲鄧林。』《初學記》云：『夸父棄杖，魯陽揮戈。』《隋書》云：『鄧林之一枝，昆山之片玉。』皆指此也。又襄州南鳳林山亦名鄧林，是古鄧祁侯國。《荀子》云『鄧地之山林』是也，非此。《（山海經）圖贊》曰：『神哉夸父，難以理尋。傾沙逐日，遁形鄧林。觸類而化，應無常心。』陶潛《讀山海經》詩：『夸父誕宏志，乃與日競走。俱至虞淵下，似若無勝負。神力既殊妙，傾河焉足有。餘迹寄鄧林，功竟在身後。』【新校正】《淮南子》云：『楚人地垣之以鄧林。』高誘注云：『鄧林，沔水上險。』《史記》云：『楚阻之以鄧林。』集解引此云云，『駰謂鄧林後遂爲林名。』索隱云：『蓋非在中國也。劉氏以爲今襄州南鳳林山，是古鄧祁侯之國，故云阻以鄧林也。』沅案：鄧林即桃林也。鄧、桃音相近。高誘注《淮南子》云：『鄧，猶木。』是也。《列子》云：『鄧林，彌廣數千里。』蓋即《中山經》所云夸父之山、北有桃林矣。其地，則楚之北境也。【箋疏】《大荒北經》云：『應龍殺夸父。』蓋以道渴而死，形蜕神遊，或言應龍殺之耳。《列子·湯問篇》云：『鄧林，彌廣數千里。』今案其地，蓋在北海外。《史記·禮書》云：『楚阻之以鄧林。』裴駰集解引此經云云，非也。畢氏云：『即《中山經》所云夸父之山，北有桃林，其地則楚之北境。』恐未然。下云鄧林，積石山在其東，非近在楚地明矣。

博父國[一]在聶耳東。其爲人大[二]，右手操青蛇，左手操黃蛇。

[一]【新校正】《淮南子·墬形訓》無此國，云：『夸父、耽耳在其北方。』博、夸聲相近。此云在聶耳東，即上夸父國耳。【箋

疏】博父，大人也。大人即豐人。《方言》云：『趙魏之郊，燕之北鄙，凡大人謂之豐人。《燕記》曰：豐人杼首。』疑此是也，或云即夸父也。《淮南（子·）墬形訓》云：『夸父在其北。』此經又云：『鄧林在其東。』則博父當即夸父，蓋其苗裔所居成國也。

[二]【箋疏】《爾雅·釋詁》云：『甫，大也。』甫亦博也。

鄧林在其東，二樹木[一]。一曰博父[二]。禹所積石之山[三]在其東，河水所入[四]。

[一]【新校正】云二樹木，疑釋鄧林詞。【箋疏】二樹木，蓋謂鄧林二樹而成林，言其大也。

[二]【新校正】一曰博父，言夸父一作博父。

[三]【新校正】當云禹所導積石之山，此脱導字。

[四]【郭注】河出昆侖而潛行地下，至葱嶺復出，注鹽澤。從鹽澤復行，南出於此山，而爲中國河，遂注海也。《（尚）書》曰：『導河積石。』言時有壅塞，故導利以通之。【箋疏】《西次三經》云：『積石之山，其下有石門，河水冒以西流。』非此也。郭據《水經》引此經云：『積石山在鄧林山東，河所入。』非矣。經蓋有兩積石山。《史記》正義引《括地志》云：『黄河源從西南下，出大昆侖東北隅。東北流，徑于闐入鹽澤。即東南潛行吐谷渾界大積石山。又東北流，至小積石山。山在河州枹罕縣西七里。』然則此經所言蓋小積石也。《大荒北經》云：『大荒之中有山，名曰先檻大逢之山。其西有山，名曰禹所積石。』即此。又《海内西經》云：『河水出昆侖，入渤海；又出海外，入禹所導積石山。』亦此也。故經爲此二文，特於積石加禹以别之。

拘纓之國[一]在其東，一手把纓[二]。一曰利纓之國。尋木，長千里，在拘纓南，生河上西北[三]。

[一]【新校正】《淮南子·墬形訓》有句嬰民，在跂踵民之次。高誘注云：『句嬰，讀爲九嬰，北方之國。』【箋疏】高氏讀爲九

嬰，未詳也。

[二]【郭注】言其人常以一手持冠纓也。或曰：纓宜作癭。【廣注】《淮南子》作句嬰民。注云：『讀爲九嬰。』《劉氏類山》云：『跂踵、句癭，是爲海外三十六國。』句癭即拘纓也。【箋疏】郭云纓宜作癭，是國蓋以一手把癭得名也。

[三]【廣注】尋木，即《穆天子傳》姑繇之木之類也。郭璞《遊仙》詩：『縱酒蒙汜濱，結駕尋木末。』成公綏詩：『扶桑高萬仞，尋木長千里。』《（山海經）圖贊》曰：『渺渺尋木，生於河邊。竦枝千里，上於雲天。垂陰四極，下蓋虞淵。』又李善《文選》注引此作樳木。【箋疏】《穆天子傳》云：『天子乃釣於河，以觀姑繇之木。』郭注云：『姑繇，大木也。』引此經云：『尋木，長千里，生海邊。』謂此木類。《吴都賦》又作樳木，劉逵注引此經亦作樳木，非也。李善注《東京賦》引此經仍作尋木，郭氏《遊仙詩》亦作尋木也。《廣韵》云：『樳，木名，似槐。尋，長也。』引此經。又此木生河上，與《穆天子傳》合。郭注謂生海邊，疑字之訛也。

跂踵國[一]在拘纓南，其爲人大，兩足亦大[二]，一曰大踵[三]。

[一]【郭注】（跂）音企。【新校正】《淮南子・墜形訓》自東南至東北方，起此國。高誘注云：『跂踵民，踵不至地，以五指行也。』案：李善注《文選》引高誘注作反踵，云：『其人南行，跡北向也。』

[二]【郭注】其人行，脚跟不着地也。《孝經鈎命訣》曰『焦僥跂踵，重譯款塞』也。【廣注】《淮南子》：『自東北至西北方，有跂踵民。』注云：『跂踵，踵不至地，以五指行。』《竹書紀年》：『夏帝癸二年，跂踵民來賓。』《吕氏春秋》云：『桀染於羊辛跂踵夷。』即此國人也。李巡《爾雅》注曰：『蠻類有八：天竺、咳首、焦僥、跂踵、穿胸、儋耳、狗軹、旁春。』《論衡》曰：『周時，若穿胸、儋耳、焦僥、跂踵之輩，不能三千。』江淹《遂古篇》：『跂踵交脛與羽民兮。』又《墨子》、《禮記疏》、《古音餘》俱作跛踵。《（山海經）圖贊》曰：『厥形雖大，斯脚則企。跳步雀踊，踵不閡地。應德而臻，欵塞歸義。』【箋疏】《竹書（紀年）》云：『夏帝癸六年，岐踵戎來賓。』《吕氏春秋・當染篇》云：『夏桀染於岐踵戎。』即此也。高誘注《淮南（子・）墜形訓》云：『跂踵民，踵不至地，以五指行也。』又《文選・（三月三日）曲水詩序》注引高誘

注作反踵，云：『反踵，國名。其人南行，跡北向也。』案：跂踵之爲反踵，亦猶岐舌之爲反舌矣，已見《海外南經》。《玉篇》説跂踵國，與郭注同。

〔三〕【新校正】大踵，疑當爲反踵之字誤。【箋疏】大踵，疑當爲支踵，或反踵，并字形之訛。

歐絲之野〔一〕在大踵東，一女子跪據樹歐絲〔二〕。

〔一〕【新校正】《博物志》作嘔絲。

〔二〕【郭注】言噉桑而吐絲，蓋蠶類也。【補注】世傳蠶神爲女子，謂之馬頭娘，《後漢（書·）（儀禮）志》曰宛窳，蓋此類也。【釋義】據樹歐絲，肇蠶也。【廣注】《博物志》曰：『嘔絲之野，有女子方跪據樹而嘔絲，北海外也。』《太平廣記》曰：『歐絲之野，女子據樹歐絲。』《後漢（書·）（儀禮）志》曰宛窳，蓋此類也。《（山海經）圖贊》云：『女子鮫人，體近蠶蚌。出珠匪甲，吐絲匪蛹。化出無方，物豈有種。』【新校正】歐，當爲漚字之假音。郭云吐絲，恐非。

三桑無枝，在歐絲東。其木長百仞，無枝〔一〕。

〔一〕【郭注】言皆長百仞也。【廣注】《淮南子》云：『和邱在其東北陬，三桑無枝在其西。』吴淑《桑賦》：『圓邱傳北海之名。』謂三桑也。【箋疏】《北次二經》云：『洹山，三桑生之。其樹皆無枝，其高百仞。』即此。

范林，方三百里〔一〕，在三桑東，洲環其下〔二〕。

〔一〕【箋疏】范、汎通。《太平御覽》五十七卷引顧愷之《啓蒙記》曰：『汎林鼓於浪嶺。』注云：『西北海有汎林，或方三百里，或百里，皆生海中浮土上，樹根隨浪鼓動。』即此也。昆侖虚南范林非此，見《海内北經》。

［二］【郭注】洲，水中可居者。環，繞也。

務隅之山［一］，帝顓頊葬于陽［二］，九嬪［三］葬于陰。一曰爰有熊、羆、文虎、離朱、鴟久、視肉［四］。

［一］【箋疏】務隅，《大荒北經》作附禺，《海内東經》作鮒魚，《史記·五帝紀》索隱引此經亦作鮒魚，《北堂書鈔》九十二卷又引作附隅，皆聲相近、字之通也。

［二］【郭注】顓頊，號爲高陽，冢今在濮陽，故帝丘也。一曰頓丘縣城門外廣陽里中。【釋義】顓頊繼遷帝丘，今吾濬東郭也。郭氏以爲廣陽里中，豈即是乎？自離朱而下皆异獸，或以爲殉葬之具，或以爲刺侈。【廣注】《冠編》云：『顓頊葬廣陽里務鮒之陽。』劉會孟曰：『此招魂葬衣冠之所，非濮陽帝邱也。』【箋疏】《大戴禮·帝繫篇》云：『黄帝産昌意，昌意産高陽，是爲帝顓頊。』杜預《春秋釋例》云：『古帝顓頊之墟，故曰帝丘，東郡濮陽縣是也。』頓丘縣屬頓丘郡，見《晋書·地理志》。《史記》集解引《皇覽》云：『顓頊冢，在東郡濮陽頓丘城門外廣陽里中。』

［三］【郭注】嬪，婦。【箋疏】《廣韵》引《埤蒼》云：『㛿，顓頊妻名。』餘未聞。

［四］【廣注】王氏《釋義》曰離朱而下皆异物，或以爲殉葬之具。

平丘［一］在三桑東。爰有遺玉［二］、青鳥［三］、視肉、楊、柳、甘柤［四］、甘華［五］，百果所生［六］，在兩山夾上谷，二大丘居中，名曰平丘［七］。

［一］【新校正】《淮南子》曰華邱。又：高誘注《淮南子》云：『其人不知言也。』

［二］【郭注】遺玉，玉石。【補注】遺玉，即瑿玉也。松枝千年爲茯苓，又千年爲琥珀，又千年爲瑿。字書云：『瑿，遺玉也。』是其解也。【廣注】高昌人名爲木瑿，謂玄玉爲石瑿。《梁四公記》云：『交河之間，平磧中掘地深一丈，下有瑿珀。』此

瑿，玉耳。徐氏《簪修賦》云：『按予轡於平邱兮，弄遺玉於三桑。』謂此也。【箋疏】吴氏之説，據《（神農）本草》舊注，未審是否。瑿，黑玉也。説文無此字而有𤪌，云：『遺玉也，從玉，歔聲。』是遺玉名𤪌，與瑿形聲皆近，當從《説文》也。

[三]【新校正】《淮南子·墬形訓》云青馬。【箋疏】《淮南（子·）墬形訓》作青馬，《海外東經》嗟丘同。

[四]【郭注】其樹枝幹皆赤，黄華白葉黑實。《吕氏春秋》曰：『其山之東有甘柤焉。』音如柤梨之柤。【新校正】《淮南子·墬形訓》作樝，是。柤，木閑也。【箋疏】甘柤，形狀見《大荒南經》。郭云黄華白葉，當爲黄葉白華，字之訛也。其山，即箕山，籀文箕作其也。又案：《吕氏春秋·本味篇》云：『箕山之東，青鳥之所，有甘櫨焉。』郭引作甘柤。柤，依本字當爲樝。《淮南（子·）墬形訓》正作樝。然樝即樝梨之樝。柤訓木閑，假借爲樝即如此。郭以柤梨音甘柤，不幾於文爲贅乎？推尋文義，樝與櫨字形相近，疑此經甘柤當爲甘櫨，字之訛也。又《説文》及《史記·司馬相如傳》索隱載應劭引《吕氏春秋》并作櫨橘夏孰。《文選·上林賦》注又據應劭作盧橘夏熟。其青鳥之所句，《説文》引作青皀，《玉篇》同《説文》，應劭引作青馬，顔師古注《漢書》亦引作青馬。今校此經，平丘則作青鳥，嗟丘又作青馬，《南荒經》作青馬，《北荒經》復作青鳥。其文踳錯，難可得詳。

[五]【郭注】亦赤枝幹，黄華。【補注】甘華，即枳枸，一名木蜜，俗名蜜瓜。【箋疏】黄華，亦當爲黄葉，見《大荒南經》。

[六]【廣注】《淮南子》平邱作華邱，青鳥作青馬，楊柳作楊桃，甘柤作甘樝，與經文大同小异。

[七]【廣注】《（山海經）圖贊》曰：『兩山之間，邱號曰平。爰有遺玉，駿馬維青。視肉甘華，奇果所生。』

北海内有獸，其狀如馬，名曰騊駼[一]。有獸焉，其名曰駮，狀如白馬，鋸牙[二]，食虎豹[三]。有素獸焉[四]，狀如馬，名曰蛩蛩[五]。有青獸焉，狀如虎，名曰羅羅[六]。

[一]【郭注】陶、塗兩音，見《爾雅》。【廣注】《字林》云：『北方良馬也，一名野馬。』《（周書·）王會解》：『成王時，禺氏來獻騊駼。』又《伊尹四方令》：『正北以野馬騊駼爲獻。』《史記》：『北域奇畜則騊駼。』邢昺《爾雅疏》：『騊駼，幽隱之獸。

有明王在位則至。』熊氏《瑞應圖》云：『王者德感，則駒駼至。』孫氏《瑞應圖》曰：『有賢王則駒駼來，爲時辟除災害。』劉賡《稽瑞録》云：『觸邪獬豸，除害駒駼。』張説《監牧頌》：『舉其神异，則駒駼、騕褭、乘黄、兹白。』顔氏《漢書》注云：『陶塗國出此馬，因以爲名。』《（山海經）圖贊》曰：『駒駼野駿，産自北域。交頸相摩，分背翹陸。雖有孫陽，終不能服。』駼，《宋書》作[illegible]。【新校正】駒駼，疑即橐駝也，聲皆相近。而古今注《爾雅》者皆未之及，不敢定之。【箋疏】《爾雅》注引此經駒駼下有色青二字。《史記·匈奴傳》徐廣注亦云：『似馬而青。』疑此經今本有脱文矣。

[二]【新校正】《爾雅》注引作倨牙。

[三]【郭注】《周書（·王會篇）》曰：『義渠兹白。兹白若白馬，鋸牙，食虎豹。』案：此二説與《爾雅》同。【廣注】《説苑》：『師曠云：鵲鷂食豹，豹食駮，駮食虎。』【箋疏】《爾雅》注引此經有黑尾音如鼓五字，蓋兼中曲山之駮而爲説也，已見《西次四經》。

[四]【新校正】素，當爲青。張揖注司馬相如《（子虚）賦》云：『蛩蛩，青獸，狀如馬。』【箋疏】蓋所見本异。

[五]【郭注】即蛩蛩鉅虚也，一走百里，見《穆天子傳》。（蛩）音邛。【廣注】《爾雅翼》云：『蟨，鼠前而兔後，趨則頓，走則顛，故常與邛邛距虚比，爲邛邛距虚齧甘草。即有難，邛邛距虚負之，號比肩獸。』《宛委餘編》云：『東有魚比目曰鰈，南有鳥比翼曰鶼，西有獸比肩曰邛邛距虚。』《玄覽》曰：『東海之鰈，比目而後達；北方之貜，更食更視而後飽；西方之蟨，得蛩蛩距虚而後行；南方之鶼，比翼而後舉。』《（周書·）王會篇》：『獨鹿國獻蛩蛩距虚。』《瑞應圖》云：『比肩獸，王者德及幽隱則至。』《（山海經）圖贊》曰：『蟨與岠虚，乍兔乍鼠。長短相濟，彼我俱舉。有若自然，同心共膂。』（司馬）相如《子虚賦》：『蹷蛩蛩，轔距虚。』張揖注云：『蛩蛩，青獸，狀如馬；距虚，似贏而小。』李善《章句》云：『蛩蛩，即距虚變文，互言耳。』是邛邛、距虚爲一獸也。【新校正】《周書·王會》云：『獨鹿，蛩蛩距虚，善走也。』《吕氏春秋》云：『北方有獸，名曰蹶，鼠前而兔後。趨則跲，走則顛，常爲蛩蛩距虚取甘草以與之。蹶有患害也，蛩蛩距虚必負而走。』《説苑》云：『孔子曰：蛩蛩距虚見人將來，負蟨以走。』孔晁注《周書》云：『蛩蛩獸，似距虚，負厥而走也。』【箋疏】郭注《穆天子傳》引《尸子》曰：『距虚不擇地而走。』蛩蛩距虚，亦見《爾雅》。

[六]【廣注】《駢雅》曰：『青虎謂之羅羅。』今雲南蠻人呼虎亦爲羅羅，見《天中記》。

北方禺彊[一]，人面鳥身，珥兩青蛇，踐兩赤蛇[二]。

[一]【釋義】禺彊，玄冥，水神也。【新校正】《吕氏春秋》云：『禹北至禺彊之所。』高誘注云：『禺彊，天神也。』《淮南子》云：『禺彊，不周風之所生也。』（梁）簡文（帝）云：『北海神也，一名禺京，是黄帝之孫也。』見釋文《莊子音義》。

[二]【郭注】字玄冥，水神也。莊周曰：『禺彊立於北極。』一曰禺京。一本云：北方禺彊，黑身手足，乘兩龍。【廣注】《太公金匱》：『北海神，名玄冥。』《越絶（書）》云：『玄冥治北方，白辯佐之。』《五岳真形圖》云：『北海神，名帳餘里，又名禺彊。』江淹《遂古篇》：『北極禺强爲常存兮。』《（山海經）圖贊》曰：『禺彊水神，面色黧黑。乘龍踐蛇，凌雲附翼。靈一玄冥，立於北極。』【新校正】《尚書大傳》云：『北方之極，自丁令北至積雪之野，帝顓頊、神玄冥司之。』《淮南子·時則訓》云：『北方之極，自九澤窮夏晦之極，北至令正之谷，有凍寒積冰、雪雹霜霰、漂潤群水之野，顓頊玄冥之所司者，萬二千里。』【箋疏】禺京、玄冥聲相近。《越絶書》云：『玄冥治北方，白辯佐之，使主水。』《尚書大傳》云：『北方之極，自丁令北至積雪之野，帝顓頊、神玄冥司之。』《吕氏春秋·孟冬紀》云：『其神玄冥。』高誘注云：『少皞氏之循爲玄冥師。死祀爲水神。』是玄冥即禺京，禺京即禺彊。京、彊亦聲相近也。《莊子·大宗師篇》云：『禺彊得之，立於北極。』釋文引此經云：『北方禺彊，黑身手足，乘兩龍。』即郭氏此注一本云云也。釋文又引《歸藏》曰：『昔穆王子筮卦於禺彊。』又引（梁）簡文（帝）云：『北海神名也，一名禺，是黄帝之孫也。』案：《列子·湯問篇》云：『命禺彊使巨鼇十五』，即斯人也。禺京處北海爲海神，見《大荒東經》。禺彊踐兩赤蛇，見《大荒北經》。此經云青蛇，又异。【明案】經此云踐兩赤蛇，明清諸本多作踐兩青蛇。

【新校正】右海外自東北陬至西北陬，古本爲第二十九篇。

海外東經第九

海外自東南陬至東北陬者：

䃌丘[一]，爰有遺玉、青馬、視肉、楊、柳[二]、甘柤[三]、甘華[四]，甘果所生，在東海。兩山夾丘，上有樹木，一曰嗟丘，一曰百果所在。在堯葬東[五]。

[一]【郭注】音嗟，或作髮。【廣注】《續文獻通考》引此作差邱。盧柟《滄溟賦》云：『偃蹇䃌邱，弭節甘淵。』【新校正】《淮南子·墜形訓》作華邱。【箋疏】《北堂書鈔》九十二卷引䃌正作髮，即郭所見本也。嗟，古或作䃌。《爾雅·釋詁》云：『䃌，咨也。』《廣韻》作䃌丘，《玉篇》云：『髮，好也。』義與此异。

[二]【新校正】舊本作楊、柳，非。《淮南子·墜形訓》作楊、桃，是。

[三]【新校正】柤，當爲樝。《淮南子·墜形訓》是。【箋疏】柤，疑當爲樝，下同。

[四]【廣注】《亶爰集》云：『鵜甘華於䃌邱。』

[五]【新校正】此國起東南，故在狄山東也。【箋疏】堯葬狄山，已見《海外南經》。

大人國[一]在其北，爲人大，坐而削船[二]。一曰在䃌丘北。

[一]【新校正】《淮南子·墜形訓》有。高誘注云：『東南墟土，故人大也。』【箋疏】《大戴禮·易本命篇》云：『虛土之人大。』是高注所本。《大荒東經》云：『有波谷者，有大人之國。』即此。又《淮南（子·）時則訓》云：『東方之極，自碣石山過

朝鮮，貫大人之國』，是也。

[二]【廣注】《淮南子》云：『自碣石山過朝鮮，貫大人之國。』注曰：『朝鮮樂浪縣，大人國在其東。』《博物志》曰：『大人國，其人孕三十六年，生白頭。其兒則長大，能乘雲而不能走，蓋龍類，去會稽四萬六千里。』劉會孟云：『穆滿升巨人之臺，古有此國。』《太平廣記》曰：『新羅國，東與長人國接，身三丈，鋸牙鉤爪，不火食。』或謂即此也。【新校正】皆言圖象。【箋疏】削，當讀若稍。削船，謂操舟也。【俞讀】削，讀爲操，猶言操舟也，削、操聲近。《方言》帕頭曰幧頭，《（爾雅·）釋名》釋首飾作綃頭。《説文》火部：『燥，乾也。』《廣雅·釋詁》：『焇，乾也。』焇即燥之异文，并喿聲、肖聲相近之證。郭氏不釋削船，未達此義也。

奢比[一]之尸[二]在其北，獸身、人面、大耳[三]，珥兩青蛇[四]。一曰肝榆之尸，在大人北[五]。

[一]【廣注】《三才圖會》作奢北。

[二]【郭注】亦神名也。【廣注】奢比，黄帝七輔之一。《冠編》云：『黄帝友奢比、友地典。』《路史》：『奢比辯乎東，以爲土師。』是也。《（路史·）國名記》有奢比國。盧柟《滄溟賦》云：『獻奢比。游無垠。』【箋疏】《管子·五行篇》云：『黄帝得奢龍而辯於東方。』又云：『奢龍辯乎東方，故使爲土師。』此經奢比在東海外，疑即是也。羅泌《路史》亦以奢龍即奢比。《三才圖會》作奢北。又《淮南（子·）墜形訓》云：『諸比，凉風之所生。』諸比，神名，或即奢比之异文也。

[三]【箋疏】《大荒東經》説奢比尸與此同，唯大耳作犬耳爲异。

[四]【郭注】珥，以蛇貫耳也，音釣餌之餌。【釋義】青蛇以象木也。【箋疏】《説文》云：『珥，瑱也。』（徐鍇）《（説文）繫傳》云：『瑱之狀，首直而末鋭，以塞耳。』

[五]【釋義】既曰奢比而又曰肝榆，肝亦木屬。【廣注】盧柟《放招賦》云：『左蔭肝榆，右僦鄧林。』謂此也。

君子國[一]在其北，衣冠帶劍，食獸，使二大虎在旁[二]。其人好讓不争[三]。有薰華草[四]，朝生夕死[五]。一曰在肝榆之尸北。

[一]【新校正】《淮南子·墬形訓》有。【箋疏】《淮南（子·）墬形訓》有此國。國在東口之山，見《大荒東經》。《後漢書·東夷傳》注引《外國圖》曰：『去琅邪三萬里。』《説文》云：『東夷從大。大，人也。夷俗仁，仁者壽，有君子不死之國。孔子曰：「道不行，欲之九夷，乘桴浮於海。」有以也。』又云：『鳳出於東方君子之國。』

[二]【箋疏】《後漢書·東夷傳》注引此經大虎作文虎，高誘注《淮南（子·）墬形訓》亦作文虎，今此本作大，字形之訛也。

[三]【廣注】《淮南子》云：『東方有君子之國。』注曰：『東方木德仁，故有君子之國。其人衣冠帶劍，食獸，使二文虎也。』（《説文》引）天老曰：『鳳，五色備舉，出於君子之國。』（張）京房亦云：『鳳皇，高丈二，出於東方君子之國。』《博物志》云：『君子國好禮讓不争，土千里，民多疾，故人不蕃息好讓，故爲君子國。』《後漢書·（東夷）列傳》：『東方曰夷，天性柔順，易以道御，至有君子、不死之國焉。』廬陵羅氏曰：『北方有不釋之冰，南方有不死之草，東方有君子之域，西方有殘刑之尸。』《（山海經）圖贊》曰：『東方氣仁，國有君子。薰華是食，雕虎是使。雅好禮讓，委蛇論理。』【箋疏】《藝文類聚》二十一卷引此經衣冠帶劍下有土方千里四字，其人好讓下有故爲君子國五字，爲今本所無。

[四]【郭注】（薰）或作堇。【廣注】一本作董，誤。

[五]【廣注】《爾雅》：『椵，木槿；櫬，木槿。』《逸書》云：『仲夏之月，木槿榮。』《詩》云『顔如蕣華』，即堇也。《（神農）本草》謂之朝開暮落花。薰爲堇之訛無疑。《博物志》亦云『多薰華之草』，似猶緣此誤也。【箋疏】木堇，見《爾雅》。堇，一名蕣，與薰聲相近。《吕氏春秋·仲夏紀》云：『木堇榮。』高誘注云：『木堇朝榮莫落，是月榮華，可用作蒸，雜家謂之朝生，一名蕣。《詩》云「顔如蕣華」是也。』《藝文類聚》八十九卷引《外國圖》云：『君子之國多木槿之華，人民食之，去琅邪三萬里。』

𧈫𧈫[一]在其北，各有兩首[二]。一曰在君子國北。

[一]【郭注】音薛。【廣注】《古音略》云：『虿，音臬，義與霓、蜺、螫同。』又案：《漢（書·）天文志》：『抱珥虿蜺。』則虿、虹古字通也。【明案】宋本郭註音薛，明清諸本多作音虹。

[二]【郭注】虹，螮蝀也。【廣注】《春秋運斗樞》：『樞星散爲虹蜺。』《河圖》曰：『鎮星散爲虹蜺。』又：『吐金化玉，所見不一。』是虿虿亦豐隆、列缺類也。【箋疏】螮蝀，虹，見《爾雅》。虹有兩首，能飲澗水，山行者或見之，亦能降人家庭院。蔡邕《災异對》所謂天投虹者也，云『不見尾足』，明其有兩首。

朝陽之谷[一]，神曰天吴[二]，是爲水伯，在虿虿北兩水間。其爲獸也，八首人面，八足八尾，皆青黄[三]。

[一]【箋疏】《爾雅》云：『山東曰朝陽。水注谿曰谷。』

[二]【釋義】天吴當爲水神。【廣注】天吴，水伯名。嵇康《琴賦》：『天吴踴躍於重淵木華。』《海賦》：『天吴乍見而髣髴。』庾闡詩：『天吴踴靈鼇，將駕奔霄冥。』謝靈運詩：『川石時安流，天吴静不發。』王勃《乾元殿頌序》：『控風伯於詞林，詔天吴於筆海。』沈雲卿詩：『飉飀棨海若，霹靂耿天吴。』李賀《浩歌》云：『帝遣天吴移海水。』《亶爰子》云：『天吴吸重霾，鼉鰐來侊侊。』王世貞《沈愋》云：『天吴紛隮其來下。』《談藪》曰：『李大异常誦杜天吴紫鳳之句。顧坐客云：「吴，音華，見《山海經》，未知復見何書？」王仲行對云：「《後漢書》戴就被收，獄吏燒鋘斧，使就挾之注引何承天《纂文》：鋘音華。又《詩》：不吴不敖，不吴不揚。亦皆音華。」』據此，則天吴從華音矣。

[三]【郭注】《大荒東經》作十尾。【廣注】《（山海經）圖贊》云：『耽耽水伯，號曰谷神。八頭十尾，人面虎身。龍據兩川，威無不震。』《郁離子》曰：『天吴，八首八足，而相抑九頭，實佐之。』蓋指此也。【箋疏】天吴，虎身十尾，見《大荒東經》。《初學記》六卷引此經作十八尾，誤也。

青丘國[一]在其北[二]。其狐四足九尾。一曰在朝陽北[三]。

［一］【新校正】《淮南子·墬形訓》無此。《吕氏春秋》云：『禹東至鳥谷、青邱之鄉。』【箋疏】《大荒東經》青丘之國，即此也。孔晁注《（周書·）王會篇》云：『青丘，海東地名。』《子虛賦》云：『秋田乎青丘，仿偟乎海外。』服虔注云：『青丘國，在海東三百里。』

［二］【郭注】其人食五穀，衣絲帛。【廣注】《抱朴子》云：『黄帝東至青邱，過風山，見紫府先生，授以三皇内文』。《吕覽》云：『禹至鳥谷、青邱之鄉。』《（周書·）王會》注：『青邱，海東地名。』服虔曰：『青邱國，在海東三百里。』（司馬）相如《（子虛）賦》云：『秋田乎青邱，仿偟乎海外。』梁元帝《職貢圖序》：『度青邱而跨丹穴。』庾信《羽調曲》：『青邱還擾圃，丹穴更巢梧。』王勃《爲趙長史表》：『西窮赤水之源，東究青邱之境。』又《乾元殿頌》：『青邱畫野，不逾征賦之鄉。』顧起元《壯游歌》：『左望青邱渚，右眄白雲鄉。』《宋史·天文志》：『青邱七星，在軫東南，海東之國號也。』

［三］【郭注】《汲郡竹書》曰：『柏杼子征於東海及王壽，得一狐，九尾。』即此類也。【廣注】《瑞應圖》：『九尾狐，六合一同則見。文王時，東方歸之。』《吕氏春秋》云：『禹行塗山，乃有白狐九尾造於禹。塗山人歌曰：綏綏白狐，九尾龐龐。』成王時，青邱貢九尾狐，見《逸周書》。《（山海經）圖贊》曰：『青邱奇獸，九尾之狐。有道翔見，出則銜書。作瑞周文，以標靈符』。【箋疏】李善注《子虛賦》引此經。《周書·王會篇》云：『青丘狐九尾。』《竹書（紀年）》云：『夏帝杼八年，征於東海及三壽，得一狐九尾。』郭引作柏杼子，柏與伯通。王壽即三壽，字之訛也。《吕氏春秋》云：『禹行塗山，乃有白狐九尾造於禹。塗山人歌曰：綏綏白狐，九尾龐龐。』然則九尾狐，其色白也。

帝命竪亥步［一］，自東極至于西極，五億十選［二］九千八百步［三］。竪亥右手把筭［四］，左手指青丘北［五］。一曰禹令竪亥。一曰五億十萬九千八百步［六］。

［一］【郭注】竪亥，健行人。【釋義】帝，或當爲禹。【新校正】鄭君注《尚書大傳》云：『步，推也。』高誘注《淮南子》云：『善行人。』誤矣。【箋疏】《廣韵》作竪豥，神人，疑字形之异。

[二]【郭注】選，萬也。【補注】選與萬古音相通，遂借其字。【廣注】羅泌作豎孩。《吴越春秋》作孺亥，曰：『禹使大章步東西，孺亥度南北。』《玉海》云：『章、亥所步，禹契所書。』顧起元《帝京賦》：『測霄之圭步以豎亥。』又黄帝臣亦名豎亥，《路史》：『黄帝使豎亥通道路。』非此。【箋疏】選，音同算。算，數也。數終於萬，故以選爲萬也。

[三]【廣注】《淮南子》云：『禹乃使大章步，自東極至於西極，二億三萬三千五百里七十五步。使豎（亥）步，自北極至於南極，二億三萬三千五百里七十五步。』【新校正】劉昭注《（後漢書·）郡國志》云：『《山海經》稱：禹使大章步，自東極至於西垂，二億三萬三千三百里七十一步。又使豎亥步南極，盡於北垂，二億三萬三千五百里七十五步。』案之此經，無禹使大章云云，文或俗本脱之與？又：其數與《淮南（子）》、劉昭所引不合，未詳其審也。【箋疏】《中山經》云：『天地東西二萬八千里，南北二萬六千里。』與此復不同者，此通海外而計，彼據中國穀土而言耳。

[四]【新校正】《説文》云：『算，數也。筭，長六寸，計曆數者。』

[五]【補注】右手把算，左手指青丘，亦言鑄像也。【廣注】盧柟《滄溟賦》云『便旋豎亥之浦』，謂此。《（山海經）圖贊》曰：『禹命豎亥，青邱之北。東盡泰遠，西窮邠國。步履宇宙，以明靈德。』【箋疏】亦言圖畫如此也。算，當爲筭。

[六]【郭注】《詩含神霧》曰：『天地東西二億三萬三千里，南北二億一千五百里。天地相去一億五萬里。』【廣注】《春秋命歷序》曰：『有神人，始立地形，甄度四海，遠近所至，東西九十萬里，南北八十一萬里。』《天文録》曰：『天地廣，南北二億三萬三千五百里七十五步。東西短，減四步。』《吕氏春秋》云：『四極之内，東西五億有九萬七千里，南北亦五億九萬七千里。』《（河圖）括地象》曰：『八極之廣，東西二億三萬三千里，南北二億三萬一千五百里。』張衡《靈憲經》云：『八極之維，徑二億三萬二千三百里。南北則短，減千里；東西則廣，增千里。』言人人殊，由鳥迹人迹之曲直不同，古今之里法、步法不一也。【箋疏】《（詩）含神霧》所説里數與《淮南子》及劉昭注又异。《藝文類聚》、《初學記》引此經并云：『帝令豎亥步，自東極至西極，五億十萬九千八百八步。』與今本復不同。《吴越春秋》云：『禹行，使大章步東西、豎亥度南北。』此經雖不及大章，其地數則合東西南北而計也。

黑齒國[一]在其北[二]。爲人黑[三]，食稻啖蛇，一赤一青[四]，在其旁。一曰在豎亥北，爲人黑手[五]，食稻使蛇，其一蛇赤。下有湯谷[六]。湯谷上有扶桑[七]，十日所浴[八]，在黑齒北。居水中，有大木，九日居下枝[九]，一日居上枝[十]。雨師妾在其北[十一]。其爲人黑，兩手各操一蛇，左耳有青蛇，右耳有赤蛇。一曰在十日北，爲人黑身人面，各操一龜。

[一]【新校正】《淮南子·墬形訓》有黑齒民。

[二]【郭注】《（三國志·魏志·）東夷傳》曰：『倭國東四十餘里，有裸國。裸國東南有黑齒國，知（船）行一年可至也。』《异物志》云：『西屠染齒，亦以仿北人。』【廣注】《呂氏春秋》：『禹東至黑齒之國。』《淮南子》：『自東南至東北，有黑齒民。』又云：『堯立，西教沃民，東至黑齒。』木華《海賦》云：『或泛泛悠悠於黑齒之邦。』江淹《遂古篇》：『其外黑齒次裸民兮。』《後漢書》云：『自侏儒東南至黑齒國。』《三國志》云：『去女王四千餘里，黑齒國復在其東南。』柳子《招海賈文》：『黑齒𪘲齤鱗文肌。』《木史》言『漢東道黑齒』，皆此也。又屠移在海外，以草染齒，亦號黑齒。《（周書·）王會篇》：『黑齒、白鹿、白馬。』《伊尹四方令》云：『正西漆齒。』左思《吴都賦》：『儋耳黑齒之長。』《管子》：『雕題、黑齒。』《南土志》：『黑齒蠻，在永昌關南。以漆漆其齒，見人以此爲飾，寢食則去之。』【箋疏】黑齒國姜姓，帝俊之裔，見《大荒東經》。《淮南（子）墬形訓》有黑齒民。《周書·王會篇》云：『黑齒、白鹿、白馬。』又《伊尹四方令》云：『正西漆齒。』非此也。《（三國志·）魏志·東夷傳》云：『女王國東，渡海千餘里，復有國，皆倭種。又有侏儒國在其南，人長三四尺，去女王四千餘里。又有裸國、黑齒國，復在其東南，船行一年可至。』此即郭所引也。四千餘里，郭引作四十餘里，字形之訛也。又引西屠染齒者，劉逵注《吴都賦》引《异物志》云：『西屠以草染齒，染白作黑。』即與郭所引同也。

[三]【新校正】舊本脱齒字。案：高誘注《淮南子》云：『其人黑齒，食稻啖蛇，在湯谷上。』則當有齒字。【箋疏】黑下當脱齒字。王逸注《楚詞·招魂》云：『黑齒，齒牙盡黑。』高誘注《淮南（子·）墬形訓》云：『其人黑齒，食稻啖蛇，在湯谷上。』是古本有齒字之證。《太平御覽》三百六十八卷引此經黑下亦有齒字。

[四]【郭注】一作一青蛇。

[五]【明案】經文手，明藏經本同，吴任臣、畢沅、郝懿行諸本作首，故郝氏《箋疏》云：『首，蓋齒字之訛也。古文首作𦣻，齒作𠚕，形近相亂，所以致訛。』

[六]【郭注】谷中水熱也。【釋義】湯谷，當爲暘谷。【新校正】《虞書》：『宅嵎夷，曰暘谷。』《説文》作暘。《史記》索隱云：『《史記》舊本作湯谷。』《淮南子》云：『日出湯谷，浴於咸池。』馬融云：『湯谷，海隅夷之地名。』案：湯、暘、崵，皆一也。【箋疏】《説文》作崵谷，《虞書》及《史記·五帝紀》作暘谷，《文選·思玄賦》及《海賦》、《月賦》注引此經亦并作暘谷。（《史記》）索隱云《史記》舊本作湯谷，《淮南子》曰：『日出湯谷，浴於咸池。』今案：《楚詞·天問》亦云出自湯谷也。

[七]【郭注】扶桑，木也。【廣注】兩幹同根，相爲依倚，故名扶桑，猶之扶荔、扶竹、扶笋，皆取斯義。《神异經》云：『東方有樹焉，高八十丈，敷張自輔，葉長一丈，廣六尺，名曰扶桑。椹長三尺五寸。』《（海内）十洲記》曰：『扶桑在東海之東岸一萬里。碧海之中，樹長數千丈，大二千圍。』今南中有佛桑，亦名扶桑，非此也。【新校正】《吕氏春秋》云：『禹東至榑木之地，日出九津。』高誘注云：『榑木，大木也。津，崖也。』《説文》云：『榑桑，神木，日所出也。』此作扶，假音字。【箋疏】扶，當爲榑。《東次三經》云：『無皋之山，東望榑木。』謂此。《説文》云：『榑桑，神木，日所出也。』又云：『日初出東方湯谷。所登榑桑，叒木也。』李善注《思玄賦》引《（海内）十洲記》云：『扶桑，葉似桑，樹長數千丈，大二十圍。兩兩同根，生更相依倚，是以名之扶。』《初學記》一卷引此經扶桑下有木字，蓋并引郭注也。

[八]【廣注】《楚辭》：『十日代出，流金爍石。』唐董思恭詩：『滄海十枝暉，玄圃重輪慶。』謂此。《路史·餘論》云：『天有十日，居於暘谷，次以甲乙迭運。中土君有失道，則兩日并鬭，三日出争，以至十日并出，大亂之道。』【新校正】《論衡》引此云：『十日沐浴水中。』蓋以意增。又此云十日，下文云九日居上枝，一日居下枝者，蓋當時圖象如此。案：《吕氏春秋》云：『堯朝許由於沛澤之中，十日出而焦火不息。』《楚辭》云：『十日并出，流金鑠石。』《竹書紀年》云：『帝廑八年，天有祆孽，十日并出。』《淮南子》云：『武王伐紂，當戰之時，十日亂於上。』則經傳多言十日，非奇言矣。【箋疏】《楚詞·招魂》云：『十日代出，流金鑠石。』王逸注云：『鑠，銷也。言東方有扶桑之木，十日并在其上，以次更行。其勢酷烈，金石堅剛，皆爲銷釋也。』《淮南（子·）墜形訓》云：『若木在建木西，末有十日。其華照下地。』高誘注云：『若木端有十日，狀如連華，光照其下也。』

[九]【廣注】《（後漢書・）仲長統傳》云『九陽代燭』，即此。【箋疏】《楚詞・遠游》云：『朝濯發於湯谷兮，夕晞余身兮九陽。』九陽，即此云九日也。

[十]【郭注】莊周云：『昔者十日并出，草木焦枯。』《淮南子》亦云：『堯乃令羿射十日，中其九日，日中烏盡死。』《離騷》所謂『羿焉畢日，烏焉落羽』者也。《歸藏・鄭母經》云：『昔者羿善射，畢十日，果畢之。』《汲郡竹書》曰：『胤甲即位，居西河，有妖孽，十日并出。』明此自然之异，有自來矣。《（春秋）傳》曰：『天有十日，日之數十。』此云九日居下枝，一日居上枝。《大荒經》又云：『一日方至，一日方出。』明天地雖有十日，自使以次第迭出運照。而今俱見，爲天下妖災，故羿禀堯之命，洞其靈誠，仰天控弦，而九日潛退也。假令器用可以激水烈火，精盛可以降霜回景，然則羿之鑠明離而斃陽烏，未足爲難也。若搜之常情，則無理矣。然推之以數，則無往不通。達觀之客，宜領其玄致，歸之冥會，則逸義無滯，言奇不廢矣。【廣注】羅長源、陳一中諸子以十日爲扶桑君十子，九日爲凶，號曰九嬰，羿所射者，謂此十日也。今觀經文所載、景純所注，似《南華（真經）》、《（淮南）鴻寶》之言果不誣者，理有或然，存而不論。《（山海經）圖贊》曰：『十日并出，草木焦枯。羿乃控弦，仰落陽烏。可謂洞感，天人懸符。』【箋疏】郭注搜，疑當爲捜字之訛也。十日之説，儒者多疑鮮信，故郭氏推廣證明之。至於怪奇之迹，理所不無。如《吕氏春秋・求人篇》云：『堯朝許由於沛澤之中，曰：十日出而焦火不息。』《淮南（子・）兵略訓》云：『武王伐紂，當戰之時，十日亂於上。』《竹書（紀年）》云：『帝廑八年，天有祅孽，十日并出。』又云：『桀時，三日并出。紂時，二日并出。是皆變怪之徵，非常所有。』即與此經殊旨。既不足取證，當歸之删除矣。

[十一]【郭注】雨師，謂屏翳也。【補注】雨師亦有妻哉，文人好奇，如説姮娥、織女、宓妃之類耳。【廣注】雨師，《遁甲開山圖》作宋帯。又云：『雲師似蠶，雨師似蛹。』《雲笈七籤》云：『雨師，名馮修，號曰樹德。』《搜神記》曰：『雨師，畢星也，一曰號屏，一曰玄冥。』《事物别名》云：『雨師，名陳華夫。』《列仙傳》曰：『赤松子，神農時雨師。』《金樓子》云：『虞吏，虎也；雨師，龍也。』雨師蓋龍伯，痴龍之類。【箋疏】《楚詞・天問》云：『蓱號起雨。』王逸注云：『蓱，蓱翳，雨師名也。號，呼也。』《初學記》云：『雨師曰屏翳，亦曰屏號。』《列仙傳》云：『赤松子，神農時雨師。』《風俗通》云：『玄冥爲雨師。』今案：雨師妾，蓋亦國名，即如《（周書・）王會篇》有姑國矣。《焦氏易林》乃云：『雨師娶婦。』蓋假託爲詞耳。

玄股之國在其北[一]。其爲人，衣魚[二]，食鷗[三]，使兩鳥夾之[四]。一曰在雨師妾北。

[一]【郭注】髀以下盡黑，故云。【廣注】《楚辭》：『黑水玄趾。』周氏注云：『玄股之國是也。』《淮南子》：海外三十六國，有玄股民。高誘注曰：『玄股，其股黑，兩鳥夾之。』盧柟《滄溟賦》：『略玄股，兼離耳；延雕題，覽黑齒。』【箋疏】玄股國在招摇山，見《大荒東經》。

[二]【郭注】以魚皮爲衣也。【箋疏】今東北邊有魚皮島夷，正以魚爲衣也。其冠以羊鹿皮，戴其角如羊鹿然。

[三]【郭注】鷗，水鳥也，音憂。【補注】鷗即鷗。衣魚食鷗，蓋水中國也。【箋疏】《説文》云：『鷗，水鴞也。』《文選·吴都賦》注引《倉頡篇》云：『鷗大如鳩。』

[四]【箋疏】高誘注《淮南（子·）墬形訓》引此經無使字，兩鳥夾之上有其股黑三字。

毛民之國在其北[一]，爲人身生毛[二]。一曰在玄股北。

[一]【箋疏】毛民國依姓，禹之裔也，見《大荒北經》。《淮南（子·）墬形訓》云：『東北方有毛民。』高誘注云：『其人體半生毛若矢鏃也。』

[二]【郭注】今去臨海郡東南二千里，有毛人，在大海州島上。爲人短小，面體盡有毛如猪，能穴居，無衣服。晋永嘉四年，吴郡司鹽都尉戴逢在海邊得一船，上有男女四人，狀皆如此，言語不通。送詣丞相府，未至道死，唯有一人在。上賜之婦，生子，出入市井，漸曉人語，自説其所在是毛民也。《大荒經》云毛民，食黍者是矣。【廣注】《洞冥記》云：『泥離國人長四尺，自乳以下，有靈毛自蔽。』又：『烏孫國，其人三爪，號三爪蠻，身生長毛。』皆毛民類也。《神异經》：『八荒之中，有毛人曰髯麗。』《异苑》云：『吴孫皓時，臨海得毛人。』《淮南子》：『東北方有毛民。』注云：『體半生毛若矢鏃。』羅泌《（路史·）國名記》作髦民。《（山海經）圖贊》曰：『牢悲海鳥，西子駭麋。或貴穴倮，或尊裳衣。物我相傾，孰

了是非』。王充《論衡》曰：『海外三十五國，有毛民、羽民。』毛羽之民，土形所出，非言爲道身生毛羽也。【箋疏】《太平御覽》三百七十三卷引《臨海异物志》曰：『毛人洲王張奐，毛長短如熊。周綽得毛人送詣秣陵。』即此國人也。

勞民國在其北[一]。其爲人黑[二]，或曰教民[三]。一曰在毛民北，爲人面目手足盡黑[四]。

[一]【箋疏】《淮南（子·）墬形訓》有勞民，高誘注云：『正理，躁擾不定也。』

[二]【郭注】食果草實也，有一鳥，兩頭。【廣注】《淮南子》：『海外三十六國，自東南至東北方，有勞民。』注云：『勞民，躁擾不定。』《（山海經）圖贊》曰：『陽谷之山，國號黑齒。雨師之妾，以蛇掛耳。玄人食䮙，勞民黑趾。』【箋疏】郭注此語，疑本在經內，今亡。又奇肱國有鳥，兩頭，見《海外西經》，非此。

[三]【箋疏】教、勞聲相近。

[四]【箋疏】今魚皮島夷之東北，有勞國，疑即此。其人與魚皮夷面目手足皆黑色也。

東方勾芒[一]，鳥身人面，乘兩龍[二]。

[一]【郭注】木神也，方面素服。《墨子》曰：『昔秦穆公有明德，上帝使勾芒賜之壽十九年。』【釋義】勾芒，木神。今迎春立芒神有據也。【新校正】《尚書大傳》云：『東方之極，自碣石東至日出榑桑之野，大皞、神勾芒司之。』《淮南子·時則訓》云：『東方之極，自碣石山過朝鮮，貫大人之國，東至日出之次、榑木之地，青土樹木之野，太皞、勾芒之所司者，萬二千里。』【箋疏】（郭）注秦穆公，今《墨子·明鬼下篇》作鄭穆公。《論衡·無形篇》正與此注同也。《越絶書》云：『太皞治東方，袁何佐之，使主木。』疑袁何即句芒之异名也。《尚書大傳》云：『東方之極，自碣石東至日出榑木之野，帝太皞、神句芒司之。』《吕氏春秋·孟春紀》云：『其神句芒。』高誘注云：『句芒，少皞氏之裔子，曰重。佐木德之帝，死爲木官之神。』《漢書》張揖注司馬相如《大人賦》云：『句芒，東方青帝之佐也，鳥身人面，乘兩龍。』本此經爲説也。

《白虎通》云：『句芒者，芒之爲言萌也。』

［二］【廣注】《（禮記·）月令》：『春月，其神勾芒。』注云：『少皞之子重也。』《左傳》：『木正曰勾芒。』劉安云：『東方之帝大皞，其佐勾芒。』《白虎通》曰：『芒之爲言萌，物始生也，東方義取此。』司馬（相如）《大人賦》：『使勾芒其將行兮，吾欲往乎南嬉。』《史記》正義云：『勾芒，東方青帝之佐也。』劉會孟云：『東方，青龍也。故人乘兩龍。』然西南之神皆乘兩龍，不獨東方也。唐閻朝隱詩：『勾芒人面乘兩龍。』指此。《（山海經）圖贊》曰：『有神人面，身鳥素服。銜帝之命，錫齡秦穆。皇天無親，行善有福。』

【新校正】右海外自東南陬至東北陬，古本爲第三十篇。

建平元年四月丙戌[一]，待詔太常屬臣望[二]校治，侍中光禄勛臣龔[三]、侍中奉車都尉光禄大夫臣秀[四]領主省。

［一］【廣注】（漢）哀帝乙卯歲也。

［二］【廣注】太常，初名奉常，景帝六年改。其屬有六太、六令等官。望，疑是丁望。【箋疏】望，蓋丁望。

［三］【廣注】侍中，加官也。光禄勛，初爲郎中令，武帝太初元年更名。龔，王龔也。

［四］【廣注】奉車都尉，武帝時置，秩比二千石。光禄大夫，初爲中大夫，亦太初元年改。秀，劉歆也。

海内南經第十

海内東南陬以西者[一]：

[一]【郭注】從南頭起之也。

甌[一]居海中[二]，閩[三]在海中[四]。其西北有山[五]。一曰閩中山在海中[六]。

[一]【箋疏】《周書·王會篇》云：『歐人蟬蛇。』孔晁注云：『東越，歐人也。』又云：『且甌文蜃。』注云：『且甌在越。』《伊尹四方令》云：『正東越漚，正南甌鄧。』疑甌與漚、歐并古字通也。《史記》索隱引劉氏云：『今珠厓儋耳謂之甌人。』正義曰：『《輿地志》云：交阯，周時爲駱越，秦時曰西歐。』

[二]【郭注】今臨海永寧縣即東甌，在岐海中也，音嘔。【補注】岐海，海之岐流也，猶云裨海。【廣注】劉會孟云：『甌，今温州府城北，東至磐石村，會於海洋，是曰甌海。』王應麟《（周書·）王會》注曰：『漢以東甌地立回浦縣，後漢以章安縣之東甌鄉置永寧縣。』章安即回浦。【新校正】《史記》索隱云：『劉氏云：今珠厓儋耳謂之甌人。』正義曰：『《輿地志》云：交阯，周時爲駱越，秦時曰西甌。』【箋疏】臨海郡永寧縣，見《晉書·地理志》。《初學記》六卷引此經云：『甌、閩，皆在岐海中。』蓋并引郭注之文也。岐海，謂海之槎枝。《東次三經》云：『無臯之山，南望幼海。』即此。

[三]【箋疏】《説文》云：『閩，東南越，蛇種，從虫。』《（周禮·）夏官》：『職方氏掌七閩。』是閩非一種，舉其大名耳。

[四]【郭注】（閩）音旻。【釋義】閩，今所謂福建。【新校正】《説文》云：『閩，東南越，蛇種，從虫。』劉逵注左思《（吴都）

賦》云：『閩，越名也。秦并天下，以其地爲閩中郡。』

[五]【郭注】閩越即西甌，今建安郡是也，亦在岐海中。【廣注】羅泌曰：『郭璞以建安爲西甌，非是。』《（太平）寰宇記》：『鬱林廢黨州經善勞縣，乃古西甌居，非閩也。』今建寧有東甌城，相傳吴王濞發兵圍東甌在此。然閩中實不得謂之甌也。【箋疏】建安郡，故秦閩中郡，見《晉書·地理志》。《漢書·惠帝紀》：『二年，立閩越君摇爲東海王。』顏師古注云：『即今泉州是其地。』

[六]【廣注】《周禮》：『職方氏掌八蠻七閩之人民。』《史記》索隱曰：『閩，東越蛇種也，故字從虫。』何喬遠《閩書》曰：『按謂之海中者，今閩中地。有穿井辟地，多得螺蚌殼、敗槎，知洪荒之世，其山盡在海中，後人乃先後填築之也。』

三天子鄣山[一]，在閩西海北[二]。一曰在海中。

[一]【郭注】（鄣）音章。【新校正】山在今安徽歙縣。《太平寰宇記》云：『績谿縣，本歙之華陽古鎮。三天子都山，一名玉山，在縣東南八十里。顧野王云：今永康縉雲山，是三天子之都。今在績谿縣東九十里，吴於此山分界焉。』【箋疏】《海內東經》云：『浙江出三天子都，廬江出三天子都，一曰天子鄣。』即此。

[二]【郭注】今在新安歙縣東，今謂之三王山，浙江出其邊也。張氏《土地記》曰：『東陽永康縣南四里，有石城山。上有小石城，云黄帝曾游此，即三天子都也。』【廣注】今屬徽州績谿。【箋疏】《海內東經》云『三天子都在閩西北』，無海字，此經海字疑衍。劉昭注《（後漢書·）郡國志》丹陽郡歙引此經郭注云：『在縣東，今謂之玉山。』又注會稽郡浙江引郭注云：『江出歙縣玉山。』《初學記》八卷亦引郭注云：『玉山，浙江出其邊。』疑二書玉山即三王山之脱誤，古玉字作王也，山在今安徽歙縣西北。顧野王云：『今永康晉雲山，是三天子都。今在績谿縣東九十里，吴於此山分界。』見《太平寰宇記》。

桂林八樹[一]，在番隅東[二]。

［一一］【箋疏】《伊尹四方令》云：『正南甌鄧桂國。』疑即此。

［一二］【郭注】八樹而成林，言其大也。番隅，今番隅縣。【釋義】番隅，今所謂廣東。【廣注】《百粵風土記》云：『桂林八樹，《山海經》：在番隅東。番隅即桂州。今粵西地最宜桂，大者十圍，終年葱茜。秋風時起，四遠聞香。至冬，枝端結子，纍纍如小蓮。子中空有漿。』魏禹卿《西事珥》曰：『《海内南經》載桂林八樹在番隅東，番隅即今桂州。』則番隅東在何處？予讀《路史》桂國引《伊尹四方令》，蓋桂陽也。然則八桂乃桂陽，以桂林爲八桂者誤。兹以二書證之地理，則番禺古屬南海，今在粵東。而二書皆以爲桂州地，誠所不解也。又臨桂今有桂山，三峰鼎峙，山多桂樹。《丹鉛録》云：『桂林之山，玉筍瑶篸，森列無際，經之所指必此。』然當云在番隅西，而云在其東者，豈亦有誤文耶？高氏《緯略》：『台州亦有八桂。』《廣志》云：『臨海白石山，八桂所植，金鵝所集。』似非此。番隅，《水經注》、《後漢書》注引此皆作賁禺。又《海録碎事》引經八樹作八桂。【新校正】《水經注》云：『浪水東别徑番禺，《山海經》謂之賁禺者也。交州治中合浦姚文式問云：何以名爲番禺？答曰：南海郡，昔治在今州城中，與番禺縣連接，今入城東南偏有水坑，陵城倚其上，聞此縣人名之爲番山，縣名番禺，儻謂番山之禺也。』《南越志》云：『番隅縣有番、隅二山，因以爲名。』見《初學記》。【箋疏】劉昭注《（後漢書・）郡國志》南海郡番禺引此經云：『桂林八樹，在賁禺東。』《水經・浪水》注及《文選・游天台山賦》注引此經并作賁禺。又引郭注云：『八樹成林，言其大也。賁禺音番隅。』今本脱郭音五字，又言訛爲信也。然《上林賦》注及張衡《四愁詩》注及《初學記》八卷引此經仍作番禺，蓋古有二本也。《初學記》引《南越志》云：『番禺縣有番、禺二山，因以爲名。』《水經・浪水》注又云：『縣有番山，名番禺，謂番山之禺也。』【明案】畢沅據《水經注》及《文選》李善注引《山海注》校經文番隅爲賁禺，并以郭注有脱文，應爲：『八樹而成林，信其大也。賁隅，音番禺，今番隅縣。』

伯慮國［一］，離耳國［二］，雕題國［三］，北朐國［四］，皆在鬱水南。鬱水出湘陵南山［五］。一曰相慮［六］。

［一］【郭注】未詳。【箋疏】《伊尹四方令》云：『正東伊慮。』疑即此。

［二］【郭注】鏤離其耳，分令下垂以爲飾，即儋耳也。在朱崖海渚中，不食五穀，但噉蚌及藷薁也。【廣注】《林邑記》云：『漢置九郡，儋耳與焉。』《交廣春秋》云：『儋耳與交州俱開南裔。』《异物志》曰：『儋耳俱在朱崖，分爲東藩。』應劭曰：『儋耳者，種大耳。渠率自謂王者耳尤緩，下肩三寸。』張晏曰：『儋耳，鏤其頰，皮上連耳，分爲數支，狀似鷄腸，累耳下垂。』臣贊曰：『《茂林書》：儋耳去長安七千三百六十八里。』又《廣東志》：『周武王十有八年，儋耳入貢。』是儋耳之名，至周始見，其先固爲離耳也。《伊尹四方令》云：『離耳漆齒。』劉鳳《雜俎》曰：『離耳、雕題之俗。』盧柟賦云：『兼離耳。』皆指此也。又其國以黑爲美，故《離騷》亦謂之玄國。【箋疏】《伊尹四方令》云：『正西離耳。』郭云即儋耳者，此南儋耳也。又有北儋耳，見《大荒北經》。儋，當爲瞻。《説文》云：『瞻，垂耳也，從耳，詹聲。南方瞻耳之國。』劉逵注《吴都賦》引《异物志》云：『儋耳人鏤其耳匡。』《漢書》張晏注云：『儋耳，鏤其頰，皮上連耳，分爲數支，狀似鷄腸，累耳下垂。』《水經注》引《林邑記》曰：『漢置九郡，儋耳與焉。民好徒跣，耳廣垂以爲飾。』又云：『儋耳即離耳也。』《後漢書·西南夷傳》云：『哀牢人皆穿鼻儋耳。其渠帥自謂王者，耳皆下肩三寸；庶人則至肩而已。』

［三］【郭注】點涅其面，畫體爲鱗采，即鮫人也。【廣注】《伊尹四方令》曰：『貫匈雕題。』《（禮記·）王制》曰：『南方曰蠻，雕題、交趾有不火食者矣。』《楚辭·大招》：『雕題黑齒，得人肉以祀些。』梁簡文（帝）《大法頌》：『題雕臆鏤，舌紫支黄。』庚子山文：『雕題鑿齒，識海水以來王。』許敬宗《賀慶》云：『表雕題鏤齒之類，譠裘板屋之朋。』皆謂此。或作雕踶，見《白虎通》。馬端臨曰：『自嶺而南，當唐虞三代，是百越之地，亦謂之南越，古謂之雕題。』《（周書）王會補注》云：『題，額也。刻其肌，以丹青涅之。』【箋疏】《伊尹四方令》云：『正西雕題。』《楚詞·招魂》王逸注云：『雕畫題額，言南極之人雕畫其額，常食蠃蜯也。』《桂海虞衡志》云：『黎人女及笄，即黥頰爲細花紋，謂之繡面女。』亦其類也。郭云即鮫人，恐非，或有訛字。鮫人，見劉逵《吴都賦》注。

［四］【郭注】未詳。（朐）音劬。【新校正】《爾雅疏》引此作煦。【箋疏】疑即北户也。《爾雅疏》引此經作北朐。户、朐聲之轉。《爾雅·釋地》四荒有北户，郭注云：『北户在南。』

［五］【箋疏】鬱水，見《海内東經》。此云出湘陵南海（山），疑有脱誤。又《水經·温水》注引此經云：『離耳國、雕題國，皆在鬱水南。』無伯慮、北朐二國。李善注王褒《四子講德論》引此經作『雕題國在鬱林南』，亦與今本异。明藏本南海

作南山也。

［六］【箋疏】相慮，蓋伯慮之异文，或柏慮之訛文，柏、伯古字通也。若以《海内東經》鬱水入須陵之文校之，又疑相慮即須陵之聲轉。此經出湘陵當爲入湘陵矣。

梟陽國［一］在北朐之西［二］。其爲人［三］，人面長脣，黑身有毛，反踵，見人笑亦笑［四］，左手操管［五］。

［一］【箋疏】揚雄《羽獵賦》、《淮南（子·）氾論訓》并作噪陽。左思《吴都賦》作梟羊，《説文》作梟陽。

［二］【廣注】梟，或作噪，又作獔。《羽獵賦》云：『蹈飛豹，羂噪陽。』《續騷經》云：『魑魅群逐而索賴兮，過獔陽以反唇。』陽亦作羊。《吴都賦》：『其上則猨子長嘯，其下則梟羊麐狼。』《淮南子》云：『山出梟羊，水出罔象。』今交廣謂之狒狒，北方謂之吐螻。李賀詩：『鸒鸒題深竹。』吴正子注：『即梟羊也。』又作楊。王氏《彙苑》云：『狒狒仗梟楊，先導此朐西。』《爾雅疏》引經作北煦西。【新校正】《説文》云：『鸒鸒，讀若費費，一名梟陽。』劉逵注左思賦云：『張衡《玄圖》曰：梟陽喜獲，先笑後愁。』《太平寰宇記》云：『海陽縣鳳皇山，一名翔鳳山。中有神，形如人，被髮迅走。《山海經》云：南方有贛巨人。郭景純云：即梟陽。蓋此山也。』

［三］【新校正】《爾雅疏》引此作其狀如人。

［四］【箋疏】郭注《爾雅》狒狒引此經云：『見人則笑。』劉逵注《吴都賦》引此經與《爾雅》注同。高誘注《淮南（子·）氾論訓》亦云：『噪陽，山精，見人而笑。』是古本并如此。且此物唯喜自笑，非見人笑方亦笑也，故《吴都賦》云：『萬萬笑而被格。』劉逵注引《异物志》云：『梟羊善食人，大口。其初得人喜，笑則唇上覆額；移時而後食之。人因爲筒貫於臂上，待執人，人即抽手從筒中出。鑿其唇於額而得擒之。』是其笑惟自笑，不因人笑之證。以此參校，可知今本爲非矣。其云爲筒貫臂，正與此經左手操管合。

［五］【郭注】《周書》曰『州靡髴髴』者，人身，反踵自笑，笑則上唇掩其面。《爾雅》亦云髴髴。《（尚書）大傳》曰：『《周書》：成王時，州靡國獻之。』《海内經》謂之贛巨人。今交州南康郡深山中皆有此物也，長丈許，脚跟反向，健走，被

髮，好笑。雌者能作汁，灑中人即病，土俗呼爲山都。南康今有贛水，以有此人，因以名水，猶《大荒（經）》説地有蜮人，人因號其山爲蜮山，亦此類也。【廣注】《酉陽雜俎》：『狒狒力負千斤，作人言如鳥聲，能知生死。笑輒上吻插額，血可染緋，髮可爲髲，飲其血可見鬼。』《（山海經）圖贊》曰：『狒狒怪獸，被髮操竹。獲人則笑，唇蔽其目。終亦號咷，反爲我戮。』【箋疏】今《周書·王會篇》作州靡費費，郭引作髴髴，《説文》引作𩲡𩲡，蓋所見本异也。又（郭注）所引《爾雅》當爲狒狒。

兕在舜葬東、湘水南[一]。其狀如牛，蒼黑，一角[二]。

[一]【釋義】湘水南，今廣西。【新校正】此言舜葬東，圖此獸也。【箋疏】皆説圖畫如此。

[二]【廣注】《爾雅》：『兕，似牛。』注云：『一角，青色，重千斤。』《説文》：『兕如野牛，皮堅厚，可製鎧。』《交州記》曰：『兕出九德，有角。角長三尺餘，形如馬鞭柄。』【箋疏】兕形狀，已見《南次三經》禱過之山注。《竹書（紀年）》云：『周昭王十六年，伐楚涉漢，遇大兕。』

蒼梧之山[一]，帝舜葬于陽[二]，帝丹朱葬于陰[三]。

[一]【廣注】劉會孟曰：『蒼梧，今屬湖廣永州府寧遠縣。其山九磎相似。』【新校正】高誘注《淮南子》云：『蒼梧之山，在蒼梧馮乘縣東北、零陵之南。』

[二]【郭注】即九疑山也。《禮記》亦曰『舜葬蒼梧之野』也。【廣注】《（春秋）傳》曰：『舜葬蒼梧九疑之山。』《拾遺記》曰：『舜葬蒼梧。有鳥如雀，來蒼梧之野，銜青砂珠，積成壟阜，名曰珠邱。』《寶櫝記》云：『舜葬蒼梧，有鳥名馮霄，能銜土成墳邱，兼能返形變色，登木則成禽，行地則爲獸。』《吕覽》云：『舜葬紀市，不變其肆。』蓋九疑山下，亦有紀邑也。或云：紀在河中府皮氏。又王應麟《困學紀聞》曰：『舜葬蒼梧之野。』薛氏云：『孟子以爲卒於鳴條。』《吕氏春秋》

云：『舜葬於紀。』蒼梧山在海州界，近莒之紀城。鳴條亭在陳留之平邱。今考《（元豐）九域志》：『海州東海縣有蒼梧山。』始存其説，以傳疑云。【箋疏】《史記·五帝紀》注引《皇覽》云：『舜冢在零陵營浦縣。其山九谿皆相似，故曰九疑。』《呂氏春秋·安死篇》云：『舜葬於紀市。』高誘注云：『《傳》曰：舜葬蒼梧九疑之山。』此云於紀市，九疑山下亦有紀邑。《太平御覽》五百五十五卷引《尸子》曰：『舜西教乎七戎，道死，葬於南己之中。』己即紀矣。

［三］【郭注】今丹陽復有丹朱冢也。《竹書（紀年）》亦曰『后稷放帝朱於丹水』，與此義符。丹朱，稱帝者，猶漢山陽公死，加獻帝之謚也。【釋義】《書（·益稷）》：『虞賓在位。』即丹朱。丹朱後封於虞，今河南虞城。審如是，又不當從舜而葬蒼梧之陰。【廣注】《（元豐）九域志》：『鄧今有丹朱冢。』《郡縣釋名》云：『丹朱陵，乃在相之永和鎮。』王在晉《山陵考》曰：『丹朱冢，在南陽府内鄉縣西北七里。』《（明）一統志》亦云：『在内鄉縣廢浙川縣西北。』未知孰是。又：丹朱稱帝，猶象封有鼻，而稱鼻天子也。【新校正】云帝丹朱者，猶言帝子丹朱也，郭説非。【箋疏】《竹書（紀年）》云：『帝堯五十八年，使后稷放帝子朱於丹水。』今本朱上有子字，與郭所引异。又《史記·五帝紀》注引此經云：『丹朱葬於陰。』亦無帝字。推尋經文所以稱帝之義，或上古樸略，不以爲嫌。《水經·溱水》注云：『有鼻天子城。』鼻天子所未聞，亦斯之類。郭以漢山陽公事例之，非矣。

氾林方三百里，在狌狌東［一］。狌狌知人名［二］，其爲獸，如豕而人面［三］，在舜葬西。

［一］【郭注】（狌狌）或作猩猩，字同耳。【箋疏】《海内經》云：『猩猩，青獸。』

［二］【廣注】《淮南子》：『猩猩知往而不知來，乾鵲知來而不知往。』【箋疏】《淮南（子·）氾論訓》云：『猩猩知往而不知來。』高誘注云：『見人往走，則知人姓氏。』《後漢書·西南夷傳》云：『哀牢出猩猩。』李賢注引《南中志》云：『猩猩在山谷，見酒及屬，知其設張者，即知張者先祖名字，乃呼其名而罵云：奴欲張我』云云。

［三］【郭注】《周書》曰『鄭郭狌狌』者，狀如黄狗而人面，頭如雄雞，食之不眯。今交趾封谿出狌狌，土俗人説云：狀如豚而腹如狗，聲如小兒啼也。【廣注】《獸經》云：『狒狒人面而善笑，猩猩人面而善啼。』《水經注》云：『葉榆有猩猩獸，形

若黄狗，又狀貆狆。人面，頭顔端正，善與人言，音聲麗妙，如婦人好女。』《（山海經）圖贊》曰：『狌狌之狀，形乍如犬。厥性識往，爲物警辨。以酒招災，自治纓罥。』【箋疏】劉逵注《吴都賦》引此經云：『猩猩，豕身人面。』郭注《爾雅》引此經亦同，蓋所見本异也。《周書·王會篇》云：『都郭生生。』此注引作『鄭郭狌狌』，亦所見本异也。『其頭如雄鷄』二句，彼文所説『奇榦善芳』，自别一物，此注不加鏟削，妄行牽引，似非郭氏原文，或後人寫書者羼入之耳。《（後漢書·）郡國志》云：『交阯郡封谿。』郭注《爾雅》亦云：『交阯封谿縣出猩猩。』《晋書·地理志》亦作交阯郡。此注作交州，州字訛也。又腹似狗，一本作後似狗，云『聲如小兒啼』者，《爾雅》云：『猩猩小而好啼。』郭注亦與此注同也。《水經·葉榆河》注云：『封谿縣有猩猩獸，形若黄狗，又狀貆狆，人面，頭顔端正，善與人言，音聲麗妙如婦人好女。對語交言，聞之無不酸楚。其肉甘美，可以斷穀，窮年不厭。』

狌狌西北有犀牛，其狀如牛而黑[一]。

[一]【郭注】犀牛似水牛，猪頭，在狌狌知人名之西北，庳脚，三角。【廣注】犀牛三角，一在頂上，一在額上，一在鼻上，所謂食角也。劉欣期《交州記》云：『犀出九德，毛如豕，蹄有甲，頭似馬。』《吴録地理志》云：『武陵沅陵縣以南皆有犀。』【箋疏】犀牛形狀，已見《南次三經》禱過之山注。此注庳脚三角四字，當與猪頭句相屬，疑寫書者誤分之。

夏后啓之臣曰孟塗[一]，是司神于巴[二]。人請訟于孟塗之所[三]，其衣有血者乃執之[四]，是請生[五]。居山上，在丹山西[六]。丹山在丹陽南。丹陽，居屬也[七]。

[一]【新校正】《水經注》引此作血塗，云：『江水東徑巫縣故城南，又東徑新崩灘。有大巫山，神血塗所處。』【箋疏】《水經·江水》注引此經作血塗，《太平御覽》六百三十九卷引作孟余或孟徐。

[二]【郭注】聽其獄訟，爲之神主。【廣注】《冠編》：『夏禹二歲，命孟塗爲理。』《竹書紀年》：『帝啓八歲，使孟塗爲巴莅訟。』

《路史》云：『孟塗敬職而能理神，爰封於丹。』

[三]【郭注】令斷之也。【新校正】舊本（人字上）脫一巴字。【箋疏】《水經注》引此經云：『是司神於巴。巴人訟於血涂之所。』疑今本脫一巴字。

[四]【郭注】不直者，則血見於衣。

[五]【郭注】言好生也。【廣注】《（山海經）圖贊》曰：『孟塗司巴，聽訟是非。厥理有此，血乃見衣。所請靈斷，嗚呼神微。』

[六]【箋疏】《水經注》引經止此。酈氏又釋之云：『丹山西，即巫山者也。』

[七]【郭注】今建平郡丹陽城秭歸縣東七里，即孟塗所居也。【廣注】羅苹云：『丹山之西，即孟塗之所理也。』丹山，乃今巫山。【新校正】丹山在丹陽南已下十一字，舊本訛爲經文。又巴蜀訛爲居蜀。據《水經注》云：『郭景純云：丹山在丹陽，屬巴。』則知此是郭注，（酈）道元節其文耳。【箋疏】《晉書·地理志》建平郡有秭歸，無丹陽，其丹陽屬丹陽郡也。《水經注》引郭景純云：『丹山在丹陽，屬巴。』是此經十一字乃郭注之文。酈氏節引之，寫書者誤作經文耳。居屬，又巴屬字之訛。

窫窳龍首，居弱水中，在狌狌知人名之西。其狀如龍首，食人[一]。有木，其狀如牛[二]，引之有皮，若纓、黄蛇[三]。其葉如羅[四]，其實如欒[五]，其木若蓲[六]，其名曰建木[七]，在窫窳西弱水上。

[一]【郭注】窫窳，本蛇身人面，爲貳負臣所殺，復化而成此物也。【箋疏】劉逵注《吳都賦》引此經云：『南海之外有猰㺄，狀如貙，龍首，食人。』蓋參引《爾雅》之文。《爾雅》云：『猰㺄類貙。』以引此經則誤矣。窫窳形狀，又見《海内西經》。又《北山經》少咸之山説窫窳形狀，復與此異。

[二]【郭注】《河圖玉版》説芝草樹生，或如車馬，或如龍蛇之狀，亦此類也。【箋疏】《博物志》云：『名山生神芝、不死之草。上芝爲車馬，中芝爲人形，下芝爲六畜。』

[三]【郭注】言牽之皮剥，如人冠纓及黄蛇狀也。【箋疏】纓，謂纓帶也。引及皮纓帶若黄蛇之狀也。

［四］【郭注】如綾羅也。【廣注】羅，木名也。楊樧，一名羅，見《爾雅》。【箋疏】郭説非也。上世淳樸，無綾羅之名，疑當爲網羅也。《淮南（子・）氾論訓》云：『伯余之初作衣也，緂麻索縷，手經指掛，其成猶網羅。』是綾羅之名，非上古所有審矣。【俞讀】下云『其實如欒，其木若蓲』，則此羅當讀爲蘿。《説文》草部：『蘿，莪也。』郭以綾羅説之，與下兩句不一律矣。

［五］【郭注】欒，木名，黄本，赤枝，青葉，生雲雨山。或作卵，或作麻，音欒。【補注】欒作丸，謂圓如烏彈也。【廣注】藻林云欒，即木蘭，凡冢皆樹之。又《（神農）本草》：『木欒，子形如豌豆，堪爲數珠。』則木之名欒者不一也。《抱朴子》曰：『建木芝生於都廣，其皮如纓，其實如鸞。』是以建木爲木芝。【箋疏】《玉篇》云：『欒木似欄。』郭説欒生雲雨山者，見《大荒南經》。

［六］【郭注】蓲，亦木名，未詳。【廣注】《字彙》：『音謳，刺榆也。』【箋疏】蓲，刺榆也。《爾雅》云：『蘗，茎。』郭注引《詩》云：『山有蓲。』今之刺榆。

［七］【郭注】建木，青葉紫莖，黑花黄實。其下聲無響、立無影也。【廣注】《淮南子》云：『建木在廣都。』張衡《思玄賦》：『躔建木於廣都兮，摭若華而躊躇。』馬融《廣成頌》：『珍林嘉樹，建木叢生。』孫綽《天台山賦》：『建木滅景於千尋，琪樹璀璨而垂珠。』江淹《遂古篇》：『建木千里烏易論兮。』庾信《趙將軍墓銘》：『波分建木，派流玄澨。』敬括《建木賦》：『廣都有建木焉。大五千圍，生不知始；高八千尺，仰不見巔。』又：《（山海經）圖贊》曰：『爰有建木，黄實紫柯。皮如蛇纓，葉有素羅。絶蔭弱水，异人則過。』【新校正】《淮南子・墬形訓》云：『建木（在）都廣，衆帝所自上下。日中無景，呼而無響，蓋天地之中也。』【箋疏】郭説建木，本《海内經》及《淮南子》。《吕氏春秋・有始覽》亦同兹説。

氐人國［一］在建木西。其爲人，人面而魚身，無足［二］。

［一］【郭注】氐，音觸抵之抵。【箋疏】氐人，《大荒西經》作互人。

［二］【郭注】蓋胸以上人，胸以下魚也。【廣注】即《大荒（經）》互人國也。羅泌云：『互人宜作氐人。』徐鉉《稽神録》云：

『謝仲玉者，見婦人出没水中，腰以下皆魚。』《徂异記》曰：『查道奉使高麗，見海沙中一婦人，肘後有紅鬣。問之，曰人魚也。』《職方外紀》云：『海中有海女，上體爲女人，下體則魚形。』又：『禹治洪水，觀於河，見白面長人，魚身，出曰：吾河精也。』形狀與此同。【箋疏】《竹書（紀年）》云：『禹觀於河，有長人白面魚身出曰：吾河精也。』

巴蛇食象[一]，三歲而出其骨。君子服之，無心腹之疾[二]。其爲蛇，青黄赤黑。一曰黑蛇青首[三]，在犀牛西。

[一]【新校正】王逸《楚辭章句》引此作靈蛇吞象。

[二]【郭注】今南方蚒蛇吞鹿，鹿已爛，自絞於樹，腹中骨皆穿鱗甲間出，此其類也。《楚詞》曰：『有蛇吞象，厥大何如？』說者云：長千尋。【廣注】《函史》：『《物性志》：巴蛇長十尋，備青黄赤黑色，食象，三歲而出其骨。』庾仲雍《江記》曰：『羿屠巴蛇於洞庭，其骨若陵。』《文心雕龍》注：『巴邱山，一名巴蛇冢。』是其地也。《（明）一統志》：『巴蛇冢，在岳州府城南。』《長沙風土記》云：『巴蛇吞象，空見於圖書；鵩鳥似鴞，但聞於詞賦。』左思《三都賦》：『屠巴蛇，出象骼。』虞世南《師子賦》：『碎隨兕於斷腭，握巴蛇於指掌。』李白詩：『脩蛇横洞庭，吞象臨江島。』柳宗元《天對》云：『巴蛇腹象，足覿厥大。三歲遺骨，其脩已號。』吴淑《蛇賦》云：『或乘彼龍星，或出夫象骼。』謂此也。《（山海經）圖贊》曰：『象實巨獸，有蛇吞之。越出其骨，三年爲期。厥大何如，屈生是疑。』羅良願曰：『說巴陵者，以爲巴蛇之死，其骨若陵。又有象骨山，以爲象暴骨之所。』【箋疏】今《楚詞·天問》作一蛇吞象，與郭所引异。王逸注引此經作靈蛇吞象，并與今本异也。蚒蛇，見《本草》。《淮南（子·）精神訓》云：『越人得髯蛇以爲上肴，中國得而棄之無用。』又《水經》『葉榆河過交趾卷泠縣北』注云：『山多大虵，名曰髯虵，長十丈，圍八尺，常在樹上伺鹿獸。鹿獸過，便低頭繞之。有頃鹿死。先濡令濕，訖便吞頭，角骨皆鑽皮出。山夷始見虵不動時，便以大竹籤，籤虵頭至尾，殺而食之，以爲珍异云云。』又云：『養創之時，肪腴甚肥，搏之以婦人衣，投之則蟠而不起走，便可得也。』《桂海虞衡志》云：『蚒蛇，膽入藥。南人臘其皮，刮去鱗以鞔鼓。』

［三］【箋疏】黑蛇青首，食象，出硃卷之國，見《海内經》。

旄馬，其狀如馬，四節有毛［一］。在巴蛇西北，高山南。

［一］【郭注】《穆天子傳》所謂豪馬者，亦有旄牛。【廣注】《穆天子傳》注引經作髦馬。《事物紺珠》云：『旄馬，足可四節垂毛，出南海外。』【箋疏】今《穆天子傳》作豪馬豪牛，郭氏注云：『毫，猶髦也。』引此經云：『髦馬如馬，足四節皆有毛。』疑髦當爲髦；引經髦馬，亦當爲髦馬，并字形之訛也。郭又注豪羊云：『似髦牛。』可知旄牛皆當爲髦牛矣。又旄牛，已見《北山經》首潘侯之山。

匈奴［一］、開題［二］之國，列人之國，并在西北［三］。

［一］【郭注】一曰獫狁。【釋義】匈奴，今北狄虜人。【箋疏】《伊尹四方令》云：『正北匈奴。』《史記·匈奴傳》索隱引應劭《風俗通》云：『殷時曰獯粥，改曰匈奴。』又晋灼云：『堯時曰葷粥，周曰獫狁，秦曰匈奴。』案：已上三名，并一聲之轉。

［二］【郭注】音提。

［三］【郭注】三國并在旄馬西北。【新校正】《周書·王會》云：『伊尹曰：正北匈奴。』《穆天子傳》有曹奴，疑即此。曹、匈音相近。

【新校正】右海内東南陬以西，古本爲第三十一篇。

海内西經第十一

海内西南陬以北者：

貳負之臣曰危危，與貳負[一]殺窫窳[二]。帝乃梏之疏屬之山[三]，桎其右足[四]，反縛兩手與髮[五]，繫之山上木。在開題西北[六]。

[一]【新校正】劉逵注左思《（吴都）賦》引此作二負。

[二]【箋疏】劉逵注《吴都賦》引此經作猰貐，李善注張協《七命》引此經又作猰貐。

[三]【郭注】梏，猶繫縛也，音活。【廣注】文中子云：『疏屬之南，汾水之曲。』即斯山也。劉會孟曰：『疏屬山，今陝西延安府綏德縣。』左思《（吴都）賦》：『亦猶帝之解懸，而與夫桎梏疏屬也。』張協《七命》云：『解疏屬之拘。』王世貞《寓言》詩：『貳負殺窫窳，帝討羈石室。栱拳錮其形，千載鬱如臘。』謂此。【新校正】山在今陝西綏德州城内。《元和郡縣志》云：『龍泉縣疏屬山，亦名雕陰山。』【箋疏】《（漢書·）地理志》：『上郡雕陰。』應劭注云：『雕山在西南。』即斯山也。山在今陝西綏德州城内。

[四]【郭注】桎，械。【箋疏】《説文》云：『桎，足械也；梏，手械也。』

[五]【郭注】并髮合縛之也。【箋疏】劉逵注《吴都賦》及李善注張協《七命》引此經并無與（并）髮二字，《北堂書鈔》四十五卷引則有之。又上句作『梏其右足大道』，下句作『繫之山木之上』，與今本异。此據影鈔宋本，雖多誤字，極是善本。其大道二字，疑及首之訛也。

[六]【郭注】漢宣帝使人上郡發盤石。石室中得一人，徒裸被髮，反縛，械一足，以問群臣，莫能知。劉子政案此言對之，宣

帝大驚，於是時人争學《山海經》矣。論者多以爲是，其尸象非真體也。意者以靈怪變化論，難以理測物稟。异氣出於不然，不可以常運推，不可以近數揆矣。魏時有人發故周王冢者，得殉女子，不死不生數日，時有氣，數月而能語，狀如廿許。人送詣京師，郭太后愛養之，恒在左右。十餘年，太后崩，此女哀思哭泣，一年餘而死。即此類也。【廣注】《（山海經）圖贊》曰：『漢擊盤石，其中則危。劉生是識，群臣莫知。可謂博物，山海乃奇。』王充《論衡》云：『董仲舒睹重常之鳥，劉子政曉貳負之尸。』李商隱《（為先輩集賢相公）啓》：『共工蚩尤之輩，與貳負同袍。』王世貞《類雋序》：『貳負見表於中山，三觴流迹於洛水。』盧柟《放招賦》：『貳負反縛石室圜且。』又《酬德賦》：『緩貳負之虐械，啓華表之靈思。』又詩：『貳負縛暝間，石室梏兩足。』指此也。又《獨异志》載，劉歆司疏屬之尸，須七歲女子以乳之，即變爲人。帝如其言，遂能應對。故《博物策》云：『取女乳，而疏屬之尸可語。』辭亦誕矣。《宛委餘編》云：『劉向識貳負桎梏之尸，蓋僵尸數千年不朽者也。』【新校正】此云開題西北，而山在今綏德州，疑開題即笄頭山也，音皆相近。【箋疏】經云繫之山上木，注言得之石室中，所未詳也。劉逵注《吴都賦》引此注盤石作磻石。又云『陷得石室，其中有反縛械人』云云，與今本异。《海内經》云：『北海之内，有反縛盗械，名曰相顧之尸。』亦此之類。又《水經·洛水》注云：『温泉水側有僵人穴，穴中有僵尸。戴延之《從劉武王西征記》曰：有此尸，尸今猶在。夫物無不化之理，魂無不遷之道。而此尸無神識，事同木偶之狀，喻其推移，未若正形之速遷矣。』亦斯類也。郭云魏時發故周王冢得殉女子，與顧愷之《啓蒙（記）》注同，見《（三國志·）魏志·明帝紀》注。其《博物志》所載，與此則异。又郭云『出於不然』，不當爲自字之訛，見《太平御覽》五十卷所引。

大澤，方百里[一]，群鳥所生及所解[二]，在雁門北[三]。

[一]【箋疏】《大荒北經》作大澤方千里。郭注《穆天子傳》引此經亦云：『大澤方千里，群鳥之所生及所解。』是百當爲千矣。然郭注又引此經云：『群鳥所集澤有兩處，一方百里，一方千里。』是又以爲非一地，所未詳也。李善注《别賦》引此經亦云：『大澤方百里。』可證今本不誤。

〔二〕【郭注】百鳥於此生乳，解氄毛羽。【廣注】《竹書紀年》：『王北征流沙，積羽千里。』即此。《（山海經）圖贊》曰：『地號積羽，厥方百里。群鳥雲集，鼓翅雷起。穆王旋軫，爰策騄耳。』【箋疏】此地即翰海也，説見《大荒北經》。

〔三〕【新校正】崔浩云：『翰海，北海名。群鳥之所解羽，故云翰海。』見《史記》索隱。案：此澤名翰海，亦即委羽之山，皆以解羽名之。

雁門山〔一〕，雁出其間〔二〕，在高柳北〔三〕。

〔一〕【箋疏】《淮南（子·）墬形訓》云：『燭龍在雁門北，蔽於委羽之山。』疑委羽山即雁門山之連麓，委羽亦即解羽之義。江淹《别賦》所謂『雁山參雲』也。

〔二〕【釋義】今晋地代州有雁門關，豈即是乎？【新校正】《水經注》引此作門。【箋疏】《水經注》及《初學記》三十卷引此經并作『雁出其門』。

〔三〕【廣注】江淹《别賦》：『遼水無極，雁山參雲。』吴淑《雁賦》：『入梁州而逾塞，過高柳而知門。』《（明）一統志》：『雁門山，在代州北三十五里。雁出其門，故名，一名雁門塞。』今有雁門關，隋有雁門縣。【新校正】山在今山西代州北三十五里。【箋疏】高柳山，在今山西代州北三十五里。

高柳在代北〔一〕。

〔一〕【廣注】《水經注》：『高柳在代中。其山重巒叠巘，霞舉雲高，連山隱隱，東出遼塞。』徐陵《勸進元帝表》：『高柳生風，扶桑銜日。』庾信《宿國公碑》：『名雄高柳。』又《趙廣碑》：『南臨高柳。』楊炯《孔子碑》：『映高柳而對扶桑。』即斯地也。

后稷之葬，山水環之[一]，在氐國西。

[一]【郭注】在廣都之野。【新校正】即《西山經》所謂稷澤。《（國語·）周語》云：『稷勤百穀而死。』韋昭注云：『稷死於黑水之山。』《毛詩傳》云：『《尸子》云：禹之喪法：死於陵者葬於陵，死於澤者葬於澤。』見《後漢書》注。《淮南子·墬形訓》云：『后稷壟，在建木西。』高誘注云：『建木在都廣。都廣，南方澤名。』非也。案云：黑水之山，其地當在今甘肅。

【箋疏】廣都，《海内經》作都廣，是。

流黄酆氏之國[一]，中方三百里[二]，有塗[三]四方，中有山[四]，在后稷葬西[五]。

[一]【箋疏】《海内經》作流黄辛氏。

[二]【郭注】言國城内。【廣注】《淮南子》：『流黄、沃民在其北，方三百里。』羅泌《（路史·）國名記》云：『流黄，辛姓，在三巴之東。』

[三]【郭注】塗，道。【廣注】《（山海經）圖贊》曰：『城圍三百，連河此戎。動是塵昏，蒸氣霧重。焉得游之，以遨以縱。』

【新校正】塗，當爲涂。

[四]【箋疏】《海内經》説流黄辛氏有巴遂山，蓋即此。

[五]【廣注】劉會孟云：『太昊初國於此。』

流沙出鐘山[一]，西行又南行昆侖之墟，西南入海黑水之山[二]。

[一]【廣注】流沙，即鳴沙界。其地人馬踐之有聲。《（河圖）括地象》曰：『水有懸泉之神，山有鳴沙之异。』《（禮記·）王

制》：『西不盡流沙。』《（尚書·）禹貢》：『西被於流沙。』宋玉《招魂篇》：『西方之害，流沙千里。』《晋書》曰：『弱水出流沙。』流沙與水同行也，在西海郡北。《緯大記》曰：『鳴沙山，在河州衛城南七里，一名沙角山，沙如乾糠。天氣清朗時，沙鳴聞於城内。』《水經》：『流沙，地在張掖居延縣東北。』《五代史》云：『瓜州南十里，有鳴沙山。冬夏殷殷，有聲如雷。』蔡沈《書（經集）傳》曰：『河州西八十里，其沙隨風而行，故曰流沙。』方勺云：『西安州即唐鹽州，西至流沙六日。沙深細，没馬脛，無水源，即乾沙耳。二日至西海。』沈括記鄜延西北有范河，即淖沙也，北人謂之活沙。人馬履之，外皆動，如人行幙上。其下足處甚堅，若遇其一陷，則人馬駝車應時皆没，或謂此即流沙也。《路史》亦謂之神沙。《（山海經）圖贊》曰：『天限内外，分以流沙。經帶西極，頽塘委蛇。注於黑水，永溺餘波。』【新校正】此即山西、陝西塞外陰山也。《水經》：『流沙地在張掖居延縣東北。』注云：『居延澤，在其縣故城北。《尚書》所謂流沙者也。弱水入流沙。流沙，沙與水流行也，亦言出鐘山。西行，極崦嵫之山，在西海郡北。又徑浮渚，歷壑市之國。又徑於鳥山之東朝雲國，西歷昆山，西南出於過瀛之山。又歷員丘不死山之西，入於南海。』【箋疏】《楚詞·招魂》云：『西方之害，流沙千里。』王逸注云：『流沙，沙流而行也。』高誘注《吕氏春秋·本味篇》云：『流沙，在敦煌郡西八百里。』《水經》云：『流沙，地在張掖居延縣東北。』注云：『流沙，沙與水流行也。亦言出鐘山，西行，極崦嵫之山，在西海郡北。』

[二]【郭注】今西海居延澤。《尚書》所謂流沙者，形如月，生五日也。【補注】謂形如半月也。【箋疏】《（漢書·）地理志》云：『張掖郡居延（縣），居延澤在東北，古文以爲流沙。』是郭所本也。《水經注》云：『流沙，西歷昆山，西南出於過瀛之山。又歷員丘不死山之西，入於南海。』

東胡[一]在大澤東。

[一]【箋疏】國名也。《伊尹四方令》云：『正北東胡。』詳《後漢書·烏桓鮮卑傳》。《廣韵》引《前燕録》云：『昔高辛氏游於海濱，留少子厭越以居北夷，邑於紫蒙之野，號曰東胡』云云。其後爲慕容氏。

夷人在東胡東[一]。

[一]【釋義】凡四夷，總而論之，曰東夷、西戎、南蠻、北狄。北所謂東胡，又曰夷人，恐指大澤之東北。

貊國在漢水東北[一]，地近于燕，滅之[二]。孟鳥[三]在貊國東北。其鳥文赤、黄、青，東鄉[四]。

[一]【郭注】今扶餘國即濊貊故地，在長城北，去玄菟千里，出名馬、赤玉、貂皮，大珠如酸棗也。【箋疏】《（三國志·）魏志·東夷傳》説夫餘與此注同，即郭所本也。唯貂皮作貂狖，《後漢書·東夷傳》又作貂豽。《藝文類聚》八十三卷引《廣志》曰：『赤玉出夫餘。』

[二]【箋疏】《（詩·）大雅·韓奕篇》云：『其追其貊。』即此。

[三]【郭注】亦鳥名也。【釋義】孟鳥上無所因，而獨當紀事之一，意其群聚若犬國與？【箋疏】《博物志》云：『孟舒國民，人首鳥身。其先主爲霅氏訓百禽，夏后之世始食卵。孟舒去之，鳳皇隨焉。』《太平御覽》九百十五卷引《括地圖》曰：『孟虧，人首鳥身，其先爲虞氏馴百獸。夏后之末世，民始食卵。孟虧去之，鳳凰隨與止於此。山多竹，長千仞。鳳凰食竹實，孟虧食木實，去九疑萬八千里。』據《括地圖》及《博物志》所説，蓋即孟鳥也。又《海外西經》有滅蒙鳥，在結匈國北，疑亦此鳥也。滅蒙之聲近孟。

[四]【箋疏】明藏本黄上無赤字。

海内昆侖之墟[一]在西北[二]，帝之下都[三]。昆侖之墟，方八百里，高萬仞[四]。上有木禾，長五尋，大五圍[五]。面[六]有九井[七]，以玉爲檻[八]。面有九門[九]，門有開明[十]獸守之，百神之所在[十一]。在八隅之巖[十二]，赤水之際，非仁羿莫能上岡之巖[十三]。

[一]【新校正】言海内者，是肅州之山。《説文》云：『虚，大邱也。昆侖邱謂之昆侖虚。』【明案】畢沅所引非《説文》文字，乃段玉裁注文也。《説文》文爲：『泑澤，在昆侖虚下。』

[二]【郭注】言海内者，明海外復有昆侖山。【釋義】疑其重出，恐非有二昆侖也。【箋疏】海内昆侖，即《西次三經》昆侖之丘也。《（尚書·）禹貢》昆侖，亦當指此。《海内東經》云『昆侖山在西胡西』，蓋别一昆侖也。又《水經·河水》注引此經郭注云：『此自别有小昆侖也。』疑今本脱此句。又荒外之山，以昆侖名者蓋多焉，故《水經》、《（史記·）禹本紀》并言昆侖去嵩高五萬里。《水經注》又言晉去昆侖七萬里，又引《（海内）十洲記》昆侖山在西海之戌地，北海之亥地，去岸十三萬里，似皆别指一山。然則郭云海外復有昆侖，豈不信哉？

[三]【箋疏】《史記·司馬相如傳》正義引此經云：『昆侖去中國五萬里，天帝之下都。』蓋并引郭注也，天字疑衍。

[四]【郭注】皆謂其虚基廣輪之高庳耳。自此以上二千五百餘里，上有醴泉、華池，去嵩高五萬里，蓋天地之中也，見《（史記·）禹本紀》。【廣注】《十洲記》云：『昆侖有三角：正北曰閬風巔，正西曰玄圃臺，正東曰昆侖宫。』《神异經》曰：『昆侖有銅柱焉，其高入天，所謂天柱也。圍三千里，圓如削。』江淹《遂古篇》云：『昆侖之墟，海此間兮；去彼宗周，萬二千兮。』【新校正】《水經》云：『高萬一千里。』《廣雅》云：『高萬一千一百一十里一十四步二尺六寸。』【箋疏】王逸注《離騷》引《河圖括地象》言昆侖在西北，其高一萬一千里。《初學記》引此經云：『昆侖山縱廣萬里，高萬一千里，去嵩山五萬里云云。』所引蓋《禹本紀》文，即郭所引者。《水經注》亦引此經及郭注，并稱《禹本紀》、《初學記》引作此經，誤也。

[五]【郭注】木禾，穀類也，生黑水之阿，可食，見《穆天子傳》。【廣注】《淮南子》：『昆侖，其高萬一千里百一十四步三尺六寸，上有木禾，其修五尋。』李善云：『禾，木生而王，木衰而死，故曰木禾。』《抱朴子》云：『昆侖上有木禾，高四丈九尺。』《事物紺珠》云：『木禾，二月生，八月熟。』張衡《思玄賦》：『發昔夢於木禾兮，穀昆侖之高岡。』張景陽《七命》云：『大梁之黍，瓊山之禾。』注云：『瓊山禾，即昆侖木禾也。』《盧爰子·齊山賦》云：『淡容與以邅迴兮，仰木禾焉是襄。』柳宗元詩：『披山窮木禾，駕海逾蟠桃。』《（山海經）圖贊》曰：『昆侖之陽，鴻鷺之阿。爰有嘉穀，號曰木禾。匪植匪藝，自然靈播。』【箋疏】《穆天子傳》云：『黑水之阿，爰有野麥，爰有荅堇（袛、謹兩音），西膜之所，謂木禾。』郭注引此經，李善注《思玄賦》亦引此經及郭注。

[六]【箋疏】《初學記》七卷引此經作上。

[七]【新校正】《吕氏春・秋本味篇》云：「伊尹曰：水之美者，昆侖之井。」

[八]【郭注】檻，欄。【廣注】《淮南子》：「昆侖旁有九井玉横，維其西北之隅。」

[九]【箋疏】《史記・司馬相如傳》正義引此經作旁有五門。

[十]【新校正】《淮南子》云：「東方曰東極之山，曰開明之門。」【箋疏】《淮南（子・）墬形訓》云：「東方曰東極之山，曰開明之門。」是開明乃門名也。此經自是獸名，非門名，形狀見下。【俞讀】此畢氏之誤也。《淮南子》明言東極之山，而此則屬《海内西經》，東西迥别，何得并爲一談？開明獸三字連文，開明者，獸名也，言每門有開明獸守之，文義甚明。下文又申説開明獸曰：「開明獸，身大類虎，而九首皆人面，東嚮，立昆侖上。」郭注曰：「天獸也。」其爲獸名無疑。

[十一]【箋疏】《水經注》引《遁甲開山圖》注云：「天下仙聖，治在柱州昆侖山上。」【明案】此句原無郭注。畢沅據《水經注》補郭注「此自别有小昆侖也」八字，且云：郭以此爲小昆侖，非。《博物志》云：「漢使張騫度西海，至大秦西海之濱，有小昆侖。」則是肅州之山，乃古之昆侖。小昆侖在海外，郭説正相反。

[十二]【郭注】在巖間也。【廣注】「《靈寶經》曰：『五山安鎮，玄岳高峙。昆侖閬風，黄老爲治。』葛洪《枕中書》云：『昆侖玄圃，金爲墉城，四方千里。城上安金臺五所，玉樓十二，瓊華之屋，紫翠丹房，七寶金玉，積之連天，巨獸萬尋，靈香億千，西王母九光所治，群仙無量也。』」

[十三]【郭注】言非仁人及有才藝如羿者，不能得登此山之岡嶺巉巖也。羿嘗請藥西王母，亦言其得道也。羿或作聖。【補注】古謂有才藝者爲羿，非必指有窮之君也。【廣注】《路史》：「堯命羿去下地之難，號仁羿。」【新校正】《説文》云：「羿，羽之羿風。」疑此云仁羿，言非有羽翼不能上。【箋疏】《論語》釋文云：「魯讀仍爲仁。」是仁仍古字通。《説文》云：「羿，羽之羿風。」則羿、羽義近。《楚詞・遠游篇》云：「仍羽人於丹丘。」王逸注云：「人得道，身生羽毛也。」是此經仁羿，即《楚詞》仍羽人，言羽化登仙也。郭云羿嘗請藥西王母，事見《歸藏》及《淮南（子・）覽冥訓》。李淳風《乙巳占》引《連山易》云：「有馮羿者，得不死之藥於西王母。恒娥竊之以奔月，將往，枚筮於有黄。有黄占之曰：吉。翩翩歸妹，獨將西行。逢天晦芒，無恐無驚，後且大昌。恒娥遂托身於月。」即斯事也。

赤水出東南隅，以行其東北，西南流注南海厭火東[一]。

[一]【廣注】《郡縣釋名》曰：『赤水，衛城南有赤水河，一名赤虺河，源出芒郭。』【箋疏】《穆天子傳》云：『宿於昆侖之阿、赤水之陽。』郭注云：『昆侖山有五色水，赤水出東南隅而東北流，皆見《山海經》。』又案：經文『東北下』，明藏本有『西南流注南海厭火東』九字，爲今本所無。

河水出東北隅[一]，以行其北，西南又入渤海[二]，又出海外，即西而北，入禹所導積石山[三]。

[一]【箋疏】郭注《爾雅·釋水》及李賢注《後漢書·張衡傳》及《廣韵》引此經，并作『河出昆侖西北隅』。《淮南（子·）墬形訓》、《廣雅》及《水經注》并從此經作東北隅，疑傳寫之訛，説見《爾雅略》。

[二]【新校正】《淮南子·墬形訓》云：『貫勃海。』高誘注云：『勃海，大海也。』案：即海外蒲昌海。【箋疏】渤海，蓋即翰海。或云蒲昌海，非也。《水經》云：『昆侖，河水出其東北陬，屈從其東南，流入於渤海。又出海外，南至積石山下，又南入葱嶺，出于闐。又東注蒲昌海。』然則《水經》之意，蓋不以渤海即蒲昌海也。《大荒北經》云：『大荒之中有山，名曰先檻大逢之山，河、濟所入，海北注焉。其西有山，名曰禹所積石。』與此經合，則其海即渤海明矣。

[三]【郭注】禹治水，復決疏出之，故云導河積石。【廣注】《漢書·西域傳》：『河有兩源，一出葱嶺，一出于闐。于闐在南山下，其河北流，與葱嶺河合，東注蒲昌海。蒲昌海，一名鹽澤，即泑澤也。又復潛行地下，南出積石，爲中國河。』蔡沈云：『積石在金城郡河關縣。』又古之言河源者不一，元都實以河出火敦腦兒，明宗泐親至其地。復云出赤拔必列山，要皆昆侖之异名也。《爾雅》注引經云：『河出昆侖西北隅。』【新校正】高誘注《淮南子》云：『河水自昆侖山地中行，禹導而通之，至積石山。《（尚）書》曰：導河積石。入，猶出也。』【箋疏】《括地志》所謂小積石也，説已見《海外北經》。《水經注》引此經云云，山在隴西郡河關縣西南羌中。然據《水經》説，積石山在蒲昌海之上，蓋大積石也。此及《海外北經》所説，皆小積石也。酈氏不知，誤以大積石爲即小積石，故濫引此經之文，又譏《水經》爲非，其謬甚矣。

洋水[一]、黑水[二]出西北隅，以東，東行，又東北，南入海[三]，羽民南[四]。弱水、青水出西南隅[五]，以東，又北，又西南，過畢方鳥東[六]。

[一]【郭注】（洋）音翔。【廣注】《穆天子傳》：「庚辰，濟於洋水。」即斯水。高誘《淮南（子）》注云：「洋水，經隴西氐道東，至武都爲漢陽。」【新校正】高誘注《淮南子》云：「洋水經隴西氐道，東至武都爲漢陽。（洋）或作養也。」《水經注》云：「闞駰云：漢或爲漾。漾水出昆侖西北隅，至氐道重源，顯發而爲漾水。」據此，則秦州之西漢水，豈亦有伏流發於昆侖與？【箋疏】洋水即漾水，字之异也。

[二]【新校正】《夏書》云：「黑水、西河惟雍州。」又云：「導黑水至於三危，入於南海。」又《史記》正義云：「《括地志》云：黑水源出伊吾縣北百二十里。又南流二十里而絶。三危山在河州敦煌縣東南四十里。」案：南海，即揚州東大海。岷江下至揚州東入海也。其黑水源在伊州，從伊州東南三十餘里至鄯州。鄯州東南四百餘里，至河州入黄河。河州有小積石山。

[三]【新校正】漢水合江入海，黑水合河入海也。此海即揚州之海。【箋疏】《（尚書·）禹貢》云：「導黑水至於三危，入於南海。」或云南海即揚州東大海，非也。海在羽民南，非中國近地。

[四]【箋疏】羽民，已見《海外南經》。

[五]【郭注】《（漢書·）西域傳》：「烏弋國，去長安萬五千餘里。西行，可百餘日至條枝國，臨西海。長老傳聞：有弱水，西王母云。」《（三國志·魏志·）東夷傳》亦曰：「長城外數千里，亦有弱水。」皆所未見也。《淮南子》云：「弱水出窮石。」窮石，今之西郡冊冉，蓋其派别之源耳。【廣注】今溜山，四面濱海，小溜無慮，三千舟行，遇風入溜即溺，土人曰此弱水三千也。【新校正】郭説非也。此弱水，即《夏書》弱水既西及《淮南子》出窮石之弱水，非條枝之水。《（漢書·）地里志》云：「删丹，桑欽以爲道弱水自此，西至酒泉合黎。」《水經注》云：「弱水入流沙。」《史記》正義云：「《括地志》云：蘭門山，一名合黎，一名窮石。山在甘肅删丹縣西南七里。《淮南子》云：弱水源出窮石山。又云：合黎，一名羌谷水，一名鮮水，一名覆表水。今名副投河，一名張掖河，南自吐谷渾界流入甘州張掖縣。今按：合黎水出臨路松山東而

北流，歷張掖故城下，又北流，經張掖縣二十三里。又北流，經合黎山折而北流，經流沙磧之西，入居延海，行千五百里。合黎山，張掖縣西北二百里也。』【箋疏】弱，《説文》作溺，云：『溺水自張掖删丹西至酒泉，合黎餘波，入於流沙，從水，弱聲，桑欽所説。』《（漢書·）地理志》引桑欽與《説文》同。《離騷》云：『夕歸次於窮石。』王逸注引《淮南子》言『弱水出於窮石，入於流沙』也。

［六］【箋疏】《海外南經》云：『畢方鳥在青水西。』然青水竟無考。

昆侖南淵，深三百仞［一］。開明獸［二］，身［三］大類虎而九首，皆人面，東鄉，立昆侖上［四］。

［一］【郭注】靈淵。【箋疏】即《海内北經》云『從極之淵，深三百仞』者也。

［二］【新校正】開明門之獸也，非獸名。

［三］【郭注】身或作直。

［四］【郭注】天獸也。《銘》曰：『開明爲獸，禀資乾精。瞪視昆侖，威震百靈。』【廣注】《駢雅》云：『虎大而長尾，曰酋耳；長尾而五采，曰騶吾；九首而人面，曰開明。』《（山海經）圖贊》云：『開明天獸，禀兹乾精。虎身人面，表此杰形。瞪視昆山，威懾百靈。』劉基《樂府》曰：『指揮開明辟帝闕。』又《抱朴子》稱：『昆侖有神獸，獅子、辟邪、天鹿、焦羊之屬。五城十二樓，下有青龍、白虎、蜲蛇。』明不獨開明也。【箋疏】（郭注）《銘》亦郭氏《（山海經）圖贊》也。

開明西有鳳凰、鸞鳥，皆戴蛇踐蛇，膺有赤蛇［一］。

［一］【新校正】此亦言其圖象。

開明北有視肉、珠樹［一］、文玉樹［二］、玗琪樹［三］、不死樹［四］，鳳凰、鸞鳥皆戴瞂［五］。又有離朱、木禾、柏樹、甘水[六]、聖木[七]、曼兑[八]。一曰挺木牙交[九]。

[一]【廣注】《淮南子》：『增城九重，珠樹在其西。』《列子》：『蓬萊之山，珠玕之樹叢生。』李時珍以爲珠樹即琅玕樹也，蓋古人謂石之美者，多謂之珠。《廣雅》稱琉璃、珊瑚皆爲珠，是已。然下文復有琅玕樹，不應前後異稱。且更疊見，所未敢信也。又案：熊太古《冀越集》云：『嘗見蜑人得珠子樹數擔。』田藝衡《（留青）日札》亦以嶺南有珠子樹。又《海外經》有三珠樹，則珠樹當自是一種，豈即王子年所謂珍林者歟。吴淑《珠賦》云：『曾城列樹，開明廣植。』梁簡文（帝）《南郊頌序》：『珠樹素禽，越火枝之地。』王勃《九成宫頌》：『沼分瑶水，花跨珠林。』顧起元《壯游歌》：『金芝何翩翩，珠樹何扶疏。』張仲素《（穆天子）宴瑶池賦》：『翩翩三鳥拂，珠樹以相隨。』楊維禎《小遊仙》詩：『錦駝鳥鳴珠樹林。』黄道周詩：『珊瑚生海中，珠樹出危嶺。』許景樊《望仙謡》：『三花珠樹春雲香。』本此。又王充《論衡》云：『珠樹似珠，非真珠也。』【箋疏】《海外南經》云：『三珠樹生赤水上。』即此。

[二]【郭注】五彩玉樹。【廣注】王嘉《拾遺記》曰：『昆侖山第六層有五色玉樹，蔭翳五百里。夜至水上，其光如燭。』《（河圖）括地象》曰：『昆侖墟北，有玉樹。』《淮南子》云：『有玉樹，在赤水之上。』《抱朴子》云：『昆侖有珠玉樹、沙棠、琅玕、碧瑰之樹、玉李、玉瓜、玉桃。每風起，珠玉之樹，枝條花葉互相扣擊，自成五音。』又揚雄《甘泉賦》：『翠玉樹之青葱。』（顔）師古注云：『玉樹，集衆寶爲之。』《漢武故事》云：『上起甲帳乙帳，前庭種玉樹。』《三輔黄圖》云：『甘泉宫北有槐樹，今謂玉樹。』紀少瑜詩：『玉樹起千層。』曹植詩：『緑蘿緣玉樹。』庾闡詩：『玉樹標雲翠蔚梁。』劉七舉亦曰：『玉樹青葱。』所説不同，未知所指也。【箋疏】《淮南子》云：『昆侖之上有玉樹。』王逸注《離騷》引《（河圖）括地象》言昆侖有瓊玉之樹也。

[三]【郭注】玗琪，赤玉屬也。吴天璽元年，臨海郡吏伍曜在海水際得石樹，高三尺餘，莖葉紫色，詰曲傾靡，有光彩，即玉樹之類也。于、其兩音。【補注】即珊瑚樹。【廣注】《爾雅》：『東方之美者，有醫無閭之珣玗琪焉。』《説文》：『玗琪，石之似玉者。』《穆天子傳》云：『重䣈氏之所守，曰玗琪、𤟠尾。』《駢雅》曰：『長瓄、玗琪，美玉也。』《神异經》曰：『瀛洲之山有琪樹、瑶草。』武伯奮詩：『琪樹年年玉葉新。』黄姬水《職貢圖》：『箴茗華玗琪。』王氏《大和山賦》：『璣瓄玗琪。』盧柟賦：『瑶碧之草，玗琪之樹。』《（山海經）圖贊》曰：『文玉玗琪，方以類叢。翠葉猗萎，丹柯玲瓏。玉光争焕，

彩艷火龍。』【箋疏】郭注見《宋書·符瑞志》，唯莖葉作枝莖，詰曲作詰屈爲异，其餘則同。但據郭所説，則似珊瑚樹，恐非玗琪樹也。玗琪，見《爾雅·釋地》。又《穆天子傳》云：『重䍃氏之所守，曰玗琪、䟴尾。』

［四］【郭注】言長生也。【廣注】《（淮南）鴻烈解》：『玉樹、璇樹、不死樹，在昆侖西。』《洛陽記》云：『明光殿前長生木，樹二枝。』《林中記》云：『金華殿後有長生樹，世謂之西王母長生樹。』皆不死樹也。張衡《思玄賦》：『登防風之層城兮，構不死而爲牀。』徐陵《天臺碑》：『不死之草，猶稱南裔。長生之樹，尚挺西昆。』謂此。《（山海經）圖贊》曰：『萬物暫見，人生如寄。不死之樹，壽蔽天地。請藥西姥，焉得如羿。』【箋疏】李善注《思玄賦》引此經云：『有不死樹，食之長壽。』今本無此句。又引《古今通論》云：『不死樹，在層城西。』案：《吕氏春秋·本味篇》云：『菜之美者，壽木之華。』高誘注云：『壽木，昆侖山上木也。華，實也。食其實者不死，故曰壽木。』是壽木即不死樹也。《淮南子》云：『昆侖之上，有不死樹。』

［五］【郭注】音伐，盾也。【箋疏】《太平御覽》三百五十七卷引此經瞂作盾。

［六］【郭注】即醴泉也。【箋疏】《史記·大宛傳》云：『《禹本紀》言昆侖上有醴泉。』

［七］【郭注】食之令人智聖也。【廣注】《（山海經）圖贊》曰：『醴泉睿木，養靈盡性。增氣之和，祛神之冥。何必生知，然後爲聖。』

［八］【郭注】未詳。

［九］【郭注】《淮南（子）》作璇樹。璇，玉類也。【箋疏】《淮南子》云：『昆侖之上有璇樹。』蓋璇樹一名挺木牙交，故郭氏引之。疑經文上下當有脱誤，或『挺木牙交』四字即『璇樹』二字之形訛，亦未可知。璇，當爲琁。高誘注《淮南（子·）墬形訓》云：『琁，音窮。』是也。明藏本牙作互，臧庸曰：『挺木牙交爲曼兑之异文。兑，讀爲鋭；挺，當爲梃字之訛也。』

開明東，有巫彭、巫抵、巫陽、巫履、巫凡、巫相［一］，夾窫窳之尸，皆操不死之藥以距之［二］。窫窳者，蛇身人面，貳負臣所殺也［三］。

〔一〕【郭注】皆神醫也。《世本》曰：『巫彭作醫。』《楚詞》曰：『帝告巫陽。』【廣注】《中天佚典》：『巫彭問沈淵格天之道。』又云：『帝偕巫彭，造濟之陽。』《呂氏春秋》、許慎《説文》、張季明《醫説》皆云巫彭初作醫。盧柟《放招賦》云：『太卜巫彭。』《路史》云：『黄帝命巫陽主筮。』蘇軾《（潮州韓）文公碑》：『謳吟下遣招巫陽。』王世貞《挽歌》：『仰問巫陽師，安能爲我權。』又（王世貞）《離閔》云：『招徐吾使獄餘兮，巫陽據而見逮。』顧起元賦：『帝閽狺狺在鬱蕭兮，孰召歲崇與巫陽。』《蟣蠓集》云：『緘悲歸來兮卜巫陽。』又《彙苑》：『巫陽，天帝之女也，主巫。』余寅《同姓名録》曰：『《海内西經》：開明東，有六巫，皆神醫也。《大荒西經》：豐沮玉門有十巫升降，靈山中有兩巫彭，兩巫抵，疑非一人，是以叠見而各處一山。』【箋疏】《説文》云：『古者，巫彭初作醫。』郭引《楚詞》者，《招魂篇》文也。餘詳《大荒西經》。

〔二〕【郭注】爲距却死氣，求更生。

〔三〕【廣注】《（山海經）圖贊》曰：『窫窳無罪，見害貳負。帝命群巫，操藥夾守。遂淪溺淵，變爲龍首。』【新校正】此疑釋語。

服常樹〔一〕，其上有三頭人〔二〕，伺琅玕樹〔三〕。

〔一〕【郭注】服常木，未詳。【廣注】《淮南子》：『沙棠琅玕，在昆侖東。』服常，疑是沙棠。【新校正】《廣韵》引作棴常，非。

〔二〕【新校正】言有三人。古者謂一人爲一頭，如人皇九頭是。【箋疏】《海外南經》云：『三首國，一身三首。』亦此類也。

〔三〕【郭注】郎玕，子似珠。《爾雅》曰：『西北之美者，有昆侖之琅玕焉。』莊周曰：『有人三頭，遞卧遞起，以伺琅玕與玗琪子。』謂此人也。【補注】今《莊子》本無此文。【廣注】《淮南子》云：『南方有鳥名爲（鳳），天爲生食，（其）樹名瓊枝，以璆琳琅玕爲實。天又（爲）生離珠，一人三頭，遞卧遞起，以伺琅玕也。』黄道周《表》：『大臣近而小臣親，即伺鳳凰琅玕之實。』《（山海經）圖贊》曰：『服常琅玕，昆山奇樹。丹實珠離，綠葉碧布。三頭是伺，遞望遞顧。』《拾遺記》云：『昆侖有璆琳琅玕之玉。』《荀子》注：『昆侖山有琅玕樹。琅玕蓋石似珠者，可爲冠冕之飾。』《（尚書・）禹貢》：『雍州厥貢，惟璆琳琅玕。』張衡《四愁》詩：『美人贈我金琅玕。』傅玄《西長安》詩：『羽爵翠琅玕。』李白詩：『鳳凰不啄粟，所食在琅玕。』《（神農）本草》謂之青珠，《（神農本草·）别録》謂之石珠，或謂之石闌干。【箋疏】《説文》云：『琅玕，似珠者。』郭注《爾雅·釋地》引此經云：『昆侖有琅玕樹也。』又《玉篇》引《莊子》云：『積石爲樹，名曰瓊枝。其高一百二十仞，大三十圍，以琅玕爲之。』實是琅玕即瓊枝之子似珠者也，瓊枝亦見《離騷》。又王逸注《九歌》云：『瓊芳，瓊玉枝也。』騷客但標瓊枝之文，《玉篇》空衍琅玕之實，而《莊子》逸文缺然，未睹厥略，惟《藝文類聚》九十卷及《太平御覽》九百一十五卷引《莊子》曰：『老子見孔子，從弟子五人。問曰：前爲誰？對曰：子路爲勇，其次子貢爲智，曾子爲孝，顔回爲仁，子張爲武。老子嘆曰：吾聞南方有鳥，其名爲鳳，所居積石千里，天爲生食。其樹名瓊枝，高百仞，以璆琳、琅玕爲實。天又爲生離珠，一人三頭，遞臥遞起，以伺琅玕。鳳鳥之文，戴聖嬰仁，右智左賢。』以此參校郭注，所引『與玗琪子』四字，蓋誤衍也。

開明南有樹[一]，鳥六首[二]；蛟[三]、蝮蛇[四]、蜼、豹、鳥、秩樹[五]，於表池樹木[六]，誦鳥[七]、鶽[八]、視肉。

[一]【廣注】《淮南子》：『絳樹在昆侖南。』【箋疏】樹，蓋絳樹也。《淮南子》云：『昆侖之上，絳樹在其南。』

[二]【箋疏】《大荒西經》五人國下云：『有青鳥，身黄、赤足、六首，名曰鸀鳥。』即此類。

[三]【郭注】蛟似蛇，四脚，龍類也。

[四]【廣注】《爾雅》：『蝮蛇，博三丈，首大如擘。』疏云：『江淮以南曰蝮，江淮以北曰虺。』《（神農）本草序》云：『鱗屬卵生，而蝮蛇胎産。』

[五]【郭注】木名，未詳。

[六]【郭注】言列樹以表。池即華池也。

[七]【郭注】鳥名，形未詳。

[八]【郭注】雕也。《穆天子傳》曰：『爰有白鶽、青雕。』音竹筍之筍。【廣注】字或去鳥。《易》：『射隼於高墉。』【箋疏】今

《穆天子傳》作白鳥、青雕，已見《西次三經》鐘山注。

【新校正】右海内西南陬以北，古本爲第三十二篇。

海内北經第十二

海内西北陬以東者：

蛇巫之山[一]，上有人操杯[二]而東向立。一曰龜山[三]。

[一]【新校正】此即大巫山也。蛇、大聲相近。

[二]【郭注】杯或作棓，字同。【廣注】楊氏《古韵》曰：『杯、棓，古字通，大杖也，音棒打之棒。作杯音者非。』又林茂槐《（諸書）字考》云：『（郭）璞注杯或作棓，乃木杖，上聲也。（楊）用修以杯作去聲，何耶？』朱晦翁曰：『《山海經》諸篇記异物飛走之類，多云東向，或作東首，皆爲一定不易之形，疑本依圖畫而爲之，非實紀此處有此物也。』【新校正】此棓字省文。【箋疏】柸即棓字之异文。《説文》云：『棓，棁也。』《玉篇》云：『棓與棒同，步項切。』《太平御覽》三百五十七卷引服虔《通俗文》曰：『大杖曰棓。』【明案】經文杯字，畢沅本、汪紱本、郝懿行本作柸。

[三]【箋疏】《越絶書》云：『龜山，一曰怪山。怪山者，往古一夜自來，民怪之，故謂怪山。』《吴越春秋》云：『怪山者，琅琊東武海中山也。一夕自來，故名怪山。』《水經·漸江水》注云：『山形似龜，故有龜山之稱。』疑此之類也。

西王母，梯几而戴勝杖[一]。其南有三青鳥，爲西王母取食[二]，在昆侖虚北。有人曰大行伯，把戈。其東有犬封國[三]。貳負之尸，在大行伯東。

[一]【郭注】梯，謂憑也。【箋疏】如淳注《漢書》司馬相如《大人賦》引此經無杖字。

〔二〕【郭注】又有三足烏主給使。【釋義】青鳥爲西王母取食，重出。【箋疏】三青鳥居三危山，見《西次三經》。《史記》正義引《輿地圖》云：『有三足神鳥爲王母取食。』

〔三〕【郭注】昔盤瓠殺戎王，高辛以美女妻之，不可以訓，乃浮之會稽東南海中，得三百里地封之，生男爲狗，女爲美人，是爲狗封之國也。【廣注】劉會孟云：『今長沙武陵蠻，是瓠犬之後。』游抃《諸苗考》曰：『麻陽民土著者，皆槃瓠種，與苗同祖。一村有石名槃瓠，石民共祀焉。有犵猪，其先亦同姓。』【箋疏】郭説本《風俗通》。《後漢書·南蠻傳》有其文，李賢注引《魏略》云：『高辛氏有老婦居王室，得耳疾。挑之，乃得物，大如繭。婦人盛瓠中，覆之以槃，俄頃化爲犬。其文五色，因名槃瓠。』案：《水經·沅水》注亦載其事。

犬封國曰犬戎國〔一〕，狀如犬〔二〕。有一女子，方跪進柸食〔三〕。有文馬，縞身朱鬣〔四〕，目若黄金，名曰吉量〔五〕，乘之壽千歲〔六〕。

〔一〕【郭注】黄帝之後卞明生白犬二頭，自相牝牡，遂爲此國。【釋義】此所謂犬戎，即《（尚）書》所謂殺幽王者。【箋疏】犬封、犬戎聲相近。郭注本《大荒北經》。

〔二〕【郭注】言狗國也。【廣注】《淮南子》：『狗國在其東。』《事物紺珠》云：『狗國，人身狗首，長毛不衣，語若嗥。其妻皆人，能漢語，穴居食生。』

〔三〕【郭注】與酒食也。【補注】今雲南百夷之地，女多美。其俗不論貴賤，人有數妻。妻妾事夫如事君，不相妒忌。夫就妾宿，雖妻亦反服役之，云重夫主也。進食更衣必跪，不敢仰視。【箋疏】《藝文類聚》七十三卷引此經柸上有玉字。明藏本柸作杯。

〔四〕【郭注】色白如縞。【箋疏】文，《説文》作媽，《廣雅》作駁。

〔五〕【郭注】一作良。【新校正】《爾雅》馬屬云：『回毛在背，闋廣。』疑闋廣（即）吉量，音相近。【箋疏】李善注《東京賦》引此經正作吉良。

［六］【郭注】《周書》曰：『犬戎文馬，赤鬣白身，目若黄金，名曰吉良之乘。成王時獻之。』《六韜》曰：『文身朱鬣，眼若黄金，項若鷄尾，名曰鷄斯之乘。』《（尚書）大傳》曰：『駮身、朱鬣、鷄目。』《山海經》亦有吉黄之乘，獸千歲者，惟名有不同，説有小錯，其實一物耳。今博舉之，以廣异聞也。【廣注】《（春秋）公羊（傳）注疏》：『文王得白馬、朱鬣、大貝、元龜。』《禮斗威儀》云：『白馬朱鬣，瑞於文王。』王應麟《（周書）王會（補）注》云：『吉黄之乘，周文王時西土獻之。』《（尚）書大傳》：『散宜生之犬戎氏，取美馬。駮身、朱鬣、鷄目者，取九六焉。』《瑞應圖》云：『騰黄，神馬，一名吉光。』《説文》：『馬赤鬣縞身，目若黄金，名曰媽。』《字彙》作駁。《淮南子》云：『澤馬曰吉良。』《博物志》曰：『文馬，赤鬣身白，名古黄之乘。』又《五音集韵》引經云：『犬封國有文馬，縞身朱驪，名曰古騩。』《藝文類聚》引經云：『犬封之國有文馬，縞身朱鬣，名曰吉彊。』稱名各别，是古本之殊也。《（山海經）圖贊》曰：『金精朱鬣，龍行駿時。拾節鴻鶩，塵不及起。是謂吉皇，釋聖牖里。』【箋疏】今《周書·王會篇》作古黄之乘，《初學記》二十九卷引亦同，郭引作吉黄。《六韜》云：『犬戎氏文馬，豪毛朱鬣。』郭引無豪毛二字。《尚書大傳》云：『散宜生遂之犬戎氏取美馬，駮身、朱鬣、鷄目者，取九六焉。』郭又云《山海經》亦有吉黄之乘，是此經吉量本或有作吉黄者，又名吉光，亦名騰黄。李善注《東京賦》引《瑞應圖》云：『騰黄，神馬，一名吉光。』《藝文類聚》九十三卷引此經又作吉彊。九十九卷引《瑞應圖》云：『騰黄者，其色黄』。非也，經云縞身朱鬣，明非黄色。

鬼國［一］，在貳負之尸北，爲物人面而一目［二］。一曰貳負神在其東，爲物人面蛇身［三］。

［一］【箋疏】《伊尹四方令》云：『正西鬼親。』又《（三國志·）魏志·東夷傳》云：『女王國北，有鬼國。』《論衡·訂鬼篇》引此經曰：『北方有鬼國。』

［二］【箋疏】一目國，已見《海外北經》。

［三］【廣注】《論衡》：『北方有鬼國。』《玄覽》云：『毗舍那有鳥語鬼形之民。』楊氏《裔乘》云：『鬼國在駮馬國西，或曰《易》稱伐鬼方，即此也。』利瑪竇《輿圖志》云：『鬼國之人，噉鹿與蛇，耳目鼻與人同，惟口在頂上。』此與經説全异，當别

爲一種耳。又劉會孟曰：『羅施鬼國，今貴州。』然貴竹地屬西南，其説未是。《（玉芝堂）談薈》云：『鬼國，人面蛇身而一目。』蓋謂此。【箋疏】與窫窳同狀。

蜪[一]犬如犬，青[二]，食人從首始[三]。

[一]【郭注】音陶，或作蚼。蚼，音鉤。【新校正】《説文》云：『北方有蚼犬，食人。』則當爲蚼。

[二]【箋疏】《藝文類聚》九十四卷引此經青下有色字。

[三]【釋義】凡獸之相食，視朔望以爲準。朔以後食首，望以後食下體，今猫之食鼠亦然。此蜪犬食人從首，豈其又异者與？【廣注】《（玉芝堂）談薈》云：『蜪犬如犬，菌狗如菟。』盧柟《昆侖山人賦》：『夸畢方使先驅兮，走蜪犬之狺狺。』又《放招賦》：『蜪犬狺狺，從首是食。』且本此也。

窮奇，狀如虎，有翼[一]，食人從首始，所食被髮，在蜪犬北。一曰從足[二]。

[一]【郭注】毛如蝟。【廣注】《呂氏春秋》：『雁門北，饕餮、窮奇之地。』《太平御覽》：『北方有獸，狀如虎，有翼，名窮奇。』即此。又窮奇、渾敦、梼杌、饕餮是爲四凶，取此義也。盧柟《滄溟賦》：『邀余於泰皇之坂，以觀乎窮奇之民。』【箋疏】窮奇蝟毛，已見《西次四經》邽山。《史記》正義引《神异經》云：『西北有獸，其狀似虎，有翼能飛，便剿食人，知人言語。聞人鬥輒食直者；聞人忠信輒食其鼻；聞人惡逆不善輒殺獸往饋之，名曰窮奇。』

[二]【新校正】食人從首，一本作從足也。【箋疏】郭注《方言》云：『虎食物，值耳即止，以觸其諱故。』是知虎食人從足始也。

帝堯臺、帝嚳臺[一]、帝丹朱臺、帝舜臺[二]，各二臺。臺四方，在昆侖東北[三]。

〔一〕【箋疏】《初學記》二十四卷引王韶之《始興記》云：『含洭縣有堯山。堯巡狩至於此，立行臺。』是帝堯有臺也。《楚詞·天問》云：『簡狄在臺嚳何宜？』《離騷》云：『望瑶臺之偃蹇，見有娀之佚女。』是帝嚳有臺也。

〔二〕【箋疏】《大荒西經》有軒轅臺，《（大荒）北經》有共工臺，亦此之類。

〔三〕【郭注】此蓋天子巡狩所經過。夷狄慕聖人恩德，輒共爲築立臺觀，以標顯其遺迹也。一本云：所殺相柳，地腥臊，不可種五穀，以爲衆帝之臺。【釋義】丹朱未嘗爲帝，安得稱帝丹朱臺？【廣注】《（元豐）九域志》：『冀之唐陽有堯臺。』《（後漢書·）郡國志》云：『信都堂陽古臺二，并號堯臺。』《城冢記》云：『堯臺二所。』羅泌《（路史·）餘論》曰：『《海内北經》有帝堯臺、帝嚳臺、帝舜臺之類非一。夫帝王之冢曰陵，亦謂之臺。傳言禹殺相柳，其血腥不可以植，乃以爲衆帝之臺，故帝嚳曰頓邱臺，堯丹冢曰靈臺。鄴有魏文武、甄后三陵臺，張賓進所謂三臺險固者也。』顧起元《説略》曰：『古聖久於其位，赴格之日，殊方异域，無不爲位而墳土，以致其哀敬。顓、嚳、堯、湯之陵臺，皆傳數出。漢遠郡國，皆起國廟，亦若是也。』【箋疏】（郭注）衆帝之臺，已見《海外北經》。

大蠭，其狀如螽〔一〕。朱蛾〔二〕，其狀如蛾〔三〕。

〔一〕【箋疏】蠭有極桀大者，僅曰如螽，似不足方之。疑螽即蠭字之訛，與下句詞義相比。古文蠭作蠭，與螽字形近，故訛耳。

〔二〕【箋疏】《爾雅》云：『蠪，朾螘。』郭注云：『赤駁蚍蜉。』蓋此之類。

〔三〕【郭注】蛾，蚍蜉也。《楚詞》曰：『玄蜂如壺，赤蛾如象。』謂此也。【廣注】《爾雅》：『土蜂，即馬蜂也，荊楚間呼爲蟺。』《方言》曰：『蜂大有蜜，謂之壺蜂。』《嶺表録异》曰：『唐劉恂見大蜂結房山林間，大如巨鐘。』彭儼《五侯鯖》云：『大蜂出昆侖，長一丈，其毒殺象。』《杜陽雜編》曰：『唐德宗時，吴明國貢碧蜜蜂，聲如鸞鳳，大者重十餘斤，蜜色翠碧。』亦斯類也。蛾、蟻通。《五行記》：『後魏時，兖州有赤蟻，與黑蟻鬥，長六七步，廣四寸。』《玄覽》云：『潮州有盈尺之蟻。』則《離騷》所謂如象，非寓言矣。吴淑《蟻賦》云：『處欄錡之石，出昆侖之墟。』本此。《（山海經）圖贊》曰：『蛇巫之山，有人操杯。鬼神蜪犬，主爲妖災。大蜂朱蛾，群帝之臺。』【箋疏】郭引《楚詞》，見《招魂篇》。

蟜[一]，其爲人虎文，脛有䏿[二]，在窮奇東。一曰狀如人，昆侖虚北所有[三]。

[一]【箋疏】（蟜）音橋。【箋疏】《説文》云：『蟜，蟲也。』非此。《廣韵》蟜字注引此經云：『野人，身有獸文。』與今本小异。

[二]【郭注】言脚有膊腸也。【箋疏】膊，當爲腨。《説文》云：『腨，腓腸也。腓，脛腨也。』已見《海外北經》無䏿國。

[三]【郭注】此同上物事也。【箋疏】郭意此已上物事，皆昆侖虚北所有也。明藏本同作目。

闒非[一]，人面而獸身，青色。

[一]【郭注】（闒）音榻。【廣注】《伊尹四方令》云：『正西鬼親、枳已、闒耳。』闒非，疑即闒耳。

據比[一]之尸，其爲人，折頸被髮，無一手[二]。

[一]【郭注】一云據北。

[二]【廣注】盧柟賦：『劈巷溏而揩據比。』又云：『問據比之尸。』指此也。《（玉芝堂）談薈》云：『據比之尸，其人無一手。』

環狗[一]，其爲人，獸首人身。一曰蝟，狀如狗，黄色[二]。

[一]【箋疏】《伊尹四方令》云：『正西昆侖狗國。』《易林》云：『穿胸狗邦。』即此也。《淮南（子・）墬形訓》有狗國。
[二]【廣注】《五代史》云：『牛蹄國之北有狗國，人身狗首，長毛不衣，手搏猛獸，語爲犬嗥。』意即此也。盧柟《泰宇賦》云：『檻黄狗而踐鼉圉。』又《伊尹四方令》曰：『西有昆侖狗國。』《易林》云：『穿胸狗邦，僵離旁舂。』計其道里，似別爲一種。

袜[一]，其爲物，人身黑首，從目[二]。

[一]【郭注】神，即魅也。【新校正】此字《説文》無，見《玉篇》。【箋疏】魑魅，漢碑作禠袜。《（漢書・）禮儀志》云：『雄伯食魅。』《玉篇》云：『袜，即鬼魅也。』本此。
[二]【廣注】從、縱通，言其目縱生也。古人亦有縱目者，蜀侯蠶叢，其目縱，死作石棺、石椁，俗以爲縱目人冢，見《華陽國志》。【箋疏】《楚詞・大招》云：『豕首從目，被髮鬤只。』疑即此。

戎[一]，其爲人，人首三角[二]。

[一]【箋疏】《周書・史記篇》云：『昔有林氏，召離戎之君而朝之。』或單呼爲戎，又與林氏國相比，疑是也。
[二]【廣注】《（山海經）圖贊》曰：『人面獸身，是謂闟非。被髮折頸，據比之尸。戎三其角，袜竪其眉。』【箋疏】戎，《廣韵》作㦽，云：『㦽人，身有三角也。』首作身，與今本异。

林氏國[一]有珍獸，大若虎，五彩畢具[二]，尾長於身，名曰騶吾[三]。乘之，日行千里[四]。

［一］【廣注】《（明皇）雜録》：『碧芬出林氏國，乃騶虞與豹交而生，大如犬，毛可爲裘。』即此國也。又《汲冢（周）書》：『林氏、上衡氏争權。林氏再戰勿勝，上衡氏僞義勿克，俱身死國亡。』亦斯國也。《（路史・）國名記》云：『林氏國出騶虞，與葛鼠近。』【新校正】《周書・史記解》云：『昔有林氏，召離戎之君而朝之。』即此國。薛綜注《左思賦》云：『林氏，山名也。』未知何據。【箋疏】（《周書・史記篇》）又云：『林氏與上衡氏争權，俱身死國亡。』即此國也

［二］【箋疏】《毛詩（故訓）傳》云：『騶虞，白虎黑文，不食生物。』與此异。

［三］【補注】即騶虞也。【廣注】《字學指南》引經作騶吾，賈氏《周禮疏》引經作鄒吾。

［四］【郭注】《六韜》云：『紂囚文王，閎夭之徒詣林氏國求得此獸獻之。紂大説，乃釋之。』《周書》曰：『夾林酋耳。酋耳若虎，尾參於身，食虎豹。』《（尚書）大傳》謂之侄獸。吾，宜作虞也。【廣注】『陸佃《埤雅》云：『騶虞，尾參於身，白虎黑文，西方之獸也。王者有至信之德則應，不踐生草，食自然之肉。』《中興徵祥説》曰：『天下太平，則騶虞見。』毛萇《詩（故訓）傳》云：『騶虞、白虎黑文，不食生物。』孫柔之《瑞應圖》云：『王者不暴及行葦則見。』《（河圖）括地象》曰：『令訾野中有玉虎，晨鳴雷聲，聖人感應之期。』司馬相如賦（《封禪書》）：『囿騶虞之珍群。』又（《騶虞頌》）曰：『般般之獸，樂我君囿。白質黑章，其儀可喜。』曹丕《典引》云：『擾緇文皓質於郊。』《獸經》云：『騶虞義獸。』《説文繫傳》曰：『騶虞，林氏圖之珍獸也。』張衡《東京賦》：『圉林氏之騶虞。』徐氏《奢修賦》云：『駕林氏之騶吾。』謂此也。《（山海經）圖贊》曰：『怪獸五彩，尾參於身。矯足千里，儵忽若神。是謂騶虞，詩嘆其仁。』【箋疏】《尚書大傳》云：『散宜生之於陵氏取怪獸，大不辟虎狼間，尾倍其身，名曰虞。』鄭康成注云：『虞，騶虞也。』是鄭以虞即此經之騶吾，則於陵氏即林氏國也。於爲發聲，陵、林聲近，騶虞亦即騶吾也。虞、吾之聲又相近。《周禮》賈疏引經作鄒吾，古字假借也。《周書・王會篇》云：『央林酋耳。』央一作英，郭引作夾，字形之訛也。郭又引《（尚書）大傳》謂之侄獸，侄音質，今《（尚書）大傳》作怪獸也。

昆侖虛南所有［一］，氾林方三百里［二］。

［一］【箋疏】此目下物事也，郭無注，蓋失檢。

［二］【廣注】《事物紺珠》曰：『西北海林浮生，廣三百里，隨波上下。』盧柟賦云：『蹇將游乎氾林。』指此。【新校正】《淮南子·墬形訓》有樊桐，云：『在昆侖閶闔之中。』高誘注云：『山名，讀如麥飯之飯。』《廣雅》云：『昆侖虛有板桐。』《水經注》云：『《昆侖說》曰：昆侖之山，下曰樊桐，一名板桐。』案：氾、樊、板聲相近，林、桐字相似，當即一也。

從極［一］之淵［二］，深三百仞，維冰夷恒都焉［三］。冰夷人面，乘兩龍［四］。一曰忠極之淵［五］。陽汙之山，河出其中［六］。凌門之山，河出其中［七］。

［一］【廣注】《路史》注作縱極，《水經注》作中極。

［二］【箋疏】李善注《江賦》引此經淵作川。

［三］【郭注】冰夷，馮夷也。《淮南（子）》云：『馮夷得道，以潛大川。』即河伯也，《穆天子傳》所謂河伯無夷者，《竹書（紀年）》作馮夷，字或作冰也。【廣注】《太公金匱》：『河伯，名馮循。』《太公伏陰謀》云：『名馮修。』又《河圖》曰：『姓呂，名夷。』《（淮南）鴻烈解》云：『一名馮遲。』名號不同，彼此各异。《聖賢記》曰：『馮夷服八石，得水仙。』江淹《（江）賦》云：『冰夷倚浪以傲睨。』即此也。【新校正】《龍魚河圖》云：『河伯姓呂，名公子，夫人姓馮，名夷。河伯，字也，華陰潼鄉隄首人，水死，化爲河伯。』應劭云：『夷，馮夷，乃水姓也。』見《史記》正義。司馬彪注《莊子》云：『《清泠傳》云：馮夷服八石得水仙，是爲河伯。一云以八月庚子浴於河而溺死。』見陸德明《（莊子）音義》。【箋疏】《水經注》引此經作馮夷。《穆天子傳》云：『河伯無夷之所都居。』郭注云：『無夷，馮夷也。』引此經云冰夷。冰、馮聲相近也。《史記》索隱又引《太公金匱》云：『馮修也。』修、夷亦聲相近也。《竹書（紀年）》云：『夏帝芬十六年，洛伯用與河伯馮夷門。』郭引《淮南（子）》云者，《齊俗訓》文也。《莊子·大宗師篇》云：『馮夷得之，以游大川。』釋文引司馬彪云：『《清泠傳》曰：馮夷，華陰潼鄉隄首人也。服八石得水仙，是爲河伯。一云以八月庚子浴於河而溺死。』今案：古書馮夷姓名，多有异說。

［四］【郭注】畫四面，各乘靈車，駕二龍。【廣注】《括地圖》曰：『馮夷恒乘雲車、駕二龍。』《（淮南）鴻烈解》云：『馮夷、大丙之御也，乘雲車，入雲蜺。』《酉陽雜俎》云：『冰夷，人面魚身。』《（山海經）圖贊》曰：『禀華之精，練食八石。乘龍隱淪，往來海若。是謂水仙，號曰河伯。』又曰：『水土冰鱗，潛映洞川。赤松是服，靈蛻乘煙。吐納六極，升降九天。』【箋疏】郭注靈，蓋雲字之訛也。《水經注》引《括地圖》云：『馮夷恒乘雲車、駕二龍。』是靈當爲雲。《太平御覽》六十一卷引此注正作雲車可證。李善注《江賦》引此經作冰夷人面而乘龍，無兩字。疑兩訛爲乘字，又誤置而字下也，《史記·封禪書》正義引此經與今本同，可證。

［五］【新校正】舊本作忠，非。據《水經注》作中，此即底柱處也。【箋疏】《水經注》引此經作中極。中、忠古字通。

［六］【新校正】即潼關也，河出其下。《中山經》云楊華之山，《周禮》作楊紆，《穆天子傳》作陽紆，《爾雅》作楊陓，《呂氏春秋·九藪》云：『秦之陽華。』高誘曰：『桃林縣西長城是也。』《晉地道記》曰：『潼關是也。』《淮南子》云：『禹治水以身解於陽盱之河。』高誘注云：『陽盱河，蓋在秦地。』皆即此山耳。

［七］【郭注】皆河之枝源所出之處也。【廣注】陽汙，即陽紆。《水經注》：『河水又出於陽紆凌門之山，而注於馮逸之山。』《穆天子傳》：『天子西征至陽紆之山，河伯馮夷之所都居，是惟河宗氏。』《淮南（子）》曰：『禹治洪水，具禱陽紆。』蓋於此也。《（河圖）括地象》云：『河又出於陽紆陵門之山。』《路史·禹紀》：『身解陓之河。』注云：『陽紆也。』【新校正】即龍門山也。凌、龍聲相近。龍門在今陝西韓城縣東，河所出。郭云皆河之枝源，非也。【箋疏】陽汙，即陽紆，聲相近。《穆天子傳》云：『至於陽紆之山，河伯無夷之所都居。』《水經注》云：『河水又出於陽紆陵門之山，而注於馮逸之山。』蓋即引此經之文。陵門，即凌門也。或云即龍門。凌、龍亦聲相轉也。《藝文類聚》八卷引此經正作陽紆陵門，與《水經注》合。陽紆陵門，其地皆當在秦，故《淮南子》云：『昔禹治洪水，具禱陽紆。』高誘注云：『陽紆，秦藪。』是也。《水經注》反以高誘爲非，謬矣。

王子夜之尸，兩手、兩股、胸、首、齒皆斷，异處[一]。

[一]【郭注】此蓋形解而神連，貌乖而氣合。合不爲密，離不爲疏。【廣注】《西京雜記》：『因墀國有解形之民，頭飛南海，左手飛東海，右手飛西澤。至暮，頭還肩。』又：『占城國有飛頭婦，韓龕國有飛骸獸。』亦然。《（山海經）圖贊》曰：『子夜之尸，體分成七。離不爲疏，合不爲密。苟以神御，形歸於一。』【箋疏】《楚詞·天問》注有王子僑之尸，未審與此經所説即一人不。或説王子夜之尸即尸虞，恐非也。尸虞即天虞，見《大荒西經》，所未能詳。《漢書·郊祀志》云：『形解銷化。』服虔注云：『尸解也。』蓋此類與？

舜妻登比氏[一]，生宵明、燭光[二]，處河大澤[三]。二女之靈，能照此所方百里[四]。一曰登北氏[五]。

[一]【箋疏】《大荒南經》云：『帝俊妻娥皇。』即《竹書（紀年）》云后育是也。《大戴禮·帝繫篇》云：『帝舜娶於帝堯之子，謂之女匽氏。』《尸子》云：『妻之以媓，媵之以娥。』此二妃，皆堯女。鄭注《禮記》云：『舜有三妃。』蓋其一即登比矣。

[二]【郭注】即二女字也。以能光照，因名云。【廣注】《漂粟手牘》曰：『娥皇夜寢，夢升於天，無日而明，光芒射目。覺，乃燭也。於是孿生二女，名曰宵明、燭光。』以二女爲娥皇所出，疑非是。《初學記》云：『舜妹有敤手，舜女有宵明、燭光。』并未有封邑之號。【新校正】《淮南子·墬形訓》云：『宵明、燭光在河洲，所照方千里。』【箋疏】《初學記》十卷云：『舜女有宵明、燭光。』本此。

[三]【郭注】澤，河邊溢漫處。

[四]【郭注】言二女神光所燭及者，方百里。【廣注】《路史》云：『舜次妃癸比氏生二女，曰宵明，曰燭光，處河大澤，靈照百里，是爲湘之神。』顧起元《説略》曰：『大澤者，洞庭之謂。而光照者，威靈之所暨也。』迄今湘神所寶，靈正百里，然則湘祠爲虞帝之二女，復何疑耶？《（山海經）圖贊》曰：『水有佳人，宵明燭光。流燿河湄，稟此奇祥。維舜二女，别處一方。』江淹《遂古篇》：『帝之二女游湘沅兮，宵明燭光何焜煌兮。』又《清思》詩：『帝女在河洲，晦映西海側。』又效阮體詩：『宵明輝西極，女圭映東海。』謝靈運《緩歌》：『蛾皇發湘浦，宵明出河洲。』温子升《常山公主碑》：『令淑之至，比光明於宵燭。』蘇頲《涼國公主碑》：『我則有祥，宵明燭光。』張説《鄎國公主碑》：『舜有宵燭，動百里之光耀。』

本此也。【箋疏】《淮南（子・）墬形訓》云：『宵明、燭光在河洲，所照方千里。』疑千當爲百，或所見本异。

［五］【廣注】登北，書多作癸北，《（元和）姓纂》又作癸比，舜之第三妃也。《冠編》云：『禹封癸比氏之出於巴陵。』《蛙螢子》又云：『癸比氏從子封巴陵，生二女，是謂湘神。《楚辭》所稱湘夫人者，指宵明、燭光也。』《説略》曰：『湘陰黄陵爲癸比之墓，而臨桂縣城北十餘里有雙女冢，特舜女也。』程良孺云：『舜三妃，亦名少匽。』

蓋國［一］，在鉅燕南，倭北。倭屬燕［二］。

［一］【箋疏】《（三國志・）魏志・東夷傳》云：『東沃沮，在高句麗、蓋馬大山之東。』《後漢書・東夷傳》同。李賢注云：『蓋馬，縣名，屬玄菟郡。』今案：蓋馬，疑本蓋國地。

［二］【郭注】倭國在帶方東大海内，以女爲王。其俗露紒，衣服無針功，以丹朱塗身，不妒忌，一男子數十婦也。【廣注】鄭樵《都邑略》：『東沃沮，在蓋馬大山之東。』注云：『蓋馬，縣名。』疑即蓋國。又《路史》云：『登北國，在鉅燕之南，倭之北，屬燕。』似二國同一地也。【新校正】《括地志》云：『倭國武皇后改爲日本國，在今濟南隔海依島而居。』見《史記》正義。【箋疏】《（三國志・）魏志・東夷傳》云：『倭人在帶方東南大海之中，依山島爲國邑，舊百餘國。其國本亦以男子爲王，國亂，相攻伐歷年，乃共立一女子爲王，名曰卑彌呼。其俗，男子皆露紒，以木棉招頭。其衣横幅，但結束相連，略無縫。婦人被髪屈紒，作衣如單被，穿其中央，貫頭衣之，皆徒跣。以朱丹塗其身體，如中國用粉也。其俗，國大人皆四五婦，下户或二三婦。婦人不淫，不妒忌。』是皆郭注所本也。《（漢書・）地理志》云：『樂浪海中有倭人，分爲百餘國。』《（三國志・）魏志》亦云：『女王國東，渡海千餘里，復有國，皆倭種。』是也。其國有青玉。《藝文類聚》八十三卷引《廣志》曰：『青玉出倭國。』《史記》正義云：『武后改倭國爲日本國。』經云倭屬燕者，蓋周初事與？

朝鮮，在列陽東，海北山南［一］。列陽屬燕［二］。

〔一〕【釋義】朝鮮，箕子所封，我大明稱臣入貢，稱高麗國。【新校正】據《史記》正義云，朝，音潮；鮮，音仙；海，謂勃海，南至揚、蘇、臺等州之東海也。《括地志》曰：『高麗，治平壤城，本樂浪郡王險城，即古朝鮮也。』【箋疏】《尚書大傳》云：『武王勝殷，釋箕子之囚。箕子不忍爲周之釋，走之朝鮮。武王聞之，因以朝鮮封之。』《（三國志·）魏志·東夷傳》云：『濊，南與辰韓，北與高句麗、沃沮接，東窮大海。今朝鮮之東皆其地也。昔箕子既適朝鮮，作八條之教以教之。無門户之閉，而民不爲盜云云。』《史記》正義云：『朝，音潮；鮮，音仙。』

〔二〕【郭注】朝鮮，今樂浪縣，箕子所封也。列，亦水名也，今在帶方。帶方有列口縣。【廣注】《名山藏》曰：『朝鮮近日本。日之所出，朝景鮮明也。』《世法録》云：『朝鮮，直遼東南，以日東出鮮潤故名。』陳士元《譯語音義》曰：『國有汕水。汕、鮮同音，因名朝鮮。』黄洪憲《輶軒録》云：『堯戊辰歲，有神降太伯山檀木下，朝鮮人君之，謂之檀君。此朝鮮立國之始。』鄭樵《通志略》曰：『朝鮮都王險，漢樂浪郡。』茅氏《象胥録》曰：『檀君、箕子，并都王壤，史稱衛滿，都王險。王險亦平壤也。』劉會孟云：『朝鮮地分八道，又名三韓。』楊一葵《裔乘》云：『朝鮮至今，凡三四易姓。』《（山海經）圖贊》曰：『箕子避商，自竄朝鮮。善者所在，豈有隱顯。』【箋疏】《（漢書·）地理志》云：『樂浪郡朝鮮又吞列分黎山，列水所出，西至黏蟬入海。』又云：『含資帶水，西至帶方入海。』又帶方、列口并屬樂浪郡。《晋書·地理志》列口屬帶方郡。

列姑射，在海河洲中〔一〕。

〔一〕【郭注】山名也。山有神人，河洲在海中，河水所經者，《莊子》所謂藐姑射之山也。【新校正】《列子》云：『列姑射山，在海河洲中。山上有神人焉，吸風飲露，不食五穀；心如淵泉，形如處女；不偎不愛，仙聖爲之臣；不畏不怒，願慤爲之使；不施不惠，而物自足；不聚不斂，而己無恐。陰陽常調，日月常明，四時常若，風雨常均，字育常時，禾穀常豐，而土無札，傷人無夭，惡物無疵，癘鬼無靈響焉。』【箋疏】《列子·黄帝篇》云列姑射山在海河洲中，山上有神人焉，吸風飲露，不食五穀，心如淵泉，形如處女云云，與《莊子·逍遥游篇》所云藐射姑之山、汾水之陽者，非一地也。

説已見《東次二經》姑射之山。郭引《莊子》説此經，蓋非。

姑射國在海中[一]，屬列姑射[二]。西南，山環之[三]。大蟹在海中[四]。

[一]【補注】《東山經》：『流沙百里，曰北姑射山。』又：『南三百里，曰南姑射山。』皆在中國。此曰藐姑射，蓋言遠在海中也。

[二]【新校正】《莊子》云：『姑射之山，在汾水之陽。』是在今山西，非此山也，郭注誤引之。

[三]【箋疏】山環西南、海據東北也。

[四]【郭注】蓋千里蟹也。【補注】《玄中記》曰：『天下之大物，北海中之蟹，能舉螯如山；其身故在水。』【廣注】《（周書·）王會篇》：『海陽大蟹。』（孔晁）注：『海水之陽，一蟹盈車。』【箋疏】（郭注）此云千里，疑字之訛也。然《大荒北經》注亦同，又似不訛。《吕氏春秋·恃君覽》云：『夷穢之鄉，大解陵魚。』大解，即大蟹也，古字通用。陵魚在下。

陵魚，人面手足，魚身，在海中[一]。

[一]【廣注】屈子《天問》云：『鯪魚何所？』柳宗元《天對》云：『鯪魚人面，邇列姑射。』《嶺海异聞》曰：『人魚，長四尺許，體髮牝牡人也，惟背有短鬣，微紅。』注云：『西海陵魚。』即此。又《吕氏春秋》：『大解陵魚、大人之居，多無君。』亦謂斯也。《（山海經）圖贊》曰：『姑射之山，實栖神人。大蟹千里，亦有陵鱗。曠哉溟海，含怪藏珍。』鄧元錫《物性志》：『近列姑射山有鯪魚，人面人手魚身，見則風濤起。』柳子《招海賈文》注曰：「《山海經》：鯪魚有刺如三角。」皆與經文异，似誤。【新校正】《楚辭》云：『陵魚曷止？』王逸曰：『陵魚，陵鯉也。』劉淵林《吴都賦》注曰：『陵鯉有四足，狀如獺，鱗甲似鯉，居土穴中，好食蟻。』【箋疏】《楚詞·天問》云：『鯪魚何所？』王逸注云：『鯪魚，鯉也。一云鯪魚，鯪鯉也，有四足，出南方。』《吴都賦》云：『陵鯉若獸。』劉逵注云：『陵鯉有四足，狀如獺，鱗甲似鯉，居土穴中，性好食蟻。』引《楚詞》云：『陵魚曷止？』王逸曰：『陵魚，陵鯉也。』所引《楚詞》與今本异。其説陵鯉，即今穿山甲也。云

性好食蟻，陶注《（神農）本草》説之極詳，然非此經之陵魚也。穿山甲又不在海中，此皆非矣。查通奉使高麗，見海沙中一婦人，肘後有紅鬣，號曰人魚，蓋即陵魚也。陵、人聲相轉，形狀又符，是此魚審矣。又《初學記》三十卷引此經云：『鯪魚，背腹皆有刺，如三角菱。』《北堂書鈔》一百三十七卷亦引此經而云：『鯪鯉吞舟。』《太平御覽》九百三十八卷引作鯪魚吞舟，疑此皆郭注誤引作經文，今本并脱去之也。

大鯾[一]，居海中。

[一]【郭注】鯾，即魴魚也，音鞭。【廣注】《爾雅》『魴魾』注云：『東江呼魴爲鯿，一名魾，音毗。』【箋疏】鯿，同鯾，見《説文》。

明組邑[一]，居海中。

[一]【郭注】祖音。【補注】《爾雅》云：『綸似綸，組似組，東海有之。』注：『海苔之類。』此所謂明組者也。【廣注】邑，猶言聚也。蓋綸爲青苔、紫菜之屬，組乃海中昆布。陳藏器云：『昆布，葉如手大，似薄葦，紫赤色。』李時珍曰：『昆布，生登萊者，槎如繩索之狀；出閩浙者，大葉似菜。』又《吳普本草》云：『綸布，一名昆布。』是更以昆布爲綸也，所説不同如此。孫綽《望海賦》：『華組依波而錦披，翠綸扇風而綉舉。』【箋疏】明組邑，蓋海中聚落之名，今未詳。或説以《爾雅》云組似組，東海有之，恐非。

蓬萊山[一]，在海中。

［一］【郭注】上有仙人，宫室皆以金玉爲之，鳥獸盡白，望之如雲，在渤海中也。【釋義】今登州海中，有大小竹山及田横諸島，且其屬邑曰蓬萊，即此。【廣注】《列子》：「渤海之東，其中有山，一曰岱輿，二曰員嶠，三曰方壺，四曰瀛洲，五曰蓬萊。」《玄中記》云：「東南之大者，有巨鼇以背負蓬萊山。」《（海内）十洲記》云：「蓬萊山，周回五千里，外别負海之溟。海無風而洪波百丈，有九氣丈人、九天真君宫。」則蓬萊固在海之中也。又云：「蓬邱，即蓬萊山。」《拾遺記》曰：「亦名防邱，亦名雲來，高二萬里，廣七萬里。」《（山海經）圖贊》曰：「蓬萊之山，玉碧構林。金臺雲館，皓哉獸禽。實維靈府，玉主甘心。」【新校正】《列子》云：「夏革曰：渤海之東，不知幾億萬里。有大壑焉，實惟無底之谷。其下無底，名曰歸墟。八紘九野之水，天漢之流，莫不注之，而無增無減焉。其中有五山焉：一曰岱輿，二曰員嶠，三曰方壺，四曰瀛洲，五曰蓬萊。其山高下周旋三萬里，其頂平處九千里。山之中相去七萬里，而五山之根無所連箸，常隨潮波上下往還，不得暫峙焉。仙聖毒之，訴之於帝。帝恐流於西極，失群仙聖之居，乃命禺彊使巨鰲十五舉首而戴之。迭爲三番，六萬歲一交焉。五山始峙。而龍伯之國有大人，舉足不盈數步而暨五山之所，一釣而連六鰲，合負而趣。歸其國，灼其骨以數焉。於是岱輿、員嶠二山流於北極，沉於大海，仙聖之播遷者巨億計。帝馮怒，侵減龍伯之國使厄，侵小龍伯之民使短。至神農伏羲時，其國人猶數十丈。」《史記》云：「威、宣、燕、昭使入大海求蓬萊、方丈、瀛州。此三神山者，其傳在勃海中，去人不遠。」沅案：蓬萊山即浮來山也，在漢之東莞縣。《春秋傳》有浮來。杜預曰：「邳來山之間，號曰邳來。」《（後漢書·）郡國志》曰公來山，或曰古浮來。公、蓬、邳、浮皆聲相近，其地近海，故曰海中也。【箋疏】《史記·封禪書》云：「蓬萊、方丈、瀛洲，此三神山者，其傳在渤海中，諸仙人及不死之藥皆在焉。其物禽獸盡白，而黄金銀爲宫闕。未至，望之如雲」云云，是郭所本也。《列子》夏革説勃海之東有五山，中有蓬萊云。

大人之市［一］，在海中。

［一］【補注】即今登州海市。【釋義】海市之説，則又登州爲著。【廣注】登州四面皆海。春夏時，遥見水面有城郭市肆，人馬往來若交易狀，土人謂之海市。【箋疏】今登州海中州島上，春夏之交，恒見城郭市廛、人物往來，有飛仙遨遊。俄頃變

幻，土人謂之海市，疑即此。秦漢之君所以甘心，方士所以誑惑其君，豈不以此邪？

【新校正】右海内西北陬以東，古本爲第三十三篇。

海内東經第十三

内東北陬以南者：

鉅燕在東北陬。

國在流沙中者：埻端[一]、璽㬇[二]，在昆侖虚東南。一曰海内之郡，不爲郡縣[三]，在流沙中[四]。

[一]【郭注】（埻）音敦。【新校正】《廣雅》云：『埻端，國名，出《山海經》。』音同郭。又音蜪，與郭音异。【箋疏】《玉篇》作𧅴暵，國名。

[二]【郭注】音唤。或作𧅴暵。【廣注】《抱朴子》有璽産之國，疑即此也。又《字義總略》作璽映。【新校正】《玉篇》有㬇，云：『呼换切。』引此。又有㬇，云：『胡貫切，國名。』蓋爲孫强增亂，故有二形也。【箋疏】暵，即暖字也。《玉篇》作璽㬇國。

[三]【釋義】埻端、璽㬇，疑即國之在流沙者。其曰不爲郡縣，猶今所謂無爲州。

[四]【箋疏】《海内東經》之篇而説流沙内外之國，下又雜厠東南諸州及諸水，疑皆古經之錯簡。

國在流沙外者：大夏[一]、竪沙[二]、居繇[三]、月支之國[四]。

[一]【郭注】大夏國，城方二三百里，分爲數十國，地和温，宜五穀。【廣注】《伊尹四方令》曰：『正北大夏。』《淮南子》云：『空同大夏。』《管子》云：『桓公西伐大夏，涉流沙。』《（周書・）王會篇》：『大夏、兹白牛。』注：『西北國也。』《史記》：『大夏在大宛西南二千餘里。』【箋疏】《周書・王會篇》云：『大夏，兹白牛。』孔晁注云：『大夏，西北戎。』《伊尹四方令》云：『正北大夏。』《史記・大宛傳》云：『大夏，在大宛西南二千餘里，媯水南。其俗土著，有城屋，與大宛同俗，無大王長，往往城邑置小長。』裴松之注《三國志》引《魏略》云：『西王母西有修流沙，修流沙西有大夏國。』

[二]【新校正】裴松之注《三國志》引《魏略》作豎沙。【箋疏】《説文》云：『古者，宿沙初作煮海鹽。』宿沙，蓋國名。宿、豎聲相近，疑即豎沙也。

[三]【郭注】音遥。【廣注】《魏略》云：『流沙西有大夏國、豎沙國、屬繇國。』【新校正】裴松之注《三國志》引《魏略》作屬繇。

[四]【郭注】月支國，多好馬美果。有大尾羊，如驢尾，即羬羊也。小月支、天竺國皆附庸云。【釋義】大夏至月支，皆國之在流沙外者。然地里荒遠，得其境，土不可居。【廣注】支亦作氏。闞駰《十三州志》：『西平張掖之間，大月氏之別，小月氏之國。』《内典》云『薄佉羅』，即月支也。鄭曉《吾學編》云：『赤斤蒙古，古月氏地。』《（山海經）圖贊》曰：『豎沙居繇，埻端璽喚。沙漠之鄉，絶地之館。或羈於秦，或賓於漢。』劉會孟云：『此博望所通，所謂城郭諸國。』【新校正】《周書・王會》云：『伊尹曰：正北大夏、月支。』裴松之注《三國志》云：『《魏略》曰：大秦西有海水，海水西有河水。河水西南，北行有大山，西有赤水。赤水西有白玉山。白玉山有西王母。西王母西有修流沙，修流沙西有大夏國、豎沙國、屬繇國、月氏國。四國西有黑水，所傳聞西之極矣。』案：此是《海内東經》，而諸國在西，疑《魏略》所説，亦是附會，經文非得其實也。【箋疏】《伊尹四方令》云：『正北月氏。』氏、支同。《三國志》注引《魏略》作月氏國，《漢書・西域傳》云：『大月氏國，治監氏城。』

西胡白玉山[一]，在大夏東；蒼梧[二]，在白玉山西南，皆在流沙西、昆侖虚東南。昆侖山[三]，在西胡西，皆在西北。

［一］【箋疏】《三國志》注引《魏略》云：『大秦西有海水，海水西有河水，河水西南北行有大山，西有赤水。赤水西有白玉山，白玉山西有西王母。』今案：大山，蓋即昆侖也。白玉山、西王母，皆國名。《藝文類聚》八十三卷引《（海內）十洲記》曰：『周穆王時，西胡獻玉杯。是百玉之精，明夜照夕云云。』然則白玉山，蓋以出美玉得名也。

［二］【箋疏】此别一蒼梧，非南海蒼梧也。

［三］【郭注】《（漢書·）地理志》：『昆侖山在臨羌西，又有西王母祠也。』【釋義】昆侖墟，以其餘地而言；昆侖山，方指本山而言。【新校正】詳上文，此或大秦西海之昆侖，而郭反以肅州昆侖注之，其謬甚矣。【箋疏】《（漢書·）地理志》云：『金城郡臨羌，西北至塞外，有西王母石室。』又云：『有弱水、昆侖山祠。』是郭所本也。然詳此經所説，蓋《海內西經》注所云海外復有昆侖者也。郭引《（漢書·）地理志》復以海內昆侖説之，似非。

雷澤中有雷神，龍身而人頭，鼓其腹，在吴西［一］。

［一］【郭注】今城陽有堯冢、靈臺，雷澤在北也。《河圖》曰：『大迹在雷澤，華胥履之而生伏羲。』【釋義】此即《夏書》『雷下既澤』。【廣注】雷澤在濟陽城陽縣西北，《（尚書·）禹貢》作雷夏，《周禮》作盧維，鄭玄作雷雍。昔舜漁於雷澤，即此地。金氏曰：『今濮州雷澤縣西北雷夏陂，東西二十里，南北十五里，蓋古雷澤也。』《淮南子》云：『雷澤有神，龍身人頭，鼓其腹而熙。』《奚囊橘柚》云：『軒轅游於陰浦，有物焉，龍身而人頭，鼓腹而遨遊。問於常伯，常伯曰：此雷神也，有道則見。』又李肇《國史補》云：『雷，秋日伏蟄，狀如彘。』《月令廣義》云：『雷公形猪首，手足各兩指，執一赤蛇嚙之。』且雷書載雷碪、雷環、雷楔諸物甚詳。據此，則雷神果有形之物矣。【新校正】高誘注（《淮南子》）云：『雷澤，大澤也。』《括地志》云：『雷夏澤，在濮州雷澤縣郭外。』見《史記》正義（引）。【箋疏】《（漢書·）地理志》云：『濟陰郡成陽，有堯冢靈臺。』《（尚書·）禹貢》：『雷澤在西北。』

都州在海中［一］，一曰郁州［二］。

［一］【釋義】今廣之瓊州、吴之崇明皆在海中，所謂澤國。【新校正】《水經注》引此作郁山。劉昭注《（後漢書・）郡國志》與經文同。【箋疏】《水經・淮水》注引此經作郁山。劉昭注《（後漢書・）郡國志》引此經與今本同。

［二］【郭注】今在東海朐縣界，世傳此山自蒼梧從南徙來，上皆有南方物也。郁，音鬱。【廣注】《郡縣釋名》曰：『郁州即臨朐之朐山也，一名覆釜山。』《後漢（書・）（儀禮）志》：『東海郡有朐縣。』注：『實齊之駢邑，隨之逢山。』又案：《（明）一統志》云：『朐山東北海中有大洲，謂之鬱洲，又名郁州，一名郁山，一名蒼梧山。或言昔從蒼梧飛來。』然則郁州近朐山東北，非即朐山也。《（山海經）圖贊》曰：『南極之山，越處東海。不行而至，不動而改。維神所運，物無常在。』【新校正】《水經注》云：『朐縣東北海中有大洲，謂之郁洲。言是山自蒼梧徙此，云山上有南方草木，今郁州治。』【箋疏】劉昭注《（後漢書・）郡國志》引此注云：『在蒼梧徙來，上皆有南方樹木。』與今本異，疑今本從南二字衍也。《水經注》亦云：『言是山自蒼梧徙此。』云山上猶有南方草木。

琅邪臺在渤海間，琅邪［一］之東，其北有山［二］。一曰在海間［三］。

［一］【郭注】今琅邪在海邊，有山嶕嶢特起，狀如高臺，此即琅邪臺也。琅邪者，越王勾踐入霸中之所都。【廣注】《括地志》：『密州諸城縣東南有琅邪臺，越王勾踐觀臺也。』《越絶（書）》曰：『勾踐徙琅邪，起觀臺。臺周七里，以望東海。』《水經注》：『琅邪臺在城東南十里。』《郡國十道記》云：『琅琊臺上有始皇碑，碑上有六百字可識。』又云：『臺上有神泉，人或汲之，立竭。』《齊乘》曰：『秦始皇廿八年，南登琅邪，大樂之，留三月。徙黔首三萬户於臺下，漢於此置琅邪縣。武帝亦嘗登焉。』今山下井邑遺迹猶存，登山石道如故，土人名曰御路。【箋疏】《史記・封禪書》索隱及《文選》注謝朓《和王著作八公山詩》引此經并與今本同。《越絶書》云：『句踐徙琅邪，起觀臺。臺周七里，以望東海。』今詳此經，是地本有臺，句踐特更增築之耳，故《史記》索隱云：『是山形如臺也。』斯言得之。

［二］【新校正】《史記》正義云：『琅邪，山名，在密州東南百三十里。琅邪臺在山上矣。』

〔三〕【箋疏】琅邪臺，在今沂州府。其東北有山，蓋勞山也。勞山在海間，一曰牢山。

韓雁〔一〕在海中，都州南〔二〕。

〔一〕【釋義】疑即今之遼東。【箋疏】韓雁，蓋三韓古國名。韓有三種，見《（三國志·）魏志·東夷傳》。

〔二〕【明案】都州，畢沅本作郁州，疑是。

始鳩〔一〕在海中，轅厲〔二〕南。

〔一〕【郭注】國名，或曰鳥名也。【釋義】據文會理，上皆書列國，豈至此獨以一鳥參乎？以國爲近是。

〔二〕【廣注】《（山海經）圖贊》曰：『韓雁始鳩，在海之州。雷澤之神，鼓腹優遊。琅琊嶕峣，邈若雲樓。』【新校正】轅厲，即韓雁也。轅、韓音相近；雁、厲字相似。【箋疏】轅厲，疑即韓雁之訛也。韓、轅，雁、厲，并字形相近。

【新校正】右《海内東經》，古本爲第三十四篇。舊本合岷三江首已下云云爲篇，非。

會稽山在大楚南〔一〕。岷三江，首：

〔一〕【釋義】會稽山，重出。【新校正】此云大楚，禹時無此國，蓋周秦人釋圖象之詞。

大江出汶山〔二〕，北江出曼山〔二〕，南江出高山〔三〕。高山在城都西〔四〕，入海〔五〕在長州南〔六〕。

[一]【郭注】今江出汶山郡升遷縣岷山東南，經蜀郡犍爲至江陽東北，經巴東建平、宜都，南郡江夏、弋陽、安豐，至廬江南界，東北經淮南下邳，至廣陵郡入海。【廣注】明末時，江陰人徐弘祖出關，至昆侖山歸，作《溯江紀源》一書，言《（尚書·）禹貢》『岷山導江』特泛濫中國之始。按其發源，河自昆侖之北，江亦自昆侖之南，其龍脈與金沙江相并，南下環滇池以達五嶺，江之所以大於河也。其説亦足補前人之未及矣。【新校正】山在今四川茂州東南。《説文》作𡶒，此省文也。《史記》云：『瀆山，蜀之汶山也。』應劭《漢書》注云文山，今蜀郡𡶒山，本冉駹是也。【箋疏】汶即岷也，已見《中次九經》岷山，郭云：『岷山，大江所出。』岷字一作𡶒。《廣雅》云：『蜀山，謂之𡶒山。』蜀讀爲獨，字或作瀆。《史記·封禪書》云：『瀆山，蜀之汶山也。』《水經注》又謂之汶阜山。又郭注自蜀郡已下，凡有十四名，并見《晉書·地理志》。

[二]【新校正】曼山，疑即蒙山，在今四川名山縣西北。曼、蒙音相近。北江，疑即青衣水也。【箋疏】曼山，即崌山，郭云：『北江所出。』

[三]【新校正】疑即邛水，在今四川滎經縣北，至雅州合青衣水也。【箋疏】高山，即崃山，郭云：『南江所出。』

[四]【新校正】此文後人釋語。舊本作城都，又亂入經文。【箋疏】城，當爲成。【明案】經文城都，畢沅校爲成都，是也。

[五]【新校正】《淮南子·墬形訓》云：『江出岷山，東流絶漢入海。左還北流，至於開母之北；右還東流，至於東極。』

[六]【新校正】言入海在此，釋語也。【箋疏】《（後漢書·）郡國志》云：『東陽，故屬臨淮，有長洲澤。』洲，當爲州也。又案：成都長州，亦皆周以後地名，蓋校書者記注。

浙江出三天子都[一]，在其東[二]，在閩西北[三]，入海餘暨南[四]。

[一]【郭注】按《（漢書·）地理志》，浙江出新安黟縣南蠻中，東入海，今錢塘浙江是也。黟，即歙也；浙，音折。【釋義】此曰浙江，今杭州諸郡。其曰三天子都，蓋指禹會諸侯於會稽，及宋高宗南渡臨安云耳。【廣注】浙江之名，前此未有，實始於《山海經》。浙江出三天子都，《水經》：『漸江出三天子都。』漸江，即浙江也。《吴越春秋》：『越王至浙江之上，望

見大越，山川重秀，天地再清。』《史記》云：『水至會稽山陰爲浙江。』又《（明）一統志》引經云：『三天子山在率東。』率山，今在休寧縣，俗名張公山。何喬遠《輿地記》云：『休寧縣，山曰率山，水曰率水。《山海經》：「浙江出三都山，在率東」，蓋此山也。』今本無此文。【新校正】水出今安徽歙縣西北黃山，亦曰新安江。《水經》云：『漸江，出三天子都。』注云：『《山海經》謂之浙江也。』《説文》云：『漸水，出丹陽黟南（蠻中），（東）入海。』又云：『江水東至會稽山陰爲浙江。』《（漢書·）地理志》云：『黟漸江水出南蠻夷中，東入海。』《史記》索隱云：『韋昭曰：浙江在今錢塘，音折獄之折。晉灼音逝，非也。蓋其流曲折，《莊子》所謂制河，即其水也。制、折聲相近。』案：此江出今安徽黟縣，名漸江。至會稽，以其曲折名浙江。《説文》云云，最明也。三天子都，在今安徽績谿縣。顧野王云：『今永康縉雲山，是三天子都。今在績谿縣東九十里。吴於此山分界焉。』見《太平寰宇記》。【箋疏】《説文》云：『漸水出丹陽黟南蠻中，東入海。』又云：『浙江水東至會稽山陰，爲浙江。』《（漢書·）地理志》云：『丹陽郡黝，漸江水出南蠻夷中，東入海。』顔師古注云：『黝，音伊，字本作黟。』是也。《晉書·地理志》亦作黝，屬新安郡。新安，即丹陽，晉改漢制。郭引《（漢書·）地理志》據所改爲名，故不稱丹陽也。《水經》云：『漸江水出三天子都。』注云：『《山海經》謂之浙江也。案初出名漸江，其流曲折，至會稽名浙江。』《説文》之旨，與《水經》正合。《莊子》謂之制河，制、浙、漸三字聲轉，其實一也，水出今安徽歙縣西北黃山。三天子都在績谿縣，即三天子鄣，已見《海内南經》。《文選》注謝惠連《西陵遇風鮮康樂詩》引此注云：『今錢塘有浙江。』疑今本脱有字也。

［二］【箋疏】其字疑訛。《太平御覽》六十五卷引作率，亦非也。據《太平寰宇記》引作蠻。郭注黟，即歙也，黟亦引作蠻。今以《（漢書·）地理志》、《説文》證之，當是也。

［三］【箋疏】《海内南經》云：『三天子鄣山，在閩西海北。』

［四］【郭注】餘暨縣屬會稽，今爲永興縣。【廣注】今之蕭山。【新校正】言在餘暨南入海也。【箋疏】餘暨，今蕭山也。《（漢書·）地理志》云：『會稽郡餘暨。』《晉書·地理志》云：『會稽郡永興。』

廬江出三天子都［二］，入江彭澤西［三］。一曰天子鄣［四］。

[一]【新校正】《（漢書·）地理志》云：『廬江郡廬江，出陵陽東南，北入江。』《水經》云：『廬江水，出三天子都，北過彭澤縣西北入於江。』【箋疏】（《水經》）注引此經。

[二]【郭注】彭澤，今彭蠡也，在尋陽彭澤縣。【廣注】《水經》：『廬江水出三天子都，北過彭澤縣西，北入於海。』【新校正】今鄱陽湖也。《（漢書·）地理志》：『彭澤，豫章縣。』言在此縣西北入江也。【箋疏】《（漢書·）地理志》云：『廬江郡尋陽，豫章郡彭澤。』《（後漢書·）郡國志》云：『彭澤，彭蠡澤，在西。』

[三]【廣注】汪循《（游）率山記》曰：『或以績之大鄣山爲《山海經》所稱三天子都，非也。《水經》「漸江出三天子都」，在率東；廬江出三天子都，入彭蠡。今維率山之水，山陰山陽，一東一西，而流入於江者，與古吻合。嘗游率山，見巨石上鐫三天子都字，筆畫摹索可驗。其處有仙人跨澗石、清風嶺、獨枕山。近三天子石，有圓土岡。東西有插鼓尖、振衣岡，中擁小石岡。竊謂兩巨中小，以小爲尊，此即三天子都也。』又錢氏《黄山記》載新安吴時憲曰：『黄山有最高峰曰三天子都。』東西南北皆有鄣，婺有三天子鄣，南鄣也。匡廬亦稱天子鄣，西鄣也。績谿有大鄣，東北鄣也。天都爲天子都，率山、匡廬、大鄣爲天子都之鄣，其説似爲允云。【箋疏】三天子鄣，已見《海内南經》。

淮水出餘山[一]。餘山在朝陽東[二]、義鄉西[三]，入海淮浦北[四]。

[一]【新校正】水出今河南桐柏縣西南九十里桐柏山。《説文》云：『淮水出南陽平氏桐柏大復山，在東南入海。』《（漢書·）地理志》云：『東南至淮陵入海。』《水經》云：『出平氏縣昭簪山，東北過桐柏山。』

[二]【郭注】朝陽縣今屬新野。【新校正】《（漢書·）地理志》：『朝陽，南陽縣。』《太平寰宇記》云：『南陽縣有朝陽故城，在今河南南陽縣。』【箋疏】《（漢書·）地理志》云：『南陽郡朝陽。』應劭注云：『在朝水之陽。』《藝文類聚》八卷引此經無東字。《晋書·地理志》朝陽、新野并屬義陽郡。郭注新野，疑當爲義陽，字之訛也。

[三]【新校正】《水經注》云：『闞駰言：晋太始中，割南陽東鄙之安昌、平林、平氏、義陽四縣，置義陽郡於安昌郡。』案：此云義鄉，當是古鄉名，後爲義陽縣。朝陽東、義陽西，在今唐州之境，與桐柏縣接也。【箋疏】義鄉今無考。郭云義陽

者，《水經注》云：『闞駰言：晉太始中，割南陽東鄙之安昌、平林、平氏、義陽四縣，置義陽郡於安昌城。』義陽或即此經之義鄉。

［四］【郭注】今淮水出義陽平氏縣桐柏山，山東北經汝南、汝陰、淮南、譙國下邳，至廣陵縣入海。【廣注】《水經》：『淮水出南陽平氏縣胎簪山，東北過桐柏山。』禹獲水怪無支祈在此地，見《古岳瀆經》。【新校正】《（漢書·）地理志》：『淮浦臨桂縣游水，北入海。』《水經注》云：『淮浦縣淮水，於縣枝分，北爲游水。又東北，徑紀鄣故城南，東北入海。』今在江南。《阜寧傳》云：『經淮陰縣入海。』俗本作至廣陵縣入海，今據《初學記》改正。【箋疏】《説文》云：『淮水，出南陽平氏桐柏大復山，東南入海。』《（漢書·）地理志》云：『南陽郡平氏，《（尚書·）禹貢》桐柏大復山在東南，淮水所出，東南至淮陵入海。』《水經》云：『出胎簪山，東北過桐柏山。』然則此經云餘山者，或桐柏之异名也。《初學記》六卷引此經云：『淮水出南陽平氏縣桐柏山。』蓋引郭注誤作經文耳。南陽，當作義陽，字之訛。《初學記》又引郭注作義陽，與今本同。又陶宏景注《（神農）本草》『丹蔘』云：『此桐柏山，是淮水原所出之山，在義陽。』亦與郭注同也。義陽、平氏，見《晉書·地理志》。淮浦者，《（漢書·）地理志》云：『臨淮郡淮浦，游水北入海。』應劭注云：『淮，涯也。』《水經》云：『淮水至廣陵淮浦縣入於海。』注云：『淮水於縣枝分，北爲游水。又東北，徑紀鄣故城南，東北入海。』今案：《水經》云『廣陵淮浦縣』，此注作廣陵縣，疑脱淮浦二字。《初學記》引郭注作淮陰縣，又淮浦縣之訛也。

湘水出舜葬東南陬，西環之［一］，入洞庭下［二］。一曰東南西澤［三］。

［一］【郭注】環，繞也。今湘水出零陵營道縣陽湖山，入江。【廣注】《水經》：『湘水出零陵始安縣陽海山。』注云：『即陽朔山也。』《尚書日記》云：『湘江出静江府興安縣陽山東北名鏵嘴，東北至潭州，入洞庭。』【新校正】水出今廣西灌陽縣西南海陽山。《（漢書·）地理志》云：『零陵陽海山，湘水所出，北至酃入江。』《水經》云：『出始平安陽縣海山。』注云：『即陽朔山也。應劭曰：湘出零陵山，蓋山之殊名也。』案：舜葬九疑山，在今湖南永寧縣。湘水自廣西入境，在舜葬西南，故云西環之也。【箋疏】《説文》云：『湘水出零陵陽海山。』李善注《江賦》引此注亦作陽朔山，今本作陽湖山，訛。

[二]【郭注】洞庭，地穴也，在長沙巴陵。今吴縣南大湖中有包山，下有洞庭穴道，潛行水底，云無所不通，號爲地脈。【補注】《河圖絳象》注云：『太湖中洞庭山，林屋洞庭，即禹藏真文之所，一名包山。吴王闔閭登包山之上，命龍威丈人入包山，得書一卷，凡一百七十四字而還。』【廣注】劉會孟曰：『南潯之國，有洞穴陰源，其下通地脈同此。』唐張説《洞庭》詩：『地穴穿東武，江流下西蜀。』《梁四公記》曰：『洞庭穴有四支，一通洞庭湖西岸，一通蜀道青衣浦北岸，一通羅浮兩山間大谿，一通枯桑島東岸。』《述异記》云：『洞庭山有穴五門，東通林屋，西達峨眉，南接羅浮，北連岱岳。』湘水所入，蓋楚洞庭也，或云與包山通。【新校正】湘水今在湖南長沙縣入洞庭，行二千五百里。【箋疏】郭氏《江賦》云：『爰有包山洞庭，巴陵地道，潛逵傍通，幽岫窈窕。』李善注引此注與今本同，其注《羽獵賦》引此注亦同。今湘水至湖南長沙縣入洞庭湖。

[三]【新校正】言他本作東南入西澤也。【箋疏】經文疑有脱誤。

漢水出鮒魚之山[一]。帝顓頊葬于陽，九嬪葬于陰[二]，四蛇衛之[三]。

[一]【郭注】《（尚）書》曰：『嶓冢導漾，東流爲漢。』案《水經》：『漢水出武都沮縣東狼谷，經漢中魏興至南鄉東，經襄陽，至江夏安陸縣入江，别爲沔水，又爲滄浪之水。』【廣注】劉會孟云：『今嘉定州犍爲縣。漢成帝得石磬十六枚於水濱，乃此也。』【新校正】漾水自甘肅秦州至陝西寧羌州合於東漢水，曰沔水。云鮒魚山者，常璩《華陽國志》云：『沔陽縣有魚穴，濁水出鮒。』今爲沔縣，漢水徑此，或恐鮒魚山即謂沔陽諸山色。《太平寰宇記》云：『頓邱縣鮒鰅山，在縣西北三十里。』但以顓頊葬處附會其山。詳此云山出漢水，知其謬證也。鮒魚，《海外北經》作務隅。【箋疏】漢水所出，已見《西山經》嶓冢之山。此經云出鮒魚之山，鮒魚或作鮒隅，一作鮒鰅，即《海外北經》務隅之山，《大荒北經》又作附魚之山，皆即廣陽山之异名也。與漢水源流絶不相蒙，疑經有訛文。《北堂書鈔》九十二卷引漢水作濮水，水在東郡濮陽，正顓頊所葬，似作濮者得之矣，宜據以訂正。

[二]【廣注】《（明）一統志》：『鮒鰅山，在開州舊頓丘縣西北二十里，顓頊葬其陽，一名廣陽山。』今滑縣有顓頊陵，是其地

也。《（後漢書·）郡國志》云：『顓頊所葬，俗名青冢山。』《皇覽·冢墓記》云：『在濮陽縣頓邱門外廣陽里中。』崔鴻《（十六國春秋·）前趙録》曰：『顓頊葬廣陽，下不及泩。』《十道志》云：『鮒鰅，即廣陽山之别名也。』計其道里，與漢水絶不相蒙，當在傳疑。又《（太平）寰宇記》：『顓頊廟，臨河東九里。』《（元豐）九域志》：『順安高陽縣有顓頊陵。』顔真卿《吴地記》云：『烏程有顓頊陵。』是顔之誤也。鮒魚，或作鮒隅。謝朓《宋后哀册文》：『陋蒼梧之不從兮，遵鮒隅以同壤。』又《路史》作務隅之陽。【箋疏】二句已見《海外北經》。但此經方釋諸水，而又述此，疑後人見鮒魚與務隅山名相涉，因取彼文羼入之耳。又此經漢水但言所出，不言歸入，蓋有脱文矣。

〔三〕【郭注】言有四蛇衛守山下。【廣注】羅苹（《路史》注）曰：『上郡石穿，貳負乃見。漢陽索出，支祈始聞。四蛇衛之，何足深怪。昔漢下姫與臨江王之葬，皆有燕數千，銜土投壙中。』亦此類也。【新校正】此文皆述水，而有此云云，或恐後人以《海外北經》附釋此耳。

蒙水〔一〕出漢陽西〔二〕，入江聶陽西〔三〕。

〔一〕【箋疏】《（漢書·）地理志》云：『蜀郡青衣，《（尚書·）禹貢》蒙山谿大渡水，東南至南安入渽。渽東入江。』大渡水，即蒙水，蓋因山爲名也。《水經·江水》注云：『蒙水，即大渡水也。水發蒙谿，東南流，與渽水合。又東入江。』引此經文也。渽，《説文》作涐。

〔二〕【郭注】漢陽縣屬朱提。【廣注】峨眉山有蒙水，即大渡水也。水發蒙漢，東南流，與涐水合。【新校正】此漢陽，言在漢水之陽。漢水，乃犍爲入延之漢水也，漢遂爲縣，《（漢書·）地理志》屬犍爲郡。蒙水，《水經注》云：『江水又徑南安縣西，縣南有峨眉山，有蒙水，即大渡水也。水發蒙谿，東南流，與涐水合，南至南安入大渡水。大渡水又東入江。』引此經文也。漢南安縣，今四川犍爲、夾江、峨眉三縣地。【箋疏】朱提、漢陽，并漢縣，屬犍爲郡。晉因蜀，置漢陽，屬朱提郡也。《（漢書·）地理志》云：『漢陽山閵谷，漢水所出，東至鼈入延。』

〔三〕【廣注】聶陽，《水經注》引此作灄陽。【新校正】此未詳也。

温水出崆峒。崆峒山[一]在臨汾南[二]，入河華陽北[三]。

[一]【新校正】劉昭注《（後漢書·）郡國志》陰盤引此云云。崆峒山，在今甘肅平凉府西。陰盤，今靈臺縣。

[二]【新校正】汾，當爲涇字之誤也。《（漢書·）地理志》臨涇安定縣，今平凉縣。

[三]【郭注】今温水在京兆陰盤縣，水常温也。臨汾縣屬平陽。【釋義】温水，疑即温泉。【廣注】《（明）一統志》：『温水谷，在寶鷄縣東南四十里，渭水之南。』郭氏所指者此也，與經似不相應。【新校正】此華陽未詳也。郭注水在陰盤，而注臨汾屬平陽。又陰盤先屬安定，後寄理京兆。此水在安定，郭誤爲京兆陰盤，以爲驪山泉，何其謬與！【箋疏】《史記·五帝紀》云：『西至於空桐。』正義引《括地志》云：『空桐山，在肅州禄福縣東南。』又云：『笄頭山，一名崆峒山，在原州平陽縣西百里，《（尚書·）禹貢》：涇水所出。』案：《（漢書·）地理志》云：『安定郡涇陽開頭山在西，《（尚書·）禹貢》：涇水所出。』又臨涇亦屬安定。據此，則經文臨汾，疑當爲臨涇，字之訛矣。又《（漢書·）地理志》云安定郡陰槃，郭云京兆陰槃，亦訛也。劉昭注《（後漢書·）郡國志》陰盤引此經及郭注。

潁水出少室[一]。少室山在雍氏南[二]，入淮[三]西鄢北[四]。一曰緱氏[五]。

[一]【新校正】水出今河南登封縣少室山。《説文》云：『潁水出潁川陽城乾山，東入淮。』《水經》云：『出潁川陽城縣西北少室山。』注云：『水有三源奇發：右水出陽乾山之潁谷，其水東北流；中水導源少室通阜，東南流，徑負黍亭東，亦或謂是水爲㶏水，東與右水合；左水出少室南谿，東合潁水。故作者互舉二山，言水所發也。』《元和郡縣志》云：『潁陽縣乾陽山，在縣東二十五里。潁水一原出乾陽山。』又云：『登封縣少室山，在縣西十里，潁水原出焉。』

[二]【新校正】《史記·周本紀》云：『禹圍雍氏。』徐廣曰：『雍氏，城也。』案其地，是今河南禹州西北，與登封接界，則少室山在雍氏西北。此云南，未詳。

[三]【新校正】《（漢書·）地理志》云：『東至下蔡入淮。』《水經》云：『東南至慎縣，東南入於淮。』《元和郡縣志》云：『潁上

縣，本漢慎縣地，潁水西自汝陰縣流入界内，又東入淮。』今安徽潁上縣也。

[四]【郭注】今潁水出河南陽城縣乾山東南，經潁川汝陰至淮南下蔡入淮。鄏，今鄏陵縣，屬潁川。【廣注】《（明）一統志》：『潁水源出河南府登封縣潁谷。』《地里志》云：『出陽乾山，東經鄭州，至襄城縣爲渚河。又東經臨潁縣西，合沙河入淮。』《臨潁志》云：『潁水，俗名褚河。』《宋史·河梁志》亦隨俗，目爲褚河，而潁水之名遂湮。【新校正】『鄏，當爲隝，從阜。《（漢書·）地理志》作傿陵，潁川縣。』【箋疏】《説文》云：『潁水出潁川陽城乾山，東入淮。』《水經》云：『潁水出潁川陽城縣西北少室山。』注引此經云云，『今潁水有三源奇發，故作者互舉二山也。』案二山，謂少室及陽乾山也。云入淮西鄏北者，《（漢書·）地理志》云『潁川郡傿陵』，《晉書·地理志》同，傿作隝。《水經》云：『潁水東南至慎縣，東南入於淮。』

[五]【郭注】縣屬河南，（緱）音鉤。【廣注】劉會孟云：『今河南登封縣禹避陽城即此也。』【新校正】言少室山在雍氏南，雍氏一作緱氏。緱氏，今偃師縣地，東南與登封接界，故亦云少室山在緱氏南也。【箋疏】一言少室山在緱氏南也。緱氏，今偃師縣地，東南與少室接。《漢（書）》、《晉（書·）地理志》并云河南郡緱氏。

汝水出天息山[一]，在梁勉鄉西[二]，南入淮極西北[三]。一曰淮在期思北[四]。

[一]【新校正】水出今河南嵩縣西南。《玉篇》引此作天恩（山）。《淮南子·墬形訓》云：『汝出猛山。』高誘注云：『猛山，一名高陵山。』《説文》云：『出弘農盧氏還歸山，東入淮。』《（漢書·）地理志》云：『汝南定陵高陵山，汝水出焉。』《水經》云：『出河南梁縣勉鄉天恩（息）山。』注云：『《（漢書·）地理志》曰出高陵山，即猛山也。亦言出南陽魯陽縣之大盂山，又言出弘農盧氏縣還歸山。《博物志》曰汝出燕泉山，蓋异名也。今汝水西出魯陽縣之大盂山。』《括地志》云：『源出汝州魯山縣西伏牛山，亦名猛山，至豫州郾城縣，名濆。』見《史記》正義。《元和郡縣志》云：『魯山縣天息山，一名伏牛山，汝水出焉，西一百五十里。』案：其山在今河南魯山縣南。【箋疏】《玉篇》引此經作天恩山，蓋訛。

[二]【新校正】《（漢書·）地理志》梁河南縣，今汝州也，西南與魯山縣接界。

[三]【郭注】今汝水出南陽魯陽縣大孟山東北，至河南梁縣東南，經襄城潁川、汝南至汝陰褒信縣入淮。淮極，地名。【廣注】劉會孟云：『今出河南汝寧府，由上蔡西平汝陽入淮。』《玄覽》云：『汝出燕泉，是謂八流之一。』《水經注》云：『《（漢書・）地理志》言出高陵山，即猛山也。亦言出南陽魯陽縣之大盂山，又言出弘農盧氏縣還歸山。』《博物志》曰：『汝出燕泉山。』皆异名也。【新校正】《（漢書・）地理志》云：『東至新蔡入淮。』《水經》云：『東至原鹿南入於淮。』《元和郡縣志》云：『汝陰縣汝水，西南自蔡州新蔡縣界流入，又東南入淮。』案：水在今江南潁上縣正陽關東北入於淮也。【箋疏】《說文》云：『汝水出弘農盧氏還歸山，東入淮。』《（漢書・）地理志》云：『汝南郡定陵高陵山，汝水出，東南至新蔡入淮。』《水經》云：『汝水，出河南梁縣勉鄉西天息山。』注云：『《（漢書・）地理志》曰出高陵山，即猛山也。亦言出南陽魯陽縣之大盂山，又言出弘農盧氏縣還歸山，《博物志》曰汝出燕泉山，并异名也。』《史記》正義引《括地志》云：『源出汝州魯山縣西伏牛山，亦名猛山。至豫州郾城縣，名濆。』案：經云在梁勉鄉西南者，梁，縣名也。《漢（書）》、《晋（書・）地理志》并云梁屬河南郡，今汝州也，西南與魯山接。經云入淮極西北者，《水經》云：『汝水東至原鹿縣，南入於淮。』注云：『所謂汝口，側水有汝口戍，淮、汝之交會也。』《文選》枚乘《七發》云：『北望汝海。』李善注引此郭注云：『汝水出魯陽山，東北入淮海。』與今本异，今本無海字。李善又云：『汝稱海，大言之也。』汝陰郡褒信，見《晋書・地理志》。

[四]【郭注】期思縣，屬弋陽。【新校正】言一本作入淮期思北也。《（漢書・）地理志》期思，潁川縣，今河南固始縣有其故城也。【箋疏】一云入淮在期思北也。《（漢書・）地理志》期思、弋陽并屬汝南郡，《晋書・地理志》期思，屬弋陽郡。

涇水出長城北山[一]。山在郁郅、長垣北[二]，北入渭[三]，戲北[四]。

[一]【新校正】水出今甘肅平凉縣西南笄頭山。《淮南子・墬形訓》云：『涇出薄落之山。』高誘注云：『薄落之山，一名笄頭山，安定臨涇縣西。《（尚書・）禹貢》：涇水所出。』《說文》云：『涇水出安定涇陽開頭山，東南入渭。』《括地志》云：『原出原州百泉縣西南笄頭山涇谷。』經云出長城北山者。案：《元和郡縣志》云：『原州平高縣笄頭山，在縣西一百里。秦長城

（縣）在縣北十里。』是亦得名笄頭山，爲長城（縣）北山也。稱長城北山，知此是秦時釋水之文乎？【箋疏】長城，即秦所築長城也。北山，即笄頭山。

［二］【郭注】皆縣名也。郅，音桎。【新校正】《（漢書·）地理志》郁郅，北地縣，今甘肅慶陽府治也，西南與平涼接界。長垣，即長城也。

［三］【郭注】今涇水出安定朝那縣西笄頭山，東南經新平、扶風至京兆高陵縣入渭。【新校正】《（漢書·）地理志》云：『東南至陽陵入渭。』今水在陝西高陵縣上馬渡入渭也。【箋疏】《説文》云：『涇水出安定涇陽開頭山，東南入渭。』《（漢書·）地理志》云：『安定郡涇陽開頭山在西，《（尚書·）禹貢》：涇水所出，東南至陽陵入渭。』案：開頭山，土俗訛爲汧屯山，見顔師古注；一名薄落山，見高誘《淮南（子·）墬形訓》注。涇水入渭之地，在今陝西高陵縣也。又案：《西次二經》云：『涇水出高山。』高山當即開頭山，郭注與此注同。《初學記》六卷引此注亦同。《晉書·地理志》云：『京兆郡高陸。』陸，蓋陵字之訛。

［四］【郭注】戲，地名，今新豐縣也。【廣注】劉會孟云：『涇水，今陝西西安府涇陽縣。』【新校正】戲，新豐縣，今陝西臨潼縣地，西北與高陵接界，故云入渭在西北。【箋疏】《漢書·高帝紀》云：『周章西入關，至戲。』顔師古注云：『戲，在新豐東。今有戲水驛，其水本出藍田北界横嶺，至此而北流入渭。』然則戲亦水名也。

渭水出鳥鼠同穴山［一］，東注河［二］，入華陰北［三］。

［一］【釋義】鳥鼠，疑亦物之异種，同處一穴，相馴而不相忌耳。【新校正】水出今甘肅渭源縣西鳥鼠山。《説文》云：『渭水出隴西首陽渭首亭南谷，東入河。』杜林云：『《夏書》以爲出鳥鼠山。』《水經》云：『出隴西首陽縣渭谷亭南鳥鼠山。』注云：『渭水出首陽縣首陽山渭首亭南谷山，在鳥鼠山西北。三源合注，東北流，徑首陽縣西，與别源合。水南出鳥鼠山渭水谷。』《括地志》云：『渭水原出渭源縣西七十六里鳥鼠山，今名青雀山。渭有三原，并出鳥鼠山，東流入河。』案：南谷山，在今渭源縣西二十五里。

[二]【新校正】《（漢書・）地理志》云：『東至船司空入河。』今此縣在華陰潼關之界。

[三]【郭注】鳥鼠同穴山，今在隴西首陽縣。渭水出其東，經南安、天水、略陽、扶風、始平、京兆、弘農華陰縣入河。【新校正】《（漢書・）地理志》華陰京兆縣，今陝西華陰縣也。【箋疏】渭水，已見《西次四經》鳥鼠同穴之山。《（漢書・）地理志》云：『（渭水）東至船司空入河。』船司空，縣名，與華陰并屬京兆尹。《晉書・地理志》華陰屬弘農郡。

白水出蜀[一]，而東南注江[二]，入江州城下[三]。

[一]【新校正】水出今甘肅臨兆縣西傾山。《（漢書・）地理志》云：『廣漢甸氏道白水出徼外，東至葭萌入漢。』《水經注》云：『西傾山南即墊江源，山東則洮水源，段國以爲墊江水也。』又云：『白水出於臨洮縣西南西傾山，水色白濁，東南流，又東徑洛和城南，又東南，徑陰平道故城南，又東徑偃城北，又東徑郭公城南，又東南徑白水縣故城東，又南徑武興城東，又東南於吐費城南，東南流注漢水。』案：白水在今四川昭化縣界入於漢，縣故葭萌地也。

[二]【郭注】江色微白濁，今在梓潼白水縣。源從臨洮之西西傾山來，經沓中東流通陰平，至漢壽縣入潛。【補注】即《水經》所謂天池白水也。【廣注】段國《沙州記》：『洮水與墊江水俱出嵹臺山。』墊江水即白水，嵹臺則西傾之异名也。【新校正】《水經注》引郭傳云：『從臨洮之西傾山東南流入漢，而至墊江。』與此不同，疑今本之誤。【箋疏】《水經・河水》注云：『洮水與墊江水，俱出嵹臺山。山南即墊江源，山東則洮水源。』引此經云：『白水出蜀。』又引郭注云：『從臨洮之西傾山東南流入漢，而至墊江。』故段國以爲墊江水也。嵹臺，西傾之异名也。今案酈氏説墊江即白水，所引郭注與今本异，未知其審。又《水經・漾水》注云：『白水出於臨洮縣西南西傾山，水色白濁，東南流，與黑水合云云。又東南於吐費城南，即西晉壽之東北也，東南流注西漢水。西晉壽，即蜀王弟葭萌所封，劉備改曰漢壽，太康中又曰晉壽云云。』與郭注及《（漢書・）地理志》俱合，是白水流入西漢水。郭云入潛，潛即漢也。《爾雅》云：『水自漢出爲潛。』是矣。此經云白水注江，所未詳。或江即墊江也。白水，在今四川昭化縣界入於漢。昭化，即葭萌地也。

[三]【郭注】江州縣屬巴郡。【新校正】《（漢書・）地理志》云：『江州，巴郡縣治。』今四川巴州是，西北接昭化境。經云城

下則非。白水入江在昭化，去巴州尚遠也。【箋疏】此言白水入江之地也。經文城下二字蓋誤衍。今四川巴州，即古江州，西北與昭化接境。《（漢書·）地理志》云：『巴郡江州、墊江二縣。』蓋白水入漢，而至江州又爲墊江水，正與《水經注》引郭注至墊江之文合。

沅水山〔一〕出象郡鐔城西〔二〕，入東注江〔三〕，入下雋西〔四〕，合洞庭中〔五〕。

〔一〕【新校正】山字疑羨。【箋疏】山字衍。《文選》注《江賦》引此經無山字。

〔二〕【郭注】象郡，今日南也。鐔城縣，今屬武陵，音尋。【廣注】《尚書日記》：『楚中九江，五曰沅江，出沅州西蠻界中，至辰州與西江合。又初出爲旁溝水，至鐔城爲沅水。』《楚辭》云：『沅有芷兮澧有蘭。』指此水也。又秦置郡縣，始有日南、象郡之名，此故後人增益無疑。【新校正】《（漢書·）地理志》鐔城，武陵縣象郡，漢曰日南。此云象郡，疑秦時此縣屬象郡。此秦人書也。【箋疏】《（漢書·）地理志》云：『日南郡，故秦象郡。』又云：『武陵郡鐔城。』《晉書·地理志》同。此經言象郡鐔城，則知秦時鐔城屬象郡矣。

〔三〕【新校正】《（漢書·）地理志》云：『沅水東至益陽入江。』《水經注》云：『下注洞庭湖，方會於江。』【箋疏】入字疑衍，或又字之訛。《説文》云：『沅水，出牂牁故且蘭，東北入江。』

〔四〕【郭注】下雋縣，今屬長沙。（雋）音昨兖反。【補注】雋，古音胙衮反，今音剪。【新校正】《（漢書·）地理志》下雋，長沙縣。今湖南巴陵縣。【箋疏】《（漢書·）地理志》云：『長沙國下雋。』

〔五〕【郭注】《水經》曰：『沅水出牂牁且蘭縣。又東北，至鐔城縣爲沅水；又東，過臨沅縣南；又東，至長沙下雋縣。』【箋疏】今本《水經》云：『沅水出牂牁故且蘭縣，爲旁溝水。又東至鐔成縣爲沅水，東過無陽縣，又東北，過臨沅縣南，又東，至長沙下雋縣，西北入於江。』與郭所引微异。郭注《水經》今亡，酈注《水經》郭亦未見也。

贛水〔一〕出聶都東山〔二〕。東北注江〔三〕，入彭澤西〔四〕。

[一]【箋疏】《（漢書・）地理志》云：『豫章郡贛，豫章水出西南，北入江。』《（後漢書・）郡國志》亦云：『贛有豫章水。』是贛水一名豫章水，郡、縣俱因水得名矣。

[二]【郭注】今贛水出南康南野縣西北。（贛）音感也。【廣注】郭紹孔《正誤》曰：『灨，轉音感，水名，出豫章，以章水、貢水合而名贛水也。』《說文》：『從日（貝），竷省聲。』豫章人稱紺，蓋一字二音耳。《（明）一統志》曰：『贛水在吉安府東，章、貢二水至贛縣北合爲贛江，下流一百里，凡二十四灘。』《廣輿記》：『聶都山，在南安府崇義縣。』【新校正】《水經注》引此無東字。又：山在今江西南安縣西，贛水出，俗曰章水。《水經》云：『贛水出豫章南野縣西北，過贛縣東。』注云：『班固稱：「南野縣，彭水所發，東入湖漢水。」庾仲雍謂「大庾嶠水北入豫章，注於江」者也。《（漢書・）地理志》曰「豫章水出贛縣西南而北入江」，蓋控引衆流，總成一川，雖稱謂有殊，言歸一水矣。故《後漢（書・）郡國志》曰：「贛有豫章水。」雷次宗云：「似因此水爲其地名，雖十川均流，而此源最遠，故獨受名焉。」劉澄之曰：「縣東南有章水，西有貢水。縣治二水之間，二水合贛字，因以名縣焉。」是爲謬也。』《元和郡縣志》云：『虔州贛縣，貢水西南自南康縣來，章水東南自雩都來。二水至州北合爲一通，謂之贛。』《太平寰宇記》云：『南康縣聶都山，在縣西南二十五里，即縣南埜谿原也。其山出礬石。』【箋疏】《水經》云：『贛水出豫章南野縣西北，過贛縣東。』注引此經云：『贛水出聶都山。』無東字。又案：《晉書・地理志》南野屬廬陵郡，不屬南康。《晉地記》云：『太康中，以贛南野等縣割爲南康郡也。』

[三]【新校正】《水經》云：『北過彭澤縣，西北入於江。』案：水在今江西南昌縣東北，入鄱陽湖，出湖口縣入大江，俗曰章江也。

[四]【新校正】《（漢書・）地理志》：『彭澤，豫章縣。』案：今江西新建縣東鄱陽湖，即彭蠡澤也。

泗水出吳[一]東北[二]而南。西南過湖陵西[三]，而東南注東海[四]，入淮陰北[五]。

[一]【明案】經文吳字，吳任臣本同，汪紱本、畢沅本、郝懿行本作魯。

[二]【新校正】水出今山東兖州府東南陪尾山。《（漢書・）地理志》云：『魯國卞泗水西南至方與入沛。』《水經》云：『出卞縣北山。』《博物志》云：『泗出陪尾。』《水經注》云：『《（漢書・）地理志》曰：「出濟陰乘氏縣。」又云出卞縣北。經言北山，皆爲非矣。余尋其源流，水出卞縣故城東南、桃墟西北。《博物志》曰：「泗出陪尾。」蓋斯阜者矣。』《括地志》云：『泗水原在兖州泗水縣東陪尾山。其源有四道，因以爲名。』見《史記》正義。案：今山東兖州府東南五十里有陪尾山。魯，今山東曲阜縣治也。又案：《（漢書・）地理志》魯國及濟陰之泗，自是兩水，不得合爲一也。【箋疏】《（漢書・）地理志》云：『濟陰郡乘氏，泗水東南至睢陵入淮。』是蓋別一泗水，非此經所說也。

[三]【新校正】此釋南，言西南也。《（漢書・）地理志》湖陵，山陽縣，云：《（尚書・）禹貢》『浮於淮泗，達於荷水』，在南。《水經》云：『泗水南過方與縣東，菏水從西來注之。又屈東南，過湖陸縣南。』注云：『菏水，即泲水之所苞注以成湖澤者也，而東與泗水合於湖陵縣西穀庭城下，俗謂之黄水口。』又云：『泲在湖陸西，而左注泗。泗、泲合流，故《地記》或言泲入泗，泗亦言入泲，互受通稱。』案：今山東魚臺縣北有方與故城，縣東南有湖陵故城。《（漢書・）地理志》云：『至方與入泲。』即《水經》所云方輿縣東南，菏水注之也。

[四]【新校正】泗合淮而入海也。《水經》云：『泗水東南過下邳縣，又東南入於淮。』案：下邳故城，在今江南邳州東三十里。其水入淮在今江南清河縣也。今其故道自徐州以南，盡爲黄河所經矣。【箋疏】《説文》云：『泗受泲水，東入淮。』《水經》云：『泗水東南過下邳縣西，又東南入於淮。』是《水經》、《説文》并云入淮。此經則云注海者，言泗合淮而入於海也。

[五]【郭注】今泗水出魯國卞縣，西南至高平胡陸縣，東南經沛國彭城下邳，至臨淮下相縣入淮。【廣注】《水經注》云：『水出卞縣故城東南、桃墟西北。』金氏曰：『泗水縣桃墟西北陪尾山，泗水所出。』又贛水、泗水絶不相蒙。古本連文，疑有錯簡。【新校正】《（漢書・）地理志》：『淮陰，臨淮縣。』今江南淮安府治也。【箋疏】《晉書・地理志》云：『臨淮郡下相。』

鬱水出象郡[一]，而西南注南海[二]，入須陵東南[三]。

[一]【新校正】水即豚水也，出今雲南寶寧縣西北六十里，曰西洋江。一源出今廣西歸順州及安南境，水曰麗江。至南寧府西合江鎮會爲鬱江。《（漢書・）地理志》曰：『廣鬱鬱水，首受夜郎豚水，東至四會入海。』《水經》云：『水出牂牁夜郎縣，又東至鬱林廣鬱縣爲鬱水。又東至領方縣東，與斤南水合，東北入於鬱。』注云：『鬱水，即夜郎豚水也。』

[二]【新校正】《水經注》云：『鬱水自壽泠縣注於海。應劭曰：「鬱水出廣信，東入海。」言始或可，終則非矣。』【箋疏】即《（漢書・）地理志》云：至四會入海也。《水經注》云：『鬱水又南，自壽泠縣注於海。』引此經云云。

[三]【廣注】《（明）一統志》：『鬱江在海州城南，源出交阯界，經邕州至此合黔江。』又應劭云：『鬱水出廣信，東入海。』酈氏云：『言始則可，終則非矣，不足據也。』【新校正】須陵，未詳。【箋疏】《海內南經》云：『鬱水出湘陵南海，一曰相慮。』此經又云須陵，疑須陵即湘陵，聲轉爲相慮，《水經注》又云壽泠，疑亦聲轉也。

肄水[一]出臨晉[二]西南[三]，而東南注海[四]，入番禺西[五]。

[一]【郭注】（肄）音如肄習之肄。【箋疏】今經文正作肄習之肄，如此便不須用音，知郭本不作肄也。《水經注》引作肆，當是。

[二]【箋疏】晉，當爲武字之訛，見《水經注》所引。

[三]【新校正】即溱水也。水出今湖南臨武縣。《說文》云：『溱水，出桂陽臨武，入洭。』《水經》云：『溱水出桂陽臨武縣南，繞城西北屈東流。』注云：『溱水導源縣西南北，流徑縣西，而北與武谿合。《山海經》曰肄水，蓋溱水之別名也。』案：《（漢書・）地理志》臨武，桂陽縣。此漢縣，而經有其水，未詳也。或此條釋水，後人增之。【箋疏】《水經注》肄本作肆，肆、肄字形相亂，故郭音肄習，以別之耳。

[四]【新校正】溱水與洭水合而入海。《水經》云：『過湞陽縣，出洭浦關，與桂水合，南入於海。』注云：『西南徑中宿縣南，又南注於鬱而入於海。』

[五]【郭注】番禺縣，屬南海越之城下也。【廣注】即溱水也。《水經》：『溱水出桂陽臨武縣南，繞城西北屈東流，或作肄水。』

酈氏引經曰：「肄水出臨武西南，注於海，入番禺西。」【新校正】《（漢書·）地理志》番禺，南海縣，今廣東番禺縣。【箋疏】《（漢書·）地理志》云：「南海郡番禺。」今南海、番禺并爲縣，屬廣州府也。

潢水[一]出桂陽西北山[二]，東南注肄水[三]，入敦浦西[四]。

[一]【郭注】（潢）音黄。【新校正】《水經注》引此作湟。【箋疏】疑湟、潢古字通。

[二]【新校正】水出今湖南桂陽州西南，即洭水也，亦曰桂水。《（漢書·）地理志》云：「桂陽洭水，南至四會，入鬱林。」應劭曰：「桂水所出，東北入湘。」又：含洭（縣），應劭云：「洭水所出，東北入沅。」《水經》云：「洭水出桂陽縣盧聚，東南過含洭縣，南出洭浦關，爲桂水。」注云：「應劭曰：『洭水東北入沅。』（薛）瓚注《漢書》云：『沅在武陵，去洭遠，又隔湘水，不得入沅。』洭水出關，右合溱水，謂之洭口，《山海經》謂之湟水。徐廣曰：『湟水，一名洭水，出桂陽，通四會，亦曰灌水也。』桂水，其別名也。」案：桂陽，《（漢書·）地理志》屬桂陽。而此云桂陽，疑桂林之陽，非縣名。【箋疏】即洭水也，亦曰桂水。《方言》云：「南楚瀑洭之間。」郭注云：「洭水在桂陽。」即此也。《説文》云：「洭水出桂陽縣盧聚山洭浦關，爲桂水。」與《水經》合。桂水，其別名也。今《（漢書·）地理志》洭作匯，云：「桂陽匯水，南至四會入鬱林。」應劭以爲桂水所出。又含洭，應劭以爲洭水所出，似分爲二水，非也。匯當從《水經注》作洭。

[三]【新校正】《水經》云：「溱水，過湞陽縣，出洭浦關，與桂水合。」

[四]【廣注】《水經注》引經作湟水。徐廣曰：「湟水一名洭水，出桂陽，通四會，亦曰灌水也。」漢元鼎元年，路博德爲伏波將軍，征南越，出桂陽，下湟水，即此水矣，《水經》又謂之桂水。【新校正】（敦浦）未詳。又：（敦）《水經注》引作郭。

洛水出洛西山[一]，東北注河[二]，入成皋之西[三]。

[一]【新校正】《水經注》引此云：「出上洛西山。」水出今陝西洛南縣南西北冢嶺山，自渭南縣境發源，流五里，入縣境。洛

西山，即冢嶺山。《（漢書·）地理志》云：『上雒。』《（尚書·）禹貢》：『雒水出冢嶺山，東北至鞏入河。』《水經》云：『出京兆上雒縣讙舉山。』《通典》云：『洛南有冢嶺山，洛水所出。』案：冢嶺即讙舉山，經所云上洛西山也。《淮南子·墬形訓》云：『洛出熊耳。』高誘注云：『熊耳山，在京兆上雒之西北。』此誤以冢嶺爲熊耳。熊耳於漢，當在上洛之東南，不在西北。《（尚書·）禹貢》言導洛自熊耳，非謂發源自此，故《中山經》亦言洛出讙舉，不言出熊耳也。【箋疏】洛水所出，《中次四經》謂之讙舉山，《（漢書·）地理志》謂之冢領山，此經又謂之洛西山。《水經注》引此經云：『出上洛西山。』疑今本脱上字。

［二］【新校正】《水經》云：『洛東北過鞏縣東，又北入於河。』《元和郡縣志》云：『鞏縣洛水，東經洛、汭，北對郎邪渚入河，謂之洛口。』案：洛入河，在今河南鞏縣東北也。【箋疏】《（漢書·）地理志》云：『弘農郡上雒，《（尚書·）禹貢》雒水出冢領山，東北至鞏入河。』《水經》云：『洛水東北過鞏縣東，又北入於河。』注云：『謂之洛汭，即什谷也。』劉昭注《（後漢書·）郡國志》『京兆尹上雒冢領山雒水出』引此經云：『雒出王城南，至相谷西，東北流。』案劉昭所引，與今經文既异，又非郭注，未審出何書也。

［三］【郭注】《（尚）書》云：『道洛自熊耳。』案《水經》：『洛水今出上洛冢嶺山，東北經弘農，至河南鞏縣入河。』成皋縣亦屬河南也。【新校正】成皋，今河南汜水縣也，西接鞏縣。【箋疏】《水經注》引此經云：『洛水成皋西入河。』蓋以意引經也。郭引《水經》亦與今《水經》异。《（漢書·）地理志》云：『河南郡成皋也。』

汾水出上窳北［一］，而西南注河［二］，入皮氏南［三］。

［一］【郭注】（窳）音愈。【新校正】水出今山西静樂縣北管涔山。《淮南子·墬形訓》云：『汾出燕京。』高誘注云：『（燕京）山名。』在今山西太原汾陽，汾水所出，西南至汾陽。《（漢書·）地理志》云：『汾陽北山，汾水所出。西南至汾陰入河。』《説文》云：『出太原晉陽山，西南入海。或曰出汾陽北山。』《水經》云：『出汾陽縣北管涔山。』注云：『《十三州志》云：「出武州之燕京山。」亦管涔之异名也，泉源道於南麓之下。』案：汾陽，今静樂縣地。上窳，未詳。【箋疏】上窳無考。

汾水已見《北次二經》管涔之山。

〔一〕【新校正】《水經》、《（漢書·）地理志》皆云至汾陰入河。案：汾陰故城，在今山西榮河縣北。【箋疏】《水經》云：『汾水出太原汾陽縣北管涔山。』《説文》云：『汾水出太原晉陽山，西南入海，或曰出汾陽北山。』《（漢書·）地理志》云：『太原郡汾陽北山，汾水所出，西南至汾陰入河。』案：《水經》亦云至汾陰入河，《説文》作入海，蓋字形之訛。

〔二〕【郭注】今汾水出太原晉陽故汾陽縣，東南經晉陽，西南經西河平陽，至河東汾陰入河。皮氏縣屬平陽。【廣注】《（尚書·）禹貢》：『既修太原，至於岳陽。』蔡注云：『修太原者，所以導汾水之源；修岳陽者，所以導汾水之流。』則汾水在禹時故出太原也。【新校正】《（漢書·）地理志》皮氏，河東縣，故城在今山西河津縣西二里。【箋疏】《水經》云：『汾水西過皮氏縣南，又西至汾陰縣北，西注於河。』皮氏，《漢（書·）（地理）志》屬河東郡，《晉（書·）（地理）志》屬平陽郡。

沁水出井陘山東〔一〕，東南注河〔二〕，入懷東南〔三〕。

〔一〕【新校正】水出今山西沁源縣北綿山。《説文》云：『沁水，出上黨羊頭山，東南入河。』《（漢書·）地理志》云：『穀遠羊頭山世靡谷，沁水所出。』《水經》云：『沁水出上黨涅縣謁戾山。』注云：『沁水即涅水也，或言出穀遠縣羊頭山世靡谷，三源奇注，徑瀉一壑。』案：穀遠縣，今山西岳陽縣地，與沁源接界。【箋疏】沁水，已見《北次三經》謁戾之山。《水經》《説文》《（漢書·）地理志》各據所見爲説也。此經又云出井陘山東。《（漢書·）地理志》云：『常山郡井陘。』應劭云：『井陘山在南。』

〔二〕【新校正】《（漢書·）地理志》云：『至滎陽入河。』（顔）師古曰：『今沁水至懷州武陟縣界入河。此云至滎陽，疑轉寫錯誤。』案：《水經》亦云：『至滎陽縣北入河。』武陟在河北，滎陽在河南，相去不遠。説俱得通，（顔）師古非也。【箋疏】《説文》云東南入河，《（漢書·）地理志》云東南至滎陽入河，《水經》云東南至滎陽縣北，東入於河。

〔三〕【郭注】懷縣屬河内。河内北有井陘山。【廣注】劉鳳《雜俎》云：『沁水，春秋之少水也。』《郡縣釋名》曰：『沁河，源出沁源縣，有二：一自縣西北綿山東谷南流，一自縣東北馬圈溝南流，俱至交口村合流，入黃河。』王氏《通漕類編》曰：『沁水出山西沁源縣綿山東谷，今由太行山麓至河南原武縣黑陽山，與河汴合。』【新校正】《（漢書·）地理志》懷，河内縣，今懷慶府及武陟縣地，言注河在此。【箋疏】懷屬河内郡，見《（漢書·）地理志》。《水經》云：『沁水東過懷縣之北，又東過武德縣南，又東南至滎陽入河。』與此經合。

濟水出共山南東丘[一]，絶鉅鹿澤[二]，注渤海[三]，入齊琅槐東北[四]。

[一]【郭注】共與恭同。【新校正】濟，當爲沵，即沇水也。濟出常山房子贊皇山。沵，沇也，東入於海，見《説文》。經傳多以濟爲沵，非也。云出共山南東邱者，出今河南濟源縣，共山在縣北十二里。《水經》云：『濟水出河南垣縣東王屋山，爲沇水。又東至温縣西北，爲濟水。』注云：『潛行地下，至共山南，復出於東丘，今原城東北有東丘城。濟水重源，出軹縣西北平地。水有二源，東源出原城東北，俗以濟水重源所發，因復謂之濟源城。其水南徑其城東故縣之原鄉，南流，與西源合。西源出原城西，東流，沇水注之。水出西南，東北流注於濟。濟水又東，徑原城南，東合北水，亂流東南注，分爲二水。一水東南流，俗謂之爲衍水，即沇水也。濟水又東南，徑絺城北而出於温矣。』案：故原城在濟源西北二里。濟源縣，即古軹縣也。【箋疏】濟，當爲沵，古字通用。《説文》云：『沵，沇也，東入於海。』《水經》云：『濟水，出河東垣縣東王屋山，爲沇水。又東，至温縣西北爲濟水。』注云：『潛行地下，至共山南復出於東丘，今原城東北有東丘城。孔安國曰：泉源爲沇，流去爲濟。』案濟水，已見《北次二經》王屋之山。

[二]【郭注】絶，猶截度也。鉅鹿，今在高平。【新校正】鉅鹿，《水經注》及《初學記》引此作絶鉅野，鹿當爲野字之誤也。澤在今山東鉅野縣。《（漢書·）地理志》云：『鉅野，大野澤在北。』《水經》云：『濟水南，當鞏縣北，南入於河，與河合流。又東過成皋縣北，又東過滎陽縣北，又東至礫谿南，東出，過滎澤北。又東過陽武、平丘、濟陽、冤朐、定陶縣南，又屈從縣東北流，又東至乘氏縣西分爲二。其一水東南流，其一水從縣東北流入鉅野澤。』又《宋史·宦者傳》云：『梁山濼，古鉅野澤。』案：澤在今壽張縣東、梁山南，與鉅野縣接界。【箋疏】《水經注》及《初學記》六卷并引此經云絶鉅

野，今本作鹿，字之訛也。《（漢書·）地理志》云：『山陽郡鉅野。大野澤在北。』《爾雅》『十藪』云：『魯有大野。』郭注云：『今高平鉅野縣東北大澤是也。』

［三］【新校正】《水經》云：『東北過甲下邑，入於河。』注云：『濟水東北至甲下邑南，東歷琅槐縣故城北。又東北，河水枝津注之，《水經》以爲入河，非也。斯乃河水注濟，非濟入河。又東北入海。郭景純曰：「濟自滎陽至樂安博昌入海。」今河竭，濟水仍流不絶，經言入河，二説并失。然河水於濟、漯之北，别流注海，今所輟流者，惟漯水耳，郭或以爲濟注之，即實非也。尋經脈水，不如《山經》之爲密矣。』案：勃海在今山東樂安縣東北一百三十里。今博興縣，是古博昌縣也。

【箋疏】《初學記》引此經作注入於海。《水經注》引此經與今本同，惟渤作勃字耳。

［四］【郭注】今濟水自滎陽卷縣，東經陳留至潛陰北，東北至高平，東北經濟南，至樂安博昌縣入海，今碣石也。諸水所出，又與《水經》違錯。以爲凡山川，或有同名而异實，或同實而异名，或一實而數名，似是而非，似非而是，且歷代久遠，古今變易，語有楚夏，名號不同，未得詳也。【廣注】濟水出王屋山，至河南濟源縣，二源合流。其水或伏或見，東出於陶丘北，又東北會於汶。今濟河在汶上縣北，一名大清河。【新校正】《（漢書·）地理志》琅槐，千乘縣，應劭云：『在博昌東北八十里』，今山東博興縣。又案：郭云今碣石也，案《水經注》，當云今河竭也。【箋疏】《（漢書·）地理志》云：『千乘郡琅槐。』《水經注》引《地理風俗記》曰：『博昌東北八十里，有琅槐鄉故縣也。』引此經云云。又引郭注云：『濟自滎陽至樂安博昌入海，今河竭。』案：酈氏以濟水仍流不絶，故議郭説爲非，然則此注今碣石也，當從《水經注》作今河竭也，蓋傳寫之訛耳。《水經注》又云：『濟水當王莽之世，川瀆枯竭，其後水流徑通，津渠勢改，尋梁脈水，不與昔同。』是則濟水枯竭，後仍流不絶之證也。又案：郭云諸水所出，又與《水經》違錯。郭氏注《水經》二卷，今不存，見《隋書·經籍志》。

潦水［一］出衛皋［二］東［三］，東南注渤海［四］，入潦陽［五］。

［一］【箋疏】《水經》、《（漢書·）地理志》并作遼水。

〔二〕【箋疏】皋，《水經》作白平二字。劉昭注《（後漢書·）郡國志》引此經亦云遼水出白平東，并訛。

〔三〕【郭注】出塞外衛皋山。玄菟高句驪縣有潦山，小潦水所出。西河注大潦。（潦）音遼。【補注】即遼水也。【新校正】《淮南子·墬形訓》云：『遼出砥石。』高誘注云：『山名，在塞外，遼水所出，東入海。』《（漢書·）地理志》云：『望平，大遼水出塞外，南至安市入海。』《水經》云：『大遼水出塞外衛皋山。東南入塞，過遼東襄平縣西，又東南過房縣西，又東過安市縣，西南入於海。』【箋疏】《（漢書·）地理志》云：『玄菟郡高句驪。遼山，遼水所出，西南至遼隊入大遼水。』案：郭注本此。其西河當爲西南，字之訛也。

〔四〕【箋疏】《水經》云：『遼水又東南，過房縣西，又東過安市縣，西南入於海。』案大遼水注海，其小遼水但注大遼水。

〔五〕【郭注】潦陽縣屬潦東。【廣注】《水經注》：『遼水亦言出砥石山，自海外東流，又東北入廣成縣，東注白狼水。』魏氏《土地記》曰：『白狼水，下入遼也。』王鑒《禹貢考》云：『遼水源出塞外白平山。』【新校正】《（漢書·）地理志》遼陽，遼東縣。【箋疏】《（漢書·）地理志》云：『遼東郡遼陽。』

虖池水出晉陽城南而西〔一〕，至陽曲北〔二〕，而東注渤海〔三〕，入越〔四〕章武北〔五〕。

〔一〕【新校正】水出今山西繁峙縣北泰戲山。《淮南子·墬形訓》云：『呼沱出魯平。』《（漢書·）地理志》云：『代郡鹵成。虖池河，東至參合入虖池別。』經云出晉陽城南者，晉陽，古地名，漢爲縣，《（漢書·）地理志》屬太原，今山西太原縣地。虖池水，經忻州定襄縣北，則在古晉陽之北。經云出其城南，所未詳。【箋疏】虖沱所出，已見《北次三經》泰戲之山。《（漢書·）地理志》云：『太原郡晉陽。』

〔二〕【新校正】《（漢書·）地理志》陽曲，太原縣，今陝西忻州定襄縣、太原府陽曲縣皆其地。【箋疏】《（漢書·）地理志》云：『太原郡陽曲。』

〔三〕【郭注】經河間樂城，東北注渤海也。晉陽、陽曲縣皆屬太原。【新校正】《（漢書·）地理志》云：『河間國樂成。虖池別水，首受虖池河，東至東光入虖池河。弓高，虖池別河，首受虖池河，東至平舒入海。』案：今直隸東光縣，即漢縣。地東平舒，今直隸大城縣也。【箋疏】（《（漢書・）地理志》）又云：『勃海郡成平。虖池河，民曰徒駭。』案：此更虖池入勃海之證。

[四]【新校正】漢勃海郡地，春秋時屬越也。

[五]【郭注】章武，郡名。【廣注】劉會孟云：『水自真定府城南來，自雁門經靈壽平山、晉州衛水武邑。』【新校正】郭云郡名，非也，此三國時爲郡耳。今詳此注皆漢縣，當是劉秀所釋。《（漢書・）地理志》章武，勃海縣，今直隸青縣地。【箋疏】《（漢書・）地理志》云：『章武，勃海縣也。』《晉書・地理志》云：『章武國章武縣。』今詳此注，當謂漢縣。郭云章武郡，疑郡當爲縣，字之訛也。經文越字疑衍，下文漳水亦有此句，經無越字可證。

漳水出山陽東[一]，東注渤海[二]，入章武南[三]。

[一]【新校正】濁漳水出今山西長子縣西發鳩山，東至河南涉縣與清漳合。清漳水出山西樂平縣沾嶺，自合濁漳水，東北至直隸青縣南合清河，又東北屈，東徑天津府北，東入於海。《淮南子・墜形訓》云：『清漳出楬戾，濁漳出發包。』高誘注云：『楬戾山，在上黨治。發包山，一名鹿苦山，亦在上黨長子。二漳合流，經魏郡入清河也。』《（漢書・）地理志》云：『長子鹿谷山，濁漳水所出，東至鄴入清漳。沾大黽谷，清漳水所出，東至阜城入大河。魏郡鄴故大河，在東北入海。』《水經》云：『濁漳東北過阜城縣北，又東北至易亭，與滹沱河會。又東北過成平縣南，合清河。又東北過平舒縣南，東入海。清漳水，東至武安縣東黍窖邑，入於濁漳。』案：沾縣，今山西樂平縣地。長子，今山西長子縣地。阜城，今山西阜城縣地。鄴縣，今河南臨漳縣地。武安，今河南武安縣地。經云山陽東者，《史記・秦本紀》云：『嫪毒封爲長信侯，予之山陽地。』正義曰：『《括地志》云：山陽故城，在懷州修武縣西北太行山南。』修武，今河南修武縣，與山西澤州接界。漳水在其東北也。【箋疏】濁漳水出發鳩山，清漳水出少山，已見《北次三經》，是二漳并出今山西樂平、長子兩縣地。

[二]【新校正】《（漢書・）地理志》云：『信都故章河在北，東入海。』又云：『東至阜成入大河。』《水經》云：『至阜成與虖池河會，又合清河入海。』《括地志》云：『衡漳水，在瀛洲東北百二十里平舒縣界。』見《史記》正義。《元和郡縣志》云：

『信都縣衡水亦曰長蘆水，即濁漳水之下流也，西北去縣六十三里。』案：信都，漢郡，唐縣，今直隸冀縣地，漳經其南。勃海，今在天津府東也。

[三]【郭注】新城汴陰縣亦有漳水。【廣注】蔡氏《書傳》：『漳水有二：一出上黨沾縣大黽谷，名清漳；一出上黨長子縣鹿谷山，名濁漳。二漳异源而下流相合。』《（山海經）圖贊》曰：『川瀆交錯，涣瀾流帶。通胡潤下，經營華外。殊出同歸，混夷東會。』【新校正】《（漢書·）地理志》章武，勃海縣，今直隸青縣地。【箋疏】汴陰當爲沶鄉，字之訛也。新城郡沶鄉，見《晋書·地理志》。南方別有漳水入沮，見《中次八經》荆山也。

建平元年四月丙戌，待詔太常屬臣望校治，侍中光禄勛臣龔、侍中奉車都尉光禄大夫臣秀領主省。

【新校正】右自『岷三江首』已下，疑《水經》也。《隋書·經籍志》云：『《水經》二卷，郭璞注。』《舊唐書·經籍志》云：『《水經》二卷，郭璞撰。』此《水經》，隋、唐二《志》皆次在《山海經》後，又是郭注，當即此也。又：中有云某水出某山下，云山在某地，又云入河或入海，下云某縣南或北。詳其文義，是非一人之書。今詳餘暨、彭澤、朝陽、淮浦等，皆前漢縣，是知劉秀校時所釋也。又詳本文，是説圖之詞，必古所傳。《山海經》有水道圖，文有云象郡，云長城，知是秦人所著。而其所見之圖，則是禹鼎也。又：世疑《山海經》非古書，特以此一篇有漢郡縣名耳。顔之推《家訓》云：『《山海經》，禹及益所記，而有長沙、零陵、桂陽、諸暨，皆由後人所羼。』宋陳振孫等以爲古今説《天問》者，皆本《山海經》、《淮南（子）》二書，疑此書皆緣《天問》而作。如言，則古今説經皆本《爾雅》，豈五經亦爲解《爾雅》而作乎？必不然也矣。今校訂其文，別爲細書，可以辯惑也。又：文有漢縣者，或漢所傳《山海圖》，時人著縣名其上，（劉）秀校時并録其文，亦或然也。又：《海外》、《海内經》末有云『建平元年四月丙戌待詔太常屬臣望校』云云，已下《大荒經》四篇、《海内經》一篇即無。郭本目録《海内經》下所云：『此《海内經》及《大荒經》本皆進在後也。』

【箋疏】右《海外（經）》、《海内經》八篇，大凡四千二百二十八字。

大荒東經[一]第十四

[一]【新校正】郭注本目録下有云：『《海内經》及《大荒經》，本皆進（一本作逸）在外。』案此經末又無『建中校進』款識，又不在《（漢書·藝文）志》十三篇之數，惟（劉）秀奏云：『今定爲一十八篇。』詳此經文，亦多是釋《海外經》諸篇，疑即秀等所述也。【箋疏】據郭此言，是自此已下五篇，皆後人所述也。但不知所自始。郭氏作注，亦不言及，蓋在晉以前，郭氏已不能詳矣。今考本經篇第，皆以南、西、北、東爲叙。兹篇已後，則以東、南、西、北爲次，蓋作者分别部居，令不雜厠。所以自别於古經也。又《海外（經）》、《海内經》篇末，皆有『建平元年四月丙戌』已下三十九字，爲校書款識，此下亦并無之。又此下諸篇，大抵本之海外、内諸經而加以詮釋，文多凌雜，漫無統紀，蓋本諸家記録，非一手所成故也。

東海之外大壑[一]，少昊之國[二]，少昊孺帝顓頊於此[三]，弃其琴瑟[四]。有甘山者，甘水出焉[五]，生甘淵[六]。

[一]【郭注】《詩含神霧》曰：『東注無底之谷。』謂此壑也。《離騷》曰：『降望大壑。』【廣注】《列子》：『渤海之東，不知幾億萬里，有大壑，實惟無底之谷。』《莊子》：『諄芒東之大壑，遇苑風於東海。』（郭）景純《江賦》：『淙大壑與沃焦。』指此也。《（山海經）圖贊》曰：『寫溢洞穴，曘昬龍燭。爰有大壑，號爲無底。』梁簡文（帝）《大壑賦》云：『渤海之東，不知幾億；大壑在焉，其深無極。』【箋疏】經文大壑，上當脱有字。《藝文類聚》九卷引此經有有字可證。郭引《離騷》，見《遠游篇》。

[二]【郭注】少昊金天氏，帝摯之號也。【廣注】少昊青陽氏，己姓，名質。其父曰清，黃帝第五子，方儽氏之生也。又曰金天氏，亦名摯。郯子曰『我祖少昊摯之立』是已。【新校正】高誘注《淮南子》云：『少昊，黃帝之子青陽也，以金德王，號爲金天氏。』宋衷云：『玄囂青陽，是爲少昊，繼黃帝立。』見《史記》索隱。又：《帝王世紀》云：『少昊是爲玄囂，降居江水，邑於窮桑，以登帝位，都曲阜。』案：高誘以青陽即少昊，宋衷、皇甫謐以玄囂即青陽，亦即少昊。《史記》云：『玄囂是爲青陽。』又云：『自玄囂與蟜極，皆不得在位。』《大戴禮》亦云：『青陽降居泜水。』則疑非少昊。班固《（漢書・）古今人表》有少昊帝金天氏，又有黃帝妃玄囂是爲青陽，亦似不以玄囂青陽爲少昊，故裴駰、司馬貞注《史記》亦辨之也。【箋疏】白帝少暤，其神居長留山，已見《西次三經》。

[三]【郭注】孺，義未詳。【補注】孺，謂長育之也，別無異義。郭蓋以奇求之，反不得耳。【汪存】孺，生育也。【新校正】《帝王世紀》云：『顓頊生十年而佐少昊。』見《初學記》，是其義也。【箋疏】《說文》云：『孺，乳子也。』《莊子・天運篇》云：『烏鵲孺。』蓋育養之義也。

[四]【郭注】言其壑中有琴瑟也。【廣注】《路史》：『顓頊取鄒居氏，入蓼而生八子，一曰蒼野，即孺帝也。顓頊崩而元子立，襲高陽氏，是爲孺帝。』陳一中曰：『孺帝，高陽氏元子駱明。其出爲帝，後秉其琴瑟者，用其禮樂也。』秉訛爲棄，是豕亥之誤。吳淑《琴賦》云：『孺帝棄之大壑。』謂此也。又《冠編》：『顓頊三十載，帝元子孺産駱明，居天穆之陽。』《續文獻通考》云：『顓頊長子、孺帝之後有孺氏。』是孺帝爲人名斷已。【箋疏】此言少暤孺養帝顓頊於此，以琴瑟爲戲弄之具，而留遺於此也。《初學記》九卷引《帝王世紀》云：『顓頊生十年而佐少暤。』《鬻子書》云：『顓頊生十五而佐少暤。』義皆與此合。《路史》諸書或以孺帝爲顓頊長子之名，斯不然矣。郭注以少暤爲金天氏帝摯之號，徵之往籍，亦多齟齬。《大戴禮・帝繫篇》云：『黃帝産青陽及昌意，皆不立。而昌意産高陽，是爲帝顓頊。』《史記・五帝紀》同。《竹書（紀年）》載昌意降居若水産帝乾荒，乾荒即高陽，聲相近，與《帝繫》合。《周書・嘗麥篇》云：『乃命少暤清司馬鳥師以正五帝之官，故名曰質。』質、摯亦聲相近。《張衡集》引此書以爲清即青陽也。案：青陽即玄囂，玄囂不得在帝位，見《史記》，是其不立之證。高誘注《淮南子》及《史記》引宋衷、皇甫謐并以青陽即少暤，與《周書》合。然則少暤蓋以帝子而爲諸侯，封於下國，即此經云少暤之國也。由斯以談少暤即顓頊之世父，顓頊是其猶子。世父就國，猶子隨侍，眷彼童幼，娛以琴瑟，蒙養攸基，此事理之平，無足異者。諸家之說，多有岐出，故詳述於篇，以俟考焉。

［五］【箋疏】甘水窮於成山，見《大荒南經》。

［六］【郭注】水積則成淵也。。【廣注】即羲和浴日之所。【汪存】魯曲阜，本少昊所都。國在魯東，少昊之後也。郯臨東海，豈此所稱少昊之國邪？【箋疏】即羲和浴日之處，見《大荒南經》。

大荒東南隅，有山，名皮母地丘［一］。

［一］【汪存】傳聞有不能詳，而記其名。【箋疏】《淮南（子·）墬形訓》云：『東南方曰波母之山。』蓋波母之波字脱水旁因爲皮爾。臧庸曰：『波母即皮母，同聲字也。』

東海之外、大荒之中，有山，名曰大言［一］，日月所出［二］。有波谷山者，有大人之國［三］。

［一］【箋疏】《初學記》五卷引此經作大谷。

［二］【補注】《山海經》紀日月之出者七，日月所入五，日月所出入一。考之《淮南子》，日所出入，又多不同，存而不論可也。【汪存】凡言日月所出入者，或望見之，以爲出此耳。

［三］【郭注】晉永嘉二年，有鶖鳥集於始安縣南廿里之鶖陂中，民周虎張得之，木矢貫之鐵鏃，其長六尺有半。以箭計之，其射者，人身應長一丈五六尺也。又平州别駕高會語云：『倭國人嘗行，遭風吹，度大海外，見一國人皆長丈餘，形狀似胡。』蓋是長翟别種，箭殆將從此國來也。《（春秋）外傳》曰：『焦僥人長三尺，短之至也；長者不過十丈，數之極也。』案《河圖玉版》曰：『從昆侖以北九萬里，得龍伯國人，長三十丈，生萬八千歲而死。從昆侖以東得大秦人，長十丈，皆衣帛。從此以東十萬里，得佻人國，長三十丈五尺。從此以東十萬里，得中秦國人，長一丈。』《（春秋·）穀梁傳》曰：『長翟，身横九畝，載其頭，眉見於軾。』即長數丈人也。秦時，大人見臨洮，身長五丈，脚跡六尺，準斯以言，則此大人之長短，未可得限度也。【廣注】《職方外紀》曰：『智加國人，長一丈許，遍體皆毛。』《洞冥記》云：『支提國人，長三

丈二尺。』《嶺海异聞》云：『河池州近山地，有人長二丈，面横三尺，背有雙肉翅。』《駢雅》曰：『西南荒有人，長丈，名曰先通。天竺車隣之國，男女皆長丈八尺。』《雲笈七籤》云：『東方銘呵羅提之國，人長二丈。南方銘伊沙陁之國，人長二丈四尺。』《依立世經》云：『鬱單越人，長三十二肘。』《（文獻）通考》云：『長人國，在新羅之東。其人長三丈，鋸牙駒爪，黑毛覆身。』《混元真録》：『長引國人，長四十尺。』劉杳云：『毗鶱國王，其長數丈。』《博物志》：『日東北極，人長九尺。』《華陽國志》：『始皇時，有長人二十五丈見宕渠。』《東方類語》云：『東方有人，長七丈，名黄父，又名尺郭。』《事物紺珠》云：『金犀，長五丈，在西方日官外金山。』《拾遺記》曰：『宛渠之民，其國人長十丈。』又《楚（辭·）大招》曰：『長人千仞，維魂是索些。』《凉州异物志》：『有大人在丁零北，偃卧於野，其高如山，頃脚成谷，横身塞川，長萬餘里。』《神异經》云：『西北海有人焉，長二千里，名曰無路，腹圍一千六百里，日飲天酒五斗。東南隅大荒中有林父焉，其高千里，腹圍百輔，一曰朴父。』皆大人類也。【汪存】《孔子家語》載：吴人得一骨專車，訪於孔子。孔子曰：『此禹所戮防風也。』大人之國，或謂是歟？【箋疏】《海外東經》大人國謂此也。《楚詞·招魂》云：『長人千仞。』王逸注云：『東方有長人之國，其高千仞。』蓋本此經爲説。郭引《外傳》者，《（國語·）魯語》文。十丈，當爲十之之訛。《史記·孔子世家》集解引王肅曰：『十之，謂三丈也，數極於此也。』《列子》夏革云：『龍伯之國有大人，擧足不盈數步而暨五山之所，一釣而連六鼇。』即郭引《河圖玉版》之説也。《博物志》引《河圖玉版》與郭同，唯佻人國作臨洮；人長三十丈作長三丈。疑此注佻字訛，十字衍也。《初學記》十九卷引《河圖龍魚》亦作長三丈，無十字。其佻人國作佻國人也。又《漢書·王莽傳》云：『夙夜連率韓博上言：有奇士，長丈，大十圍，自謂巨毋霸，出於蓬萊東南、五城西北、昭如海瀕，軺車不能載，三馬不能勝。卧則枕鼓，以鐵箸食。』然則此人將從大人之國來邪？

有大人之市，名曰大人之堂[一]。

[一]【郭注】亦山名，形狀如堂室耳。大人時集會其上，作市肆也。【新校正】此似釋《海内北經》大人之市也。【箋疏】《海内北經》云：『大人之市在海中。』今登州海市常有狀如堂隍者，望之却在雲霧中，即此也。蓋去岸極遠，故不見其大耳。

郭云「亦山名，形狀如堂室」者，《爾雅》云：「山如堂者密。」郭注云：「形如堂室者。」

有一大人踆其上，張其兩耳[一]。

[一]【郭注】踆或作俊，皆古蹲字。《莊子》曰：踆於會稽也。【箋疏】郭云踆或作俊，皆古蹲字，疑俊當爲夋字之訛也。《説文》云：「夋，倨也。」蹲、踞其義同，故曰皆古蹲字也。《太平御覽》三百七十七卷及三百九十四卷并引此經耳作臂。

有小人國[一]，名靖人[二]。有神，人面獸身，名曰犁䰠之尸[三]。

[一]【箋疏】《海外南經》周饒國非此。

[二]【郭注】《詩含神霧》曰：「東北極有人，長九寸。」殆謂此小人也。（靖）或作竫，音同。【廣注】《列子》云：「東北極有人，名曰諍人，長九寸。」《淮南子》云：「南人有竫人，長九寸。」即靖人也。王鏊《短解》云：「有國，干海之西者曰龍伯；東曰竫人。」《駢雅》曰：「竫人、巨靈，短小人也。」《博物志》云：「東方有螗螂沃焦，防風氏長三丈，短人處九寸。」柳宗元詩：「竫人長九寸。」皆此也。靖人或作凈身。《（山海經）圖贊》曰：「焦僥極麼，靖人唯小。四體具足，鬚眉才了。」【汪存】靖，或作矮。【新校正】此似釋《海外南經》周饒國也。【箋疏】《説文》云：「靖，細皃。」蓋細小之義，故小人名靖人也。《淮南子》作竫人，《列子》作諍人，并古字通用。

[三]【郭注】䰠，音靈字。【補注】古䰠字，或從巫，或從玉，或從鬼，或從㗊。【廣注】《（資治）通鑒》：「《循蜚紀》云：黎靈氏，其没也，尸在東荒，久而不壞。」《路史》云：「《東荒經》有黎靈之尸，犂靈氏之尸也。」《冠編》曰：「犁靈氏精凝魄定，尸以不壞。犁靈，古帝名。」【新校正】《玉篇》云：「䨩，或作䰠。」《廣韵》同。則䰠是䨩字之别。《説文》云：「䨩，龍也。」

有潏山[一]，楊水出焉。

[一]【郭注】（潏）音如譎詐之譎。

有蔿國[一]，黍食[二]，使四鳥：虎、豹、熊、羆[三]。

[一]【郭注】蔿，音口偽反。【新校正】此即濊貊國也。

[二]【郭注】食言此國中惟有黍穀也。【箋疏】蔿國，蓋即濊貊也。《後漢書·烏桓傳》云：『其土地宜穄及東墻。』今穄似黍而大，即黍之別種也。《衆經音義》引《倉頡篇》云：『穄，大黍也。』東方地宜穄黍，故茲篇所記并云黍食矣。

[三]【箋疏】經言皆獸，而云使四鳥者，鳥獸通名耳。使者，謂能馴擾役使之也。《（周禮·）秋官·司寇職》云：『閩隸，掌役畜養鳥，而阜蕃教擾之；夷隸：掌役牧人，養牛馬與鳥言；貉隸：掌役服不氏養獸，而教擾之，掌與獸言。』此三隸者，皆當在東荒界内。《（周禮·）秋官》記其養鳥獸，《（大）荒經》書其使四鳥，厥義彰矣。《春秋傳》稱介葛盧聞牛鳴而知生三犧，亦是東夷能通鳥獸之音者也。【俞讀】疑鳥字當作禽。《説文》内部：『禽，走獸總名。』是其義也。後人不知四禽爲總目虎豹熊羆之辭，誤謂禽鳥通稱，改禽爲鳥，遂使獸蒙鳥名，失之千里。

大荒之中，有山，名曰合虛[一]，日月所出，有中容之國[二]。帝俊生中容[三]，中容人食獸、木實[四]，使四鳥：豹、虎、熊、羆。

[一]【箋疏】《北堂書鈔》一百四十九卷引此經合作含。

[二]【廣注】《路史》云：『中容之國，舜之所生，或云即諸馮。《穆天子傳》有容氏國，或是。』《呂覽》云：『指姑之東，中容

之國。」即此。崔希裕《略古》云：「古文俊、舜同音，故帝舜作帝俊。」《説文先訓》云：「古文舜，上從庶，下從土，即英俊字。」故《山海經》舜作俊也。【汪存】中、仲同。俊，音舜。木實，果屬。【新校正】《吕氏春秋》云：「指姑之東，中容之國，有赤木、玄木之葉焉。」

〔三〕【郭注】俊，亦舜字假借音也。【新校正】《帝王世紀》云：「帝嚳生而神异，自言其名曰夋。」見《初學記》。又《帝王世紀》云：「帝嚳次妃娵訾氏女曰常儀，生帝摯。」見《史記》正義，又合於此經帝俊妻常儀之説也。又《大荒西經》云「帝俊生后稷」，郭氏亦曰：「俊，疑爲嚳。嚳第二妃生后稷也。」則帝俊是嚳無疑。而曰俊亦舜字假借音，何所據矣。【箋疏】《初學記》九卷引《帝王世紀》云：「帝嚳生而神异，自言其名曰夋。」疑夋即俊也，古字通用。郭云俊亦舜字，未審何據。《南荒經》云：「帝俊妻娥皇。」郭蓋本此爲説。然《西荒經》又云：「帝俊生后稷。」《大戴禮·帝繫篇》以后稷爲帝嚳所産，是帝俊即帝嚳矣。但經内帝俊叠見，似非專指一人。此云帝俊生中容，據《左傳·文十八年》云高陽氏才子八人，内有中容，然則此經帝俊又當爲顓頊矣。經文踳駁，當在闕疑。

〔四〕【郭注】此國中有赤木、玄木，其華實美，見《吕氏春秋》。【箋疏】《吕氏春秋·本味篇》云：「指姑之東，中容之國，有赤木、玄木之葉焉。」高誘注云：「赤木、玄木，其葉皆可食，食之而仙。」即郭注所引也。其華，當爲其葉，字之訛。

有東口之山。有君子之國，其人衣冠帶劍〔一〕。有司幽之國〔二〕。帝俊生晏龍〔三〕，晏龍生司幽。司幽生思士，不妻；思女，不夫〔四〕。食黍食獸，是使四鳥〔五〕。有大阿之山者。

〔一〕【郭注】亦使虎豹，好謙讓也。【汪存】蓋東夷之有文物者。【新校正】此似釋《海外東經》君子之國也。《淮南子》云：「東方有君子之國。」高誘注云：「東方木德仁，故有君子之國。其人衣冠帶劍，食獸，使二文虎也。」《説文》云：「東夷，從大，大人也。夷俗仁，仁者壽，有君子不死之國。孔子曰：道不行，欲之九夷，乘桴浮於海。有以也。」【箋疏】其人又食獸也，見《海外東經》。

〔二〕【釋義】司幽，言暗也。【箋疏】司幽，一作思幽。

〔三〕【廣注】晏龍事虞，爲納言，是主琴瑟，封於龍。王符（《志氏姓》）曰：『優姓。』【箋疏】晏龍是爲琴瑟，見《海内經》。

〔四〕【郭注】言其人直，思感而氣通，無配合而生子。此莊生所謂白鵠相視，眸子不運而感風化之類也。【廣注】《路史》：『晏龍生司幽，是爲司幽之國。有龍氏，一曰思幽。』《列子》云：『思幽之國，思士不妻而感，思女不夫而孕。』是也。《翰墨書》云：『思男之國不夫，思女之國不婦，而亦自能生生。』《博物志》曰：『思士不妻而感，思女不夫而孕。后稷生乎巨迹，伊尹生乎空桑。』【汪存】言不待配合，能以思感而生子也。【箋疏】《列子·天瑞篇》云：『思士不妻而感，思女不夫而孕。』本此也。又云：『河澤之鳥視而生，曰鶂。』《莊子·天運篇》云：『白鶂之相視，眸子不運而風化。』釋文引《三蒼》云：『鶂，鶬鶂也。司馬彪云：相待風氣而化生也。又云：相視而成陰陽。』此注鵠，疑鶂字之訛；感字衍也。

〔五〕【箋疏】四鳥，亦當爲虎、豹、熊、羆。此篇言使四鳥多矣，其義并同。

大荒中有山，名曰明星，日月所出。

有白民之國。帝俊生帝鴻〔一〕，帝鴻生白民。白民銷姓〔二〕，黍食，使四鳥：虎、豹、熊、羆〔三〕。

〔一〕【廣注】經稱帝俊或爲帝嚳，或爲黄帝，或爲帝舜，疑有錯簡。《路史·後紀》引經云：『帝律生帝鴻。』律，黄帝之字也，與本文異。【箋疏】帝鴻，黄帝也，見賈逵《左傳》注。然則此帝俊又爲少典矣，見《大戴禮·帝繫篇》。

〔二〕【補注】銷姓者，所賜其國之姓也。【廣注】《冠編》：『帝初爲南岳時，娶州山氏女曰女虔，生季格及白民。降居於東，是爲白民之祖。銷姓，賜姓也。』《（路史·）國名記》云：『白民，銷姓國。』《博物志》云：『今之白州。』又《（玉芝堂）談薈》云：『飲一升，醉三年始醒者，白民國之玉屑酒也。』疑即此國。

〔三〕【郭注】又有乘黄獸，乘之以致壽考也。【新校正】此似釋《海外西經》白民國也，云乘之以致壽考，非。【箋疏】白民乘黄，乘之壽二千歲，已見《海外西經》。

有青丘之國，有狐九尾[一]。有柔僕民，是維嬴土之國[二]。有黑齒之國[三]。帝俊生黑齒[四]，姜姓，黍食，使四鳥[五]。

[一]【郭注】太平則出而爲瑞也。【新校正】此似釋《海外東經》青邱國也。【箋疏】青丘國九尾狐，已見《海外東經》。郭氏此注云太平則出爲瑞者，《白虎通》云：『德至鳥獸，則九尾狐見。』王褒《四子講德論》云：『昔文王應九尾狐而東國歸周。』李善注引《春秋元命苞》曰：『天命文王以九尾狐。』《初學記》二十九卷引郭氏《（山海經）圖贊》云：『青丘奇獸，九尾之狐。有道翔見，出則銜書。作瑞周文，以標靈符。』《藝文類聚》九十五卷引翔作祥。

[二]【郭注】嬴猶沃，衍也，音盈。【補注】言衍沃豐盈也。土，音杜。【廣注】嬴，一作羸。土，音杜。《路史·高辛紀》云：『柔僕、嬴土，亦帝之裔未也。』又《（路史·）國名記》：『高辛氏後，有柔僕國，一曰嬴土之國。』

[三]【郭注】齒如漆也。【汪存】南蠻人好食檳榔，故多黑齒。【箋疏】黑齒國，已見《海外東經》。

[四]【郭注】聖人神化無方，故其後世所降育多有殊類异狀之人。諸言生者，多謂其苗裔，未必是親所産。【補注】凡言生者，未必其親所産。《尚書》：『舜別生分類。』生之爲言姓也。蓋賜之姓而別其種類。相傳既久，彼後世自以爲聖帝之苗裔也。古者五胡皆以爲聖帝之後。【廣注】《（路史·）國名記》曰：『黑齒姜姓，帝俊生其中。』【汪存】篇中多言帝俊所生，皆附托也。

[五]【新校正】此似釋《海外東經》黑齒國也。

有夏州之國。有蓋余之國。有神人，八首人面，虎身十尾，名曰天吴[一]。

[一]【郭注】水伯。【廣注】《駢雅》曰：『天吴、馬銜，海中神也。』《初學記》：『水神曰天吴，大波之神曰陽侯，濤之神曰靈胥。』柳宗元《招海賈文》：『天吴八首兮，更笑迭怒。』盧柟《滄溟賦》云：『天吴呾歈，馮遲颭躧。』《放招賦》云：『天吴八首，壺鬣血斷且。』【汪存】主水之神。【新校正】此似釋《海外東經》朝陽之谷神天吴也。

大荒之中，有山，名曰鞠陵于天[一]、東極[二]、離瞀[三]。日月所出，名曰折丹[四]。東方曰折[五]；來風曰俊[六]，處東極以出入風[七]。

[一]【郭注】（鞠）音菊。【廣注】盧柟《滄溟賦》云：『帶以鞠陵之阻，浸以禺䝞之州。』【新校正】《初學記》引作于大。

[二]【箋疏】《淮南（子・）墜形訓》云：『東方曰東極之山。』謂此。

[三]【郭注】三山名也。音穀瞀。【箋疏】《初學記》一卷引此經與今本同，（郭）注『穀瞀』二字當有訛文。

[四]【郭注】神人。【箋疏】『名曰折丹』上疑脱有神二字，《大荒南經》『有神名曰因因乎』可證。《北堂書鈔》一百五十一卷引此經作『有人曰折丹』，《太平御覽》九卷引亦同。

[五]【郭注】單吁之。【箋疏】吁，當爲呼字之訛。

[六]【郭注】未詳來風所在也。【廣注】《夏小正》云：『時有俊風。』俊風，春月之風也，春令主東方，意或取此。【箋疏】吳氏引《夏小正》云『正月時有俊風』爲說，恐非也。

[七]【郭注】言此人能節宣風氣，時其出入。【汪存】古奥不可解。大意云：大荒中有鞠山者，其高及天。其東方極於離瞀之地，當日月所出處，又名曰折丹，東方人名之曰折。其來而風聞中國，又謂之俊。是山在東極，東風所由出入也。【箋疏】《大荒南經》亦有神處南極以出入風也。蓋巽位東南主風，故二神司之，時其節宣焉。《東次三經》云：『無皋之山多風。』《初學記》引《荊州記》云：『風井，夏則風出，冬則風入。』亦其義也。

東海之渚中[一]，有神，人面鳥身，珥兩黄蛇[二]，踐兩黄蛇，名曰禺虢[三]。黄帝生禺䝞，禺䝞生禺京[四]。禺京處北海，禺䝞處東海，是惟海神[五]。

[一]【郭注】渚，島。

[二]【郭注】以蛇貫耳。

[三]【補注】䝞即魖。《説文》云：『夔，神魖也。』黄帝以夔皮鞔鼓，聲聞五百里，因刻夔形爲鼓簴，故《穆天子傳》有黄蛇翼鼓之文。【廣注】《（路史·）黄帝紀》：『嫫母生蒼林、禺陽。』即禺䝞也。【新校正】此號字异文，《説文》、《玉篇》無此字。【明案】經文䝞字，吴任臣本既作䝞，又作猇；畢沅本、郝懿行本作猇，是兩字義同。

[四]【郭注】即禺彊也。【廣注】《宛委餘編》作䝞子。偶京，《續（文獻）通考》亦作偶京。【箋疏】禺彊，北方神，已見《海外北經》。《莊子》釋文引此經云：『北海之神，名曰禺彊，靈龜爲之使。』今經無此語。其云靈龜爲之使者，蓋據《列子》，云：『夏革曰：五山之根，無所連著，常隨潮波上下往還。帝命禺彊使巨鼇十五，舉首而戴之，五山始峙。』云云。所謂靈龜，豈是與？

[五]【郭注】言分治一海而爲神也。䝞，一本作號。【新校正】此似釋《海外北經》北方禺彊也。【箋疏】猇，疑即號字异文，《海内經》云帝俊生禺號是也。然則此帝俊又爲黄帝矣。

有招摇山，融水出焉。有國，曰玄股[一]，黍食，使四鳥[二]。

[一]【郭注】自髀以下如漆。【汪存】廣西有融縣有九股黑苗在其西北，殆此所謂玄股也。【箋疏】玄股國，已見《海外東經》。

[二]【新校正】此似釋《海外東經》玄股國也。【箋疏】高誘注《淮南（子·）墬形訓》引此經作『兩鳥夾之』，與今本异。

有困民國，勾姓而食[一]。有人曰王亥，兩手操鳥，方食其頭[二]。王亥托於有易、河伯僕牛[三]。有易殺王亥，取僕牛[四]。河念有易，有易潛出，爲國於獸方食之，名曰摇民[五]。帝舜生戲，戲生摇民[六]。海内有兩人[七]，名曰女丑[八]。女丑有大蟹[九]。

[一]【箋疏】『勾姓』下、『而食』上當有闕脱。

[二]【汪存】亦據繪圖言也。

[三]【郭注】河伯、僕牛，皆人姓名。托，寄也。見《汲郡竹書》。【廣注】有易、河伯，皆夏諸侯。河伯至殷猶存，或以爲治河之官。《龜臧》云：『昔者河伯筮與洛戰而枚卜。昆吾占之，不吉。』【汪存】河伯，諸侯也。僕牛，人名。

[四]【郭注】《竹書（紀年）》曰：『殷王子亥賓於有易而淫焉，有易之君綿臣殺而放之。是故殷主甲微假師於河伯以代有易。滅之，遂殺其君綿臣也。』【廣注】殷侯子亥事，在夏帝泄十二歲。【新校正】《竹書紀年》云：『帝泄十二年，殷侯子亥賓於有易。有易殺而放之。十六年，殷侯微以河伯之師伐有易，殺其君綿臣。』今郭所云，是世所傳沈約注也，或沈即取此。【箋疏】《竹書（紀年）》作殷侯子亥，郭引作殷王，疑誤也。事在夏帝泄十二年及十六年。

[五]【郭注】言有易本與河伯友善。上甲微，殷之賢王，假師以義伐罪，故河伯不得不助滅之。暨而哀念有易，使得潛化而出，化爲搖民國。【廣注】《（少室山房）筆叢》云：『經文附會王亥有易事，非《竹書（紀年）》有此文，後世莫能覺其僞。』然胡氏之言，亦非實録。【汪存】言河伯奉王命滅有易，而又念其無後，乃私放出之，使爲國於獸方，食其賦税，是爲搖民之國也。獸方，地名也。【俞讀】此念字當讀爲敜，古字省偏旁耳。《説文》攴部：『敜，塞也。』《周禮》：『大司馬之職，犯令陵政則杜之。』鄭注曰：『杜，塞，使不得與鄰國交通。』此經云河敜有易，即用杜塞之法，蓋古有此法也。杜塞之，則不使得出，故其下云有易潛出也。此事本末，郭引《竹書（紀年）》證之。然《竹書（紀年）》恐未足據。今依此經説之，王亥托於有易河伯僕牛者，言王亥爲寓公，往來於有易及河伯兩國也。有易殺王亥，并取僕牛，於是河伯之國爲僕牛復仇，杜塞有易。而有易復潛出爲國，是爲搖民也。然經文王亥托於有易，愚疑有易爲衍文，直云王亥托於河伯僕牛，有易殺王亥取僕牛，豈不明白易曉乎？因衍有易二字，《竹書（紀年）》遂有『殷侯子亥賓於有易』之文，恐非當時事實也。《大荒北經》『修鞈殺綽人，帝念之，潛爲之國，是此毛民』，文義與此同。

[六]【補注】今廣西有猺民，豈即此耶？【廣注】舜當爲嚳。《（路史・）國名記》云：『搖民，帝嚳子國。』即搖民也。又《路史》：『叔戲生搖民，搖民居越，生女且爲搖氏。漢海陽侯搖無餘，世以爲越後，未悉爾。』叔戲，即叔獻，八元之一，高辛氏嗣也。【汪存】上言有益之後爲搖民，此又言戲生搖民，蓋海内有兩搖民。而此戲所生者，則又名女丑也，舊説殊不通。然此又言女丑有大蟹，則又與藐姑射混。【新校正】疑即今猺民也。【箋疏】今廣西猺民疑其類，見《桂海虞衡志》。

[七]【郭注】此乃有易所化者也。【箋疏】兩人，蓋一爲摇民，一爲女丑。

[八]【郭注】即女丑之尸，言其變化無常也。然則一以涉化津而遁神域者，亦無往而不之觸感而寄迹矣。范蠡之倫，亦聞其風者也。【廣注】《抱朴子·釋滯篇》：『女仞倚枯，貳負抱柱。』女仞即女丑也。【箋疏】女丑之尸，見《海外西經》。

[九]【郭注】廣千里也。【補注】天文有巨蟹宫，蓋應此。【廣注】《玄覽》云：『海陽有專車之蟹，女丑有千里之蟹。』《异魚圖贊》曰：『女丑大蟹，其廣千里。海陽專車，曷云其比。』【新校正】此似釋《海外西經》女丑也。【箋疏】《海内北經》云：『大蟹在海中。』注與此注同。

大荒之中，有山，名曰孽摇頵羝[一]。上有扶木[二]，柱三百里，其葉如芥[三]。有谷曰温源谷[四]：湯谷，上有扶木[五]。一日方至，一日方出[六]，皆載於烏[七]。有神，人面、犬耳、獸身，珥兩青蛇，名曰奢比尸[八]。有五彩之鳥，相鄉棄沙[九]，惟帝俊下友[十]。帝下兩壇，彩鳥是司[十一]。

[一]【箋疏】《吕氏春秋·諭大篇》云：『地大則有常祥、不庭、歧母、群抵、天翟、不周。』高誘注以不周爲山名，其餘皆獸名，非也。尋覽文義，蓋皆山名耳。其群抵，當即此經之頵羝，形聲相近，古字或通。

[二]【箋疏】扶木，當爲榑木。

[三]【郭注】柱，猶起高也。葉似芥菜。【釋義】扶木，即扶桑。【廣注】《合璧事類》曰：『扶桑，一名浮桑，生碧海，高數千丈，大一十餘圍，兩幹同根，更相依倚。』《謝華啓秀》曰：『扶桑若薺，鬱島若萍。』又《南史·外國傳》言：『扶桑葉似桐，初生如筍，其實如梨而赤績，其皮爲布，亦爲錦。』與此异。【汪存】言樹高而葉大。

[四]【郭注】温源，即湯谷也。【廣注】此則扶桑之湯谷也。【新校正】此似釋《海外東經》湯谷也。【箋疏】湯谷，已見《海外東經》。

[五]【郭注】扶桑在上。【廣注】《天問》云：『出自湯谷，次於蒙汜。』《淮南（子）》云：『日出於暘谷。』即湯谷也。《吴都賦》：『經扶桑之中林，包湯谷之滂沛。』注云：『湯，音陽。』陶潛《讀山海經》詩：『逍遥蕪皋上，杳然望扶木。洪河百萬

尋，森散覆暘谷。靈人侍丹池，朝朝爲日浴。神景一登天，何幽不見燭。」【汪存】湯谷，當作暘谷。扶木，即扶桑也。

[六]【郭注】言交會相代也。【廣注】《淮南子》曰：『日登於扶桑。』《（河圖）括地象》曰：『扶桑日所陳，吴泉月所登。』《楚辭》曰：『照吾檻兮扶桑。』注：『言其光自扶桑來也。』【箋疏】《説文》云：『日初出東方湯谷，所登榑桑，叒木也。』即此。叒，通作若。李善注《海賦》及注孫楚《爲石仲容與孫皓書》引此經并作『暘谷上有扶木』。其注《嘆逝賦》引此經又作『湯谷上於扶桑』。郭注云：『上於扶桑，在上也。』又注枚乘《七發》引此經云：『湯谷上有扶木。扶木者，扶桑也。』蓋亦并引郭注之文。

[七]【郭注】中有三足烏。【廣注】《春秋元命苞》曰：『陽數起於一，成於三，故日中有三足烏。』《靈憲論》曰：『日者陽精之宗，積而成烏，象烏而有三趾。』《黄帝占書》：『日中三足烏，見者有白衣會物，類相感志。凡日無光，則日烏不見。日烏不見，則飛烏隱竄。』《易林》曰：『三足孤烏，靈明爲御。』梁簡文（帝）《大法頌序》云：『陰兔兩重，陽烏三足。』【汪存】烏，三足烏也。載與戴通。【箋疏】《初學記》一卷引此經云：『皆戴烏。』戴、載古字通也。三十卷引《春秋元命苞》云：『日中有三足烏者，陽精，其僂呼也。』注云：『僂呼，温潤生長之言。』《楚詞·天問》云：『羿焉彈日，烏焉解羽？』《淮南（子·）精神訓》云：『日中有踆烏。』高誘注云：『踆，猶蹲也，謂三足烏。』踆，音逡。

[八]【箋疏】奢比之尸，見《海外東經》。

[九]【郭注】未聞沙義。【廣注】沙、莎通，鳥羽婆莎也。相鄉棄沙，言五彩之鳥相對斂羽，猶云仰伏而秣羽也。【箋疏】沙，疑與娑同，鳥羽婆娑然也。

[十]【郭注】亦未聞也。【廣注】惟帝俊下友，言五彩鳥實司帝壇，如帝下馴撫之也。此古文倒貫語也。

[十一]【郭注】言山下有舜二壇，五彩鳥主之。【汪存】此不可解，殆有闕文訛字。【新校正】此似釋《海外東經》奢比之尸也。

大荒之中，有山，名曰猗天蘇門[一]，日月所生。有壎民之國[二]。有綦山[三]，又有摇山，有䰝山[四]，又有門户山，又有盛山，又有待山。有五彩之鳥。

［二］【廣注】盧柟《滄溟賦》：『觀乎猗天之闕。』謂此山也。
［三］【郭注】（壎）音如喧嘩之喧。
［三］【郭注】（鰲）音忌。
［四］【郭注】（鬸）音如釜甑之甑。

東荒之中，有山，名曰壑明俊疾，日月所出。有中容之國［一］。東北海外又有三青馬、三騅［二］、甘華，爰有遺玉、三青鳥［三］、三騅、視肉［四］、甘華、甘柤，百穀所在［五］。

［一］【箋疏】中容之國已見上文。諸文重復雜沓，踳駮不倫，蓋作者非一人，書成非一家故也。
［二］【郭注】馬蒼白雜毛爲騅。【箋疏】蒼白雜毛騅，見《爾雅》。三騅，詳《大荒南經》。
［三］【箋疏】三青鳥，詳《大荒西經》。
［四］【郭注】聚肉有眼。
［五］【郭注】言自生也。【新校正】此似釋《海外東經》嗟丘也。【箋疏】《海外北經》云：『平丘甘柤、甘華，百果所在。』《海外東經》云：『嗟丘，甘柤、甘華、甘果所生。』皆有遺玉、青馬、視肉之類，此經似釋彼文也。

有女和月母之國［一］，有人名曰鳧［二］。北方曰鳧，來之風［三］曰狻［四］，是處東極隅，以止日月［五］，使無相間出没，司其短長［六］。

［一］【箋疏】女和月母，即羲和、常儀之屬也。謂之女與母者，《史記·趙世家》索隱引譙周云：『余嘗聞之，代俗以東西陰陽所出入，宗其神，謂之王父母。』據譙周斯語，此經女和月母之名，蓋以此也。

[二]【郭注】音婉。

[三]【新校正】鵷字《説文》、《玉篇》所無，《莊子·天地篇》有宛風，陸德明《（莊子）音義》云『一云人姓名』，當即此。

[四]【郭注】言亦有兩名也，音剡。

[五]【箋疏】此人處東極以止日月者，日月皆出東方故也。《史記·封禪書》云：『八神，六曰月主，祠之萊山；七曰日主，祠成山。』亦皆在東極隅也。

[六]【郭注】言鵷主察日月出入，不令得相間錯，知景之長短。【廣注】《詞林海錯》曰：『有人名曰鵷，亦曰狻，處東極隅以止日月。』馮氏《山齋雜録》曰：『蘇利邪，日神也，曰鵷，曰狻。二人處東極隅，以止日月，使無相間。』【汪存】言其節日月之出入，司晝夜之短長也。

大荒東北隅中，有山，名曰凶犁土丘[一]。應龍[二]處南極，殺蚩尤[三]與夸父，不得復上[四]，故下數旱[五]。旱而爲應龍之狀，乃得大雨[六]。

[一]【箋疏】《史記·五帝紀》索隱引皇甫謐云：『黄帝使應龍殺蚩尤於凶黎之谷。』即此。黎、犁古字通。

[二]【郭注】應龍，龍有翼者也。【廣注】《玉堂叢語》：『景陵常閲畫，見飛龍有翼者，遣問三楊輩，不能具對。陳繼時在下列，出應曰：龍有翅而飛，曰應龍。』又虬龍千年謂之應龍。《述异記》亦云：『龍千年爲應龍。』《酉陽雜俎》曰：『應龍生建鳥，建鳥生麒麟，麒麟生庶獸。』《淮南（子）》云：『女媧乘雷車，服應龍。』又《黄海》曰：『黄帝工師名蒼龍，將名應龍。』《岳瀆經》曰：『堯九年，巫支祈爲孽，應龍驅之淮陽龜山足下，其後水平。禹乃放應龍於東海之區。』《楚辭》云：『應龍何畫，河海何歷？』漢《周憬碑》『應龍之畫』，謂此。班固《賓戲》云：『泥蟠而天飛者，應龍之神也。』晉華譚《（與袁甫）書》：『枯澤非應龍之淵，棘林非鸞鳳之窟。』吴粲《赤牘》云：『應龍以屈伸爲神，鳳皇以嘉鳴爲貴。』《十六國春秋》：『應龍以屈伸爲靈，聖人以知機爲貴。』唐上官儀《勸封禪表》：『銷伏鼇而綴上玄，剪應龍而清下瀆。』常衮《（中書門下賀日當蝕不蝕）表》云：『莫測應龍之外，潛復踆烏之次。』應，從平聲讀，見《文選》注。【箋疏】有翼曰應龍，

見《廣雅》。

[三]【郭注】蚩尤，作兵者。【廣注】《史（記）》注云：『黄帝使應龍，殺蚩尤於凶犁之谷。』【箋疏】蚩尤作兵，見《大荒北經》。

[四]【郭注】應龍遂住地下。【箋疏】《初學記》三十卷引此經云：『應龍遂在地。』蓋引郭注之文也。今文住字，當作在，下字蓋衍。

[五]【郭注】上無復作雨者故也。

[六]【郭注】今之土龍本此。氣應自然冥感，非人所能爲也。【廣注】張衡《應間》云：『女魃北而應龍翔。』李密《移（河南）郡縣（討劉豫）檄》：『雕虎嘯而谷風生，應龍驤而景雲起。』朱子《楚辭》注引經云：『禹治水，而有應龍以尾畫地，即水泉通流。』與本文异。【汪存】古祈雨之法，爲土龍而禱焉。又貯水以養蜥蜴而祝之。董子《春秋繁露》祈雨之法：『閉南門，開北門，而以水灑人。又以甲乙日，使幼者舞青龍；丙丁日，使壯者舞赤龍；戊己日，使舞黄龍；庚辛日，使老者舞白龍；壬癸日，使婦人舞黑龍。』此皆各以類求，亦以龍爲鱗蟲之長，屬木而生於水。子母相從，故云從龍，爲有可感召之理而已矣。【箋疏】劉昭注《（後漢書·）禮儀志》引此經及郭注并與今本同。土龍致雨，見《淮南（子·）説山訓》及《墬形訓》。又《楚詞·天問》云：『應龍何畫，河海何歷。』王逸注云：『或曰禹治洪水時，有神龍以尾畫導水徑所當决者，因而治之。』案：後世以應龍致雨，義蓋本此也。

東海中，有流波山，入海七千里。其上有獸，狀如牛，蒼身而無角，一足，出入水則必風雨。其光如日月，其聲如雷，其名曰夔[一]。黄帝得之，以其皮爲鼓[二]，橛以雷獸之骨[三]，聲聞五百里，以威天下[四]。

[一]【廣注】薛綜《東京賦》注：『夔如龍，有角，鱗甲光如日月。』《博物志》云：『夔形如鼓而知禮。』《玄覽》云：『山之精，名曰夔，狀如鼓，一足而行。以名呼之，可使取虎豹。』《説文先訓》曰：『夔如龍，一足，象有角手人面之形。』諸所稱

説，名同實异，非此也。《（白氏）六帖》曰：『夔一足，跉踔而行。』孟康曰：『夔似牛，一足無角，其音如雷。』《事物紺珠》曰：『靈夔生東海，似牛，蒼身一足，無角，出入必有風雨。』即斯獸耳。【新校正】韋昭《國語》注云：『夔一足，越人謂之山繅。』

［二］【箋疏】《説文》云：『夔，神魖也，如龍，一足，從夊。象有角、手，人面之形。』薛綜注《東京賦》云：『夔，木石之怪，如龍有角，鱗甲光如日月，見則其邑大旱。』韋昭注《國語》云：『夔一足，越人謂之山繅。』案此三説，夔形狀俱與此經异也。《莊子·秋水篇》釋文引李云：『黄帝在位，諸侯於東海流山得奇獸，其狀如牛，蒼色無角，一足能走，出入水即風雨，目光如日月，其音如雷，名曰夔。黄帝殺之，取皮以冒鼓，聲聞五百里。』蓋本此經爲説也，其文與今本小有异同。『流波山』作『流山』，『其光如日月』作『目光如日月』，似較今本爲長也。又：『以其皮爲鼓』作『以其皮冒鼓』。劉逵注《吴都賦》引此經亦作冒字，是也。《初學記》九卷引《帝王世紀》作『流波山』，與今本同，而下文小异。

［三］【郭注】雷獸，即雷神也，人面龍身，鼓其腹者。橛，猶擊也。【廣注】《黄帝祠額解》云：『雷獸之骨以橛夔鼓。』《鱗書》云：『徒橛雷骨，夔鼓張勢。』盧柟賦：『突以凌雲之臺，建以靈夔之鼓。』謂此也。干寶《搜神記》云：『楊道和田中值霹靂下擊。道和以鉏格，其肱墜地不得去，色如丹，目如鏡，毛角長三尺餘，狀如六畜，頭如獼猴。』李肇《國史補》曰：『雷州春夏多雷，秋日則伏地中。其狀如彘，人多取食之。』此爲雷獸也。【汪存】雷獸，即雷澤中神也。《孔子家語》云：『山木之怪，夔、罔兩；水之怪，龍、罔象；土之怪，曰羵羊。』然夔本木石之怪，後人所謂山中木客、獨脚山魈、獨脚公、鐵鬼使，皆此類也。【箋疏】雷神，已見《海内東經》。

［四］【廣注】黄省曾《讀山海經》詩：『帝鬱流波山，流波浮東海。黄帝得蒼夔，爲鼓幾千載。振橛威四方，焕然生風采。』蓋指此云。【箋疏】《莊子》釋文本此經及劉逵注《吴都賦》引此經，并無『橛以雷獸之骨』及『以威天下』四字。《北堂書鈔》一百八卷引有四字。

大荒南經第十五

南海之外、赤水之西、流沙之東[一]，有獸，左右有首[二]，名曰跊踢[三]。有三青獸相并，名曰雙雙[四]。

[一]【郭注】赤水出昆侖山，流沙出鐘山也。

[二]【箋疏】并封前後有首，此左右有首，所以不同。并封，見《海外西經》。然《大荒西經》之屏蓬即并逢也，亦云左右有首。

[三]【郭注】出狹名國，黜、惕兩音。【廣注】《駢雅》曰：『跊惕、屏蓬，兩首獸也。』《事物紺珠》云：『跊踢，左右有首。』又《佩觿》作迹踢，《續騷經》作痳踢，皆此。【新校正】《莊子》云：『西北方之下者，泆陽處之。』陸德明《（莊子）音義》云：『司馬云：泆陽，豹頭馬尾。一作狗頭，一云神名也。』《吕氏春秋・本味篇》云：『伊尹曰：肉之美者，述蕩之掔。』高誘注曰：『獸名，形則未聞。』案：即是此也。又案：跊踢，當爲述蕩之誤。篆文辵、足相似，故亂之。《玉篇》有跊踢，無踢字。郭注黜踢之踢，亦當爲惕。《廣韵》作跊踢，引此，非。【箋疏】狹名國，未詳所在，疑本在經内，今逸也。畢氏云：『跊踢，當爲述蕩之訛。篆文辵、足相似，故亂之。』案：《玉篇》無踢有踢，而於跊字下引此經仍作跊踢，《廣韵》引經與《玉篇》同，但跊别作狘，云：『獸名。』唯此爲异。

[四]【郭注】言體合爲一也。《（春秋・）公羊傳》所云『雙雙而俱至』者，蓋謂此也。【廣注】《獸經》曰：『文文善呼，雙雙善行。』《駢志》云：『雙雙合體，蛩蛩假足。』《麟書》曰：『雙雙俱來，孟極是覆。』《五侯鯖》云：『雙雙在南海外，三青獸合爲一體。』《駢雅》曰：『流沙之東，三獸相并，曰雙雙。』徐氏《賓遠賦》：『獸則摩伽招賢，獨步雙雙。』又雙雙亦鳥

名，見《讀書考定》。【箋疏】郭引《（春秋・）宣五年・（公羊）傳》文也。楊士勛疏引舊説云：『雙雙之鳥，一身二首，尾有雌雄，隨便而偶，常不離散，故以喻焉。』是以雙雙爲鳥名，與郭异也。

有阿山者。南海之中，有氾天之山，赤水窮焉[一]。赤水之東，有[二]蒼梧之野，舜與叔均之所葬也[三]。爰有文貝[四]、離俞[五]、鴟久[六]、鷹、賈[七]、委維[八]、熊、羆、象、虎、豹、狼[九]、視肉。

[一]【郭注】流極於此山也。【廣注】《離騷》曰：『遵赤水而容與。』又：『黄帝失玄珠於赤水。』皆此水也。【箋疏】《西次三經》云：『昆侖之丘，赤水出焉，而東南流注於氾天之水。』

[二]【箋疏】《藝文類聚》八十四卷及《太平御覽》五百五十五卷并引此經，無有字。

[三]【郭注】叔均，商均也。舜巡狩，死於蒼梧而葬之。商均因留，死亦葬焉。基今在九疑之中。【釋義】商均從葬，蓋始見於此。【廣注】顧起元《説略》曰：『《孟子》：「舜生於諸馮，遷於負夏，卒於鳴條。」諸馮、負夏、鳴條，皆在河南北，故葬於紀，所謂紀市也。』今帝墓在安邑，而安邑有鳴條陌，去紀纔兩舍。《竹書（紀年）》、《（後漢書・）郡國志》等皆言帝葬蒼梧，則自漢失之《禮記》是也。至鄭康成，遂以鳴條爲南蠻之地。《大荒南經》云：『蒼梧之野，舜子叔均之所葬。』《九疑山記》亦謂商均窆，其陰豈非商均徙此因葬之後，世遂以爲虞帝墳耶？若《海内經》云：『舜之所葬，在長沙零陵界中。』後人所增。長沙零陵，名出秦漢，非古明也。又《困學記聞》其説與顧類，見《海内南經》注。此云舜與叔均所葬，而顧云舜子叔均所葬，豈别有古本？【汪存】叔均，商均也。蒼梧西惡見有所謂赤水及氾天之山者。【新校正】此似釋《海内南經》蒼梧之山也。【箋疏】《海内南經》既云蒼梧之山，帝舜葬於陽，帝丹朱葬於陰，此又云舜與叔均之所葬，將朱、均二人皆於此焉堋邪？又：郭云叔均、商均，蓋以爲舜之子也，然舜子名義鈞，封於商，見《竹書紀年》，不名叔均。而《大荒西經》有叔均，爲稷弟臺璽之子；《海内經》又有叔均，爲稷之孫。準斯以言，此經叔均，蓋未審爲何人也。郭云『基今在九疑之中』，基，當爲墓字之訛，《（太平）御覽》五百五十五卷引此注，作『墓今在九疑山

中」也。

［四］【郭注】即紫貝也。【箋疏】紫貝，見郭氏《爾雅》注。

［五］【郭注】即離朱。

［六］【郭注】即鵂鶹也。【廣注】《博物志》：「鵂鶹、鸛鵲，其抱以聒。」李時珍曰：「鴞鵩、鵂鶹、梟，皆惡鳥也。」

［七］【郭注】賈，亦鷹屬。【廣注】《莊子》有雅賈，馬融亦曰：「賈烏，烏類也。」【汪存】賈，鷂。【箋疏】《水經·瀿水》注引《莊子》曰雅賈，馬融亦曰賈烏，皆烏類，非郭義也。

［八］【郭注】即委蛇也。【箋疏】委蛇，即延維也，見《海内經》。

［九］【廣注】《爾雅》：「狼牡貛牝，其子獥。」【汪存】狼似犬，高前廣後。

有滎山，滎水［一］出焉。黑水之南，有玄蛇，食麈［二］。

［一］【明案】滎水，畢沅本同，汪紱本、郝懿行本均作滎水。

［二］【郭注】今南山蚺蛇吞鹿，亦此類。【廣注】《方輿勝覽》云：「鱗蛇出安南、雲南鎮康州、臨安、沅江、孟養諸處，長丈餘，有四足，黄黑鱗二色，能食麋鹿。」即斯類也。【汪存】此所指，蓋滎經之間。【箋疏】（郭注）南山，當爲南方，字之訛也。南方蚺蛇吞鹿，已見《海内南經》注。

有巫山者，西有黄鳥，帝藥八齋［一］。黄鳥於巫山，司此玄蛇［二］。

［一］【郭注】天帝神仙藥在此也。【廣注】《真行子》云：「禹駐巫山之下，大風卒至，遇雲華夫人，拜而求助。」《淮南（子）》云：「巫山之上，順風縱火，膏夏紫芝，與蕭艾俱死。」即此山也。郭子章曰：「巫咸以鴻術爲帝堯醫師，生爲上公，死爲貴神，封於斯山，因名巫山。」【汪存】巫山，即今巴東巫峽之巫山也。巫山以西，巴蜀之地，多出藥草，故言帝藥八齋。

【箋疏】後世謂精舍爲齋，蓋本於此。

［二］【郭注】言主之也。【汪存】麈好食藥草，玄蛇能食麈，而黄鳥又主此玄蛇也。

大荒之中，有不庭之山［一］，滎水窮焉［二］，有人三身。帝俊妻娥皇生此三身之國［三］，姚姓［四］，黍食［五］，使四鳥。

［一］【箋疏】《吕氏春秋·諭大篇》云：『地大則有常祥，不庭不周。』高誘注以不周爲山，則不庭亦山名矣，即此。

［二］【箋疏】滎水出滎山，流極於此也。【明案】滎水已見前案。

［三］【郭注】蓋後裔所出也。【廣注】《海内經》『帝俊生三身』是也，與《海外西經》者殊。【新校正】此似釋《海外西經》三身國也。【箋疏】《竹書（紀年）》云：『帝舜三十年，葬後育於渭。』《（漢書·）地理志》云：『右扶風陳倉，有舜帝祠。』蓋舜妻即后育，后育即娥皇與？《海外西經》有三身國而不言所生，此經及《海内經》始言帝俊生三身也。三身國姚姓，故知此帝俊是舜矣。

［四］【郭注】姚，舜姓也。【新校正】《説文》云：『姚，虞舜居姚虚，因以爲姓。』《水經注》云：『漢水徑魏興郡之錫縣故城北，又東歷姚方。蓋舜枝居是處，故地留姚之稱也。』

［五］【補注】黍食，猶言火食也。

有淵四［一］方，四隅皆達［二］。北屬［三］黑水，南屬大荒。北旁名曰少和之淵，南旁名曰從淵［四］，舜之所浴也［五］。

［一］【箋疏】《太平御覽》三百九十五卷引此經四作正。

［二］【郭注】言淵四角皆旁通也。

［三］【郭注】屬，猶連也。

［四］【郭注】（豵）音騘馬之騘。【廣注】《古音略》引此作豵淵。

［五］【郭注】言舜嘗在此中澡浴也。

又有成山，甘水窮焉［一］。有季禺之國，顓頊之子，食黍［二］。有羽民之國，其民皆生毛羽［三］。

［一］【郭注】甘水出甘山，極此中也。【廣注】郭義恭《廣志》曰：『甘水在西域之東，名曰新陶水。水甘，故曰甘水，又名新頭河。』【箋疏】甘水，已見《大荒東經》。

［二］【郭注】言此國人，顓頊之裔子也。

［三］【廣注】《贏蟲録》：『羽民國在海東南崖巘間，有人長頰烏喙，赤目白首，生毛羽似人而卵生，是與卵民本一國也。』《括地圖》曰：『羽民有羽，飛不遠，去九疑四萬三千里。』《歸藏·啓筮》曰：『金水之子，其名曰羽蒙，乃羽民，是生百鳥。』《金樓子》云：『舜時貫胸、羽民皆至。』《路史·餘論》云：『舜九載，羽民獻火浣布。』《冠編》：『舜時，羽民、庭裸國、大人、反踵，咸被其澤。』劉鳳《雜俎》曰：『毛人羽民之黨。』【新校正】此似釋《海外南經》羽民國也。【箋疏】羽民國，見《海外南經》。

有卵民之國，其民皆生卵［一］。

［一］【郭注】即卵生也。【廣注】中國徐偃亦卵生。又《搜神記》：『高麗之先，夫餘王常得河伯女，感日光而孕，生一卵，一男子破殼而出，名曰朱蒙。』【箋疏】郭注羽民國云：『卵生。』是羽民即卵生也。此又有卵民國，民皆卵生，蓋別一國。郭云即卵生也，似有成文，疑此國本在經中，今逸。

大荒之中，有不姜之山，黑水窮焉[一]。又有賈山，汔水出焉。又有言山。又有登備之山[二]。

[一]【郭注】黑水出昆侖山。【廣注】萬水皆清，斯水獨黑。今雲南瀾滄江是古黑水也。柳宗元《天對》曰：『黑水盈盈，窮於不姜。』【箋疏】黑水出昆侖西北隅，已見《海内西經》。

[二]【郭注】即登葆山，群巫所從上下者也。【新校正】保、備聲相近。【箋疏】登葆山，見《海外西經》巫咸國。

有𢘿𢘿[一]之山。又有蒲山，澧水[二]出焉。又有隗山[三]，其西有丹[四]，其東有玉。又南有山，漂水出焉[五]。有尾山，有翠山[六]。

[一]【郭注】音如券契之契。

[二]【郭注】（澧）音禮。

[三]【郭注】（隗）音隗嵬（之隗）。

[四]【箋疏】經内丹類非一，此但名之曰丹，疑即丹雘之省文也。

[五]【郭注】（漂）音票。

[六]【郭注】言此山有翠鳥也。【廣注】劉會孟云：『周時，有國獻青鳥，疑是此鳥。』【箋疏】翠亦尾也，《（禮記·）内則》云：『舒雁翠，舒鳧翠。』

有盈民之國，於姓，黍食。又有人，方食木葉[一]。

［一］【箋疏】《吕氏春秋·本味篇》高誘注云：『赤木、玄木，其葉皆可食，食之而仙也。』又《穆天子傳》云：『有模堇，其葉是食明后。』亦此類。

有不死之國，阿姓，甘木是食［一］。

［一］【郭注】甘木，即不死樹，食之不老。【廣注】劉會孟云：『祖州海島産不死草，一株可活一人。』盧柟《蠛蠓集》云：『瓊琬不死之芝，招岩返魂之樹。』【汪存】即食不死之木也。【新校正】此似釋《海外南經》不死民也。【箋疏】不死樹在昆侖山上，見《海内西經》。不死民，見《海外南經》。

大荒之中，有山，名曰去痓。南極果，北不成，去痓果［一］。

［一］【郭注】（痓）音如風痓之痓，未詳。【釋義】去痓者，去志也。去志不果，知進而不知退也。【廣注】皆山名，二合三，合語也。【汪存】痓，寒濕病。山名去痓，蓋山上有木生果，可以治痓。其南面者生果，其北面者雖華而不成果也。【箋疏】《集韵》云：『痓，充至切，音廁，風病也。』是痓即風痓之痓。郭氏又音如之，疑有訛字。

南海渚中有神，人面，珥兩青蛇，踐兩赤蛇，曰不廷胡余［一］。有神，名曰因因乎。南方曰因乎，夸風曰乎民［二］，處南極以出入風［三］。

［一］【郭注】一神名耳。【廣注】《宛委餘編》作不返胡余，《續（文獻）通考》廷亦作返。

［二］【郭注】亦有三名。【明案】郭注亦有三名，吴任臣本、畢沅本、郝懿行本均作亦有二名。

［三］【汪存】言此神南方人謂之因乎，在夷風則曰乎民。此山實處南極，以主出入南風也。【箋疏】《大荒東經》有神名曰折丹，處東極以出入風，此神處南極以出入風。二神處巽位以調八風之氣也。

有襄山，又有重陰[一]之山。有人食獸，曰季釐。帝俊生季釐[二]，故曰季釐之國。有緡淵[三]，少昊生倍伐，倍伐降處緡淵[四]。有水四方，名曰俊壇[五]。

［一］【釋義】重陰，幽暗甚也。

［二］【廣注】舜生商均、季釐，又庶子七人。【箋疏】《文十八年·左傳》云：『高辛氏才子八人，有季貍。』貍、釐聲同，疑是也。是此帝俊又爲帝嚳矣。

［三］【郭注】（緡）音昬。【廣注】《路史》：『季釐封於緡，後爲夏桀所克。』《（路史·）國名記》云：『今濟之金鄉。』未審是非。【箋疏】《竹書（紀年）》云：『夏帝癸十一年，滅有緡。』疑即此。

［四］【廣注】《路史》：『少昊元妃生倍伐，降處緡淵，既封蔑，爲蔑氏。』又《（路史·）國名記》：『少昊後，有倍國。』注云：『倍伐、倍宜，國也，蔑姓，夏滅之。』

［五］【郭注】水狀似土壇，因名舜壇也。【新校正】此緡淵疑即四川綿洛之綿。【箋疏】《尸子》云：『水方折者，有玉。』此經有水四方，疑其類。

有載民之國[一]。帝舜生無淫[二]，降載處，是謂巫載民[三]。巫載民盼姓[四]，食穀。不績不經，服也[五]；不稼不穡，食也[六]。爰有歌舞之鳥，鸞鳥自歌，鳳鳥自舞。爰有百獸，相群爰處，百穀所聚。

［一］【郭注】爲人黄色。【箋疏】载國，已見《海外南經》。【明案】载，畢沅本校作𢧢。

［二］【廣注】無淫，疑即胡公，世不淫也。然胡公曾未處南荒，意其苗裔别有分支云。

［三］【廣注】陳一中曰：『帝告之後，有龍氏巫人封巫，爲巫氏，生𢧢民。』

［四］【新校正】此似釋《海外南經》𢧢國也。

［五］【郭注】言自然有布帛也。【新校正】郭説非也。《夏書》云：『鳥夷卉服。』此其義。

［六］【郭注】言五穀自生也。種之爲稼，收之爲穡。【汪存】言自然而有也。

大荒之中，有山，名曰融天，海水南入焉[一]。有人，曰鑿齒，羿殺之[二]。

［一］【箋疏】《大荒北經》云：『不句之山，海水入焉。』蓋海所瀉處，必有歸墟、尾閭爲之孔穴，地脈潛通，故曰入也。下又有天臺高山爲海水所入，《大荒北經》亦有北極天櫃，海水北注焉，皆海之所瀉也。

［二］【郭注】射殺之也。【廣注】服虔云：『鑿齒，齒長五尺，以鑿食人。』【汪存】廣西有融縣，九股黑苗在其西北，是蓋鑿齒之類。其南則左右盤江，東南流入海也。【新校正】此似釋《海外南經》羿與鑿齒戰也。【箋疏】羿殺鑿齒，已見《海外南經》。

有蜮山者，有蜮民[一]之國，桑姓，食黍，射蜮是食[二]。有人，方扜弓射黄蛇[三]，名曰蜮人。

［一］【郭注】（蜮）音惑。

［二］【郭注】蜮，短狐也，似鼈，含沙射人，中之則病死。此山出之，亦以名云。【廣注】陸璣云：『蜮，一名射影。』孫思邈云：『一名射工。』《玄中記》謂之水狐蟲，《酉陽雜俎》謂之抱槍。《五行傳》曰：『南方淫惑之氣所生，故謂之蜮。』《詩》云：『如鬼如蜮。』《楚辭》曰：『魂兮無南，蜮傷躬只。』又南中有鬼彈、沙虱二種，毒亦等於含沙。【汪存】此民殆亦狼獞

之屬，射禽獸，食蟲蛇者。以其地多蜮而逐，以射蜮爲言耳。【箋疏】《説文》云：『蜮，短狐也，似鼈三足，以氣射害人。』《楚詞·大招》云：『鰅鱅短狐。』王逸注云：『鰅鱅，短狐類也。短狐，鬼蜮也。』《大招》又云：『魂虖無南，蜮傷躬只。』王逸注云：『蜮，短狐也。』引《詩》云：『爲鬼爲蜮。』短狐，《漢書》作短弧，《五行志》云：『蜮在水旁，能射人。射人有處，甚者至死，南方謂之短弧。』顏師古注云：『即射工也，亦呼水弩。』《廣韻》引《玄中記》云：『長三四寸，蟾、蠶鱉、鴛鴦悉食之。』

[三]【郭注】扜，挽也，音紆。【箋疏】扜，亦音烏。扜訓挽者，《吕氏春秋·壅塞篇》云：『扜弓而射之。』高誘注云：『扜，引也。』義同郭。《玉篇》云：『扜，持也。』

有宋山者，有赤蛇，名曰育蛇。有木生山上，名曰楓木。楓木，蚩尤所棄其桎梏[一]，是謂楓木[二]。有人，方齒虎尾，名曰祖狀之尸[三]。

[一]【郭注】蚩尤爲黄帝所得，械而殺之，已摘棄其械，化而爲樹也。【廣注】王瓘《軒轅本紀》云：『黄帝殺蚩尤於黎山之丘，擲其械於大荒之中，化爲楓木之林。』又齊丘《（譚子）化書》：『老楓化爲羽人。』任昉《述异記》：『南中有楓子鬼。（楓）木之老者爲人形。』即嶺南所謂楓人也。然則楓亦善變之物哉。《梁元帝集》云：『斬長翟於駒門，挫蚩尤於楓木。』本此。【汪存】楓木，高大聳直，葉有三歧，經霜則葉紅如血，其脂甚香。《楚辭》云：『江南千樹楓。』此言蚩尤爲黄帝所械而殺之，棄其械而化爲楓也。【箋疏】《爾雅》云：『楓，欇欇。』郭注云：『楓樹似白楊，葉圓而歧，有脂而香。今之楓香是。』《廣韻》引此經云：『變爲楓木，脂入地千年，化爲虎魄。』此説恐非也。虎魄，松脂所化，非楓也。又引孫炎云：『欇欇生江上，有寄生枝，高三四尺，生毛，一名楓子。天旱，以泥泥之即雨。』《南方草木狀》云：『五嶺之間，多楓木，歲久則生瘤癭。一夕遇暴雷驟雨，其樹贅暗長三五尺，謂之楓人。』《述异記》云：『南中有楓子鬼。木之老者爲人形。』然則楓亦靈怪之物，豈以其蚩尤械所化故與？郭注摘棄之摘，當爲擿字之訛也。

[二]【郭注】即今楓香樹。【新校正】《廣韻》引此文『變爲楓木』下又云：『脂入地，千年化爲虎魄。』

［三］【郭注】（祖）音如柤梨之柤。

有小人，名曰焦僥之國[一]，幾姓，嘉穀是食[二]。

［一］【郭注】皆長三尺。【廣注】《説文》云：「西南僰人、焦僥從人，蓋在坤地，頗有順理之性。」【箋疏】焦僥國，已見《海外南經》。

［二］【新校正】此似釋《海外南經》焦僥國也。

大荒之中，有山，名死塗之山[一]，青水窮焉[二]。有雲雨之山，有木，名曰欒[三]。禹攻雲雨[四]，有赤石焉生欒[五]，黄木、赤枝、青葉，群帝焉取藥[六]。

［一］【郭注】（死）音朽。【箋疏】《玉篇》云：「死或作朽。」是死、朽古字同。死、醜聲相近，死塗即醜塗也，已見《西次三經》昆侖之丘。

［二］【郭注】青水出昆侖。【廣注】楊慎曰：「《山海經》：『氾天之山，赤水窮焉；不姜之山，黑水窮焉；死塗之山，青水窮焉；白水之山，白水窮焉；不庭之山，滎水窮焉；伐山，甘水窮焉。』則衆流各有窮處，至此即化氣而昇也。」【箋疏】青、清聲同，《西次三經》云：『昆侖，洋水出焉。』郭云：『洋或作清。』即此也。

［三］【郭注】音鸞。【箋疏】《説文》云：『欒木似欄。』《（説文）繫傳》云：『欄，木蘭也。』今案：木蘭，見《離騷》。《廣雅》云：『木欄，桂欄也。』

［四］【郭注】攻，謂槎伐其林木。【廣注】劉鳳《雜俎》云：『禹攻雲雨，伐其樹木。』

［五］【郭注】言山有精靈復變，生此木於赤石之上。【箋疏】《初學記》三十卷引《拾遺記》云：『黑鯤魚，千尺如鯨，常飛往南海。或死，肉骨皆消，唯膽如石上仙欒也。』義正與此合。

［六］【郭注】言樹花實皆爲神藥。【箋疏】欒實如建木實也，見《海内南經》。郭注本此經爲説。

有國曰顓頊，生伯服［一］，食黍。有鼬姓之國［二］。有苕山，又有宗山，又有姓山，又有壑山，又有陳州山，又有東州山。又有白水山，白水出焉，而生白淵，昆吾之師所浴也［三］。有人，名曰張弘，在海上捕魚。

［一］【廣注】《世本》云：『顓頊生偁，偁字伯服。』

［二］【郭注】（鼬）音如橘柚之柚。

［三］【郭注】昆吾，古王者號。《音義》曰：『昆吾，山名，谿水内出，善金。』二文有异，莫知所辨測。【汪存】昆吾，古諸侯。昆吾之師，昆吾行師及此而浴於此淵也。或曰此謂雲南昆明池也。【新校正】《大戴禮》云：『陸終氏娶於鬼方氏，産六子。其一曰樊，是爲昆吾。』【箋疏】昆吾，古諸侯名，見《竹書（紀年）》。郭又引《音義》以爲山名者，《中次二經》昆吾之山是也。所引《音義》，未審何人書名，蓋此經家舊説也。

海中有張弘之國［一］，食魚，使四鳥。有人焉，鳥喙有翼，方捕魚于海［二］。

［一］【郭注】或曰即奇肱人，疑非。【汪存】張，當作長；弘，當作肱。即長臂之國也。身在海上而捕魚海中，其肱之長可知矣。【新校正】弘，當爲厶，古肱字也。【箋疏】《海外西經》奇肱之國郭注云：『肱，或作宏。』是張宏即奇肱矣。肱、宏聲同，古字通用。此注又疑其非，何也？又案：張宏，或即長肱，見《穆天子傳》，郭注云：『即長臂人。』見《海外南經》。

［二］【汪存】此即下條驩頭。【箋疏】此似説驩頭國人。

大荒之中，有人，名曰驩頭[一]。鯀妻士敬[二]，士敬子曰炎融，生驩頭[三]。驩頭人面、鳥喙、有翼，食海中魚，杖翼而行[四]，惟宜芑、苣、穋、楊是食[五]。有驩頭之國[六]。

[一]【廣注】驩頭，一作鴅兜，《古文尚書》又作鴅吺。

[二]【廣注】《（路史·）國名記》、《學海》俱作鯀妻士敬氏。

[三]【廣注】夫驩兜，帝鴻之胄，士敬之孫，炎融之子，而顓頊之出也。鯀以其子妻士敬而生融，以至兜、鯀祖顓頊，是兜亦顓頊之出，故曰顓頊生驩兜，驩兜生三苗。不然，經顧自爲枘鑿哉。

[四]【郭注】翅不可以飛，倚杖之用行而已。【廣注】《神异經》曰：『南方有人，人面鳥喙而有翼，手足扶翼而行，爲人狼惡，不畏風雨。』即此也。又《五音集韵》云：『鴅鴭，人面鳥喙，有翼不能飛。』似語此也。鴭音兜。【汪存】言驩頭人雖有翼而不能飛，不過用翼以行於水中而已，蓋其翼如魚翼也。【箋疏】驩頭國，已見《海外南經》。

[五]【郭注】《管子》説地所宜云『其種穋、杞、黑黍』，皆禾類也。苣，黑黍，今字作禾旁。起、秬、櫝（虬）三音。【廣注】《爾雅》：『芑，白苗。』穋，《正韵》：『音六，前種後熟曰穋。』楊，白楊也。嫩葉可食，老葉可作面料。【汪存】芑，音起；苣，音巨；穋，音六。芑，白粱；苣，黑黍也。或曰：芑，苦蕒；苣，萵苣，皆菜也。禾之後種而先熟者，曰穋。楊，未詳。言其地所宜之種如此。【箋疏】經蓋言驩頭食海中魚，又食芑苣穋楊之類也。穋，亦禾名，今未詳。《説文》云：『稑，疾孰也。』或作穋，音義與同。又案：郭引《管子》，《地員篇》文。其穋杞之字，今誤作樛杞也。

[六]【廣注】羅泌曰：『縉雲氏妻士敬氏，曰炎融，生驩頭。驩頭者，驩兜也。』弘農有地名兜，志爲驩兜之都。崇山，則澧之慈利也，有驩兜墓。又《嶺外驩州圖經》記以爲其竄所，樂史亦記驩州爲所放處，則去崇山遠矣。【新校正】此似釋《海外南經》驩頭國也。

帝堯、帝嚳、帝舜葬於岳山[一]。爰有文貝、離俞、鴟久、鷹、賈、延維、視肉、熊、羆、虎、豹。朱木，赤枝、青華、玄實[二]。有申山者。

[一]【郭注】即狄山也。

[二]【新校正】此似釋《海外南經》狄山也。【箋疏】朱木形狀，又見《大荒西經》。

大荒之中，有山，名曰天臺高山，海水入焉[一]。

[一]【汪存】即台州之天台山也。台州之水東入海，海潮以時逆入，而因謂海水入焉。

東南海之外[一]、甘水之間[二]，有羲和之國。有女子，名曰羲和[三]，方浴日于甘淵[四]。羲和者，帝俊之妻[五]，生十日[六]。

[一]【箋疏】《北堂書鈔》一百四十九卷引此經無南字。

[二]【箋疏】《初學記》一卷及《太平御覽》三卷并引此經作甘泉之間。《後漢書·王符傳》注引此經仍作甘水之間。

[三]【箋疏】《史記》正義引《帝王世紀》云：『帝嚳次妃娵訾氏女，曰常儀。』《大荒西經》又有帝俊妻常義，疑與常儀及此經羲和通爲一人耳。

[四]【郭注】羲和，蓋天地始生，主日月者也。故《（歸藏·）啓筮》曰：『空桑之蒼蒼，八極之既張，乃有夫羲和，是主日月，職出入，以爲晦明。』又曰：『瞻彼上天，一明一晦，有夫羲和之子，出於暘谷。』故堯因此而立羲和之官，以主四時。其後世遂爲此國，作日月之象，而掌之沐浴，運轉之於甘水中，以效其出入暘谷、虞淵也，所謂世不失職耳。【補注】《河圖緯象》曰：『邠之隘上爲扶桑，日所升；宣陸之阻下爲吴泉，月所登。』漢武帝昆明池中，左牽牛而右織女，象雲漢之逶迤，蓋效此耳。【汪存】羲和，帝堯司歷之官。蓋羲仲宅嵎夷，而其後子孫有出居海島者也。【箋疏】《藝文類

聚》、《初學記》及李賢注《後漢書·王符傳》引此經并作浴日於甘泉，疑避唐諱，改淵爲泉耳。《初學記》及《（太平）御覽》引經浴日於甘泉，在是生十日句之下，與今本异。又引郭注云『羲和，能生日也，故日爲羲和之子』云云，亦與今本异。

[五]【廣注】羲和、常羲，有陬氏。

[六]【郭注】言生十子，各以日名名之，故言生十日，數十也。【廣注】盧柟《放招賦》：『俟妻甘淵，十日嶢嶷。』謂此也。《宗箓子》云：『遠裔逵逵附神明之後。生日生月，蓋云生子各名以日月之數也。』【汪存】十日，甲、乙、丙、丁、戊、己、庚、辛、壬、癸也。【箋疏】郭注生十日下疑脱日字。羲和十子，它書未見，《藝文類聚》五卷引《尸子》曰：『造歷數者，羲和子也。』然其名竟無考。

有蓋猶之山者，其上有甘柤[一]，枝幹皆赤，黄葉，白華，黑實。東又有甘華，枝幹皆赤，黄葉。有青馬，有赤馬[二]，名曰三騅[三]。有視肉[四]。有小人，名曰菌人[五]。有南類[六]之山，爰有遺玉、青馬、三騅、視肉、甘華，百穀所在。

[一]【新校正】（相）當爲樝。【箋疏】柤，亦當爲樝，字之訛，已見《海外北經》。

[二]【廣注】青馬驪，赤馬騮。【箋疏】青馬，已見《海外東經》。

[三]【廣注】《爾雅》：『蒼白雜毛騅。』《詩》：『有騅有騅（駓）。』此則良馬之异名也，疑非。【箋疏】三騅，已見《大荒東經》。

[四]【新校正】《吕氏春秋·本味篇》云：『伊尹曰：箕山之東，青鳥之所，有甘盧焉。』此云甘柤黑實，又有青馬，當即是也。樝、樝，鳥、馬，皆形相近。

[五]【郭注】（菌）音如朝菌之菌。【廣注】《抱朴子》云：『芝有石芝、木芝、肉芝、菌芝，凡數百種。千歲蝙蝠，萬歲蟾蜍，山中見小人，皆肉芝類也。』《南越志》曰：『銀山有女樹，天明時皆生嬰兒，日出能行，日没死，日出復然。』《事物紺珠》云：『孩兒樹出大食國，赤葉，枝生小兒，長六七寸，見人則笑。』菌人疑即此。又《嶺海异聞》注：『香山有物，如

嬰孩而躶，魚貫同行，見人輒笑，至地而滅。泰泉黄佐目擊之。又商人高氏，見清遠縣山中有小兒奔走，儼如人形，惟脅下多雨翅耳。』所説略同，豈亦斯類耶？【汪存】菌，蕈也。言其小如地蕈也。【新校正】此即《大荒東經》靖人也。【箋疏】此即朝菌之菌，又音如之，疑有訛文，或經當爲菌狗之菌。菌人，蓋靖人類也，已見《大荒東經》。吴氏引《抱朴子》云：『山中見小人，肉芝類也。』又引《南越志》云：『銀山有女樹，天明時皆生嬰兒，日出能行，日没死，日出復然。』又引《事物紺珠》云：『孩兒樹出大食國，赤葉，枝生小兒，長六七寸，見人則笑。』菌人疑即此。又《嶺海异聞》注云：『香山有物，如嬰孩而裸，魚貫同行，見人輒笑，至地而滅。』亦斯類也。

［六］【明案】經文南類，汪紱本作泰類。

大荒西經第十六

西北海之外、大荒之隅，有山而不合，名曰不周負子[一]，有兩黄獸守之。有水，曰寒暑之水[二]。水西有濕山，水東有幕山[三]。

[一]【郭注】《淮南子》曰：『昔者共工與顓頊争帝，怒而觸不周之山，天維絶，地柱折。』故今此山缺壞不周匝也。【廣注】《爾雅》：『八極，西北曰不周。』《中天佚典》曰：『不周、夐亘，爲乾坤翰。』《楚辭》：『右衽拂於不周。』司馬（相如）《大人賦》：『回車朅來兮，絶道不周。』張衡《思玄賦》：『縱余終乎不周。』揚雄《甘泉賦》：『躡不周之逶蛇。』阮籍詩：『日没不周西。』盧柟賦：『跨乾樞兮幹不周。』又云：『跨不周兮騎轟雷。』江暉賦：『羌又畢乎猰狐，鍛不周以彌昊。』皆謂此山。《通鑒（紀事本末）前編》云：『不周之巔有宣城焉，日月之所不届，而無四時昏晝之辨。燧人氏於是視乾象而察辰心，自不周之山，游於日月之都。』亦斯山也。又案：《天問》云：『康回憑怒，墜何故以東南傾？』尹子《盤古篇》云：『共工觸不周山，折天柱，絶地維，女媧補天射十日。』江淹《遂古篇》：『共王所觸不周山兮。』《劉子・兵術》曰：『顓頊争於不周。』楊烱《李少君碑》：『共工則折柱傾維，崩騰於海縣。』《文心雕龍》云：『康回傾地，仁羿曜日。』柳子《晉問》云：『又似共工觸不周而天柱折。』即此山事也。【汪存】羌戎語也。【箋疏】《列子・湯問篇》説共工、顓頊與《淮南（子・）天文訓》同，唯『折天柱、絶地維』二語爲异。《楚詞・天問》云：『康回馮怒，地何故以東南傾？』王逸注云：『康回，共工名也。』又引《淮南子》與此注同。《文選》注《甘泉賦》及《思玄賦》及《太平御覽》五十九卷引此經，并無負子二字。

[二]【汪存】水南暑，水北寒也。

[三]【郭注】（幕）音莫。

有禹攻共工國山[一]。

[一]【郭注】言攻其國，殺其臣相柳於此山。《啓筮》曰：『共工，人面、蛇身、朱髮也。』【廣注】《荀子》云：『禹伐共工。』又《神异經》：『西北荒有人焉，人面朱髮，蛇身人手足，而食五穀禽獸頑愚，名共工。』即此。【箋疏】《周書·史記篇》云：『昔有共工自賢，自以無臣，久空大官，下官交亂，民無所附。唐氏伐之，共工以亡。』案：唐氏，即帝堯也。堯蓋命禹攻其國而亡之，遂流其君於幽州也。郭引《啓筮》者，《太平御覽》三百七十三卷引《歸藏·啓筮》，文與此同。

有國名曰淑士，顓頊之子[一]。有神十人，名曰女媧之腸[二]，化爲神，處栗廣之野[三]，橫道而處[四]。有人，名曰石夷[五]，來風曰韋[六]，處西北隅，以司日月之長短[七]。有五彩之鳥，有冠，名曰狂鳥[八]。有大澤之長山[九]。有白氏之國[十]。

[一]【郭注】言亦出自高陽氏也。【汪存】言顓頊之後也。

[二]【郭注】或作女媧之腹。【新校正】《說文》云：『媧，古之神聖女，化萬物者也。』《世本》云：『塗山氏女，名女媧。』見《史記》索隱。《廣韵》云：『伏羲之妹。』

[三]【郭注】女媧，古神女而帝者，人面蛇身，一日中七十變，其腹化爲此神。栗廣，野名。媧，音瓜。【廣注】《冠編》：『女媧百三十歷，陟化神於栗廣之野。』《真源賦》云：『女媧治百有三十載，而落其腸，爰化而神。』《路史》云：『女媧道標萬物，神化七十。』《（淮南）鴻烈解》云：『上駢生耳目，桑林生臂手，女媧所以七十化也。』《仙人紫檀歌》云：『三十六變世應知，七十二化處其位。』王逸《楚辭》注：『女媧七十化其體。』此《淮南（子）》等有博（搏）土爲人，爲七十化之

術。曹植《女媧贊》曰：『或云二君，人首蛇形。神化七十，何德之靈？』柳宗元《天對》曰：『媧軀虺號，占以類之。何日化七十，工或詭之。』《河圖挺佐輔》云：『女媧，牛首、蛇身、宣髮。』《玄中記》曰：『伏羲龍身，女媧蛇身。』《(遁甲)開山圖》曰：『坤神，字揚翟，王號曰女媧。』《(帝王)世紀》云：『女媧，一曰女希。』《均藻》云：『子午谷有女媧堡，符雄屯師處。』【汪存】言女媧氏死而其腸化爲此十神，處此野當道中也。【箋疏】《列子·黃帝篇》云：『女媧氏蛇身人面，而有大聖之德。』《初學記》九卷引《帝王世紀》云：『女媧氏亦風姓也。承庖犧制度，號女希，是爲女皇。』《史記》索隱引《世本》云：『塗山氏女，名女媧也。』《淮南(子·)說林訓》云：『女媧七十化。』高誘注云：『女媧，王天下者也，七十變造化。』《楚詞·天問》云：『女媧有體，孰制匠之？』王逸注云：『傳言女媧人頭蛇身，一日七十化。其體如此，誰所制匠而圖之乎？』今案：王逸注非也。《天問》之意，即謂女媧一體化爲十神，果誰裁制而匠作之？言其甚巧也。郭注腹字，《太平御覽》七十八卷引作腸。又引曹植《女媧贊》曰：『人首蛇形，神化七十，何德之靈？』

[四]【郭注】言斷道也。

[五]【汪存】與《東荒(經)》䲹同也。

[六]【郭注】來，或作本也。

[七]【郭注】言察日月晷度之節。【箋疏】《大荒東經》既有『䲹處東極以止日月，司其短長』，此又云『司日月之長短』者，西北隅爲日月所不到，然其流光餘景，亦有晷度短長，故應有主司之者也。

[八]【郭注】《爾雅》云：『狂，夢鳥。』即此也。【廣注】孔融《周歲論》曰：『羽儀屯集，狂鳥穢之。』《宛委餘編》云：『五采芝鳥，有冠似鳳，名狂鳥。』張萱《彙雅》曰：『狂亦作鵟，或云鴟屬。』【箋疏】郭注《爾雅》亦引此經文。狂，《玉篇》作鵟。

[九]【汪存】大澤之長山，即大沙漠也。

[十]【箋疏】氏，疑民字之訛，明藏本正作民。白民國，已見《海外西經》。

西北海之外、赤水之東，有長脛之國[一]。有西周之國[二]，姬姓[三]，食穀。有人方耕，名曰叔均。

帝俊生后稷[四]，稷降以百穀。稷之弟曰台璽[五]，生叔均[六]。叔均是代其父及稷播百穀，始作耕。有赤國妻氏。有雙山。

[一]【郭注】脚長三丈。【廣注】《玄覽》曰：『盛海之東，其民穿胸；赤水之東，其民長脛。』【新校正】藏經本作脚步五尺。此似釋《海外西經》長股國也。【箋疏】長脛，即長股也，見《海外西經》。郭云脚長三丈，正與彼注同。一本作三尺，誤也。藏經本作脚步五尺，亦與前注不合。

[二]【新校正】《（漢書·）地理志》云：『右扶風美陽，周太王所邑。』《括地志》云：『故周城，一名美陽，在雍州武功縣西北二十五里，即太王城也。』見《史記》正義。

[三]【廣注】《（路史·）國名記》：『高辛氏後，有西周國，蓋叔均國也。』【汪存】后稷，帝嚳後，而曰帝俊所生，訛也。此西周之國，殆前所稱稷澤后稷所潛者。蓋不窋失官，竄於西戎，其公族有居此，而後裔亦謂之西周者也。【新校正】《説文》云：『姬，黄帝居姬水以爲姓。』《史記·周本紀》云：『帝舜封棄於邰，號曰后稷，别姓姬氏。』【箋疏】《（漢書·）地理志》云：『右扶風斄，后稷所封。』然則經言西周之國，蓋謂此。【明案】不窋，后稷子，見《史記·周本紀》。

[四]【郭注】俊宜爲嚳。嚳第二妃生后稷也。【廣注】陳一中曰：『帝佶生而神靈，自言其名曰夋。夋，俊也，古字通。』帝嚳之爲帝俊，此事之辨者，乃郭璞注《山海經》，謂爲帝舜。至帝俊生后稷，則曰宜爲嚳，不知俊即嚳，而反疑經文爲訛。經又曰『帝俊有子八人』，蓋八元，爲益信。又案：《華陽志》：『高辛氏，名夋。』《冠編》云：『帝庫，一名夋。』是帝夋已有二人，而俊生季釐，則俊又似舜也。是所未解。【新校正】《大戴禮·帝繫》云：『帝嚳上妃，有邰氏之女也，曰姜原氏，産后稷。』《史記·周本紀》云：『后稷母，有邰氏女，曰姜原。姜原爲帝嚳元妃。』則郭云第二妃誤也。又譙周以爲：『棄，帝嚳之胄，其父亦不著』，見《史記》索隱。【箋疏】帝嚳名夋。夋、俊疑古今字，不須依郭改俊爲嚳也。然經中帝俊屢見，似非一人，未聞其審。《大戴禮·帝繫篇》云：『帝嚳上妃，有邰氏之女也，曰姜原氏，産后稷。』《史記·周本紀》同。郭云嚳第二妃，誤也。

[五]【郭注】（台）音胎。

［六］【廣注】羅泌《（路史·）同姓名（氏）辨》：『睹叔均而思稷子。』是以叔均爲稷之子也。據《海内經》『稷之孫曰叔均』，則叔均非稷之子，并非從子明矣，經疑有誤。【箋疏】《史記·周本紀》云：『后稷卒，子不窋立。』譙周議其世次誤是也。《史記》又不載稷之弟，所未詳。【俞讀】《海内經》云：『稷之孫曰叔均，是始作牛耕。』然則叔均乃稷之孫也。此經云『稷之弟曰台璽，生叔均』，兩文不同，疑此經弟字是子字之誤。后稷封於邰，台即邰字。曰台璽者，台其國也，璽其名也。后稷卒而子璽嗣，故曰台璽。叔均，又璽之子也。

西海之外、大荒之中，有方山者，上有青樹［一］，名曰柜格之松［二］，日月所出入也［三］。

［一］【箋疏】《初學記》一卷引此經作青松。
［二］【郭注】木名，（柜）音矩。【新校正】此榘字省文。
［三］【廣注】《游氏臆見》曰：『柜格之松在西海外，爲日月所出入。』

西北海之外［一］、赤水之西，有先民之國［二］，食穀，使四鳥。有北狄之國。黄帝之孫曰始均［三］，始均生北狄。有芒山。有桂山。有榣山［四］，其上有人，號曰太子長琴［五］。顓頊生老童［六］，老童生祝融［七］，祝融生太子長琴。是處榣山，始作樂風［八］。有五彩鳥，三名：一曰皇鳥，一曰鸞鳥，一曰鳳鳥。有蟲，狀如菟［九］，胸以後者裸不見［十］，青如猨狀［十一］。

［一］【箋疏】《初學記》十卷引此經無北字，明藏本亦同。
［二］【箋疏】先，當爲天字之訛也。《淮南（子·）墜形訓》海外三十六國中有天民。天，古作兲，或作宂，字形相近，以此致訛。

[三]【箋疏】《（漢書・）地理志》云：『右扶風陳倉，有黃帝孫祠。』

[四]【郭注】此山多桂及榣木，因名云耳。【廣注】《初學記》引此作摇山。

[五]【廣注】虞汝明《古琴疏》曰：『祝融取榣山之櫬作琴，彈之能致五色鳥，一曰皇來，二曰鸞來，三曰鳳來，故生長子即曰琴。』

[六]【郭注】《世本》云：『顓頊娶於滕𡏟氏，謂之女禄，産老童也。』【廣注】《（路史・）國名記》滕𡏟作勝濆，注云：『勝，奔也。高陽妃。』勝奔氏國，或作騰隍，誤。【箋疏】《大戴禮・帝繫篇》滕𡏟作滕奔，云：『顓頊娶於滕氏奔之子，謂之女禄氏，産老童也。』又：老童亦爲神，居騩山，已見《西次三經》。

[七]【郭注】即重黎也。高辛氏火正，號曰祝融也。【廣注】《氏族源流》云：『顓頊次妃勝奔氏，生子三人，伯偁、卷章、季禺。卷章或作老童。季禺生叔歜。卷章娶根水氏，生二子，曰黎，曰回。黎爲祝融。』【新校正】《大戴禮・帝繫》云：『老童娶於竭水氏。竭水氏之子曰高緺氏，産重黎及吴回。』【箋疏】《史記・楚世家》云：『重黎爲帝嚳高辛居火正，甚有功，能光融天下，帝嚳命曰祝融。』

[八]【郭注】創制樂風，曲也。【廣注】陳士元《荒史》：『祝融生二子，曰長琴，曰噎噎，處西極。長琴居榣山。』【汪存】蓋祝融之支庶有居此者。【箋疏】《太平御覽》五百六十五卷引此經無風字。《西次三經》騩山云『老童發音常如鐘磬』，故知長琴解作樂風，其道亦有所受也。

[九]【新校正】作莵，非。【箋疏】莵、兔通。此獸也，謂之蟲者，自人及鳥獸之屬，通謂之蟲，見《大戴禮・易本命篇》。

【明案】莵，畢沅本校作兔。

[十]【郭注】言皮色青，故不見其裸露處。

[十一]【郭注】狀又似猨。【汪存】言胸以前似兔有毛，胸以後無毛而不覺其無毛，以其青如猨色也。【箋疏】此獸即㲋也。《説文》云：『㲋，獸也，似兔，青色而大。』此經云狀如莵，是也。又云如猨者，言其色，非謂狀似兔又似猨也。猨，明藏本作蝯，是。

大荒之中有山，名曰豐沮[一]玉門，日月所入[二]。有靈山，巫咸、巫即、巫盼、巫彭、巫姑、巫真[三]、巫禮[四]、巫抵、巫謝、巫羅十巫，從此升降，百藥爰在[五]。

[一]【廣注】《冠編》作豐阻。

[二]【汪存】此即古玉門關也，在瓜州西北。

[三]【新校正】《水經注》引此作貞。

[四]【新校正】《水經注》引此作孔。疑古礼字之礼。

[五]【郭注】群巫上下此山采之也。【廣注】《酉陽雜俎》云：「大荒靈山有十巫：咸、盼、即、彭、姑、具、禮、抵、謝、羅，從此升降。」盼作盼，真作具，未審孰是。又《水經注》引此巫真作巫貞、巫禮作巫孔。楊慎《均藻》亦云：「巫孔爲十巫之一。」又《同姓名録》云：「開明有巫履，豐沮有巫禮。」履、禮恐是一人。《南華逸篇》云：「黔首多疾，黄帝氏立巫咸以通九竅。」《論衡》曰：「巫咸能以祝延人之疾。」郭氏《巫咸山賦序》：「巫咸以鴻術爲帝堯之醫。」高似孫《緯略》云：「巫咸，堯之醫者。」今平陽亦有巫咸頂，云是巫咸修真處。更有巫咸山、巫咸墓、巫咸谷，在夏縣東。又《世本》：「巫咸作筮。」後有神巫曰季咸者，祖其名耳。揚雄《甘泉賦》：「選巫咸兮叫帝閽。」李賀《浩歌》云：「彭祖巫咸幾回死。」曾益注云：「巫咸能采藥長生。」《古文苑·秦詛楚文》曰：「久湫巫咸亞馳。」《歸藏》云：「昔黄帝將戰，筮於巫咸。」《路史》：「黄帝命巫咸、巫陽主筮。」【汪存】此即所謂巫咸國者。【新校正】此似釋《海外西經》巫咸國也。【箋疏】《説文》云：「古者，巫咸初作巫。」《越絶書》云：「虞山者，巫咸所出也。虞故神，出奇怪。」《離騷》云：「巫咸將夕降兮。」王逸注云：「巫咸，古神巫也，當殷中宗之時。」王逸此説恐非也。殷中宗之臣，雖有巫咸，非必即是巫也。《海外西經》巫咸國，蓋特取其同名耳。盼，讀如班，《海内西經》六巫有巫凡，盼、凡或即一人。《水經·涑水》注引此經作巫盼。盼、盼形聲又相近也。巫真，《水經注》引作巫貞；巫禮作巫孔。今案：禮，古文作礼，礼與孔疑形近而訛也。《海内西經》有巫履，蓋履即禮也，是爲一人無疑。其巫相，疑即巫謝。謝與相聲轉，當即一人也。郭注云「采之也」，《水經注》引作「采藥往來也」。案此是《海外西經》巫咸國注，酈氏誤記，故引在此耳。

西有王母之山[一]、壑山、海山[二]。有沃之國[三]，沃民是處[四]。沃之野，鳳鳥之卵是食[五]，甘露是飲。凡其所欲，其味盡存[六]。爰有甘華、甘柤、白柳[七]、視肉、三騅、璇瑰[八]、瑶碧、白木[九]、琅玕[十]、白丹、青丹[十一]，多銀鐵。鸞鳥自歌，鳳鳥自舞。爰有百獸，相群是處，是謂沃之野[十二]。有三青鳥，赤首黑目，一名曰大鵹[十三]，一名少鵹，一名曰青鳥[十四]。有軒轅之臺，射者[十五]不敢西嚮射[十六]，畏軒轅之臺[十七]。

[一]【箋疏】西有，當爲有西，《太平御覽》九百二十八卷引此經作『西王母山』可證。

[二]【郭注】皆群大靈之山。

[三]【郭注】言其土饒沃也。【箋疏】李善注《洛神賦》引此經作沃人之國，《藝文類聚》八十九卷引作沃民之國，疑沃人當爲沃民，避唐諱改耳，《（太平）御覽》九百二十八卷正引作沃民可證。

[四]【廣注】《淮南子》海外三十六國，西北方有沃民。【新校正】此似釋《海外西經》渚夭之野也。

[五]【廣注】《吕氏春秋》：『流沙之西，丹山之南，有鳳之丸，沃民所食。』【箋疏】《吕氏春秋·本味篇》云：『流沙之西，丹山之南，有鳳之丸，沃民所食。』高誘注云：『丸，古卵字也。』

[六]【郭注】言其所願滋味，此無所不備。【箋疏】《海外西經》諸夭之野與此同。

[七]【箋疏】《初學記》二十八卷引此經作『决民之國有白柳』，决即沃字之訛也。

[八]【郭注】琁瑰，亦玉名。《穆天子傳》曰：『枝斯璿瑰。』枚、回二音。【新校正】郭音此（琁）爲枚，則當爲玫字。又：《漢書》注晉灼云：『玫瑰，火齊珠也。』（顔）師古曰：『火齊珠，今南方之出火珠也。玫，音枚；瑰，音回，又音瓌。』【箋疏】璇，當爲璿，本或作琁，誤也。琁與瓊同，見《説文》。郭音此爲枚，則當爲玫字，亦誤也。晉灼注《漢書》云：『玫瑰，火齊珠也。』若經文爲玫瑰，郭又不得云亦玉名矣。李善注《江賦》及《洛神賦》引此經并作璿瑰，又引郭注云：『璿瑰，亦玉名也，旋、回兩音。』是知經文璇瑰、注文枚回，并今本之訛矣，《大荒北經》正作璿瑰、瑶碧可證。又《玉篇》、《廣韵》引此經并作璿瑰、瑙碧。瑶作瑙，字形雖异，音義當同。

[九]【郭注】樹色正白。今南方有文木，亦黑木也。【廣注】文木即烏木，《逸周書》謂之闟木。張勃《吴録》云：『南宋銅縣有文木。』嵇含《（南方）草木狀》曰：『文木樹高七八丈，其色正黑，如水牛角。』【箋疏】文木，即今烏木也。劉逵注《吴都賦》云：『文木，材密致無理，色黑如水牛角，日南有之。』

[十]【新校正】《説文》云：『琅玕，似珠者。』

[十一]【郭注】又有黑丹也。《孝經援神契》曰：『王者德至山陵而黑丹出。』然則丹者，别是彩名，亦猶黑、白、黄，皆云丹也。【補注】《尚書大傳》云：『丹邱出丹臒，青邱出青臒。』是丹與青皆名臒。【箋疏】黑丹，即下文玄丹是也。白丹者，《鶡冠子·度萬篇》云：『膏露降，白丹發。』是其事也

[十二]【廣注】《（淮南）鴻烈解》：『西金丘、沃野爲八紘之一。』【箋疏】《海外西經》同。

[十三]【郭注】音黎。【新校正】𪂇字异文。

[十四]【郭注】皆西王母所使也。【廣注】《拾遺記》曰：『軒渠國多九色鳥，青口緑脛，紫翼紅膺，紺頂丹足，碧身緗背玄尾。其青多紅少，謂之綉鸞。或云是西王母之禽。』疑即三青鳥類。【箋疏】三青鳥爲西王母取食，見《海内北經》。

[十五]【新校正】作者，非。【箋疏】《初學記》二十四卷引此經作射罘，誤也。《大荒北經》云：『共工之臺，射者不敢北嚮。』亦作者字可證。【明案】經文者字，畢沅本校作罘。

[十六]【箋疏】《藝文類聚》六十二卷引此經無射字，藏經本亦無射字，嚮作鄉，是也。

[十七]【郭注】敬畏黄帝之神。【廣注】《（淮南）鴻烈解》：『軒轅丘在西方。』《黄帝祠額解》云：『西至昆侖，有軒轅宫與臺若丘，射者不敢西嚮。』《（大明一統）名勝志》云：『今直隸保安州西南界之喬山上，亦有軒轅臺。』《廣輿記》：『岳州府君山，亦有軒轅臺。』【箋疏】臺亦丘也。《海外西經》云：『不敢西射，畏軒轅之丘。』

大荒之中，有龍山，日月所入。有三澤水，名曰三淖[一]，昆吾之所食也[二]。有人衣青，以袂[三]蔽面，名曰女丑之尸[四]。有女子之國[五]。

[一]【汪存】淖，奴教反。【新校正】《穆天子傳》引此作『有川名曰三淖』。其地即蜀也，古字蜀作淖。【箋疏】郭注《穆天子傳》引此經作『有川名曰三淖』。

[二]【郭注】《穆天子傳》曰：『滔水濁，繇氏之所食。』亦此類也。【箋疏】食，謂食其國邑。《（國語·）鄭語》云：『主芣騩而食溱洧。』是也。

[三]【郭注】袂，袖。【箋疏】《海外西經》云：『以右手鄣其面也。』

[四]【新校正】此似釋《海外西經》女丑之尸也。

[五]【郭注】王頎至沃沮國，盡東界，問其耆老，云：『國人常乘船捕魚，遭風見吹，數十日，東一國在大海中，純女無男。』即此國也。【廣注】《玄覽》曰：『葱嶺之西，西女之國，産男輒不舉也，拂菻歲遣男子配焉。茂州之西，東女之國，其貴人死，糅餘屑而瘞之。』【新校正】此似釋《海外西經》女子國也。【箋疏】女子國，見《海外西經》。此注本《（三國志·）魏志·東夷傳》也。

有桃山。有寅山。有桂山[一]。有于土山。有丈夫之國[二]。

[一]【箋疏】上文已有芒山、桂山。芒、寅聲同也。

[二]【郭注】其國無婦人也。【汪存】即王孟所思化者。【新校正】此似釋《海外西經》丈夫國也。【箋疏】丈夫國，已見《海外西經》。

有弇州之山[一]。五彩之鳥仰天[二]，名曰鳴鳥[三]。爰有百樂歌儛之風[四]。有軒轅之國[五]。江山之南，棲爲吉[六]，不壽者乃八百歲[七]。

[一]【廣注】《（河圖）括地象》：『正西弇州，曰并土。』《隋書》作十州開土，爲昆侖九州之一。《南華經》云：『大荒之中，弇

州之北。』《穆天子傳》：『天子登於弇山之上。』王世貞以爲即此地也。江淹《赤虹賦》云：『帝臺北荒之際，弇山西海之濱。』

〔二〕【郭注】張口噓天。

〔三〕【箋疏】鳴鳥，蓋鳳屬也。《周書·君奭》云：『我則鳴鳥不聞。』《國語》云：『周之興也，鸑鷟鳴於岐山。』

〔四〕【郭注】爰有百種伎樂歌儛。風，曲。【廣注】《荒史》曰：『祝融氏，一曰祝誦，又曰祝和，聽弇州之鳴鳥，作屬續之樂以通倫類。』廖道南《楚紀贊》曰：『弇州之聲，庸制樂歌。』王融《(三月三日)曲水詩序》：『召鳴鳥於弇州，追伶倫於嶰谷。』本此。黄氏《事物紺珠》云：『鳴鳥，身五色，聲有曲度。』【箋疏】《文選》注王融《(三月三日)曲水詩序》引此經儛作舞，餘同。(郭)注爰字，明藏本作言，是也。

〔五〕【郭注】其人，人面蛇身。【廣注】《(玉芝堂)談薈》云：『尾處首上。』【箋疏】人面蛇身，尾交首上，見《海外西經》。

又：此(郭)注中六字，明藏本作經文。

〔六〕【郭注】即窮山之際也。山居爲棲。吉者，言無凶夭。【箋疏】軒轅國在窮山之際，已見《海外西經》。

〔七〕【郭注】壽者數千歲。【新校正】此似釋《海外西經》軒轅之國也。【箋疏】亦見《海外西經》。

西海陼〔一〕中有神，人面鳥身，珥兩青蛇，踐兩赤蛇〔二〕，名曰弇茲〔三〕。

〔一〕【箋疏】《爾雅》云：『小洲曰陼。』陼與渚同。

〔二〕【箋疏】此神形狀，全似北方神禺彊，唯彼作踐兩青蛇爲异，見《海外北經》。

〔三〕【廣注】《冠編·六上紀》有弇茲氏，人面鳥身。劉會孟云：『海外國神，多以蛇爲珥踐，又有蛇洲。』

大荒之中，有山，名曰日月山，天樞也。吴姖〔一〕天門，日月所入〔二〕。有神，人面無臂，兩足反屬于頭上，名曰噓〔三〕。

[一]【新校正】（姖）藏經本作姬。【箋疏】姖字，《說文》、《玉篇》所無，藏經本作姬。

[二]【廣注】《蓋天論》：『須彌山爲天樞，日月行於其腰。』與此說類。盧柟《放招賦》云：『吳姖暗昧，日月所翳。』即此也。

[三]【郭注】言噓啼也。【廣注】《（山海經）圖贊》曰：『脚屬於頭，人面無手。厥號曰噓，重黎所處。』

顓頊生老童[一]，老童生重及黎[二]。帝令重獻上天，令黎卬下地[三]。下地是生噎[四]，處于西極，以行日月星辰之行次[五]。

[一]【廣注】譙周《古史（考）》曰：『老童即卷章。』羅苹云：『卷章，史或作老章。』【箋疏】《史記・楚世家》云：『高陽生稱，稱生卷章。』譙周云：『老童即卷章。』

[二]【郭注】《世本》云：『老童娶於根水氏，謂之驕福，產重及黎。』【廣注】《冠編》云：『老童音如鐘磬，死爲騩山之神，娶女驕，生黎、回。』【新校正】《史記》云：『高陽生稱，稱生卷章，卷章生重黎。重黎爲帝嚳高辛居火正，帝嚳命曰祝融。共工氏作亂，帝嚳使重黎誅之而不盡。帝乃以庚寅日誅重黎。』徐廣云：『譙周曰：老童即卷章。』索隱曰：『據《（春秋・）左氏（傳）》，少昊氏之子曰重，顓頊氏之子曰黎。今以重黎爲一人，乃是顓頊之子孫者，劉氏云：少昊氏之後曰重，顓頊氏之後曰重黎，對彼重則單稱黎。若自言當家，則稱重黎。』案《左傳》，重爲句芒木正，黎爲祝融火正。此重少昊之子，偶與老童之子同名，非一人也。譙周以卷章爲即老童，卷、老，童、章字相似，亦或然也。【箋疏】《大戴禮・帝繫篇》云：『老童娶於竭水氏之子，謂之高緺氏，產重黎及吳回。』《史記・楚世家》云：『卷章生重黎。』徐廣注引《世本》云：『老童生重黎及吳回。』與《帝繫》同，是皆以重黎爲一人也。此經又以重、黎爲二人，郭引《世本》又與徐廣异，并所未詳。

[三]【郭注】古者，人神雜擾無別。顓頊乃命南正重司天以屬神，命火正黎司地以屬民。重實上天，黎實下地。獻、卬，義未詳也。【廣注】《路史》作重載上天。【汪存】《（尚書・）吕刑》云：『乃命重黎，絶地天通，罔有降格。』是也。獻、卬之

義，未詳其説。【新校正】獻，讀與憲同。《史記》云：『顓頊乃命南正重司天以屬神，命火正黎司地以屬民。』索隱曰：『案《左傳》，重爲勾芒木正，黎爲祝融火正，蓋重、黎二人，元是木火之官，兼司天地職。』案：司馬貞説非也，此重又一人。【箋疏】郭注本《（國語·）楚語》文。其火正之火字，唐固注云：『火當爲北。』是也。重號祝融，爲高辛氏火正。《竹書（紀年）》云：『帝嚳十六年，帝使重帥師滅有鄶。』即是人也。高誘注《淮南子》云：『顓頊之孫、老童之子吴回，一名黎，爲高辛氏火正，號祝融。』高誘之説本《（國語·）鄭語》及《史記·楚世家》文，并與此經合。《左傳》以爲少昊氏之子曰重，爲勾芒，木正；顓頊氏之子曰黎，爲祝融，火正。以二人爲非同産，與此經及《國語》异也。【俞讀】獻，讀爲儀。《尚書·大誥》：『民獻有十夫。』《困學紀聞》引《（尚書）大傳》作民儀有十夫，《周官·司尊彝》：『鬱齊獻酌。』鄭司農讀獻爲儀，蓋獻與儀古音同也。卬，當作归，隸變作卬，遂與卬我之卬無别，俗文加手作抑。《廣雅·釋詁》：『抑，治也。』《孟子》：『禹抑洪水而天下平。』趙注亦訓抑爲治。然則令重獻上天者，令重儀上天也，儀之言儀法也。令黎卬下地者，令黎抑下地也，抑之言抑治也。因儀假獻爲之，而抑從古作归，又變作卬，讀者不識爲抑字，遂莫得其解矣。

［四］【箋疏】此語難曉。《海内經》云：『后土生噎鳴。』此經似與相涉，而文有闕脱，遂不復可讀。

［五］【郭注】主察日月星辰之度數。次，舍也。【汪存】司日月星辰之次舍也。【箋疏】《（國語·）楚語》云：『至於夏、商，重黎氏世叙天地而别其分主。』即此經云『噎處西極，以行日月星辰』者也。

有人反臂，名曰天虞［一］。有女子方浴月［二］。帝俊妻常羲［三］，生月十有二，此始浴之［四］。有玄丹之山［五］，有五色之鳥，人面有髮。爰有青鴍［六］、黄鷔［七］、青鳥、黄鳥。其所集者，其國亡［八］。有池，名孟翼之攻顓頊之池［九］。

［一］【郭注】亦尸虞也。【釋義】反臂，反而倍也。天愚，天生愚也。【箋疏】尸虞，未見所出。據郭注，當有成文，疑在經内，今逸。

［二］【箋疏】《北堂書鈔》一百五十卷引浴上有澄字。

［三］【新校正】《史記》云：『帝嚳娶娵訾氏女。』索隱曰：『案皇甫謐云：女名常羲也。』【箋疏】常儀即常羲，羲、儀聲近，又與羲和（合），當即一人，已見《大荒南經》。

［四］【郭注】羲與羲和浴日同。【補注】與浴日義同。其曰帝俊之妻生十日，自甲至癸也；生月十又二，自子至亥也。【廣注】常羲，有娵氏也，或作常儀，一作尚儀。士安作常耳，又作常宜。《路史》云：『高辛氏次妃常羲，生而能言，發迨其踵，是歸高辛，生太子庢及月十二。』【汪存】蓋亦和叔宅西昧谷而其後有遂國於西者，或曰《（尚書）呂刑》所云重黎即羲和也。羲和實守重黎之職。

［五］【郭注】出黑丹也。【箋疏】上文沃民國有青丹，郭云：『又有黑丹也。』謂此。

［六］【郭注】音文。【新校正】《玉篇》云：『鳼，鶉子也。』

［七］【郭注】音敖。

［八］【新校正】此似釋《海外西經》鶖鳥、鶬鳥也。【箋疏】《海外西經》云：『鶖鳥、鶬鳥，其色青黄，所經國亡。』又云：『青鳥黄鳥所集。』即此是也。《玉篇》有鶖字，云：『有此鳥集，即大荒國亡。』李善注《江賦》引此經及郭注，與今本略同。

［九］【郭注】孟翼，人姓名也。【廣注】孟翼，顓頊臣。《冠編·顓頊紀》有載：『命孟翼攻池，天下人號之曰顓頊之池。』言厚養於民也。【汪存】孟翼，古諸侯之叛亂者。

大荒之中，有山，名曰鏖鏊鉅［一］，日月所入者。有獸，左右有首，名曰屏蓬［二］。

［一］【郭注】鏊，音如敖。

［二］【郭注】即并封也，語有輕重耳。【廣注】《稽瑞録》云：『鹿蟄山獸，左右有首，名并蓬。』【箋疏】《海外西經》云：『并封，前後有首。』此云左右有首，又似非一物也，説見《大荒南經》。

有巫山者，有壑山者，有金門之山。有人，名曰黄姖[一]之尸。有比翼之鳥。有白鳥，青翼、黄尾、玄喙[二]。有赤犬，名曰天犬，其所下者有兵[三]。

[一]【箋疏】姖，藏經本作姬。

[二]【郭注】奇鳥。【廣注】即鶼鶼。

[三]【郭注】《周書》云：「天狗所止，地盡傾。餘光觸天，爲流星，長數十丈。其疾如風，其聲如雷，其光如電。」吴楚七國反時，未過梁國者是也。【廣注】《辛氏三秦記》：「秦襄公時，白鹿原有天狗來下。其上有賊，天狗吠而護之。」《河圖稽耀鉤》曰：「太白散爲天狗，主候兵。」【汪存】流星亦有名天狗者，自上而隕，有光有聲。所下之地，主有兵起。【箋疏】赤犬，名曰天犬，此自獸名，亦如《西次三經》陰山之獸名曰天狗耳。郭注以天狗星當之，似誤也。其引《周書》，《逸周書》無之。《漢書·天文志》云：「天狗，狀如大流星，有聲，其下止地類狗。所墜及，望之如火光炎炎中天。其下圜如數頃田處，上鋭見則有黄色，千里破軍殺將。」又云：「狗，守禦類也。天狗所降，以戒守禦。吴楚攻梁，梁堅城守，遂伏尸流血其下。」

西海之南、流沙之濱、赤水之後、黑水之前，有大山，名曰昆侖之丘[一]。有神，人面虎身，有文、有尾皆白[二]，處之。其下有弱水之淵環之[三]，其外有炎火之山，投物輒然[四]。有人戴勝，虎齒，有豹尾[五]，穴處，名曰西王母[六]。此山萬物盡有[七]。

[一]【廣注】《化蠻（蠻字原闕）經》曰：「昆侖山九重，重相去九千里，山有四面。」《竺乾書》曰：「阿耨山即昆侖也，一名須彌，訛呼蘇彌，在于闐國西一千三百餘里。」其水分流四面。去入中國者爲黄河，入東海。其三面各入南、西、北海，如弱水、黑水之類。

〔二〕【郭注】言其尾以白爲點駮。【汪存】言其文皆白點斑駁。【箋疏】神人，即陸吾也。其狀虎身九尾，人面虎爪，司昆侖者，已見《西次三經》。

〔三〕【郭注】其水不勝鴻毛。【廣注】《（海內）十洲記》云：『昆侖山，弱水周回繞匝，東南接積石圃，西北接北户之室，東北臨大活之井，西南至承淵之谷。』《玄中記》云：『神丘有火穴，光景照千里；昆侖有弱水，鴻毛不能起。』《括地圖》曰：『昆侖之弱水，非乘龍不得至。』《（山海經）圖贊》曰：『弱出昆山，鴻毛是沉。北淪流沙，南暎火林。惟水之奇，莫測其深。』【箋疏】李賢注《後漢書·張衡傳》及李善注《思玄賦》引此經淵并作川，蓋避唐諱改也。又引此經仍作淵字。顔師古注《漢書·西域傳》引《玄中記》云：『昆侖之弱水，鴻毛不能起也。』《史記·大宛傳》索隱引《輿地圖》：『昆侖弱水，非乘龍不至。』

〔四〕【郭注】今去扶南東萬里，有耆薄國。東復五千里許，有火山國。其山雖霖雨，火常然。火中有白鼠，時出山邊求食。人捕得之，以毛作布，今之火澣布是也，即此山之類。【廣注】干寶《搜神記》：『昆侖之山，是惟下都。環以炎火之山。』酈氏《水經注》：『流沙西行，極崦嵫之山北。山有石，以兩石相打，則水潤，潤盡則火出，山石皆然，炎起數丈。』《神異經》言：『荒外有火山，生不燼之木。』《（海內）十洲記》言：『炎洲有火林山，山中有火光。』《金液神丹經》：『扈犁國有火山。』《裔乘》云：『西北有火州，其國有火焰山。』【汪存】此火山要即今火州之地。其處有山，土皆正赤，日午與日光相映，薰蒸酷熱，其氣如焚，乃所稱火焰山也。【箋疏】《水經·㶟水》注引《神異經》云：『南方有火山焉，長四十里，廣四五里。其中皆生不燼之木，晝夜火然，得暴風猛雨不滅。火中有鼠，重百斤，毛長二尺餘，細如絲，色白。時時出外，以水逐而沃之則死。取其毛，績以爲布，謂之火浣布。』即郭氏所説也。火浣布，又見《列子·湯問篇》，云：『周穆王時，西戎獻之也。』《（三國志·）魏志》云：『齊王芳立，西域重譯，獻火浣布。』裴松之注引《搜神記》大意與郭同。又《藝文類聚》八十卷引《玄中記》云：『南方有炎火山，四月生火木皮、火浣布。』《搜神記》亦同兹説。將火澣布故有鼠毛及木皮二種邪？《（藝文）類聚》七卷引郭氏《（山海經圖）贊》云：『木含陽氣，精構則然。焚之無盡，是生火山。理見乎微，其傳在傳。』案：末句誤，疑當爲『其妙不傳』。

〔五〕【廣注】《穆天子傳》注云：『虎齒蓬髮。』《困學紀聞》作『狗尾蓬髮』。

〔六〕【郭注】《河圖玉版》亦曰：『西王母居昆侖之山。』《西山經》曰：『西王母居玉山。』《穆天子傳》曰：『乃紀名迹於弇山之石，曰西王母之山也。」然則西王母雖以昆侖之宮，亦自有離宮别窟遊息之處，不專住一山也，故記事者各舉所見而言之。【廣注】《爾雅》：「觚竹、北户、西王母、日下，謂之四荒。」《漢書·西域傳》云：「安息長老傳聞：條支有弱水、西王母，亦未嘗見也。」【汪存】昆侖之山屢見而每少异其文，蓋作此書者非一手，而各記所聞也。前《西山經》言西王母居玉山，而此云穴居昆侖之山，説者謂是亦離宮别窟云。【箋疏】今本《穆天子傳》作「紀丌跡於弇山之石」，丌即其之假借字也。郭云西王母雖以昆侖之宮以當爲居。以，古字作㠯；居，古文作凥，皆形近而訛也。藏經本作雖以昆侖爲宮，其義亦通也。經言西王母穴處者，《莊子·大宗師篇》云：「西王坐乎少廣。」釋文引司馬彪云：「少廣，穴名。」是知此人在所，乃以窟穴爲居，故《穆天子傳》載：「爲天子吟曰：虎豹爲群，烏獸與處。」蓋自道其實也。它書或説西王母所居玉闕金堂，徒爲虚語耳。

［七］【新校正】此肅州昆侖也。

大荒之中有山，名曰常陽之山，日月所入［一］。

［一］【新校正】此似釋《海外西經》形夭葬常羊之山也。【箋疏】或説《海外西經》形天葬常羊之山即此，非也。常羊之山見下文。

有寒荒之國［一］。有二人，女祭、女薎［二］。

［一］【新校正】此疑即謂韓荒，在蜀也。

［二］【郭注】或持觶，或持俎。【新校正】此似釋《海外西經》女祭、女戚也。又：舊本作薎，非。【箋疏】薎，當爲蔑字之訛。《海外西經》云：「女祭、女戚。」戚即蔑也。郭云持觶，觶亦䱇字之訛也。戚操魚䱇，亦見《海外西經》。【明案】經文薎字，畢沅亦校作蔑。

有壽麻之國[一]。

[一]【郭注】《吕氏春秋》曰：『南服壽麻，北懷闟耳。』【廣注】《爾雅》：『八極，西曰邠國，曰壽靡。』即壽麻也。劉子威《雜俎》曰：『焦僥、壽麻之國。』【新校正】《吕（氏春秋）》作壽靡。高誘注云：『西極之國。』靡亦作麻。【箋疏】郭引《吕氏春秋》，《任數篇》文也。南，當爲西字之訛。壽麻，彼作壽靡。高誘注云：『西極之國。』靡，亦作麻。今案：麻、靡古字通。《（漢書·）地理志》云：『益州郡收靡。』李奇云：『靡音麻，即升麻也。』

南岳娶州山女，名曰女虔。女虔生季格[一]，季格生壽麻[二]。壽麻正立無景，疾呼無響[三]。爰有大暑，不可以往[四]。有人無首，操戈盾立，名曰夏耕之尸[五]。故成湯伐夏桀于章山[六]，克之，斬耕厥前[七]。耕既立，無首，走厥咎[八]，乃降于巫山[九]。

[一]【廣注】《冠編》：『黄帝鴻初爲南岳之官，故名南岳。』女虔，《學海》作女[广女]。又《路史》曰：『帝鴻生白民及嘻，嘻生季格，季格生帝魁。』注云：『嘻其南岳也。』未審孰是。

[二]【廣注】季格妻任巳，感神而生魁及壽麻，見《冠編》。

[三]【郭注】言其禀形氣有异於人也。《列仙傳》曰：『玄俗無景。』【廣注】無景者，中國時有其人。《侍兒小名録》：『周昭王時，東甌獻二女，曰延娟、延娛，步塵無迹，日中無景。』《風俗通》云：『真人無景。』《白（氏六）帖》云：『仙人與虚合體，日中無景，故韓終久服丹無景。』王明英《歷體略》云：『赤道下，春秋分，日中無景。』《淮南（子）》曰：『建木在都廣，日中無景。』又曰：『馮夷、大丙之御也，照日光而無景。』【箋疏】《淮南（子·）墜形訓》言建木日中無景、呼而無響也。《拾遺記》云：『勃鞮之國人，皆日中無景。』《列仙傳》云：『玄俗者，自言河間人也，餌巴豆雲英，賣藥於市，凡

一錢治百病。王病瘕，服藥用下蛇十餘頭。王家老舍人自言，父世見俗，俗形無景。王呼俗著日中，實無景。』案：此據劉逵注《魏都賦》所引，與今《列仙傳》本不同。【明案】經文嚮字，它本同，惟郝懿行本作響。

[四]【郭注】言熱，炙殺人也。【廣注】西儒云：地在黄道綫下者，大熱不可居，其人常晝伏水中。宋濂《演連珠》云：『壽麻之國，大屠倍常。』本此。【箋疏】《楚詞・招魂》云：『西方之害，其土爛，人求水無所得些。』王逸注云：『言西方之土温暑而熱，燋爛人肉。渴欲求水，無有源泉，不可得也。』亦此類。

[五]【郭注】亦形夭尸之類。【廣注】《（山海）經》載奢比、據比、女炬、貳負、王子夜、肝榆、犁䰠、夏耕、戎（原闕戎字）宣王之尸，不一而足。詳其名義，大都如今人尸解不化者，土人傳以爲神。

[六]【郭注】于章，山名。【廣注】章山名大沙，或云沙丘。郭作于章山，疑非。【箋疏】郭以于章爲山名，未詳所在。《史記・夏本紀》正義引《淮南子》云：『湯敗桀於歷山，與妹喜同舟浮江，奔南巢之山而死。』今案：《淮南（子・）脩務訓》云：『湯乃整兵鳴條，困夏南巢，譙以其過，放之歷山。』此即《史記》正義所引也。高誘注云：『南巢，今廬江居巢。』是歷山蓋歷陽之山，未審即此經章山以不？

[七]【郭注】頭亦在前者。

[八]【郭注】逃避罪也。【箋疏】藏經本立字在無首下。

[九]【郭注】自竄於巫山。巫山，今在建平巫縣。【汪存】耕，蓋夏桀臣名。言爲湯所斬，而蹶於前矣。乃復立起而無首，因逃罪於巫山也。【箋疏】《（漢書・）地理志》云：『南郡巫。』應劭注云：『巫山在西南。』郭云『今在建平巫縣』者，見《晉書・地理志》。

有人，名曰吴回[一]，奇左，是無右臂[二]。

[一]【汪存】吴回，祝融之弟。此即奇肱國。【新校正】《大戴禮・帝繫》云：『老童娶於竭水氏，産重黎及吴回。』《史記》云：『帝嚳誅重黎，以其弟吴回爲重黎，後復居火正，爲祝融。』《潛夫論・志氏姓》云：『黎，顓頊氏裔子吴回也。』高誘

注《呂氏春秋》云：『祝融，即老童之子吴回是也。』又云：『吴國回祿之神，托於竈。』又注《淮南子》云：『祝融，顓頊之孫、老童之子吴回也，一名黎，爲高辛氏火正，號爲祝融。』案：《大戴禮》及《史記》皆以吴回爲黎之弟；王符、高誘以爲黎即吴回。考班固《（漢書·）古今人表》，云：『嬌極，老童妃，生重黎。』又有吴回，亦同《大戴禮》。又有祝融，云陸終是其子。此祝融、陸終之父，實即吴回。《大戴禮》所云吴回，産陸終也。班固重出，以爲二人，則非是矣。蓋祝融火正官名，黎與吴回俱爲之，故皆得名祝融也。

[二]【郭注】即奇肱也。吴回，祝融弟，亦爲火正也。【廣注】《姓氏源流》：『黎卒，帝嚳以回代之，封於吴，是爲吴回。吴回生陸終，其支庶爲陸終氏。』《蛙螢子》言祝融有七，吴回亦祝融之一也。【新校正】『是無右臂』四字，是釋奇左也，非本文。【箋疏】此非奇肱國也。《説文》云：『孑，無右臂也。』即此之類。吴回者，《大戴禮·帝繫篇》云：『老童産重黎及吴回。』《史記·楚世家》云：『帝嚳誅重黎，而以其弟吴回爲重黎，後復居火正，爲祝融。』是皆以重黎爲一人，吴回爲一人，《世本》亦同。此經上文則以重黎爲二人，似黎即吴回，故《潛夫論·志氏姓》云：『黎，顓頊氏裔子吴回也。』高誘注《淮南（子）》亦云：『祝融，顓頊之孫、老童之子吴回也，一名黎，爲高辛氏火正，號爲祝融。』其注《呂氏春秋》又云：『吴國回祿之神，托於竈。』與注《淮南（子）》异也。王符、高誘并以黎即吴回，與此經義合。重、黎相繼爲火官，故皆名祝融矣。

有蓋山之國。有樹，赤皮支幹，青葉，名曰朱木[一]。有一臂民[二]。

[一]【郭注】或作朱威，木也。【注存】此疑即南方蘇木也。【新校正】《説文》云：『朱，赤心木，松柏之屬。』又司馬相如賦有朱楊，郭注云：『朱楊，赤莖，柳也。』名曰朱木，楊柳也。【箋疏】朱木，已見《大荒南經》。青葉，彼作青華，是也。此蓋字形之訛。

[二]【郭注】北極下亦有一脚人，見《河圖玉版》。【廣注】《事物紺珠》云：『一臂人，一手一目，鼻一孔。』【新校正】此似釋《海外西經》一臂國也。【箋疏】一臂國，已見《海外西經》。

大荒之中，有山，名曰大荒之山，日月所入。有人焉，三面[一]。是顓頊之子，三面一臂[二]。三面之人[三]不死，是謂大荒之野[四]。

[一]【新校正】此似釋《海外西經》三身國也。

[二]【郭注】無左臂也。【廣注】《路史·禹紀》云：『西過奇肱、三面。』《黄帝祠額解》曰：『三面一臂，莫非子孫。』謂此。【箋疏】《説文》云：『孑，無左臂也。』即此。

[三]【郭注】言人頭三邊各有面也。玄菟太守王頎至沃沮國，問其耆老，云：『復有一破船隨波出，在海岸邊上有一人，項中復有面，與語不解了，不食而死。』此是兩面人也。《吕氏春秋》曰一臂三面之鄉也。【廣注】《博物志》云：『兩面人，在沃沮東大海中。』又《後漢（書·）東國（夷）傳》及《（三國志·）魏志》皆云『北沃沮有兩面人』。江淹《遂古篇》『長臂兩面乘赤船兮』，是也。【箋疏】《吕氏春秋·求人篇》云：『禹西至一臂三面之鄉。』本此。郭説兩面人，本《（三國志·）魏志·東夷傳》。

[四]【廣注】張揖《上林賦》注：『過乎泱莽之壄，《山海經》所謂大荒之野也。』【箋疏】李善注曹植《七啓》引此經野下有中字，蓋衍也。其注張協《七命》仍引此經無中字可證。

西南海之外、赤水之南、流沙之西，有人，珥兩青蛇，乘兩龍，名曰夏后開[一]。開上三嬪于天[二]，得《九辯》與《九歌》以下[三]。此天穆之野，高二千仞[四]，開焉得始歌《九招》[五]。

[一]【新校正】釋《海外西經》大樂之野，夏后氏啓於此儛《九代》也。開，漢人避諱改字。【箋疏】開，即啓也，漢人避諱所改。

[二]【郭注】嬪，婦也。言獻美女於天帝。【廣注】吴淑《事類賦》：『夏后三嬪之獻，太康五子之須。』本此。【汪存】開，即啓也。【箋疏】《離騷》云：『啓《九辯》與《九歌》。』《天問》云：『啓棘賓商，《九辯》《九歌》。』是賓、嬪古字通，棘與亟同，蓋謂啓三度賓於天帝，而得九奏之樂也。故《歸藏·鄭母經》云：『夏后啓筮：御飛龍，登於天，吉。』正謂此事。

《周書・王子晉篇》云：『吾後三年，上賓於帝所。』亦其證也，郭注大誤。

[三]【郭注】皆天帝樂名也，開登天而竊以下用之也。《開（啓）筮》曰：『昔彼九冥，是與帝《辯》。同宮之序，是爲《九歌》。』又曰：『不得竊《辯》與《九歌》，以國於下。』義具見於《歸藏》。【新校正】《楚辭》云：『啓《九辯》與《九歌》。』又曰：『啓棘賓商，《九辯》、《九歌》。』是其事也。

[四]【郭注】《竹書（紀年）》曰：『顓頊産伯鯀，是維若陽，居天穆之陽也。』【箋疏】《竹書（紀年）》云：『帝顓頊三十年，帝産伯鯀，居天穆之野。』無『是維若陽』四字，蓋脱去之。

[五]【郭注】《竹書（紀年）》曰：『夏后開儛《九招》也。』【廣注】《楚辭・天問》云：『啓棘賓商，《九辯》《九歌》。』洪興祖引此爲注。《路史》注曰：『《山海經》：「上三嬪於天，得《九辯》與《九歌》以下。」天指舜禹，尊其賜爾。謂天帝之樂，啓登天竊之以下。』【箋疏】《竹書（紀年）》云：『夏帝啓十年，帝巡狩，舞《九韶》於大穆之野。』《海外西經》云：『大樂之野，夏后啓於此儛《九代》。』即此。

有互人之國[一]。炎帝之孫[二]，名曰靈恝[三]。靈恝生互人，是能上下于天[四]。有魚偏枯，名曰魚婦。顓頊死即復蘇[五]。風道北來，天乃大水泉[六]，蛇乃化爲魚，是謂魚婦，顓頊死即復蘇[七]。有青鳥，身黄、赤足、六首[八]，名曰鸀鳥[九]。有大巫山，有金之山。西南大荒之中隅[十]，有偏勾、常羊之山[十一]。

[一]【郭注】人面、魚身。【汪存】《周禮》以鼃蚌之類爲互物。然則此互人，蓋鮫人、蜑民之屬，在西南海上耳。【箋疏】互人，即《海内南經》氐人國也。氐、互二字，蓋以形近而訛，以俗氐正作互字也。羅泌云『互人宜作氐人』，非也。《周官》鼈人掌取互物，是互物即魚鼈之通名。國名互人，豈以其人面魚身故與？郭注『人面魚身』四字，本《海内南經》之文，藏經本將此郭注列入經文。

[二]【郭注】炎帝，神農。

[三]【郭注】（恝）音如券契之契。【廣注】《路史》：『伯靈生鼓，鼓生靈恝。』

[四]【郭注】言能乘雲雨也。【廣注】《（路史・）國名記》曰：『炎帝孫靈恝生氐人，爲氐國，俗作互，非。』又歐陽玄《睽車志》：『互人國有白玉城。』豈即此耶？

[五]【郭注】言其人能變化也。【廣注】《星槎勝覽》：『占城有飛頭婦，號尸致魚。夜飛頭入人家食小兒，頭返合體如故。』亦此類也。

[六]【郭注】言泉水得風暴溢出。道，猶從也。《韓非（子）》曰：『玄鶴二八，道南方而來。』【箋疏】郭引《韓非（子）》者，《十過篇》云：『師曠不得已，援琴而鼓。一奏之，有玄鶴二八，道南門來，集於郎門之垝。』郭引南門作南方，所見本异也。

[七]【郭注】《淮南子》曰：『后稷龍，在建水西。其人死復蘇，其中爲魚。』蓋謂此也。【補注】今南中百夷，能以術呪尸爲魚而食之。【廣注】高誘《淮南（子）》注云：『人死復生，或化爲魚。』《（山海經）圖贊》曰：『炎帝之苗，實生氐人。死則復蘇，厥身爲鱗。雲南是托，浮游天津。』【汪存】蘇，復生也。言此偏枯之魚，名曰魚婦顓頊也。此魚乃蛇，因北風而化，如死而復生云。【箋疏】郭注龍，當爲隴；中，當爲半，并字形之訛。高誘注《淮南（子・）墬形訓》云：『人死復生，或化爲魚。』即指此事。然則魚婦豈即顓頊所化，如女媧之腸化爲十神者邪？又樂浪尉化魚事，見陸璣《詩疏》。

[八]【箋疏】《海内西經》云：『開明南，有鳥六首。』即此也。

[九]【郭注】（鸀）音觸。【廣注】《玄覽》云：『互人有六首之鸀。』《五音集韵》曰：『氐人國有青鳥，赤足六首，曰鸀。』又鳿鳥亦名鸀。《爾雅》：『鸀，山烏是也。』【箋疏】《爾雅》云：『鸀，山烏。』非此。

[十]【新校正】舊本隅上有中字，藏經本無。

[十一]【箋疏】《海外西經》云：『帝斷形天之首，葬之常羊之山。』即此。《淮南（子・）墬形訓》云：『西南方曰編駒之山。』編駒，疑即偏句。《呂氏春秋・諭大篇》云：『地大則有常祥、不庭。』疑常祥即常羊也。不庭，已見《大荒南經》。

案：夏后開即啓，避漢景帝諱云[一]。

[一]【廣注】胡氏《四部正訛》曰：『亦有古書本不諱，後人避本朝之諱而改者，如《山海經》啓皆爲開之類。』

大荒北經第十七

東北海之外，大荒之中，河水之間，附禺之山[一]，帝顓頊與九嬪葬焉[二]。爰有鴟久、文貝、離俞、鸞鳥、鳳鳥[三]、大物、小物[四]。有青鳥、琅鳥、玄鳥、黄鳥、虎、豹、熊、羆、黄蛇、視肉、璿瑰、瑶碧皆出，衛於山[五]。丘方圓三百里。丘南，帝俊竹林在焉[六]，大可爲舟[七]。竹南有赤澤水[八]，名曰封淵[九]。有三桑，無枝[十]。丘西有沈淵，顓頊所浴。

[一]【新校正】此似釋《海外北經》務隅山也。【箋疏】《海外北經》作務隅，《海内東經》作鮒魚，此經又作附禺，皆一山也，古字通用。《文選》注謝朓《哀策文》引此經作鮒禺之山，《後漢書·張衡傳》注引此經與今本同。

[二]【郭注】此皆殊俗，義所作冢。

[三]【明案】經文鳳鳥，畢沅本、郝懿行本作皇鳥。

[四]【郭注】言備有也。【釋義】大物，小物，皆殉葬之具也。

[五]【郭注】在其山邊也。【箋疏】《藝文類聚》八十九卷、《初學記》二十八卷引此經并作衛丘山，《北堂書鈔》一百三十七卷亦作衛丘，是知古本衛丘連文，而以『皆出於山』四字相屬。今本誤倒其句耳，所宜訂正。

[六]【箋疏】此經帝俊，蓋顓頊也。下云：『丘西有沈淵，顓頊所浴。』以此知之。

[七]【郭注】言舜林中竹，一節則可以爲船也。【廣注】劉須谿説：『南方荒中有涕竹，長數百丈，圍三丈五六尺，厚八九寸，可以爲船。』又《南越志》：『羅浮山巨竹，皆七八圍，長一二丈，謂之龍鍾竹。』《（文獻）通考》云：『哀牢有竹，其節相去二丈，名曰濮竹。』《玄覽》云：『高潘有疏節之竹，六尺而一節。黎母山有丈節之竹。溱州有通節之竹。臨賀有十抱之

竹。員丘有船竹。』《（周書·）王會解》云：『路人大竹。』《神异經》云：『南方以節竹爲船，亦作芇竹。其長百丈，圍二丈五六尺。』《涌幢小品》云：『南荒有沛竹，其長百丈。』皆竹之大者，與此類。【箋疏】《廣韵》引《神异經》云：『篩竹，一名太極，長百丈，南方以爲船。』《玉篇》云：『篔竹，長千丈，爲大船也，生海畔。』即此類。

［八］【郭注】水色赤也。

［九］【郭注】封，亦大也。

［十］【郭注】皆高百仞。【汪存】三桑，考内篇《北山經》，則洹山是此。【箋疏】三桑無枝，已見《海外北經》。注云『皆高百仞』四字，《藝文類聚》八十八卷引作經文，疑今本誤作注文耳。

有胡不與之國［一］，烈姓［二］，黍食。

［一］【郭注】一國復名耳。今胡夷語皆通然。

［二］【箋疏】烈姓，蓋炎帝神農之裔。《左傳》稱烈山氏，《（禮記·）祭法》作厲山氏，鄭康成注云：『厲山，神農所起，一曰有烈山。』

大荒之中，有山，名曰不咸［一］。有肅慎氏之國［二］。有蜚蛭［三］，四翼。有蟲，獸首蛇身，名曰琴蟲［四］。有人，名曰大人。有大人之國［五］，釐姓［六］，黍食。有大青蛇，黄頭［七］，食麈［八］。有榆山［九］，有鯀攻程州之山［十］。

［一］【廣注】杜佑《通典》：『挹婁在不咸山北。』鄭樵《都邑略》云：『古肅慎國都不咸山，在夫餘東北千餘里。』

［二］【郭注】今肅慎國去遼東三千餘里，穴居無衣，衣猪皮。冬以膏塗體，厚數分，用却風寒。其人皆工射，弓長四尺，勁

彊。箭以楛木爲之，長尺五寸，青石爲鏑。此春秋時隼集陳侯之庭所得矢也。晉大興三年，平州刺史崔毖遣別駕高會，使來獻肅慎氏之弓矢，箭鏃有似銅骨作者。問云：『轉與海内國，通得用此，今名之爲挹婁國，出好貂、赤玉。豈從海外轉而至此乎？』《後漢書》所謂挹婁國是也。【廣注】《史記》作息慎。《竹書（紀年）》：『舜二十五載，息慎氏來賓。』《汲冢周書》云：『成王之時，息慎來賀，作《賄息慎之命》。』《（周書・）王會解》謂之稷慎，或作肅昚。劉會孟云：『肅慎，在漢曰挹婁，魏曰勿吉，唐曰靺鞨。』《左傳》：『肅慎、燕、亳，吾北土也。』杜注云：『肅慎，在玄菟北三千餘里。』【新校正】此似釋《海外西經》肅慎國也。【箋疏】肅慎國，見《海外西經》。郭説肅慎，本《（三國志・）魏志・東夷傳》，但《（東夷）傳》本作『用楛，長尺八寸』，與郭异，餘則同也。今之《後漢書》非郭所見，而此注引《後漢書》者，《（三國志・）吴志・妃嬪傳》云：『謝承撰《後漢書》百餘卷。』其書説挹婁，即古肅慎氏之國也。隼集陳侯之庭，《魯語》有其事。《竹書（紀年）》云：『帝舜二十五年，息慎氏來朝，貢弓矢。』即肅慎也。《左傳》云：『肅慎、燕、亳，吾北土也。』《周書・王會篇》亦云：『正北方稷慎。』稷、息、肅并聲轉，字通也。《（三國志・）魏志・東夷傳》云：『挹婁在夫餘東北千餘里，濱大海。』《史記》正義引《括地志》云：『靺鞨國，古肅慎也，在京東北萬里。』

[三]【郭注】翡、窒兩音。【廣注】司馬（相如）《遊獵賦》『蛭蜩蠷蝚』，謂此也。【箋疏】《上林賦》云：『蛭蜩蠼猱。』司馬彪注引此經蜚作飛。

[四]【郭注】亦蛇類也。【廣注】《本草綱目》引此作琴蛇。【箋疏】南山人以蟲爲蛇，見《海外南經》。

[五]【箋疏】《大荒東經》云：『波谷山，有大人之國。』即此。《史記・孔子世家》云：『防風在虞夏商爲汪罔，於周爲長翟，今謂之大人。』案：此本《（國語・）魯語》文，其汪罔爲汪芒也。

[六]【廣注】《（路史・）國名記》：『帝鴻之後也。』【新校正】此似釋《海外東經》大人國也。【箋疏】《（國語・）晉語》司空季子説黄帝之子十二姓，中有僖姓。僖、釐古字通用，釐即僖也。《史記・孔子世家》云：『汪罔氏之君，守封禺之山，爲釐姓。』索隱云：『釐，音僖。』是也。又引《（孔子）家語》云：『姓漆，誤，系本無漆字。』案：《（國語・）魯語》云：『汪芒氏之君爲漆姓。』非誤也。疑漆與釐古亦通。

[七]【箋疏】黄頭，《藝文類聚》引作頭方。

[八]【郭注】今南方蚦蛇食鹿，鹿亦麈屬也。【箋疏】榮山有玄蛇食麈，已見《大荒南經》。又案：此經及榮山之麈，《藝文類

聚》并引作麈字，在地部六卷，誤。

〔九〕【汪存】榆山，疑即榆關，在今永平府。然東北多榆，不止一處也。

〔十〕【郭注】皆因其事而名物也。【箋疏】程州，蓋亦國名，如禹攻共工國山之類。

大荒之中，有山，名曰衡天。有先民之山〔一〕，有槃木〔二〕千里。有叔歜國〔三〕，顓頊之子〔四〕，黍食，使四鳥：虎、豹、熊、羆。有黑蟲，如熊狀，名曰猎猎〔五〕。有北齊之國〔六〕，姜姓〔七〕，使虎、豹、熊、羆〔八〕。

〔一〕【箋疏】西北海之外，有先民之國，見《大荒西經》，非此也。

〔二〕【郭注】（槃）音盤。【廣注】後漢永平中，白狼、槃木、唐菆舉種稱臣。楊慎《閟覽集》云：「白狼、槃木，今麗江姚嶲地也。」度其道里，疑非此。槃，或作盤。【箋疏】《大戴禮·五帝德篇》云：「東至於蟠木。」《史記·五帝紀》同。疑即此也。劉昭注《（後漢書·）禮儀志》引此經云：「東海中有度朔山，上有大桃樹，蟠屈三千里。其卑枝門曰東北鬼門，萬鬼出入也。上有二神人，一曰神荼，一曰鬱儡，主閱領衆鬼之惡害人者，執以葦索，而用食虎。於是黄帝法而象之，毆除畢，因立桃梗於門户上，畫鬱儡持葦索，以禦凶鬼；畫虎於門，當食鬼也。」《論衡·訂鬼篇》引此經大意亦同。案：王充、劉昭所引，疑本經文，今脱去之也。《太平御覽》九百六十七卷載《漢舊儀》引此經亦與王、劉同。李善注陸機《挽歌詩》引此文作：「《海水經》曰：東海中有山焉，名度索。上有大桃樹，東北瘣枝，名曰鬼門，萬鬼所聚。」《史記·五帝紀》注亦引此文而作《海外經》云云，蓋誤也。《海外北經》雖有尋木長千里，然尋木非槃木，疑二書所引，皆即此經之逸文矣。《藝文類聚》八十六卷亦引此經云：「桃樹屈蟠三千里。」又：張衡《東京賦》亦引用此事。薛綜注雖述其文，而不云出此經，疑漏引書名也。又：諸書所説文字，俱有异同，姑存以俟考。

〔三〕【郭注】（歜）音作感反，一音觸。【新校正】《華陽國志》云：「帝嚳封其支庶於蜀，世爲侯伯。」疑歜亦淖也，讀如蜀。

〔四〕【廣注】顓頊之妻淥生伯偁、卷章、季禺。季禺是生叔歜。古謂其所出者皆爲子。

［五］【郭注】或作猲，音夕同。【廣注】《篇海》引經云：『牛氏山有黑獸，狀如熊，名曰猎猎。』與本文小异。《事物紺珠》云：『猎猎如熊，黑色。』盧柟賦云：『窮怪异獸，猎猎、獥獥、猰猰、狪狪。』【汪存】猎，音鵲。【箋疏】《玉篇》云：『猎，秦亦切，獸名。』《廣韵》亦云獸名，引此經，蓋蟲獸通名耳。猲，見《説文》。

［六］【新校正】此疑即百濟國。

［七］【箋疏】《説文》云：『姜，神農居姜水以爲姓。』《史記·齊太公世家》云：『姓姜氏。』案：《大荒西經》有西周之國，姬姓，此有北齊之國，姜姓，皆周秦人語也。

［八］【廣注】《路史》：『太姜之祖逢公，伯陵之後，爲商侯伯。自逢改封於北齊。』《氏族考》云：『炎帝子伯陵爲黄帝臣，始封逢，改封齊。』二説不同。

大荒之中，有山，名曰先檻[一]大逢之山，河、濟所入，海北注焉[二]。其西有山，名曰禹所積石[三]。有陽山者，有順山者，順水出焉[四]。

［一］【新校正】藏經本作光檻。

［二］【郭注】河、濟注海，已復出海外，入此山中也。【汪存】濟入河而復出者，以清濁分也。若海則吐納百川，水既入海則海矣，安見已入復出而反注山中者？况河、濟入海而北，則遼左、朝鮮之地，未聞又更有河、濟也。【箋疏】滿洲人福星保言：『黄河入海，復流出塞外，注翰海。翰海，地皆沙磧，蓋伏流也。』案：福君此説，與經義合。翰海，即群鳥解羽之所，見下文。

［三］【汪存】積石則西北之山，與河、濟入海處相去絶遠，又安得在此山之西？舊説背謬甚矣！今案此文，則云此山在河、濟所北流注海之處。其積石山，積字則當作碣，此山在碣石之東也。積石亦作磧石，故因相近而誤也。【箋疏】《海内西經》云：『河水入渤海，又出海外，入禹所導積石山。』正與此經合，是此海即渤海矣。《水經》所謂渤海，亦即此。

［四］【新校正】此似釋《海外北經》禹所積石也。

有始州之國，有丹山[一]。

[一]【郭注】此山純出丹朱也。《竹書（紀年）》曰：『和甲西征，得一丹山。』今所在亦有丹山，丹出土穴中。【汪存】名丹山者不一。《竹書（紀年）》云：『帝甲西征，得一丹山。』若西北，則或是山丹之丹山，即胭脂山也。【箋疏】《竹書（紀年）》云：『陽甲。三年西征丹山戎。』陽甲，一名和甲也。郭所引與今本小異。

有大澤，方千里，群鳥所解[一]。有毛民之國[二]，依姓[三]，食黍，使四鳥。禹生均國，均國生役采[四]，役采生脩鞈[五]。脩鞈殺綽人[六]，帝念之，潛爲之國[七]，是此毛民[八]。

[一]【郭注】《穆天子傳》曰：『北至廣原之野，飛鳥所解其羽，乃於此獵。鳥獸絶群，載羽百車。』《竹書（紀年）》亦曰：『穆王北征，行流沙千里、積羽千里。』皆謂此澤也。【廣注】瀚海，地皆沙磧，群鳥解羽。江淹《遂古篇》：『青鳥所解路誠亶兮。』柳宗元《天對》：『大澤千里，群鳥是解。』【汪存】此即瀚海也，又名沙漠。【新校正】此似釋《海内西經》大澤也。【箋疏】大澤，已見《海内西經》。《穆天子傳》云：『碩鳥解羽，六師之人畢至於曠原。』是郭所引。廣，當爲曠，或古字通也。此謂之大澤，《穆天子傳》謂之曠原，《史記》、《漢書》謂之翰海，皆是。《史記》索隱引崔浩云：『翰海，北海名，群鳥之所解羽，故云翰海。』

[二]【郭注】其人面、體皆生毛。【廣注】《路史》注：『東毛人等五十五國。』韓昌黎文『海外雜國，若耽浮羅、流求、毛人』，即斯國也。【箋疏】毛民國，已見《海外東經》。今所見毛民，面首繷毛盡如熊，唯微露眉目處所有似獼猴，餘則是人耳。然其體亦皆毛也，不解言語，但收養者以意指使之。嘉慶十一年春正月，余在京師親所診見，是其毛人乎？高誘注《淮南（子）》而云毛如矢鏃，即實非矣。

[三]【箋疏】《（國語・）晉語》云：『黄帝之子二十五宗，其得姓者十四人，爲十二姓。』中有依姓也。

［四］【郭注】采，一作來。【箋疏】藏經本正作來。

［五］【郭注】（鞈）音如篳袷之袷。【新校正】（脩）藏經本作循。

［六］【郭注】人名。

［七］【郭注】潛，密用之爲國。【廣注】《路史》：『塗山氏後，趨生啓及均，均生固，固生伎來，伎來生循鞈，是殺綽。天帝念之，其裔居兜牟山北，人號爲厥寶。』

［八］【新校正】此似釋《海外東經》毛民國也。

有儋耳之國［一］，任姓［二］，禺號子，食穀。北海之渚中［三］，有神，人面鳥身，珥兩青蛇，踐兩赤蛇，名曰禺彊［四］。

［一］【郭注】其人耳大下儋，垂在右有（肩）上。朱崖儋耳，鏤畫其耳，亦以放之也。【廣注】《爾雅》：『八極，北曰祝栗，曰儋耳。』《吕氏春秋》云：『叔逆之所，儋耳之居，多無君。』即斯國也。《淮南子》作耽耳，《博物志》作檐耳。【汪存】儋耳則今在瓊州，未知與此同否？或云南方之儋耳，以鐵環墜其耳，乃效此任姓儋耳也。【新校正】此似釋《海外北經》聶耳國也。《淮南子》作耽耳。【箋疏】儋，依字當爲瞻，見《説文》，此是北瞻耳也。《吕氏春秋·任數篇》曰：『北懷儋耳。』高誘注云：『北極之國。』正謂是也。其南瞻耳，經謂之離耳，見《海内南經》。又：聶耳國，見《海外北經》，與此异。

［二］【箋疏】《（國語·）晋語》説黄帝之子十二姓，中有任姓也。

［三］【郭注】言在海名（島）中種粟給食，謂禺彊也。【汪存】前篇言禺虢生禺京，此言禺虢子，即禺京也。京、彊古音相近，通用。【箋疏】禺號，即禺虢。《大荒東經》云：『黄帝生禺虢，禺虢生禺京。』禺京即禺彊也，京、彊聲相近。

［四］【廣注】禺彊，《莊子》注作禺京。《養生雜書》曰：『東海神名阿明，南海祝融，西海巨乘，北海禺彊。』《龍魚河圖》云：『北海神姓名禺帳里，又名禺强。』《（楚辭·）天問》云：『伯强何處，惠氣安在？』注：『伯强即隅强，天神也。』黄

道周《續騷經》：『屬強禺爲先容兮，乃告余以未啓。』《龜（歸）藏》曰：『昔穆王子筮卦於禺強。』疑非此。【新校正】此似釋《海外北經》禺彊也。【箋疏】《大荒東經》云：『禺猇珥兩黄蛇，踐兩黄蛇。』與此异，餘則同也。又《海外北經》云：『禺彊踐兩青蛇。』亦與此异。又：帝命禺彊使巨鼇十五，舉首而戴五山，見《列子·湯問篇》。

大荒之中，有山，名曰北極天櫃[一]，海水北注焉。有神九首、人面鳥身，名曰九鳳[二]。又有神，銜蛇操蛇[三]，其狀虎首人身，四蹄[四]長肘，名曰彊良[五]。

[一]【郭注】音匱。【汪存】此北極山，未審果何在也。【明案】經文櫃，藏經本、吴任臣本同；畢沅本、汪紱本、郝懿行本作樻。

[二]【箋疏】郭氏《江賦》云：『奇鶬九頭。』疑即此。

[三]【箋疏】《列子·湯問篇》説愚公事云：『操蛇之神聞之，告之於帝。』操蛇之神，當即此。

[四]【新校正】（蹄）依義當爲蹏。此字蹢省文。

[五]【郭注】亦在獸畫中。【補注】據《山海圖》爲説也。【箋疏】《後漢（書·）禮儀志》説十二神云：『强梁、祖明共食磔死寄生。』疑强梁即彊良，古字通也。

大荒之中，有山，名曰成都載天[一]。有人，珥兩黄蛇，把兩黄蛇，名曰夸父[二]。后土生信[三]，信生夸父[四]。夸父不量力，欲追日景[五]，逮之於禺谷[六]，將飲河而不足也。將走大澤，未至，死於此[七]。應龍已殺蚩尤[八]，又殺夸父[九]，乃去南方處之，故南方多雨[十]。又有[十一]無腸之國，是任姓[十二]，無繼子[十三]，食魚。共工臣名曰相繇[十四]，九首蛇身[十五]，自環[十六]，食于九土[十七]。其所歍所尼[十八]，即爲源澤[十九]，不辛乃苦[二十]，百獸莫能處[二十一]。禹湮洪水，殺相繇[二十二]。其血腥臭，不可生穀。其地多水，不可居也[二十三]。禹湮之，三仞三沮[二十四]，乃以爲池。群帝是因以爲臺[二十五]，在昆侖之北[二十六]。有岳之山[二十七]，尋竹生焉[二十八]。

[一]【汪存】載、戴通。戴天，言其高也。

[二]【箋疏】后土，共工氏之子句龍也，見《昭十九年·左傳》，又見《海内經》。

[三]【新校正】此似釋《海外北經》夸父與日逐也。

[四]【廣注】《續（文獻）通考》：『勾龍爲后土生子二人，曰垂、曰信。信生夸父，善走，爲丹朱臣，後有夸氏。』

[五]【廣注】《冠編》曰：『夸父足追日、臂虎豹而善投，以諛臣丹朱。』

[六]【郭注】禺淵，日所入也，今作虞。【補注】禺谷，即虞淵。古人用字，例以同音相借。虞淵又作吴泉。【箋疏】《列子·湯問篇》夏革説本此，禺谷作隅谷。

[七]【郭注】禺也。【汪存】前篇言鄧林在積石西，此言成都山，然則此山殆在川西湟中之南，東連成都者歟？【箋疏】夸父逐日，已見《海外北經》。【明案】郭注禺也兩字，吴任臣本、畢沅本、郝懿行本均作渴死。

[八]【廣注】《十三州志》：『壽張有蚩尤祠。』《皇覽》云：『蚩尤冢在東郡壽張縣，常以十月祠之。有赤氣出如絳帛，民名爲蚩尤旗。』沈括《（夢溪）筆談》曰：『解州鹽澤，鹵色正赤，在坂泉之下，俗謂之蚩尤血。』

[九]【郭注】上雲夸父不量力，與日競而死，今此復云爲應龍所殺，死無定名。觸事而寄，明其變化無方，不可揆測也。

[十]【郭注】言龍水物，以類相感故也。【汪存】既曰追日，曰飲河，則渴死也。而又曰應龍殺之，豈應龍不興雨澤，以至夸父之渴，則以爲是應龍殺之歟？考此書所屢言夸父，大抵不量力之人，意者欲窮日出之所而不能至，遂道困而死，如穆王之欲周行天下者耳。又或且作亂而爲應龍氏所誅，則蚩尤黨也。南方多雨，以山澤多而土薄日近，水氣易蒸而上，故多雨，非以龍在焉故也。

[十一]【箋疏】藏經本無又字。

[十二]【郭注】爲人長也。【新校正】此似釋《海外北經》無腸國也。【箋疏】《海外北經》云：『無腸國，其爲人長。』是此注

所本。

[十三]【郭注】繼，亦當作脊，謂腨腸也。【廣注】《淮南子》作無繼民，即無脊也，注云：『其人無嗣。』【新校正】此似釋《海外北經》無脊國也。【箋疏】腨腸，即腨腸，其聲同也，見《海外北經》無脊國。繼、脊聲相近，《淮南・墬形訓》作無繼民。

[十四]【郭注】相柳也，語聲轉耳。【箋疏】相柳，見《海外北經》。

[十五]【新校正】言身有鱗。

[十六]【郭注】言轉旋也。【廣注】《廣雅》曰：『北方有民焉，九首蛇身，其名曰相繇。』

[十七]【郭注】言食殘也。【箋疏】《海外北經》作九山。

[十八]【郭注】歕，嘔，猶噴吒；尼，止也。【箋疏】《説文》云：『歕，心有所惡若吐也。』又云：『歐，吐也。』《爾雅・釋詁》云：『尼，止也。』

[十九]【郭注】言多氣力。

[二十]【郭注】言氣酷烈。

[二十一]【郭注】言畏之也。

[二十二]【郭注】禹塞洪水，由以溺殺之也。【汪存】繇，柳聲之轉也。

[二十三]【郭注】言其膏血滂流，成淵水也。【廣注】盧柟《滄溟賦》：『觀乎猗天之闕，踐乎相繇之區。』即斯也。

[二十四]【郭注】言禹以土塞之，地陷壞也。【廣注】王世貞《續九辯》云：『虞遺腥之被原兮，厥之三仞而三沮。』本此。

[二十五]【郭注】地下宜積土，故衆帝因來在此共作臺。【新校正】此似釋《海外北經》相柳也。【箋疏】即帝堯、帝嚳等臺也，見《海内北經》。

[二十六]【箋疏】《海内北經》云：『臺四方，在昆侖東北。』

[二十七]【箋疏】李善注張協《七命》引此經作岳山，無之字。

[二十八]【郭注】尋，大竹名。【箋疏】《玉篇》作簹，云：『竹長千丈。』然《海外北經》有尋木長千里，尋竹猶尋木也，《玉篇》作簹，失之。李善注張協《七命》引此經及郭注并止作尋，可證《玉篇》非之。

大荒之中，有山，名曰不句，海水入焉[一]。有係昆之山者，有共工之臺，射者不敢北鄕[二]。有人，衣青衣，名曰黄帝女魃[三]。蚩尤作兵伐黄帝[四]，黄帝乃令應龍攻之冀州之野[五]。應龍畜水，蚩尤請風伯、雨師縱大風雨[六]。黄帝乃下天女曰魃[七]，雨止[八]，遂殺蚩尤[九]。魃不得復上，所居不雨[十]。叔均言之帝，後置之赤水之北[十一]，叔均乃爲田祖[十二]。魃時亡之[十三]，所欲逐之者，令曰：『神北行！』[十四]先除水道，決通溝瀆[十五]。

[一]【箋疏】藏經本水下有北字。

[二]【郭注】言畏之也。【廣注】阮籍《咏懷》詩：『共工宅玄冥，高臺造青天。』【箋疏】共工之臺，已見《海外北經》。

[三]【郭注】音如旱魃之魃。【汪存】魃，音鈸。【新校正】章懷太子（李）賢注《後漢書》引此作妭，云：『妭亦魃也。』《玉篇》云：『女妭，秃無髮，同魃。』【箋疏】《玉篇》引《文字指歸》曰：『女妭，秃無髮。所居之處，天不雨也，同魃。』李賢注《後漢書》引此經作妭，云：『妭亦魃也。』據此，則經文當爲妭，注文當爲魃，今本誤也，《太平御覽》七十九卷引此經作妭可證。

[四]【廣注】應劭曰：『蚩尤，古天子。』臣瓚曰：『《孔子三朝記》：蚩尤，庶人之貪者。』《史記》索隱曰：『《黄帝紀》（即《五帝本紀》）：諸侯相侵伐，蚩尤最爲暴。則蚩尤非天子也。』又《管子》：『蚩尤受盧山之金，而作五兵。』明非庶人，蓋諸侯號也。《龍魚河圖》云：『黄帝攝政，有蚩尤兄弟八十一人，并獸身人語，銅頭鐵額，食沙造五兵，威振天下。黄帝以仁義，不能禁止蚩尤。天遣玄女，下授黄帝兵符，伏蚩尤。』道家謂蚩尤天符之神，故行師者禡焉。《博古圖》謂：『三代彝器多著蚩尤之象，以爲貪虐之戒。其狀如獸，附以兩翅。』《春秋元命苞》曰：『蚩尤作霧，黄帝作指南車。』《路史》云：『蚩尤兄弟七十二人。』《通典》曰：『蚩尤即魑魅，戰於涿鹿。黄帝吹角爲龍吟禦之。』《漢書》：『武帝時，太原有蚩尤神晝見，龜足蛇首，殃其里。里人祀之。』《歸雲集》作蚩尤阪泉氏，《集韵》作蚩蚘。孔安國以九黎君號蚩尤，謬。《漢（書・）藝文志》：『蚩尤（《兵法》）二篇。』《隋（書・經籍）志》：『梁有黄帝、蚩尤《兵法》二卷。』【箋疏】《大戴禮・用

兵篇》云：「（魯哀公）問曰：蚩尤作兵與？（孔子）曰：蚩尤，庶人之貪者也，何器之能作？」是以蚩尤爲庶人。然《史記・殷本紀》云：「昔蚩尤與其大夫作亂百姓，帝乃弗予，有狀。」是知蚩尤非庶人也。又《（史記・）五帝本紀》云：「諸侯咸來賓從，而蚩尤最爲暴，莫能伐。」則蚩尤爲諸侯審矣。《管子・地數篇》云：「蚩尤受葛盧山之金，而作劍鎧矛戟。」《太平御覽》二百七十卷引《世本》曰：「蚩尤作兵。」宋衷注曰：「蚩尤，神農臣也。」又引《春秋元命苞》曰：「蚩尤虎卷，威文立兵。」宋均注曰：「卷，手也。手文威字也。」又《龍魚河圖》説此極詳，見《史記》正義。

[五]【郭注】冀州，中土也。黄帝亦教虎、豹、熊、羆，以與炎帝戰於阪泉之野而滅之，見《史記》。【廣注】《焦氏易林》：「白龍赤虎戰鬥俱怒，蚩尤敗走，死於魚口。」阮嗣宗詩：「應龍沉冀州，妖女不得眠。」李商隱《表》：「裂蚩尤之肩髀。」謂此事也。《黄帝玄女戰法》曰：「黄帝與蚩尤九戰九不勝，有婦人，人首鳥身，是爲玄女，授黄帝戰法。」劉鳳《雜俎》曰：「黄帝與蚩尤戰涿鹿之野。蚩尤作大霧，帝乃命風后作指南車，遂擒蚩尤。」《雲笈七籤》云：「黄帝出師，伐蚩尤於絶轡之野，以橺鼓爲警。」《黄帝出軍訣》曰：「帝伐蚩尤，玄龜銜符從水中出。帝備之以征，即日擒蚩尤。」《廣成子傳》云：「蚩尤銅頭啖石，飛空走險。以馗牛皮爲鼓，九擊而止之，尤不能飛走，遂殺之。」《帝王世紀》：「黄帝使應龍，殺蚩尤於凶黎之丘。」《歸藏・啓筮》曰：「蚩尤出自羊水，八肱八趾疏首，登九淖以伐空桑。黄帝殺之於青丘。」《（太平）寰宇記》云：「蚩尤身首异處，故壽張、鉅鹿俱有冢墓。」而壽張之冢，即《皇覽》所謂肩髀冢也，漢宣帝立祠其上。冀州，今保安州，軒轅都涿鹿是此州也。【汪存】冀州之野，所謂阪泉、涿鹿也。【新校正】孔安國曰：「九黎君號蚩尤是也。」見《史記》正義。皇甫謐云：「黄帝使應龍殺蚩尤於九黎之谷。或曰黄帝斬蚩尤於中冀，因名其地曰絶轡之野。」見《史記》索隱。【箋疏】古以冀州爲中州之通名，故郭云：「冀州，中土也。」又引《史記》云：「黄帝與炎帝戰於阪泉之野。」此《五帝本紀》文。然其下方云：「與蚩尤戰於涿鹿之野。」郭氏未引此文，蓋漏脱也。《周書・嘗麥篇》云：「蚩尤乃逐帝争於涿鹿之阿，九隅無遺。赤帝大懾，乃説於黄帝，執蚩尤，殺之於中冀，用名之曰絶轡之野。」《周書》所説，即此經云攻之冀州之野也。《焦氏易林》云：「白龍赤虎，戰鬥俱怒。蚩尤敗走，死於魚口。」即此經云「令應龍攻之」也。

[六]【新校正】許慎云：「大風，風伯也。」《淮南子》曰：「堯時，九嬰、大風皆爲民害。堯乃使羿繳大風於青邱之澤。」【箋疏】縱，當爲從。《史記》正義引此經云：「以從大風雨。」《藝文類聚》七十九卷及《太平御覽》七十九卷引此經亦作從。

[七]【箋疏】《（太平）御覽》引此經魃作妭，藏經本此下亦俱作妭。《史記》正義引《龍魚河圖》云：「黄帝以仁義，不能禁止

蚩尤，乃仰天而嘆。天遣玄女，下授黄帝兵符，伏蚩尤。』

［八］【箋疏】《史記》正義引此經有『以止雨』三字，在雨止句之上。

［九］【新校正】《史記》云：『黄帝與蚩尤戰涿鹿之野，遂禽殺蚩尤。』【箋疏】《初學記》九卷引《歸藏·啓筮》云：『蚩尤出自羊水，八肱八趾疏首，登九淖以伐空桑。黄帝殺之於青丘。』《史記》索隱引皇甫謐云：『黄帝使應龍，殺蚩尤於凶黎之谷。』

［十］【郭注】旱氣在也。【補注】阮嗣宗詩：『應龍沉冀州，妖女不得眠。』乃用此事。【廣注】《玄覽》曰：『旱之妖，狀如人，長三尺，袒而戴目，疾走若風，其名曰魃，亦謂之狢。所見之國，赤旱千里。』《抱朴子》云：『山精，形如小兒，獨足向後，夜喜犯人，其名曰魃。』《（神農）本草》注云：『旱魃，山鬼也。所居之處，天不雨。女魃入人家，能竊物以出；男魃入人家，能竊物以歸。』《神异經》云：『南方有魃，長二三尺，裸身，目在頂上，行走如風，見則大旱，一名旱母。』《説郛》云：『南方有人，名曰魃，所之國大旱，一名狢子。』即魃也。《魏書》載：『咸平五年，晉陽得死魃，長二尺，面頂各二目。』《（文獻）通考》言：『永隆元年，長安獲女魃，長尺有二寸。』《洪武正韵》云：『魃，鬼婦。《詩》「旱魃爲虐」是也，亦作妭。』《文字指歸》云：『女魃，秃無髮。』【汪存】魃，旱神。或云魃有男魃、女魃。如此所言，則女魃又不知果有男魃否也？術家每言九天玄女教黄帝以兵法，服餌家亦每稱九天玄女，此言黄帝下天女曰魃，則魃又似即九天玄女也。

［十一］【郭注】遠徙之也。

［十二］【郭注】主田之官。《詩》云：『田祖有神。』【廣注】《魏書》：『昌意之裔始均，入仕堯世，逐女魃於弱水之北，民賴其勤，帝舜嘉之，命爲田祖。』

［十三］【郭注】畏見逐也。【箋疏】亡，謂善逃逸也。

［十四］【郭注】向水位也。【箋疏】北行者，令歸赤水之北也。

［十五］【郭注】言逐之必得雨，故見先利水道，今之逐魃是也。【箋疏】《藝文類聚》一百卷引《神异經》云：『南方有人，長二三尺，袒身而目在頂上，走行如風，名曰魃。所見之國大旱，赤地千里，一名狢。遇者得之，投溷中乃死，旱災消。』是古有逐魃之説也。《魏書》載咸平五年，晉陽得死魃，長二尺，面頂各二目。《（文獻）通考》言：『永隆元年，

長安獲女魃，長尺有二寸。』然則《神异經》之説，蓋不誣矣。今山西人説旱魃神體有白毛，飛行絶迹；而東齊愚人有打旱魃之事，其説怪誕不經，故備書此正之。

有人，方食魚，名曰深目民之國[一]，昐姓，食魚[二]。有鐘山者，有女子，衣青衣，名曰赤水女子獻[三]。

[一]【新校正】《周書·王會》云：『目深桂。』此釋《海外北經》深目國也。【箋疏】深目國，已見《海外北經》。

[二]【郭注】亦胡類，但眼絶深，黄帝時至也。【廣注】《（路史·）國名記》作目深國，昐作盼，高陽氏之後也。【新校正】此（昐）字《説文》所無，見《玉篇》，云：『日光也。』【箋疏】昐，府文切，見《玉篇》，與滕、荀二字形聲俱近。《（國語·）晉語》説黄帝之子十二姓，中有滕、荀，疑郭本昐作滕或荀。

[三]【郭注】神女也。【箋疏】《穆天子傳》云：『赤烏之人丌好獻女於天子，曰：赤烏氏，美人之地也。』似與此經義合。

大荒之中，有山，名曰融父山，順水入焉[一]。有人，名曰犬戎。黄帝生苗龍，苗龍生融吾，融吾生弄明[二]，弄明生白犬[三]。白犬有牝牡[四]，是爲犬戎，肉食。有赤獸[五]，馬狀無首，名曰戎宣王尸[六]。

[一]【箋疏】上文云『有順山者，順水出焉』，即此。

[二]【郭注】一作卞。【廣注】《史記》正義云：『融吾生并明。』【新校正】藏經本直作卞。

[三]【箋疏】《漢書·匈奴傳》注引此經作弄明，《史記·周本紀》正義引此經作并明。并與卞疑形聲之訛轉。《（史記·）匈奴傳》索隱引此經亦作并明，又云：『黄帝生苗，苗生龍，龍生融，融生吾，吾生并明，并明生白，白生犬。犬有二壯，是

爲犬戎。』所引一人，俱爲兩人，所未詳聞。

[四]【郭注】言白相配合也。【廣注】白犬，黃帝之曾孫，其名若後世犬子、佛狸、虎犰，非狗犬也。又云有牝牡，蓋若今之婆羅門半釋迦具陰陽二體者。應劭書遂以爲高辛犬名槃瓠，妻帝女，生六男六女，自相夫婦。趙氏《説文長箋》亦云：『槃瓠之種，犬也。』其説實衍於此。【箋疏】《史記·周本紀》正義、《漢書·匈奴傳》注引此經并作『白犬有二牝牡』，蓋謂所生二人相爲牝牡也。藏經本作『白犬二犬有牝牡』，下犬字疑衍。

[五]【箋疏】《説文》云：『赤狄，本犬種，從犬，亦省聲。』

[六]【郭注】犬戎之神名也。【廣注】此神獸狀，非真獸也。

有山，名曰齊州之山、君山、鬵山[一]、鮮野山、魚山。有人，一目當面中生[二]，一曰是威姓，少昊之子[三]，食黍。有繼無民[四]。繼無民任姓，無骨子，食氣、魚[五]。

[一]【郭注】（鬵）音潛。

[二]【新校正】『當面中生』四字，舊作本文。據藏經本，是郭注。此釋《海外北經》一目國也。【箋疏】此人即一目國也，見《海外北經》。『當面中生』四字，藏經本作郭注，非。

[三]【箋疏】《（國語·）晋語》云：『青陽與夷鼓，皆爲己姓。』説者云青陽即少昊，是少昊己姓。此云威者，己、威聲相轉。

[四]【新校正】當爲無繼（民）。【箋疏】繼無，疑當爲無繼，即上文無繼子也。

[五]【郭注】言有無骨人也。《尸子》曰：『徐偃王，有筋無骨。』【新校正】此似釋《海外北經》無𦜈國也。【箋疏】食氣魚者，此人食氣兼食魚也。《大戴禮·易本命篇》云：『食氣者，神明而壽。』

西北海外，流沙之東，有國，曰中輪[一]，顓頊之子，食黍。有國，名曰賴丘。有犬戎國[二]。有神[三]，人面獸身，名曰犬戎。

［一］【明案】經文輪字，畢沅本作輪，注曰：『舊本作輪。藏經本作此。』汪紱本作輻，注曰：『輻，一作輪，音偏。』郝懿行本作輪，注云：『輪，《玉篇》云：「符善切。」《集韵》云：「婢善切，音扁。」藏經本輪作輪。』

［二］【箋疏】犬戎國，已見《海内北經》。

［三］【箋疏】犬戎，黄帝之玄孫，已見上文，是犬戎亦人也，神字疑訛。《史記·周本紀》集解引此經正作人字。

西北海外，黑水之汜［一］，有人有翼，名曰苗民［二］。顓頊生驩頭［三］，驩頭生苗民。苗民釐姓［四］，食肉［五］。有山，名曰章山。

［一］【明案】經文汜字，吴任臣本、畢沅本、汪紱本、郝懿行本均作北。

［二］【郭注】三苗之民。【廣注】《神异經》云：『苗民，人形而胑翼，不能飛，爲人饕餮，淫佚而無度，居西北荒。』《述异記》云：『苗氏長齒，上下相冒。』【箋疏】三苗國，已見《海外南經》。《史記·五帝紀》正義引《神异經》云：『西荒中有人焉，面目手足皆人形，而胳下有翼，不能飛，爲人饕餮，淫逸無理，名曰苗民。』引此經文。

［三］【箋疏】驩頭國，亦見《海外南經》。

［四］【箋疏】釐與僖同，説已見上。

［五］【廣注】《路史》：『驩頭以狐功輔繆，亡其國，生三苗氏。』注曰：『《山海經》：顓帝生驩頭。』又云：『鯀妻遺腹生驩頭，驩頭生苗民。故世以苗民顓頊之後果爾。則驩頭爲禹之弟，而苗民，其猶子也。堯試舜時，禹才十歲，何由有弟若侄，暴恣爲亂？且苗民釐姓明甚，而黄帝子姓第七爲釐，苗民爲驩頭之子，驩頭爲帝鴻之後，則驩頭、縉雲之爲釐姓審矣。傳言三苗爲縉雲氏之子，蓋驩頭猶襲縉雲之號也。』【汪存】今苗民多食生肉。

大荒之中，有衡石山、九陰山、灰野之山［一］。上有赤樹，青葉赤華，名曰若木［二］。有牛黎之國[三]。有人無骨，儋耳之子[四]。

[一]【新校正】舊本作洞野，《水經注》、李善注《文選》引此俱作灰。【箋疏】《水經·若水》注、《文選·甘泉賦》及《月賦》注、《藝文類聚》八十九卷引此經，并作灰野之山。

[二]【郭注】生昆侖西附西極，其華光赤下照地。【廣注】《楚辭》：『羲和之未揚，若華何光？』又曰：『折若木以拂日。』《淮南子》曰：『若木在建木西。末有十日，其華照下地。』注云：『若木端有十日，狀如蓮，華光照其下。』《吕覽》云：『菜之美者，若木之華。』揚雄《甘泉賦》云：『飲若木之露英。』張平子賦：『撫若木而躊躇。』阮籍詩：『若木耀四海，扶桑翳瀛洲。』江淹詩：『屬我嵫景半，賞爾若光初。』沈約《遊仙》詩：『若華有餘照，淹留且晞發。』王勃《南郊頌序》：『登若木以照臨。』楊烱《渾天賦》：『扶桑臨於海上，若木照於昆侖。』柳宗元《招海賈文》：『舳艫紛霏兮梢若木。』《（山海經）圖贊》曰：『若木之生，昆侖是濱。朱華電照，碧葉玉津。食之靈智，爲力爲仁。』【箋疏】若，《説文》作叒，云：『日初出東方湯谷，所登榑桑，叒木也，象形。』今案：《説文》所言是東極若木，此經及《海内經》所説乃西極若木，不得同也。《離騷》云：『折若木以拂日。』王逸注云：『若木在昆侖西極，其華照下地。』《淮南（子·）墜形訓》云：『若木在建木西。末有十日，其華照下地。』皆郭注所本也。又《文選·月賦》注引此經若木，下有『日之所入處』五字。《水經·若水》注引此經，若木下有『生昆侖山，西附西極』八字，證以王逸《離騷》注『若木在昆侖西極』，則知《水經注》所引八字，古本蓋在經文，今誤入郭注爾。又郭注『其華光赤下照地』，王逸《離騷》注亦有『其華照下地』五字，以此五證，疑此句亦當在經中，今本誤入注文也。

[三]【廣注】《（路史·）國名記》云：『儋今有黎姥山。』【箋疏】牛黎，蓋即柔利也。其人反膝，曲足居上，故此經云無骨矣。柔利國，見《海外北經》。

[四]【郭注】儋耳，人生無骨子也。【新校正】牛黎國即柔利國也，聲皆相近。此釋《海外北經》文。

西北海之外，赤水之北，有章尾山[一]。有神，人面蛇身而赤[二]，直目正乘[三]，其瞑[四]乃晦，其視乃明[五]，不食、不寢、不息，風雨是謁[六]，是燭九陰[七]，是謂燭龍[八]。

[一]【新校正】此即鐘山。鐘、章音相近。【箋疏】《海外北經》作鐘山，此作章尾山，章、鐘聲近而轉也。《文選》注《雪賦》引此經文，又注《舞鶴賦》引《（海內）十洲記》曰：『鐘山在北海之中地，仙家數千萬，耕田種芝草，課計頃畝也。』即此。

[二]【郭注】身長千里。【廣注】《淮南（子）》云：『人面龍身而無足。』《潛確類書》云：『蛇身而赤，身長千丈。』【新校正】此（郭注）五（四）字，《藝文類聚》引作本文，里字作尺。【箋疏】身長千里，見《海外北經》。《藝文類聚》七十九卷引此四字作經文，里字作尺。今案：四字作經文是也，《海外北經》可證。

[三]【郭注】直目，目從也。正乘，未聞。【廣注】正乘，言其睫不邪也。【新校正】乘，恐朕字假音，俗作眹也。

[四]【箋疏】李善注《思玄賦》引此經作眠，俗字也。

[五]【郭注】言視爲晝，眠爲夜也。

[六]【郭注】言能請致風雨。【新校正】謁，噎字假音。

[七]【郭注】照九陰之幽隱也。

[八]【郭注】《離騷》曰：『日安不到，燭龍何耀？』《詩含神霧》曰『天不足西北，無有陰陽消息，故有龍銜精以往照天門中』云。《淮南子》曰：『蔽於委羽之山，不見天日也。』【補注】三是字，古文法，奇之又奇。【廣注】《（淮南）鴻烈解》曰：『燭龍在雁門北，其神人面龍身而無足。』高誘注云：『龍銜燭以照太陰，蓋長千里。』燭或作逴。《楚辭·大招》曰：『北有寒山，逴龍艴只。』陸時雍注云：『逴龍，當是燭龍。』又《乾坤鑿度》曰：『燭龍行東時肅清，行西時嘔喚，行南時大�，行北時嚴殺。』【汪存】此即所謂鐘山燭陰。【新校正】此似釋《海外北經》鐘山之神也。【箋疏】《楚詞·天問》作『燭龍何照』，郭引照作耀也。李善注《雪賦》引《詩含神霧》云：『有龍銜火精，以照天門中。』此注所引，脱火字也。又引《淮南子》者，《墬形訓》云：『燭龍在雁門北，蔽於委羽之山，不見日。』高誘注云：『委羽，北方山名。一曰龍銜燭以照太陰，蓋長千里。』云云。

海内經[一]第十八

[一]【廣注】《海内經》及《大荒經》本逸在外，羅氏《路史》注引此通作《朝鮮記》。

東經[一]之内，北海之隅，有國，名曰朝鮮[二]、天毒[三]。其人水居，偎人愛之[四]。

[一]【明案】經文東經，明清諸本及《道藏》本多作東海。

[二]【郭注】朝鮮，今樂浪郡也。【廣注】《殊域周咨録》以其在東，朝日鮮明，故名朝鮮。朱國貞《大事記》云：『朝鮮取朝日鮮明之義，高麗亦如之。』前史有曰『丸都，所謂日月兩丸』者，此也。錢溥《朝鮮國志》：『朝鮮有三種，一檀君朝鮮，一箕子朝鮮，一衛滿朝鮮。』考箕子封朝鮮，傳四十一代，至王準凡九百二十八年，而失國於衛滿。準入漢地金馬郡，自立號韓王。又傳二百年，并入高句麗，兼有新羅、百濟。又《學海》云：『朝鮮，後入海者，爲鮮國。』【汪存】朝鮮，在東北海隅，人多水居，此所云是矣。【新校正】此似釋《海内北經》朝鮮也。【箋疏】朝鮮，已見《海内北經》。

[三]【郭注】天毒即天竺國。貴道德，有文書、金銀、錢貨，浮屠出此國中也。晋大興四年，天竺胡王獻珍寶。【釋義】天毒，疑别有意義。郭氏以爲即天竺國。天竺在西域，漢明帝遣使迎佛骨之地，此恐非。【廣注】天毒，《漢書》作天竺，《汲冢周書》作天竹，《（後漢書·）杜篤傳》作天篤，或作天督。《（大唐）西域記》云：『詳夫天竺之稱，舊云身毒，或曰賢豆。今從《正音》，宜云印度。』楊文公《金沙塔記》：『天毒之國，紀於《山經》；竺乾之師，聞於柱史。』《通志略》云：『天竺即捐毒也，去長安九千八百六十里，王治衍敦谷，北與烏孫接。』【汪存】天毒，一名身毒，一名天竺，即西方佛國，今在雲南之西、葱嶺之南。而此以與朝鮮并言，誤矣。【新校正】《史記·大宛傳》有身毒國。（正義引）徐廣云：

『身或作乾，又作訖。』索隱曰：『身，音乾；毒，音篤。孟康云：即天竺也，所謂浮圖胡也，在月氏東南數千里。』萬震《南州志》云：『地方三萬里，佛道所出。其國王居城郭殿，皆雕文刻鏤；街曲市里，各有行列。左右諸大國凡十六，皆共奉之，以天地之中也。』【箋疏】《（史記·）大宛傳》説身毒云：『其人民乘象以戰，其國臨大水焉。』《後漢書·西域傳》云：『天竺國，一名身毒。其國臨大水，修浮圖道，不殺伐。』《水經注》引康泰《扶南傳》曰：『天竺土俗，道法流通，金寶委積，山川饒沃，恣所欲。』大意與郭注同也。

［四］【郭注】偎亦愛也，音隱隈（反）。【廣注】言其風俗柔善，以兼愛爲教也。又《韵會》曰：『北海之隅有國，曰偎人。』以偎人爲國名，未識所據。【汪存】偎亦愛也。言朝鮮之俗愛人而人亦愛之也。或曰偎當作倭，言其國近倭而倭人愛之。【新校正】《列子》云：『列姑射山有神人，不偎不愛，仙聖爲之使。』亦此義也。【箋疏】愛之，藏經本作愛人，是也。《列子》云：『列姑射山有神人，不偎不愛，仙聖爲之臣。』義正與此合。袁宏《漢紀》云：『浮屠，佛也。天竺國有佛道，其教以修善慈心爲主，不殺生。』亦此義也。《玉篇》云：『偎，愛也。』本此。又云：『北海之隈，有國曰偎人。』以偎人爲國名，義與此异。

西海之内，流沙之中，有國，名曰壑市［一］。

［一］【郭注】（壑）音郝。【廣注】《水經注》：『流沙又徑北渚，歷壑市之國。』【新校正】《水經注》云：『流沙在西海郡北，又徑浮渚，歷壑市之國。又徑于鳥山之東朝雲國西，歷昆山西南，出於過瀛之山。』

西海之内，流沙之西，有國，名曰氾葉［一］。

［一］【郭注】音如氾濫之氾。【汪存】氾葉，疑與梵葉同，即天竺國也。上節天毒二字，當在此下。【箋疏】《水經注》無此國，疑脱。

流沙之西，有鳥山者[一]，三水出焉[二]。爰有黄金、璿瑰、丹貨、銀、鐵，皆流于此中[三]。又有淮山，好水出焉。

[一]【箋疏】《水經注》云：『流沙歷壑市之國，又徑於鳥山之東。』

[二]【郭注】三水同出一山也。

[三]【郭注】言其中有雜珍奇寶也。【汪存】流，聚也。【箋疏】皆流於此中，藏經本作『皆出此水』四字。《穆天子傳》云：『天子之珤，玉果、璿珠、燭銀、黄金之膏。』即此類。

流沙之東，黑水之西，有朝雲之國[一]、司彘之國。黄帝妻雷祖[二]，生昌意[三]。昌意降處若水[四]，生韓流[五]。韓流擢首、謹耳[六]、人面、豕喙[七]、麟身、渠股[八]、豚止[九]，取淖子曰阿女[十]，生帝顓頊[十一]。

[一]【廣注】《水經注》：『流沙又徑于鳥山之朝雲國。』楊慎《均藻》云：『鳥山之東，有朝雲國。』

[二]【新校正】《史記》作嫘祖，徐廣曰：『祖，一作俎。』正義曰：『一作傫。』《(漢書·)古今人表》作絫。

[三]【郭注】《世本》云：『黄帝娶於西陵氏之子，謂之累祖，產青陽及昌意。』【廣注】《氏族源流》云：『黄帝元妃西陵氏謂之嫘祖，生子三人，曰昌意、玄囂、龍苗。』【箋疏】雷，姓也；祖，名也。西陵氏，姓方雷。故《(國語·)晋語》云：『青陽，方雷氏之甥也。』雷，通作纍。郭引《世本》作纍祖，《大戴禮·帝繫篇》作嫘祖，《史記·五帝紀》同，《漢書·古今人表》作絫祖，并通。

[四]【廣注】《史記》索隱云：『降，下也。言帝子爲諸侯。』又《路史》：『昌意爲黄帝震適，遜居若水。』注云：『遜，謂降封

之。若，即江之下流，在蜀。』《（路史·）國名記》云：『（昌意國）今越嶲之臺登。《盟會圖疏》以爲都。』《九州要記》曰：『臺登縣有如諾川、鸜鵒山。黑水之間，若水出其下。』即斯水也，在今四川黎州。【新校正】若水在蜀，即所封國也。《水經》曰：『水出旄牛徼外，東南至故關爲若水。』【箋疏】《大戴禮·帝繫篇》與此同。《史記》索隱云：『降，下也。言帝子爲諸侯。若水在蜀，即所封國也。』

［五］【郭注】《竹書（紀年）》云：『昌意降居若水，産帝乾荒。』乾荒即韓流也，生帝顓頊。【廣注】《氏族源流》云：『昌意姬姓，生子三人，長曰乾荒，次曰安，季曰悃。』又《華陽國志》言昌意娶蜀山氏之女，生子帝嚳，非是。【新校正】韓、乾聲相近，流即㐬字，字之誤也。【箋疏】《竹書（紀年）》帝乾荒，蓋即帝顓頊也。此經又有韓流生顓頊，與《竹書（紀年）》及《大戴禮》、《史記》皆不合，當在闕疑。郭氏欲以此經附合《竹書（紀年）》，恐非也，詳見《大荒東經》。

［六］【郭注】擢首、長咽、謹耳，未聞。【廣注】《路史》：『顓頊亦擢首而謹耳。』注：『謹耳，小耳也。』【新校正】《説文》云：『顓，頭專專謹也。』此文云云，疑顓頊所以名，以似其父與？【箋疏】《説文》云：『顓，頭顓顓謹皃。』頭顓顓謹皃，即謹耳之義，然則顓頊命名，豈以頭似其父故與？《説文》又云：『擢，引也。』《方言》云：『擢，拔也。』拔引之則長，故郭訓擢爲長矣。

［七］【箋疏】《韓詩外傳》姑布子卿説孔子云：『汙面葭喙。』葭，蓋與豭通，即豕喙也。

［八］【郭注】渠，車輞，言跰脚也。《（尚書）大傳》曰：『大如車渠。』【汪存】渠肱（股），大臂也。【箋疏】跰，當爲胼；依字，當爲骿，見《説文》。《尚書大傳》云：『取大貝，大如大車之渠。』鄭康成注云：『渠，車罔也。』是郭注所本。

［九］【郭注】止，足。【廣注】《黄帝祠額解》云：『韓流，馮夷，三面一臂，豕喙豚趾。』【汪存】止，足趾也。【箋疏】止，即趾也。《（儀禮·）士昏禮》云：『皆有枕北止。』鄭注云：『止，足也。』古文趾作止。又《漢書·郊祀歌》云：『獲白麟爰五止。』顔師古注亦訓止爲足也。

［十］【汪存】《世本》：『顓頊之母，濁山氏之子名昌僕。』然則淖子之淖字，當與濁同。【新校正】淖，即濁字，古用淖也。《帝王世紀》云：『顓頊母曰景僕，蜀山氏女，爲昌意正妃，謂之女樞，生顓頊於若水。』見《初學記》。

［十一］【郭注】《世本》云：『顓頊母，濁山氏之子，名昌僕。』【廣注】《蜀國春秋》云：『昌意娶蜀山氏女曰景嬕，生乾荒。乾荒娶蜀山氏曰樞，是爲河女，所謂淖子也，生顓頊。』《冠編》曰：『淖子感瑶光貫月之祥，於幽房而生顓頊。』【汪存】

自黄帝以下，與上文二國似不屬，意者謂朝雲、司彘皆顓頊後歟？【箋疏】《大戴禮·帝繫篇》云：『昌意娶於蜀山氏之子，謂之昌僕氏，産顓頊。』郭引《世本》作濁山氏，濁、蜀古字通。濁又通淖，是淖子即蜀山子也。曰阿女者，《初學記》九卷引《帝王世紀》云：『顓頊母曰景僕，蜀山氏女，謂之女樞是也。』

流沙之東，黑水之間，有山，名不死之山[一]。華山青水之東，有山，名曰肇山。有人，名曰柏高[二]。柏高上下於此，至于天[三]。

[一]【郭注】即員丘也。【廣注】《水經注》：『流沙又歷員丘不死之西。』指此山也。【箋疏】《水經注》云：『流沙又歷員丘不死山之西。』郭知不死山即員丘者，員丘山上有不死樹，食之乃壽，見《海外南經》注。

[二]【郭注】柏子高，仙者也。【廣注】《路史》：『堯治天下，柏成子皋立爲諸侯。禹時，柏成子皋辭爲諸侯。』而又注云：『一作子高。』《真靈位業圖》曰：『柏成子高，湯時退耕，修步綱之道。』《通變經》曰：『老子言：自開闢以來，千二百變。後世得道，柏成子皋是矣。』【新校正】柏高，當即伯僑。司馬相如賦：『厮征伯僑。』揚雄賦：『方征僑。』李善注曰：『姓征，名僑也。』索隱注《史記》正伯喬云：『古仙人。』【箋疏】據郭注，經文當爲柏子高，藏經本正如是，今本脱子字也。《莊子·天地篇》云：『堯治天下，伯成子高立爲諸侯。禹時，伯成子高辭爲諸侯而耕。』《史記·封禪書》說神仙之屬有羨門子高，未審即一人否？又郭注《穆天子傳》云：『古伯字多從木。』然則柏高即伯高矣。伯高者，《管子·地數篇》有『黄帝問於伯高』云云，蓋黄帝之臣也。帝乘龍鼎湖而伯高從焉，故高亦仙者也。

[三]【郭注】言翱翔雲天，往來此山也。【注存】言柏高常往來於此。

西南黑水之間，有都廣之野[一]，后稷葬焉[二]。爰有膏菽、膏稻、膏黍、膏稷[三]，百穀自生[四]，冬夏播琴[五]，鸞鳥自歌，鳳鳥自儛，靈壽實華[六]，草木所聚[七]。爰有百獸，相群爰處[八]。此草也[九]，冬夏不死[十]。

［一］【箋疏】《海内西經》云：『后稷之葬，山水環之，在氐國西。』其地蓋在今甘肅界也。《（國語・）魯語》云：『稷勤百穀而山死。』韋昭注云：『死於黑水之山。』《淮南（子・）墬形訓》云：『南方曰都廣，曰反户。』高誘注云：『都廣，國名。山在此國，因復曰都廣山。在日之南，皆爲北鄉户，故反其户也。』《墬形訓》又云：『后稷隴在建木西。』又云：『建木在都廣。』高誘注云：『都廣，南方山名。』《史記・周本紀》注引此經，作『黑水青水之間，有廣都之野』，與今本异。又作《大荒經》，誤。

［二］【郭注】其城方三百里，蓋天下之中，素女所出也。《離騷》曰：『絶都廣野而直指號。』【補注】此蓋郭璞別以异聞增入之也。黑水廣都，今之成都也。素女在青城天谷，今名玉女洞。【廣注】《事物紺珠》云：『都廣在西南方，乃天地之中。』又：『八紘南，爲都廣、反户。』《淮南子》曰：『徑躡都廣，入日抑節。』《（帝王）世紀》云：『后稷死於黑水潰者之野。』《路史》注：『稷以癸巳日薨於黑水之山，葬廣都之野，冢去中國三千里。』【汪存】即崒山稷澤也。【新校正】『其城方三百里』已下十六字，舊本是郭注。案：王逸《楚辭章句》引此有『其城方三百里，蓋天下之中』十一字，逸後，漢人則爲本文無疑。沅又曰：此釋《海内西經》后稷之葬也。沅又曰：皇甫謐云：『后稷冢，去中國三萬里。』見《史記》集解，疑太遠，非也。【箋疏】《楚詞・九嘆》云：『絶都廣以直指兮。』郭引此句於都廣下衍野字，又作直指號。號即兮字之訛也。王逸注引此經，有『其城方三百里，蓋天地之中』十一字，是知古本在經文，今脱去之而誤入郭注也。因知『素女所出也』五字，王逸注雖未引，亦必爲經文無疑矣。素女者，徐鍇《説文繫傳》云：『黄帝使素女鼓五十弦琴。黄帝悲，乃分之二十五弦。』今案：黄帝，《史記・封禪書》作太帝，《風俗通》亦云『《黄帝書》：泰帝使素女鼓瑟而悲，帝禁不止』云云。然則素女，蓋古之神女，出此野中也。又郭注天下之中，當爲天地之中。

［三］【郭注】言味好，皆滑如膏。《（春秋）外傳》曰：『膏粢之子，菽、豆、粢、粟也。』【補注】嘉穀之米，炊之皆有膏。【汪存】即所謂玉膏也。【新校正】（菽）當爲尗。【箋疏】趙岐注《孟子》云：『膏粱，細粟如膏者也。』郭注味好，藏經本作好米。又引《（春秋）外傳》『膏粢之子』，《（國語・）晋語》作『膏粱之性』，與此异，文所未詳。

［四］【補注】檕，今本誤改作穀，《齊民要術》所引可證。【廣注】檕即馨字。陳禹謨曰：『后稷之生也，誕降嘉種；其没也，墓生百穀，可謂與樹藝相終始矣。蓋帝命率育，良非偶也。』【箋疏】劉昭注《（後漢書・）郡國志》引《博物記》云：

『扶海洲上有草名𦰴，其實食之如大麥。從七月稔熟民斂獲，至冬乃訖，名曰自然谷，或曰禹餘糧。』即此之類。楊慎《（山海經）補注》云《齊民要術》引此作百槃自生，云槃即磬字。此言非也，槃蓋穀字之訛，古無此字。《論衡·偶會篇》云：『祿惡，殖不滋之槃。』是也，其字從殸從禾，不從木。

[五]【郭注】播琴，猶播殖，方俗言耳。【廣注】琴疑栞字之訛，言樹寂而薙草也。又虞汝明《古琴疏》曰：『素女播都廣之琴，温風冬飄，素雪夏零，鸞鳥自鳴，鳳鳥自舞，靈壽自華。』與經文略同，是直以爲琴瑟之琴也。【新校正】播琴，播種也。《水經注》云：『楚人謂冢爲琴。』冢、種聲相近也。【箋疏】劉昭注《（後漢書·）郡國志》鮦陽引《皇覽》曰：『縣有葛陂鄉，城東北有楚武王冢，民謂之楚武王岑。』然則楚人蓋謂冢爲岑。岑、琴聲近，疑初本謂之岑，形聲訛轉爲琴耳。

[六]【郭注】靈壽，木名也，似竹，有枝節。【廣注】《漢書·孔光傳》：『賜太師靈壽杖。』孟康注：『扶老杖也。』服虔曰：『靈壽，木名，似竹有節，長不過八九尺。』庾仲雍《山水記》：『巴鄉酒村側有谿，谿中多靈壽木。』常璩《華陽國志》：『水道有東陽、下瞿數灘，山有靈壽木及橘柚也。』《玄覽》云：『涪陵有靈壽之木。』《游氏臆見》云：『靈壽木，不煩削治，可以扶老。』李時珍以爲即椐樻云。【汪存】靈壽，木名，宜爲杖。此段韵語。【箋疏】《爾雅》云：『椐樻，即靈壽也。』《詩》釋文引《毛詩草木疏》云：『節中腫，似扶老。即今靈壽是也。』今人以爲馬鞭及杖，弘農共北山皆有之。《漢書·孔光傳》云：『賜太師靈壽杖。』顏師古注云：『木似竹，有枝，節長不過八九尺，圍三四寸，自然有合杖制，不須削治也。』

[七]【郭注】在此叢殖也。

[八]【郭注】於此群聚。

[九]【箋疏】此草，猶言此地之草，古文省耳。

[十]【廣注】《（山海經）圖贊》曰：『都廣之野，珍怪所聚。爰有膏穀，鸞歌鳳舞。后稷托終，樂哉斯土。』

南海之内，黑水、青水之間[一]，有木，名曰若木[二]，若水出焉[三]。有禺中之國[四]，有列襄之國。

有靈山，有赤蛇在木上，名曰蝡蛇，木食[五]。

[一]【箋疏】《水經·若水》注引此經無青水二字。

[二]【郭注】樹赤華青。【廣注】庾信《齊王憲碑》：「若木一枝，旁蔭數國。」【箋疏】《大荒北經》説若木云：「赤樹青葉赤華。」此注華，蓋葉字之訛。

[三]【廣注】《郡縣釋名》曰：「賓川州東北有金沙江，《山海經》所謂若水也。」【新校正】《水經注》云：「若木之生，非一所也。黑水之間，厥木所植。水出其下，故水受其稱焉。」又《水經》云：「若水出蜀郡旄牛徼外，東南至故關爲若水也。」劉昭注《（後漢書·）郡國志》旄牛云：「《華陽國志》曰：邛崍有鮮水、若水，一名洲江。」【箋疏】《（漢書·）地理志》云：「蜀郡旄牛。鮮水出徼外，南入若水。若水亦出徼外，南至大筰入繩。」《水經》云：「若水出蜀郡旄牛徼外，東南至故關爲若水。」注云：「若水之生，非一所也。黑水之間，厥木所植，水出其下，故水受其稱焉。」

[四]【廣注】《路史》注：「若水之間，地當川蜀，在西南方，此禺中之名所由立。」

[五]【郭注】言不食禽獸也，音如耎弱之耎。【廣注】《讀書通》曰：「輭，通作蝡。」【汪存】不螫人，不傷物也。【箋疏】《大荒南經》云：「宋山，有赤蛇，名育蛇。」但此在木上爲异。

有鹽長[一]之國。有人焉，鳥首，名曰鳥氏[二]。有九丘[三]，以水絡之[四]，名曰陶唐[五]之丘。有叔得之丘[六]、孟盈之丘[七]、昆吾之丘[八]、黑白之丘、赤望之丘、參衛之丘、武夫之丘[九]、神民之丘[十]。有木，青葉紫莖，玄華黄實，名曰建木[十一]，百仞無枝。有九欘[十二]，下有九枸[十三]。其實如麻[十四]，其葉如芒[十五]，大皞爰過[十六]，黄帝所爲[十七]，有窫窳，龍首，是食人[十八]。有青獸，人面[十九]，名曰猩猩[二十]。

[一]【箋疏】《太平御覽》七百九十七卷引作監長，「有」上有「西海中」三字。藏經本亦作監長。《北堂書鈔》一百五十七卷引與今本同。

[二]【郭注】今佛書中有此人，即鳥夷也。【廣注】《冠編》云：「太昊帝咸鳥，一曰帝鳥，是曰鳥氏。」又云：「黄帝封風后於

任，錫之己姓爲帝。咸鳥之後，於鹽長之國以祟太昊之祀。」即斯地也。【汪存】佛書中有此人，蓋亦近天竺之國也。【箋疏】鳥氏，《（太平）御覽》引作鳥民，今本氏字訛也。鳥夷者，《史記·夏本紀》及《（漢書·）地理志》并云：「鳥夷皮服。」《大戴禮·五帝德篇》云：「東有鳥夷。」是也。又《秦本紀》云：「大費生子二人，一曰大廉，實鳥俗氏。」索隱云：「以仲衍鳥身人言，故爲鳥俗氏。」亦斯類也。

[三]【廣注】《冠編》：「帝咸鳥元歷襲太昊，有九丘。」【箋疏】《北堂書鈔》引有上有地繚二字，與鳥民連文。

[四]【郭注】絡，猶繞也。【箋疏】《文選·游天台山賦》及《景福殿賦》注引此注并云：「絡，繞也。」

[五]【郭注】陶唐，堯號。

[六]【箋疏】《（北堂）書鈔》引叔上有升字。

[七]【廣注】《路史》作蓋盈，古天子號也。《循蜚紀》：「蓋盈氏，若水之間，禺中之地，有蓋盈之丘，是其墟也。」王氏《補衍》亦云：「蓋盈氏出若水。」【箋疏】叔得、孟盈、蓋皆人名號也。孟盈，或作蓋盈，古天子號。

[八]【郭注】此山出名金也。《尸子》曰：「昆吾之金。」【廣注】《淮南子》：「昆吾丘在南方。」注云：「祝融之孫，陸終之子，爲夏伯。」又曰：「日出於扶桑，對於昆吾。」梁元帝《職貢圖序》：「逾空桑而歷昆吾。」謂此也。【箋疏】昆吾之山，已見《中次二經》。此經昆吾，古諸侯號也。《大戴禮·帝繫篇》云：「陸終産六子，其一曰樊，是爲昆吾。」

[九]【郭注】此山出美石。【廣注】碔砆。【箋疏】《南次二經》會稽之山，其下多砆石。郭注云：「砆，武夫石，似玉。」是也。

[十]【郭注】言上有神人。【廣注】《冠編》：「二十二姓紀有神民氏，都於神民之丘。」王文録《補衍》云：「神民氏，居神民丘，三百歲。」《潛夫論》云：「天地開闢（爰）有神民，氏（民）神异業精氣通（行）。」一日（曰）神民氏。《春秋命歷叙》云：「神皇氏駕六蜚鹿，政教百歲。」即此。【箋疏】《文選·游天台山賦》注引此經作神人之丘，《（北堂）書鈔》仍引作神民。以郭注推之，似民當爲人。

[十一]【釋義】九丘，建木，荒遠莫考。【廣注】《游氏臆見》曰：「建木在西方水濱，鹽長之國，九丘之上，青葉黄實，紫莖玄華。建木之下，日中無景，呼而無響。」梁簡文（帝）《大法頌》曰：「游經建木，巡指盛唐。」指此耳。【新校正】此似釋《海内南經》建木也。【箋疏】《海内南經》云：「建木在弱水上。」郭注本此經爲説。

[十二]【郭注】枝回曲也，音如斤斸之斸。【廣注】盧柟《放招賦》：「建木九欘，葉繽繙且。」【汪存】欘，音逐。【箋疏】《玉

篇》云：『欘，枝上曲。』本此。藏（經）本經文枝下有上字，今本脱也。

[十三]【郭注】根盤錯也。《淮南子》曰：『大木則根欋。』（枸）音劬。【箋疏】（郭注）見《淮南（子・）説林訓》篇。欋、枸音同。

[十四]【郭注】似麻子也。

[十五]【郭注】芒，木似棠梨也。【箋疏】芒木如棠，赤葉，可毒魚，出蔆山，見《中次二經》。

[十六]【郭注】言庖羲於此經過也。【箋疏】庖羲生於成紀，去此不遠，容得經過之。

[十七]【郭注】言治護之也。

[十八]【郭注】在弱水中。【廣注】盧柟《放招賦》：『窫窳龍首，甘人呑且。』【新校正】此似釋《海内南經》窫窳也。【箋疏】窫窳居弱水中，已見《海内南經》。

[十九]【箋疏】郭注《海内南經》云：『狌狌，狀如黄狗。』此經云青獸人面，與郭异。《太平御覽》九百八卷引此經，無青獸二字，蓋脱。《藝文類聚》九十五卷引作有獸，無青字，當是今本青字衍也。

[二十]【郭注】能言。【廣注】李時珍《本草（綱目）》云：『古之説猩猩者如豕如狗，今之説猩猩者與狒狒不相遠，似後世所謂野女野婆者，豈即一物耶？』唐蒙《博物記》云：『日南有野女群行覓夫，其狀白色，偏體無衣襦。』周密《（齊杌）野語》云：『野婆出南丹州，黄髮椎髻，裸形跣足。腰間剖之，有印方寸，瑩若蒼玉，文類符篆。』《（山海經）圖贊》曰：『能言之獸，是謂猩猩。厥狀似猴，號音若嬰。自然知往，頗測物情。』【新校正】此似釋《海内南經》猩猩知人名也。【箋疏】《呂氏春秋・本味篇》云：『肉之美者，猩猩之脣。』高誘注云：『猩猩，獸名也，人面狗軀而長尾。』案：狌狌知人名，見《海内南經》。猩猩能言，見《（禮記・）曲禮》。

西南有巴國[一]。大皞[二]生咸鳥，咸鳥生乘釐[三]，乘釐生後照[四]。後照是始爲巴人[五]。有國，名曰流黄辛氏[六]。其域中方三百里[七]，其出是塵土[八]。有巴遂山，澠水出焉[九]。又有硃卷[十]之國。有黑蛇，青首，食象[十一]。

［一］【郭注】今三巴是。

［二］【箋疏】《列子·黄帝篇》云：『庖犧氏，蛇身人面，而有大聖之德。』《帝王世紀》云：『大皞母曰華胥，履大人迹於雷澤，而生庖犧於成紀。』《（漢書·）地理志》云：『天水郡成紀。』

［三］【廣注】《冠編》：『咸鳥即烏明，太昊之震子也，子乘釐。』陶潛《群輔録》：『烏明主建福。』亦斯人也。《華陽（國）志》云：『伏羲生咸鳥，咸鳥生乘釐，是司水土。』

［四］【箋疏】《太平御覽》一百六十八卷引此經照作昭。

［五］【郭注】爲之始祖。【廣注】《路史》：『帝後照支子顧相降處於巴。巴東至魚腹，西連僰道，北接漢中，南極牂牁。後巴滅，巴子丑（五）季流於黔而君之，生黑穴四姓。』《蜀志》云：『巴人五子爲五姓，有巴氏、樊氏、曋氏、相氏、鄭氏。』《（元和）郡縣志》：『渝州，古巴國也。閬、白二水東南流，曲折如巴字，故謂之巴。』《左傳》注：『巴國在巴郡江州縣。武王伐殷，巴人助焉。後封爲巴子。』《（周書·）王會篇》：『巴人以比翼鳥。』

［六］【郭注】即酆氏也。【新校正】此似釋《海内西經》流黄酆氏也。【箋疏】《海内西經》云流黄酆氏之國，即此。又《南次二經》云：『櫃山，西臨流黄。』亦此也。

［七］【廣注】《冠編》云：『帝咸鳥建福於民，功豐德隆，是曰豐隆。初國於流黄酆，其域中方三百里。』

［八］【郭注】言殷盛也。【補注】出是塵土，言其地清曠無囂埃也。【箋疏】塵坌出是國中，謂人物喧闐也。藏經本域字作城，出字上下無其是二字。

［九］【廣注】《水經注》：『大度水經越巂大筰縣入繩，南流分爲二。其一東經廣柔縣注於江，其一南徑旄牛道，至大筰與若水合。自下通謂之繩水矣。』即斯水也。澠，酈氏引經作繩。【汪存】巴中有遂寧縣，蓋取此。【箋疏】《水經·若水》注云：『繩水出徼外。』引此經亦作繩水。《（漢書·）地理志》云：『蜀郡旄牛，若水出徼外，南至大筰入繩。』即斯水也。

［十］【汪存】硃卷，疑即朱提也，音殊匙。

［十一］【郭注】即巴蛇也。【汪存】以上數條，大略皆川、貴間國。【新校正】此似釋《海内南經》巴蛇也。【箋疏】巴蛇，已見《海内南經》。

南方有贛巨人[一]，人面、長臂[二]、黑身、有毛、反踵，見人笑亦笑[三]，脣蔽其面，因即逃也[四]。

又有黑人，虎首鳥足，兩手持蛇，方啗之[五]。

[一]【郭注】即梟陽也，（贛）音感。【新校正】《太平寰宇記》云：『太和縣贛石山有山都獸，似人形。』《异物志》云：『大山窮谷之間有山都，人不知其流緒所出，髮長五寸而不能結，裸身，見人便走避之，種類疏少，曠野一見，然則自有男女焉。』即此也。【箋疏】梟陽國，已見《海内南經》。今南康人説深山中亦有此物也。

[二]【箋疏】臂，當爲脣字之訛，見《海内南經》。

[三]【箋疏】當依古本作見人則笑，説見《海内南經》。牟廷相曰：『亦古掖字，言見人則笑而掖持之也。下笑字屬下句讀。』懿行案：此讀可通，而於《海内南經》之文微閡，姑存之以備一解。

[四]【新校正】此似釋《海内南經》梟陽國也。【箋疏】藏經本即作可。

[五]【補注】今南中有夷名娥昌，其人手持蛇啗之。其採樵歸，籠中捕蛇數十，蛇亦不能去，不知何術也，疑即此類。【廣注】《事物紺珠》曰：『其人虎首，持兩蛇啖之，出巴遂山。』即此也。

有嬴民[一]，鳥足。有封豕[二]。有人，曰苗民[三]。有神焉，人首蛇身，長如轅[四]，左右有首[五]，衣紫衣，冠旃冠，名曰延維[六]，人主得而饗食之，伯天下[七]。有鸞鳥自歌，鳳鳥自儛。鳳鳥，首文曰德，翼文曰順，膺文曰仁，背文曰義，見則天下和[八]。又有青獸，如菟，名曰𡿪狗[九]。有翠鳥[十]，有孔鳥[十一]。

[一]【郭注】（嬴）音盈。

［二］【郭注】大猪也，羿射殺之。【廣注】《冠編》：『羿禽封豕於桑林。』梁元帝《玄覽賦》云：『戮滔天之封豕，斬横海之長鯨。』《（山海經）圖贊》曰：『有物貪婪，號曰封豕。薦食無厭，肆其殘毁。羿乃飲羽，獻帝效伎。』【新校正】《淮南子》云：『堯之時，封豨爲民害。堯乃使羿禽封豨於桑林。』【箋疏】《楚詞·天問》云：『馮珧利決，封豨是射。』王逸注云：『封豨，神獸也。言羿獵射封豨，以其肉膏祭天地。』《淮南（子·）本經訓》云：『堯之時，封豨爲民害。堯乃使羿，禽封豨於桑林。』是皆郭所本也。然大猪所在皆有，非必即羿所射者。《初學記》及《藝文類聚》引《符子》曰：『有獻燕昭王大豕者，邦人謂之豕仙。死而化爲魯津伯。』又《（三國志·）吴志》云：『孫休永安五年，使察戰到交阯，調孔爵大猪。』斯皆封豕之類也。

［三］【郭注】三苗民也。

［四］【郭注】大如車轂，澤神也。

［五］【郭注】峻頭。【明案】郭注峻頭，明清諸本多作歧頭。

［六］【郭注】委蛇。【廣注】野有方皇，澤有委蛇。二神皆如蛇，兩頭。《東京賦》注云：『委蛇，大如車轂。』《（琅琊）代醉編》曰：『南方神名延維。』《事物紺珠》曰：『委蛇紫衣朱冠，聞雷車之聲，則捧其首而去。』又《禮含文嘉》曰：『兩頭蛇名天根。』《白澤圖》云：『故澤之精名曰冕，其狀如蛇身，兩頭。』《廣博物志》曰：『山中見大虵冠幘者，名曰升卿，呼其名則吉。』《（山海經）圖贊》曰：『夔稱一足，蛇則二首。少不知無，多不覺有。雖資天然，無异駢拇。』

［七］【郭注】齊桓公出田，於大澤見之，遂霸諸侯。亦見《莊周》，作朱冠。【汪存】食，音飼。此澤神也。《管子》、《莊子》俱作委蛇，齊桓公大澤見之。旃，《莊子》作朱。案：通帛曰旃，亦朱色也。【箋疏】《莊子·達生篇》云：『委蛇，其大如轂，其長如轅，紫衣而朱冠。其爲物也惡，聞雷車之聲，則捧其首而立，見之者殆乎霸也。』

［八］【郭注】言和平也。【廣注】《論語摘衰聖》曰：『鳳有六象：一曰頭像天，二曰目像日，三曰背像月，四曰翼像風，五曰足像地，六曰尾像緯。有九苞：一曰口苞命，二曰眼含度，三曰目總達，四曰舌詘伸，五曰色彩光，六曰冠矩周，七曰距鋭鈎，八曰音激揚，九曰腹文户。行鳴曰歸嬉，止鳴曰提扶，夜鳴曰善哉，晨鳴曰賀世，飛鳴曰郎都。』【箋疏】鳳狀，已見《南次三經》丹穴之山，與此小异。

［九］【郭注】（菌）音如朝菌之菌。【廣注】《事物紺珠》云：『菌狗如兔，青色。』《駢雅》曰：『菌狗，兔屬也。』【箋疏】菌，

蓋古菌字，其上從屮，即古文艸字也。如芬薰之字，今皆從草，古從屮，作芬㷀字，是其例也。菌狗者，《周書·王會篇》載《伊尹四方令》云：『正南以菌鶴短狗爲獻。』疑即此物也。

[十]【箋疏】《爾雅》云：『翡，翠。』《（周書·）王會篇》云：『倉吾翡翠。』王逸注《楚詞·招魂》云：『雄曰翡，雌曰翠。』李善注《鷦鷯賦》引《异物志》曰：『翡赤色，大於翠。』劉逵注《蜀都賦》云：『翡翠常以二月、九月群翔興古千餘。』又注《吴都賦》云：『翡翠巢於樹巔生子，夷人稍徙下其巢，子大未飛，便取之，皆出於交阯、鬱林南。』

[十一]【郭注】孔雀也。【廣注】《（周書·）王會解》：『方人以孔雀。』《爾雅翼》云：『孔雀生南海，尾凡七年而後成，長六七尺，展開如車輪，金翠斐然。始春而生，至三四月後雕，與花蕚同榮衰。』《春秋元命苞》曰：『火離爲孔雀。』《續漢書》曰：『南蠻西域，俱出孔雀。』《吴地里志》曰：『交阯西子縣産孔雀，郡内朱崖皆有之。』張璠《漢紀》云：『條支出師子、孔雀。』《南越志》曰：『義寧縣杜山多孔雀，爲鳥不必疋合，以音影相接有孕。』《五侯鯖》云：『孔雀出條支，又出滇南，因雷而孕。』【汪存】翠出廣中。孔雀出欽、廉之間，玄身緑尾，尾長尺餘，端有圈如太極之圖，金碧有光，頭小足高，首有毛勝。【箋疏】《（周書·）王會篇》云：『方人以孔鳥。』劉逵注《蜀都賦》云：『孔雀特出永昌南涪縣。』又注《吴都賦》云：『孔雀，尾長六七尺，緑色有華彩，朱崖、交阯皆有之，在山草中。』案：《（三國志·）吴志》云：『孫休使察戰到交阯調孔爵。』

南海之内，有衡山[一]，有菌山[二]，有桂山[三]。有山，名三天子之都[四]。

[一]【郭注】南岳。【汪存】在衡州府衡山縣，綿亘五百里。【箋疏】郭注《中次十一經》衡山云：『今衡山在衡陽湘南縣，南岳也，俗謂之岣嶁山。』宜移注於此。衡陽郡湘南，見《晋書·地理志》。

[二]【郭注】音芝菌（之菌）。【廣注】《真誥》曰：『句曲之山有名菌山，此山至佳。』注云：『山形當如菌孤立。亦或是困倉之囷，形如囷也。』【汪存】菌亦桂也。廣西桂林有紫金山，其桂天下稱最，今則鮮有矣。所謂菌山、桂山，大抵其境也。

【箋疏】菌即芝菌之字，何須用音？知郭本經文不作菌，疑亦當爲菌字，見上文。

[三]【郭注】或云衡山有菌桂。桂員似竹，見《（神農）本草》。【箋疏】劉逵注《蜀都賦》引《神農本草經》曰：『菌桂出交阯，圓如竹，爲衆藥通使。』

[四]【郭注】一本三天子之鄣山。【新校正】藏經本無郭傳，直作三天子之鄣。此似釋《海内南經》三天子鄣山也。【箋疏】注一本下當脱作字或云字。三天子鄣山，已見《海内南經》。

南方蒼梧之丘[一]、蒼梧之淵[二]。其中有九嶷[三]山，舜之所葬，在長沙零陵界中[四]。北海之内，有蛇山者[五]，蛇水出焉，東入于海。有五彩之鳥，飛蔽一鄉[六]，名曰翳鳥[七]。又有不距之山，巧倕[八]葬其西。

[一]【廣注】《逸周書》作倉吾。《東華真人煮石經》云：『舜嘗登蒼梧之山，曰：厥金玉之香草，朕用偃息正道。』

[二]【新校正】章懷太子（李）賢注《後漢書》引此作川。【箋疏】李善注《思玄賦》及李賢注《後漢書》及《藝文類聚》引此經并作川，蓋避唐諱也。

[三]【郭注】（疑）音疑。

[四]【郭注】山今在零陵營道縣南，其山九谿皆相似，故云九疑。古者總名其地爲蒼梧也。【廣注】元結《九疑山圖記》：『九疑山方二十餘里，世稱九峰相似，望而疑之。亦云舜望九峰，疑禹而悲。從臣有作《九悲之歌》，因謂之疑。』羅含《湘中記》云：『衡山九疑，有舜廟，遥望衡山如陣云。沿湘千里，九向九背，乃不復見。』《（後漢書・）郡國志》曰：『九疑山九峰，一曰丹朱峰，二曰石城峰，三曰樓峰，四曰娥皇峰，五曰舜原峰，六曰女英峰，舜墓於此，七曰簫韶峰，八曰紀峰，九曰紀林峰。』《集仙傳》云：『九疑山有九峰，峰有一水。九水者，銀花水、復淑水、巢水、許泉、歸水、沙水、金花水、冰安水、晋水。』《楚辭・九歌》云：『九疑繽紛兮并迎。』《淮南（子）》曰：『九疑之南，陸事寡而水事多。』《漢書》云：『武帝南巡狩，至於盛唐，望祀舜於九疑。』王應麟曰：『九疑山在零陵。而云舜葬蒼梧者，文穎云：九疑半在蒼梧，半在零陵也。』【新校正】此似釋《海内南經》蒼梧山也。【箋疏】蒼梧之山，帝舜葬於陽，已見《海内南經》。《説

文》云：『九嶷山，舜所葬，在零陵營道。』《楚詞》、《史記》并作九疑，《初學記》八卷及《文選·上林賦》注引此經亦作九疑，《琴賦》注又作九疑，蓋古字通也。羅含《湘中記》云：『衡山、九疑，皆有舜廟。』又云：『衡山，遥望如陣雲，沿湘千里，九向九背，乃不復見。』

［五］【汪存】蛇山，或以爲即蛇邱，是濟上魯、魏間地也。【箋疏】《海内北經》之首有蛇巫山，疑非此。

［六］【郭注】漢宣帝元康元年，五色鳥以萬數過蜀都，即此鳥也。【釋義】飛蔽一鄉，言多也。【箋疏】《思玄賦》舊注引此經作飛蔽日，蓋古本如此。

［七］【郭注】鳳屬也。《離騷》曰：『駟玉虬而乘翳。』【廣注】翳，即鸞也。《瑞應圖》云：『鸞乃赤神之精、鳳皇之佐，首翼赤曰丹鳳，青曰羽翔，白曰化翊，玄曰陰翥，黄曰土符。』《路史》引經作鷖。《上林賦》云『拂鷖鳥』，即此也。【汪存】翳鳥，亦鳳屬。一大者先飛，而衆皆從之，乃所謂朋也。【箋疏】《廣雅》云：『翳鳥，鸑鳥，鳳皇屬也。』今《離騷》翳作鷖，王逸注云：『鳳皇别名也。』《史記·司馬相如傳》張揖注及《文選》注、《後漢書·張衡傳》注引此經并作鷖鳥，《上林賦》注仍引作翳鳥。

［八］【郭注】倕，堯巧工也，音瑞。【廣注】《路史》：『垂臣高辛，爲堯共工，不貴獨功，死葬不距之山。』楊慎云：『不，古丕字。』【汪存】倕即垂也，舜共工。【箋疏】義均是始爲巧倕，始作下民百巧，見下文。郭知爲堯臣者，以《虞書》云『咨垂女共工』。垂、倕蓋一人也。《淮南（子·）本經訓》云：『周鼎著，倕使銜其指，以明大巧之不可爲也。』高誘注云：『倕，堯之巧工。』是皆郭注所本。《玉篇》云：『倕，黄帝時巧人名也。』與郭義异。藏經本音瑞作音垂。

北海之内，有反縛盜械、帶戈常倍之佐，名曰相顧之尸[一]。伯夷父生西岳[二]，西岳生先龍，先龍是始生氐羌。氐羌乞姓[三]。

［一］【郭注】亦貳負臣危之類。【釋義】反縛之説，恐古者墓中設爲機巧變械，以防伐冢之術，非真有盜之縛也。【廣注】帝乘釐之孫相顧也。《漢紀》云：『當盜械者，皆頌繫。』注云：『凡以罪著械，皆得稱盜械。《山海經》貳負之臣、相顧之尸，

皆云盜械，其義是也。」【汪存】文法古拗不可解。

[一二]【廣注】《路史》：「伯夷生泰岳。伯夷爲虞心吕，封於吕，子泰岳襲吕，餘列四岳之官。」《（尚）書大傳》云：「伯夷之子爲西岳。」【箋疏】《（國語·）周語》云：「胙四岳國，命爲侯伯，賜姓曰姜氏，曰有吕。」此經言伯夷父生西岳，蓋其父本爲四岳，至其子纂修舊勛，故復爲西岳也。《大荒西經》有南岳，未審是此何人。

[一三]【郭注】伯夷父，顓頊師。今氐羌其苗裔也。【廣注】《路史》：「先龍生元氏，元氏乞姓羌也。蓋岐隴而南，漢川以西，皆氐。云湯革夏伐氐，氐人來朝，其別爲青、白、蚺之三氐。氐羌數十，白馬最大。今文鳳二竟白馬氏者，居仇池，曰氐侯。」《（詩·）商頌》云：「自彼氐羌。」《地里志》：「隴西有氐道。羌道氏，類種名。」《（周書·）王會篇》：「氐羌以鸞鳥。」注：「羌不同，故謂之氐羌。」賈捐之曰：「成王地，西不過氐羌。」又黄氏曰：「羌，古姜姓，三苗之後。」此云乞姓，明非一種也。【新校正】此似釋《海内南經》氐人國也。【箋疏】《竹書（紀年）》云：「成湯十九年，氐羌來賓。武丁三十四年，氐羌來賓。」《周書·王會篇》云：「氐羌鸞鳥。」孔晁注云：「氐地之羌不同，故謂之氐羌。」郭云伯夷父顓頊師者，《漢書·古今人表》云：「伯夷亮父，顓頊師。」《新序·雜事五》云：「顓頊學伯夷父。」是郭所本也。柏與伯通，凡古人名伯者，《（古今人）表》皆書作柏字也。

北海之内，有山，名曰幽都之山[一]，黑水出焉[二]。其上有玄鳥、玄蛇[三]、玄豹[四]、玄虎[五]、玄狐蓬尾[六]。有大玄之山，有玄丘之民[七]，有大幽之國[八]，有赤脛之民[九]。

[一]【廣注】即朔方之幽都。《（淮南）鴻烈解》云：「西北方曰不周之山，曰幽都之門。」又云：「北撫幽都，南道交阯。」揚雄《甘泉賦》云：「西耀流沙，北横幽都。」羅泌云：「一曰北國。」【汪存】此即内篇《北山（經）》錞于毋逢之山所云西望幽都者。【新校正】《莊子》云：「流共工於幽都。」《淮南子》云：「堯北撫幽都。」高誘注曰：「陰氣所聚，故曰幽都，今雁門以北是。」【箋疏】《爾雅·釋地》云：「有幽都之筋角焉。」高誘注《淮南（子·）墜形訓》云：「古之幽都，在雁門以北。」又案：《大戴禮·五帝德篇》云：「北至於幽陵。」疑幽陵即幽都。

［二］【汪存】黑水，即浴水也，今之盧龍水是也。舜分冀之東北爲幽州。

［三］【箋疏】上文云硃卷之國有黑蛇食象，《大荒南經》云黑水之南有玄蛇食麈。

［四］【廣注】《（周書·）王會解》：『屠州玄豹。』《六韜》曰：『散宜生懷塗山玄豹獻紂。』顧起元《帝京賦》：『幽都之豹九文，陽光之蛇千里。』謂此。【箋疏】《中次十一經》云：『即谷之山，多玄豹。』李善注《子虛賦》引此經。

［五］【郭注】黑虎，名儵，見《爾雅》。【廣注】黑虎又名䖤，《説文》作䖤。晉永嘉四年，秭歸縣檻得之。

［六］【郭注】蓬，叢也，阻留反。《説苑》曰：『蓬狐文豹之皮。』【廣注】孫氏《瑞應圖》：『王者政治太平，則黑狐見。』《稽瑞録》云：『黑狐蓬尾。』本此也。【汪存】幽燕東北實多美裘。玄豹、玄狐、玄貂尤爲珍重。蓬尾，尾大蓬蓬然也。【箋疏】《小雅·何草不黃篇》云：『有芃者狐。』蓋言狐尾蓬蓬然大，依字當爲蓬，《詩》假借作芃耳。郭云阻留反，於文上無所承，疑有闕脱。《太平御覽》九百九卷引此注作蓬蓬其尾也，無阻留反三字，非。牟廷相曰：『叢字可讀如菆。』則阻留當是叢字之音也。

［七］【郭注】言丘上人、物盡黑也。【箋疏】人物盡黑，疑本在經中，今脱去之。《水經·温水》注云：『林邑國人以黑爲美，所謂玄國。』亦斯類也。

［八］【郭注】即幽民也，穴居無衣。【箋疏】郭注疑本在經中，今脱去。

［九］【郭注】膝已下正赤色。

有釘靈之國［一］。其民從膝已下有毛，馬蹄［二］善走［三］。

［一］【汪存】釘靈國，亦作丁零，出貂。【新校正】裴松之注《三國志》云：『《魏略》曰：烏孫長老言，北丁令有馬脛國。其人聲音似雁鶩，從膝以上，身、頭人也；膝以下生毛，馬脛馬蹄，不騎馬而走，疾馬也。』

［二］【郭注】《詩含神霧》曰：『馬蹄，自鞭其蹄，日行三百里。』【廣注】釘靈，今丁靈國，又名丁令，亦作丁零，在康居北。《玄覽》云：『丁零之國，拳髪馬蹄；馬腦之民，雁聲馬蹄。』江淹《遂古篇》云：『馬蹄之國善騰奔兮。』此也。《文獻通

考》曰：『丁零國有二，在朔方北者爲北丁令，在烏孫西者爲西丁令。烏孫長言北丁令有馬脛國，其人聲音似雁鶩，從膝以下生毛，馬脛馬蹄。不騎馬而走，疾於馬。』《三才圖會》云：『丁靈至應天，馬行二年也。』【汪存】其人多毛，以皮爲足衣如馬蹄而便走，即後世之靴是矣，非真馬蹄也。

[三]【箋疏】釘靈，《説文》作丁零，一作丁令。《（文獻）通考》云：『丁令國有二烏孫。長老言：北丁令有馬脛國，其人聲音似雁鶩，從膝以上身頭人也，膝以下生毛，馬脛馬蹄，不騎馬而走，疾於馬。』案：《（文獻）通考》所説，見裴松之注《三國志》引《魏略》云。

炎帝之孫伯陵[一]。伯陵同吳權之妻阿女緣婦[二]。緣婦孕三年[三]，是生鼓、延、殳[四]，始爲侯。鼓、延是始爲鐘[五]，爲樂風[六]。

[一]【釋義】炎帝，神農也。【廣注】《路史》：『炎帝器生鉅及伯陵。伯陵爲黄帝臣，封於逢。』左氏言齊之先逢，伯陵是也。《物原》云：『伯陵始造泉刀。』《氏族考》引經云：『帝器生子三人，曰鉅、曰伯陵、曰祝庸。』與本文异。【箋疏】《（國語·）周語》云：『大姜之姪，伯陵之後，逢公之所馮神。』《昭二十年·左傳》云：『有逢伯陵因之。』杜預注云：『逢伯陵，殷諸侯。』以此經文推之，伯陵非親炎帝之孫，蓋其苗裔也。

[二]【郭注】同，猶通，言淫之也。吳權，人姓名。【廣注】阿女，一作何女。

[三]【郭注】孕，懷身也。

[四]【郭注】三子名也。殳，音殊。【廣注】《路史》：『伯陵生三子，曰殳、曰鼓、曰延。殳之後有斨，爲堯臣。鼓兑頭而鼾鼻，與延同事，是始樂風，爲編鐘。』又《歸藏》云：『麗山氏之子鼓。』【汪存】鼓、延、殳，始爲侯三子名也。

[五]【郭注】《世本》云：『毋句作磬，倕作鐘。』【箋疏】《初學記》十六卷引此經與今本同。《説文》云：『古者，毋句氏作磬，垂作鐘。』與郭引《世本》同。又《初學記》引《世本》毋作無，蓋古字通用。又引《樂録》云：『無句，堯臣也。』

[六]【郭注】作樂之曲制。【汪存】此所述與他史各有不同。

黄帝生駱明，駱明生白馬，白馬是爲鯀[一]。帝俊生禺號，禺號生淫梁，淫梁生番禺[二]，是始爲舟[三]。番禺生奚仲[四]，奚仲生吉光，吉光是始以木爲車[五]。少皞生般[六]，般是始爲弓矢[七]。帝俊賜羿彤弓素矰[八]，以扶下國[九]。羿是始去恤下地之百艱[十]。帝俊生晏龍[十一]，晏龍是[十二]爲琴瑟[十三]。帝俊有子八人，是始爲歌儛[十四]。帝俊生三身，三身生義均[十五]，義均是始爲巧倕[十六]，是始作下民百巧[十七]。后稷是播百穀[十八]。稷之孫曰叔均[十九]，是始作牛耕[二十]，大比赤陰[二十一]，是始爲國[二十二]。禹、鯀是始布土，均定九州[二十三]。炎帝之妻、赤水之子聽訞生炎居[二十四]，炎居生節并，節并生戲器[二十五]，戲器生祝融[二十六]。祝融降處于江水，生共工。共工生術器[二十七]，術器首方顛[二十八]，是復土穰，以處江水[二十九]。共工生后土[三十]，后土生噎鳴[三十一]，噎鳴生歲十有二[三十二]。洪水滔天[三十三]，鯀竊帝之息壤以堙洪水[三十四]，不待帝命[三十五]。帝令祝融[三十六]殺鯀于羽郊[三十七]。鯀復生禹[三十八]。帝乃命禹卒布土，以定九州[三十九]。

[一]【郭注】即禹父也。《世本》曰：『黄帝生昌意，昌意生顓頊，顓頊生鯀。』【廣注】《史記》：『高陽子熙帝生駱明，駱明生白馬，白馬生鯀。』故曰顓頊五代而生鯀。熙帝即孺帝。又《氏族源流》云：『顓頊妃鄒屠氏生駱明，駱明生伯鯀。』未知孰是。【箋疏】郭引《世本》云：『昌意生顓頊，顓頊生鯀。』與《大戴禮·帝繫》世次相合，而與前文『昌意生韓流，韓流生顓頊』之言却復相背，郭氏蓋失檢也。大抵此經非出一人之手，其載古帝王世系尤不足據，不必强爲之説。

[二]【廣注】《路史》曰番禺，即禺。一作遇，王符作卑。過訛禺陽，是爲禺號，生禺京、傜梁、儋人。京居北海，號處南海。傜梁生番禺，今清河之屬縣有禺山，即此禺也。【箋疏】《北堂書鈔》一百三十七卷引此經淫作經。《大荒東經》言黄帝生禺猇，即禺號也。禺猇生禺京，即淫梁也，禺京、淫梁聲相近。然則此經帝俊，又當爲黄帝矣。

[三]【郭注】《世本》云：『共鼓、貨狄作舟。』【箋疏】《初學記》二十五卷引此經。又引《世本》云：『共鼓、貨狄作舟，黄帝

二臣也。』

[四]【廣注】羅泌曰：『或曰禹湯十二世生奚仲。』《（元和）姓纂》：『黄帝子第十二人以薛爲姓，一爲任氏，六世生奚仲。』【箋疏】《説文》云：『車，夏后時奚仲所造。』

[五]【郭注】《世本》云：『奚仲作車。』此言吉光，明其父子共創作意，是以互稱之。

[六]【郭注】音班。

[七]【郭注】《世本》云：『牟夷作矢，揮作弓。』弓矢一器，作者兩人，於義有疑。此言般之作，是。【廣注】《世本》：『臘作駕。』《古史考》：『黄帝作弩。』《中華古今注》云：『羿作弓。乘雉作駕。』《新唐書·（宰相世系）表》稱『少昊第五子揮爲弓正，始制弓矢』，與經略异。【新校正】《荀子》云：『倕作弓，浮游作矢。』《墨子》云：『羿作弓。』《孫子》云：『倕作弓。』《吴越春秋》云：『黄帝作弓。』俱不同。【箋疏】《説文》云：『古者，夷牟初作矢。』郭引《世本》作牟夷，疑文有倒轉耳。宋衷云：『夷牟，黄帝臣也。』《説文》又云：『揮作弓。』與《世本》同。《吴越春秋》云：『黄帝作弓。』《荀子·解蔽篇》又云：『倕作弓，浮游作矢。』俱與此經异也。

[八]【郭注】彤弓，朱弓；矰，矢名，以白羽羽之。《（春秋）外傳》：『白羽之矰，望之如荼也。』【廣注】《隨巢子》云：『奚禄山壞，天賜玉玦於羿。』《官孫子》云：『羿得寶弓，犀質玉文，曰珧弧。』【汪存】羿，夷羿，蓋舜臣名，善射者也。【箋疏】《楚詞·天問篇》云：『馮珧利玦。』王逸注云：『珧，弓名也；玦，射韝也。』是即帝賜羿弓矢之事。《太平御覽》八十二卷引《帝王世紀》曰：『羿，其先帝嚳，以世掌射故，於是加賜以弓矢，封之於鉏，爲帝司射。』蓋本此經爲説也。《説文》云：『矰，惟䠶矢也。』郭云白羽羽之，疑下羽字誤。所引《（春秋）外傳》者，《（國語·）吴語》文。

[九]【郭注】言令羿以射道除患，扶助下國。

[十]【郭注】言射殺鑿齒、封豕之屬也。有窮后羿慕羿射，故號此名也。【汪存】謂羿嘗射十日、誅鑿齒、殺封豕也。然射十日之説誕而無當，或以日爲人君之象。當時九國并起爲叛自尊，而羿能爲帝除之，是或然也。後有有窮后羿，或云是慕羿之善射而以自名者。

[十一]【箋疏】帝俊生晏龍，晏龍生司幽，已見《大荒東經》。

[十二]【箋疏】《北堂書鈔》一百九卷引此經，是下有始字。

［十三］【郭注】《世本》云：「伏羲作琴，神農作瑟。」【廣注】虞汝明《古琴疏》：「晏龍者，帝俊之子也。有良琴六，一曰菌首，二曰義輔，三曰蓬明，四曰白民，五曰簡開，六曰垂漆。」吴淑《琴賦》曰：「或云晏龍初制，或曰神農始造。」【箋疏】《説文》云：「琴，神龍所作。瑟，庖犧所作。」此注蓋傳寫之訛也。《初學記》十六卷引《琴操》曰：「伏犧作琴。」又引《世本》、《説文》、桓譚《新論》，并云「神農作琴」。二説不同。據《初學記》所引《説文》，是與《世本》同之證。

［十四］【廣注】《路史》注作「舜有子八人，始歌舞。」然舜有庶子圭、□（原闕胡字）負、遂等七人，《帝王世紀》又云九人，豈即經所指與？【汪存】伏羲作《扶來》，葛天作《八闋》，三人持牛尾，投足歌之。神農作《扶持》，黄帝命伶倫造律吕。以後歷帝，俱有所作樂，何至舜子八人始爲歌舞也？一云朱康作舞。【新校正】《吕氏春秋》云：「昔陶唐氏之始，民氣鬱閼而滯著筋骨，瑟縮不達，故作爲舞以宣導之。」又云：「帝嚳命咸黑作爲聲。」【箋疏】《初學記》十五卷、《藝文類聚》四十三卷、《太平御覽》五百七十二卷引此經，并云「帝俊八子，是始爲歌」，無舞字。

［十五］【廣注】《學海》曰：「經所紀諸國，多云帝俊之後。而所謂帝俊者，或以爲黄帝，或以爲嚳，或以爲舜。要之聖德廣被，無遠弗屆，相傳謂其後代，未必皆子孫也。而神明之胄，亦多轉旋异域，有不可以概論者。」【汪存】案此，則三身人名也。而乃有一首三身之國，亦好怪矣。【箋疏】帝俊妻娥皇生三身之國，已見《大荒南經》。義均者，《竹書（紀年）》云：「帝舜二十九年，帝命子義鈞封於商。」《（國語・）楚語》云：「舜有商均。」韋昭注云：「均，舜子，封於商。」是也。此經又云「三身生義均」，與《竹書（紀年）》、《國語》俱不合。

［十六］【箋疏】巧倕葬不距山西，已見上文。

［十七］【汪存】垂作舜共工，亦非舜孫也。

［十八］【釋義】周以農事開國，蓋始諸后稷。【箋疏】《（國語・）魯語》云：「昔烈山氏之有天下也，其子曰柱，能殖百穀百蔬。夏之興也，周弃繼之，故祀以爲稷。」是柱、弃二人相代爲后稷。此經所指，蓋未審何人也。

［十九］【箋疏】《大荒西經》云：「稷之弟曰臺璽，生叔均。」是叔均乃后稷之猶子，與此復不同。

［二十］【郭注】始用牛犁也。【廣注】后稷有二，前爲帝柱，後爲度辰。度辰即弃也。《冠編》云：「稷取姞人，是生鰲璽，鰲（鰲）璽生叔均。」

［二十一］【郭注】（陰）或作音。【汪存】大比赤陰，未詳。或曰大能和比，其赤子而蔭之，始得以功而封國也。【箋疏】大比

赤陰四字難曉。推尋文義，當是地名。《大荒西經》説叔均始作耕，又云有赤國妻氏，然則大比赤陰豈謂是與？

［二十二］【郭注】得封爲國。【廣注】稷封於邰，又作台、斄駘，疑叔均即襲祖封。

［二十三］【郭注】布，猶敷也。《書》曰：『禹敷土，奠高山大川。』

［二十四］【廣注】《路史》：『炎帝來生炎居，母桑水氏，曰聽訞。』《冠編》云：『亦曰承桑氏。』又劉恕《（通鑑）外紀》：『神農納奔水氏之女，曰聽詙，生臨魁。』《史記·補（三皇本紀）》云：『神農納奔水氏之女曰聽訞爲妃，生帝哀。』語多不同，當以羅氏爲斷。《太平御覽》曰：『訞，音妖。』

［二十五］【箋疏】《史記》索隱《補三皇本紀》云：『神農納奔水氏之女曰聽詙爲妃，生帝哀。哀生帝克，克生帝榆罔。』云云，證以此經。赤水作奔水，聽訞作聽詙，及炎居已下文字俱異。司馬貞自注云：『見《帝王世紀》及《古史考》。』今案：二書蓋亦本此經爲説，其名字不同，或當别有依據。然古典逸亡，今無可考矣。訞與妖同。詙，音拔。

［二十六］【郭注】祝融，高辛氏火正號。【廣注】《通鑒外紀》曰：『帝裏又曰帝居，生節莖，節莖生克及戲。』廖道南《楚紀》亦云：『帝哀生節莖，節莖生克及戲，戲生器，生（器）生祝融。』祝融，《路史》作祝。【汪存】此亦互异其説。【箋疏】老童生祝融，見《大荒西經》，與此又异。

［二十七］【廣注】《楚紀》作『祝融生術器』。

［二十八］【郭注】頭頂平也。【箋疏】顛字衍，藏經本無之。

［二十九］【郭注】復祝融之所也。【廣注】《蛙螢子》：『祝融共工，上世俱有七人。此祝融爲炎帝裔、黄帝之司徒也，居江水，生共工。共工生術嚣及勾龍。術嚣襲共工號，在顓頊時作亂。帝命辛侯誅之，以其弟勾龍爲后土。』《汲冢瑣語》云：『晋平公夢見赤熊窺屏，惡之，問子産。子産曰：昔共工之御浮游，既敗於顓頊，自没深淮之淵，其色赤，其狀如熊。』即術嚣之臣也。【箋疏】《竹書（紀年）》云：『帝顓頊七十八年，術器作亂，辛侯滅之。』即斯人也。然則經言復土穰以處江水，蓋即其作亂之事。穰，當爲壤，或古字通用，藏經本正作壤。

［三十］【廣注】《（禮記·）祭法》曰：『共工氏之伯九州也，其子曰后土，能平九州。』《路史》云：『術嚣生條及勾龍。』以后土爲術嚣之子，未審是非。又羅苹注言：『共工垂爲勾龍子。』證《山海經》『共工生后土』之謬，蓋不知共工之有七也。【箋疏】韋昭注《（國語·）周語》引賈侍中云：『共工，諸侯，炎帝之後，姜姓也。顓頊氏衰，共工氏侵陵諸侯，與高

辛氏争而王也。或云共工堯時諸侯，爲高辛所滅。昭謂爲高辛所滅，安得爲堯諸侯？又堯時共工，與此异也。』據韋昭所駁，蓋從賈逵前説也。然《（國語・）魯語》云：『共工氏之霸九有也，其子曰后土，能平九土。』韋昭注云：『共工氏伯者，在戲、農之間。』懿行案：若在戲、農之間，即不得謂炎帝之後姜姓，是韋昭不從賈逵所説也。高誘注《淮南（子・）原道訓》亦云：『共工，以水行霸於伏羲、神農間者。』非堯時共工也，與韋昭後説同。后土，名句龍，見《左傳》。又韋昭注《魯語》云：『其子，共工之裔子句龍也，佐黄帝爲土官。使君土官，故曰后土。』《管子・五行篇》云：『黄帝得后土而辯於北方。』是韋昭注所本也。

[三十一]【廣注】羅泌云：『伯夷爲共工垂子。』噎鳴即伯夷也。

[三十二]【郭注】生十二子，皆以歲名名之，故云然。【廣注】羲和以爲日名子，商代以爲干紀名，即此義。【汪存】言噎鳴定十二歲之甲子以紀事，如生十日及生月十有二之説耳。【箋疏】《大荒北經》云：『后土生信。』《大荒西經》云：『下地是生噎。』疑噎即噎鳴，或彼有脱文也。

[三十三]【郭注】滔，漫也。

[三十四]【郭注】息壤者，言土自長息無限，故可以塞洪水也。《（歸藏・）開（啓）筮》曰：『滔滔洪水，無所止極。伯鮌乃以息石、息壤，以填洪水。』漢元帝時，臨淮徐縣地踴長五六里，高二丈，即息壤之類也。【廣注】《説文》：『壤，柔土也。』《淮南子》云：『禹以息壤堙洪水。』羅泌《路史》云：『江漢（陵）之壤，鎮鎖水旱。』蘇軾《息壤詩序》：『息壤旁有石，不可犯。畚插所及，輒復如故。』高子勉《息石序》：『息石在江陵莊嚴寺。』是息壤、息石之名，其來舊矣。【汪存】息，生也。言廢生物之土地以塞洪水，所謂汩陳五行、績用弗成也。【新校正】《史記》云：『王迎甘茂於息壤。』索隱曰：『《山海經》、《（歸藏・）啓筮》云昔伯鮌竊帝之息壤以堙洪水，或是此也。』正義曰：『秦邑。』【箋疏】《竹書（紀年）》云：『周顯王五年，地忽長十丈有餘，高尺半。』《（漢書・）天文志》云：『水淡地長。』地長，即息壤也。《淮南（子・）墬形訓》云：『禹乃以息土填洪水以爲名山，掘昆侖虚以下地。』高誘注云：『地或作池。』據《淮南》斯語，是鮌用息壤而亡，禹亦用息壤而興也。《史記・甘茂傳》云：『王迎甘茂於息壤。』索隱引此經及《（歸藏・）啓筮》，與今本同。

[三十五]【汪存】不待帝令，所謂方命圮族也。

[三十六]【箋疏】祝融，即高辛氏之火正黎也，死爲火官之神，葬於衡山。《思玄賦》舊注云：『楚靈王之世，衡山崩而祝融之墓壞，中有營丘九頭圖矣。』

[三十七]【郭注】羽山之郊。【廣注】朱子《楚辭辨證》曰：『所謂帝者，似指上帝。蓋上帝欲息此壤，不欲使人干之，故鯀竊之而帝怒也。』又：『祝融，顓帝之後，死而爲神。』蓋言上帝使其神誅鯀也。【箋疏】羽山，已見《南次二經》。《（國語·）晋語》云：『昔者鯀違帝命，殛之於羽山，化爲黄能，以入於羽淵。』《水經·淮水》注引《連山易》曰：『有崇伯鯀伏於羽山之野。』是也。

[三十八]【郭注】《（歸藏·）開（啓）筮》曰：『鯀死，三歲不腐，剖之以吴刀，化爲黄龍也。』【箋疏】《初學記》二十二卷引《歸藏》云：『大副之吴刀，是用出禹。』《吕氏春秋·行論篇》亦云：『副之以吴刀。』蓋即與郭所引爲一事也。《楚詞·天問》云：『永遏在羽山，夫何三年不施？伯禹腹鯀，夫何以變化？』言鯀死三年，不施化厥，後化爲黄熊。故《天問》又云：『化而爲黄熊，巫何活焉？』郭引《（歸藏·）開（啓）筮》作黄龍，蓋别有據也。伯禹腹鯀，即謂鯀復生禹，言其神變化無方也。《玉篇》引《世本》云：『顓頊生縣，縣生高密，是爲禹也。』縣，即鯀字。

[三十九]【郭注】鯀績用不成，故復命禹終其功。【箋疏】《楚詞·天問》云：『纂就前緒，遂成考功。』又云：『鯀何所營，禹何所成？』言禹能纂成先業也。

《山海經》終

附録

上《山海經》表

[漢] 劉秀 撰

侍中奉車都尉光禄大夫臣秀領校、秘書言校、秘書太常屬臣望所校《山海經》凡三十二篇，今定爲一十八篇，已定。《山海經》者，出於唐虞之際。昔洪水洋溢，漫衍中國，民人失據，崎嶇於邱陵，巢於樹木。鯀既無功，而帝堯使禹繼之。禹乘四載，隨山刊木，定高山大川，益與伯翳主驅禽獸，命山川、類草木、别水土。四岳佐之，以周四方。逮人迹之所希至，及舟輿之所罕到，内别五方之山，外分八方之海，紀其珍寶奇物，异方之所生，水土、草木、禽獸、昆蟲、麟鳳之所止，禎祥之所隱，及四海之外，絶域之國，殊類之人。禹别九州，任土作貢，而益等類物善惡，著《山海經》，皆聖賢之遺事，古文之著明者也。其事質明有信。孝武皇帝時，嘗有獻异鳥者，食之百物，所不肯食。東方朔見之，言其鳥名，又言其所當食，如朔言。問朔何以知之，即《山海經》所出也。孝宣帝時，擊磻石於上郡，陷得石室，其中有反縛盜械人。時臣秀父向爲諫議大夫，言此『貳負之臣也』。詔問：『何以知之？』亦以《山海經》對。其文曰：『貳負殺窫窳，帝乃梏之疏屬之山，桎其右足，反縛兩手。』上大驚。朝士由是多奇《山海經》者，文學大儒皆讀學以爲奇，可以考禎祥變怪之物，見遠國异人之謡俗。故《易》曰：『言天下之至賾而不可亂也。』博物之君子，其可不惑焉。臣秀昧死謹上。

《山海經傳》序

[晉] 郭璞 撰

世之覽《山海經》者，皆以其閎誕迂誇、多奇怪俶儻之言，莫不疑焉。嘗試論之曰：莊生有云：『人之所知，莫若其所不知。』吾於《山海經》見之矣。夫以宇宙之寥廓，群生之紛紜，陰陽之煦蒸，萬殊之區分，精氣渾淆，自相濆薄，游魂靈怪，觸象而構，流形於山川，麗狀於木石者，惡可勝言乎？然則總其所以乖，鼓之於一響；成其所以變，混之於一象。世之所謂异，未知其所以异；世之所謂不异，未知其所以不异。何者？物不自异，待我而後异；异果在我，非物异也。故胡人見布而疑黂，越人見罽而駭毳。夫玩所習見而奇所希聞，此人情之常蔽也。今略舉可以明之者，陽火出於冰水，除鼠生於炎山，而俗之論者莫之或怪；及談《山海經》所載，而咸怪之：是不怪所可怪，而怪所不可怪也。不怪所可怪，則幾於無怪矣；怪所不可怪，則未始有可怪也。夫能然所不可，不可所不可然，則理無不然矣。案汲郡《竹書（紀年）》及《穆天子傳》：穆王西征見西王母，執璧帛之好，獻錦組之屬。穆王享王母於瑶池之上，賦詩往來，辭義可觀。遂襲昆侖之丘，游軒轅之宫，眺鍾山之嶺，玩帝者之寶，勒石王母之山，紀迹玄圃之上。乃取其嘉木艷草、奇鳥怪獸、玉石珍瑰之器，金膏燭銀之寶，歸而殖養於中國。穆王駕八駿之乘，右服盗驪，左驂騄耳，造父爲御，犇戎爲右，萬里長騖，以周歷四荒，名山大川，靡不登濟。東升大人之堂，西燕王母之廬，南轢黿鼉之梁，北躡積羽之衢。窮歡極娱，然後旋歸。案《史記》説穆王得盜驪、騄耳、驊騮之驥，使造父御之，以西巡狩，見西王母，樂而忘歸，亦與《竹書（紀年）》同。《左傳》曰：『穆王欲肆其心，使天下皆有車轍馬迹焉。』《竹書（紀年）》所載，則是其事也。而譙周之徒，足爲通識瑰儒，而雅不平此，驗之《史考》，以著其妄。司馬遷叙《（史記·）大宛傳》亦云：『自張騫使大夏之後窮河源，惡睹所謂昆侖者乎？至《禹本紀》、《山海經》所有怪物，余不敢言也。』不亦悲乎？若《竹書（紀年）》不潛出於千載，以作徵於今日者，則《山海（經）》之言，其幾乎廢矣。若乃東方生曉畢方之名，劉子政辨盜械之尸，王頎訪兩面之客，海民獲長臂之衣，精驗潛效，絶代懸符。於戲！群惑者其可以少寤乎？是故聖皇原化以極變，象物以應怪，鑒無滯賾，曲盡幽情，神焉廋哉！神焉廋哉！蓋此書跨世七代，歷載三千，雖暫顯於漢而尋亦寢廢。其山川名號，所在多有舛謬，與今不同，師訓莫傳，遂將湮泯。道之所存，俗之所喪，悲夫！余有懼焉，故爲之創《（山海經）傳》，疏其壅閡，辟其茀蕪，領其玄致，標其洞涉。庶幾令逸文不墜於世，奇言不絶於今，夏后之迹，靡刊於將來；八荒之事，有聞於後裔，不亦可乎？夫蘙薈之翔，叵以論垂天之凌；蹄涔之游，無以知絳虬之騰。鈞天之庭，豈伶人之所躡；無航之津，豈蒼兕之所涉。非天下之至通，難與言《山海（經）》之義矣。嗚呼！達觀博物之客，其鑒之哉。

《山海經傳》後序

［宋］尤袤　撰

《山海經》十八篇，世云夏禹爲之，非也。其間或援啓及有窮后羿之事，漢儒云翳爲之，亦非也。然屈原《離騷經》多摘取其事，則其爲先秦書不疑也。是書所言，多荒忽誕謾，若不可信。故世君子以爲六合之外，聖人之所不論。以予觀之，則亦無足疑也。方天地未奠之初，彝倫故未始有序也。獸蹄鳥迹之道交於中國，則人與禽獸未能有别也。夫性命之未得其正，則賦形於天者不能一定，其詭异固宜。逮夫天尊地卑而乾坤定，於是手持足蹈以爲人，戴角傅翼以爲鳥獸，類聚群分，始能有以自别。而聖人者出而君長之，以爲人者，不特其形之如是也。又從而制爲仁義禮樂以爲之尸文，俾之自别於禽獸而人蓋尊。故夫人者，其初亦天地之一物而特靈者耳。自今觀之，凡若遂言之所言，故多怪誕。自古觀之，則理固有是而不足疑也。是書所載，自開闢數千萬年，遐方异域，不可結知之事，蓋自《（尚書·）禹貢》、《職方氏》之外，其辨山川、草木、鳥獸所出，莫備於此書。又秦漢學者多引《山海經》，兹固益可信。古書得存於今如是者鮮矣，則豈不可貴且重乎？始予得京都舊印本三卷，頗疏略。繼得《道藏》本，《南山（經）》《東山經》各自爲一卷，《西山（經）》《北山（經）》各分爲上、下兩卷，《中山（經）》爲上、中、下三卷，别以《中山東北（經）》爲一卷，《海外南（經）》《海外東北（經）》《海内西南（經）》《海内東北（經）》《大荒東南（經）》《大荒西（經）》《大荒北（經）》《海内經》，總爲十八卷。雖編簡號爲均一，而篇目錯亂不齊。晚得劉歆所定書，其南、西、北、東及中山號《五藏經》爲五篇，其文最多。《海内》《海外》《大荒》三經，南、西、北、東各一篇并《海内經》一篇，亦總十八篇。多者十餘簡，少者三二簡，雖若卷帙不均，而篇次整比最古，遂爲定本。予自紹興辛未至今，三十年所見，無慮十數本，參校得失，於是稍無舛訛，可繕寫。其卷後或題『建平元年四月丙戌待詔太常屬臣望校治，侍中光禄勛臣龔、侍中奉車都尉光禄大夫臣秀領主省』。建平實漢哀帝年號，是歲，劉歆以欲應圖讖，始改名秀，而龔則王龔也。哀帝時，朝臣有兩名望者，一則丁望，一則蟜望，而此疑爲丁望云。

淳熙庚子仲春八日梁谿尤袤題。

《山海經補注》後序

[明] 楊慎 撰

《左傳》曰：『昔夏氏之方有德也，遠方圖物，貢金九牧，鑄鼎象物，百物而爲之備，使民知神姦，入山林，不逢不若，魑魅魍魎，莫能逢之。』此《山海經》之所由始也。神禹既錫玄圭，已成水功，遂受舜禪，以家天下。於是乎，收九牧之金以鑄鼎。鼎之象，則取遠方之圖，山之奇、水之奇、草之奇、木之奇、禽之奇、獸之奇，説其形、著其生、别其性、分其類。其神奇殊彙、駭視驚聽者，或見或聞，或恒有、或時有、或不必有，皆一一書焉。蓋其經而可守者，具在《（尚書·）禹貢》；奇而不法者，則備在九鼎。九鼎既成，以觀萬國，同彼象而魏之，日使耳而目之，脱輶軒之使、重譯之貢，續有呈焉，固以爲恒而不怪矣，此聖王明民牖俗之意也。夏后氏之世，雖曰尚忠，而文反過於成。周太史終古藏古今之圖，至桀焚黄圖，終古乃抱之以歸殷。又史官孔甲於黄帝、姚、姒盤盂之銘，皆輯之以爲書，則九鼎之圖，其傳固出於終古、孔甲之流也，謂之曰《山海圖》，其文則謂之《山海經》。至秦而九鼎亡，獨圖與經存。晋陶潛詩『流觀山海圖』、阮氏《七録》有張僧繇《山海圖》可證已。今則經存而圖亡，後人因其義例而推廣之，益以秦漢郡縣地名故，讀者疑信相牉。信者直以爲禹益所著，既迷其元；而疑者遂斥爲後人贋作，詭譔抑亦軋矣。漢劉歆《七略》所上，其文古矣。晋郭璞注釋所序，其説奇矣。此書之傳，二子之功與？但其著作之源，後學或忽，故著其説，附之篥尾。

序《山海經釋義》

[明] 王崇慶　撰

甚哉，先王之道不明於後世也！异言出而教衰，邪音奏而雅亡。甚哉，先王之道不明於後世也！今夫經，常也，道之體也。一日而缺常，是缺道也。是故聖人履常，所以神化也；君子信道，所以昭訓也。先王守一不二，所以正人也。《山海經》何爲者與？是故以之治世，則頗而不平；以之序倫，則幻而鮮實；以之垂永，則雜而寡要，惡在其爲經也。顧歷世既久，傳者寖廣，《大荒》而後，蓋又甚焉。仁者見之則曰理，無往而不可體也；知者見之則曰言，無往而不可察也。是何怪，其混六籍而并行至於今也？雖然，晋之郭璞，吾將奇其人而偉其博也，然而弗信理而信物，不語常而語怪也。此吾《釋義》之由作也。君子尚有擇於斯乎？尚有感於斯乎？

澶淵後學端谿子王崇慶序。

《山海經廣注》序

[清] 吴任臣 撰

《（隋書·）經籍志》載地理書一百四十四家，《山海經》最爲近古。論者以虎齒豹尾、九首一目之奇，譏其誣誕不經。又以長沙、零陵、丹陽、番陽類秦漢地名，疑後人所作。且苗民、西王母、帝俊、驩頭之屬，更復叠見牴牾。然代當秦火，簡册錯亂，故不無傳疑。而中間典籍略同者，若鳥鼠同穴與《（尚書·）禹貢》合，屏封、岐頭與《（周書·）王會解》合，明組、旄牛與《爾雅》合，昆侖、弇兹與《穆天子傳》合，湘水二女與《離騷》合，僬僥、奇肱與《竹書紀年》合。他如禺彊爲禺京，司幽爲思幽，延維爲委蛇，女丑爲女仭，雜證《莊（子）》《列（子）》《管子》《抱朴（子）》諸書，逖覽旁通，鴻纖畢貫，則《山海經》實博物之權輿，异苑之嚆矢也！蓋二氣磅礴，萬彙區分，六合之内，何所不有。即陰陽變化，莫大五行。而華陽温泉、蕭邱凉燄、交州浮石、南海沉木，且有易其本來、反其性始况下此者乎？古人云：少所見，多所怪。世之不异，未始非异；世之所异，亦未必盡异也。彼盜械之尸，出自上郡；畢方之鳥，獻於漢廷。沃沮見兩面之客，海濵獲長臂之衣。其事時見於軼書，班班可考。居恒讀《山海經》，每怪注多缺略，因泝厥源流，撮其梗概，爲《雜述》一卷；遍羅載籍，乃冠以郭注，爲《廣注》十八卷；又取舒雅繪本，次第先後，增其不備，爲《圖象》五卷。自惟蠡實未詳，識同句中，菽菽罔達，解味弘農。然竊謂一物不知，君子所耻。昔五西晰象於宣尼，俞兒矚名於敬使，元遜辨傒囊之號，士深審仲師之形，大都垂諸往册，炳然來兹。高山仰止，未嘗不景行行止也。抑聞之，九州之外，復有九州。斯經所具，特亞細亞一隅耳。若迺紀葱嶺之西，誇印度之北，占西海孔雀之星，侈南極大浪之异，抵掌而譚，縱横四表，則瑰奇吊詭，將更有超於耳目尋常之際者。余則有志未遑矣。

康熙五年柔兆敦牂日在析木則陽之月仁和吴任臣撰。

《山海經新校正》序

［清］畢沅　撰

《山海經》作於禹益，述於周秦。其學行於漢，明於晉。而知之者，魏酈道元也。《五藏山經》三十四篇，實是禹書。禹與伯益主名山川，定其秩祀，量其道里，類别草木鳥獸。今其事見於《夏書·禹貢》、《爾雅·釋地》。及此經《南山經》已下三十四篇，《爾雅》云：『三成爲昆侖邱』、『絶高爲之京』。山再成，英；鋭而高，嶠；小而衆，巋。『屬者嶧，獨者蜀，上正章，山脊岡』，『如堂者密』，『大山宫，小山霍，小山别，大山鮮，山絶陘』，『山東曰朝陽』，皆禹所名。案此經有昆侖山、京山、英山、高山、歸山、嶧皋之山、獨山、章山、岡山、密山、霍山、鮮山、少陘山、朝陽谷，是其山也。《夏書》云：『奠高山大川。』孔子告子張以爲牲幣之物，『五岳視三公，小名山視子男。』案此經云：凡某山至某山，其祠之禮，何用何瘞，糈用何，是其禮也。《列子》引夏革云，吕不韋引伊尹書云，多出此經。二書皆先秦人著，夏革、伊尹又皆商人，是故知此三十四篇爲禹書無疑也。《海外經》四篇，《海内經》四篇，周秦所述也。禹鑄鼎象物，使民知神姦。案其文有國名，有山川，有神靈奇怪之所際，是鼎所圖也。鼎亡於秦，故其先時人猶能説其圖，以著於册。劉秀又釋而增其文，是《大荒經》以下五篇也。《大荒經》四篇釋《海外經》，《海内經》一篇釋《海内經》，當是漢時所傳，亦有《山海經圖》，頗與古异。秀又依之爲説，即郭璞、張駿見而作《贊》者也。劉秀之表《山海經》云：『可以考禎祥變怪之物，見遠國异人之謡俗。』

郭璞之注《山海經》云：『不怪所可怪，則幾於無怪矣。怪所不可怪，則未始有可怪也。』秀、璞此言，足以破疑《山海經》者之惑，而皆不可謂知《山海經》。何則？《山海經·五藏山經》三十四篇，古者土地之圖，《周禮·大司徒》用以周知九州之地域廣輪之數，辯其山林、川澤、邱陵、墳衍、原隰之名物。《管子》：『凡兵主者，必先審知地圖轘轅之險，濫車之水，名山、通谷、經川、陵陸、邱阜之所在，苴草、林木、蒲葦之所茂，道里之遠近。』皆此經之類，故其書世傳不廢，其言怪與不怪皆末也。《南山經》其山可考者，惟誰山、句餘、浮玉、會稽諸山，其地漢時爲蠻中，故其他書傳多失其迹也。《西山經》其山率多可考，其水有河、有渭、有漢、有洛、有涇、有符禺、有灌、有竹、有丹、有楚、有洋、有弱、有洱、有辱、有諸次、有端、有生、有濫，是皆雍、梁二州之水見於經傳。其川流沿注，至今質明可信者也。《北山經》其山皆在塞外，古之荒服，經傳亦失其迹，而有泑澤及河原可信。《北次三經》以下，其山亦多可考。其水有汾、有酸、有晋、有勝、有狂、有修、有雁門、有聯、有教、有平、有沁、有嬰侯、有淇、有黄、有洹、有釜、有歐、有清漳、濁漳、有涑、有牛首、有泜、有槐、有彭、有虖沱、有滋、有寇，是皆冀州之水見於經傳。其川流沿注，又至今質明可信者也。《東山經》其山水多不可考，而有泰山、有空桑之山，有濼水、有環水，是爲青州之地也。《中山經》起薄山，是禹所都，故其山水之名尤著。水有渠豬、有滂、有潏、有少、有伊、有即魚、有鮮、有陽、有蓌、有墠渚、有畛、有正回、有兩湳湳、有甘、有虢、有浮豪、有熒洛之洛、有元扈、有户、有良餘、有乳、有龍餘、有黄酸、有交觸、有俞隨、有瞉、有謝、有少、有瞻、有波、有惠、有澗、有豪、有共、有厭染、有橐、有譙、有菑、有湖、有門、有借姑、有明、有狂、有來需、有合、有休、有汜、有器難、有太、有役、有沫，是皆豫州之水。《中次八經》起景山，有睢、有漳、有滄；《中次九經》有綿洛之洛，有岷江、南江、北江，有湍、有淯、有潕、有清泠淵、有涀、有汝、有殺、有澧、有淪，有澧、沅、湘、九江，是皆荆州之水見於經傳。其川流沿注，又至今質明可信者也。郭璞之世，所傳地里書尚多，不能遠引。今觀其注釋山水，不案道里，其有名同實异，即云『今某地有某山』，未知此是非。又《中山經》有牛首之山及勞、潏二水，在今山西浮山縣境，而妄引長安牛首山及澇、潏二水。霍山近牛首，則在平陽，而妄多引潛及羅江、鞏縣之山，其疏類是。酈道元作《水經注》，乃以經傳所紀、方土舊稱考驗此經山川名號。案其塗數，十得者六。始知經云『東西道里』，信而有徵。雖今古世殊，未嘗大异，後之撰述地里者多從之。沅是以謂其功百倍於璞也。然酈書所著，僅述水道所徑，而其他山水紀傳所稱足爲經證者，亦間有焉。《西山經》有女牀之山，薛綜云：『在華陰西六百里。』今山不可考，而道里則合於經也。《西次三經》云：『洱水注洛。』《隋書·地理志》云：『洛原縣有洱水。』必其水也。《北次三經》云：『泜水注彭水。』《隋書·地理志》云：『房子有彭水。』亦必其水也。又《太平寰宇記》云：『保安軍有吃莫川注洛，其水不勝船筏，今在陝西靖邊縣。』案《西次三經》有弱水注洛，其川流既同，又名弱水，合於不勝船筏之説，亦必其水也。《海内經》淩門之山，當即龍門之山，今陝西韓城是；楊汙之山，當即秦之楊紆，今陝西潼關是。而古今地理家疑其域外，是由漢魏以來不知聲轉，斯爲謬也。凡此諸條，皆郭璞所不詳，道元所未取，又沅之有功於此經者也。又《山海經》未嘗言怪，而釋者怪焉。經説鵸鳥及人魚，皆云人面。人面者，略似人形。譬如經云：『鸚母、狌狌能言。』亦略似人言。而後世圖此，遂作人形。此鳥及魚，今常見也。又：『崇吾之山，有獸焉，其狀如禺而文臂，豹虎而善投，名曰舉父。』郭云：『或作夸父。』案之《爾雅》，有『貜父善顧』，是既猿猱之屬。舉、夸、貜三聲相近，郭注二書，不知其一，又不知其常獸，是其惑也。以此而推，則知《山海經》非『語怪之書』矣。又《經》所言草木治疾，多足證發《（黄帝）内經》。沅雖未達，是知非後人所及也。《海外》、《海内經》八篇，多雜劉秀校注之辭，詳求郭意，亦不能照。酈道元注《水經》，多連引其文，今率細書以别之。沅不敏，役於官事，校注此書，凡閲五年，自經傳子史、百家傳注、類書所引，無不徵也。其有闕略，則古者不著，非力所及矣。既依郭注十八卷，不亂其例，又以《考定目録》一篇附於書。其云『新校正』者，仿宋林億之例，不敢專言牋注，將以俟後之博物也。

乾隆四十六年九月九日。

《山海經新校正》後序

〔清〕孫星衍 撰

秋颿先生作《山海經新校正》，其考證地理，則本《水經注》。而自九經箋注、史家地志、《元和郡縣志》、《太平寰宇記》、《通典》、《（文獻）通考》、《通志》及近世方志，無不徵也。自漢以來，未有知《山海經》爲地理書。司馬遷云：『所有怪物不敢言。』班固云：『放哉。』鄭玄注《尚書》，用《河圖》《地説》《（漢書·）地理志》；班固著《（漢書·）地理志》，用《（尚書·）禹貢》、桑欽説，而皆不徵《山海經》。然則劉秀稱文學大儒，皆讀學以爲奇，不過以考禎祥變怪之物耳。酈道元所稱有《太康地志》、《十三州記》、《晉書地道記》等書，山名水源，多有自古傳説合於經證。李吉甫諸人亦取諸此以顯經，故足據也。先生開府陝西，假節甘肅、粤，自崤函以西，玉門以外，無不親歷。又嘗勤民，灑通水利，是以《西山經》四篇、《中次五經》諸篇，疏證水道爲獨詳焉。常言《北山經》泑澤、塗吾之屬，聞見不誣。惜在塞外，書傳少徵，無容附會也。其《五臧山經》，郭璞、道元不能遠引今輔，其識者希啻十五，恐博物君子無以加諸。星衍嘗欲爲《五臧經圖》繪所知山水，標今府縣，疑者則闕，顧未暇也。先秦簡册，皆以篆書，後乃行隸，偏旁相合，起於六代六書之義，假借便亡。此書甚者，大𦬸山之𦬸、葌葌之葌、蒲鸛之鸛，遍檢唐宋字書，都無所見。今考𦬸即苦字，葌、鸛則未聞。後世字書，乃遂取經俗寫，以廣字例。其有知者，反云依傍字部改變經文，此以不狂爲狂。先生若蚩鼠云當爲䶊，涔水云當作涻，樗木云當作杼，其類引據書傳改正甚多，寔是漢唐舊本如此，古今讀者不加核察。又如淩門之爲龍門、帝江之爲帝鴻、舉父之爲玃父，此則聲音文字之學，直過古人。星衍夙著《經子音義》以補陸氏德明《釋文》，有《山海經音義》二卷。及見先生，又焚筆硯。若《海外經》已下諸篇，雜有劉秀校注之詞，分别其文，降爲細字。其在近世，可與戴校《水經》并行不倍。先生又謂星衍，孔子曰：多識於鳥獸草木之名，多莫多於《山海經》。《神農本草》載物性治疾甚詳，此書可以證發，遇物能名，儒者宜了。惜未優游山澤，深體其原，以俟他時，案經補疏。世有知者，冀廣异聞。然則先生勤學好問之心，又非星衍所能傳已。

乾隆四十八年癸卯二月廿六日陽湖後學孫星衍書於陝西節院長歡書屋。

《山海經箋疏》叙

［清］郝懿行　撰

《山海經》古本三十二篇，劉子駿校定爲一十八篇，即郭景純所傳是也。今考《南山經》三篇、《西山經》四篇、《北山經》三篇、《中山經》十二篇并《海外經》四篇、《海内經》四篇，除《大荒經》已下不數，已得三十四篇，則與古經三十二篇之目不符也。《隋書·經籍志》《山海經》二十三卷。《舊唐書》十八卷，又《（山海經）圖贊》二卷，《音》二卷，并郭璞撰；此則十八卷又加四卷，才二十二卷，復與《經籍志》二十三卷之目不符也。《漢書·藝文志》《山海經》十三篇，在形法家，不言有十八篇。所謂十八篇者，《南山經》至《中山經》本二十六篇，合爲《五臧山經》五篇，加《海外經》已下八篇，及《大荒經》已下五篇，爲十八篇也。所謂十三篇者，去《荒經》已下五篇，正得十三篇也。古本此五篇皆在外，與經别行，爲釋經之外篇。及郭作《傳》，據劉氏定本復爲十八篇，即又與《藝文志》十三篇之目不符也。酈善長注《水經》云：『《山海經》薶緼歲久，編韋稀絶，書策落次，難以緝綴。後人假合，多差遠意。』然則古經殘簡，非復完篇，殆自昔而然矣。《藝文志》不言此經誰作，劉子駿《表》云：『出於唐虞之際。』以爲禹别九州，任土作貢，而益等類物善惡，著《山海經》。王仲任《論衡》、趙長君《吴越春秋》亦稱禹益所作。《顔氏家訓·書證篇》云：『《山海經》禹益所記，而有長沙零陵桂陽諸暨，由後人所羼，非本文也。』今考《海外南經》之篇，而有説文王葬所；《海外西經》之篇，而有説夏后啓事。夫

《經》稱夏后，明非禹書；篇有文王，又疑周簡，是亦後人所羼也。至於郡縣之名，起自周代。《周書·作雒篇》云：『爲方千里，分以百縣，縣有四郡。』《春秋·哀公二年·左傳》云：『克敵者，上大夫受縣，下大夫受郡。』杜元凱注云：『縣百里，郡五十里。』今考《南次二經》云『縣多土功』、『縣多放士』，又云『郡縣大水』、『縣有大繇』，是又後人所羼也。《大戴禮·五帝德篇》云：『使禹敷土，主名山川。』《爾雅》亦云：『從《釋地》已下至九河，皆禹所名也。』觀《（尚書·）禹貢》一書，足覘梗槩。因知《五臧山經》五篇主於紀道里、說山川，真爲禹書無疑矣。而《中次三經》說『青要之山』云：『南望墠渚，禹父之所化。』《中次十二經》說『天下名山』首引『禹曰』，一則稱禹父，再則述禹言，亦知此語必皆後人所羼矣。然以此類致疑本經，則非也。何以明之？《周官》：『大司徒以天下土地之圖，周知九州之地域廣輪之數。土訓掌道地圖、道地慝。』《夏官》：『職方亦掌天下地圖。山師、川師掌山林川澤，致其珍异。邍師辨其丘陵、墳衍、邍隰之名物。』《秋官》復有冥氏、庶氏、穴氏、翨氏、柞氏、薙氏之屬，掌攻夭鳥、猛獸、蟲豸、草木之怪蠥。《左傳》稱：『禹鑄鼎象物而爲之備，使民知神姦。民入山林川澤，禁禦不若，螭魅蝄蜽，莫能逢旃。』《周官》、左氏所述即與此經義合。禹作司空，灑沈澹災，燒不暇撌，濡不給扢，身執虆垂，以爲民先。爰有《（尚書·）禹貢》，復著此經。尋山脈川，周覽無垠。中述怪變，俾民不眩。美哉禹功，明德遠矣。自非神聖，孰能修之？而後之讀者，類以《夷堅（志）》所志，方諸《齊諧（記）》，不亦悲乎？古之爲書，有圖有說。《周官》地圖，各有掌故，是其證已。《後漢書·王景傳》云：『賜景《山海經》《河渠書》《禹貢圖》。』是漢世《（尚書·）禹貢》尚有圖也。郭注此經而云『圖亦作牛形』，又云『在畏獸畫中』；陶徵士讀是經詩亦云『流觀山海圖』，是晋代此經尚有圖也。《中興書目》云：『《山海經圖》十卷，本梁張僧繇畫，咸平二年校理舒雅重繪爲十卷，每卷中先類所畫名，凡二百四十七種。』是其圖畫已异郭、陶所見。今所見圖，復與繇、雅有异，良不足據。然郭所見圖，即已非古，古圖當有山川道里。今考郭所標出，但有畏獸仙人，而於山川脈絡，即不能案圖會意，是知郭亦未見古圖也。今《（尚書·）禹貢》及《山海圖》遂絶迹不復可得。《（尚書·）禹貢》雖無圖，其書説要爲有師法，而此經師訓莫傳，遂將湮泯。郭作《傳》後，讀家稀絶，途徑榛蕪。迄於今日，脱亂淆譌，益復難讀。又郭注《南山經》，兩引『璨曰』；其注《南荒經》『昆吾之師』又引《音義》云云，是必郭已前音訓注解人，惜其姓字爵里與時代俱湮，良可於邑。今世名家則有吴氏、畢氏。吴徵引極博，泛濫於群書；畢山水方滋，取證於耳目。二書於此經，厥功偉矣！至於辨析异同，栞正譌謬，蓋猶未暇以詳。今之所述，并採二家所長，作爲《箋疏》。箋以補注，疏以證經。卷如其舊，别爲《訂譌》一卷，附於篇末。計創通大義百餘事，是正譌文三百餘事，凡所指擿，雖頗有依據，仍用舊文，因而無改，蓋放鄭君康成注《經》不敢改字之例云。

嘉慶九年甲子二月廿八日棲霞郝懿行撰。

《山海經存》跋

［清］時曼成　撰

汪雙池先生未刻遺書二十餘種，藏於婺源余鄉賢公秀書先生家二百餘年矣。其玄孫彝伯明經始出其書於長安。趙振如中丞倡捐集貲，次弟刊行，此其一也。曼成與明經交冣久，嘗讀其大父黼山年丈所編《汪先生年譜》，知汪先生工繪事，貧，傭於江西景德鎮畫瓷，稟規矩，寡言笑。時方居喪，食蔬斷肉，市儈群訕侮之。間爲詩歌以見志，同人以爲謗，不合而去。此殆當時所涉筆者歟？考其圖，較吴氏、郝氏本爲尤詳，顧缺六、七兩卷。明經有遺憾焉，與其友查子圭繪以補之。明經告余曰：『當兵燹時，大父凡百不顧，先命偕健僕負汪先生遺書以出，并諭之曰：「遺書藏我家歷五世矣，當共之性命，不可失也！」卒避於深山石室中幸免焉。』是蓋先生手書真迹，冥冥中或有鬼神呵護耶？不然，何以董氏所鈔副本盡遭兵火而無存也？今明經克承先志，槧本石印，義也，亦孝也。以書見眎，屬識數語。以僕譾陋，掛名簡末，良用愧赧。顧念藏書苦心，世守弗替，尊師重道，有足以風末俗者，則又不可不出。爰志其緣起如此，庶使後之覽者，知莘源沱川間，皆有紫陽之遺風焉。

光緒二十一年乙未仲冬儀徵後學時曼成謹跋。

後記

我與《山海經》及神話專家袁珂先生結緣，始於二十世紀七十年代末。

一九七九年，正在讀大二下學期的我，對中國神話頗感興趣，始讀袁珂先生的力作《中國古代神話》。通過文後的注釋，首次接觸到《山海經》的引文片斷，知道了《山海經》這部先秦典籍，但當時無緣讀到原著，因爲學院圖書館的古籍資料不對學生開放，祇供教師閱覽。後來依據袁先生注引的《山海經》片斷和其他一些古籍資料，寫成《葉落歸根——試談我國神話中西王母形象之變遷》一文，以學生身份發表於剛剛復刊的《南充師院學報》一九八〇年第二期上。這是我研究中國神話正式發表的第一篇論文，同時也是與《山海經》和袁先生的第一次神交。

一九八〇年暑假回蓉，一心想讀《山海經》原著的我，便硬着頭皮騎車到離家不遠的和平街十六號省圖書館特藏部，希望能破例讀到《山海經》原著綫裝本。説破例是有原因的，因爲省圖書館特藏部祇對高校、研究機構和持有介紹信的單位查詢人員開放，一個在校生，沒有介紹信，照例是沒有資格閱讀特藏古籍的。沒想到的是，在閱覽室接待我的圖書管理員沙銘璞先生沒有因爲我還是個在校生且沒有介紹信而拒絶我，反倒熱情地接待我，容我憑一個學生證在并不寬敞但十分幽静的閱覽室閱讀綫裝本《山海經箋疏》和其他古籍。後來纔知道，這個祇需要報書名而不需要填寫索書號，一會兒就能從身後書庫找出讀者想要的那本書的沙先生，竟是大名鼎鼎的古籍版本學家、特藏部主任。

在讀書過程中，不時過來給讀者杯中續水的沙先生很好奇，一個毛頭小子竟然對古籍感興趣，便問我爲何要讀《山海經》之類圖書。我便對沙先生説，我對中國神話感興趣。沙先生問：那你認識袁珂先生嗎？我説久聞大名，但不認識。没想到有一天，沙先生對我説：小周，來來來，見見袁先生，説着便把我引到坐在另一張桌子的袁先生跟前。就這樣，我認識了久負盛名的神話專家袁珂先生，并由此開始了與先生長達二十年的師徒之旅。

在省圖書館特藏部連續多日的讀書期間，我把發表的論文送給袁先生，請他指教；他也把油印本的《中國神話辭典目録》贈我，告訴我他正在進行《中國神話辭典》的編撰工作，并問我愿不愿意到他家幫助他整理一些資料。就這樣，暑假没結束，我就應先生之邀，每天都到焦家巷袁先生家中，幫他鈔録、謄寫或核對《中國神話辭典》（正式出版名《中國神話傳説詞典》）條目卡片，擔任業餘助手。以後的每個寒暑假，我都在先生的書房度過。在這個過程中，《山海經》是我接觸到的古籍中使用頻率最高的一套綫裝書。

一九八一年，我在學校完成《試論神話及神話藝術的發展——兼評新版〈辭海〉有關條目》一文，趁假期回蓉交給袁先生，請他指教。袁先生對此文的基本觀點十分贊同，并告訴了我他的『廣義神話』觀點。一九八二年，《社會科學戰綫》第四期發表了先生的《從狹義的神話到廣義的神話》一文，文中袁先生寫道：『一個年輕的大學生，周明同志，來跟我討論有關神話方面的問題，他非常贊成我擴大視野編寫《辭典》采取的廣義神話的看法。在他給我看的一篇《試論神話及神話藝術的發展——兼評新版〈辭海〉有關條目》（未刊稿）的文章中，有幾段話寫得很精彩。』接着便大段摘録了拙文。袁先生的文章發表後，在中國學術界引起了長達十餘年的『神話界説』

大討論，『廣義神話論』成爲袁先生一生重要的學術觀點之一而廣受學界重視。我的那篇『未刊稿』後來也經袁先生指導，最後定名爲《試論神話範疇的狹義性和廣義性》，發表於《蘭州大學學報》一九八四年第二期。提到這段往事是想説明一點，即基於對《山海經》及其他大量古籍記載的研究，我們師徒二人在學術觀點上高度契合，它直接促成了我成爲袁先生的入室弟子和學術助手。

一九八二年初大學畢業後，我被分配到成都市郊龍泉驛一所軍工企業子弟校教書。袁先生根據國家當時要求給專家學者配備助手的文件精神，向四川省社科院黨組提出抽調我擔任學術助手的請求。院裏非常支持，通過省人事廳，很快辦理了人事調令。一九八三年初，我便到省社科院報到，正式成爲袁珂先生的專職學術助手。在此後的十多年間，研究《山海經》及其他古籍，成爲我日常工作的重要内容之一。

從二十世紀八十年代開始，中國學術界興起了一股『《山海經》熱』。《山海經》這部言辭晦澀的先秦典籍受到學者們前所未有的重視，各種研究成果大量涌現。一九八三年底，全國首屆《山海經》學術討論會在成都召開，來自國内十個省市的歷史學、地理學、考古學、民族學、文學、文字學、哲學、宗教學、醫學、物理學、自然辯證法以及古籍研究和出版等各個學科的六十多位專家到會，著名學者有譚其驤、鄧少琴、徐中舒、任乃强、袁珂、温少峰、張國光、何幼琦、徐南州、何光岳、龍晦等人。作爲助手，我也隨袁珂先生參會，聆聽前輩大家的教誨，對《山海經》的多學科性有了更深的認識和理解。

一九八四年，根據對《山海經》各種版本的瞭解和研究，我寫成《山海經研究小史》一文，發表於《歷史知識》當年第五期。隨後又與袁先生合作編輯了《中國神話資料萃編》，交由四川省社科院出版社於一九八五年正式出版。此後幾年，還全力協助袁先生完成《中國神話傳説》《中國文學史簡綱》《中國民族神話詞典》《中國神話史》的編寫和出版。在這個過程中，對《山海經》這部先秦典籍有了更深一層的熟悉和瞭解，并據此先後撰寫了《論上古冥界神話》《神、鬼、人——三位一體的神話結構》《神鬼論》《試論原始神話的科學性》《蓬萊神話與靈魂崇拜》等研究論文。

就《山海經》整理而言，清郝懿行作《山海經箋疏》以後的一百多年裏，幾乎没有人對其進行現代意義上的系統整理。自二十世紀八十年代初袁先生出版《山海經校注》後，這一斷檔情況纔得以改觀。

袁先生的《山海經》校注工作始於一九六二年，依據的底本是光緒甲午上海書局石印本《山海經箋疏》，并參校北京圖書館藏宋淳熙七年池陽郡齋尤袤刻本和明成化元年吴寬鈔本等。袁先生最初的校注限於《海經》部分，因爲他認爲《海經》部分神話資料最爲豐富，因此衹打算對《海經》部分進行校釋。在廣參舊注的基礎上，袁先生主要從神話角度着手對《海經》進行校訂注釋，形成《海經新釋》。在一九七八年上海古籍出版社同意出版之際，出版社又建議將《山經》部分加以校釋，於是先生補充完成《山經柬釋》，合爲《山海經校注》，於一九八〇年正式出版。

總體而言，在整理方式上，袁先生從訛文、脱文、衍文、倒文、經文入注、脱簡和錯簡、其他書籍的闌入、文字的篡改及其他等十個方面入手，對《山海經》進行全面梳理校注。在《海經》部分，他運用大量古籍資料，注釋、考據和論證其中相關的神話片段，力圖將其還原爲原始本貌，因此具有很高的學術價值。相比而言，《山經柬釋》部分，由於其記載的神話資料有限，袁先生的注釋不多，偏重於校正，不少地方僅是沿用郭璞舊注和郝懿行箋疏，故爲該書留下了較大的遺憾。

同時，也因此受到一些學者的詬病。

十年以後，袁先生又對《山海經校注》進行了增補修訂，并於一九九三年另行交由巴蜀書社出版，但全書的總體格局仍未改變。這個增補修訂過程，作爲助手，我全程參與。

在參與過程中，從袁先生那裏，我在傳統的治學方法（如句讀、訓詁、考據、音韵等）、古籍整理的基本原則、需要參考的古籍書目、工具書的選擇和運用等方面學到了很多東西，可以説打下了較爲堅實的治學基礎。爲此，我非常感謝袁先生的不吝賜教。

另一方面，在增補修訂《山海經校注》的過程中，爲了查證某些舊注，我不得不在《山海經補注》《山海經釋義》《山海經廣注》《山海經新校正》《山海經存》《山海經箋疏》等不同版本之間來回倒騰。那時没有網絡，看不到電子版本，查資料都得往圖書館跑，效率非常低，感覺實在不便，因此萌生了要做一本《山海經集釋》的念頭。但是，這個念頭當時不敢對袁先生説，怕他批評我不知天高地厚。

到了九十年代中期，全民經商大潮涌來，既迫於生計又耐不住寂寞的我，實在經不住經濟利益的誘惑，便辭職下海，棄文從商，離開了我熟悉的神話研究領域，也離開了提携我成長的恩師。不過，慈祥的袁先生并没有因此而責備我，而是視我爲迷途的羔羊，相信我總有一天會回到他的身旁重操舊業。每次逢年過節我去看他，言談間，都可以感受到先生的殷切希望和期盼的目光。那種目光，多年以來都一直閃爍在我眼前，而自己心中那種愧疚，實在難以言表。

特别是在二〇〇一年袁先生仙逝以後，最後跟隨他的新助手也離院，省社科院長期引以爲自豪的神話研究學科後繼無人。許多熟悉袁先生和我的老同事、老朋友見面時都對此感到遺憾，希望我能繼承袁先生的衣鉢，重新回到神話研究的隊伍中來，繼續完成袁先生未竟的事業。至此，多年前萌生的輯撰《山海經集釋》的念頭也愈發强烈，無奈當時雜務纏身，竟也無法具體實施。不過，在工作之餘，我還是没忘從各種渠道收集古人注釋《山海經》的不同版本，也抽空翻閲這些不同版本，陸續做了一些讀書筆記。

二〇一五年初，終於迷途知返，從商海退出，回到書齋，有了大把的時間，於是便集中精力撰寫《山海經集釋》，欲以實際行動來告慰袁先生的在天之靈。至二〇一七年八月，書稿完成，交付巴蜀書社審閲。

在書稿的審閲過程中，我的老同事——四川省社科院文學所原所長蘇寧研究員和四川師範大學巴蜀文化研究中心段渝教授通讀了本書，并作了充分肯定，給了我莫大的鼓勵。在此，我對二位表示衷心感謝！巴蜀書社總編輯侯安國先生和責任編輯黄雲生先生爲本書的編輯和出版傾注了大量心血，讓我十分感動。

如今，《山海經集釋》即將面世。付梓之前，特向給予本書出版以大力支持的上述師友表示誠摯的感謝，同時也向恩師袁珂先生表示深切的緬懷和致以崇高的敬意。我相信，遠在天堂的恩師一定樂於見到迷途的學生呈上的這份遲到的作業。

周　明

二〇一八年十月十四日

圖書在版編目（CIP）數據

山海經集釋/周明輯撰．—成都：巴蜀書社，2019.5
ISBN 978-7-5531-1134-6

Ⅰ.①山…　Ⅱ.①周…　Ⅲ.①歷史地理—中國—古代
②《山海經》—注釋　Ⅳ.①K928.631

中國版本圖書館CIP數據核字（2019）第060209號

山海經集釋
SHANHAIJING JISHI

周明　輯撰

責任編輯　黄雲生
封面設計　成都墨之創文化傳播有限公司
出　　版　巴蜀書社
　　　　　成都市槐樹街2號　郵編610031
　　　　　總編室電話：（028）86259397
網　　址　www.bsbook.com
發　　行　巴蜀書社
　　　　　發行科電話：（028）86259422　86259423
經　　銷　新華書店
印　　刷　成都春曉印務有限公司
版　　次　2019年5月第1版
印　　次　2019年5月第1次印刷
印　　数　1—1000册
成品尺寸　240mm×170mm
印　　張　37.5
字　　數　700千字
書　　號　ISBN 978-7-5531-1134-6
定　　價　180.00圓

本書如有印裝質量問題，請與發行科調换